"十二五"国家重点图书

35

财政政治学译丛

刘守刚 主编

上海财经大学
公共经济与管理学院

The Oxford Handbook of the Welfare State

牛津福利国家手册

弗朗西斯·G.卡斯特尔斯（Francis G. Castles）
斯蒂芬·莱布弗里德（Stephan Leibfried）
简·露易斯（Jane Lewis） 编
赫伯特·欧宾格（Herbert Obinger）
克里斯托弗·皮尔森（Christopher Pierson）

杨翠迎 等译
何华武 杨翠迎 审校

上海财经大学出版社
SHANGHAI UNIVERSITY OF FINANCE & ECONOMICS PRESS

上海学术·经济学出版中心

图书在版编目(CIP)数据

牛津福利国家手册/(澳)弗朗西斯·G.卡斯特尔斯(Francis G. Castles)等编;杨翠迎等译.—上海:上海财经大学出版社,2024.1
(财政政治学译丛)
书名原文:The Oxford Handbook of the Welfare State
ISBN 978-7-5642-4231-2/F·4231

Ⅰ.①牛… Ⅱ.①弗…②杨… Ⅲ.①福利国家-世界-手册 Ⅳ.①D57-62

中国国家版本馆 CIP 数据核字(2023)第 161003 号

□ 责任编辑　石兴凤
□ 封面设计　张克瑶

牛津福利国家手册

弗朗西斯·G.卡斯特尔斯(Francis G. Castles)
斯蒂芬·莱布弗里德(Stephan Leibfried)
简·露易斯(Jane Lewis)　　　　编
赫伯特·欧宾格(Herbert Obinger)
克里斯托弗·皮尔森(Christopher Pierson)
杨翠迎　等译
何华武　杨翠迎　审校

上海财经大学出版社出版发行
(上海市中山北一路 369 号　邮编 200083)
网　　址:http://www.sufep.com
电子邮箱:webmaster@sufep.com
全国新华书店经销
上海华业装潢印刷厂有限公司印刷装订
2024 年 1 月第 1 版　2024 年 1 月第 1 次印刷

710mm×1000mm　1/16　48.25 印张(插页:2)　739 千字
定价:198.00 元

图字:09-2017-670 号

Francis G. Castles, Stephan Leibfried, Jane Lewis, Herbert Obinger, Christopher Pierson

Copyright © The several contributors 2010.

The Oxford Handbook of the Welfare State, First Edition was originally published in English in 2010. This translation is published by arrangement with Oxford University Press. Shanghai University of Finance & Economics Press is solely responsible for this translation from the original work and Oxford University Press shall have no liability for any errors, omissions or inaccuracies or ambiguities in such translation or for any losses caused by reliance thereon.

《牛津福利国家手册》英文版于2010年出版。本中文翻译版由牛津大学出版社授权出版。上海财经大学出版社全权负责本书的翻译工作,牛津大学出版社对本翻译版中的任何错误、遗漏、歧义或因相关原因而造成的任何损失不负任何责任。

2024年中文版专有出版权属上海财经大学出版社

版权所有　翻版必究

翻译团队

负 责 人：杨翠迎
执行组长：汪润泉
主译人员：杨翠迎　汪润泉　鲁　於　程　煜　宋　杨
校对人员：宋　杨　刘玉萍　高　鹏　沈凯俊　徐　民
　　　　　李豪豪　徐常钦
协助人员：汪　豫　毛嫣然　李星辰　施科勒　王逸腾
　　　　　吴琦君　周　颖　庄倩雯
审校人员：何华武　杨翠迎

总　序

"财政是国家治理的基础和重要支柱",自古以来财政就是治国理政的重要工具,中国也因此诞生了丰富的古典财政思想。不过,近代以来的财政学发展主要借鉴了来自西方世界的经济学分析框架,侧重于财政的效率功能。不仅如此,在此过程中,引进并译介图书,总体上也是中国人开化风气、发展学术的不二法门。本系列"财政政治学译丛",正是想接续近代以来前辈们"无问西东、择取精华"的这一事业。

在中国学术界,"财政政治学"仍未成为一个广泛使用的名称。不过,这个名称的起源其实并不晚,甚至可以说它与现代财政学科同时诞生。至少在19世纪80年代意大利学者那里,就已经把"财政政治学"作为正式名称使用,并与"财政经济学""财政法学"并列为财政学之下的三大分支学科之一。但随着20世纪经济学成为社会科学皇冠上的明珠,财政经济学的发展也在财政学中一枝独大,而财政政治学及其异名而同质的财政社会学,一度处于沉寂状态。直到20世纪70年代,美国学者奥康纳在他的名著《国家的财政危机》中倡导"财政政治学"后,以财政政治学/财政社会学为旗帜的研究才陆续出现,不断集聚,进而成为推动财政学科发展、影响政治社会运行的积极力量。

当前以财政政治学为旗帜的研究,大致可分为两类:一类是从财政出发,探讨财政制度构建与现实运行对于政治制度发展、国家转型的意义;另一类是从政治制度出发,探索不同政治制度对于财政运行与预算绩效的影响。在"财政政治学译丛"的译著中,《发展中国家的税收与国家构建》是前一类著作的典型,而《财政政治学》则属于后一类著作的典型。除了这两类著作外,举凡有利于财政政治学发展的相关著作,如探讨财政本质与财政学的性质、研究财政制度的政治特征、探索财政发展的历史智慧、揭示财政国家的阶段性等作品,都在这套译丛关注与引进的范围内。

自 2015 年起,在上海财经大学公共政策与治理研究院、公共经济与管理学院支持下,"财政政治学译丛"已经出版了 30 本,引起了学界的广泛关注。自 2023 年 7 月起,我们公共经济与管理学院将独立承担起支持译丛出版工作的任务。

上海财经大学公共经济与管理学院是一个既富有历史积淀,又充满新生活力的多科性学院。其前身财政系始建于 1952 年,是新中国成立后高校中第一批以财政学为专业方向的教学科研单位。经过 70 多年的变迁和发展,财政学科不断壮大,已成为教育部和财政部重点学科,为公共经济学的学科发展和人才培养做出了重要贡献。2001 年,在财政系基础上,整合投资系与设立公共管理系,组建了公共经济与管理学院,从而形成了以应用经济学和公共管理的"双支柱"基本架构,近年来,学院在服务国家重大战略、顶天立地的科学研究和卓越的人才培养等方面均取得了不错的成绩。

我们深信,"财政政治学译丛"的出版,能够成为促进财政学科发展、培养精英管理人才、服务国家现代化的有益力量。

范子英
2023 年 7 月 7 日

目　录

序言/001

译者序/001

第1章　引言/001

第一部分　福利国家的哲学论证与批判

第2章　道德规范/019
第3章　理论渊源/034
第4章　批判与超越/048

第二部分　历　史

第5章　西方福利国家的起源/065
第6章　战后福利国家的发展/085

第三部分　研究路径

第 7 章　研究方法/109

第 8 章　公共福利与私人福利/127

第 9 章　家庭与国家和市场的相向而立/145

第 10 章　学科视角/159

第四部分　投入与执行者

第 11 章　福利国家的需求与风险/177

第 12 章　民主与资本主义/192

第 13 章　工会与雇主/206

第 14 章　政党/221

第 15 章　政治体制/237

第 16 章　公众态度/251

第 17 章　性别/262

第 18 章　宗教/276

第 19 章　移民与少数民族/289

第 20 章　欧盟/303

第 21 章　政府间组织/317

第 22 章　全球化/330

第五部分　政　策

第 23 章　社会支出与收入/345

第 24 章　养老金/364

第 25 章　健康/379

第 26 章　长期照护/392

第 27 章　工伤事故与疾病补助/406

第 28 章　残疾/421

第 29 章　失业保险/436

第 30 章　激活劳动力市场/451

第 31 章　社会救助/465

第 32 章　家庭福利与服务/479

第 33 章　住房保障/497

第 34 章　教育/512

第六部分　政策绩效

第 35 章　公民的社会权利/529

第 36 章　不平等与贫困/545

第 37 章　宏观经济结果/559

第 38 章　福利紧缩/573

第七部分　福利的世界

第 39 章　福利国家模式/589

第 40 章　北欧国家/604

第 41 章　西欧大陆/621

第 42 章　南欧国家/636

第 43 章　英语国家/649

第 44 章　拉丁美洲国家/665

第45章　东亚国家/678

第46章　东欧和俄罗斯/693

第八部分　福利国家的前景

第47章　西方福利国家的可持续性/711

第48章　福利国家未来的全球化/726

参考文献/746

序　言

2006年11月,牛津大学出版社的编辑多米尼克·拜亚特(Dominic Byatt)与我接洽,请我编写一本福利国家手册,作为牛津手册系列之一。他正在策划一本书,希望"名副其实按既定议题编写",内容包括政治科学、社会学、社会政策和经济学。这本书应当是"关于福利国家的研究成果最权威的调查和评论"。这是一项艰巨的任务! 福利国家,作为一个研究主题,与其想要根除的贫困、疾病、无知、肮脏和懒惰等问题一样,规模无比庞大(Beveridge, 1942:pt.7)。我和一个同事刚刚汇编了一本关于第二次世界大战后福利国家理论发展历史的经典研究文集,并为其撰写了导读,内容超过2 000页(Leibfried and Mau,2008a,b)。无论是实证还是理论研究,有关福利国家的研究都有许多新的前沿成果,多米尼克(Dominic)希望通过一本不到950页的手册对这些研究成果进行汇编。尽管这项工作令人生畏,但是我还是接受了这个挑战。毕竟经合组织的国家福利支出已经超过了国家支出的一半,并且贝弗里奇的五大巨头仍然健在。

我首先招募了弗朗科·卡斯特尔斯(Frank Castles)。他不仅是研究福利国家的专家,涉猎各种规模国家的方方面面,也是一个有才华的编辑,以将来自不同领域的学者的作品提供给更广泛的读者而闻名。我们两个人开始组建团队,招募来自不同方向而又互有交集的合作者:简·露易斯(Jane Lewis)是英国社会政策和社会历史传统领域中的佼佼者,同时擅长性别问题研究;赫伯特·欧宾格(Herbert Obinger)是德国比较政治经济学领域出类拔萃的年轻学者之一,与我和弗朗科(Frank)都有长期的合作(Obinger et al., 2005a);克里斯·皮尔森(Chris Pierson)是一位有宽阔视野的政治理论家,在福利国家的差异性研究方面有着独到之处,他与弗朗科已经成功地合编了一本关于福利国家的教材(Pierson and Castles,2000,rev. 2006)。我们五个人来自不同的学科领域,但我们都认同,对福利国家的发展及其在当代的表现形式的解读,只有在考虑到各个国家之间的相似性和差异性后才能达成。我们一起工作了近3年,所完成的这部《牛津福利国家手册》,承袭了其前辈作品的标志性特点,即它涵盖了一个广泛的领域,其方法是跨学科的,尤其是运用了比较研究方法。

来自德国不莱梅(Bremen)大学的国家转型合作研究中心(TranState)和社会政策研究中心的很多研究人员也在该项研究付诸实施并取得成果中发挥了关键作用。转型国家合作研究中心的莫妮卡·斯尼格斯(Monika Sniegs)负责网站建设、文稿编撰和编辑团队的协调管理,尤其与我直接对接。我和她也得到了不莱梅大学的学生助理杰西卡·哈斯(Jessica Haase)、斯蒂芬妮·亨内克(Stefanie Henneke)和丽莎·阿德勒(Lisa Adler)的帮助。彼得·博伊(Peter Boy)和马库斯·莫泽莱夫斯基(Markus Modzelewski)建立网站,使我们和各位撰稿人可以了解彼此的工作进展,并为我们提供了就本书的编撰达成一致性和形成团队凝聚力的平台。雅娜·瓦格纳(Jana Wagner)、亨德里克·史蒂文(Hendrik Steven)、马蒂亚斯·舒查德(Matthias Schuchard)和梅利克·沃夫格拉姆(Melike Wulfgram)把48个单独的章节参考书目统一起来,经过再次查证,专门作为一个部分放在本书末尾,更有利于读者查阅。苏珊·盖恩斯(Susan Gaines)帮助修订了前言文字,并提供了文献书目的翻译;沃尔夫冈·齐默尔曼(Wolfgang Zimmermann)(wozi@wozi.de)设计了复杂的外封面邮票图案;贾尼斯·沃西克(Janis Vossiek)花费大量时间对第1章的引文进行了分析。

我代表本书5位编者,首先要感谢德国研究基金会(German Research Foundation)和不莱梅大学,为国家转型合作研究中心及其国际合作提供了资金支持。这本书为《国家转型牛津手册》奠定了基础。《国家转型牛津手册》将考察自第二次世界大战以来的几十年中,封闭经济体向开放经济体的演变是如何影响西方发达国家的界定性特征的(Leibfried and Zürn,2005;Hurrelmann et al.,2008)。

还有很多值得我们感谢的地方。感谢不莱梅雅各布大学为赫伯特·欧宾格提供了一学期的休假。感谢汉斯高等研究所为我们在德国北部提供了一个聚集地,使得我们几位来自澳大利亚、英国和德国的编者们能够聚在一起切实地讨论书稿。汉斯高等研究所位于代尔门霍斯特市,其首任所长为格哈德·罗特(Gerhard Roth)先生,现任所长是雷托·韦勒(Reto Weiler)先生。该研究所授予弗朗科·卡斯特尔斯和克里斯·皮尔森(Chris Pierson)丰厚的奖学金,允许他们投入时间编辑和修改这些文章,这绝非易事,因为许多文章是作者母语并非英语。此外,弗朗科对全书的编辑,包括对本书平装版的最终修正,远远超出我们的期待。

当然,我们还要感谢所有对本书的完成做出贡献的学者,特别要感谢伯恩哈德·艾宾豪斯(Bernhard Ebbinghaus)、马吕斯·布塞迈耶(Marius Busemeyer)和丽塔·尼古拉(Rita Nikolai),他们在获悉情况后很短的时间内就参与进来,补上了缺少的章节;感谢毛里齐奥·费雷拉(Maurizio Ferrera)和约翰·斯蒂芬斯(John Stephens),他们帮助我们修订和完善了一些章节内容。阿克塞尔·西佩德森(Axel West Pedersen)也在我们需要的时候慷慨地奉献了他的时间和专业知识。我们还要感谢施瓦内伯格(Schwaneberger)出版社,当我们收集本书封面的邮票素材时,它给了我们有关米歇尔的邮票分类录集。我还要感谢指导我们收集福利国家主题邮票的同事们,特别是为我们提供斯堪的纳维亚地区邮票的克劳斯·彼得森(Klaus Petersen)和为我们研究和找寻中国邮票的芭芭拉·达里蒙特(Barbara Darimont)。如果没有慕尼黑马克斯-普朗克福利法研究所的刘东梅和杨一凡,以及中国邮政集团国际合作处徐建安的帮助,我们不可能获得邮政当局和艺术家们的版权许可。感谢克莱尔·穆林-杜斯(Claire Moulin-Doos)为我们提供了法国邮票;感谢奥蕾莉亚·恰基(Aurelia Ciacchi)为我们提供了意大利邮票;感谢阿尤米(Ayumi)和久志·深川(Hisashi Fukawa)为我们提供了日本邮票;等等。最后,我们还要最诚挚地感谢牛津大学出版社的编辑,其中,责任编辑多米尼克·拜亚特不仅提出了这个项目的创意,而且在我们搭建章节框架、邀集作者和开始编撰时提供了实际的支持和鼓励;文字编辑汤姆·钱德勒(Tom Chandler)所做的工作意义重大,他很有礼貌且富有幽默感,成功地消除了来自多个国家的多位作者和编辑在庞杂的组稿工作中所产生的诸多矛盾和问题。

近年来,由于世界各国都在努力遏制或缩减国家福利——在我们比以往任何时候都更需要分析改革对社会权利和平等的影响的时候——学术界对国家福利的研究兴趣似乎已经消逝,或者在那些传统上涉及实质性问题的领域变得更加理论化和抽象化。不同国家不同程度地出现实证和制度经济学家转向其他议题的现象,或者他们的研究已被边缘化。历史学家对这类问题失去了兴趣,社会学家走向后现代,法学学者发现了资助更为充足的研究课题,以及在英国这个"社会管理"研究的发源地,社会政策学科经常不得不在学术界争取自己的地位。本卷中所阐述的研究成果,尽管与社会科学领域的每个学科都不为谋,但是它们采用了一种宽泛的路径,对这种趋势提出了反诘。

马歇尔(T. H. Marshall)在1949年指出,"在20世纪,公民权和资本主义阶级制度一直在斗争"(1964b:84)。他还指出,"宗教斗争已经被社会教义斗争所取代"(1964c:61)。这些斗争愈演愈烈。在本卷书中,我们囊括了自20世纪70年代以来的冲突主线,并明确了未来的许多挑战——这些挑战也是我们希望福利国家的决策者和学者能够直面的。在21世纪,人们将会发现自己的公民权囿于国内和国际资本主义制度的争斗中,它很可能需要国内和国际社会持续努力,才能创造公平的竞争环境,并将贝弗里奇的巨头囿于困境。

斯蒂芬·莱布弗里德(Stephan Leibfried)

译者序

第二次世界大战以来,西方福利国家的迅速扩张、艰难紧缩以及为应对"新风险"的改革,向来是经济学、政治学、社会学以及社会政策研究的热点话题。《牛津福利国家手册》系统、科学地整合了各学科的研究成果。该手册由5位具有不同学科背景的专家合力完成,为审视福利国家引入了多学科比较研究的视角,其重要启示在于,理解福利国家的发展历史及其当代意义,须考虑不同国家之间的共性和差异。该手册将分析视野扩大到转型国家和发展中国家,而不是局限于成熟的福利国家,这为解释福利国家的形式差异与发展轨迹差异提供了方法论基础。

《牛津福利国家手册》堪称当代福利国家研究的权威性指南。全书共八个部分:

第一部分对福利国家的哲学正当性展开了讨论,辨析了福利国家的伦理基础、制度创立的理念以及面临的主要批判。

第二部分主要回顾了福利国家的发展历程,重温了福利国家的产生、巩固、扩张以及扩散的过程。

第三部分探讨了福利国家的研究路径,包括比较分析、历史分析和比较历史分析三大方法,以及政府、市场和家庭三大主体的分工与变迁,同时阐述了福利国家研究不同学科视角的差异与融合。

第四部分涉及社会政策分析的核心内容,即社会福利系统的政策投入和政策行动者。内容涉及社会政策的起点——需求和风险,政策系统的组织力——工会、雇主和政党,以及性别、宗教、移民等不同视角下的社会政策研究。

第五部分关注各类专项社会政策,包括社会收入与社会支出这一对社政策系统产出的综合性衡量指标,以及养老金、医疗服务、长期照护、工伤与疾病给付、残障、失业保险、积极的劳动力市场政策、社会救助、家庭津贴与服务、住房保障以及教育等社会政策领域的核心研究议题。

第六部分侧重福利国家的产出和政策绩效,包括社会公民权利、分配不公与贫困以及经济增长和就业率等宏观经济绩效。

第七部分比较了福利国家的模式,既包括北欧国家、西部国家、南欧国家以及英语国家等成熟福利国家模式,也包括拉美国家、东亚国家以及东欧和俄罗斯等新兴福利国家模式。

第八部分对福利国家的发展进行了展望,重点分析西欧福利国家的可持续发展问题以及全球化形势下福利国家的发展与挑战。

翻译是一项"吃力不讨好"的活,翻译组自2016年初承接《牛津福利国家手册》的翻译工作,至2018年7月完成全部翻译、初译稿校对,历时两年半有余,即便剔除日常工作时间,也整整耗费了5个寒暑假,牺牲了大把可用于学术创作的最佳时光;为了使得翻译稿忠于原文,翻译组又特别聘请外文专业人士对全书稿进行了外文语言翻译的校审,主编对专业知识也进行了最后的总校,这一过程又历时两年有余,现终于可以面世了。

本书稿的文字翻译大体经历了以下三个阶段:首先是"翻译体"阶段,在此过程中,对照原文逐渐翻译成中文,力求翻译的准确性,而对中文的表达习惯考虑欠少;然后是"修正阶段",通读译文找到翻译错误及逻辑表述不清的地方,再结合原文予以修正;最后是"润色阶段",按照中文表达习惯重新润色译文,使之符合中文习惯。

鉴于译者能力有限,成作不免存在瑕疵,但幸不辱命的是,终于完成了这部50万余字的译作。团队在翻译的过程中遇到了诸多问题,首当其冲的是语言上的问题,汉语和英语的表达习惯迥异,在翻译的过程中需要谨慎处理被动句和主动句、长句和短句间的转化,以及主题句和状态句间的逻辑关系。第二是词汇上的问题,翻译过程中发现,不少词汇很难找到能够精准表达原作者意图的中文释义,另外,由于《牛津福利国家手册》中的文章来自多国作者,文中出现了非英语词汇,对这些词汇的翻译也较难把握。第三是文章背景方面的问题,《牛津福利国家手册》共收集了48篇文章,平均每篇文章的篇幅为1万字左右,介绍了福利国家的某一个领域或某一个研究议题,具有一定的"浓缩性",而试图准确翻译每一篇文章则要求译者熟悉各篇文章所涉及的专业知识,这需要在翻译的过程中不断查找相关研究文献。

《牛津福利国家手册》的翻译团队及分工如下:杨翠迎教授、程煜博士以及宋杨博士负责翻译第一、第二和第八部分;汪润泉博士负责翻译第三、第五和第六部分;鲁於博士负责翻译第四部分和第七部分;汪润泉博士、鲁於博士、程煜博士、宋杨博士、高鹏博士生、沈凯俊博士生、李豪豪研究生、徐常钦研究生等负责初译稿的校对;杨翠迎教授和汪润泉博士负责终译稿的校对;何华武博士和杨翠迎教授负责终译稿的英文及专业的校审工作。全书稿在翻译过程中还得到了上海财经大学公共政策与治理研究院的田志伟博士及其学生创新团队的支持和帮助,特别是学生创新团队成员汪豫、毛嫣然、李星辰、施科勒、王逸腾、吴琦君、周颖、庄倩雯等的协助与支持!最后感谢上海财经大学"财政政治学译丛"总负责人刘守刚博士的鼎力支持!

《牛津福利国家手册》是政治科学及社会保障领域的经典巨著,由于翻译组能力有限,虽然竭尽全力完成全书翻译,但是依然诚惶诚恐,唯恐翻译稿不能反映原文的精美,文字表述也难免磕磕巴巴,唯愿广大读者批评、指正与包涵。

需要说明的是,翻译团队组建初期,汪润泉、程煜、鲁於、宋杨等翻译骨干还都是在读博士生,如今他们已经走上了工作岗位,都拥有了大学教职职位,其中,汪润泉博士就职于南京财经大学,程煜博士就职于安徽大学,鲁於博士就职于南京审计大学,宋杨博士就职于上海海关学院。其他一些协助工作人员有的继续深造读研、读博,有的面向市场,成为职业经理人。这本翻译书稿无论对几位博士生也好,还是众多的协助者,都将是他们攻读学位期间参与的一项重要工作,成为难得的美好印记。

杨翠迎
2022 年 10 月

第1章 前　言

弗朗西斯·G. 卡斯特尔斯（Francis G. Castles）
斯蒂芬·莱布弗里德（Stephan Leibfried）
简·露易斯（Jane Lewis）
赫伯特·欧宾格（Herbert Obinger）
克里斯托弗·皮尔森（Christopher Pierson）

本手册内容范围

20世纪经常被描绘为一个充满极端的时代（Hobsbawm,1994）。其前半叶见证了极权主义政权的崛起、两次世界大战的发生以及数次大屠杀；其后半叶的特征是，民主主义广泛传播，经济财富空前积聚，藉此人民获得一定程度的幸福感，社会权利得到保障。毫无疑问，这一切在人类历史上可以说都未曾见识过。然而，现在回想起来，这一切大抵都只是西方世界的故事，因为战争、饥饿、专政以及贫穷在整个20世纪还是常态，成千上万的人还生活在另外一半那个不一样的世界（Cornia,2004）。造成这种一分为二式发展的原因有许多，但毫无疑问，西方社会的发展轨迹得以成功的主要原因之一，是与19世纪晚期主要诞生在欧洲的一项新事物密切相关的，那就是我们今天所说的"福利国家"——只不过它是在第二次世界大战之后才得以充分发展。

此牛津手册从比较的视角来考量"福利国家的样态"（Amenta,2003）。这一角度至关重要，不仅能够证实福利国家在形态与发展轨迹上的巨大可变性，而且还提供了一种方法论基础，用以理解促成这些可变性的因素，以及对于将学术界和政界的改革思想在大西洋和其他跨大西洋许多地区的这种可变性理解成一条有限的延展通道。这一视角也是至关重要的(Rodgers,1998)。本手册旨在覆盖现代福利国家的所有相关方面,并对当代福利国家研究的现状进行总结。全书共分为八个部分,阐释了福利国家背后的哲学理据,比较了社会政策研究的方法、路径及学科视角与福利国家的历史发展和驱动力,以及它们过去取得的成就、当前面临的机遇和未来可能的发展方向等。

为努力达成这一综合目标,就必须要有国际性和跨学科的分工。本书共48章,由来自不同学科背景的学者所著。福利国家实质上是欧洲人的发明(Flora 1986－7：vol. 1, xii),并在欧洲西北部得到最大化的扩张与发展,这也解释了在当代福利国家研究领域中欧洲学者的强势存在。相比政治学和其他社会科学研究领域中美国学者往往居于主导地位的状况(cf. Goodin and Klingemann,1998),本书汇集了许多国家的学者,这也许会在英语国家与欧洲大陆国家学者之间实现更好的平衡。①

通过对本书约1 900条参考文献的分析发现,它们在以英语为母语的诸多国家之间的数量分布与上述政治科学领域中的平衡相当不同。但这也很难决断,因为牛津大学出版社和剑桥大学出版社不仅在英国出版,同时也在美国出版,所以在本书的参考文献中有超过100篇出自这两家出版社,这明显超过那些最具代表性的美国大学出版社,例如,本书的参考文献中来自芝加哥大学出版社和普林斯顿大学出版社的文献分别只有20篇和30篇。此外,那些专注于社会政策话题的英国出版商例如劳特里奇出版社、帕尔格雷夫·麦克米伦出版社和爱德华·埃尔加出版社等,其被引频率比任何美国出版商都要高。

关于福利国家的研究,远不如政治科学般是一个由美国学者主导的话题,而且相比经济学,它又更多的是书籍著作式的研究。本书的文献目录65%的引用来自书籍及书的章节,只有不到30%的引用来自期刊文章。美国期刊例如《美国政治科学评论》《世界政治》《比较政治研究》等非常具有代表性,但其引用量还是落后于英国期刊。英国的《欧洲社会政策》和《社会政策》等期刊的引用处于主导地位。此外,与社会政策相关的期刊几乎都源自英国。最后,即

---

① 也许可以说明这一国家多样性的是,手册中引用最多的文本是由一位在西班牙教书的丹麦学者写的,作品引用最多的作者是一位澳大利亚人,他最近的教职在苏格兰。

使我们对本书引用文献的分析是基于我们的知识水平，但值得注意的是，当代福利国家研究是一个实实在在的跨学科研究，因为在所引用的期刊文献中只有 1/5 可明确界定为属于社会政策研究领域。

要重点强调的一点是，我们的引文分析所揭示的英国的强势存在更多的是指作为参考文献的来源地之一，而不是指作者身份信息。整体来看，欧洲学者往往通过英国的期刊和出版商为他们的福利国家研究成果寻求最广泛的读者，牛津大学出版社和剑桥大学出版社似乎是广泛传播新发现的关键途径。本书的文献引用分析表明只有 5% 的引用书籍或期刊语言不是英语，并且此领域研究成果的作者背景远不止统计数据所能反映的那般国际多样化。正是这一点使得本手册中大量的欧洲作者的强势存在变得至关重要。虽然本书不可避免地对引用英文作品具有极强的自然偏好并排斥其他语言的作品，但是"关于福利国家最好的国别文献中只有一小部分代表性作品……是用英文编写的"（Leibfried and Mau,2008b:vxxi），通过其更加多样化的作者背景身份，就能够更加充分地利用这种国别文献的多样性。[①] 我们更想要指出的是，在本手册中我们试图跳出 OECD 国家范围，找出世界上其他地区最近的发展情况。在这些地区，福利国家的历史较短，也面临着特殊的挑战（见第七部分）。

福利国家的起源

西方福利国家的起源（见第二部分）可以追溯到 19 世纪后期，并与当时发生的有关社会、经济与政治的深刻变革息息相关。这种巨大变革［Polanyi 1957(1944)］主要包括工业化与资本主义的兴起、城市化以及人口的迅猛增长。一方面，这些根本性的变化削弱了由家庭组织、慈善机构、封建体系、工会、市政府和教堂等提供福利的传统方式，从而导致大规模的贫困化。弗里德

---

① 涉猎他国的英语文献在多大程度上是冰山现象，最容易在德国的例子中得到证明。关于福利国家从 1867—1914 年的创立时期的资料来源，目前有一个庞大的分析项目，共 25 卷（Tennstedt et al., 1978 ff.）；另外还有一个同样庞大的、现已完成的 1945—1994 年期间的分析性优质资料来源项目，共 11 卷分析性和纪实性资料（BMA and BA 2001—2009）。这些在英语中都没有。当然，德国人对福利国家的其他许多分析——如本文引言中引用的考夫曼的分析——也是没有英语版的。然而，考夫曼（Kaufmann,2010）将弥补这一点。

里希·恩格斯在分析英格兰工人阶级的处境时深刻地描绘了这一状况[恩格斯,1975(1845)],许多作家在其著作中也指出了这一问题,例如,英国作家查尔斯·狄更斯的《雾都孤儿》(1849/1850)和《远大前程》(1860/1861),法国作家巴尔扎克的巨著《人间喜剧》[1896ff.(1829ff.)],法国作家埃米尔·左拉(1885)在1871—1893年间的巨著《卢贡—马卡尔家族:第二帝国时代一个家族的自然史和社会史》中的部分篇章,法国作家维克多·雨果的《悲惨世界》[2008(1882)]。另一方面,由工业化带来的生产力提高为解决新出现的"社会问题"提供了必要的资源。在政治方面,19世纪后半叶见证了民族国家的形成、世俗化(在欧洲大陆,天主教会与自由主义者之间对于社会和教育事务管辖权问题产生激烈冲突)、一段罕见的长期和平,以及最后公民权利与大众民主的传播,直至为不断增长的社会需求的政治表达建立起制度基础(Rimlinger,1971;Alber,1982)。政治和经济观念也经历了重大改变,与自由主义相伴而来的是要建立起一个更愿意接受旨在使个人发挥其潜力的立法体系,以及一个更为宽泛的经济理论体系,完全认同为了确保国家的社会保障计划支出而提高税收的可能性(大体上,关于这些议题在不同国家间的差异可参照Rimlinger,1971;35ff.[①])。波兰尼《大转型》(1944)的反制运动使得最初走阶级路线的集体组织得以产生,并引发了越来越多的工人运动,此类运动本身成为福利国家结盟的一个重要驱动力。

当西欧所有的国家[包括在北美、新(西兰)及澳(大利亚)地区的少数几个欧洲分支国家]都受到这些根本性变革的影响时,它们虽然通过或多或少地提供"福利"对这些共同的挑战和道德意图给予政治回应,但是采取的方式各不相同。因此,我们发现,在福利国家结盟的时机和政策目的(无论是为少数人提供安全体制,或是为所有人提供最优的保障水平,还是仅仅维持现状),制度解决方案的确切形式如融资机制、项目类型和管理,公私混合,介入方式(转移供给或监管性社会政策)以及福利国家建设的国家轨迹,即社会项目的制定实施是从上至下(如欧洲的专制君主制度)或是从下而上(如新世界和瑞士的民主制度)等多个方面,都存在显著的多样性。在很早就朝着民主选举权迈进的

[①] 对于在一个国家内这些发展的样本研究,如在英国,参见科利尼(Collini,1991)和道顿(Daunton,2001,2002)。

美国,社会供给反而倾向于自上而下强制实行,希望主要通过公共教育来锻造出一个由移民组成的国家(Heidenheimer,1981、2004;Hega and Hokenmaier,2002;另见第 34 章)。

这一多样性可以归因于国家政治环境的巨大差异。这种国家政治环境,回过来说,又是由不同的历史传承所塑造,比如,国家和民族建设(Rokkan,1999)、不同的民族政治文化(尤其在对政府的信任程度和政府解决问题的能力上)、社会分裂模式差异、行为者归属、社会经济问题的压力等。然而,光列举这些内容来解释福利国家的出现和多样性是远远不够的。彼得·鲍尔温(Peter Baldwin,1990:36—37)指出,以下任何一个方面都具有足够的影响力:工业化、自由贸易、资本主义、现代化、社会主义、工人阶级、公务员、社团主义、改革家、天主教、战争——可以被用来解释福利国家发展某些方面的变量不胜枚举,除了上列变量外,还有社会项目管理所必需的政府机构,特别是在地方上和整个政府间的分工上,单一制国家和联邦制国家之间是完全不同的(Obinger et al.,2005a)。实际上,没有一个确切的社会经济结构因素导致福利国家结盟,福利国家也不是为某一特殊的相关群体而建。确切地说,对资本主义的反抗运动涉及所有政治派别的参与者[Polanyi,1957(1944):147]。

站在 21 世纪早期的有利位置来回看福利国家建立时期,非常醒目的是这些早期的国家社会政策与我们现在所认为的"第一次全球化时代"相一致。该时代起始于 1870 年,然后因 1914 年的战事戛然而止(见 James,1996:1—26,2001;Bayly,2004;Rieger and Leibfried,2003:19f.)。福利国家初创者的意图是要在 19 世纪 80 年代为蓝领工人创立一种社会保险体制,如俾斯麦,就是要通过一个现在被我们描述为旨在促进"内生增长"的社会保障投资计划,为德国人提供一个与英国相比的竞争优势。英国人也引入了这一观点,认为自己先前"世界工厂"的地位已经受到欧洲其他地方的严峻挑战(Hennock,1987、2007)。

因此,不足为奇,福利国家的理论构建主要是归纳性的(Kaufmann,2001、2003b)。从 20 世纪 50 年代开始,福利国家的发展几乎达到顶峰,现代福利国家理论方才确定了福利国家发展的投入和参与者。然而,发展这条规则有一个例外,即理论化必须等待福利国家的成熟。可以说,现代福利国家理论的第一代(功能主义)正是建立在这种推理传统之上,这也完全符合逻辑。在一开始的时候,许多社会科学家就已经将社会福利国家的出现归因于工业化带来的社会和经济的根本性变革。其中,经济历史学派的领军人物,德国经济学家阿道夫·瓦格纳(Adolph Wagner)在1893年提出,经济和社会中影响深远的变革,会增加政府干预的力度和公共支出的水平。在这一基础上,他预测19世纪的"守夜人国家"将转型为"文化和福利国家"(Wagner,1893、1911)。

瓦格纳的一个"增长的公共"领域(Lindert,2004)定律被证明是一个强有力的预测。在20世纪的历史进程中,福利国家的兴起以及与之相伴的公共部门的增长和转变一样令人印象深刻。在19世纪,德国本质上是一个战争国家,它的军事支出达到总公共支出的25%。相比之下,公共社会支出是一项余留支出,只相当于大约5%的公共支出,低于大多数国家GDP 1%的标准(Lindert,2004:171-172;Cusack,2007:105)。然而,在21世纪的第一个十年,开支优先顺序已经完全颠倒:如今,一般来说,对于长期以来作为经合组织成员国的国家,它们的公共支出平均约占总GDP的40%,其中超过一半的支出被国家福利所收纳,而现在军事项目处于一个余留的位置,类似于19世纪末国家福利所处的位置(Castles,2006)。从"战争国家"到"福利国家"的这一实证性的转变,伴随着社会科学领域以及更宽泛的、很少有学者深度探讨的公共话语领域中学术氛围的转变(Kaufmann,2003b)。

然而,就支出和就业人数而言,国家规模的这种增长,辅之以更多的干预作用,呈现的是井喷式增长态势,并在不同的国家呈现出截然不同的轨迹。政府也许会为社会提供资助,或是直接提供福利服务和现金福利,或管控由第三方和私营部门提供的福利。不同国家在不同时期都承担着不同的角色。第一次扩张发生在两次世界大战之间(Rimlinger,1971;Alber,1982)。第一次世界大战所带来的毁灭性的社会影响是一个触发事件,但是这种转变也有着重要的政治缘由。民主化的脚步是紧跟在欧洲众帝国的坍塌之后的。扩大选举权使社会的弱势阶层有了发言权,并使工党和基督教在政党政治中崭露头角,首次进入权力廊道。随着1919年国际劳工组织(ILO)的建立,社会政策国际化的最初尝试也已经入轨起航。[1] 在许多国家,福利国家扩张的第一阶段因为大萧条时期的到来而结束。其中一些国家,例如,英国和澳大利亚,仅仅表现为一种保守性的转变,但是对于其他国家而言,大萧条的影响则是巨大的。在经济剧烈下滑的背景下,一些欧洲大陆国家做出了重大的福利削减,政治危机日益加强,进而在不少国家导致民主政权的倒台。[2] 然而,在一些国家中,经济萧条却成为社会政策改革的推动力。如在美国,经济危机拉开了其福利国家的序幕。同时,在北欧国家,同样的事件则促成其迈向一个新的——毫无疑问也是更先进的——福利国家发展阶段。

第二次世界大战后的发展

第二次世界大战再次使福利国家占据了首要发展的地位。像第一次世界大战一样,战争的结束为社会政策的进一步扩张提供了推动力。但是需注意,这也是第一次福利说辞成为开战的理由,同时也据此而说这场战争应当被视为一场正义的战争。1941年8月14日,美国总统罗斯福与英国首相丘吉尔在大西洋北部纽芬兰阿金夏海湾签署了《大西洋宪章》,在其对德战争的8个目的中有两条与社会福利有关,分别是"以求所有的国家获得劳动水平提高、经济进步和社会保障"(第五条)和"保障所有地方的所有人在免予恐惧和不虞匮乏的自由中,安度他们的一生"(第六条)。"社会保障"现已成为宏伟的国际

---

[1] 建立这样一个组织的官方理由已经把可持续和平的理念同公正、有效的国际社会政策联系起来,并确认有必要抑制新的全球竞争。1919年6月28日的《凡尔赛条约》在第十三部分关于"劳工"的导言中声明:"然而,国际联盟的目标是建立普世和平,但它只有在社会正义的基础上才能建立。鉴于劳动条件存在着对许许多多的不公正、艰苦和贫困,从而导致如此严重的动乱,危及世界的和平与和谐;迫切需要改善这些条件:通过规定工作时间,包括设立每日和每周最长工作时间,规范劳动力供应,防止失业,提供适当的基本生活薪金,保护工人免受因其就业而引起的疾病和伤害,保护儿童、青年和妇女,为老年人和伤残人员提供救助,保护工人在本国以外国家就业时的利益,承认结社自由,组织职业技术教育等措施;然而,任何国家一旦未提供人性化的劳动条件,也是其他希望改善本国条件的国家的一个障碍;各缔约国在正义和人道主义情绪的推动下,以及为了确保世界永久和平的愿望,同意以下各条款:……"(http://Avalon.law.yale.edu/imt/partxiii.asp;see Herren,1992)。

[2] 纳粹主义和法西斯主义下的福利国家的命运并没有像其初创时期和第二次世界大战之后那样得到充分的研究。具有良好的民族或英语语言的综合能力的人才很难找到:目前,在德国,见梅森(Mason,1993,1995)和阿利(Aly,2008);在意大利,见切鲁比尼和皮瓦(Cherubini and Piva,1998)、德格拉齐亚(De Grazia,1992)和奎因(Quine,2002)。

口号(Kaufmann,2003c)。1942年的贝弗里奇计划作为现代福利国家的创始文件之一而闻名,但鲜为人知的事实是纳粹还有一个在假想胜利之后的福利国家反制计划(Recker,1985)。在欧洲历史上的这一转折点,福利和福利国家在意识形态上融为一体。

战争带来的灾难和随后致力于要建立一个可以保卫和平与安全、国际上认可的社会新秩序,对战后福利国家的发展有着重要影响。战争本身可以成为"变革的火车头",加强并建立新形式的社会团结(Titmuss,1950;Goodin and Dryzek,1995),使国家干预和为其提供资金的行为在随后的和平中更容易被接受(Peacock and Wiseman,1961)。此外,第二次世界大战后经济重建的需求深深地刺激着经济增长,并且为福利国家前所未有的规模扩张提供了资源。1947年(如果不是1945年的话)开始的东西方"冷战",煽动了一场经济体系之间的竞争,并进一步支撑起在福利表现方面西方要超越东方的雄心壮志。从一个事后分析和怀旧之情的角度来回顾这段历史,这一时期被描述为经济和福利国家发展的"黄金时期"。战争及其所引致的经济流离失所再一次创造了无数的社会需求,对于这些需求,因为战争时期所制定的集权制征税权和战后经济的持续增长,又让彼时的国家能够做出更好的应对。此外,力图阻止战争再次发生,以避免物质的、经济的和社会性的破坏,成为欧洲一体化的推动力。这在战后初期就得以发动,被作为通过加强经济一体化和贸易防止未来冲突的机制。

增强贸易一体化是未来欧洲经济发展的主题。在所谓的鼎盛时期(1945—1974年),福利国家在相对封闭的经济背景下有了巨大的发展。战后初期,流动性生产要素很少退出,故而存在很大的再分配空间。"自由主义"因此而被"嵌入",大多还以一种持久发力的方式——起初美国也曾认为自己在追赶欧洲国家,但其实并不是。在1980年以后的时期里,美国以一种原则性的"例外论"反对欧洲的福利浪潮(Glazer,1998)。战争及其之后的萧条也为凯恩斯主义共识的出现铺平了道路。凯恩斯主义共识认为,促进高水平就业、高税收和高支出水平的政策是正当、合理的,同时它还孕育了这样的观点,即在资本主义经济中,为了保持需求和商业周期的稳定,政府干预经济和社会事务是必要的。劳动力和资本的利益组织之间相对称的权力平衡以及超高的经济增长率缓和了分配冲突,在一个被一道东西方冷战铁幕所分开的世界里,党派竞争和制度竞争又进一步向福利国家的扩张添薪加油。在这样的情况下,所有地方的社会福利都有显著的提高,已有的项目得到拓展以覆盖新的受益人群,全新的计划也得以采纳(见第五部分,对各类支出和收益发展的轨迹以及宽口径独立社会保障项目的描述)。因此,福利国家的覆盖面和支出水平急剧上升,对政策结果,包括不平等和贫困的减少、社会权利的保障和宏观经济的表现,产生了重要影响(见第六部分)。

然而,虽然有这样大规模的扩张,但福利国家整合时代所铸就的制度差异仍然存在或转变为新的制度差异。因此,西方国家通过不同的途径走向和经历了福利国家的现代性(Therborn,1995b;Castles,1998a)。与20世纪50年代、60年代以及70年代中期的功能主义者说法相反,这些国家变得更加富裕,也没有明显的趋同,这对社会支出和福利国家的制度模式也同样适用。因此,在福利供给中美国仍然是一个剩余型供给者,保留着对于需要照顾的特定人群(主要在老年人群体中)提供基于保险的福利,且没有开展主要的国家服务(尤其是卫生保健)——后者导致国家卫生改革问题上更深层次的冲突和政治僵局(Marmor and Oberlander,2009)。在另一端,北欧国家提供了各种各样的基于税收与保险的福利和公共服务。鉴于这些持续存在的跨国差异,福利国家的研究投入了大量的智慧和努力,以确定这些差异的特征及根源。在文献综述里所呈现出的各种分类中,埃斯平—安德森(Esping-Andersen,1990)的福利体制类型无疑是最重要的。这些福利政体以及经合组织区域内外的其他"国家群体"的历史起源、成就和缺陷,一起构成了第七部分的主题。

评论与挑战

在20世纪70年代和80年代早期,福利资本主义的"黄金时代"开始动摇,"白银时代"开始到来(Taylor-Gooby,2002;第6章)。紧跟着石油危机而来的经济恶化和政府未能有效处理的滞胀,使得政府在社会和经济中的角色再次遭到质疑。其结果是,福利国家几乎从政治上的每一个方面都受到越来越多的批评。保守派抱怨总体上的难以管控性(Crozier et al.,1975),而自由党哀叹效率低下和家长式统治。当然,最有影响力的批判——就现实世界的政治后果而言——是由新自由主义理论和新道德裹挟的保守主义所阐述(见第4章),其中的思想随着时间的推移变得越来越重要。富有影响力的保守派——新右派,对美国试图去解决战后的贫穷问题进行了批判。查理斯·穆雷(Charles Murray,1984)发动了一场对福利政策道德风险的猛烈攻击,为废除美国的福利制度提出了充分的理由。劳伦斯·米德(Lawrence Mead,1986)也抨击了福利供给,认为在管理中应设置更多的限制条件,从而奠定了"以工代赈(从福利到工作)"的概念雏形。在这些探讨中,部分经济学家和政治科学家受到哈耶克(Hayek,1944;Plickert,2008)[1]和弗里德曼[Friedman,2003(1962)]新自由主义思想的启发,其他人则被质疑谁会真正从社会政策中受益的理性选择理论所说服。在这种钳形运动攻势下,政府干预越来越被认为是部分问题所在而不是用来克服宏观经济失衡或改良社会的工具(Goodin,1988;记录并与之对峙)。后唯物主义者认为,福利国家官僚主义的增长削弱了个人自主和公民社会制度(Beck,1999),但女权主义者则把福利国家视为一个能支撑和固化传统性别关系的制度(Fraser,1994b),而马克思主义者在资本主义发展的前一个阶段就已经发现了一种新的矛盾,他们认为,如果没有福利国家,资本主义已经不再可行,但同时,正是福利国家的发展破坏了资本主义积累的逻辑,造成了一种援引自高夫(Gough,1979;另见 Offe,1984;O'Connor,1973;Klein,1993)的所谓的"危机管理的危机"。

然而,可以说,就现实世界的政治后果而言,最有影响力的批评是新自由主义理论(见第一部分)所阐述的。随着时间的推移,新自由主义的观点变得越来越重要。一种思想体系氛围的改变正在形成(Le Grand,1997):许多国家的评论家和政治家敦促应更多地关注个人的责任,而不是个人的权利,尤其是参与劳动力市场的责任。这些呼吁导致美国往往倾向于惩罚性的政策,而

---

[1] 哈耶克于1974年被授予诺贝尔奖,但诺贝尔委员会做了一个谨慎的权衡,让他与瑞典社会民主福利国家的主要缔造者之一贡纳·默达尔(Gunnar Myrdal)分享了这个奖项。哈耶克确实为国家干预福利留了一些极简主义的余地:"当然,我们绝不能忘记,在现代社会中,需要有相当多的服务供给,例如,卫生和健康措施,而这些服务是市场不可能提供的,因为很明显,没法向受益人要价收费,更或,也不可能把利益限制在那些愿意或有能力为其付款的人身上。"[1980(1947):111]默达尔(Myrdal,1957)是最早系统研究开放或封闭式经济与福利国家建设相互作用的学者之一。但是,他仍然同意大多数人的意见,即福利国家只能在封闭的经济中得到充分发展。

西欧则形成了更具能动性的"激活"型策略,但是在北欧,福利国家从一开始就是牢牢地建立在一定的限制性条件及工作/福利关系上的。在20年的时间里,按此发展的无休止的思想斗争不断加剧地挑战着人们对大政府福利效用的乐观信念,而正是依据这些信念,战后福利国家共识才得以达成。逐渐地,人们渴望用市场取代政府,或者在这一愿望不可能被实现的国家,人们期待的是"准市场"(Le Grand,1999)。随着第一波运动在英语国家中推行,新自由主义思想很快在全球蔓延开来。

国际组织例如世界银行、国际货币基金组织加速并强化了这一进程,并且引发了人们去重新思考国家在经济和社会事务中应该扮演什么角色(Deacon,1997)。这一加速在最低限度上被一些国际社会组织所反噬,例如,国际劳工组织和世界卫生组织,以及在1995年举办的联合国世界社会政策峰会。"让政府回来"掌管一些核心功能,越来越被视为在经历了根本转变的国际政治经济中的主要竞争优势(Scharpf,2000b)。这种转变经历了几个阶段。首先是布雷顿森林金融体系的瓦解和20世纪70年代的两次石油价格震荡所带来的经济衰退。20世纪80年代见证了资本市场的放松管制和国际化以及不断增加的贸易自由化。1989年的东欧剧变是一个地缘政治学事件,它似乎证明了新自由主义的观点,即经济事件中的公共干预会导致无效率。20世纪90年代目睹了一个真正的"全球"经济体的诞生。随着单一欧洲市场以及随后欧洲货币联盟的形成,加之2002年之后欧洲开始使用"通用货币",所有这些都显著推进了欧洲的一体化进程。最后,自2004年东扩以后,欧盟成员国之间产生了巨大的财富差距,并创造了把生意和资本转移到低工资国家的新机遇。

这些外部的变化汇集起来,对发达的福利国家产生了深远的影响。欧洲一体化的深入不仅对财政政策和货币政策施加了约束,阻碍了传统的凯恩斯宏观经济政策在国家层面的实践,而且还创造了"半主权"福利国家。这些国家开始融入一个新兴的、多层次的社会政策体系(Leibfried and P. Pierson,1995)。与此同时,"联盟制定政策的能力所增强的程度远不如其成员国在此能力上减弱的程度"(Scharpf,1994:219),因此阻碍了超国家凯恩斯主义在欧洲层面的实践。更笼统地说,始于20世纪70年代的经济全球化的第二个时代增加了国家之间对流动资本的竞争,加剧了对国家社会政策标准的压力。

强化资本退出选择,也就必定要对税收和再分配施加更严格的限制,这也导致劳动力和资本之间出现了新的权力平衡不对称,还导致与19世纪全球化时代形成鲜明对比的意识形态的氛围转变。现在有一种明显的趋向,认为社会保障投资对经济来说是一个沉重的负担,而不是一个能够为"力争上游"在起跑线上提供助推力的因素。简单来说,国际政治经济的转型削弱了民族国家的自治权和主权,但并不支持在国际层面发展职能相当的高级权力机构。

不可否认,经济状况对福利国家的民生发展已经不再有利。但是,实际影响是值得商榷的。贸易增长的影响并不全是负面的。贸易是经济增长的一个重要来源,能为福利国家的长远发展提供必要的财政资金。从这一观点来看,成熟福利国家的主要挑战是要找到一个最优的调整方案,能够将全球化所带来的三位一体的经济需求——自由化、灵活性、放松管制——与团结一致加以调和。紧缩并非不可避免,其进展是一个备受争议的文献主题。这本手册的几篇文章都强烈认为(见第五部分和第六部分的讨论),全球化在社会供给中简单地释放了"逐底竞争"的观点是缺乏实证基础的。

除了这些外部挑战,成熟福利国家还面临着一系列国内挑战,这些挑战与社会现代化和经济结构的变化关联密切。尽管他们不常被作为政治辩论的素材,但是这些"看不见的"变化,相比于国际政治经济的变化,对于福利供给特质的改变也许更为重要(P. Pierson, 1998)。而且这些变化在很大程度上是福利国家自身的产物(Kaufmann, 1997)。一个重要的挑战是由工业经济向后工业经济的转变所引起的(Iversen and Cusack, 2000)。战后第三产业的兴起带来了两个重要的问题:一方面,服务业的生产力比工业要低。因此,经济和工资的增长率随公共收入的负面反馈作用而降低。西方政府在大量的现金补助和公共服务上面临着日益严重的筹资困难,在这些方面劳动力成本的削减会损害服务的质量,从而带来一系列的选举结果。另一方面,实现私人服务部门的就业增长只能以较高的不平等为代价,除非公共部门使用其补偿功能(Scharpf, 2000a)。因此,一些学者提出了"服务经济的三难困境",其特征是:就业增长、收入平等和健全的国家财政之间的权衡取舍(Iversen and Wren, 1998)。

经济结构的变化以及日益加剧的国际制度竞争引发了劳动力市场的根本

性改变。提升生产力水平的压力和向后工业信息社会的转变提高了对技能的要求,大量的低技能工作被摧毁或被迁移至低工资国家。较高的弹性要求和劳动力市场女性参与的增加,导致非典型就业形式的扩散,例如兼职、临时工作或固定期限就业等。这些就业形式是现存的福利国家不能妥善设计的。女性劳动力市场参与的提升在其他方面有着重要作用,它质疑了男性挣钱、女性看家的家庭分工观点。自20世纪90年代中期起,西方福利国家一直在力推各种能将无偿的家庭工作和有偿的就业加以调和的措施。鉴于普遍的愿望是提高就业率,福利国家长期以来面临的挑战就是要为儿童和体弱的老人提供充足的社会服务。在一些国家,尤其是美国,市场外部化被看作一个合适的解决方案,同时廉价的外来劳动力使得这一措施在经济上是可以承受的。此外,社会现代化削弱了家庭的福利生产能力。离婚率、非婚生育率和单亲家庭的数量都上升了。传统家庭形式的弱化和家庭中双方(尤其是女性)贡献的改变带来了新的社会风险和需求。例如,贫困在人口统计线上开始从老年人向单亲父母及多子女家庭蔓延,家庭变化的过程增加了对社会照护的需要。

另外两个来自国内的挑战是相关的。第一个是有关人口统计学的。在过去的几十年间,人们的期望寿命有了显著的提升,尽管总体上这是由更高的生活标准所导致的,但有大量的证据表明,福利国家通过提供更好的医疗健康服务,部分地促成了基本上是积极的发展。第二个是人口出生率的急速下降。这一趋势少不了许多其他因素的促成,包括避孕技术的创新、个性化和组合家庭的机会成本的逐渐上升(主要是对女性来说)。这些变化的后果是相当清楚的,它将完全随着"婴儿潮"一代在未来几十年里的退休而呈现出来:社会的老龄化直接影响福利国家最为昂贵的项目,例如,养老金、健康和长期护理,因此在未来将会需要更多的资金来源。人口出生率的降低意味着经济活动人口的减少,因此20—60岁人群不得不承受日益增长的财务负担。

未来的第二个挑战是西方社会越来越大的种族异质性。在欧洲,第二次世界大战刚结束时具有相对较高水平的种族同质性(Therborn,1995b),但在1960年之后,劳工移民和难民的涌入逆转了这一局面。这些迁徙会对福利国家造成各种各样的影响,移民较高的贫困率产生了新的需求,这需要努力提高社会的包容性,但同时也能减缓人口老龄化的压力——至少会有一个过渡的时期。近期的讨论集中在增长的种族异质性对团结和再分配可能存在的影响,其论据是种族同质的国家拥有一套共同的价值观和政治背景——也是一种政治社会——能够在其成员中实现再分配制度的合法性。一些学者认为,日益增长的种族异质性将减少团结,并将驱使欧洲转向一种更加美国式的社会政策(Alesina and Glaeser,2004;见后文 Banting and Kymlika,2006a,第19章)。

总体而言,当今后工业社会的挑战和风险模式与历史上作为福利国家建设和巩固时代主要参照点的工业社会截然不同。老福利国家面临新的社会风险,陈旧的社会规范和新的挑战之间的差异是福利国家需要调整适应的一个重要方面,目的是要在传统的社会补偿方式与新的更强调社会投资之间寻找到一个平衡点(Armingeon and Bonoli,2006)。

就像那些外部变化一样,来自国内的挑战以不同的方式影响着不同的福利国家(Esping-Andersen,1996a;Scharpf,2000a)。在很大程度上,福利国家受这些变革的影响程度与现有福利和生产制度的变化及其福利制度和教育等其他公共政策的协调程度有关。考虑到这些影响程度的跨国差异和各国的成功历程,发达民主国家给予不同的回应就不足为奇了。此外,所采用的调整途径的跨国差异又进一步受到福利国家模式及其政治改革能力的影响(见第五部分和第六部分)。

成熟福利国家面临的国内外挑战的介绍呈现以下情景:向以服务经济为主转移,并且经济全球化严重束缚了公共收益。然而,社会现代化和经济结构的变化产生了越来越多的社会需求、新的风险形式和新的社会政策干预顺序,其中,教育和社会服务首当其冲。此外,日益萎缩的公共收入和不断增长的公共支出压力导致保罗·皮尔逊(Paul Pierson,1998)所提出的"长期货币紧缩"状态。在全球化和欧洲一体化的浪潮中,那些主权和自治权明显衰弱的国家必须对此有所管控,在没有国际势力帮助的情况下也要能够力挽狂澜。因此,即便在最近的几十年间,社会政策已经变得更具国际化、跨国化和超国家化,并且所有的迹象都表明这些将会是持续存在的趋势,仍需要我们去寻得有效的干预手段。

展望未来

这些未来的发展将在本手册的最后一部分(第八部分)进行阐述。面对上文所述挑战,福利国家是否能如我们在第二次世界大战以来所认识的那样得以持续?在本书的第七部分,除了审视OECD国家中各种各样的福利模型,我们也关注发展中国家并研究了东亚、拉丁美洲、西欧和苏联社会政策发展的近期趋势。但是那些非洲、南亚和中东国家又如何呢?它们的社会政策机构仍然是不健全的,经济和人口等未来前景仍不容乐观。这些都是传统方面的挑战,即能否获得更多的经济资源,为一个更有福利爱心的国家的新角色提供资金。如果从中期和长期来看,真正的挑战则是在全球变暖可能限制经济增长的世界里如何确保社会进步以及社会公正。

这本手册撰写并编辑于全球金融和经济危机的背景下,起笔于2008年3月,并于同年9月全面展开。在那场危机中,我们见证了国家角色的戏剧性变化。这一改变在千禧年之后仍持续了多年:国家被这些变化强制性地卷入,先是缓慢地冻结私有化或是重新审视国有化,然后是2001年"9·11"之后的国家反恐运动……接着是建设公共资金蓄积池(pubic dams)来抵御2008年9月之后不断增长的危机。这些资金池的建设是国家行为,并一定程度上在欧盟标准上是超国家的以及G8和G20标准上的国家合作,还有布雷顿森林体系时代的一些全球机构的合作。我们看到了经合组织世界的跨疆越界以及在政治上的共同发展,还有4个金砖国家,即巴西、俄罗斯、印度以及中国扮演的新角色。国家议题在建立强有力的国际危机应对规范并使其得到全面实施等诸多其他一系列事项中处在紧要关头——这一运动,目前看来,似乎只在打击避税方面有了作为。福利国家议题如天空中的彗星一般照亮各处,随着一些国家元首赞同将"社会市场经济"引入经合组织世界乃至更广的范围,另一些国家则聚焦失业问题或把阻止大型跨国企业(并且,尤其是银行业)破产作为首要任务。还有一些人,例如,本笃十六世(Benedict XVI),在社会性百科全书《爱真理》(2009)一书中——但是,历史上第一次,没有原始的拉丁语资料来源——以较高的国际曝光率对过往进行了反思,现在也对资本主义的一些行为进行了批评。

在仔细审视是什么引发了当前的危机时,我们发现了住房的关键影响(见第33章):单就美国而言,把家庭所有权视作美国梦的基石(Jensen,1996、2003),却未能找到一个为其劳工阶层提供低成本的公共住房的途径,反而要依赖于补贴和鼓励私人供给,且越来越多地通过各种方式来寻找其他途径——进而,也没有适当的监督。从某种意义上说,我们在这本手册的很多内容中都看到了一个不完整的美国国家福利制度,再加上不健全的银行体系和松散的监管机制,它们与自2008年以来的许多问题有着直接的因果关系(Hellwig,2009)。托尼·朱特曾指出:"1945年后的欧洲历史形成了一种保障体系,为各种冲突以及任何意料之外的变故提供保障……欧洲人需要意识到这一时代已经结束。由于种种原因,广泛的民众参与教育和繁荣已不再是一项政治上的优先选择。取而代之的将是什么,尚不明朗。我们能够保留的有什么,也悬而未定——但是我们留下了一个划时代的避风港"(见 Leibfried and Mau,2008b:xi;同时见 Judt,2005)。朱特对于欧洲的言论同样也适用于整个经合组织——在某种程度上也适用于全世界。

随着美国正在努力摆脱其对主要债权国——中国的依赖,所有这些问题很可能都将面临新的地缘政治背景。许多人预言全球力量将从美国转向中国——但是那种量级的力量转移之前从未有过平稳的交接。希望情况正好相反,我们需要为21世纪制定一个新的社会契约,且它必须是超越国家范畴且是前所未有的全球化。因此,我们需要充分了解我们已经身处其中的福利网络。只有这样,我们才能明辨这些体制所赋予的经验教训。这些道德与经济上的层层叠叠的关联,而不是像20世纪70年代之后我们通常所做的那样,盲目地摧毁他们。

第一部分

福利国家的哲学论证与批判

第 2 章　道德规范

斯图尔特·怀特（Stuart White）

引　言

我们所称的"福利国家"是现代民主政治的核心。政治科学家们对福利国家诞生与演变的起因有所争论；经济学家们则争论福利国家对更广泛的经济的影响；社会政策专家们争论某些政策是否合理并提出改革建议。在这一纷繁复杂的多学科分析中，政治哲学家也有自己的作为。因为福利国家主要是某种道德理想的表达，所以它以社会公正的名义得到辩护，但它也被认为违背了其他理想，如个人自由。关于福利国家未来的政治争论直接关乎这些主张和与之相对的辩护。但是，因为这些主张实质上属于哲学范畴，所以需要政治哲学家的专业知识。政治哲学家虽然不能详细地说明福利国家应该是怎样的，但是他能明晰争论的标准，以此来帮助民主国家的公民在不同的福利国家未来中做出选择。

本章试图阐明围绕福利国家的一些核心道德观点，分析集中于三个核心价值：首先，我们将考虑"需求"的概念；其次，我们关注"平等"的原则；最后，我们考察围绕福利国家对"自由"的影响的争论。结尾部分提出一些未来可能会成为讨论热点的新颖的规范性议题。本章的重点与哲学有关，而不是思想文化史或者福利的不同意识形态。也就是说，在福利国家政治的真实世界中，通过受地方制度和意识形态传统塑造和约束的方式来开展哲学论证。在之后的部分,笔者试图利用埃斯平－安德森具有影响力的"自由""保守"和"社会民主"福利国家模型来说明这一点(Esping-Andersen,1990)。

需　求

福利国家经常被理解为满足基本需求的机制。例如,在讨论福利国家在何种程度上能减轻或防止贫困时,有一种假设认为,福利国家的部分任务是防止人们被剥夺其基本需求。这里所讨论的关键问题有:什么是基本需求？我们如何概念化并衡量它们？公民是否有权决定他们需要什么？福利国家是否应该只帮助最需要帮助的人？

对基本需求概念的阐述可以使用阿马蒂亚·森(Sen,1992)著名的能力概念。森的分析首先指出了一个人的幸福由以下"功能"构成:

生命和行为[它]……可以是从一些基本事物如营养充足、身体健康、远离可能的病患以及早产、死亡等,到更复杂的成就,例如,快乐、自尊、参与社区生活等,不一而足(Sen,1992:39)。

一个人的能力是指他实现这些功能的力量:"一组功能向量,反映一个人主导某种生活或另一种生活的自由程度"(Sen,1992:40)。如果我们能够就实现最低限度的体面生活所需的功能达成一致,那么我们就可以确定一组相关的能力,因此可以通过参考这些能力来理解基本需求。

森认为,基本能力的概念不应该仅仅从与生物生存相关的功能来理解。人类是社会生物,具有作为社会成员的需求。我们有与追求社会地位和参与社会生活机会相关的需求。因此,正如森所说,亚当·斯密就指出,一件好的亚麻衬衫对一个18世纪的工匠来说是多么重要(Sen,1987)。一件好的亚麻衬衫也许不是生活上的必需品,但是在特定的社会背景下,如果为了满足自尊以及参与到更广泛的社会中而不被嘲笑或排斥,那么一件好的亚麻衬衫就成了必需品。这种洞见也支持这样一种主张,即"贫困"需要从人们相对于社会总体富裕的程度来理解,而不是简单地从他们对商品的绝对支配程度来理解(Sen,1987)。随着社会平均富裕程度的提高,在维持社会地位和参与社会方面的商品成本可能会上升,因此人们需要在绝对数量上获得更多的商品,以维持一定的能力水平。当然,在理解基本需求(以及相关的贫困)的概念路径上达成一致,但在关于将能力和商品捆绑打包以定义基本需求阈值上,如何能给出精确的规范,仍然留有许多问题。关于基本需求的概念存在着与生俱来的争议性,任何令人满意的理论都需要确定政治进程,从而可以公平地(而且总是暂时地)解决对需求内容的争论(Fraser,1989b;Young,1990)。

个人是否或在何种意义上有满足自己的道德权利,这一问题与什么是基本需求的问题并不是一回事。以英国作为主要关注对象,T. H. 马歇尔的著名观点是,福利国家代表的是公民权利进一步发展的阶段(Marshall,1964b)。在公民权利和政治权利的基础上,福利国家实现了"社会权利"。近年来,许多福利国家,特别是自由福利国家,已经开始在福利国家计划中更多地使用"条件性",例如,以更严格的工作要求为条件,为失业者提供现金援助。条件性运动的批评者和支持者都认为这标志着马歇尔"社会权利"哲学的一个突破。此外,在广泛的福利国家类型中,有一类重要的观点,主张用无条件的现金补助或"公民收入"来替代许多有条件性和有针对性的生活福利。在理想情况下,这些福利收入应能满足一系列基本的需求标准(Van Parijs,1995;Raventos,2007)。

事实上,条件性不一定与社会权利的观念相冲突(White,2000)。关键的问题是社会权利是一项怎样的权利?当然,如果一项社会权利仅仅只是一种"被给予"资源的权利,那么条件性将与社会权利发生冲突。但是,社会权利也可以被理解为合理获得相关资源的权利。条件性是否与某一给定的社会权利相冲突取决于具体的条件规则是否妨碍个人对所需资源的合理获得。例如,如果最低收入是以就业为条件的,并且市场上有广泛的就业岗位,那么合理获得最低收入的这项权利就没有明显受到侵犯。

对条件性的辩护分为两类。第一,家长主义的论证认为:条件的合理性在于它符合福利受益人自身的最大利益(Mead,1992),当然,也存在着强烈反对家长主义的推定(实际上,这可能在自由福利国家尤其强烈)。但一些哲学家认为这种推定不是绝对的(G. Dworkin,1971)。他们认为,如果对自由的限制是有关个人同意的,作为一种确保自己不受短视或意志薄弱影响的方式,那么家长式主义是合理的。在这种情况下,家长主义是"自我家长式主义",实际上代表了一种加强个人能力的方式。那种能力指的是个人依据自己的最佳判断而行事，而不是超越这种判断。可以想象，一些条件性政策在这些条件下也许是合理的。然而，福利受益人本身的意见在传达这类辩护理由的过程中尤其重要。这使我们在确定解决基本需求的政策时会回到对公平的政治进程的问题（在这里是指给予福利受益者有效发言权的程序）。

条件性的第二个论据是公平论。它主张，人们不顾自己的社会行为而攫取资源，对他人而言就可以说是不公平。该论据的另一个版本是，围绕着与工作有关的条件性争论，主张互惠原则（White，2003）。依据这种观点，如果人们分享了其他公民的劳动果实，那么他们就有责任在他们的能力范围内对社会做出相应的生产性贡献作为回馈。如果他们不这么做，正如此观点所言，则是不公平地利用并（从而）剥削了其他公民的福利。

互惠论至少受到以下两种挑战：第一，对福利受益人就互惠贡献所提的要求不应脱离更为广泛的经济体制公平性问题。如果经济中的机会和报酬机制是公平的，那么也许如约翰·罗尔斯（John Rawls）所说，"所有公民都在参与社会的合作工作"（Rawls，2001：179）。在这种背景下，对互惠贡献的坚持诠释了一个社会理想，即"自由与平等人士之间公平的社会合作机制"（Rawls，1999、2001）。但是，如果经济体系中的机会和报酬机制并不公正，那么在这些获得福利的人中坚持互惠贡献的做法是受到质疑的。如果那些领取福利津贴的人往往是因社会未能实现提供公正的机会和报酬机制而贫穷的人，那么我们还认为这些公民仍有义务像身处一个公正的社会一样做出贡献吗？试图强制执行这一假定的义务难道不会面临风险，将他们遭受不公平的不利事态固化，并因此形成复合型的背景不公正吗（White，2004a）？下面关于平等和自由的讨论在我们评估现有的机会和报酬结构的公平程度中十分重要。一个相关的观点是，某一既定的条件性政策的合理性可能会根据所处的福利国家的特定种类（例如，自由或社会民主福利国家）而有所不同，因为这会影响背景公正的程度。

第二，一些资源，如土地，是来自自然界或过去几代人的遗产。由于它们不是我们这代同胞的劳动产物，因此对于这些成果的分配是否应该遵循互惠原则是不明确的。根据一个哲学传统，根植于不同的福利国家，这些继承得来的资产应该被看作国家(或者,实际上是人类)的共同财产,因此所有人对其的权属诉求都是正当、合理的(Paine,1987)。事实上,如果人们认真考虑中立的自由主义原则,即国家不应根据公民对美好生活的不同理解而对他们加以区别对待,那么我们有坚定的理由支持给予每个人平等份额的资源。这些相关资产的价值应回馈给社区并作为统一的补助金进行分配。在这个基础上,最近一些人为公民的收入政策或全民捐赠的相关理念进行了辩护(Steiner,1994;Van Parijs,1995;van Donselaar,2008)。但是,请注意,虽然公民收入政策可能会有助于满足一系列标准的基本需求,但这项政策的理论逻辑实际上并不是依赖于所谓无条件给予必要资源以满足基本需要的权利。它所依据的假设是赞成平等,将平等作为个人对特定资源的主张的基础。这实际上是基于平等的一种论证,而不是一种基于需求的论证。

回到针对基本需求提供福利供给的理由,一个明显的问题是:福利政策是否应针对那些"有需要"的人?例如,如果国家承诺要防止贫困,那么它是否应该"瞄准"现金援助,以便足以救济那些若不接受就会陷入贫困的人,但除此之外便不再提供其他援助?区分自由福利国家与保守或社会民主福利国家的特征之一是对于这种"经济状况调查"的强烈依赖(Esping-Andersen,1990)。虽然资源稀缺意味着所有的福利国家都不可能回避这些问题,但它们也许因而会在自由福利国家中更为直接突出。

虽然我们很难概括出基于需求定位的对与错,但应该注意到辩论双方的伦理考量。一方面,经济状况调查似乎是一种能满足社会保障基本需求的"有效"手段:它显然是以最低的成本来满足更广泛的社会基本需求。这也许对于那些提供资源来帮助弱势群体的人来说是公平的。如果强制人们做出贡献的理由是他们有义务去帮助人们满足基本需求,那么我们如何能合法地迫使人们放弃比严格履行这一义务所必需的更多的资源呢?

另一方面,批评者认为经济状况调查在满足基本需要方面的"效率"是一种假象。第一,经过经济状况调查所获得的福利可能会给福利接受者带来更多的不良影响。因为,正如我们已看到的,充分的基本需求概念必须考虑到对地位和尊重的需求,而经济状况调查会颠覆基本需求的满足。第二,批评者认为,基于经济状况调查的援助受制于政治动态,将导致援助水平不足。由于较富裕的公民对这种通过经济状况调查的福利供给没有获得直接利益,随着时间的推移,他们会投票赞成将这类福利支出控制在较低水平,从而削弱其在满足基本需求方面的有效性。因此,为了更有效地保障基本需求,福利国家应向更多的人提供商品和服务,而不仅仅是最需要的人。显然,这种情况下,规范问题的解决取决于对不同类型福利国家动态特征的研究结果(Rothstein, 1998)。

平　等

提供满足基本需求的福利是不是福利国家唯一的道德目标?虽然保障基本需求的原则似乎抓住了所谓的自由福利国家主要针对的目标(尽管那种有高度的目标针对性的方式可能会被质疑为不够充分),但它并没有充分反映保守和社会民主福利国家(或者实际上是自由福利国家采取的所有政策)背后显而易见的伦理道德动机。以社会保险为例,虽然社会保险计划确实在保障基本需求方面发挥了作用,但它们在满足基本需求之外还往往试图抑制生活水平的变化。这个功能可以从扩展的基本需求概念来理解:也许追求生活水平的稳定性本身就是一种基本需求,因为它让人们对其物质环境产生更坚定的长期期望,反过来也巩固了他们制订长期计划的能力(Goodin, 1988)。然而,如果原本的生活水平本身就不平等则咋办?一个福利国家把这种不平等当做一种给定条件,就能提高经济预期的安全性吗?或者,与社会民主福利国家一样,福利国家是否应该将这种背景不平等本身控制到较低水平?

平等的需求当然是非常复杂的。在最抽象的层面上,我们至少可以区分三个平等主义目标:

(1)强大的精英政治。不论阶级背景、人种、种族或性别等特征,人们应该拥有平等的机会,将自己的能力发展成可市场化的才能,并依据他们的才能在报酬和地位上占据赢面(White, 2006:ch.3)。

(2)运气平等主义。个人不应因禀赋差异在追求美好生活上处于不利地位,天赋差异只是个"原生运气"的问题,例如,一个人出生的阶级或天生的能力,但反映不同生活方式选择的不平等是公正的(Cohen, 1989; Dworkin,

2000；Barry，2005；White，2006：ch. 4）。

（3）关系平等。一个良好的社会，其社会关系的特征是地位平等和不存在控制(Anderson,1999)。

强大的精英政治致力于一种雄心勃勃的"机会平等"形式。机会平等意味着在就业和相关决策中没有歧视，因此最具有与岗位相关才能的应聘者将得到相应的职位。但对于强有力的精英政治来说，它也要求个体都有平等的机会来发展才能。这将我们的注意力引向影响人才发展的广泛的社会力量。与此相关的是，它可能需要通过福利国家的一系列公共干预来重塑这些社会力量：如协助学龄前儿童发展的干预措施；对教育系统设计的干预；对那些可能会在决定教育和劳动力市场机会中发挥重要作用的金融资产的分配进行干预（Ackerman and Alstott,1999；Prabhakar,2008）。

但是强有力的精英政治就足以实现社会正义吗？"运气平等主义"，这一最近从约翰·罗尔斯和罗纳德·德沃金(Ronald Dworkin)等哲学家的作品中发展出来的哲学立场，认为这一问题的答案是否定(Cohen,1989；Rawls,1999；Dworkin,2000)。因为即使在一个强大的精英政治社会中，由于人们无法控制自然能力禀赋的不均衡，导致资源和生活前景的分配也就不平等了。因此，运气平等主义呼吁国家采取行动来纠正这些"原生运气"不平等的深层来源。[①]

对福利国家的设计而言这究竟意味着什么？对此仍存在着不少争论。德沃金通过提出"假想保险市场"的思想实验，试图应用他所理解的运气平等主义的直觉来进行判断。大致来说，我们想象保险市场中的个体具有两个重要的特征：(a)在购买保险之前，没有人知道自己适销对路的禀赋能力（或作为德沃金所谓的"生理缺陷"）；并且(b)每个人都具有以社会外部资源人均份额为基础的相等的购买力。我们也可以想象不同的保险公司提供一系列的保险政策，例如，为未能实现某一特定水平收益权分配提供保险的政策。选择购买的保险范围越大（例如，一份保险单所承保的收益能力越高），一个人就会支付越多份额的初始资源作为保险费。德沃金认为，我们可以辨别出一种"普通"个

[①] 如果是个人出身或其他类型不愿意参与博彩活动的结果，那么劣势就是一个原生运气问题。这与德沃金所谓的"选择运气"形成鲜明对比，后者是深思熟虑的赌博结果。

人会选择购买的保险单。现实中福利国家项目应该基于这个平均保险计划。在此基础上,德沃金主张对低收入和失业人群(但具有工作条件)给予慷慨补助,并为每个具备相应权利的公民提供全面的医疗保障计划(Dworkin,2000)。

如果我们从制度而不是理论开始,那么初看社会民主福利国家的制度也许是符合运气平等主义愿景的。社会民主福利国家在压制收入和财富分配不平等方面最为成功,这种方式可以说是限制了这一领域原生的运气不平等。他们还实践了"特定平等主义",其中特定的物品,如教育和保健等被从市场环境中剥离出来,在完全平等的基础上提供给所有公民。这可以被看作是进一步将原生运气与整体优势分布隔绝开来。同样的道理,从运气平等主义的观点来看,保守和自由福利国家都有可质疑之处。自由福利国家只瞄准帮助最需要帮助的人,它不太可能会竭力防止或减轻原生运气的不平等(即使它在保障基本需求方面是成功的)。保守福利国家似乎过于关注不平等的生活水平的安稳,而不质疑隐藏在不平等之下的公正合理性。保守福利国家还必定有过低的女性劳动力参与比例,运气平等主义(更不用说强大的精英政治)也将之视为是不公正的。①

然而,运气平等主义具有两面性。如果史密斯的收入高于琼斯是因为她选择做更多的工作,或者是她选择了一份高薪工作,假设这些也是琼斯真实的选项,那么结果的不平等是公平、合理的。在这一方面,运气平等主义试图纳入个人责任的概念(Cohen,1989)(这或许反映了其起源,至少从目前的形势看,是在于拥有自由福利体系的国家)。这使运气平等主义的政策含义更加复杂,并且对于我们之前的断言可能需要做一些限定,即社会民主福利国家的机制在现有福利国家中是最接近运气平等主义要求的。

对个人责任的强调在原则上支持了根据人们对自己的不利处境负有多大责任来差别供给福利的政策。然而,即使从其自身的角度考虑,运气平等主义也需要对这些政策进行审慎的评价。运气平等主义认为,在原生运气带来的

---

① 也许有人会反对说,劳动力参与的差异在很大程度上反映了生活方式选择上的性别差异,而运气平等主义者应该对此并不在意。然而,这忽略了某些选择可能在多大程度上受到没有特定个人控制的强大社会规范的影响。我们将回到这个棘手的问题,即原生运气如何塑造之后选择的背景。

禀赋不平等已得到恰当应对的大背景下，由个人选择所造成的不平等是公平、合理的。只要未被实现，就有理由要求运气平等主义对责任——差别化政策保持谨慎。例如，如果"坏的选择"与差的原生运气相关联，如不健康的饮食与潜在的低收入相关，那么运气平等主义可能会反对对责任敏感的保健政策，因为一旦考虑到这一相关性，那就可能会对未得到补偿的那些原生运气差的人群更加不利。有一个相关的问题，那就是要区分清楚原生运气和个人责任在造成劣势方面的不同作用。选择反映了偏好，但偏好是由一个人所处的社会环境塑造的，这在很大程度上是原生运气的问题。因此，即使在理想条件下，如何将选择和个人责任与（非选择性的）社会环境的影响区分开也是一道难题（Roemer，1993）。

对运气平等主义中个人责任的强调是一些政治理论家的主要关注点。在一篇重要的文章中，伊丽莎白·安德森（Elizabeth Anderson）认为，在允许个人面对自己的生活方式选择的后果方面，运气平等主义一度是令人难以置信的苛刻，而要求那些技能有限或残疾的人仅仅只获得经济补偿，也有些自贬尊严（Anderson，1999）。虽然安德森对运气平等主义的批评被夸大了，但她的论文有助于提出一个独特的平等主义观点（White，2006：ch. 4）。根据安德森的理解，平等主义从根本上讲并不是一个我们如何分配事物的问题，而是社会关系质量的问题。她的解释实际上确定了社会关系的两个特别重要的特征：地位和权力（Young，1990）。从根本上来看，平等主义社会是一个个体之间平等相待的社会：人们彼此认为他们具有平等的公民和政治地位，没有人有能力去主宰他人。从本质上看，理想的状态就像是："没有主人，就没有奴隶"。这种表述我们无法简化为纯粹的分配平等主义原则，即"阿尔夫和贝蒂应拥有相等数量的商品 X"。在这种观点下，收入和财富分配的意义源于它如何影响地位和权力的关系。根据这种关系平等主义，福利国家的工作就是确保要有实现地位平等和无控制的条件。

强调使用福利政策来防止出现控制标示着福利国家的另外两种哲学路径具有一个共同点：一个是罗伯特·E. 古丁（Robert E. Goodin）对福利国家的分析，认为在某种程度上福利政策是一种防止"脆弱性"关系的手段，否则这种关系将引发剥削（Goodin，1986、1988）；另一个是新共和主义哲学，认为国家总体上的任务是保障自由,也就是"非控制"(Pettit,1997;Skinner,1998)。与纯粹的运气平等主义相比,这些关系视角并不关注消除原生运气的不平等本身。然而,他们可能对条件性政策和基于责任差异区别对待政策持更加怀疑的态度。关系平等主义者担心这些政策可能会对公民的平等地位产生威胁,尤其是这种政策可能有助于形成或巩固控制关系。关系平等主义视角最近在公民收入的哲学辩护中变得非常重要(Raventos,2007)。

自　由

自20世纪80年代起,许多以福利待遇紧缩为首要目标的发达资本主义国家均开始向"新自由主义"转变。新自由主义的情况部分取决于对效率的要求,但福利削减也被视为对个人自由的恢复(Hayek,1960;Nozick,1974)。这种转变在那些自由主义福利国家中尤其明显。在这些国家,福利国家的支持者面临着相当大的压力,要对自由主义信心满满的批评作出回应。那对此的回应是否充分呢?

在福利国家刚出现的时代,讨论往往围绕着对自由的"消极"和"积极"两个概念的争论(Berlin,1969)。[①] 消极自由主义是个体不会受到他人的干涉(强迫和威压)而按照自己的意愿行事或成为自己希望成为的角色。福利国家及其强制性的"再分配"机制被批评家们视为对消极自由的攻击。然而,一些修正主义自由者从诸如T.H.格林(T.H.Green)等思想家那里得到启示,认为消极自由是对自由不充分的理解(Green,1991)。[②] 他们认为,自由是自我发展的力量。消极自由是有价值的,因为它增强了这种力量,但当它起到限制自我发展的作用时便失去了其价值。使用国家的强制力量来建立一个保障所有公民都能得到自我发展所需资源的制度结构,它就可能限制消极自由。但有人认为,如果这些举措能让更多或所有公民拥有真正重要的自由:自我发展

[①] 伯林(Berlin,1969)是最广为人知的关于"消极"和"积极"自由的研究。但值得注意的是,伯林的"积极自由"的核心概念可以说与此处讨论的有些不同,它更多地关注克服代理人内部的非理性,而不是行动没有资源约束。

[②] 这并不是说格林本人是许多福利国家措施的支持者,只是他提出了一个自由的概念,可以用来帮助证明这些措施的正当性。

的力量,那么它们就是合理的。在当代思想家阿马蒂亚·森(Amartya Sen)和玛莎·努斯鲍姆(Martha Nussbaum)等人身上,我们可以清楚地看到对积极自由之修正自由主义理想的回应,尤其是他们对一系列保障基本"能力"国家政策的关注和呼吁(Sen,1992;Nussbaum,1990)。将自由概念化为自我发展的能力或其他一些基本能力,实际上是将自由的概念与基本需求的概念联系起来,从而将其归化以适应福利国家事业。

然而,这种方法的一个局限是,它使福利国家的批评者在优先事项上可以随意地选择他们的立场,所以他们会主张赋予消极自由优先权。福利国家政策的依据是否就是批评者所呼吁的消极自由的概念?

这里的一个关键洞见是,收入和财富的缺乏本身就限制了消极的自由(Waldron,1993;Cohen,1997:41—43;Swift,2001)。举一个例子,我想坐火车从伦敦到利物浦,但我付不起车票,接下来会发生什么?我上了火车,被检票员发现我没有票。于是,假设在斯劳这一站,我被请下了火车。我没有车票意味着我没有待在火车上的合法权利。因此我受到了强制性干涉——这种干涉最终由国家强制性机构做后盾——而我是在做自己想做的事。这不是对我消极自由的削减吗?让我们以另一种方式来理解。在一个资源私有制的社会里,他人的财产权对我们可以使用什么资源,以及我们可以采取什么行动,都有大量的限制。金钱是我们用来消除这些禁令的工具,以便获得消极自由去做我们想要做的一些具体的事情。正是金钱能够让我走进一间汽车展厅,并开着保时捷离开,然后我可以开车从伦敦去利物浦。没有金钱,我便不会有消极自由来完成这一系列行动。

现在,如果我们说所有公民都必须是自由的——消极的自由——至少在一定程度上是如此,那么会怎么样?如上所述,似乎要遵循所有公民都必须有(合理地获得)某种最低收入的保障。更进一步地,我们应该注意到,许多自由主义思想家的核心追求与其说是"自由",不如说是"平等的自由"。但是无论一个人是接受消极自由还是接受平等自由的规范性承诺,都不能只满足于收入和财富的自由市场分配,因为它几乎肯定在两方面都会有违反。为了确保充分或平等的消极自由,有必要采取某种形式的国家行动来管制收入和财富的分配,因此需要某种福利国家政策。

有两种观点反对这种思路:第一种强调受制于一种强制干涉的势力和实际经历的干涉之间的差异。当无家可归的人试图在百万富翁的别墅草坪上睡觉时,她会面临来自强制干涉的力量,但是也可能不会遭遇实际的干涉,也许百万富翁愿意让她睡在那里。如果只有当她实际遭遇干涉时才会丧失自由,那么她的贫穷不一定会剥夺她的各种自由。如果她不一定会失去上述自由,那么我们也未必需要用再分配策略来帮助她重获那些自由。另一种观点认为,人们可以采用"道德化"的消极自由定义。根据这种定义,只有当强制干涉妨碍了我有权利去做的事情时,它才限制了我做事的自由(Nozick,1974:262;Cohen,1988)。如果百万富翁正当地持有自己的财产,那么无家可归的人就没有权利在里面睡觉(在没有所有者的许可下)。迫使她离开这个地方并因此阻碍她睡觉,这一强制干涉并不会减少她的消极自由,因为它没有阻止她去做自己有权去做的事情。因此,人们不能认为在没有再分配制度时一定会丧失消极自由。

这两种回应都无法令人信服。在第一种情况下,我们有理由反驳说,自由既受干涉力量的制约,也受实际干涉的制约(Waldron,2006)。睡在百万富翁家草坪上的无家可归者知道自己会被随时撵走,只要百万富翁想那么去做。以这种方式"得他人怜悯"本身就是对一个人自由的一种约束。一个人依赖于另一个人的好意,并且必须小心翼翼地去维护这种好意。事实上,这是隐藏在新共和主义观后面的核心直觉,即我们在上一节的末尾所简略提到的"非控制"的自由(Pettit,1997;Skinner,1998)。

回到对自由的道德定义,存在两个问题。第一,自由的道德概念具有强烈的反直觉含义。设想有一个被正当监禁但又想离开监狱的罪犯。监狱看守是否因为将他关在监狱而限制了他的自由?当然,他们的确限制了他的自由。但是从道德自由的定义来看,显然会认为这里并不存在对自由的限制,因为狱卒并未阻止她做自己有权去做的事(Cohen,1988)。第二,在自由的道德概念中,自由的轮廓现在又取决于对先前所提的什么是公正这一问题的回答。这意味着,一个人并不能做许多福利国家的评论者想要做的事情:将自由作为一个独立的标准来决定正义是什么,或者将自由视为一个独立的价值,与正义的需求相竞争并适当地对其加以限制(Cohen,1988)。如果我们有充分的理由认为正义需要某种平等主义的分配(见上文),那么一个人就不能这样说:但是平等的达成是以自由为代价的。按照我们正在讨论的道德观念,自由是由正义的需求所塑造而成的,所以如果正义要求平等,那么自由就是在平等的范围内我们被允许做任何事。

我们已经看到,从(消极的)自由的角度对福利国家政策进行传统的、笼统的批评,至少有些被夸大了。然而,这并不是说,从这一立场出发,对福利国家政策不能有正当的关注或批评。特别是,围绕家长作风,多样性和福利提供选择的一系列重要问题也需要加以考虑。对于这些关注,现有福利国家称为左翼的自由主义评论家和右翼自由主义者或"新自由主义"评论家,都常常发声。同样,这种关注可能在自由福利国家尤其强烈,并且不完全局限于这些国家。

当限制个人自由的政策的主要理由是为了他们自己的利益而这样做时,就会出现上面已经提到的与福利条件相联系的家长制问题。因此,如果一个国家强迫个人以一定的比率为将来的养老金进行储蓄,那么就(很可能)涉及家长式统治。自由主义哲学提出了对家长式主义的反对,但是如上所述,其推论不是绝对的。如果人们认同将家长主义措施作为一种自我保障的方式,以使自己能够克服自身的短视或薄弱的意志,那么这些措施可以说是合理且符合自由主义的(G. Dworkin,1971)。这种方法表明在有关限制条件得到广泛支持的情况下,家长式主义也许是合理的,即使仍然存在一个问题:国家应如何对待那些有着严谨的理由(例如,宗教)不接受其同胞所期望的限制条件的少数群体(例如,戴头巾的锡克教徒希望在建筑工地上工作可不佩戴标准保护头盔)。"温和"或"自由"的家长主义提供了另一种尝试调和家长主义和自由主义的方式(Thaler and Sunstein,2008)。这一调和并不是否认自由选择,而是通过改变其基准来实现选择。例如,与其让员工选择加入一项退休金计划,不如将其自动注册到该计划中,并允许员工选择退出。这种改变会在人的行为转变方面产生重大影响,对相关个体有利,而又没有限制其自由。

福利国家有时会遭遇指责,认为它混淆了平等与均等。在一个对美好生活有着多种不同理解的社会中,公民可能有理由希望福利供给能够敏锐地对待宗教与类似信仰之间的差异。这导致一些人,如保罗·赫斯特(Paul Hirst)主张一种"联合福利主义",其中,国家保有其作为福利供给主要出资方的角色,但实际供给转移到第三方的行业联盟,如宗教团体和工会(Hirst,1994)。在赫斯特的模型中,公民实际上获得的是代金券,他们可以用这些代金券从其偏好的供应者那里购买福利供应品。这是通过福利国家的内部市场机制来增加公共供给"选择性"的建议方案之一(Le Grand,2003)。批评者们认为这种机制有加剧供给不平等的危险,然而,这在很大程度上取决于"内部市场"的构建方式以及该机制运作的社会背景(Le Grand,2007)。在最近一项关于教育选择的研究中,哈利·布里格豪斯(Harry Brighouse)认为,根据具体的政策设计和环境,"学校选择"在不牺牲平均主义目标的情况下,可以为家长提供更多的选择权,甚至从平均主义的角度来看也会改善结果(Brighouse,2000)。在这里我们再次看到,对福利国家政策的规范分析不能仅仅通过哲学分析来推导,还必须要吸取相关的实证研究。

结　论

在结语部分,我将指出一些我们没有篇幅加以讨论的议题,而不是试图总结上述探讨。

一个重要的议题是移民政策及其对福利国家的影响(Barry and Goodin,1992)。如果平等主义关注的是将利益分配和生入福窝的随机性剥离开来,那还有什么比出生国籍更加随机呢?平等主义也因此而自然地把人们导引到开放边界的政策上来。但是边界的开放很可能会在实践上给福利国家带来额外的压力(在富裕的社会中)。所以平等主义面临着如何将平等化国内社会政策与开放边界统一协调起来这一两难困境。例如,如果国家根据平等主义在国内引入一个慷慨的公民收入政策,并辅之以一个开放边界的政策,那么基本收入政策将会持续多久呢?如何促进福利国家适应更加多元化的需求,前面曾简要述及,这一议题是平等移民政策所带来的一个更深远的挑战。

另一个未涉及的重要议题是代际公平问题(Barry,1991)。比如在考虑养老金政策时,这一议题显然非常重要。考虑如何使福利国家与环境可持续性不发生冲突(即便不支持)也很重要。此外,全球化和代际公平问题以各种方式交叉汇集,将对福利国家产生影响。

这一章所讨论的哲学问题极大地反映了20世纪80年代以来围绕福利国家整顿和重建政治而形成的辩论历程。在这一时期,面临新右翼信心满满的学术攻讦,福利国家的支持者不得不澄清和完善他们的论据。展望未来,围绕全球化和代际公平的这一堆问题,可能会变得与左翼和右翼围绕福利国家正义的经典辩论一样不可小觑。

第 3 章　理论渊源

克里斯·皮尔森（Chris Pierson）
马蒂厄·莱姆鲁伯（Matthieu Leimgruber）

引　言

　　福利国家思想的理论渊源错综而复杂。"福利国家"这一新创且多元的术语有着丰富的概念域[共享这一概念的词语还有 social security（社会保障）、Sozialstaat（德语，福利国家）、Wohlfahrtsstaat（德语，福利国家）和 Etat providence（法语，福利国家）]。同时这一概念还包含广泛的社会福利机构和实践做法。简单地说，对福利国家的辩护是一个相对较晚的发展，那些制定了与该术语最广泛相关的制度和政策的人——政治家如俾斯麦和公务员如贝弗里奇——经常主张一些不太一样（有时候是迥然不同）的东西。尽管福利国家计划经常被视为是对"社会正义"规范性观点的公诉（见第二章），而实际上它的观念根源（甚至它的规范性根源）远比这更加多样化和有争议。并且，尽管福利国家在某种意义上（主要是 1945 年以后）被视为社会民主的历史项目，但是其起源往往受到自由主义甚或是保守主义势力（或想法）的影响。

　　由于"福利国家"（及其同源术语）究竟意味着什么是不确定的，因此情况进一步复杂化。在福利国家应该包含哪些核心社会服务和保险计划（至少对那些同意以体制为基础的概念界定者来说是这样）这一方面已经形成了一致的观点，但是它是否应该包含那些由政府建立或管制但由其他主体来运营的供给呢？它是否包含公共教育，或者劳动市场政策，又或者税收支出呢（这里只是举出3个常被质疑的例子)？更多的困惑起因于这一事实：福利国家的出现一般都是渐进形成的，是从大量现有的法律规定和社会实践中产生的，首先最重要的是为了应对流浪乞讨、贫困老人和劳动规范管理。它既是对早期社会政策的突破，也是对早期社会政策的延续——济贫法、调解法、雇主责任法。先前存在的改善和纠正的传统、典型的各类慈善事业(首先是基督教的)、地方管理的济贫法和更新一些的"社会科学"，都持续发挥了作用(Bridgen and Harris,2007)。

任何关于福利需求观念根源的历史，在其他领域都存在着(特别是在19世纪)各种新出现的知识形态。没有这些知识形态，就很难想象现代福利国家的诞生。这也包括疾病和传染病科学的发展(Baldwin,1999)以及新的保险精算和统计能力的发展，如果没有这些，也许将不会有社会保险(Ewald,1986)。在瞬息万变的社会和政治环境下，政策制定往往会涉及许多的"难题破解"(Heclo,1974)。这一令人费解和知识共享的过程从它最早期的时候就不仅仅是世界性的，更是跨国化的(Rodgers,1998)。关于福利国家的想法和项目，在19世纪80年代以后开始出现，贯穿的知识和观点领域有共同之处，也充满争议，并漫卷全球，从柏林到旧金山(有时候取道悉尼和惠灵顿)直至东京(Westney,1987)。

更重要的是，福利国家的概念预示着或者确实恰逢现代民主国家的全面崛起。它需要发展充分的政府能力来应对新的、高度复杂的社会保护计划。这就是为什么公务员，如西奥多·罗曼(德国)、埃德温·威特(美国)、威廉·贝弗里奇(英国)和皮埃尔·拉罗克(法国)等，往往也在福利国家建设中扮演着如此至关重要的角色。一个新的国家改革者阶层出现了，他们有自己的民族精神，并致力于改善生活条件。

各类型福利国家发展的最大特点之一是福利的"渐变"：福利计划、覆盖面和预算的增量增长。在福利的知识内容上也有"渐变"的元素。那些曾经支持为处于危险职业中的男性工人引入工伤保险的人没有想过要有一个囊括所有人"从摇篮到坟墓"的全面社会供给系统。事实上，最早的福利计划的初创立法，一般不是因为一类新的公民阶层，而是为了某些工人或离职工人。规制女性和儿童工作时间与工作环境的立法通常显而易见地建立在承认他们不是正式公民的基础上,并且正是基于这些理由,这一条款通常被认为对他们"独立的"男性同事或父母来说是不适当的。当然,在整个20世纪的福利辩论和实践中,可以宽泛地勾画出从贫民(传统上意味着丧失一个人享有的任何公民权利)到公民的(部分)过渡历程。但这既不是一蹴而就,也不具有普遍性。"资格不够"的观念从未真正消失,一些最重要的国家福利计划被视作对公民身份权利的一种替代。通过有偿工作来确定市民身份,这种深刻见解为建立性别化的福利公民权指明了另一条可选择的道路(Bock and Thane, 1991; Pateman, 1989)。福利国家在一定程度上显然是将"大众化"纳入政治,但并非总是以公民身份为基础。

最后,我们需要认识到福利体制的知识基础会随时间不断改变。斯堪的纳维亚福利国家,在其本源上就是保守势力略施小财的产物,这一事实可能会反驳福利国家的起源在于动员工人阶级人数的观点。但它并没有告诉我们,福利国家是否在适当的时候成为一种手段,使再分配政治或"人民之家"的创建都得以实现。福利国家直到约翰·梅纳德·凯恩斯(John Maynard Keynes)和1945年后(或是略早些在瑞典于恩斯特·维格佛斯之后)才真正成为社会民主主义国家的计划。在那之前,福利国家实际上是其他人的知识产权。

即便说了这么多,我们还是能够发现某种思潮,它使一种新的社会政策能够或看似合理地被视作或等同于"福利国家"(尽管几乎总是对过往的回顾)。在这一章里,我们回顾在一系列国家(以及国际性的)发展轨迹中所产生的一些最重要的思潮。我们把大部分注意力集中在最初提出福利国家的案例形成阶段,尽管我们也考虑到,随着福利国家愈发变为一种既定的事实(尤其是1945年以后),这些论证是如何变化或被润饰的。在之后的时期里产生了重要的概念发展,但是这些毫无疑问是建立在之前已经发生了的格局之上的。虽然劳动力的代表尤其是那些工会组织,有时(然而并不总是)会乐意支持政府去给他们的成员提供福利,但他们通常将社会福利政策视为社会主义的一种替代物。他们的反对者也是如此。早期的福利措施通常出于试图回应某种"社会问题"的目的,但并不挑战主流的经济和政治秩序。

在过去25年里,对福利国家得以产生的历史研究中一个重要的见解是,贯穿19世纪的福利国家社会政策行动主义日益得到认可。尽管如此,我们也许仍然有充足的理由认为,1875—1914年的这段时期标志着福利国家的诞生,尤其是在这些年里政策创新的强度格外突出。还有一个时期,国家的社会福利支出预算出现了大幅增长,尽管其基数非常低(C. Pierson,1991;Lindert, 2004)。

实际上,支撑(或覆盖)这些早期发展的思维模式都是复杂且多样的。它包括(按照Freeden,2003)关于公民身份的新观念、对官僚组织的新期望、对国家权力(全国的和地方的)的适当(和扩大范围)目标的新信仰、对什么构成了幸福和人类繁荣的新理解、对贫穷和匮乏的新(形式的)知识、关于民众在政治以及在更为普遍的民主治理中的作用的日新月异的看法、对于社会正义构成的新观点、对于时间和风险的新态度和对于如何组织一个现代经济体以及如何让财富再分配正当、合理且得以实施的新期待。

德国和法国

我们的调查从德国开始是有道理的,因为德国几乎被普遍认为是第一个采取决定性立法措施使其成为福利国家的国度。传统上,俾斯麦首相在1881年11月17日所宣达的皇帝诏书以及针对疾病保险(1883)、意外事故保险(1884)及老年和残废保险(1889)等的相关立法标志着德国福利国家的建成。按照传统的解释,首先,这一系列的社会立法是一些策略,是要使工人紧密团结在新统一的德国国家周围,并引导他们远离(非法的)社会民主主义者的蛊惑(Ritter,1986)。这些立法被认为围绕着以下种种而建立:黑格尔式长期松散地奉献于国家的企业社会角色,统治精英对普通人民福祉的家长式关心,通过同业工会构架为工人提供支持的一种长期实践。它是贯彻在快速工业化和城市化背景下的一种战略——事实上,在某种程度上是以更理性和经济有效的方式应对这一挑战的一种尝试——但是基于一种对英国或曼彻斯特自由主义自由放任主张的深度怀疑。

最近,俾斯麦的作用有些被淡化。20世纪80年代的改革被重塑为党际竞争中低级政治的一部分,而不是作为一项"宏伟计划"逐步展开。在这一背景下，另外一些人作为德国改革进程中的理论构建者而出现。例如，成立于1872年的社会政策协会，就对呼吁国家干预和缓和市场(包括劳动力市场)产生的结果给予了明智的学术关注。贴在教堂社会主义者这类群体成员身上的标签并非一致准确，但是它们绝对是"市场替代、收入再分配社会政治"思想的主要来源，并对主要的政治和官僚决策制定者产生相当大的影响[比如，在古斯塔夫·施穆勒(Gustav Schmoller)实例中](Grimmer-Solem，2003)。对俾斯麦关注的减少显示了一些没有得到擢升的政治行动者的长期努力。西奥多·罗曼，一个支持工厂法(俾斯麦所一直抵制的)的高级官僚，他在俾斯麦推行新政后仍然坚守自己的立场，在许多方面他都是典型的。比俾斯麦更具自由主义，作为一名基督教徒改革者，罗曼赞成国家干预但又希望政府尽可能通过支持志愿组织(而不是直接通过强制要求)来实行。他在官圈和政界不知疲倦地运作，以促进立法来实现这一议程。他的雄心当然是社会改良和工人阶级对德意志帝国的依附，但他认为通过促进各个组织内包括工会中的个人利益会最好地实现这一切(Hennock，2007; Tennstedt and Winter，1994; Stremmel et al.，2006)。

在法国，福利国家的概念可以追溯到19世纪60年代。这一术语的原始用法带有批判色彩，虽然在拿破仑三世最器重的社会思想家弗雷德里克·普莱的手中，这一术语开始更积极地表达赞同国家对互助机构的支持，但其含义一直都具有强烈的争议。传统上，法国的福利体系表现为分散化和非中央集权，并围绕着诸如互助、团结和辅助等概念构建(Ashford，1993)。虽然第一个词表示非常倾向于设立自愿组织，通过自我管理的合作来满足成员的需要，社会团结或社会连带主义原则严重依赖政府干预来维持相互的自助，但是辅助性原则的思路则又不一样。在法国背景下，它包含了这样一种观点，即互助保险应该由所有贡献者共同管理——工人、雇主和政府——而且这与中央政府具有一定的距离，是一种"半自主决策"制度(Ashford，1993)。具有讽刺意味的是，在20世纪之交的法国经历可以更恰当地被理解为一种针对辅助性原则所作出的反应(就它体现了教会的关键作用而言)。但是，作为一个更普遍的原则，辅助性原则(认为社会职能应在符合公平和效率的原则下在最低层次上得到执行)在整个欧洲大陆都非常重要。辅助性原则不仅在社会天主教占主导地位的国家中被视为尤其重要,在新教甚至是加尔文主义国家也具有等同的地位(例如,亚伯拉罕·凯珀在荷兰所倡导的"领域主权"理念;Van Kersbergen and Manow,2009)。就此,我们应该对家庭和儿童资助体系给予更多更频繁的关注,这本身与法国人口不断减少所带来的反复而普遍的恐慌有关(Pedersen,1993)。

早期法国社会福利政策的出现首先是一项民族国家的建设运动(紧跟着是1871年巴黎公社的惨痛经历和战败于普鲁士军队)。鉴于法国工业化起步较晚,最初的改革议程与其说是安抚工人,不如说是实现国家更全面的世俗化(尤其是在公共教育和社会援助领域)。实际上,德国与法国之间的反差被夸大了。尽管德国明确采用中央集权制,但俾斯麦改革首先强化了行业组织和市政机构,使得新生的德国福利国家呈现出一个比想象中更加分权化的形象。然而在"分权化的"的法国,共和党社会团结/连带主义的支持者,例如,莱昂·布儒瓦(Leon Bourgeois),设想国家应在支持和发展互助组织中起强大的作用。在这两个国家,当代经济学家和社会学家都把福利改革作为促进阶级和睦和工人阶级融入资产阶级社会的一种方式进行了讨论。力图将工人与国家还有民族紧密相连是用来增加法兰西共和国和威廉帝国两国凝聚力的一种手段(Stone,1985)。

英国和澳大利亚

如果我们将注意力转向英国的经验以及1906—1911年大刀阔斧的改革自由派政府(liberal administration)的创新社会计划——或者实际上如果我们注意到19世纪末20世纪初这一时期澳大利亚或新西兰改革者超前的改革议程——那么我们优先考虑那些由哲学家格林和他的追随者所主张的思想,即"新"或"社会"自由主义观,是有道理的(Bruce,1968;Freeden,1978,2003)。这种新自由主义观的本质是:自由不只是国家的不干涉,而是国家要为确保人类繁荣创造最佳条件。自由依然也关注个体的命运,关注那些生活在更广泛的人类社会中并依赖于这个社会的个体的命运。一个只局限于维持秩序和履行合约的国家还不足以很好地体现自由的真谛。国家还需要体现一种共同利益的意识。国家可以并应该在合同和私人财产等方面进行干预,促成人们在获得"真正"的机会平等的路径上是平等的,以此来重新分配人生机会。由于个体的实际机遇受到住房条件差、健康不良、教育欠缺和收入不足等的限制,因此国家可以并应该采取行动来解决这些非自然的不利条件,并且可以也应该利用(累进)税收所控制的资源来这样做。正是这些想法支撑了1906—1911年自由派政府所出台的温和的尽管也是相当革新的社会改良方案,它涉及学校膳食供给、学校医疗服务、国民健康保险、养老金、劳务中介和城市规划。同样至关重要的是,它证明了改革后的税收制度有其合理性,因为它可以为这些方案提供资金支持(Thane,1996)。

虽然新自由主义的重要性显而易见,但它仅仅只是这一复杂思想组合中的一个要素。旧的主题继续存在,包括普遍存在的对"不值得救济的穷人"的谴责——品德不好的、游手好闲的或不称职的人——以及对基督教慈善事业的倡导。但现在,这些观点与社会调查工作中出现的对贫困本质的更为"科学"的解释并列在一起。还有一些补救措施也是新的:无论是慈善组织的个案工作、房屋安置点以社区为基础的工作,还是韦伯所提出的"专门知识"(Harris,2004)。维多利亚时代晚期关于进步和(社会)进化的观点也产生了影响,通常与此相关的是,优生学在当时无论对保守派还是进步派来说都是一项"社会科学"。事实上,在与极右翼有着千丝万缕的关联之前,优生学通常被"进步"的观点视为体现了对提高人口整体素质的理性关注。类似地,左翼和右翼都存在社会帝国主义者。

在英国最南端的殖民地澳大利亚和新西兰所进行的早期改革中,同样可以发现实用性和理想主义的混合特征。虽然澳大利亚社会改革的起源存在争议,但这些殖民地的工厂法、对工资和工作条件的监管在当时是世界上最先进的。新的强制仲裁制度(这鼓励工人加入工会)在英国和美国都得到了广泛的评论与赞扬,国家乐于作为最后兜底的雇主也是如此。此外,新西兰是世界上最早引入非缴费型养老金的国家之一。格林以及他的后继者的理念在世纪之交澳大利亚的改革环境中被广泛解读,一小群在英国留过学且颇有影响力的移民学者传播了这些思想(Sawer,2003)。"真实的"机会平等要有简单但可用的载体。对这一观点的奉推,澳大利亚对普遍存在且非哲学的"公平对待"

概念做出了诠释。在其他地方通过国家再分配来实现的许多事情,在澳大利亚和新西兰则通过国家管制来实现,这一事实对他们的福利国家发展产生了决定性的影响(Castles,1985)。

美国研究

美国经常被视为"例外"(在这一点上和其他许多方面一样)。通常,就福利国家而言,它起步很晚,规模小并且格外吝啬。然而社会政策思想在美国却有着一段悠久而丰富的历史。早在18世纪晚期的革命时代,托马斯·潘恩(Thomas Paine)在与法国哲学家兼数学家马奎斯·德·孔多塞特(Marquis de Condorcet)的对话中,作为第一批学者表达了其对国家资助养老金的构想(Rothschild,1995)。引人注目的是,到19世纪后期,美国的内战退伍军人养老金成了世界上最大的公共养老金制度之一(Jenson,2003;Skocpol,1992)。但是这一庞大的福利计划随着退伍军人及其幸存者的消亡而不复存在,至少一定程度上是因为它被视为赞助政治经济的一部分,这也正是20世纪早期激进派的使命所在。在西达·斯考切波(Theda Skocpol,1992)的描述中,取而代之的是试图建立一个"母亲式的"福利国家。受过教育的女性、职业女性以及妇女组织所从事的工作是有政治意义的,但又未在正式的民主体制内,基本上还是被排除在外。这一主张导致一系列女性保护措施的出台,包括母亲、女性工人以及她们的孩子,如1912年成立的儿童局和1920年成立的妇女局。到目前为止,这一主张是成功的,它侧重于关注女性的特殊职能,特别是妇女作为母亲的角色。

丹尼尔·罗杰斯(Daniel Rodgers,1998)对这一事件的描述则大相径庭。在他看来,19世纪晚期至1945年后的快速经济增长期,跨国(尤其是跨大西洋的)借贷是北美社会政治的主基调。无论自由个人主义在更广泛的人口和文化背景中的显著性如何,对于那些推动美国福利改革进程的人(并非总是取得巨大成功)来说,他们的参考对象几乎总是欧洲,并且,(至少直到1914年)不是曼彻斯特自由主义者所主张的欧洲,而是指具有开创性的德国。因此,美国的劳工立法协会是模仿德国的社会改革协会而建立的(Moss,1996;Rodgers,1998)。碎片化的联邦政体所造成的多重制度障碍和用以替代集权的社会政策私营部门的不断增强(Hacker,2002)确实减缓了美国福利国家的发展,并在著名的1935年《社会保障法案》出台之前只收到了部分成效。然而,罗斯福新政的这一基石在许多方面只是姗姗来迟的重新考量,它引出了那些已经被酝酿了几十年的想法和概念。

瑞典和斯堪的纳维亚模式

斯堪的纳维亚国家,尤其是瑞典,在福利国家发展史上占据着相当重要的位置。有一种"瑞典模式"(或"北欧模式"或"斯堪的纳维亚模式")存在,而且这种模式可能是其他国家想要效仿的,这种观点具有极大的影响力(见第40章)。这一模式的核心理念也许最能体现瑞典首相佩尔·阿尔宾·汉森所提出的"人民家园"概念。该词于20世纪20年代末被提出,并且经常被用于描述1932—1976年这一相当长时期内瑞典社会民主霸权的愿景。简单地说,这一术语抓住了国家社区的思想,将为所有成员提供一个基于平等和互相尊重的"美好家园"。它标志着一种面向有组织劳动的新型政治、一种抛弃了正统的革命性的马克思千禧年主义,转而推崇一种渐进但是真正的社会变革战略(其倡导者一贯坚持的立场与无原则的改革主义不同)的政治。他们的愿望是通过减缓经济不平等,同时平等地为所有公民提供标准的公共服务,走向一个无阶级的社会,这将消除那些依旧存在的经济不平等所带来的不良社会后果;应允许私有制存在,鼓励增长,但是应在高社会支出、广泛社会供给和累进税制的背景下进行。到20世纪30年代,斯德哥尔摩学派的经济学家[包括贡纳尔·米达尔和恩斯特·维格佛斯(Ernst Wigforss and Gunnar Myrdal)]力促将赤字融资实例纳入这一解决方案,并以早于凯恩斯的《就业、利息和货币通论》(1936)名扬四方。与此同时,正如在他们1934年所著的《人口问题的危机》一书中提到的那样(Carlson,1990),贡纳尔和阿尔瓦·米尔达尔(Alva Myrdal)率先垂范,试图用社会科学的证据来支持理性福利改革。

根据1938年的《萨尔茨耶巴登协议》条款,社会民主派与首都瑞典达成了"历史性的妥协"。资本主义经济增长将受到鼓励,同时社会民主党政府将推行凯恩斯经济政策来维持充分就业,并使用累进税制来减少经济不平等,促进集体需求供给,例如,教育、卫生和住房等。在后两次大战时期,当对福利机构和充分就业的捍卫带来了通货膨胀和国际竞争力的威胁时,便采用"雷恩—迈德纳"模型进行补充,这一模型蕴含了"积极的人力政策"和"统一的薪酬政策"。通过这种方式,人们希望福利供给和劳动人口生活水平的提升能与持续的非通货膨胀性经济增长相协调(更全面的说明见 C. Pierson,1991)。

长期以来,瑞典的社会民主解决方案被描绘成实用主义或"后意识形态的"。批评者(和赞扬者)认为瑞典社会民主党是一个与资本主义和平相处的政党,并将福利国家视为一种机制。通过这种机制,它可以在有组织的工人阶级的核心选民中获得最有效的让步。然而,社会民主党关于建立工薪阶级基金的提议(20 世纪 70 年代)和随之而来的经济逐步社会化的前景,重新激发了人们对瑞典社会民主经验更激进解读的兴趣。对这些思想家例如阿尔宾·汉森、贡纳尔·米达尔尤其是恩斯特·维格佛斯的重新评价,揭示了福利国家通过"民主阶级斗争"而实现资本主义的渐进式改革,是一种更为激进的策略(Tilton,1990;Korpi,1983)。

跨国社会政策发展

福利国家通常被理解为一种典型的国家现象或者一套独特的国家计划。事实上,它经常被看作是国家和民族建设进程本身的一部分。然而,从福利国家发展的最早期开始,就有大量证据表明国与国之间存在着政策思想的效仿迁移。有时候这一过程发生在政府与政府之间。在 20 世纪之交,人们普遍认为北欧甚至远至日本等国家正在模仿德国的改革方案(Hennock,2007;Streeck and Yamamura,2002)。类似地,早早面世的新西兰养老金改革(1898)也成为英国效仿学习的对象。

早在 1900 年,多个国家的改革家、福利工作者、劳工律师、保险商和统计学家聚集在世界博览会的社会研究分会场,通过国际劳工组织(ILO)的前身国际劳工立法协会(1901)来进行沟通,并参加了行业代表大会,讨论了后来能够实际用于执行社会保险方案的数学技术和方法(Saunier,2008;Rodgers,

1998)。

这种跨国专门知识的主题贯穿整个 20 世纪。后来,它尤其与一些国际组织的工作紧密相连,如世界银行、经济合作与发展组织(OECD)以及欧盟(EU)等。在福利形成期,它最常被认为是国际劳工组织的作用日益扩大。国际劳工组织成立于 1919 年,是两次战争期间技术知识和专门技能的主要来源。该组织最初由来自德国和中欧的社会政策专家主导,战争的到来以及最终 1941 年流亡蒙特利尔,预示着盎格鲁-撒克逊思想影响力的增强。在伦敦,来自被占领欧洲的流放公务员和政客与贝弗里奇委员会比肩共事,为比利时[范·阿克尔(Van Acker)]、法国拉罗克(Laroque)和荷兰范·瑞恩(Van Rhijn)制订了并行的改革计划。罗斯福的"四大自由"言论和 1941 年《大西洋宪章》中关于社会和经济方面的阐述也为社会保障理念带来了新的推动力(Rodgers et al.,2009)。1944 年,国际劳工组织的《费城宣言》和 1948 年的《联合国人权宣言》都重申和扩展了战后世界实现社会正义的必要性。从这一时刻起,包括联合国和国际劳工组织在内的国际机构将在制定基准方面发挥关键作用,例如,1952 年《国际劳工组织关于社会保障(最低标准)的第 102 号公约》。

1945 年之后的福利思想

许多关于福利国家发展的传统观点往往将 1945 年视为关键性的时间节点,甚至将其定为现代福利国家的诞辰。"福利国家"这一术语与坦普尔大主教(Archbishop Temple)在强权国家与福利国家之间的战时对比有着广泛的联系,前者即为纳粹德国,而后者正是战后盟国重建的雄心和承诺(C. Pierson,1991)。在英国背景下(以及在英国之外),这里的关键人物——既是作为物质世界的人,也是有着神话色彩的人物——是威廉·贝弗里奇。当然,《贝弗里奇报告》(《社会保险和相关服务》,1942)被广泛描述(有时也被解读)为一个普遍的、兼容并蓄的、全面性的福利国家蓝图。尽管有些贵族腔调,但就贝弗里奇的报告来说,他是一个非常受欢迎并有效的代言人。但是他的声誉同样归功于那些紧随其后的人,他们从世界历史的角度解读了这份报告及其所推动的改革。所有这些来源中最有影响力的也许是马歇尔(T. H. Marshall)及其关于"公民身份和社会阶层"的著名演讲(Marshall,1963)。在工党战后新的社会制度建立之际著书立说,马歇尔为福利国家的出现提供了一个历史性的解释,他把社会公民身份理念作为一个(主要是在英国)长期轨迹中最新(也是最高)的阶段加以关注。在这一长期轨迹中,一系列法律和政治权利的获得是人口从臣民转变为公民的基础。事实上,尽管马歇尔的书有其"辉格式色彩"(Whiggishness,意指选择对自己有利的历史事件,或者从历史事件中剥离出对自己有利的观点来论述和证明自己的政见。——译者注),但它从来都不是一个讲述社会公民在不受束缚的情况下取得胜利的简单故事。他强调,公民权平等和市场产生的不平等之间总是存在潜在的冲突。他还坚持认为,公民权总是涉及义务(包括去工作的义务)和权利。但毫无疑问,他捕捉到一种感觉,那就是我们已经"继续朝前走去",新的福利国家解决方案的到来可能是不可逆转的。

如英国一样,欧洲大陆福利国家的发展也与战后社会和经济重建的迫切需要有关。无论是独立还是以联盟的形式,左翼政党的选举成功似乎只是概略地预示着社会政策的一个新开端,以及一个综合而完整的福利国家前景,它也许能真正地为公民提供"从摇篮到坟墓"的保障。当然,这些期望将会落空。许多改革建立在两次世界大战期间已经存在的事实之上。同时,特别鉴于引进方案面临的财政限制,有条件支付、用户收费和经济状况调查援助这种之前存在的顺序一直延续到美丽的新世界。

在德国,俾斯麦之后的福利国家故事必然要归入到20世纪上半叶该国那更为普遍和灾难性的历史中。然而,尽管魏玛共和国的灭亡、20世纪20年代的经济崩溃以及第三帝国的毁灭性统治带来了巨大的冲击,德国的社会方案仍表现出了巨大的韧性。它们经受住纳粹时代的考验,也经受住1945年后各战时盟国对它们进行改革的尝试,最终得以幸存下来。20世纪50年代和60年代,在1957年养老金改革的支撑下,俾斯麦福利体系得以恢复并融合了"社会市场经济"的理念。作为瓦尔特·奥肯(Walter Eucken)、阿尔弗雷德·穆勒—阿玛克(Alfred Muller-Armack)、路德维希·艾哈德(Ludwig Erhard)等"古典自由主义"经济学家和公务员的智慧结晶,社会市场经济的基础建立在德国基督教民主党的指导之下,并与社会民主党相联合。在德国奇迹期间("经济奇迹"),社会福利的概念重新与社会团结以及辅助性原则融合在一起。

与此同时,在法国,战后初期,人们试图在一个新的普世主义结构内对战前支离破碎的社会制度进行合理化。然而,由"法国的贝弗里奇"彼埃尔·拉罗克(Pierre Laroque)设计的影响深远的《社会保障计划》并没有对现有计划进行完全的改革。围绕着对公共援助的明确反对,并聚焦于确保和普及普通民众的新社会保险权利,该社会保障制度由一个基本的总体方案和多元化的职业结构组成。通过广泛的薪资供资(与基于税收的贝弗里奇模型相反),也基于一套复杂的三方管理程序,包括国家、雇主联合会和工会,该社会保障制度完成了"多元化的扩展"(Palier,2002)。虽然看似与贝弗里奇政策相似,但战后的法国福利国家具有明显的俾斯麦式特征。

总的来说,这些经验让我们看到了战后时期福利思想命运的三个重要特征。第一是福利国家越来越被看作社会民主主义的政治计划(尽管它也是基督教民主主义的政治实践)。当然,左翼的正统主义政党(1922年左右由共产主义者分裂出来的社会民主党派)一直是主张社会改革的党派。但是,他们一直坚持(在某种程度上仍然保留)将经济的社会所有权(无论多长时间,不论任何宪法手段)作为其存在的真正理由。在1945年之后,他们越来越多地开始争辩,认为福利国家是实行这种战略的一种手段。随后,或许福利国家本身就是这一过渡社会的代称,此社会"还不完全是社会主义社会,但也绝不再是资本主义社会"(Crosland,1964)。第二个密切相关的变化是声称经济的性质和(国家)经济管理的工具已经发生了明确的改变。这是凯恩斯主义(或其功能等同物和混合繁衍思想)的胜利,也是人们的期望,即政府现在可以在充分就业的环境下运转经济、在没有充分所有权的情况下控制投资功能,以及通过对税收和福利的巧妙结合来引导市场经济的分配结果,所有这些被认为改变了战后的政治格局。广为人知的说法是,凯恩斯福利国家有效地表述了这种变化。第三,这日益成为合法政党(从中右派到中左派)达成一致的无争议领域。

那些让战后福利国家(在它的拥护者眼中)显得与众不同的地方是,它使公共供给成为一种德行之举,将慈善的逻辑归属于公民的逻辑,并且旗帜鲜明地力图重新分配收入和生活机会,为那些在非中介市场结果中遭受冷落者提供福利。公共行政将提高效率和供给的一致性（与半志愿服务的不完善和无序制度相比）。用后来的术语来说，社会供给的大部分领域将被"去商品化"——被置于市场领域之外（Esping-Andersen,1985a）。随着每一个（那些想要一份工作的）人都在岗就业，剩余的收入再分配工作将通过累进税收（而不是转移支付）来实现，而社会平等将通过提供改善的公共服务（由经济增长提供资金）而得到加强（并且阶级划分得到削弱）。

在这里，我们只能观察到战后福利秩序的最后一个特征。社会政策（包括劳动力市场政策）愈加（在20世纪50年代和60年代）被呈现为一个技术问题，一个可以在下述方面达成一致后得到解决的问题：(a)经济的运行方式，(b)福利国家扩张的可取性。有一段时间，似乎对福利国家的解决方案达成了一个基础广泛的政治共识，只有顽固守旧的马克思主义者和心有未甘的哈耶克主义者没能加入进来（尽管更多的是有些事后诸葛亮，但关于这一"共识"的深度和持续时间越来越受到质疑，参见C. Pierson,1991）。1974年，在战后秩序开始摇摇欲坠的那一刻，瑞典社会民主党人贡纳尔·米达尔和那位周游列国的教授弗里德里希·哈耶克分享了诺贝尔经济学奖。这个两人共享的奖励标志着1945年后学界对一个繁荣的福利国家的辩护已达到顶峰，以及一个新的和更关键的时代已经开始。随着批判的声音越来越大，既定社会政策制度的捍卫者们似乎忘记了福利的道德经济（对马歇尔这样的思想家来说，它是如此强大和重要）。但是，事实上，福利政治总是被严重地道德化。当社会民主政治在20世纪90年代躲在"第三条道路"的名头下得以"重塑"时，福利国家这一概念也被社会投资国家的逻辑所掩盖，与一系列个体福利责任所匹配的福利权利观走到了舞台的中央（Giddens,1998）。但这一举动本身就是对福利的重新道德化的一种回应，这种再道德化已从20世纪70年代开始（至少在言辞上）被学界新右翼势力所实现。

第 4 章 批判与超越

德斯蒙德·金和菲奥娜·罗斯
(Desmond King & Fiona Ross)

引 言

福利国家自诞生以来便被周期性地宣称陷入危机之中,而评论家们对这种情况的成因持各种各样的理论立场(Heclo,1981;van Kersbergen,2000;Jaeger and Kvist,2003)。福利国家从来没有像"共识"一词所暗示的那样无可争议,重要的是不要把战后的福利国家建设时代与有原则的、平等主义的共同理想混为一谈。福利国家的建设是独树一帜的家长式保守主义/基督教民主国家(关注维持社会稳定)与社会民主国家都共同拥有过的计划。此外,有影响力的福利国家批评者并不局限于政治权利。社会民主党人提出了一些推动重组的最尖锐的批评。

本章探讨了福利国家批评者以及他们的思想和主张如何促成制度变革,最重要的是揭示了这种变革在富裕社会转型中的实质。首先,我们讨论由弗里德里希·哈耶克和米尔顿·弗里德曼所倡导的新自由主义对福利国家的批判。这些想法从一开始就被有效地用来针对凯恩斯主义和福利国家,同时也影响了第一波在意识形态上被推动的紧缩开支者的思想和行为,特别是玛格丽特·撒切尔和1987年的美国总统罗纳德·威尔逊·里根。其次,我们探讨保守派评论家查尔斯·穆雷和劳伦斯·米德的思想与影响。虽然他们的批评是在美国及其一项特定的"福利"计划,即 AFDC/TANF(援助有受供养子女的家庭，后成为贫困家庭临时援助），背景下提出来的，但是它们对福利和行为二者关系的严厉谴责并没有局限于美国。再次，我们回顾了社会民主主义的批判，统称为"第三条道路"。随着20世纪70年代的石油危机以及随后的经济与政治混乱，凯恩斯理论已经崩塌，这些理念对福利国家的重建产生了一定的影响。对福利国家来说，社会民主主义的批判并不是初始骚乱的作俑者之一，也没有促成左翼领导者早期缩减开支，尤其是在澳大利亚和新西兰。比如，1984—1989年的新西兰财政部部长罗杰·道格拉斯的货币主义思想可被认为属于新古典主义财政部（treasury）和储备银行（reserve bank）经济学家的思想，它们与商业圆桌会议一起，在整个改革期间都在制订政策计划中发挥了直接作用（Gregory，1998：4—7），而不能认为那只是彼时左翼内部的意识形态转变。随着社会民主主义观念的转变，市场的重要性（尽管地位并不确切）在整个政治领域都变得无可争议。

范式转换的发起人和推动者

新自由主义批判

古典自由主义的两个代表人物弗里德里希·哈耶克及其追随者米尔顿·弗里德曼的观点被认为是从根本上改变了英语国家及其他国家的福利国家建设（King，1987）。在福利国家制度化建设之前，哈耶克（20世纪30年代以来凯恩斯的主要学界对手）发表了很有影响力的言论，对国家干预的固有危险提出了警告。哈耶克在其影响极深远的著作《通往奴役之路》一书中，认为国家既无法获取信息也没有管理能力去有效地控制经济（Feser，2006；Steele，2007）。鉴于这些缺陷，进行经济计划的尝试将失败。在这种社会环境下，国家正确的行为（可能是受公众需求推动的行动）应该是采用更强势的领导，它被认为是为了实现预期结果的一种手段。这一过程的后果就像是通往奴役之路，被理解为独裁主义国家、极权主义国家（如纳粹德国）的崛起和自由的消弭殆尽（Nash，1976，2004；Feser，2006；Steele，2007）。哈耶克认为，国家应该受到严格的法律规则的限制（费泽指出哈耶克反对极端的自由放任主义思想，偏好基本的保障体系),个人利益的追求会带来更大的利益。在哈耶克看来,凯恩斯主义是政治动荡的解决方案,而不是经济福祉的良方。相反,政府赤字最终会不可避免地导致通货膨胀,政府干预会抑制个人主义、创新、责任心、冒险。通过给企业以自由,充分发挥他们的创造力,并减轻对它们的税收和监管,大众也能从涓滴效应中获益(Taylor,2007)。

  大多数学术文章并没有把制度变迁想象为竞争性观点在某些特定时期相互碰撞的产物:政策制定者的视野受到主流范式的限制。透过这些滤镜一样的范式,他们方能构建起对政策问题及其解决方案的理解(Blyth,2001;Cox,2001)。但是,当在凯恩斯主义制度化时,哈耶克的观点并没有简单地在政治舞台上消失,而只是等到石油输出国危机期间,事态开始崩溃。两位哈耶克著作思想的追随者——玛格丽特·撒切尔和罗纳德·威尔逊·里根当选执政时,这些观点才被重新提起(King,1987;Cockett,1995)。相反,他们的势力和追随者在整个战后时期一直在聚集动力,就像费泽(Feser,2006:1)所说:《通往奴役之路》是崛起的新右翼势力的重要著作,新右翼运动所造成的影响使得玛格丽特·撒切尔、罗纳德·威尔逊·里根和乔治·布什最终的选举成功成为可能。在1947年,哈耶克创立了朝圣山学社。该学社是一个自由市场思想的国际论坛,后来发展成传播自由市场观念的活跃组织。在哈耶克的建议下,1955年,安东尼·费雪(Anthony Fisher)在英国建立了经济事务研究所。作为传播古典自由主义的研究机构,该组织被认为是撒切尔主义的信息来源(Nash,1976,2004;Cockett,1995)。费雪继续在北美建立类似的机构,1981年他建立了阿特拉斯经济研究基金会,对全球150家新自由主义智库提供资助(Cockett,1995)。

  到20世纪50年代,虽然哈耶克的观点在学术界被边缘化,却得到了越来越多的组织机构的支持,在英国、美国和其他国家或地区都有追随者。1962年,米尔顿·弗里德曼在其所出版的著作《资本主义与自由》中提出,随着政府的发展,自由(政治和经济)逐渐减少。在两年内,米尔顿·弗里德曼为共和党总统候选人巴里·戈德华特提供了非正式的经济建议,并继续为尼克松和里根总统提供此服务,随后在1981年加入了里根的经济政策咨询委员会。古典自由主义作为凯恩斯主义的可靠替代品而复兴的重要意义,在哈耶克于1974

年获得诺贝尔经济学奖中得到了证明(尽管与他一同获奖的还有左翼经济学家贡纳尔·米达尔)。米尔顿·弗里德曼在1976年也荣获了同一奖项。

在整个20世纪70年代,哈耶克和弗里德曼的观点吸纳了许多强大且资金充足的智库和研究所等机构的赞助。其中,在美国最著名的是在1943年建立的美国企业研究所和30年后的1973年建立的美国传统基金会。1981年,美国企业研究所给新里根政府提供了直接的顾问通道(同样也为小布什政府提供了此通道)(Judis,1988:139—140)。新闻记者对新自由主义信条的宣传也日渐活跃,也许最著名的是欧文·克里斯托(Irving Kristal)。他在1965年与人联合创办了《公共利益》杂志,并从1972年起,在《华尔街日报》上他的每月专栏里鼓吹新自由主义的优点(有关概述,请参见Judis,1988)。在英国,基思·约瑟夫(Keith Joseph)在1974年成立了政策研究中心(CPS),其明确目标就是"要让保守派转向经济自由主义"(www.cps.org.uk;see Cockett 1995)。玛格丽特·撒切尔理所当然地担任了该中心的副主席。

在这些研究机构和智库精心策划的援助下,新右翼支持了里根和撒切尔政府的崛起,优先目标是将市场自由化置于社会规划之上,并将平等和正义尤其是分配正义的价值观剥离开来。贫穷的根源在很大程度上被认为是个人行为造成的,国家无法加以纠正。因此,福利国家被指控为追求有缺陷的使命而承担了高昂的经济成本。在1974年6月,基思·约瑟夫将国家干预主义总结为:"三十年的善意,三十年的失望"(www.cps.org.uk)。除税收之外,其中最有问题的是现金福利。现金福利奖励了懒惰,破坏了最基本的资本主义价值观(Taylor,2007)。

但是,这些思想的影响既不局限于英语国家,也不局限于政治权利的行为人。在瑞典,凯恩斯主义思想比起英国、美国更加根深蒂固,但新自由主义的影响得到了右翼智库的倡导,社会民主主义经济学家阿萨尔·林德贝克(Assar Lindbeck)却对其进行了批判性的合法化(Blyth,2001)。推动具有瑞典特色的新自由主义复兴的是1948年由瑞典商界创立的商业和政策研究中心,以及在此30年之后的1978年,迪博所设计的发起、推动和传播支持自由市场、自由企业、个人自由和自由社会原则的思想和问题的活动(v,ww.timbro.se/innerhall/?art=about-timbro)。这些组织的影响不仅来源于他们的经济实力,而且还来自他们对学院派经济学家思想转型加以利用的能力,并利用专家的权威来认可他们的所议所为。

在这方面,最重要的是凯恩斯主义经济学家阿萨尔·林德贝克(Assar Lindbeck)思想的转变,他在20世纪80年代初对货币主义及其对资本的友好影响越来越感兴趣(Blyth,2001)。尽管林德贝克在接受新自由主义的程度上有所克制,但他坚称福利国家的强势成长使得回报减少并迫使经济成本增加,据此推动了在瑞典的大辩论。布莱思(Blyth,2001:17)总结道:"一旦林德贝克改变了整个学科的方向,那些曾经不可想象的内容很快就会变成一种新的正统观念。"到20世纪80年代末,商业和政策研究中心对社会民主党以及政治权利的影响十分显著(Blyth,2001:18—19)。拉尔森(Larsen)和古尔·安德森(Goul Andersen)(2009)同样注意到林德贝克(Lindbeck)和斯诺尔(Snower)的局内人—局外人理论(劳动力市场内部人士/永久雇员的受保护地位使他们极力抵抗来自外部人士/失业者的竞争,而不论工资成本是否可能降低)对新一代丹麦经济学家的重大影响。他们改变了观念,从而改变了其福利国家的意识形态基础。

从对福利国家的新自由主义批判中浮现出来的图景是一段时间以来对凯恩斯主义的观念挑战:用布莱恩的术语来说,就是把新自由主义的思想当作"武器"。通过日益有组织的和资金充足的推进计划,推动者和智囊团有策略地兜售它们。新自由主义观点的实质和重要性并不是随着凯恩斯主义的崩塌而被迫走上前台的。

尽管新自由主义思想在挑战凯恩斯主义现状和使跨国市场的主导地位制度化方面产生了革命性的影响,但在最初阶段它们并没有在废黜福利国家方面取得多少成功(Gamble,1994;也可参见 Korpi and Palme,2003:441)。然而,随着时间的推移,福利国家议程的新自由主义方面,即使被融合到其他论述中,并由不同的行为者引起,也明显地产生了效果。

保守派的评论

如果哈耶克将国家干预主义视为通往奴役的道路,那么传统的保守派则将其视为实现社会稳定的道路。如果哈耶克将市场视为通往自由之路,那么保守派则视其为对社会价值,尤其是集体责任,具有潜在的危害。如果新自由主义者害怕政府干预会产生经济债务,那么保守派则害怕产生道德风险。如果新自由主义者认为不会有像玛格丽特·撒切尔所说的那种臭名昭著的社会,那么保守派认为在道德上社会应优先于个人。如果新自由主义者(相对而言)乐于对贫困者(尽管人更少)给予现金资助,保守派则要求在对申领人进行严格监管的情况下将福利和工作义务紧密联系起来。

对于许多保守派来说,特别是对于那些传统上更关心社会而不是市场自由的欧洲基督教民主主义者,福利国家起到了至关重要的安全阀作用,降低了社会分裂的潜在可能性,为所有公民提供了一种成员归属感和对社会的责任感(Barry,1997;Willetts,2003;Taylor,2007)。从认知层面来说,保守派并没有认为福利国家是一项社会民主计划,而是将其视为保守主义的一种工具(Willetts,2003)。不受控制的市场会孤立个人,破坏社会秩序。

要概括保守派针对福利国家的评判是一件有些底气不足而勉为其难的工作。首先,保守主义,尤其是在以英语为母语的民主国家的两党制中,对于中间偏右乃至任何人来说,都是一个可以包罗一切的范畴。相比之下,在欧洲大陆的许多地方,多党制兼容了基督教民主、经济自由主义者和世俗保守主义者之间的差异。诺曼·巴里(Norman Barry,1997:345)认为保守派的评论是道德和效率考量的不稳定结合体。随着强势的新自由主义对福利国家的批判在战后数十年中积聚动力并改变了右翼党派,要给那种特立独行的保守的福利国家批判冠名划界只能是一个理论上的行为。随着市场自由主义的兴起,右翼的意识形态界限越来越模糊(Barry,1997;Taylor,2007)。

事实证明,福利国家的某些特征让保守党十分困扰。首先,福利国家的强制性和集中化趋势将民间社会和私营部门挤了出去。在理想的情况下,在提供福利方面,市场、国家和民间社会可作为合作伙伴共存。跨区域的多元化服务供给应该确保充满活力的社区,鼓励企业并抑制政府的高压控制(Taylor,2007)。

其次,虽然从原则上来讲福利国家规模的扩大并不是一个问题,但保守派指责,福利国家规模已经增长到扼杀私人企业、打压个人责任、窒息公民社会的地步。它的消极福利制度正在破坏社会契约,也在损害着那些正在被主流社会孤立而承受着福利创造的依赖文化之痛的福利接受者。在保守派的批评中,成熟的福利国家付出的成本并非无足轻重的,但相比于社会后果那是要退而求其次的问题。保守派关于福利国家的严厉批判聚焦于重建消极的福利制度,而不是缩减国家福利。

20世纪80年代期间,美国出现了两位极为著名的福利国家保守派评论家:查尔斯·穆雷(Charles Murray)(1984)和劳伦斯·米德(Lawrence Mead)(1986)。尽管他们的批评针对的是一项非常具体的联邦福利(AFDC,抚养未成年子女家庭补助),并承认欧洲的贫困可能有其因劳动力市场缺乏弹性而产生的结构性根源(Barry,1997:340),但他们的思想,尤其是米德的思想影响深远。他们俩都认为福利制度本身会诱发依赖性,更糟糕的是会引起代际依赖性。补贴并没有缓解贫困,反而会通过改变贫苦者的行为造成贫困,要么是作为理性的效用最大化者(Murray),要么是由于缺乏效率、经验和抱负(Mead)。正如劳伦斯·米德所说,"在导致贫困的因素方面,我们过去常说的贫困文化,比起经济因素,要重要得多"(King,1999:235)。

劳伦斯·米德(Lawrence Mead,1992,1996)认为,保守派的福利事项代表了一种新的家长式主义。福利应该与严格的工作要求联系起来,贫困者的行为应受到约束,因此国家需承担援助和监督贫困者的责任。为此,个人会牺牲掉一些自由,但是为了个人和集体获益而付出。因此,国家必须更多地干预贫困者的生活(最好是在政府的最底层单位):它必须要求并强加所期望的道德,特别是工作和个人责任的价值观(Barry,1997)。最近提出的"轻推"行为主义观念(如果有来自一个自由主义但家长式的监管机构的温和推动,不完美的人可以在不牺牲自由的情况下改善他们的选择)直接基于这一主张。

这些目标可以通过严格的工作福利计划来实现。金(King,1999:235)总结了米德的观点:这项工作要求将打破依赖文化,培养自尊,使接受者具备长期置身工作世界的能力,从而成为自给自足的个人。金(King,1999:236)进一步阐述道:"充分参与劳动力市场形成了自尊、价值和享有应得政治身份资格的关键来源。"正如米德(1996:589)所说,"福利正在从一种补贴变成一种制度……反政府言论证明了新兴的家长式主义是合理的,但其真正的议程是国家建设。"

以这种方式进行的国家建设成本就不菲了。查尔斯·穆雷（Charles Murray）为这个问题提供了一个成本更低的（新自由主义）解决方案：拆减并逐步取消福利（Murray，1984：228；King，1999：228）。他不太关心传统保守派对这种解决方案的批评，特别是在贫困加重、个体之间日渐疏远和社会更不安稳的情况下。

1996年，AFDC转变为完善的工作福利体系（TANF），这在很大程度上反映了米德的家长式保守主义。虽然福利被削减了，但是立法从根本上讲是为了规范穷人，并试图改变他们在劳动力市场和个人选择（包括福利时限、婚姻倡议和家庭上限）方面的行为。这些想法得益于宗教右翼的强力支持，特别是在20世纪80年代。然而，米德的信誉也源于他的发声被当作"福利政策选择方面最重要的专业知识来源之一"（King，1999：236）。相比之下，穷人从来没有被邀请参加过辩论。

对福利国家的明显保守的批评的影响不仅限于美国，尽管在许多地方，这些思想已成为一种混杂的东西，融合了新自由主义和改革后的社会民主。在英国，美国保守派的批评明显影响了撒切尔/主政政府在20世纪90年代对福利条件和合同福利工作方案的态度（Lewis，2001：159）。尽管与美国版的工作福利制度相比，其惩罚性要小得多，但是金（King）和威克姆－琼斯（Wickham-Jones）（1999）以及迪肯（Deacon）（2000）记录了美国改革对新工党的福利工作议案的直接影响。

在斯堪的纳维亚半岛，特别是丹麦、瑞典和挪威，对被动福利的保守主义批判，以及将权利和责任重新联系起来的条件要求置于中心地位的态势表现得非常明显（Goul Andersen，2000；Larsen and Goul Andersen，2009）。虽然斯堪的纳维亚福利国家建构了典型的工作社会，并具有积极的劳动市场政策和条件要求方面的史实（Lewis，2001：163），但在有时间限制和工作条件受损（通过制裁强制执行）的福利制度底层，从工作权利到工作义务的转变十分明显（Goul Andersen，2000；Kildal，2001）。有关"依赖文化"及"对职业道德和个人责任解除的关注"的论述在挪威引起了很大的反响（Kildal，2001：13），在那里，更强大的经济为有关贫困个性化的论点提供了依据。在瑞典，直到20世纪80年代末，这种右翼的转变仍明显更接近新自由主义，保守思想直到90

年代才渗透到主流话语中(Boreus,1997:276)。尽管欧盟和经合组织等国际组织已经传播了这些观点,主流经济学家的思想也发生了变化,而不是从美国福利国家的批评者那里直接引进,但他们是实实在在地受到了保守派(和市场自由)的影响。正如基尔达尔(Kildal,2001:15—16)指出的那样,"一项福利政策要求有需要的公民参与不好的二流工作,这不是基于所有公民具有平等地位,而是以公民地位不平等的观念为根源的。"她继续说:"新政策不太关注相互认可,而是关注相互承担义务;不太关注公正,而更关注个人道德。"

当然,这并不是说社会民主福利国家在政治上变得保守了(Lindbom,2008;Pontusson,2010)。北欧福利国家在实质和风格上与英语国家完全不同。相反,我们应该注意到,当思想之间的精妙平衡发生变化时,社会民主国家主义很容易滑向一种更加专制和更注意道德的国家主义。保守主义、新自由主义和社会民主主义思想日益明显地融合在一起,在"第三条道路"的标题下定义了对福利国家的新社会民主主义批判。对福利国家的社会民主主义批判出现在凯恩斯主义崩溃之后,尽管这种批判最终对欧洲的重建产生了重大影响,但它并没有造成对传统福利制度的侵蚀。

社会民主主义批判

如果新自由主义者抱怨福利国家是一个压抑性的制度,促进了经济和政治的反自由主义,而保守主义者抱怨福利国家引起了道德风险,那么社会民主派人士则抱怨凯恩斯主义福利国家在后福特主义和全球化时代下不再可行。虽然保守派和新自由主义也接受后工业主义和全球化对福利国家的影响,但是他们在批判中认为,这些趋势只会加剧现存的问题(并造成更多的问题)。对于社会民主派来说,左翼只能是要么接受市场,要么接受落选,特别是考虑到传统选举联盟在后工业主义面前的衰落,以及由此产生的吸引新中产阶级选民的需要(Kitschelt,1999)。社会民主派接受结构性依赖理论的逻辑(Wickham Jones,2003:36),认为自己在政治和经济上被迫"超越左右",寻求政策解决方案和选举信誉。

如果准备充分的新自由主义思想被用作"分配斗争中的武器",那么对于左翼来说,市场观念和后来的第三条道路提供了"不确定时期的制度蓝图",以应用布莱思(Blyth,2001)的框架。当然,左翼中总会有激进的批判家,特别是新犹太主义者,他们认为福利国家是资本主义的工具,被用来遏制阶级冲突(Gough,1979;Offe,1984)。女权主义的激进派也指责其制度化了父权和压制性的社会关系(Taylor,2007)。然而直到20世纪90年代,主流左翼才开始出现对传统福利国家的原则性排斥。

"第三条道路"这一概念作为一个政治标签,最早开始流传于20世纪90年代初的美国民主党内部(King and Wickham-Jones,1999;Deacon,2000)。最初,这一概念是作为一种重组工具,用于应对民主党在总统选举中连续三次的失败(1980,1984和1988)以及里根－布什时期根深蒂固的反自由主义情绪给民主党留下的伤痕。为了与旧的民主社会自由主义划清界限,克林顿在里根－布什的新自由兼保守主义的严苛和伟大社会(20世纪60年代美国总统约翰逊提出的社会福利方案,目标在于消弭贫穷与种族冲突等。)的"流血之心"自由主义之间划出一条中间道路,但在新的民主派批判中,这一中间道路压低了工作、责任和社会的价值。

继1992年克林顿选举取得成功,并在1996年重新当选,英国左翼在坐了长达18年的反对派冷板凳后,似乎找到了一个政治上的解决方案。起初,第三条道路只不过是一个政治和选举策略,左翼急切地向新自由主义右翼倾斜,以寻求中产阶级选民和商业企业的支持。新工党将自己与过去说再见,发布了诸如"不能重蹈覆辙"和"现代政府的职能不是为了二次猜测市场"等宣言(布莱尔在Hay and Waston,2003中的引用:297)。

然而,到了千年之交,英国工党和欧洲部分地区(荷兰、德国和斯堪的纳维亚)的左翼政党着手发展第三条道路(新的中间或紫色联盟),形成对福利国家更明确的批评。虽然作为一种独特的泛欧洲社会民主方法,其凝聚力和影响力仍然存在问题(Bonoli and Powell,2002;Lweis and Surender,2004),但该学说总体上标志着社会民主思想的一个突破:传统福利安排不仅被认为不再可行,而且现在也不再被视为是合乎理想的。罗斯(Ross,2008)总结了布莱尔－施罗德的文著(1999)中所述的对社会民主思想的总体改造:

> 社会正义被错误地等同于结果的平等,损害了个人的责任和工作伦理;社会正义被错误地等同于较高水平的公共支出,而没有适当

考虑经济和社会的权衡;社会民主错误地认为,国家可以弥补市场的失灵,导致政府臃肿并压制个人目标和价值观;社会民主在没有适当考虑责任的情况下错误地促进了社会权利,造成了互惠性的缺失;社会民主错误地摈弃了市场的有效性(Ross,2008:369)。

在英国,这些想法的首要倡导者是安东尼·吉登斯(Anthony Giddens, 1998,2000,2001)。对于吉登斯(1998)来说,福利国家的改变不单是全球化世界的经济必然性;它是关于社会基础的结构性转变。它关乎发展、生活方式和风险。福利国家是这种转型的一个关键部分,因为它身处第三条道路的倡导者德国的乌尔里希·贝克(Ulrich Beck,1992)所称的"风险社会"的中心地位。在吉登斯看来,福利国家强调保护个人以免有不安全感,这导致一种不正常的关注,付之于溺爱以远离风险。走第三条路,必须承担风险;它是创业、创新和充满活力的社会本质。为此,福利应以责任为条件;个人不能简单地选择退出风险社会并被动地获得国家支持,必须鼓励、支持他们在必要的情况下作为其社会的正式成员参与其中。个人通过灵活地应对新挑战有助于确保自己的幸福。国家的作用是协调福利活动而不只是传送福利。国家确实有义务确保有适当技术和健康的劳动力作为经济竞争力和社会正义的基础(即作为社会包容而不是结果平等),但它的确不需要有确保充分就业的传统社会民主的角色。虽然社会民主派一直强调工作的重要性(Huber and Stephens,1998; Lewis,2001),但是第三条路更关心个人积极寻求就业的义务(King,1995), 而不是国家有提供工作的义务。

尽管市场至上,但第三条路并不是低调的新自由主义。在吉登斯(Giddens,1998)的分析中,新社会民主与新自由主义之间最根本的区别是,前者保障社会包容,而后者则强化了社会排斥。在胡顿(Hutton,1995)看来,新自由主义将个人商品化,滋生了经济不安全,破坏了社会。相比之下,第三条路的利益相关者资本主义将短期合同替换为基于信任关系的长期契约(Taylor,2007)。格林-佩德森等人(Green-Pedersen et al.,2001:321)认为,与新自由主义不同的是,"第三条道路不只是针对创造就业;它希望创造好的工作,即基于高技能水平的高薪工作"(Lister,2003b;Lewis,2006b)。拉尔夫·达伦多夫(Ralf Dahrendorf,1999)观察到,在第三条道路的平衡中,明显缺乏一种(新自由主义)自由感。在达伦多夫（Dahrendorf,1999:16）的分析中,第三条道路具有强烈的"威权倾向"。事实上,在超越左翼和右翼的过程中,新的社会民主融合了保守主义和独特的斯堪的纳维亚社会民主思想,即在市场自由主义的影响下,建立起强化能力的和家长式的国家。

当然,在富裕社会中,"第三条道路"理念的诉求、应用和制度化各不相同（Clasena and Clegg,2004;Lewis and Surender,2004）。尽管第三条道路的逻辑继续支撑着社会民主的选择（Wickham-Jones,2003:34）,但这个术语本身在英国已经"无疾而终"[戈登·布朗（Gordon Brown）也只是简单地称其为实用主义]。事实上,尽管第三条道路的著述及其诸如"利益相关者"等辅助概念没有多少吸引人的地方,但在整个欧洲其政策规定的实质内容中却有着极为相似的地方（Green-Pedersen et al.,2001;Ross,2008）。包括欧盟委员会在内的国际机构和英国公共政策研究所等国家智囊团,一直在大力推广和推动第三条道路议程中的亲市场、从福利到工作等各个方面。在全球范围内推动社会民主变革的另一个关键影响是,社会民主经济学家彻底转变市场观念,没有留下国内经济建议的可替代来源。正如马克·布莱思（Mark Blyth,2001）、拉尔森和古尔·安德森（Larsen and Goul Andersen,2009）强调了阿萨尔·林德贝克（Assar Lindbeck）和年轻一代经济学家分别在推动瑞典和丹麦变革中所起的决定性作用一样,格林—佩德森（Green-Pedersen）等人（2001:311）注意到社会民主经济学家在荷兰(和丹麦)也产生了类似的影响。

或许,与富裕社会中"第三条道路"实践的精确融合和管理相比,更重要的事实是,尽管不是纯粹的新自由主义,但市场正统理论已经取得了胜利。从理念上,市场机制的首要地位在整个政治领域内都没有受到挑战,这并不意味着各个政党和国家之间没有区别（Iversen and Stephens,2008）。然而,这表明,就目前而言,市场是至高无上的。在资本和公民之间的历史斗争中,前者已经取得胜利（Torfing,1999）。

总　结

尽管他们面临的结构性压力相对较弱,但对福利国家的批评主要来自英语国家内部。在那里,战后的解决方案从未像其他地方那样被广泛接受或深层次制度化。一些研究讨论了全球化时代传统社会民主解决方案的结构可行性(Huber and Stephens,2001a)。我们对思想理念的关注更多地揭示了政策制定者的适当性意识而不是理论的可行性。事实上,思想理念对理解变革很重要,恰恰就是因为它们比制度更不稳定;这就是为什么思想创造了制度性动荡的动力,而不是简单的禁锢锁定。新自由主义对凯恩斯主义的挑战在英美福利国家的基础上广泛传播。至少20年后,新保守主义的批判才在美国清晰地表达出来,并反对一项非常具体的福利计划(AFDC)。20世纪90年代初期到中期,"第三条道路"对凯恩斯主义福利国家的批判再次从美国扩散到英国,但它更多的是对20世纪70年代石油危机后凯恩斯主义的崩溃以及由左翼政党造成的政治损害的反应,而不是对福利国家原则本身的长期挑战。随着第三条道路的理念在过去十年中逐渐形成一种更加连贯的学说,即使他们的框架和论述已经逐渐消失,他们也在指导整个欧洲的福利重组方面获得了影响力。

我们对批评者的关注强调了扰乱福利国家的内生性暗流以及新思想的路径塑造能力。几十年来,酝酿中蓄势待发的观念压力一直侵蚀着福利国家的基础。政治议程远不止是功能需求、既得利益、体制习惯和公众舆论的混合体。思想观念及其政治主张不仅仅是福利重组过程中的制约因素,它们还可以支撑现状,并在认知上锁定受欢迎的福利机制。同时他们也在推动改革进程。

那些给思想观念赋予一种重要的因果归因角色的学者,会将他们的解释建立在一个假设前提的基础上,即现状的失败不能解释新兴共识的本质(Blyth,2001;Cox,2001;Beland and Hacker,2004;Larsen and Goul Andersen,2009)。但上述分析也表明,思想观念有助于创造机制重组的条件。当然,新自由主义思想推动了"静默革命"(Hacker,2004a:244),使内部政权不稳定。从福利国家成立之初,批评者就一直在大学、智囊团和右翼的政治领导人中阐述并推销他们对市场自由主义的看法。当原来的状况崩塌时,他们没有简单地定义变革的方向(Hacker,2004a:244)。市场自由主义思想的革命是一个准备充分的革命。事实上,关于国家福利基础上的悬疑和动荡,"共识"这一概念的假设所掩盖的可能比它所揭示的更多(Wincott,2003)。

我们必须考虑到这样的可能性,在未来几十年里,社会民主福利国家可能会表现出类似于工业社会中的规范性和务实集体主义的反常时刻。从历史的角度来看,几十年的凯恩斯主义福利国家可以被解读为市场支配地位长期均衡中的节点。风险管理的私有化与社会需求的个体化一致(Hacker,2004a),一旦"空心化"(Jessop,1994),政策供给散落在国家、市场和民间社会之间,并且朝着每个领域(欧洲和私人承包商)内可控程度较低的行为者分散,那么国家将再难以获得对政策供给及其实质的控制。一旦社会风险的责任已经私有化,重新集体化的体制和政治阻碍就非常大了。从概念上讲,风险私有化对一系列潜在替代品的适当性和可行性施加了认知障碍。贝兰德和哈克(Beland and Hacker,2004:43)有说服力地指出,"通过促进既得利益,塑造公众期望和嵌入制度,私人社会供给的扩散(通常是为了回应间接的国家鼓励)可能会限制政府计划的范围,即使在政治条件允许的情况下也是如此。因此,虽然制度理论家是正确的,国家行为者通常享有相对的自主权,但对私人社会政策的关注表明国家自主权存在一些事实上的限制。"除此之外,欧洲一体化的功能主义和法律必要性(比如就业政策),还有观念上的压力,以及跨国家锁定(宽泛的)共享范式的便利条件,似乎势不可挡,即使各国在政策细节上的背离,妨碍了统一的欧洲社会政策的出现(Leibfried,2000)。前社会主义国家的新成员果断地支持市场自由主义并不是微不足道的。

然而,我们无法见证"历史的尽头"。当前对经济增长与社会保障二者间关系的论断面临可信度方面的挑战:目前的情况并不代表资本和公民之间达到了永久和解。正如菲茨帕特里克(Fitzpatrick,2003:3)所指出的那样,"如果市场资本主义的复活过去是,现在也是不可避免的,那么什么样的历史法则会使未来成为对当前的无休止的反思呢?"思想可以成为认知的禁锢,但随着新的挑战的出现和社会对现状的重新审视,它们也会随着时间的推移而变得陈腐。同样,市场资本主义所产生的趋势很可能产生新的需求、联盟和变革要求。例如,金和鲁埃达(King and Rueda,2008)记录了由于市场正统观念的传播而导致的低成本劳动力的激增。福利国家的建设当然是国家建设进程中非常重要的一部分,社会政策可能再次被要求重建社会关系。从政治上讲,我们现在的组织中有一个名副其实的增长行业,其唯一目的是设计和倡导从思想库到学术界到独立专家和政策顾问的新想法。尽管这些最具影响力的倡导组织都是由亲市场的商业利益集团赞助的,但随着这些理念的社会和经济成本的降低,或是一场"大爆炸"的统一活动再次将社会公正提升到高于市场价格的欧洲议程上,市场主导范式将出现裂痕。这些行动者将寻求从内部进行自己"静默的革命",并准备诊断现状的固有问题,为在后工业社会面对正统市场的危机提供一个可信的替代方案。

第二部分

历　史

第5章 西方福利国家的起源

斯坦恩·库恩勒(Stein Kuhnle)、安妮·桑德(Anne Sander)

引 言

本章试图通过集中讨论包括欧洲(英国)移民国家在内的欧洲文化综合体国家中社会保险制度的出现,来透视福利国家的早期起源。早期对福利国家的理解相对狭隘,因为它忽视了在其他一些领域新出现的政府社会福利责任,比如健康和教育,而且对非国家及次国家的福利制度或那些在所有国家都已经发展起来的复杂的公私混合责任也视若过客。但若考虑到空间因素,这样一个狭隘的视角是必然的,而且从历史来看也是合理的。19世纪的最后20年代标志着现代福利国家的"起飞"(Flora and Alber,1981)。这些创始年份和随后的几十年,与类似的社会保险政策的涌现和发展是紧密相关的。

在下文中,我们将探讨第二次世界大战结束前社会保险和社会保障的早期发展,并指出众多西方国家在时间安排、风险认知以及社会保障原则方面的差异。工业的、城市的和资本主义的发展及其固有的、前所未有的社会问题,激发了对于政权更迭和社会权利的政治诉求。社会结构的变化、人口流动、工资劳动的增长以及新的社会不安全因素等显然有助于对国家的社会角色的"新思考"。而摆在眼前的关键问题是国家是否应该更积极地去承担自己的社会角色,如果是,那么又该用什么方式?历史的车轮刚驶进20世纪的大门,社会政策和福利开始成为政治议程中的一个至关重要的议题,并且,虽然在西方福利国家的出现中可以看到一些共性,但也存在着显著的差异。社会保险模式以适用相对纯粹的保险原则为前提(欧洲大陆),而社会公民模式的前提则是以普遍征税为基础实施供给(斯堪的纳维亚、英国、加拿大、新西兰),两者之间形成这样的划分,虽然不一定是有意为之,但却是在这一较早的时期就得以建立起来的。

我们先对早期的社会问题解决方案进行一个整体性描述,之后便把视线转向19世纪80年代社会保险的政治创新。为什么社会保险的先行者这顶桂冠会落在帝国主义和专制色彩浓厚的德国头上,而不是更加民主的美国亦或更加民主且工业化完成更早更彻底的英国呢?此外,在何种程度上——或多长时间内——它是先行者?哪种社会风险最先受到政策制定和立法的青睐?保险应该是自愿的还是强制的?哪些群体应该被覆盖,什么是应享福利的基础条件——劳动力市场地位(工人、雇员),行业或职业,公民身份,或需求——是依据一个收入和/或经济状况调查决定的吗?一旦社会保险的观念在19世纪末期被着重提上政治议程,为什么不同国家的当局对社会政策的新挑战有不同的反应呢?本章的第一部分介绍了第一次世界大战之前的那段历史;第二部分介绍一战后社会保险和保障立法的巩固、扩展和地理上的传播;最后则是对第二次世界大战时期发展历程的一个简短回顾。

社会问题的早期集体解决方案和公共干预的思维变革

亘古至今,贫穷总会以这样或那样的形式存在,但并非总是或在任何地方都会被纳入"社会问题"之列。救济贫困一直被视为基督教的使命,但是贫穷这一社会现象直到16世纪才引起人们足够的重视(Marsh,1980)。自从1531年开始,《英国关于惩罚乞丐和流浪者法案》就试图对贫困者是否"值得"和"不值得"救助进行区分。这种区别数百年来都一直在诸多国家法律中占据主导地位,甚至时至今日,在现实中还能寻觅到它的踪迹。直到中世纪末,贫穷问题都还仅仅是一个地方上关注的事情。随着民族国家的发展,这种情况开始改变。1601年,闻名世界的《伊丽莎白济贫法》确立了一种由教区或地方行政区管理贫穷的国家体系,为赤贫儿童、残疾人、体弱者、失业者及不愿工作者提供救济。1974年的《普鲁士土地法》明确国家对贫困救济承担不可推卸的家长式责任,但将其委托给地方社区提供社会照顾(Dorwart,1971)。法国则从未想过为贫困救济提供一种合法的权利:"在法国,(19世纪中期)人们总是抱着一种由来已久的观念,那就是穷人面临食不果腹的威胁而不得不坚持早出晚归"(Rimlinger,1971:46)。

随着现代民族国家的发展,贫困问题成为一个具有国家意义的问题,但总体而言,仍由地方当局来执行关于贫困救济、流浪和乞讨的国家法律(Rimlinger,1971)。而且,应该指出,这是在一种遏制的框架内对穷人的一种救济。19世纪,持续存在的贫困问题以及与贫困有关的问题,再加上人口增长,城市化、工业化的蔓延等共同导致欧洲许多国家或地区的社会问题日益突出。当局和大众越来越认为,仅通过慈善事业和济贫法这两种传统的方法来应对现实中出现的社会问题是不够的(Marsh,1980:5)。后来,许多国家都重新修订了济贫法,到19世纪后半期,两股力量开始发动,虽步伐有些缓慢,但却是持久且彻底地改变着民族国家在其公众福利中的角色和责任。其中一个是从工业革命产生的巨变中孕育而生的,而另外一个则是围绕源自美国和法国大革命的比较激进的个人权利新概念而出现的(Rimlinger,1971:2—3)。

工业化带来的经验历久弥新地改变着人们对于社会偶然事故的本质和贫苦认知等方面的争论。有史以来,年老或疾病就理所当然地被看作是对个人幸福的一种威胁。然而到了当下,一种对失业和商业周期运行的新兴理解推动了人们对福利整体概念的重新思考(Briggs,1961),转而重点关注那些旨在解决具有显见后果、影响最深远的社会缺陷的条款规定上。鉴于工人开始把自身视作一个独立的阶级,劳工运动的重要性日益提高,伴随工业化而来的不断发展的"社会问题"也成了社会权利概念具体化的重要推动力。面对工人阶级的条件状况造成了一种政治和道德上的威胁,如何保持经济增长,人们越来越倾向于将出路寄托在某些国家行为上。前几十年的时光见证了民主制和政治权利的传播。不管是直接还是间接,这些行动最终都为社会权利铺平了道路。

社会保险的重大突破

现代福利国家的腾飞时期是紧随里姆林格(Rimlinger,1971)所说的"自由的割裂"之后的,即旧的、工业化前的依赖和保护概念与工业化和民主化导致的新兴的现代社会保护概念之间的割裂。在整个18世纪末到19世纪末,自由主义的理想,附含个人自由、平等和自助的原则,主导着社会政策思想。这一时期,迅猛的社会变革、日益增多的工人政治运动以及对民主政治的需求都极大地促成了自由主义原则的衰落。

令人惊讶的是,有人可能会说,一个激进的新的社会政策解决方案,即社会保险的理念和原则,首先是在专制的德意志帝国,而不是在工业和民主程度更高但是自由主义的英国大规模立法的。社会保险的概念是建立在19世纪40年代以后普鲁士人的经验基础之上的(Hennock,2007)。当社会保险立法时,德国既不是工业化最发达,也不是——甚至到现在都还不是——民主化最健全的欧洲国家。但其工业化却在通往19世纪末的道路上快速发展。俾斯麦关于疾病保险(1883年)、意外事故保险(1884年)、老年和残障保险(1889年)等计划得以颁布于1881年的《帝国法令》,然后仅在6年时间内就得到了具体实施。新政策从某些个方面讲是激进的,但最重要的是,公民个人(最初主要是工业工人)将被强制保险,并作为一项能够享受社会福利的权利,而不是根据自由裁量的需要和经济收入状况调查来获得救济金。因此,新政策不仅仅触及社会的最贫穷阶层之外,至少事后看来,它可以被人们认为是制度架构的"自然"开端,并且得以逐渐延伸发展,将所有或者是几乎所有的民族国家市民和居民都涵盖进国家的福利范围之内,而这又再一次——逐渐地——使得发达国家在覆盖范围、组织、融资和再分配等原则的构组上各显神通。

从这时开始,社会保险和"社会保障"在民族国家的历史上体现了一种全新的社会保护理念。在此之前,中央政府通常有两大主要功能:第一是比较传统的功能,即保境安民,也就是说,既要防止别国入侵和暴力事件,又要预防国内犯罪。第二,已经具有更现代化的关注焦点,国家能力应该用于投资和建设运输与通信基础设施,以促进经济发展——公共品的供给,根据亚当·斯密100多年前的理论,不要期望也不要去诱导从私人利益中攫取。现在,随着社会保险的发展,国家以前所未有的规模参与社会保护,处理各种类型的经济不安全状况,并以个人权利为基础提供服务和收入(Marshall,1964a)。

尽管社会保险是一个国家的新兴角色中最核心的要素,但诸多政府也越来越开始关注许多其他的社会问题,涉及的方面有公共教育、公共卫生、工作场所的健康和卫生条件、工人保护、工厂检查和禁用童工、工作时长以及劳工关系等。在主要社会保险计划出现之前,国家已经开始通过现金福利以外的其他方式来保障公民的福祉,例如,英国第一部全国性的《工厂法》(1802)和普鲁士的法律(1839)就禁止雇用儿童和青少年。到19世纪后半期,由于统计部门在全欧洲得到了长足的发展和扩大,国家收集有关社会许多部门的信息并监测其发展的能力得到加强,从而改善了公共政策制定的基础(Landes,1972)。如果由政府来采取行动的社会政策问题,则在很大程度上取决于这种和其他类的"国家能力"(Rueschemeyer and Skocpol,1996;Kuhnle,1996)。

这也是一个新的经济理论得到发展的时期,有关国家在社会政策上可能发挥的作用方面,一些新的基于知识的论述正在出现。虽然为数不多,但是19世纪末20世纪初的这些社会学家和社会科学家对所谓的"社会问题"还是给予了很多的关注,在公开辩论中发挥了巨大的影响力(Rueschemeyer and Skocpol,1996)。社会政策知识开始在国际上传播,不仅通过政府和行业管理机构,而且还有像"社会政治联盟"(成立于1873年)这类民间社会团体。在19世纪80年代,许多国家都建立了旨在进行知情对话的类似协会,例如,英国的费边社以及斯堪的纳维亚半岛国家的经济学家协会等。

创新的波澜仅起于德国吗?

尽管19世纪80年代的德国社会保险计划是一项开创性事件,并且是国家社会政策发展过程中关键时刻的一个样板,但德国并不是第一个信奉社会保险理念的国家。早在19世纪80年代以前就已经出现了许多较小的有限社会保险方案(Alber,1982;Perrin,1969)。

俾斯麦的社会保险立法是一项自上而下的决策,通常被理解为在压制了一个日益壮大的激进社会主义运动和政党的组织、集会和言论自由之后,试图建立工人对帝国政权的忠诚(Rimlinger,1971;Wehler,1985)。有人认为,尽管法国在社会权利运动发展方面明显落后于其他工业化国家,但是不能否认的是,通过社会保护的方式来构建起工人对国家的忠诚,这种理念是俾斯麦在19世纪60年代早期担任普鲁士大使时向法国国王拿破仑三世学来的(Rimlinger,1971:61,Table 5.1）。可以看出,俾斯麦的社会政策不仅是为了平息工人阶级的抗议活动,而且也是对国家和国家建设的贡献（Manow,2005）。德国的立法是与自由主义的彻底决裂,从某种意义上说,它确立了国家控制、缴费和强制保险的原则。这些理念原则在其他国家的政治环境中仍显得有些激进,而自由主义原则在这些国家有更强势的地位。但是,民族国家新角色的先例现在已经确立,随后很快就变成了显见的样例,一种关于国家福利责任的新的社会政策论述传遍了欧洲国家或地区,甚至横跨大西洋,让地球另一端的澳大利亚和新西兰也沐浴到这缕崭新的阳光。关于意外事故和社会保险的国际会议得以多次召开,而许多国家也开始重视对这些问题的学习、研究和报道。例如,在1884—1888年这几年里,丹麦、瑞典、挪威和芬兰等诸多国家在认真研究和借鉴德国社会保险立法的基础上均成立了公共委员会,借此来寻找适合本国"社会问题"的解决出路,并寄希望于能从德国的范本中吸取经验教训（Kuhnle,1981）。

然而,工人阶级的动员召集并不是对社会政策发展发挥关键作用和产生重大影响的唯一的直接或间接因素。正如马诺和范克斯伯根（Manow and van Kersbergen,2006,2009）强调的那样,在福利国家研究中,宗教思想的影响常常被不合理地低估了。罗马天主教和普鲁士王国之间关于权利归属的矛盾在德国文化斗争（1871—1878）中逐步升级。这种斗争也发生在其他国家,导致整个西欧的基督教民主党派和工会的出现或加强。这一冲突导致国家更大程度地介入社会政策和教育,以图削弱教会的世俗权力及其在提供福利方面经常发挥的主导作用。对立的政教冲突和派系造成了底层和中层阶级之间结成不同的联盟,而这反过来又导致西方福利国家的发展出现不同制度路径（Manow and van Kersbergen,2006:1）。

为什么非德国莫属,不能是英国和美国?

弗洛拉和阿尔伯（Flora and Alber,1981）认为,二元君主立宪制国家（如澳大利亚、丹麦、德国、瑞典）比议会民主制国家早期引入社会保险的倾向大得多,并且如果社会经济发展存在差异,这一点就更加明显。这一时期的英国,无论是在民主化水平上还是工业化程度上都胜过德国。非议会制造成的"社会导向"所带来的结果被认为有三部分：一是由于对这种政权的更大需求，以平复日益增长的敌对劳工运动；二是国家官僚机构更加强大；三是通过控制土地权益，可以将社会支出成本转移到城市中上层阶级。议会民主制国家虽然采纳社会保障的时间较晚，也通常是作为选举权普及的结果，但是在人口覆盖率和保护充分程度方面更胜一筹。这些发现向我们证实了并非随着社会单纯的渐进式发展就出现了福利国家：工业主义的逻辑和工人阶级的力量本身都不足以解释这一现象。社会政策在不同的地方出台的动机不同，不同时期的各种因素所承载的权重也不同。

从一个选择性比较（时间上）的视角来看，英国在建立"现代福利国家"方面一直被看作一个先行者而受到称赞(Orloff and Skocpol, 1984)，因为英国在第一次世界大战之前就制定了工人补偿金制度(1897)、养老金制度(1908)、医疗保险制度(1911)以及世界上第一个强制性的失业保险制度(1911)。与之形成鲜明对比的是美国：此时的美国设有范围相当广泛的内战养老金，覆盖了很大一部分美国老年人，但在其"进步时代"却未能建立起现代养老金制度和社会保险制度。而且，实际上，到1911年，英国已经超越德国成为福利国家的领跑者，承担着更多的保险风险，覆盖了更多的人口(Flora and Alber, 1981：55)。英国强有力的公务员制度和以规程为导向的竞争性政党的存在可用来解释英国和美国之间出现差异的原因。

很难解释为什么英国落后于德国的发展20到30年，因为到19世纪80年代英国已经建立了强大的国家行政和政党竞争，尽管工党是直到1900年才成立，比起贝赫尔(Behel)和李卜克内西(Liebknecht)创立德国社会民主工人党晚了31年。然而在19世纪80年代早期，作为实施公共政策所必需的英国地方政府结构还不是很健全。早期国家社会保险或社会保障立法在时间、原则和范围等方面的差异，裹挟其他因素，必须从不同机制的经验中寻求，例如，普鲁士卫生基金与活跃在英国、新西兰和澳大利亚的友好协会(Hennock, 2007)。友好协会是成功的自愿性工人阶级协会，成员众多。它们的成长壮大可以被视为早期和逐步工业化（或澳大利亚和新西兰的高效资本主义农业）的结果。在国家社会保险诞生之时，替代性福利提供者的盛行有助于解释在更富裕和更民主的福利国家发展相对滞后的悖论。

当俾斯麦关于强制社会保险的议案出现在政治议程中时,英国及其殖民国有一个运作良好的、非国家的替代方案,因此政府立法的冲动和"客观"问题方面的压力比德国要小。事实上,对于1908年英国倡导非缴费型养老金的《养老金法案》而言,最大的有组织的反对声音来自友好协会(Rimlinger,1971:59)。在普鲁士,强制保险的发展历史无论是在逻辑上和还是时间上都与行会或同业公会的衰败紧密相随的(Hennock,2007:331)。与其他议会民主制国家一样,英国后来发展成综合性甚至是强制性的社会保险都源于其他因素,其中包括政党需要吸引新的选民群体,还有国家社会保障计划在财政上越来越可行。取得1906年的选举压倒性胜利之后,应运而生的自由党政府在1908年引入了一种经过经济状况调查来确定的由一般税收支付的养老金计划。随后是1911年的《国家保险法》,该法引入了强制性疾病和失业保险,在短短几年内就使英国成为萌芽期福利国家中可以与丹麦看齐的排头兵。1908年的法案则是试图为"应得的"老年人提供基本收入,使他们免受济贫法的影响。这类似于丹麦(1891)和新西兰(1898)出台的老年救助法。1911年《国家保险法》的动机不同,其目的是主要为在职劳动力提供健康和失业保险,以提高国家效率和经济实力(Rimlinger,1971:59-60)。英国的养老金法案在1925年修改为《寡妇、孤儿和老年缴费退休金法案》。

大国阴影下的弱小先行者

第二次世界大战后早期的比较政治研究主要是大国比较,这反映了一种基本上没有根据的假设,即大国进行创新,然后被追随他们的小国所效仿(或扩散到追随他们的小国)。福利国家历史(和当前)发展的比较研究对这一观点进行了修正。

布里格斯(Briggs,1961:147)认为"德国的社会保险刺激了外国的效仿。例如,丹麦在1891—1898年期间照搬了德国的三种养老金制度"。另外,这是一个(时间)视角、政策思路追踪和分析水平的问题。丹麦政府和议会从19世纪60年代开始就一直关注不同类型的社会政策选择,而19世纪90年代的立法所依赖的是前俾斯麦时代的倡议和研究(Kuhnle,1996)。如果考虑到19世纪80年代丹麦建立的三部法律中没有一个是基于德国社会保险原则而制定的,那么前述布里格斯(Briggs)的说法就是值得商榷的。1891年的丹麦养老保险金法是一个非缴费制的养老金计划,它规定,经过(当地的)经济状况调查,为那些在之前十年中没有领取过贫困救济且超过60周岁的老人提供"应得的"养老金。尽管丹麦的法律与德国1889年的缴费型收入维持计划并无相似之处,但丹麦的社会保险立法时机选择,正如19世纪90年代其他北欧国家一样,可以说受到了德国立法的影响。丹麦的养老金法案并不是第一部这样的法律,冰岛——1944年完全独立前是丹麦的一部分——在1890年就引入了类似的法律。此后,在大西洋彼岸的另外一个小国新西兰,于1898年制定了须经过经济状况调查确定的老年人援助法。还有人口稀少的澳大利亚,在1908年通过了非缴费制的国家养老金计划,从而取代了较早(但十分类似)在新南威尔士州(1900)、维多利亚州(1901)和昆士兰州(1908)实行的殖民地计划。因此可以看出,一大批小的西方国家开创了相当广泛的、经过经济状况调查的老年援助计划,而它们所依据的并非德国的那些立法原则。

到1907年,在社会民主党涉足政府权力之前,丹麦对社会风险就已经有了世界上范围最广泛的保险覆盖。除老年救助法案外,立法还涵盖了工人补偿金(1898)、自愿的疾病补贴保险(1892)和自愿的失业补贴保险(1907)等。第一个《全民缴费制养老金计划》与老年救助金相结合,旨在让所有超过养老金年龄的居民均能领取一份养老金(Palme,1990)——期望建立起一个全民的基于公民身份的养老金计划(在1946年推出)——得以在1913年由瑞典的自由党政府引入,这使得其在第一次世界大战爆发前的一段时期内在社会保障计划人口覆盖比例方面能够与大英帝国并驾齐驱(Flora and Alber,1981)。尽管19世纪80年代北欧各国政府都受到德国社会保险立法的积极启发,在社会问题上采取政治行动,有所作为,但唯有挪威效仿了德国立法的范例。北欧国家早期立法(1890—1910)的内容和顺序的解释,必然只能在"路径依赖"和——在某种程度上——在纯属巧合的、计划外的立法建议的顺序表中去寻求(Kuhnle,1996)。1894年,挪威的《工业事故保险法》的文本就是紧随德国1884年的法案文本亦步亦趋得来,而且挪威是保守党政府和自由党议会投票通过的19世纪90年代唯一引入完全强制性法律的北欧国家。

挪威在1909年也选择了强制性疾病保险,总的来说,挪威比其邻国更倾向于支持强制性保险的"德国"原则。丹麦和瑞典在其首部法律中采用自愿的补贴保险。这至少可以部分地解释为,在挪威,自愿保险覆盖的工人的相对比例远低于丹麦和瑞典,因此,迫切需要制订一项计划,以迅速覆盖相对广泛的人口领域(Kuhnle,1981)。这里,我们又一次看到了那些先期存在且相对比较重要的替代性福利提供者在新兴福利国家形成中所扮演的重要角色。法国于1905年率先在全国范围内实施自愿的失业补贴保险,1906年挪威紧随其后。

哪些风险被赋予了政治优先权?

在对欧洲12个国家进行的历史比较中,弗洛拉和阿尔伯(Flora and Alber,1981)发现,各国制定社会保险的顺序通常是首先引入针对工业事故的社会保险,失业保险放在最后,其余两个则居中。如表5—1所示,这一趋势在全球范围内也很明显。到第一次世界大战结束时,世界上共有32个国家引入了关于工业事故或职业危害的保险或赔偿的立法,18个国家出台了某种疾病保险或福利计划,其中,德国(1883)、挪威(1909)、英国(1911)和荷兰(1913)正是强制保险计划的"排头兵"。有13个国家设置了老年人、残疾人或事故幸存者保险或救助计划,而仅有7个国家制定了失业救济计划。但从欧洲或更宽泛的角度进行对比,可以发现这些国家立法的先后顺序是有差异的,仅有的两个在1918年通过了关于所有四种风险的法律的国家就正好是例子。这种顺序在英国(包括爱尔兰)表现为事故、老年、疾病和失业保险,而在丹麦则是老年、疾病、事故和失业保险。没有国家将失业保险立法作为首选,但芬兰和挪威却特立独行地将失业保护措施作为立法的第二个选择。不算1885年的有限(海员)老年退休金计划,法国也是这一群体中的一员。德国于1927年才颁布了第一部关于失业的法律,落后于许多国家。

巩固、扩张、传播和战争

正如前文所述,在第一次世界大战前,用来解释说明政策创新时机选择的影响因素在不同国家和时间点上体现出不同的分量,具体取决于社会分化、国家的历史和特征、非国家福利提供的普及性以及政党和政府的组合,当然还要同其他一些因素糅合在一起。显然，政党有时也会改变政治偏好和策略。表5-1显示，在任何一个劳工或社会民主党首次组建一个多数派政府之前，已经通过了50个左右的社会保险法律（澳大利亚是在1910年）。在20世纪初期的几十年里，普选权在所有西方国家都取得了长足的发展。因此，到1920年，男性普选权已基本实现，而且在许多国家女性的普选权也全部或基本实现。自社会保险发展的早期阶段开始，选民流动和选民参与的党派政治基础发生了重大变化，保守派和逐渐而来的自由派政治势力彼时主导了政府和议会。第一次世界大战对战后（社会）政治产生了根本性影响，使政府在社会事务中的作用总体上大为增强。在两次大战之间，劳工和社会民主党的影响力不断增强，它们在政府中的参与度和领导地位不断提高，从而使得斯堪的纳维亚半岛国家（部分是在20世纪20年代，尤其是在30年代）和新西兰（1935年以后）能够更积极地扩大社会保障覆盖面。

在这段间隙里，国家社会保险和保障主要以三种形式进行扩展：风险范围、覆盖人群以及强化立法保障（Flora and Alber 1981；见表5.1）。

例如，工伤事故或者职业伤害保险与养老金保险都是逐渐扩大到更多的工人和雇员群体，并覆盖家庭受抚养人。德国在1911年第一个引入遗属抚恤金制度，大多数西方国家在20世纪30年代也纷纷效仿。挪威在1909年第一部疾病保险法中率先为家庭成员提供医疗福利，大多数国家在1930年后将其法律扩大到包括家庭成员。20世纪20年代中期，新西兰成为第一个制订家庭津贴计划的国家，从而扩展了国家应对社会风险的概念。20世纪30年代，许多国家都通过了这样的法律。

第一次世界大战前，社会保障几乎完全是欧洲和欧洲殖民地国家政府关心的问题；但在两次世界大战期间，社会保障的思想和实践却蔓延到世界其他地区，最明显的是在北美洲、中美洲和拉丁美洲。这种蔓延通常得到了1919年成立的国际劳工组织（ILO）的帮助（下文具体说明）。

表 5—1　概览：所选 ILO 成员国中首批法定社会保障计划的建立情况（截至 1945 年）[a]

成员国	疾病或生育救助计划	老年、伤残和遗属养老金	事故保险；职业病	失业救济计划	家庭补助计划
阿根廷	1934 年（生育保险）	1919 年（铁路工人计划）	1915 年（固定费率的伤残和遗属补助）	—	—
澳大利亚[b]	1912 年（生育现金补助）	1908 年（非缴费制的伤残和老年补助）	1900 年（澳大利亚南部）	1944 年	1941 年
奥地利	1854 年（矿工计划）	1854 年（矿工计划）	1888 年	1920 年	1948 年
比利时	1844 年（海员计划）	1884 年（海员计划）	1903 年	1920 年（补助性,自愿性）	1930 年
巴西	1931 年（仅限于特定的工人群体）	1923 年（铁路工人计划）	1919 年（固定费率的伤残和遗属补助）	—	1941 年
保加利亚	1924 年	1924 年（伤残和老年）	1924 年	1925 年	1942 年
加拿大	1935 年（医疗保健；仅阿尔伯达省）	1927 年（非缴费型老年）	1902 年（仅为英属哥伦比亚地区）	1940 年	1944 年
智利	1924 年	1924 年（伤残和老年）	1916 年	1937 年（受薪雇员计划）	1937 年
哥斯达黎加	1941 年	1941 年	1925 年	—	—
古巴	1934 年（生育保险）	1923 年（陆地运输业员工）	1916 年	—	—
捷克斯洛伐克[c]	1888 年（仅限波希米亚、摩拉维亚和西里西亚地区）	1889 年（矿工计划）	1888 年	1921 年（补助性,自愿性）	1945 年
丹麦	1892 年（补助性,自愿性）	1891 年（非缴费型老年）	1898 年	1907 年（补助性,自愿性）	—
厄瓜多尔	1935 年	1928 年（银行雇员；伤残和老年）	1921 年	—	—
芬兰[d]	—	1937 年	1895 年	1917 年（补助性,自愿性）	1943 年
法国	1928 年	1885 年（海员计划），1910 年	1898 年	1905 年	1932 年
德国	1883 年	1889 年（伤残和老年）	1884 年	1927 年	—

续表

成员国	疾病或生育救助计划	老年、伤残和遗属养老金	事故保险；职业病	失业救济计划	家庭补助计划
希腊	1926年	1922年(海员计划)	1914年	1945年	—
匈牙利	1907年	1925年(矿工计划)	1900年(农业计划)	—	1938年
冰岛[e]	1936年	1890年(非缴费型老年)	1903年(甲板船渔夫)	1936年	—
爱尔兰[f]	1911年(现金补贴和医疗救助)	1908年(非缴费型老年)	1897年	1911年	1944年
意大利	1910年(生育保险)	1861年(海员计划)	1898年	1919年	1936年
日本	1922年	1941年	1905年(矿工计划)	—	—
卢森堡	1901年	1911年(工薪阶层计划)	1902年	1921年	—
墨西哥	1942年	1942年	1931年	—	—
荷兰	1913年(现金补贴和医疗救助)	1913年	1901年	1916年(补助性,自愿性)	1939年
新西兰	1938年	1898年(非缴费型老年)	1900年	1930年	1926年
挪威[g]	1909年	1936年	1894年	1906年(补助性,自愿性)	1946年
巴拿马	1941年	1941年	1916年	—	—
巴拉圭	1943年	1924年(铁路工人计划)	1927年	—	—
秘鲁	1936年(工薪阶层计划)	1936年(工薪阶层计划)	1911年	—	—
波兰[h]	1889年(仅限西里西亚西部和北部地区)	1889年(伤残和老年)	1883年	1924年	—
葡萄牙	1919年	1919年	1913年	—	1942年
罗马尼亚	1912年	1912年	1912年	—	1944年
南非共和国	—	1928年(非缴费型老年)	1914年	1937年	1947年
成员国	疾病或生育津贴计划	老年、伤残和遗属津贴制度	事故保险；职业病	失业津贴计划	家庭津贴计划

077

续表

成员国	疾病或生育救助计划	老年、伤残和遗属养老金	事故保险；职业病	失业救济计划	家庭补助计划
西班牙	1929年（生育保险）	1919年（老年补助）	1922年	1919年（补助性,自愿性）	1938年
瑞典	1891年（现金补贴和医疗救助）	1913年（伤残和老年）	1901年	1934年（补助性,自愿性）	1947年
瑞士	1911年（联邦法案）	1916年（伤残和老年；仅限格拉鲁斯州）	1911年	1924年（补助性,自愿性）	—
苏联	1922年	1922年	1922年	1922年	1944年
英国	1911年	1908年（非缴费型老年）	1897年	1911年	1945年
美国	—	1935年（老年补助）	1908年	1935年	—
乌拉圭	—	1919年（仅限于特定的工人群体）	1920年	1944年（肉类罐头制造业）	1943年
越南	1944年（现金补贴和医疗救助）	—	1943年（固定费率的伤残和遗属补助）	—	1944年
南斯拉夫[j]	1888年（仅限达尔马提亚和斯洛文尼亚地区）	1889年（仅限达尔马提亚和斯洛文尼亚地区；矿工计划）	1887年	1927年	—

注：a. 截至1945年，所有会员国在5种主干社保计划中至少建立起3种。
b. 1901年之后为澳大利亚联邦（联邦国家），之前为独立（英国）殖民地。
c. 在1918年之前均为奥地利/奥匈帝国的一部分，与奥地利法律一脉相承。
d. 直到1919年都是俄罗斯帝国的一部分。
e. 1918—1943年间，依据丹麦联合法案，在此之前是丹麦的属地。
f. 直到1921年都在英国统治之下。
g. 在1905年之前是瑞典—挪威王国的一部分。
h. 在1918年之前为奥匈帝国的一部分，与奥地利法律一脉相承。
i. 南北战争退伍军人抚恤金早在1862年就已经实施，包括1873年为军人遗孀和被扶养人提供的额外服务。
j. 1929年为南斯拉夫共和国。在此之前是塞尔维亚、克罗地亚和斯洛文尼亚王国，1918年由斯洛文尼亚、克罗地亚和塞尔维亚以及塞尔维亚王国联合组成。部分区域在奥匈帝国的统治之下。
资料来源：笔者根据佩林（Perrin,1969:285—287）整理而得。

社会保障原则的落地生根及持续发展

第一次世界大战后，社会保险和福利国家主义的传播，无论是从所涵盖的国家,还是从条款及其受益人范围看,都日益成为社会和经济政策制定中不可或缺的一部分。与过去几十年内各项社会保险计划被当作摸索试验相比,此时社会保障原则正得到逐步落实并取得进展,尤其是在欧洲及其殖民地国家发展迅速,而且还扩展到欧洲周边及其他大洲的国家(由表5—1可以看出)。

最初赋予福利的功能是向最贫困的人提供救济,然后被纳入保险原则。该原则"的本质优势在于……确定了被保险人享有特定风险的保护权"(Perrin,1969:253)。这种注重无产阶级和社会保障观念的融合并将其作为解决阶级对立问题的一种办法,在关于公民社会权利的辩论中得到了突出体现,而公民社会权利也成为日益壮大的劳工运动的关键理论基础。福利国家作为一个特别面向工人阶级的国家,就像民主固有的本质一样与对社会权利的要求不可分割,与"社会民主"之间的联系日益紧密(Briggs,1961:222)。福利和社会保障理念的变化在第一次世界大战前就已经显而易见。社会政策因素的考虑影响了部分国家的选举运动,并在20世纪前十年澳大利亚的第一个工党政府选举中扮演了重要角色。国家作为社会权利的提供者和保护者的作用在第一次世界大战之前许多西欧国家的立法中开始显现,并在一战后表现得愈加明显(Briggs,1961)。但正如鲍德温(Baldwin,1990)表示的那样,工党成员对社会福利和改革的社会意义上的理解需要其他方面的支持。无论是在英国还是在斯堪的纳维亚半岛国家,共同承担风险的举措都强有力地反映着中层阶级的利益,尤其是在斯堪的纳维亚半岛,也体现了政治上新兴的农业中产阶级的利益(Kangas,1991)。

但也并非所有一开始就作为福利国家发展先锋的国家都在这条道路上继续前行,德国和澳大利亚是最突出的例子,它们都是过去的领头羊,但后来的表现在各方面都有些衰落。社会保障原则的实施也不总是采取社会保险的形式。尤为明显的是美国——被广泛地标称为福利国家发展的"落后者",并因没有(甚至直到今天)引入全面的医疗保险而受到政治批评——没有采取与欧洲类似的政策(Skocpol,1995)。美国的重点是转而将福利和社会保障分开,较早地为儿童、寡妇和战争退伍军人提供保障,但在实施全国社会保险计划方面进展缓慢。直到大萧条时期,罗斯福总统及改革家在新政中才开始考虑更加广泛的社会保险举措。1935年的《社会保障法案》在全国范围内引入了缴费制养老保险和强制性的失业保险,自然是这场斗争的核心。

社会保障原则参差不齐的兴起原因是多方面的,并引发了广泛的学术讨论。多年来的历史比较分析提供了不同的理论解释,特别重要的是社会民主假说。这一假说已多次得到修正和转换,以图不仅关注掌权的左翼政党,而且关注农民—劳工联盟(如瑞典和芬兰)或基督教民主统治的影响(Amenta,2003;van Kersbergen,1995)。然而,在欧洲,工会已经有能量或已努力实现通过各自的政党将其主张转变为政策,而随着这些政党获得权力,它们又反过来推动福利的持续扩张(Korpi,1983;Esping-Andersen,1985a)。在美国等其他国家,更多的时候会将福利看作"公民社会身份和权利的切实表达"(Mead,1997b:249)。

风险和覆盖人口的扩张

第一次世界大战爆发之前,欧洲大多数国家就已经建立起作为核心保险领域四支柱中的至少两个支柱;欧洲之外的其他地区,仅澳大利亚有三个计划和新西兰有两个计划。

在战争中的这段时期,第五种核心社会保障计划被提上了政治议程,即家庭补助,新西兰、比利时和法国在这方面走在了前列。在这些先行国家中,社会保障扩张到涵盖新的风险领域,特别是失业保险,并覆及更广的人口群体,尽管这种再一次扩张并没有形成一种统一的模式。丹麦和英国在人口覆盖率方面的扩张步伐迈得最大。在社会主义或社会民主主义政党拥有最大的选举支持和政府权力的国家,扩张最为明显。最弱的扩张发生在法西斯主政下的意大利、奥地利和德国(Alber,1979)。

对于西方民主制国家来说,从大萧条开始一直到第二次世界大战结束的这段时期,其特点就是改革和政策发展指向普遍主义福利国家。越来越多的人口群体,包括家庭受抚养人,都被(强制性)纳入这些政策中。此外,政府应对的社会风险范围更广。然而,大萧条时期也给政府带来了重大挑战,失业和社会难题不断增加。因此,20世纪30年代社会保险计划的最大差异和异质性也就不足为奇。一部分国家历经了福利供给的初次缩减,而另一部分国家(比如挪威等)则迈入了福利国家的领先方队(Alber,1982:153)。

阿尔伯(Alber)发现,社会保障的快速扩展总是出现在有着强有力的左翼政党以及处于艰苦时代(第一次世界大战和大萧条)的国家。即使是有着相似背景和率先发展福利事业的国家也可能选择迥异的道路。虽然在处理失业和贫穷方面的困难导致澳大利亚福利扩展的停滞(Castles and Uhr, 2005),但新西兰在1920年以后的几年里出现了一些重大的福利革新,例如,引进了世界上第一个家庭补助计划。在政策创新在经济危机期间停滞不前之后,1935年,新西兰工党凭借其社会改革计划在选举中获得了压倒性的胜利,使得新政府被一些人评价为"英语世界有史以来最强大的政府"(Castles, 1985: 26)。1938年的《社会保障法》实施了一项全面而统一的福利计划,国际劳工组织认为该计划对其他国家的立法产生了重要影响。然而,当澳大利亚政府在20世纪40年代初试图效仿新西兰改革其自己的(主要是个人主义的)健康计划时,遭到了强烈的反对,并在宪法法庭上败诉。

在经济危机的压力之下,即便是那些在对平等和福利的理解上同欧洲及其澳大利亚殖民地有着迥异看法的国家,在承保社会风险方面都在朝着更加社会民主的原则方向靠拢。在美国和加拿大,改革势力尝试制定综合性的社会保障机制并且在新政中加大国家干预的趋势,尤其是在加拿大,这种尝试增强了联邦政府的权利,催生了1940年的联邦失业保险计划。

社会公民权的构想

第一次世界大战后的大多数西方国家都将社会保障原则作为政党政治和政府政策中不可或缺的一部分。人们越来越多地认为,福利已远不止是一种最低的经济保障,或许是能够提供某些"从摇篮到坟墓"的保障。但是分配成本和重新分配风险,以及两者的分配影响,仍然是激烈竞争的领域。在社会平等对待所有公民的能力和意愿上,仍然众说纷纭。正如鲍德温(Baldwin)所说,"福利国家背后的斗争暴露了现代社会的结构和冲突……作为经济生产者或不同阶级的成员,个人仍然受到市场和继承的等级制度的不平等对待。但作为一种受风险支配的生物,它们是平等的"(Baldwin, 1990: 1—2)。像俾斯麦的那种开创性的福利计划离实现这种平等还有很长的路要走。贝弗里奇的构想在某种程度上有所接近。但是,经济节俭的思想在社会保险的许多地方都存在。社会保险的主要作用就是维护社会稳定,进而获得经济产出。

学者通常会认为,关注的焦点从社会福利向社会公正转变是民主化发展的逻辑结果,同样也是从先前政治权利制度化中衍生出的社会权利的必然要求(Flora and Alber,1981)。著名学者马歇尔(T. H. Marshall,1963)从社会公民身份权利的发展来看这个过程:它是公民权利分配的进步,从公民权利、政治权利到社会权利(公民身份社会权利探讨见第35章)。但是,公民身份权在多大程度上是福利国家固有的,这一点一直存在争议。在实践中,不同国家和不同时期通过社会保障计划实现的平等程度差别很大。

社会保障的国际化历程及其在欧洲之外和新世界的传播:国际劳工组织的定位

1919年,国际劳工组织(简称ILO)的建立标志着社会保障"新纪元"的开端,因而使得最低社会保障标准的理念在国际范围内得到了传播。该组织是作为《凡尔赛条约》的一部分创立的,它反映了一种信念,即通过社会正义,可以实现普世和平。劳工组织背后最重要的理论基础是第一次世界大战的经验,从一开始就是要促进社会保险计划的传播、扩展和巩固。在这段时间内,福利供给在西方以外的地区广泛传播,很大程度上要归功于国际劳工组织及其所提供的立法实例(Perrin,1969)。

两次世界大战之间是社会保险和社会保障得到迅速扩张的时期,它在欧洲国家覆及所有重大风险和更多人口群体的同时,也成为一种世界性操作。国际劳工组织在积极扮演着社会保险促进者和世界最佳实例的推进者角色的同时,也担负起数据统计、文件形成及国家社会和劳工立法存储站的功能。它在社会保险的各个领域都制定通过了大量的规范性公约和建议,在社会保险的扩张受到世界经济发展的潜在威胁之际,无疑对社会保险的发展起到了作用。

从表5-1中可以发现,截至第二次世界大战结束,社会保险的发展已远远超出西欧和欧洲殖民地国家的边界。1918年以前,一些东欧国家则继承了作为奥匈帝国一部分的奥地利的法律精神。拉丁美洲的社会保险亦开始起步,最初只对覆及的特定群体提供有限的保险,如在厄瓜多尔是银行家,在阿根廷是铁路工人。智利是世界上为数不多的在1937年之前就已引入所有五个社会保险支柱的国家之一。在亚洲，日本是社会保障领域中的领跑者。

战争的影响

历经了大萧条及其对许多国家的社会政策所产生的不可估量的冲击，酝酿着第二次世界大战的厉兵秣马及其最终的爆发，标志着自1945年之后现代福利国家的发展进入了一个新阶段。事实上，战争对福利产生了什么影响，战争究竟是中断了福利发展，或者更多说来还是表现出福利发展的连续性，这些问题已经引发了广泛的争论。一方面，古丁和德雷泽克（Goodin and Dryzek，1995）认为，战时经历通过创造一种在随后（战后）的慷慨支出中表现出的团结感，塑造了战后社会发展的轨迹；另一方面，皮科克和怀斯曼（Peacock and Wiseman，1961）提出，战争期间政府支出的增加提高了此后用于福利目的的"可容忍税收"的门槛。

战时的经历也显示出对福利国家思想体系的不利影响。正如蒂特马斯（Titmuss，1974b）强调的那样，社会政策既不是意识形态自由，也不总是意味着所有人都能享有福利。最好的例子就是德国纳粹时期社会政策的发展历程。德国魏玛共和国时期，社会公民身份的理念得到了进一步的扩展和完善，但这一概念现在被用种族术语定义的公民概念所取代，同时还伴随着优生原则（在当时的欧洲思想中普遍流行）和安乐死，它们被作为塑造纳粹式雅利安家庭的一种正当理由和手段。

第二次世界大战还极大地塑造了战后福利国家发展的愿景和计划，尽管对于贝弗里奇1942年著名的《关于社会保险及其相关服务的报告》究竟在多大程度上说清楚英国到1950年可以被认为是世界上最为全面的福利国家，这一观点依旧存在争议。在他的建议中，贝弗里奇明确地敦促政府通过提供"从摇篮到坟墓的保障"来与"贫困、疾病、无知、肮脏和懒惰这五大恶魔"作斗争，从而实现和平稳定。马歇尔（Marshall，1964a）和蒂特马斯（Titmuss，1950，1976a）都指出，战争时期的经历是民族团结精神的基础，是朝着不分阶级和地位的普遍社会保障方向加大社会政策力度的基础。对于这种观点同样存在着争议。修正主义的历史学家则认为,几乎没有证据表明,战争提高了政府的社会福利意识,使之成为提高国家效率或增强社会团结的工具。他们还认为,蒂特马斯夸大了战争对后来政策发展的影响(Harris,1981;Mommsen,1981;Welshman,1998)。挪威的情况争议较小。从共产党到保守党,挪威所有的政党都是在德国占领的5年中成立的,并在1945年的议会选举前承诺实施一项独特的联合政治计划。受到《贝弗里奇报告》以及中立的瑞典社会民主党和工会联盟(LO)这样的活动平台及记录的启发,它们尝试建立一种普世性的"全民社会保障制度"。因此,战时经历的影响可能不仅会因战前社会政策历史的不同而不同,而且还会因各国是否积极参与战争、是否遭受外国占领、是否遭受物质和肉体上的破坏和/或是否遭受巨大的人员损失而各有差异。美国是世界上唯一没有被战争削弱的工业经济大国。可以说,由于其经济如此强劲,培育和扩张福利国家理念的情怀在那里并不像在欧洲那样遍地开花(Brinkley,1996)。

福利国家的概念本身从19世纪40年代末起就开始被普遍使用——除了美国,在英国以及随后的整个欧洲,福利国家的概念基本上是正面的。西方社会政策的新篇章开始了。

第6章 战后福利国家的发展

弗兰克·努尔迈尔(Frank Nullmeier)
弗朗兹·萨弗·考夫曼(Franz-Xaver Kaufmann)

引　言

关于福利国家的比较研究大多关涉国家的相似性与差异性,即空间视角。不过,本章聚焦的问题是如何概述福利国家的时间轨迹变化。

大量关于福利国家的文献将战后时期分为两个阶段,即扩张期和紧缩期。从这种观点看,前一阶段的特征是社会保障制度的飞速发展——在这个时期,福利国家坚定地确立了自己作为西方社会核心制度的地位——后一阶段则伴随着支出的缩减和社会福利的恶化。战后发展的两个阶段——从1945年开始扩张,直到1973年的石油危机,随后再经历30多年的紧缩——在今天基本上是没有争议的。没有任何一种其他分期方法获得了与此可比的学术认可。虽然提出了一些相关的术语,如重组、重新调整、长期紧缩阶段和结构调整,但"紧缩"一词在文献中更为触目皆是。

"福利国家的黄金时代"(C. Pierson,1991;Esping Andersen,1996b)和——并不多见的——"白银时代"这样的表述也体现出同样的周期划分(Taylor-Gooby,2002;Ferrera,2008)。正如赫西奥德[①]起源神话中的经典用法所表明的那样,周期划分这一专门用语不一定暗含衰退的概念(《工作与时

[①] 古希腊语:Ησιοδος 古希腊诗人,原籍小亚细亚,以长诗《工作与时日》《神谱》闻名于后世,被称为"希腊训谕诗之父"。

日》,第109—201行;赫西奥德划分五个阶段,将"青铜时期"界定为第三、第四阶段,并将第四阶段推崇为"文明的巅峰")。然而,"黄金"和"白银"这两个术语则无疑含有强烈的下降意味,同时也表达出对遗失过往辉煌和万千宠爱的抱憾。因此,这个术语是不可避免地具有追溯性的:对当前的评估最根本的原则就是要依据过去,而整个时期都是由这种追溯性取向主导的。如何阐述进步和现代化,就其面对未来的开放性,目前还难找到一个术语可与旧的相媲美。

具有讽刺意味的是,保罗·皮尔森(Paul Pierson,1994)的作品极大地促进了"紧缩"一词的流行,并将其作为当前历史时期的一个标签。尽管皮尔森旨在表明,罗纳德·里根和玛格丽特·撒切尔(分别为1981—1989年和1979—1990年)政府实施的削减措施更为有限。因此,在社会政策改变之后,所谓的福利国家的"危机"远没有当时许多观察家认为的那么明显。皮尔森认为,福利国家具有惊人的弹性和灵活性,并成功地适应了经济条件有时发生的剧烈变化。然而,自从20世纪90年代中期以来,对于"缩减"一词,可能存在争议的也仅是在其程度上。

从跨国甚至国际的角度谈论福利国家发展的一个前提是"此物的本性"是已知的。社会政策研究者们在福利国家制度的定义、福利国家类型学的发展以及个别国家和政策的适当分类方面付出了巨大的心血。相比而言,在界定和证明福利国家发展的阶段方面做出的努力则少之又少。然而,社会政策和福利国家的概念和内容不仅因国家而异,还会随时间变化。因此,想要精准地把握与评估福利国家的发展与变化是一项复杂的工程,众多欲在发展阶段有所研究的尝试都未能触及问题的本质。

本章接下来的部分将探讨占主导地位的阶段分期方法的有效性并指出其不足之处。后一节将对比较福利国家研究中使用的量化概念进行系统的讨论,并审视从这些文献中采集的分期标准的使用是如何影响我们对1945年以来福利国家发展的理解的。

阶段分期

阶段分期是对历史的解释,其中必然包含许多关键假设。通过对时期或

第6章 战后福利国家的发展

时代的区分和界定,标志着某些新事物或不同事物的开端、阈值的跨越、历史进程与发展的不连续性和断裂。宣告一个新时期或新时代,对研究者来说,绝不是"天真无邪"的行为,也不是仅限于实践的决定;相反,它意味着一整套解释框架,其中所建议的周期化是有根据的,同时隐藏或边缘化社会和政治现实的某些方面,而正是这些方面又可能是某些可选择的阶段分期化的基础。因此,分期通常用于政治目的,以此促成一种对增长、变化、调整或紧缩的特定理解。

福利国家发展中占主导地位的时期划分是令人瞩目的,既因为它在社会政策研究领域中被广泛接受,也因为它与历史学家发展或偏爱的时期划分相一致。在史学领域,常会见到"漫长的19世纪"(大致从1770—1914/1918年)和"短促的20世纪"(从1914/1918—1989/1991)这两个术语(Hobsbawm,1994)。在这种宽泛的分期中,第二次世界大战标志着"短暂的"20世纪的第一个子阶段的结束和第二个子阶段的开始,而不是根本性的破裂。与基于日历的"无内容"方法不同(Osterhammel,2009:87),这种时期的划分重点突出了关键性的事件(美国和法国大革命、第一次世界大战、苏联社会主义的灭亡)及其所体现的文化、社会和政治转变。

然而,无论是1914/1918年还是1989/1991年,都不是福利国家发展的扩张和缩减周期所强调的转变的关键日期。综观更精细些的时期划分可以发现,社会政策研究者与历史学家之间亦存在着许多不同:托尼·朱特(Tony Judt)的《1945年后的欧洲历史》(2005)一书也是选择以1945年作为开端的,但不同的是将战后分为四个时期(1945—1953年、1953—1971年、1971—1989年、1989—2005年)而非两个。最明显的是,1989年在社会政策研究者眼中并不能算是一个特别重要的历史节点,他们主要关注的是扩张和紧缩的定量指标及社会保障体制的规模和慷慨性。无论如何,目前对福利国家发展的垄断解释必须更坚定地扎根于比较研究及其实证结果,必须更好地证明分期标准的合理性,并且必须使这种分期的隐含框架更加透明。

为什么将1945年作为新阶段的起点?

在社会政策研究的背景下,第二次世界大战的结束是一个明显的历史节点。它与大萧条后经济复苏的年代相吻合,也与贝弗里奇勋爵(Lord Beveridge,1942)提出的普遍主义改革模式所激发的重大社会政策改革相吻合,而该模式在英国一直实施到1950年。因此,1945年和战后初期可以被描述为福利国家牢固确立的时期。

然而,从福利国家的制度层面和社会保险立法的通过来看,这似乎不那么令人信服,特别是对俾斯麦的社会保障制度而言。事实上,这种时期划分与美国和斯堪的纳维亚半岛福利国家的历史轨迹并不是很相符,因为在20世纪30年代,这些国家经历了一系列重大变革和制度性扩张。如果将焦点集中在制度性创新上,那么战后时代看起来像是这个阶段的终结。在这一阶段,诸如与老年退休、疾病、工伤事故和失业等风险有关的社会保险核心体系已经在大多数欧洲大陆和盎格鲁-撒克逊国家建立起来。通常这些保险得以引入——而且实施了第一次扩张——都是在1950年之前。因此,根据制度创新标准,人们宁愿将1950年作为制度兴起阶段的结束。这一阶段可以分为三个子阶段:第一阶段是"引入期",从德国早期立法到1914年;第二阶段是"扩张期",即两次世界大战之间的时间;第三阶段是"完善期",指战后的数年时间,接踵而至的则是"巩固期"和社会权益的逐步量化扩展(Flora and Alber,1981:54)。然而,战后早期的解释中所隐含的转变甚至比1945年或1950年是不是更恰当的分界点这样的问题更为重要:第一种分期将战后初期作为福利国家黄金时代的开端,即从1945年开始的长期扩张阶段,而第二种分期则强调了上一个创新"周期"在1950年的结束。

如果把社会支出的变化作为福利国家发展的唯一指标,战后时代将表现为另一种样子。根据克里斯托弗·皮尔森(Christopher Pierson,1998:108—135)的说法,1918/1920—1973/1975年之间的整个时期可被视为一个增长和扩张阶段。根据支出标准,1945年(或1950年)并不标志着一种决裂或中断。即使把社会保险覆盖范围作为一个额外指标,这些数据也表明,大致从1910年到20世纪70年代,或多或少有一个不间断的增长趋势(Flora and Alber,1981:49,55)。

尽管有这些考虑和证据,但把1945年看作一个重要的历史节点似乎是适当的。战后时代本身就应被理解为一个独立的阶段,因为对社会政策和福利国家的理解是基于社会权利作为普遍人权的关键要素的理念,它与自由和民主权利同等重要,而这种理解是在第二次世界大战期间才开始兴起的(Kaufmann,2003c)。承认社会权利作为普遍人权一部分的做法,或许可以追溯到1941—1948年,而且它也是盟国和国际社会为了设计第二次世界大战后国际政治秩序所做出努力的一部分。甚至在美国加入战争之前,富兰克林·罗斯福和温斯顿·丘吉尔在1941年8月的会谈就达成了与社会政策相关的以下重要认识(后来被称为《大西洋宪章》的宣言第5点和第6点):

> 第五,他们希望在经济领域中实现所有国家之间最充分的合作,其目的是确保在劳动标准、经济进步和社会保障等方面获得全面改善。第六,在纳粹暴政被摧毁后,他们希望建立一种和平的环境。在这里所有国家都可以在他们自己的疆界中拥有安全的居住环境,也能够保证所有在国土上生活的人们在没有恐惧和匮乏的自由中生活。

最后两行指的是罗斯福在1941年1月的国情咨文中提到的"四项(基本的人类)自由"中的两项。普世社会权利的原则在这里嵌入免予匮乏的概念中:"第三是免予匮乏的自由——从普世意义上讲,这意味着经济上要理解为确保每个国家的居民都能过上健康的和平时期的生活——且是世界大同。"普世社会保障的原则得到了进一步的加强(Lee,1994),但是直到1948年联合国大会通过了《世界人权宣言》,才提出了一个明确的普世社会权利清单(第23—28条:工作权、自由选择就业、休息和休闲、自我和家庭有充分健康和幸福的生活水准、教育以及参与文化生活)。此目录以第22条为序言,以某种有条件的形式规定了下列各条款具体指向的社会权利所包含的基本权利:"每一个人,作为社会成员之一,都有权享受社会保障,有权通过国家努力和国际合作,并根据每个国家的组织和资源,实现其尊严和个性自由发展所必需的经济、社会和文化权利。"这种将社会政策权利纳入普世权利概念的做法反映在学术领域是马歇尔(T. H. Marshall,1964b)关于自由、政治和社会公民权利的三重概念。

第二次世界大战前的国际社会政策模式仍然是有选择性的,特别是对工业工人和穷人,但也包括所涉风险范围方面。不过新的国际模式是普世的,覆盖了全体。它融入了人人平等的要求，也不分种族、宗教和性别。它还将工人保护政策的范围扩大到个人福利的广义概念范围。这种转变表现为主要用语从"社会保险"到"社会保障"、从"社会政策"到"福利国家"的变化。

社会政策范式的这种转变是更加广泛的国际法范畴的转变。在第二次世界大战之前，包括国际联盟体系在内，国际法都被看作是国家特有事务，而不属于人民。但由于经济大萧条带来的法西斯主义后果，各国精英们就国家层面的社会秩序与国际和平之间的关系达成了共识。因此，为了国家及其人民的福祉承担国际责任的愿景——福利国际主义出现了。"经济及社会理事会"成为联合国的主要机构，在国际联盟的主持下成立的国际劳工组织现在不仅成为国际规则的工具，而且也是社会政策发展的实际推动者和支持力量，特别是在第三世界国家。

1989年为什么未被铭记？

在福利国家的历史撰写中，往往会忽略掉1989年这个发生划时代变革的年份。标准的周期划分区分了从战后初期到20世纪70年代的扩张阶段和随后的紧缩阶段。这种观点表露的是文献对西方发达工业经济体的关注。对东欧国家来说，1989年政治巨变带来的是社会主义福利国家模式的"戛然而止"。这一模式建立在充分就业保障的基础上，并提供了——通过单位层面和国家层面的保障制度相结合——覆盖疾病和老年风险以及与家庭相关的服务的全民福利。所有这些都被嵌入到一个计划经济体系中，利用教育和职业培训部门来管理劳动力供应。1989年后，紧随而至的革命和政治变革不仅用市场经济取代了（最初通常是强有力的放松管制）计划经济，还用（半）总统议会民主制取代了共产主义独裁政权。新成立的民主政权立即面临过渡时期的衰退，因此面临着具有挑战性的经济形势。简言之，1990年以后社会保障制度的重建只是意义深远的体制重组的一个组成部分，而且这些重建的努力是与第一轮紧缩措施同时进行的。20世纪80年代，东欧已经进入经济增长放缓的局面，而1990年后的衰退又加剧了这一趋势；随后阶段的复苏和强劲的经济增长在2008年的金融危机中戛然而止，使得这些国家在巩固社会政策方面的努力付诸东流。只有将20世纪80年代的停滞期放在这个大框架下，才能使得他们的发展轨迹可以与一般的经济紧缩假设相匹配，也与1973—1980年这段时期是一个关键时段的说法相吻合。但是，在划定社会政策发展阶段时考虑制度上的变化将更为合适，1989/1990年显然是东欧历史上的一次重大裂变。由于转型国家强烈倾向于改革模式，而这种模式似乎是西欧和北欧国家紧缩趋势的缩影，因此社会主义的消亡实际上可能被视为东欧与这一趋势的一种迟来的结合。尽管这种解释并不否认西方国家和社会主义福利国家在模式上的差异，但它将1989年视为社会政策发展中一个并不是那么关系密切的节点。根据这一解释，原先的社会主义福利国家虽然最初可能与西方的福利国家不同，但在1989年以后的岁月里，它们只是在引进思想和改革观念的影响下沿袭了西方国家的发展道路。

然而，从意识形态的角度来看，社会主义阵营的解体削弱了西欧福利国家的政治地位。它不是国家社会主义和自由资本主义之间的第三条道路，而是现在替代后者的唯一选择。

次级分期

为了将1989年作为福利国家发展背景下的一个有意义但又难说是决定性的历史节点考虑在内，可以划出主要阶段和较短的次阶段。这种分层的周期划分被广泛使用。在这里，我们仅仅探讨将扩张阶段和紧缩阶段细分为三个次级分期的可能性，分别为：扩张期：1945—1950年、1950—1960年和1960—1973年；紧缩期：1973—1979年，1980—1989/1990年和1990年至今。

如上所述，英国的福利国家改革在战后早期(1945—1950年)的诠释中脱颖而出。但是，法国——在社会保险的传统环境下——也进行了影响深远的改革，比利时、瑞典和瑞士的社会保障制度的重大改革也值得一提。相比之下，在经历过法西斯主义和国家社会主义制度的意大利、日本、奥地利和德国，应对军事失败的后果和重建战前的社会保障体系是政治议程的主要内容。然而，克里斯托弗·皮尔森(Christopher Pierson, 1998:113)关于将这种次级分期看作是"重组"阶段的观点似乎没有说服力，因为在这些年里革新的要素比起重组的付出表现得更为突出：政策改革常常以将社会保障作为一项普世权利的新理解为基础，因此将社会保障制度扩大到整个劳动力和(或)广大公民成为这一时期的一个关键目标,尽管在不同程度上进行了努力,并取得了不同的成功。

1950—1960年被认为是"相对停滞"期(C. Piersion,1998:132)。这主要基于社会支出在GDP中的份额而确定。然而,在大规模的经济增长和事实上的充分就业(以及65岁以上人口占比较低)的大背景下,低于平均水平的社会支出增长必须被视为福利国家发展的弱势指标。高就业率——降低了提供或依赖社会福利的压力——与基本养老保障改革相结合,如瑞典和德国,更能说明问题。此外,替代率的数据(Korpi and Palme,2007)表明,社会政策慷慨程度已经接近1960年的峰值——例如,德国社会保障体系三个分支中的两个都是如此。人们普遍认为,1960—1973年是福利国家的主要扩张时期(C. Piersion,1998),社会支出增长率大大高于长期平均水平。如果"黄金年代"这个术语完全能够说得过去,那么这个时期也就是15年左右,但那也只是福利水平和覆盖范围的提升。除此之外,20世纪60年代并不是社会政策创新的年代。从民权运动到女权运动,这些新运动的投入和要求都尚未开始影响社会政策。即使是美国20世纪40年代的医疗补助和医疗保险等重大改革,其作用都是有限的,它们表现出的仅仅是对20世纪40年代因为政治被错过或被阻止的政策发展的一种追赶(Hacker,2002)。因此,社会政策的黄金年代很可能正好与政策创新匮乏以及对福利国家的长期稳定政策审议的缺乏相吻合。

休伯和斯蒂芬斯(Huber and Stephens,2001a)将紧缩期分为三个次级分期:1973—1979年、1980—1990年和1990—2000年。对这些时期的实质性解释证明了这种分期是合理的:20世纪70年代是"探索"阶段,在这一时期,人们对于第一次和第二次石油危机之间诞生的新挑战还是依靠"老套路"来对待;在20世纪80年代,政策制定者认识到社会政策领域的问题不仅是周期性的,而且需要采取结构调整措施;20世纪90年代是一个以柏林墙的倒塌、国家社会主义的消亡、欧盟市场和货币一体化为特征的阶段。20世纪70年代主要是通过零星的尝试来应对战后社会政策模式的明显懈怠,尽管那种模式仍然被广泛认为是成功的,而80年代的政治冲突则触及了福利国家的存亡。福利国家的合法性在很大程度上受到英国和美国新保守主义政府的严重质疑,即使是激进的紧缩也不一定会使整个福利国家空心化,这是对 90 年代福利国家发展阶段的一种洞察。在这个阶段,经济国际化的作用开始凸显。然而,涉及 1980 年后阶段的亚周期仍然相当缺乏活力。因此,泰勒·古比谈到了"20 世纪 80 年代到 90 年代之间的过渡时期"(Taylor-Gooby,2002:598),从而强调了那些年社会政策制定的模糊轮廓、矛盾特征和整体不稳定性。

区域特有的福利国家发展阶段?

我们考虑到 1989 年对东欧福利国家发展的意义,也提出了一种完全不同的分期方法。因为仍然会被拷问的是,遵循同一个维度的时期划分方式是否适合所有国家和地区。难道根据福利国家的类型、经济发展水平和经合组织成员国身份来区分国家群体或"族群"没有必要(或缺乏必要性)吗?简而言之,是否存在一种普遍的发展趋势,只是在世界各地区以一种或多或少延迟的方式出现,还是我们确实应该考虑用区域特有的方法来进行分期?

大量资料证明,区域性分期的合理性在东亚和东南亚福利国家(韩国、马来西亚、菲律宾、新加坡、中国台湾和泰国)的发展中有迹可循。对于这些国家而言,在 1945 年到 20 世纪 90 年代末似乎都经历过一个单一的、不间断的福利国家扩张阶段。在以温和、慷慨的社会政策作为特征的缓慢开端之后,始于 20 世纪 80 年代的民主化进程引领着进入社会保障计划快速发展的轨道(Haggard and Kaufman,2008)。此外,1973/1974 年石油危机和布雷顿森林体系的解体都未导致经济低迷。因此,对这些国家所经历的长期且连续的福利国家扩张阶段可进行一个更加合理的划分,包括两个次级分期:前为限制发展阶段,后为 1980 年前后开始的福利国家加速发展阶段。在中国,社会保障制度的起步甚至更晚,1997 年养老保险改革就是一个例子(Barr and Diamond,2008)。拉丁美洲的情况更加复杂,直到 1980 年,那块土地上才建立起覆盖范围有限的社会保障制度,它属于制造业职工和公务员的特权,而将农村人口排除在外。因此,尽管社会保障支出水平较高,但这些国家传统上的社会不平等本质上是再现于福利国家中的。20 世纪 80 年代,拉丁美洲面临着民主化进程和经济危机的双重挑战,这就在各个国家中引发了截然不同的发展,并在面向市场的改革和走向、普遍获得社会保障的运动之间来回折腾。这些发展最初往往以力图私有化为主,而近年来,在消除贫穷和执行基本的社会保障方案方面有了更大的政治投入。这与经合组织的两阶段分期相对一致。但是,人们必须将福利国家的民主改造和最近追求社会改革式政府的浪潮解释为朝着福利国家新的扩张阶段迈出的一步(Segura-Ubiergo, 2007; Haggard and Kaufman, 2008)。

特定政策的发展?

"社会政策"和"福利国家"这两个术语均涉及广泛的政策领域。这些议题包括哪些政策会随着时间的流逝而变化,并保持与各国特定的传统一致。因此,毫无疑问,这两个术语的语义核心(养老保障、健康、减贫、长期护理和失业等),通常被认为是社会政策和福利国家的主要内容。但是,许多其他子领域,如住房、教育和劳动立法等,有时也包含在国家对这些术语的定义和理解中,有时却没有。不同的认识带来的是对福利国家变革的迥异评价。在俾斯麦时期的福利国家,传统上社会保险覆盖的风险在每一次福利国家发展的讨论中都是主要参考点。在此背景下,在过去十年里,社会政策制定者对于教育、儿童关爱的日渐重视可以看作是对社会政策制定及福利国家传统范围和含义的一种扩展。由于对各个政策领域的理解表现出差异,如果期望"一刀切"的周期划分在社会政策的不同领域都是合理的,那么这种想法就颇有问题了。

然而,在讨论福利国家制度时,有一个跨越社会政策领域的连贯发展逻辑的假设是相当重要的。当前,这种分类观点受到了攻讦,论据是国家社会保障体系不同部门的内部发展同质性远低于埃斯平-安德森(Esping-Andersen)在其开创性贡献中所假定的水平(Scruggs and Allen, 2006a)。因此,这种分类可以说不符合社会政策领域或子领域之间的内部差异。这一论点对时期划分亦有积极作用。因此,一刀切的周期划分似乎忽略了社会政策发展的动态差异。例如,社会公民身份指标计划的数据表明,在制定养老金政策方面更替率的转折点通常晚于疾病支付领域,甚至远远晚于失业保险领域(Korpi and Palme, 2007)。

一个国家的所有方案是否都属于同一类型的福利国家制度,以及不同方案的转变是否可以用同一个分期计划来描述,这一问题涉及福利国家安排的内部一致性和个体方案的互补性。正如在关于资本主义多样性的辩论中一样，人们一定会问，整个体系是否连贯一致，因此可以被视为不同社会计划和制度安排的平衡。自埃斯平—安德森的《福利资本主义的三个世界》二十年前出版以来，关于该书的争论就一直持续。大量有关社会保障体系不同分支的政体类型之间表现出有"倾向性转变"的证据都表明，这种互补性和选择性亲和力可能并没有想象中那么广为传播。另外，有人试图确定，与其说仅仅是在社会政策领域之间的互补性，还不如说是在社会政策与产业关系、社会政策与生产制度、社会政策与政治体制特征，如选举制度，社会政策与职业培训，同时还有社会政策与外交和国家安全等政策之间的互补性。这些证据表明，迄今为止，国家福利状态的发展相当特殊。只有在欧盟内部不断加强协调的支持下，跨国影响才能发挥作用（Kaufmann，2003a）。

示范性改革是福利国家发展的标志？

社会政策在各个子领域发展的复杂性，以及在特许手段、福利水平和资格标准方面的永久性变化，几乎没有被公众注意到，也没有被详细地评估。社会政策研究人员试图对整个社会的政策福利水平做出充分的概述——既要对各个子领域进行概述，同时又要对每个子领域的特质发展做出公正的评价——他们所面临的问题折射出公民和政治精英试图在特定时间把握福利国家发展的轮廓时所面临的困难。实际上，公众对于福利国家的看法通常是基于对具体的立法、改革倡议和社会政策领域的理解，这些似乎构成了重大事件，因此取得了经典范例的地位，从而掩盖了其他方案的框架和效果。一个给定的国家，其福利国家的"本质"，与其说是能够量化其福利水平，不如说是能够对示范性改革进行日常的公共评估。最重要的是，社会政策立法的创新板块具有这种事件特性。因此，赞成一项法案的议会决定或新法规的实施标志着一些"改革"事件，这些事件可能会决定对福利国家发展的整个阶段进行公共评估。这样一些改革——而不是福利水平发展的转折点——代表了构建时间进程的历史转折点。例如，我们自然可以想到的是，20 世纪 50 年代晚期瑞典和德国的老年保障改革，美国 1996 年的福利改革，英国战后国民健康计划的建立，或者是智利 1981 年的老年保障私有化改革（Muller，2003），或许还有随后在

2008年引入的基础养老金(Barr and Diamond,2008)等。一种聚焦于范式转换、改革和事件的方法,也更有利于解释里根和撒切尔时期激进的市场改革所造成的冲击——毕竟,尽管社会支出持续增长,但很难忽视这样一个事实,即社会政策发展在20世纪80年代进入了一条新的道路。

这样一种方法所带来的危险无疑是,人们可能仅仅看到了改革的"表象",而忽略了它们的事实情况及其后果。此外,正是这些领域的社会政策可能会被学术研究人员忽视,从而难以引起公众的广泛关注。然而,这些表象在很大程度上决定了人们对社会政策时代的更广泛理解。它们本身是与社会政策有关的过程的一部分,并且极大地有助于构建社会保障体系的物质效应。聚焦于大家都认可的改革也是考虑到,在分析福利国家发展时必须更加重视相关结构特征的破裂、基本原则的改变和基本准则的重新制订,而不是仅仅注意福利水平的变化——只有前者才是"更深层次"转变的证据。彼得·霍尔(Peter Hall,1993)的三层分类方法已成为分析政策变革的权威。霍尔提供了一种启发式方法来区分结构性改变和仅仅是现有方案的简单调整(第一种变革:渐进式调整适应;第二种变革:采用新工具或手段;第三种变革:政策范式转变)。但这种分类学说在分析福利国家发展时可能还需进行修正:变革迎来的是疏离既定道路的制度和意识形态基础,并伴随着覆盖范围、替代率和社会支出水平方面的重大转变,这些变化是福利国家发展新时期开始的特别适当的标志。

福利国家65年发展的考察

总的来说,试图用一种综合性的分期方法来描述福利国家发展中的历时变化是值得商榷的。因此我们需要考虑到福利国家发展中的复杂因素的更具差异性的方法。

接下来我们将探讨更多不同的标准和测量程序,它们是前述周期划分的基础。下面的6种不同的时期划分类型或许有区别,但均建立在一套具体的考核标准上。分期可以采用下列方法:

(1)宏观层面的背景因素——社会政策制定的经济、社会和政治挑战;

(2)社会保障支出发展趋势;

(3)社会保障项目的内在结构,社会福利的丰厚程度、覆盖面、可得性等;

(4)福利产品在国家、市场、家庭和民间社会之间的分配以及社会政策的治理类型;社会政策干预的结果(例如,贫困率和不平等的措施);

(5)社会政策和福利国家的公共合法性。

挑战和背景因素

第一种分期方法是指经济、社会和政治挑战等构成了福利国家发展的背景要素。这种分期方法假设,这些条件一方面转化为风险结构,另一方面转化为机会结构,它在很大程度上符合福利国家发展的功能主义解释。这种分期并没有强调社会政策自身的发展(尽管他们经常将社会保障支出的数据作为福利国家发展的指标),而是聚焦于外在因素。从这个角度看,福利国家发展的黄金时代是由极为有利的外部条件带来的。所有指向经济发展阶段的分期方法,例如,工业化、去工业化、后工业主义的崛起,都使用经济增长率、康德拉蒂耶夫周期和产品创新作为标准,指出经济全球化是福利国家发展的巨大推动力,或者强调一些重大事件,比如布雷顿森林体系的解体和1973/1974年的石油危机,并宣传福利国家历史的时期划分是以外部因素为导向的。有关阶级和家庭结构的变化、人口结构的改变或新的性别关系等也同样适用。同样,要说到政治体制变革、民主化浪潮、宪法改革或政治动员的新水平,也是这个时期划分方式以政治为中心的变体。各种版本关于时期划分的描述都表明,背景因素与福利国家的变革有直接的关系。因此,当社会政策安排与其背景不同步时,功能需求就会触发准自动适应机制。在福利国家的扩展阶段,以1950年和1975年GDP大幅增长为背景,分期方案和解释模型更加注重对工业化进程的参照(Rimlinger, 1971; Wilensky, 1975)。更多复杂的模型是基于斯坦·洛克坎(Stein Rokkan)的现代化理论而形成的,这些模型引入了更多的政治因素(引入普遍的投票权,政治制度的民主化)(Flora and Alber, 1981)。此外,尽管有从权力资源方法的角度对功能解释提出的批评,但也出现了一波方法(基于资本主义理论),认为经济因素具有决定社会政策制定机会的能量或权力。这一系列的思考产生三个核心的分期概念,也具体细化为紧缩假设的三个版本:

(1)紧缩阶段提前开始的假设。指的是1973/1974年的石油危机,伴随着国家贸易关系的转变和1971年布雷顿森林体系的固定汇率制度的瓦解,严重限制了国家层面上社会政策制定的机会,给福利国家带来了压力。

(2)全球化的假设。根据此第二种观点,上述20世纪70年代初的发展只不过标志着经济全球化的初期阶段。在20世纪80年代和90年代,经济全球化加速发展,增加了(金融)资本的退出选择;在世界范围内寻找最具竞争力的投资地点的可能性反过来又增加了公司的力量,慷慨的社会政策被视为对国家竞争力的威胁。并非所有版本的假设都意味着"逐底竞争"的论点,但它们都倾向于假设。鉴于市场和投资机会的国际化,福利国家不再可能继续扩张。20世纪80年代,以紧缩为特征的福利国家发展进入了新阶段。

(3)后工业主义假设。此第三种观点认为,技术变革、服务经济和知识社会的兴起以及劳动力市场结构重组所促进的社会发展比全球化本身更重要。与较低的经济增长率相伴相随的是,较少的工作保障和较低的灵活性、更高的资格要求、去工业化进程而导致的工人阶级的消失、女性劳动参与的增加及劳动力性别分工的转变。这些转变带来了"新的社会风险"。而20世纪80年代开始尝试应对这些风险,标志着从"工业化福利国家"向"后工业化福利国家"的转变(Taylor-Gooby,2004)。

社会支出的发展

旧版本的功能主义范式与福利国家的量化概念密切相关,后者认为社会保障支出的发展是社会保障制度绩效的一个特别好的指标。由于这一假定对于扩张阶段来说似乎是完全适当的,因此福利国家危机和紧缩的概念往往与社会保障支出水平下降的预期相伴而行。在埃斯平-安德森的《福利资本主义的三个世界》一书促进了从关注社会保障支出比率的福利国家研究(Wilensky,1975;Flora,1986—1987)向同时考虑社会方案性质的多维度研究转变的同时,保罗·皮尔森(Paul Pierson)具有影响力的紧缩分析(1994)极大地推动了学术争论转向政府社会保障支出(占GDP的比例)这一传统焦点。有关新阶段的研究,皮尔森没有使用埃斯平-安德森开发的那一套复杂测量工具,也就没有抓住社会权利方面的转变。他鼓吹进入了一个新阶段,反而鼓励人们尝试对社会保障支出分析进行微调。然而,鉴于这方面的研究数不胜数,人们可能会得出结论说,没有证据支持仅基于公共支出数据的紧缩期假设(Castles,2007b)。在20世纪80年代和90年代,国家的其他核心责任支出降低了,社会保障支出却没有。对21个OECD国家1980—2002年的比较表明,社会保障支出占GDP的比例有明显的上升趋势(福利国家资金资助与此类似)(Starke et al.,2008)。这一发展情况不仅仅是人口统计变化的结果,因为我们不仅看到老年保障支出的增加(平均占国内生产总值的6.7%—8.3%),而且还看到医疗保健、失业和家庭福利支出也在增加。这表明,如果社会保障支出被视为福利国家发展和紧缩期的基本衡量指标,那么全球化假设的逐底竞争变式就被证明是个伪命题。但如果该指标被采用,则对福利国家发展的两阶段分期就不再站得住脚。对社会保障支出的比较强调持续性和淡化潜在威胁。

受益水平和其他计划的特征

即使是在对福利国家发展的早期研究中,除了社会保障支出水平外,就已使用如覆盖面等其他指标。通过借鉴沃尔特·科皮(Walter Korpi)编制的关于社会保险制度特征的数据库,埃斯平—安德森随后提出了一个理论上合理且特别成功的衡量福利国家质量的概念(侧重于去商品化、社会分层、国家—市场—家庭关系)。他的测量标准来源于对欧洲不同社会政策传统的比较,这种方法与权力资源和基于冲突的福利国家发展解释相一致。与此同时,数据库(SCIP)得到了进一步开发,并且已经可以公开访问(Korpi and Palme,2007)。根据18个经合组织福利国家SCIP项目的数据,可以用5年的步骤重建自1930年以来5个社会政策子领域的社会权利和福利水平的发展。最重要的是,社会保障制度不同分支的平均替代率为研究紧缩期的发端奠定了基础:替代率达到最高的年份可被视为扩张时期的结束。有说法称已经出现了紧缩——这一说法单靠对社会保障支出的分析是无法证实的——对此用来加以例证的事实是,1995年的大部分量化值(18个国家中54个数值中的46个以及3种保险待遇——疾病支出、失业保险、养老金;参见本书第35章表35—1)都低于每个国家各自方案领域平均更替率的峰值水平。高峰年中只有两个出现在1970年之前,有23个(42.6%)出现在20世纪70年代(例如,1970年、1975年或1980年)。在所有其他情况下,20世纪70年代仍必须视为扩张阶段的一部分。北欧国家在疾病福利和养老金方面,基督教民主/欧洲大陆福利国家在失业保险方面(德国和意大利除外),以及自由福利国家在养老金方面,情况尤其如此。因此,这种量化概念——基于方案结构和福利水平相结合——使我们能够证实福利国家紧缩的假设,尽管扩张和紧缩阶段之间的转折点显然发生在20世纪80年代,比预期的要晚。

SCIP项目的数据库与休伯和斯蒂芬斯(Huber and Stephrns, 2001a)设计的复杂测量工具——它们将各种社会保障支出指标与埃斯平－安德森和其他相关项目的指标结合起来——为福利国家的发展提供了一个非常全面的视角。不过,如果最终目标是对福利国家发展进行"全面"衡量,那么仍存在三方面的缺陷。首先,这些量化概念没有充分考虑到公司或个人(在国家的支持下)所给予或产生的社会福利——现有的量化概念假定了社会福利的直接提供,而忽略了税收激励带来的间接效应。一旦税收政策被包括在内,所得税政策的核心要素就必须解读为社会政策的应有之义。其次,现有的时间序列数据没有充分涵盖被视为相关欧洲国家社会政策核心要素的重要政策领域。对于许多社会服务、劳工法规和工作场所安全法规而言,都是如此;对于教育部门而言,也是如此——只不过程度上要相对弱一些。最后,这些度量概念仍然很大程度上建立在将福利国家理解为社会保险国家的基础上,故而并不能够准确捕捉社会保障项目内在逻辑的变化,例如,带有激活、增加社会控制或社会投资等标签所指的变化。毫无疑问,人们可以尝试将个别方案和相关支出归类为激活性导向或社会投资性导向,并按照这些思路审查支出的发展情况,从而仅仅调整和扩大福利国家发展的传统量化方法。但是,这将只允许对项目变化进行事后重构。

如果对社会政策发展进行更全面的衡量,可能会发现,战后初期东亚的社会政策有一个非常具体的特点,那就是它事实上接近于今天所谓的社会投资战略。出口导向型工业化的经济战略以低工资成本为前提,但也以技术工人为前提。因此,社会保险缴款并不由工资负担,也只供给有限的社会福利。相比之下,国家在初等和中等教育以及职业培训方面要积极得多(Haggard and

Kaufman,2008)。安东尼·吉登斯(Anthony Giddens,1994:89)在欧洲宣扬的社会投资国家的概念,也凸显了亚洲经济体中福利生产的另一个以投资为导向的特征:将对家庭成员和朋友这一关系网的支持作为经济和社会政策工具,通过此工具对社会资本进行投资。因此,在这两种投资方向的结合上,即对人力和社会资本的投资,东亚各国已成为有些欧洲国家可模仿的典范。欧洲各国呼吁要从传统福利国家向社会投资国家转变(Giddens,1998),要向以儿童为中心的社会投入战略转变(Kaufman,1990:64—67,172—178;Andersen,2002),将儿童与青年的教育和参与置于社会政策的前沿和中心。这些新概念最初是英国和加拿大的第三条道路社会政策的特征(Lister,2004),现在已被许多经合组织国家效仿。因此,教育和家庭政策、儿童保育以及旨在兼顾就业和家庭的措施逐渐走向中心,而"福利国家"一词的含义已比传统理解中的"社会保险国家"更具包容性。反之,这又可被视为大多数经合组织国家在20世纪90年代开始的福利国家发展新阶段的一个关键指标——即使按照上述建议思路以方案为中心对社会政策发展进行衡量,也无法立即揭示这一点。

福利生产与福利管理

以国家、市场和公司为基础的或以联合和家庭为基础的福利生产形式的变革(定义为为第三方创造福利的所有交易的总和)(Kaufmann,2001)在我们对福利国家的理解中起着关键作用。人们普遍认为,扩张阶段是社会服务密集国有化的阶段,伴随而来的是以家庭为基础的社会服务提供形式也被显著边缘化。相反,私有化和国家的退出、市场的优先化和竞争性企业(福利市场)创造私人福利生产领域是紧缩阶段的特征。然而,似乎难以充分把握所有形式的福利生产,也很难比较市场、国家、家庭、人际网络和民间社团在长期福利生产总量中各自所占的份额。霍华德(Howard,1997)和哈克(Hacker,2002)的研究结果表明,人们熟悉的将20世纪80年代和90年代作为私有化时代的分期不一定是合理的。他们挑战了人们对美国福利国家的传统理解,如果考虑到由税收抵免和其他税收手段支持的基于公司和私人的保障体系,美国的福利国家似乎比通常假设的要广泛得多。另外,哈克(Hacker,2002)指出,《社会保障法》的出台促进了私人福利生产的扩展,形式是以公司为基础的和私人的保险解决方案,因此,美国私人福利部门的扩张(也)在20世纪40年代达到顶峰。

福利国家的组织不仅以其在直接福利生产中的作用为特征,而且还以负责社会政策领域中的审议和决策的政府层级为特征。一方面,社会政策还没有成为一个受多层次治理机制约束的领域。国际组织和欧盟等超国家区域组织作出具有集体约束力的决定的权力仍非常有限。另一方面,政策越来越多地是在国际交流及其网状体系的背景下制定的。在这些交流和体系中,概念的发展、建议和决定以及国际组织的资源已经开始发挥一定的作用。如前所述,20世纪40年代已经以社会政策思想的国际化为特征。国际化的社会政策体制有其制度渊源。1945年之后,布雷顿森林经济和货币体制开始界定社会政策制定的背景;1971年之后——以《华盛顿共识》(Washington Consensus)为大功告成——正是国际货币基金组织(IMF)和世界银行(World Bank)日益市场化的自由经济政策发挥了这一作用。在过去的几年里,国际层面上严格的紧缩取向已有所减弱。也许2000年可以有资格成为一个转折点和福利国家发展新阶段的开始,因为即使是国际货币基金组织和世界银行也已经开始认可社会发展是各类资助方案的目标,正如签署千禧年目标所表明的那样。因此,社会政策已成为决策活动的一部分,即使是那些不像国际劳工组织那样主要处理社会政策问题的国际组织也是如此(Deacon,2007)。换言之,战后不久的几年里,在社会政策制定方面的早期步骤是以一种新的福利国际主义的形式继续的。尽管如此,在社会政策领域,国家行为者和机构的主导地位仍然是无人可以超越的,即使在欧盟也是如此。欧盟在劳动法、工作场所安全、性别平等和反歧视等领域的监管社会政策是成功的,因为它有助于实施更严格的标准。然而,关于社会保险和再分配问题,"开放式协调方法"过程的效果好与坏、影响大或小,从根本上还取决于具体的国家政治体系(Ferrera,2008)。

结局:社会政策活动的结果

第五种分期方法不太常见,它聚焦于福利国家计划的结果。社会保障制度发展的不同阶段也可以根据其影响或效力加以区分,即通过考察它们创造或改变社会现实的程度。因此,人们可能会将相对平等和中产阶级取向的时代与中产阶级萎缩和不平等加剧的时期区分开来。故而,这种方法接近影响研究,特别是关于福利国家计划的分配影响的研究。

从这个意义上讲,埃斯平－安德森的社会分层测量概念并不是一种结果测量,因为它只考虑了把巩固平等视为个体项目中的一种社会政策规范。然而,如果平等标准适用于历史时间序列,那么紧缩假设可能会得到进一步的证实:斯克鲁格斯(Scruggs)和阿兰(Allan)对埃斯平－安德森的社会分层分析的复制和更新,为1980－2000/2002年间OECD范围内"逐渐'余留化'福利国家"的趋势提供了证据(2008:664)。所述的这种趋势将社会保险计划的持续普及与越来越多的有针对性的计划以及社会保障计划中的不平等加剧(福利平等程度下降)结合在一起。如关于养老金政策的研究表明了一种大致趋向:通过从固定收益转移到固定缴款的路径,将风险转移给受益人,不论是对私人还是对公众皆如此(Hacker,2006)。

斯克鲁格斯和阿兰(Scruggs and Allan,2006b)在《卢森堡收入研究》的基础上以明确的相对贫困的结果指标为依据,得出结论:在20世纪80年代中期到2000年之间,经合组织国家的贫困程度有所增加,而且有时非常显著。经合组织的研究报告《日益增长的不平等》(2008a)证实了过去20年(20世纪80年代中期至2005年)30个国家的贫困率和收入不平等的上升,而且几乎没有例外。鉴于社会保障支出同时也一直持续增加,此结论不仅证明了社会政策的普遍性无效,而且也证明了,如果社会政策的成功是以适当减少收入不平等和避免收入贫穷的标准来进行量化后得出的话,那么它也是没有任何效率可言的。然而,因为没有1945年后的全部时期完整的时间序列数据,所以只有1980年以来的负趋势可以用于时期划分依据。

然而,福利国家结果的衡量不能仅仅只关注收入分配。举个例子,如果考虑到老年养老金领域,就必须牢记,通过建立全面养老保障制度而促成的福利国家扩张,使得整个生命周期的一个全新阶段约定俗成,对公民的生活世界产生了巨大影响。1945年后期的福利国家创造了一个生命轮回的标准化模式,使老年人能够享受到前所未有的远离贫困的生活。它创造了一种新的劳动性别分工和家庭关系,不再受经济需要的支配。它促进了中产阶级社会的发展,即便因为劳动力市场条件的变化、社会分化加剧和下层阶级的增长,它也不能阻止这种趋势的逆向发展。帕利耶和马丁(Palier and Martin,2008:17)认为,在俾斯麦国家,整体趋势将会朝着二元化的结构发展:"目前的发展趋势将会加剧分裂,并形成一个更加分裂的世界——一个二元劳动力市场、一个二元福利体制以及一个里外两层界线分明的社会。"

人们可能还认为社会政策机构本身就是一种结果——管理和支付社会福利的官僚机构,以及在医疗保健或其他社会服务领域工作的专业人员部门。正如学者保罗·皮尔森(Paul Pierson,1994)的研究显示,福利国家建立起自己的体制与支撑基础,并不意味着它必然会受到保护,以应对削减和紧缩;社会政策在很大程度上已成为一种针对内部问题的二阶操作,至少暂时失去了与实际社会风险和问题的联系。因此,紧缩阶段也可以被解释为一个迅速发展和复杂机制的巩固阶段,或者——更消极地说——是一个增加"内省"的阶段。

福利国家合法性的转变

在我们讨论1945年是否代表福利国家发展的一个重要历史节点的问题时,我们已经暗示了思想和框架在社会政策轨迹分期中的作用。与那种用一大堆针对特定问题的手段和利益来解决"社会问题"的社会政策相比,战后对社会政策的理解——正如它是以1948年《世界人权宣言》所表达的基本社会权利概念为基础的——是一种思想上的突破。在研究社会政策的宗教根源和动机的文献中,概念方法最为明显,比如里格尔和莱布弗里德(Rieger and Leibfried,2003)通过比较文化来阐明社会政策的道德基础。他们借鉴韦伯的制度性分类和宗教社会学,将西方福利国家的发展道路与东亚福利国家的发展道路进行了对比。这两条道路的不同宗教根源被视为在面对全球经济趋势时社会政策活动强弱的原因。聚焦于西欧国家的研究(Kersbergen and Manow,2009)突出了天主教、路德新教和加尔文教派之间的宗派分裂,并指出宗教思维模式和动机至少在隐性上仍然是相关的。这些可能尤其有助于解决埃斯平-安德森的福利国家类型学问题。此外,《福利资本主义的三个世界》之所以声名鹊起,是因为它将对社会政策相关数据的分析与对各国福利国家理念及其意识形态基础的考察联系起来。这也是为什么他的福利国家类型（社会民主的、保守的、自由的）政治标签被认为是合理、恰当的。但是，并不仅仅只有埃斯平－安德森的福利国家类型学与某一种理念路径相关。紧缩假设也建立在对观念层面变化的感知上（见第4章）。即使在他们掌权期间，紧缩措施实施之前，新自由主义者和反福利国家党派已促成传播了一种理念，即福利国家已经面临着合法性的危机。

然而，我们还缺少一些能够帮助我们更好地理解福利国家和社会政策公平正义的数据——在政党宣言和政府文件、议会辩论和大众媒体上——要以一种比较的方式，关涉不同的国家和在更长的时间内。与此最接近的是《党的宣言计划》，但它主要关注的是左右两种极端道路之间的摇摆，只包含为数不多的几个与社会政策有关的项目，并且不允许对不同社会政策领域的合法性标准进行更细致的分析（Budge et al.，2001；Klingemann et al.，2006）；否则，更加狭隘的局限于意识形态基础或特定福利国家概念发展的研究将占据主导地位（第三条道路：White，2004b；关于北欧福利国家：Kildal and Kuhnle，2005；更宽泛地：Taylor-Gooby，2005a）。然而，更长的时间序列是完全缺乏的。因此，一方面，结合思想和概念的历史进行研究，另一方面结合社会政策的研究——利用定量的文本分析方法——是可取的。有相当多的证据支持这一假设，即福利国家合法化（去合法化）所使用的思想和规范基准确实发生了重要的转变（而国家特有的传统也仍然存在）。这些转变也可能被看作是紧缩假设的证据，或激发对次周期划分的进一步思考。

未来发展趋势

2008年9月的全球金融危机可能会给福利国家的发展带来巨大影响，并将迎来一个新时期。如果以一种强调经济背景因素的理论方法为基础，这种预期似乎尤其合理，因为此次危机所反映的不亚于战后最严重的衰退。随着国内生产总值（GDP）大幅萎缩，社会保障支出最有可能因此增长，至少在短期内如此；类似的大规模削减支出不太可能实施，而且可能被明确排除，因为周期性方案——长期以来被认为是过时的——经历着复苏。这种"紧急凯恩斯主义"增加了国家在福利生产中的份额,并使福利国家紧缩的市场自由主义概念失去合法性。面对捐款和税收收入的缩减,债务增加以及福利国家相关的财政危机,社会福利水平最终是否会稳定,或者社会福利是否可能进一步扩大(正如2009年前半年,许多国家执行的周期性项目一样),在很大程度上取决于政治体系安排——反过来,这些安排也取决于经济的发展及其在公开辩论中的构架。就我们所认识到的,在个别国家、地区和政策领域,不同的政治机制、思想和行动者在福利国家发展方面的影响和作用,诸如当前的金融危机等事件引发这样一个问题:是不是经济发展就如同铁路扳道工一样,会迫使社会政策和福利国家发展走上固定轨道,还是文化价值观念、制度惯性及政治传统在福利国家的长期发展中将起着重要的决定性作用。

第三部分

研究路径

第 7 章 研究方法

埃德温·阿门塔（Edwin Amenta）
亚历山大·希克斯（Alexander Hicks）

引 言

关于福利国家和社会政策的文献受益于跨越理论观点和方法论路径的广泛辩论。持不同理论观点的学者都试图在一个广阔的经验领域检验其主张。他们试图用多种方法来发展和评估各种假设，这些方法包括对一个国家的政策序列进行详细审查，对所有资本主义民主国家的社会保障支出进行综合横截面和时间序列分析。本章回顾了其中的一些方法路径，并指出其成就与不足。

本书对所需解释的内容通常达成共识。关注的重点在于社会保障支出，可以是总支出，也可以是分类支出，如转移支付和提供服务，或者诸如健康、养老等不同功能的支出。长期以来，人们对社会保障支出的理解主要是根据其"投入程度"或它在经济活动中累计所占的百分比（Wilensky，1975），也许关注人均资本支出（Pontusson，2005）以及平均家庭收入替代率（Allan and Scruggs，2004）。20 世纪上半叶所采用的主要社会保障项目支出也得到关注（Collier and Messick，1975；Hicks，1999）。此外，这一领域的学者试图理解社会政策的"体制"或社会政策的总体结构（Esping-Andersen，1990；Castles，1997）。除此以外，学者们也力求从项目的变更以及支出的缩减两方面来理解 20 世纪 80 年代以来社会政策的紧缩（P. Pierson，1994；Hick，1999；Swank，

2002；Allan and Scruggs，2004)。新世纪以来，学术界已经突破了这些边界，检验一些更细致的问题以及审视一些社会政策常规定义之外的项目。

关于社会政策和福利国家的各种理论和假设已经得到发展和评价。这些理论聚焦于现代化(Wilensky，1975)、阶级斗争(Korpi，1983)、政治参与(Castle，1989)、国家与政党体系这类政治制度(Skocpol，1992；P. Pierson，1994)、利益集团(Pampel and Williamson，1989)、社会运动(Amenta et al.，2005)、文化以及国际社会影响(Strang and Chang，1993)以及性别(Orloff，1993b；Amenta，2003；Hicks and Anderson，2005)等。在大多数情况下，研究人员设计了一系列类似的理论主张与实证评估。在福利国家的学术研究中，定量与定性的历史研究之间有着不寻常的、富有成果的对话(Amenta，2003；P. Pierson，2007)。

在回顾有关福利国家的研究方法时，我们重点关注阿门塔(Amenta，2003)所言的"因果研究"。这类研究利用自我意识的研究方法，以某种重要的方式来评估理论与假设(Gerring，2007)，或者提出一些在某些方面可移植的理论主张，比如，对假说设置范围条件(George and Bennett，2005)，或两者兼而有之。福利国家研究领域作为一个整体，得益于研究人员以各种方法论路径对类似的主题事项展开实证研究并且通常综合多种研究路径(Hicks，1999；Huber and Stephens，2001a)。研究得以开展，是通过把重点聚焦于国家所做出的决策、采取的具体政策或长期的国家行动(包括个别计划)。这些方面往往都有很容易量化的结果，例如，针对个别计划的支出数额。它引发了有关这些政策和方案的历史考察以及对消费产出的定量和正式的定性评估。鉴于关注的是国家层面的产出，可信的考察案例总体上通常是由民族国家构成的。鉴于这些国家的数量有限，研究主要是用的一手的观察性数据，而不是基于获取便捷性而收集的便利样本类实验数据。

接下来我们讨论这些方法。我们并不会对所有可能存在的研究进行详尽的述评，而是将重点放在一些实例上，且通常来自我们的研究工作。后者涵盖了对单个国家案例的深入历史分析，对少数几个国家的历史性分析，对一些国家和次国家政治组织的中等容量样本的布尔QCA分析，以及对一些国家和次国家政治组织的横截面、集合横截面和时间序列分析。我们这样做是为了展示该领域的各种方法论研究工作,并突出不同路径的优点和缺点。我们最后提出了综合、多维度和组合方法的建议,以使各种路径的缺点最小化而优势最大化。

因果性研究方法

为了定位不同的研究方法,我们对比较研究和历史研究做出了广泛的区分。就比较研究而言,我们指的是对两个或多个国家案例的经验研究(Rueschemeyer,2003),而不是一个国家的简单跨期比较研究,或只是将经验问题置于比较背景下,以及借助因果推理进行意义重大的宏观比较研究。对于历史研究,我们指的是那些在潜在原因上包含了显著的跨时差异的研究,并重视对案例和路径依赖观点的深入了解以及对基础研究的倚重(Amenta,2003)。然而,研究符合我们重点关注的主要标准是,该研究必须在双重意义上认真对待因果关系:力图通过评估替代假设解释重要的福利国家发展;评估、修改或生产至少部分在理论上可移植的东西——对一系列因果论证进行概念化,以便应用于被认为与已研究的案例或时间段分析相似的情况(见表7—1)。

表7—1　　　　　　　　　　　方法论路径的因果研究

历史路径	比较研究路径	
	否	是
否	都不是,国家内次级单位截面定性分析;次级单位间的中小样本分析(1)	仅比较分析,特定时期的跨国小样本分析;跨国家规范定性分析或截面定量分析(2)
是	仅历史分析,历史个案研究,单一国家的时间序列分析(3)	既是比较的也是历史的,小样本的历史与比较研究;面板和集合时间序列截面分析(4)

每个类别都包括定性和定量研究,例如,历史研究可以包括对一个国家政策发展的初始文献分析,或对一国支出的定量时间序列分析,或对政策采纳的规范质性事件结构分析。同样,比较和历史研究也意味着对在最相似系统设计中选择的小容量国家样本的政策采用情况进行定性分析;或者是对资本主义民主国家社会支出的时间序列和截面汇集的定量分析;或者对不同国家项

111

目采纳的事缘性历史分析。一些方法论技巧可能会同时运用于多个分析框架中,比如,标准的OLS横截面回归就可以在不同国家、次级国家政治以及个体分析中使用。我们对技巧的探讨,是从方法论路径以及表7—1中与某项技巧关系最密切的单元这两个方面来展开的。

一些研究可能是比较性的或历史性的,或两者兼而有之,但如果它们不是因果性的,那么就不在本次综述的范围内。这些研究包括斯科波尔和萨默斯(Skocpol and Somers,1980)称为"环境对比"的比较研究和查尔斯·蒂利(Charles Tilly,1984)所指的"个案对比"的比较研究,以及利用社会科学概念来诠释事件,但未能对替代假设进行评价或对理论有实实在在的发展的历史案例研究。

既非历史性也非比较性的因果研究

然而,有可能,一项研究按照这里的定义既不是历史性的也不是跨国比较的,但仍然是因果性的。最明显的例子是国家内部分析,它是使用大样本统计技术或定性方法分析各个子单位联邦政府的政策差异(Amenta and Halfman,2000)。这种显著的例子还有对类似单位的小样本定性分析以及通过对调研数据进行个案研究(例如,公民、选民)(Goodin等人,1999)(见表7—1)。

在一个时间点考察一个国家,这种方法的主要优点是很多潜在的宏观政治与宏观社会层面的因素不会发生变化。在对次国家政治的研究中,长期条件诸如总体政治制度和语言等通常是相同的。国家政治体制、经济状况等更短期的系统性条件也是如此。另一个优点是,在不同情况下收集数据的过程通常是相似的,就像在国家政府机构收集由地方一级管理的项目信息时就是如此。这些研究通常可以对一些很难进行跨国检验的假设执行检验,因为一个政体中亚单位的某些重要因果条件可能比国家层面的政体有更大的差异。例如,在20世纪中期的美国,民主政治制度在不同州间存在巨大的差异,一些州和地区大大限制了投票权等基本权利,而其他地方则广泛扩大了这些做法(Mayhew,1986;Amenta and Halfmann,2000)。

然而,这些研究的主要优点在于可对给定案例进行充分的解释,但对于发展可移植的理论又是缺点。这些论点可能以不容易理解的方式与具体的宏观的社会和政治条件密切相关,因此往往很难从中筛选出哪些理论主张是真正可以移植嫁接的、哪些是具体到当前案例的。一位对美国政治进行定量政治科学研究的批评家(P. Pierson,2007)认为,它提出了广泛的一般性主张,而这些主张很少是在明确的范围条件下制定的,也很少在美国的范围之外得到检验。

比较研究

严格的比较研究(见表 7—1)包括一些小样本比较研究和许多关于社会政策支出与政策采纳的早期跨国定量研究。小样本比较研究通常也至少在研究路径上是隐性历史性的;但也有一些关注于确定的时间段,并在他们的论证中采用了米尔式(Mill's)或类似的非动态的方法来进行跨比较截面的论证,我们称之为非正式的系统比较。在比较类别中,我们还进行了跨国定性比较研究(Ragin,1987; Hicks et al.,1995)。然而,严格来说,定性比较研究可以应用在任何种类的横截面上,包括一国内部的政体(Amenta et al.,2005),也可以采取把时间因素考虑在内的方式(Caren and Panofsky,2005)。

系统性比较

社会学中最基本的系统比较研究方法是"系统的比较"。这种方法通常涉及的是,要确定一些既非常强势但又简单的实证研究模式来应对跨国家的特质。标准类型的系统比较倾向于使用米尔的一致性和差异性方法(Skocpol and Somers,1980),尽管米尔也警告过,将他的方法在观察数据上的机械使用是社会科学的典型做法,也是福利国家研究的核心。在希克斯(Hicks,1999:37)将经济发展和早期福利国家的"巩固"之间相联系的研究中,就可以发现这样一种强模式的例子。按 1931 年人均资本收入超过 2 000 美元(按 1980 年的美元计算)来衡量所取得的发展,以及早先福利国家的巩固意味着在 4 种主流的社会保险项目——工人补偿、养老金、医疗保健、失业补偿——中至少有 3 种得到了采用。在这些情况下,希克斯发现,那些没有获得发展的案例中往往并没有福利的巩固。这种模式表明,发展是福利国家巩固的必要条件。为了将相互关联看作是对通过系统比较研究的方式进行调查研究这一主张的支持,此模式就非常强大和简单,足以通过目测来检测。这里的"强"意味着没有或几乎没有例外,表示简单的逻辑关系,如"A 是 B 的充分条件""A 是 B 的必要条件"或"A 是 B 的充分必要条件"。然而,系统的比较能够产生如此清晰结果的情况很少见。此外,理论主张通常更复杂。只有在极少数情况下,单因素理论才会提供更多的分析杠杆。

脆集与模糊集定性比较分析

这些情况促进了定性比较分析(QCA)的发展,它扩展并远远超越了系统比较研究。依靠集合逻辑,定性比较分析可以分离出特定结果所必要和/或充分的条件(Ragin,1987,2008)。使用这些分析的目标和逻辑与强调差异解释的社会科学研究有所不同。通过使用这些方法,人们选择一个因变量,并试图对它进行测试或设计一种解释。脆集定性比较分析将分析限制在严格二分的定性因变量和解释性变量中(相关要素归在一个集合中的概率要么是 1,要么是 0)。不是关注一个给定的度量能够增加多少对差异的解释程度,脆集和模糊集定性比较分析都是应对的因果连接关系——那种两个或多个条件必须同时具备才能产生结果的可能性。它们还解决多种因果关系的可能性——多个因果链路径会导致一个结果。定性比较分析可以生成伴随结果强度定量评估的解决方案,包括统计显著性检验。定性比较分析不仅是识别因果因素的关联,而且也聚焦于给定的因果关系产生给定结果的可能性。

大多数现有的研究是通过脆集分析完成的,对上述例子的超越能够显示出定性比较分析的价值。我们假设工会力量、左翼政党势力以及天主教都是 1920 年福利计划巩固的强力支持因素,并对这些变量都构建了二分法测度(见表 7—2)。从视觉上判断表格所体现的是一种不精确的模式——然而,应用 QCA 算法可以得到下述简洁的解决方案:

福利巩固=[早期工会力量加上早期强大的左翼]或者[早期工会力量加上天主教]

在这种情况下,早期工会力量是两种解决方案的必要条件。然而,为了产生福利巩固,还需要一个强大的左翼政党或一个天主教国家。如果工会在一个天主教国家有强大的势力,那么即使没有强大的左翼政党,也会形成一个联盟,进而实现大量的福利计划立法。

表7—2　　早期民主国家与原始民主国家的福利项目巩固

	无福利巩固; 非天主教	无福利巩固; 天主教	福利巩固; 非天主教	福利巩固; 天主教
早期工会势力;早期强势左翼			澳大利亚、丹麦、瑞典	奥地利、比利时、德国、荷兰
早期工会势力;非早期强势左翼				
非早期工会势力;强势左翼	加拿大、挪威、美国		法国、瑞士	
非早期工会势力;非强势左翼				

模糊集定性比较分析(fsQCA)允许要素具有从0到1的概率变化,并相比脆集定性比较研究具有多项优点。模糊集定性比较分析可以处理一些理论实例,其中的情况并不完全适合归入一个集合,并且更普遍的是,它可以利用到数据集中的某些信息,而当测度简缩为脆集的二分法时这样的信息是没有的。此外,fsQCA提供了任何给定解决方案覆盖范围的更多估计(一种或多种解决方案与结果集重叠的程度)。它可以更好地鉴别解决方案的一致性,这意味着具有给定因果条件组合的案例在多大程度上构成了带有结果的案例的子集。然而,迄今为止只有在有关福利国家研究的边缘性研究中才能看到更精确的模糊集分析形式,如对不良的就业增长的分析(Epstein et al.,2008)和报纸上对社会运动组织的提及(Amenta et al.,2009)。

脆集和模糊集定性比较分析具有很多优势。它使学者们能够直接处理在不那么复杂的分析中通常不会有的特殊情况,这些分析试图在某种程度上解释所有的差异,无论这些差异是否重要、是否在理论上相关。此外,定性比较分析鼓励比定量技术所通常使用的更为复杂的理论阐释和实证检验。当有办法分析它们与相关数据的吻合程度时,从多重因果关联的角度来思考就要容易得多。最后,在福利国家研究中很普遍的是,定性比较分析在有的情况下似乎是有利的,即如果要进行扩展统计分析,(国家)案例的数量则太少;但如果要基于检验而得出结论,那么数量又太多而只会无疾而终。

然而,定性比较分析也有缺点。福利国家研究中的许多有辩争性的理论主张常常导致采取多种评量手段同时进行分析。对于任何形式的定性比较分析,潜在的解释性量化手段的数量(n)是非常有限的。这些量化手段的组合数量(2^n)膨胀迅速,很快就超出了解释的边界。例如,对 10 种因果分析评量手段的组合将产生 1 024 种情况(如下所示,标准化的跨国和时间序列分析面临更多的标准"自由度"问题)。此外,使用 QCA 分析数据集时也会要求研究者对案例有深入的了解。福利国家研究中的定性比较研究通常依赖于观察的数据集。若对案例没有深刻的历史认识,研究者则可能会忽略掉概念与测量手段之间的因果关系进而使结果无效。在脆集定性比较分析中,设计"真值表"是进行分析的必要先决条件,这是一项对知识的要求很高的任务(Ragin,1987)。关于模糊集类别中的断点和隶属度的决策也取决于这种实质性的知识(Ragin,2008)(最完整的讨论和软件,参见 Ragin,2008;Longest and Vaisey,2008)。

跨国统计分析

在可用的国家案例数量足以进行统计推断的情况下,社会科学家经常采用这种方法,尽管案例及其可变特征通常不是随机分布的。然而,对缺乏明确时间维度的数据分析仍然可以揭示问题。在操作上,如果在统计学意义上的关联是真实的,解释变量的变化发生在结果变量的变化之前,并且解释依赖于一个整体的理论论点或一个合理的机制规范,将解释变量的变化转化为结果变量的变化,那么因果关系就可以得到支持。在福利国家的比较统计分析中使用的典型工具是多变量最小二乘回归方法(Cutright,1965;Cameron,1978;Myles,1984;Hicks and Swank,1984;Pampe and Williamson,1989;Hicks and Kenworthy,1998,2003)。

这类回归分析对早期福利国家研究中的论争判断和知识进步具有重要的影响和意义,确立了第二次世界大战后扩张时期福利国家发展的一些基本观点。研究人员能够相当确定地表明,经济发展水平对于解释所有收入水平(Cutright,1965;Wilensky,1975)和较贫穷国家(Collier and Messick,1975)

的福利国家努力都是至关重要的。然而,经济发展水平并不能解释富裕的资本主义民主国家之间福利国家发展的差异(Myles,1984;Hicks and Swank,1984)。在这些国家,政治因素显然提供了更好的解释杠杆(Castles,1982b;Myles,1984)。

像所有的定量研究一样,这种研究的一个优点是能同时检查大量理论上表明的相对于替代方案的假设。然而,简单的横断面分析在很大程度上已经被学者们所抛弃,因为在诸如富裕的资本主义民主国家等具有选择性和理论重要性的群体中,由于自由度问题,相对无法评估大量的措施。此外,简单的横截面回归不能利用基于个案的知识或产出相应的结果,也无法利用定性比较分析这类规范的质性研究方法。在大多数情况下,除第一代研究人员以外,其他学者都将注意力集中在聚合横截面和时间序列分析(见下文)所提供的大量数据点和历史特性上。

历史性研究

在我们的因果研究分析中,有几种类型的单一国家案例研究被认为是"历史性的"(见表7—1)。第一,我们讨论历史性叙事研究,它们通过考虑历史发展和顺序来检验因果关系,从而获得经验杠杆。第二种主要类型包括一个国家内数据集的定量时间序列分析。第三种类型包括事件结构分析,它通常研判一个单位,往往是一个国家内的事件序列(Griffin,1993;Isaac et al.,1994)。

名副其实的历史研究

历史因果研究运用学者深厚的历史知识、文献研究和对具体变化事件的研究来评价当前的假设或发展新的假设。历史知识使鉴别相关变量和事件的关键实例成为可能,并允许对因果机制进行详细的检验。这些分析通常侧重于关键事件背后的原因,如政策重大变化背后的决策者目标(Skocpol,1992;Castles,1989)。通常,学者可以通过文件证据来确定不同关键行为者提出了什么建议,以及如果没有发生某些历史事件或干预,政策方面则可能会发生些什么。这些命题的实证检验常常被用来产生可移植的解释,即史特劳斯(Strauss,1987)称之为"有根基的研究"的历史实例(Eckstein,1975)。

学者们声称,这类研究有几个标准的缺点。在标准化视角中,因为历史研究提供了值为1的样本容量(N),它们通常被认为局限于假设的推演发展或拒绝接受特定一般假设的一种手段(Rueschemeyer,2003;King et al.,1994)。而且,正如在国家内部分析的讨论中所提到的那样,在这些研究中看似"受控制"的情境的许多方面可能是相关的情境因果因素,但被认为是理所当然且没有理论依据的。

然而,学者最近注意到历史研究方法的许多优点。其中之一是它能够检验理论机制和因果论证细节。这类分析通常被称为"过程追踪"(George and Bennett,2005;Gerring,2007)。例如,如果一种党派理论认为关键的计划应该在特定类型的政权下被采纳,或者被特定类型的行动者拥护,那么历史学者就可以研究这些条件在特定的政策制定过程中到底有多重要。同样,如果一种理论预期到立法或其他关键行动会采取一个特定的顺序,那么对该实例有深刻认识的学者可以敏锐地探讨这些理论机制。此外,在历史研究中,相对较长的时间段可能会出现环境条件的变化,这在一定程度上缓解了情境相似的弊端。而且,大多数此类方法会进行跨政策领域和项目的比较,同时也有活跃、滞停和紧缩的跨期比较,这些差异的源起使得进一步的假设检验成为可能(Amenta,1998)。这些方法论上的进展大多将观测数量扩大到"N 等于1"以外的范围(King et al.,1994)。

在一个国家的案例中,除了简单地利用各种类型的历史信息外,还有其他优势。单一国家的历史研究可以生成和评估要考虑时间先后顺序(P. Pierson,2000)、构型以及多重因果关系(Ragin,2008)的更复杂的理论主张。社会科学家通过第一手资料研究一个案例,可以避免依赖于二手研究的偏见,就像大多数定性比较历史分析一样(Lustick,1996)。历史学者也可以通过确定新的数据来源来对定量研究做出贡献,而且与从标准来源挖掘数据的学者相比,他们通常可以构建更有效的指标。最重要的是,历史研究经常提出一些同时具有理论性和历史性的重大问题(P. Pierson and Skocpol,2002),比如,为什么美国没有按照欧洲模式建立一个福利国家,而一些理论认为这种情况会发生。这些问题是公众和社会科学共同关心的,不能简单地通过扩大观察来解决。对一个案例进行深入的因果理解并进行社会科学分析,可以为进一步的理论论证提供最好的基础(Mahoney,2000)。

事件结构分析

随时间推移分析数据的另一种方法是事件结构分析(ESA),这是一种规范的定性工具,它迫使学者们在反事实推理方面要清楚明确。ESA 旨在提供特定事件序列的叙述性因果关系说明(Griffin,1993),并以一个重要事件告终。这些可能包括那些导致制订社会计划的事件(Isaac et al.,1994)。在给一些关键事件提供具体的解释和因果关系阐述时,这些分析为特定社会科学意义上的历史性理论的发展提供了帮助。也就是说,这些分析是基于历史制度主义观点的,即当某件事在一个序列中发生时,它对于为什么某件事会发生可能具有因果关系的重要性(P. Pierson and Skocpol,2002;Mahoney,2000)。具体来说,标准的事件结构分析使用的是海瑟(Heise,1989)开发的 ETHNO 程序。该程序引导研究者回答关于特定因果关系的一系列问题,从而强制进行逻辑一致的推理,并允许有重复的可能性。它是一种过程追踪,已被明确认为是对因果关系解释的归纳发展。尽管从这些分析中得出的模型作为一个案例的因果解释是最有效的,但最有用的结果是得出了一系列潜在的可移植的中间范围和时间顺序的理论主张。

虽然事件结构分析是一个很有前途的工具,但它在社会政策分析中的使用仍然只是刚刚起步,还必须跨过好几道坎。在大多数情况下,事件结构分析需要对关键事件或重构它们的方法进行有效且合理、完整的事实描述。只有深入了解案例材料,才有助于理解时间的选择在哪里是对的,在哪里又不可以,以及有助于解决这种规范的定性历史研究中固有的许多反事实问题。虽然这些分析是可复制的,但不同的学者对这些因果关系问题很可能会给出不同的回答,即使同一个案例,也会使严谨和说服力变得尤为重要。但事件结构分析使用得当,既有助于对具体案例的因果解释,也有助于发展更多在时间顺序上处理明确的比较因果假设。

时间序列分析

另一种关键类型的历史研究涉及一个国家内随时间变化的定量分析,或对时间序列数据的统计分析(Janoski,1992)。在一国范围内聚合横截面和时间序列数据的跨单元设计是非比较的,但是从这里使用的意义上讲,它们仍然是具有历史性的(Amenta et al.,2005)。虽然就作者对现有案例有深入的了解这个意义上而言,这些研究不一定具有历史性,但是他们经常对在结构上明确的时段内跨期进程研究的重要性提出一些重要的主张(Isaac and Griffin,1989)。

时间序列研究的特点是采用多变量统计技术,因此具有同时检验几个假设的标准优势。使用被称为"广义差异"的核心统计程序进行估计,可能会在特定情况下产生一些问题,但是可以找到这些问题的解决方案[见奥斯特罗姆(Ostrom,1978)关于效率低下的研究;见吉吉拉特(Gujarati,2003)关于滞后因变量和不一致性的研究;格林(Greene,2000)]。然而,这些分析还需要一些历史知识:主要是在界定分析的时间周期以及确定一个同质过程的开始和结束等方面,例如,一个扩张或紧缩的时代。

然而,时间序列分析不仅在一国的研究中存在一些标准分析缺点,同时也失去了严格历史研究的一些优点。在时间序列分析中涉及的问题往往离作为历史研究中心的政策制定决策有一些距离,通常涉及诸如支出之类等重要但有限的总计数量问题。这些分析通常也会遇到典型的小样本容量(N)问题,因为确定连贯的时间分隔过程也限制了可用于统计分析的案例数量,虽然有时可以安排一些次国家政治组织来增加观测数量(Amenta,2005)。然而,这些分析也很难解决非时变的解释和要素,例如,政治制度和劳工流动结构。由于这些原因,学者常常寻求纳入跨国家的证据,例如,设计方法来比较和分析跨国家的时间序列参数(Western,1998),使用这些参数作为待解释的描述性证据。更普遍的是,学者们力图将这项研究的潜在优势利用到聚合跨国家时间序列的设计上,这些我们将在下面予以讨论。

比较与历史研究

与以往的研究模式相同,有比较的和历史的(见表7—1),此类研究也包括定性和定量的研究路径。值得注意的是,在这里我们纳入了几个国家案例的历史分析,以及对每个国家案例的时间序列数据进行检验后进一步深化的国家案例横截面统计分析。在定性方面,有所谓的"古典比较和历史研究";在比较和历史研究的定量方面,最显著的是,横截面和时间序列的聚合数据分析。这些方法通常也用于资本主义民主国家,但是往往会寻求横截面的全范围覆盖,并聚焦于第二次世界大战后期。

古典比较和历史研究

古典比较和历史研究在其最系统的层面上往往像比较研究一样进行,例如,运用米尔逊的一致性和差异性方法进行系统比较。它通常采用"最相似的系统"设计(Przeworski and Teune,1970),其中的各项特征是"受控制的",或成为理论主张所涵盖条件的一部分,如先进的资本主义民主国家或自由主义福利国家制度(Gerring,2007)。许多重要的定性研究都进行时长扩展的小样本容量(N)比较,用于评估和发展关于社会政策某些方面的假设(Heclo,1974;Baldwin,1990;Steinmo,1993;Immergut,1992a;Orloff,1993a;P. Pierson,1994;Amenta,1998)。古典的比较和历史研究人员已经能够应对和解决理论和历史上的一系列重要问题:为什么社会政策一开始就风生水起?为什么它会变得如此普遍?在社会政策发展的不同阶段,为什么一些国家领先,而其他一些国家却落后?为什么一些国家采取与众不同的社会政策形式?通过将不同国家的经验与群体概况联系起来,揭示了历史上的异常现象和待解难题。

比较历史研究提供了我们所知道的关于经济较发达国家早期采取社会政策的大部分情况。它还有助于解决政治体制路径和政治组织路径之间的辩论,前者是以韦伯主义和托克维尔主义理论为基础,聚焦于政治体制的结构;后者是以马克思主义理论为基础的,聚焦于社会群体的政治组织,特别是有关劳工运动方面的(Amen,2003)。学者们从关注左翼或社会民主党的统治转向关注右翼政党(Castles,1985)、农民－劳工政治联盟(Esping-Andersen,1990)、专家－劳工联盟(Orloff,1993a)和基督教民主统治(Huber and Stephens,2001a)的作用。比较和历史研究者还进一步建立了更多的理论综合性或构造性观点,将制度主张的结构优势与基于政治认同和行动的主张优势结合起来(Skocpol,1992;Amenta,1998;Hicks,1999;Huber and Stephens,2001a)。

如上所述,在一国研究中,古典的比较与历史研究具有历史研究的大部分优势,但它还具有一个额外优势,那就是能够比较各个国家的类似轨迹,精确定位并解释政策制定中的分歧(Rueschemeyer,2003)。这种方法在评估历史定性分析所提出的假设时有一些众所周知的缺点。尽管增加了案例,由于古典的比较与历史研究对信息的要求较高,因此很少能够涉及理论上相关案例的全部内容。因此,研究人员必须依赖二次研究及其附带的偏见(Lustick,1996)。很可能这类研究在大多数类似的系统设计中最有效,例如,在"社会民主主义"福利国家或"说英语"的国家,研究人员可以进行小容量(N)样本设计,而不必太依赖二次研究。

古典的比较与历史研究学者能够自由地重新思考社会政策意味着什么,并深化这一概念。比较与历史研究者也能够通过讨论一些社会项目来评判某些理论观点,而这类项目并非在量化研究中所凸显的,其中包括退伍军人福利(Skocpol,1992)、教育(Heidenheimer,1981)、税收政策(Steinmo,1993)、住房政策(P. Pierson,1994;Castles,1998b;Bonastia,2000)、经济政策(Hall,1986;Weir,1992)和工作方案(Amenta,1998)等。在这个过程中,比较和历史学者提出了新的问题,并开辟了新的研究议程,有助于发展和完善理论论证(Amenta,2003)。另一种发展研究议程和提升理论的方式是谨慎对待社会政策的发展阶段,据此区分概念,也考虑到在社会政策发展的不同阶段有不同的决定因素。正如在社会政策紧缩的案例中那样(P. Pierson,1994),那是一个比采纳某一社会政策要困难得多的过程,并且关键上取决于相应政策的性质所推启的多个进程。这种观点被认为适用于解释20世纪80年代以来的社会政策发展(Huber and Stephens,2001a;Swank,2002)。到这个时候,大多数社会保障支出体系已经完成并得到扩张——已形成"制度化"——许多执政政权开始实施削减支出的计划。

除了概念上的"区分"外——其关注点在于可能会有跨时段或截面集的因果异质性——古典的比较与历史研究一直是社会政策广义概念化或从整体上展现政策特征的中心。在以往社会政策模式研究的基础上,安德森(Andersen,1990)的"福利国家制度"分析了社会政策对劳动力市场关系的影响。女权主义学者也提出了社会政策的新概念(见第17章),其中许多人采用比较与历史的方式开展研究(Skocpol,1992;O'Connor et al.,1999)。他们的主要对策是修改埃斯平—安德森的类型,或者用基于性别的政策制度来取代它们。

总之,古典的比较与历史研究有许多历史研究本身所有的好处,另一个额外的好处就是在面临一个或多个大致类似的案例时可以将一个案例析出,这使得在分析社会政策不同的轨迹时有可能提出新的具体问题。这些分析可用于评价理论和观点,确定它们在福利国家研究特定领域之外的不同过程和结果中的延伸程度,以及创建或丰富其他案例的评估理论。然而,通常情况下,用手头的案例无法充分评价这些论点。这些分析的知识要求非常苛刻,在没有必要背景的情况下增加案例会导致分析的弱化、有效性的问题,以及与历史研究本身相关的优势的丧失。不过,这些分析在推动福利国家研究议程方面发挥了核心作用(Amenta,2003)。

聚合截面与时间序列的统计分析

在过去20年中,聚合截面与时间序列数据的分析一直是社会政策最复杂的定量分析的选择方法(Hicks,1999;Huber and Stephens,2001a;Iversen and Cusack,2000)。聚合数据涉及跨时间和空间排列的度量,分析这些数据有助于克服单独进行横截面和时间序列分析的一些缺点。聚合分析可以处理随时间变化的变量,例如,党派政权的变化,也可以处理暂时性的惰性结构变量,如政策制度或政治结构安排。

聚合数据分析还解决了有限的单国家长度的时间序列分析和有限的国家数量(例如,大约20个先进的资本主义民主国家)的横截面域分析所带来的小容量(N)样本问题。解决方案是聚合时间序列和横截面。数据聚合有助于阐明国家之间的稳定性差异——早期的横截面研究正是如此——此外,它还探索了社会支出努力的动态过程和变化,这是时间序列分析的重点。这项事业的关键是各个国际组织,特别是经济合作与发展组织(OECD)和国际劳工组织(ILO),在战后收集了这些国家大量的优质数据。个别学者对这些数据进行了补充(例如,Huber and Stephens,2001a;Swank,2002)。虽然这些模型的估计存在若干问题,包括超时和空间自回归、异构回归截距和斜率随时间和/或空间的变化以及跨时间和/或地点的异构误差方差,但是有许多方法可以解决这些评估的挑战(Hicks,1993;Beck,2007;Plümper and Tröger,2004;Hicks and Freeman,2009)。

虽然对福利国家数据的分析主要局限于二十几个长期存在的经合组织民主国家,但在将数据扩大到拉丁美洲(Huber et al.,2006;Brooks,2009)和东亚及东欧以外地区(Haggard and Kaufman,2008)方面研究者们已经做出了令人印象深刻的努力。此外,研究已经开始解决跨国和次国家联邦背景的复杂性(Amenta and Halfman,2000;Obinger et al.,2005b)。

简而言之,对第二次世界大战后期富裕民主国家的聚合回归分析有助于回答许多问题,并有助于解决福利国家增长与紧缩期间关于支出努力的争议。此外,同类争议的解决正在从富裕的长期民主国家扩展到世界的新地区和跨国环境中。

为了从统计上分析计划或方案的采纳情况以及有关紧缩方面的立法,使用了类似的数据来预测名义上的或定性的结果,其中涉及的技术属于"事件历史分析"的范畴(Usui,1994;Hicks,1999;Hicks and Zorn,2005;有关概述和技术处理方法,参见 Allison,1974;Box Steffensmeier and Jones,2004;Kleinbaum and Klein,2005a,2005b)。这些分析经常在所有国家进行,尤其是意欲解决富有资本主义民主国家或地区之外的政策采纳问题,从而填补知识空白。然而,鉴于这些分析涉及的范围很广,在潜在的相关评量措施方面,往往会遇到更为严重的数据缺失问题。

结 论

关于福利国家与社会政策的研究涉及各种方法。数据形式可用性的变化无常导致一种劳动分工。适用于定量研究的硬性和系统性数据只存在于第二次世界大战后的扩张和紧缩时期，而在采纳、巩固和完善阶段可用的此类完整数据就很少(Hicks,1999)。定量比较研究者主要分析了20世纪60年代及以后的数据，比较和历史研究者则负责上半个世纪。然而，在"非对角线"案例上，也有许多有趣的研究，这些研究往往是创新的场所，并激励对其他变化情况进行分析(Amenta,2003)。例如，保罗·皮尔逊(Paul Pierson,1994)开创了一条关于紧缩的新思路和新研究，提出了后来由定量研究人员提出的假设。科利尔和梅西克(Collier and Messick,1975)的定量研究论文对社会政策采纳方面的现代化论题提出了质疑，并推动了比较和历史研究，而希克斯等人(Hicksea et al., 1995)的研究将QCA分析应用于20世纪上半叶的政策采纳。

  许多杰出的研究者的开放方法论视野加速了该领域的发展。很少有定量研究者指责比较和历史研究者的工作缺乏严谨性，也很少有比较和历史研究者认为定量学者的工作过于简单，缺乏深度和有效性。这个基调很早就设定，加斯顿·里姆林格(Gaston Rimlinger,1971)采用量化研究的黄金标准，即社会保障支出的"努力"，来定位他开创性的比较和历史研究。研究人员在不同模式下工作的意愿和能力是关键。弗朗西斯·卡斯特尔斯、戈斯塔·埃斯平—安德森、亚历山大·希克斯、伊夫琳·休伯、托尔本·艾弗森、约翰·斯蒂芬斯、蒂达·斯科波尔、杜安·斯旺克(Francis Castles,Gøsta Esping-Andersen,Alexander Hicks,Evelyne Huber,Torben Iversen,John Stephens,Theda Skocpol,Duane Swank)以及其他一些学者精通某一种类型的方法，但也愿意或被迫采用其他一些方法。

  如上所述，考虑到不同方法论路径的各种优势和弱点，对于学者而言，使用多种方法是有益的。社会政策学者们将各种方法结合起来，并多角度应用，在利用其优点的同时尽量减少任何单一方法的缺点。现有研究已经能够解决有关社会政策的时间、轨迹或结果差异的重大问题，或者是在比较的背景下研究几个案例或一个案例，或者是发展和初步评价相对复杂的论点，或者有时运用多重因果关系，有时涉及过程机制。标准化的定量分析技术难以评估这些更复杂的问题，就像标准的比较和历史研究只能提供对更一般的假设进行初步检验一样。

在福利国家文献中有许多合成和多角度剖分方法的例子。伊夫琳·休伯和约翰·斯蒂芬斯(Evelyne Huber and John Stephens,2001a)在检验长时期内社会政策的发展中,通过聚合的时间序列和横截面回归分析以及对不同类型高度发达国家的实例历史的详细梳理,探讨了过去几十年里福利国家的兴起和在紧缩期间的努力。使用后一种技术是为了避免回归分析中的短期偏差,并仔细检查政策变更的关键时期。其他的例子包括学者们在不同的作品中对同一主题使用不同的技巧进行研究(Skocpol,1992;Skocpol et al.,1993;Pampel and Williamson,1989;Amenta,1998;Amenta and Halfmann,2000)。

这些学者已经认识到,不同的方法各有优劣,利用好每种方法的优点,可以获得比仅用一种或另一种方法能实现更大的进步。这种见解极大地推动了该领域的发展。随着定性和定量方法的日益成熟,保持这种见解将在未来取得更大的进步。

第8章 公共福利与私人福利

威廉·阿德玛(Willem Adema)
彼得·怀特福德(Peter Whiteford)[1]

引 言

人们早就认识到,福利国家的目标可以通过一系列不同的手段来实现。蒂特马斯(Titmuss,1976b)确定了几种不同的分配机制,认为在没有充分考虑这些替代方法的情况下就不可能理解社会政策的影响。他提到了"福利的社会分类",包括三类主要福利:社会福利(包括现金福利的社会服务)、财政福利(通过税收制度直接或间接分配的福利)、职业福利(作为就业的一部分提供的福利)。这种分类可以扩展到包括法律福利(通过法院重新分配)以及志愿部门和非正规部门以及自我提供的福利和服务(Rose,1981),但主要的基本思想是超越对福利国家的常规定义,确定通过替代机制提供不同的再分配模式,并解释不同类型的计划(例如,通过税收抵免或现金转移支付提供的援助)在某些情况下可能具有类似的效果,或在其他情况下则产生抵消的效果(Sinfield,1978)。

尽管长期以来已有对"福利的社会分类"的认可,并且对这些规则的细节进行了进一步的探索研究(Rein and Rainwater,1986;Hacker,2002、2004a;Gilbert,2005),然而大多数关于社会保障支出的分析仍基于公共支出总额(税前)数据。"大众中流行的认知很容易总结。在文献中,福利国家的规模是

---

[1] 作者感谢马克西姆·拉戴克(Maxime Ladaique)提供的统计支持。本章中表达的观点不能归因于经合组织或其成员国政府,完全由作者负责。

用公共社会保障支出占国内生产总值(GDP)的份额来衡量的,有时被称为是一个国家为成为福利国家所做的努力"(Howard,2003)。

然而,仅关注公共支出总额可能会产生误导,因为它忽视了税收体系的重要作用。据此政府可以:(1)通过对福利收入直接和间接征税来收回财政支持;(2)直接向家庭提供支持(如儿童税收抵免);(3)鼓励个人和公司提供社会支持(例如,对私人养老金缴款、私人基金资产的收益以及私人健康保险承保收入予以税收优惠)。考虑到税收制度对具有社会目的的预算拨款的影响,可以得出净(税后)公共社会保障支出的指标。

传统上对直接公共支出的强调也忽略了其他形式的公共干预,例如,当政府要求雇主提供养老金或疾病保险,或当政府对私人健康保险的承保条件进行监管时(例如,通过禁止相关风险的保费)。此外,包括个人在内的私营部门也可以自愿提供社会福利,以补充政府监管的服务供给。这些福利常常与集体劳动协议有关,并/或受到税收优惠待遇。

总体而言,对福利供给总额的全面评估意味着,有必要将通过税收制度产生的公共支出的增减,以及通过强制或自愿的私人社会保障支出提供的额外支持计算在内。这样一种全面的方法有助于衡量一个经济体国内生产的总份额,从而使得社会福利接受者可从中推出社会保障支出总净额(Adema and Einerhand,1998;Adema and Ladaique,2005、2009;OECD,2007k)。

从政策的角度来分析社会保障支出总净额(公共和私人)越来越重要(Pearson and Martin,2005)。一些国家正在寻找除通过公共供给系统以外的其他方式来获得社会支持。例如,在20世纪90年代,荷兰和一些北欧国家提供疾病补贴的政策倡议就涉及从公共提供转向私人提供。在这种情况下,政府确定福利待遇,但将具体供给服务留给私营部门。

此外,对养老金制度的许多改革,例如,涉及改变养老金结构或参数,使其更类似于私营部门的供给,办法是用固定缴款制度或"名义上的固定缴款"制度取代或补充固定的福利养老金制度(Queisser et al.,2007)。这些改革的部分原因是,在更紧密地模仿私营部门安排的体制下,经济激励措施得到了更好的强化效果(Disney,2004)。然而,这些改革建议的主要关切是,它们将产生不理想的分配结果,而一般的论点是,由税收资助的普遍社会支持体系比私人提供与有针对性的公共收入支持相结合更具再分配性(Korpi and Palme,1998)。

本章通过汇总关于提供社会福利的不同方式的最新信息,为讨论公共和私人社会供给做出了贡献。它提出了社会保障支出净值的最新估计数,新的估计数使分析延续到 2005 年。本章显示,公共支出总额的传统估计与公共支出净额和总社会保障支出净额的估计有显著的差异,结果是各国在总体社会福利努力方面的排名不正确,国家之间的差异评量也不正确。

同样重要的是,总的社会福利支持计算不正确这一事实意味着,福利国家支持的结果也可能被错误地测量。因此,除确定这一更广泛的框架对不同国家的福利国家规模估计值的影响之外,本章的主要目的是考量福利国家努力这一更为综合性的定义,以分析福利国家的分配影响和评估不同福利国家筹划的效率和激励效果。

什么是社会(保障)支出?

经合组织(2008g)对社会(保障)支出的定义如下:

公共和私人机构向家庭和个人提供的福利和有针对性的财政捐款,以便在其福利面临不利影响的情况下提供支持,但前提是提供的福利和财政捐款既不构成对特定商品或服务的直接付款,也不构成个人合同或转让。[①]

出于社会(保障)目的将支出用于对福利有不利影响的情况包括:老龄人口——养老金,以及居家养老服务;各类幸存者——养恤金和丧葬费;丧失工作能力相关福利——残疾福利和服务,员工病假津贴;医疗健康——住院和门诊护理、医疗用品和预防方面的支出;家庭——儿童津贴和信贷,儿童保育支持,休假期间的收入资助,单亲家庭津贴;积极的劳动力市场政策——就业服务,培训,青年措施,就业补贴,残疾人就业措施;失业——失业补偿,因劳动力市场提前退休;住房——住房津贴和租金补贴;以及其他偶发情况,其他支持措施,如对低收入家庭的非无条件现金福利支持措施,或对滥用药物者的支持计

---

① 这种社会(保障)支出定义只涵盖机构提供的福利,而不是家庭之间的转移支付,即使它们可能具有社会(保障)性质。此外,社会(保障)支出不包括工作报酬,因为它不包括为同时提供同等价值的服务而支付的报酬。雇主成本,例如,交通补贴、假日薪酬或在标准退休前的遣散费等因此不包括在内。

划、法律援助等。① 关于婚姻支持是不是一项社会政策目标,国际上没有达成一致意见,对在婚夫妻的财政支持也不包括在内,尽管这种支持可能是实质性的。在一些国家,在婚夫妻被视为征税的适当基本经济单位(OECD,2006a)。

如上所述,家庭和个人的社会福利可以由公共或私人提供。当相关的资金流由广义的政府(即中央、州和地方政府,包括社会保障基金)控制时,它们被认为是"公共的"。因此,由雇主向社会保障基金支付的社会保障缴款提供资金的福利(部分)属于公共领域。与国民核算(SNA 1993:第8.63段)的信息一致,经合组织社会(保障)支出数据库(SOCX)记录了在澳大利亚(部分②)、加拿大、丹麦、荷兰、瑞典和英国通过自主资金为退休公务员支付的养老金被视为一种私人支出项目。

所有不由政府提供的社会福利都被视为"私人福利"。私人社会福利可以分为两大类:

(1)强制性私人社会福利,包括法律规定的与就业和缺乏工作能力相关的现金转移,如疾病、残疾和工伤福利(澳大利亚、奥地利、丹麦、芬兰、德国、冰岛、韩国、荷兰、挪威、斯洛伐克共和国、瑞典、英国和美国的一些州);强制性的由雇主提供的退休金(退休的遣散费,例如,意大利和韩国)和从强制性(个人或雇主)缴款中获取的养老金(例如,瑞士)。

(2)自愿的私人社会(保障)支出,例如,由非政府组织提供的社会服务,与儿童有关的假期或疾病期间雇主提供(可能基于集体协议)的收入支持,以及从雇主捐款(在许多经合组织国家)或具有财政优势的个人捐款(美国的个人退休账户)中产生的养老金。

如果参与是强制性的,或者如果应享受权利涉及资源在人与人之间的重新分配,则支出方案被认为是"社会性的"。公共社会服务、社会保险和社会援助福利或者通过一般性征税或者通过社会保障缴款来提供资金,因此涉及在

---

① 虽然数据是广泛兼容和可重新分类的,但社会支持的分类在不同国际组织中是不同的。例如,欧洲社会保护统计系统使用7项职能(欧盟统计局,1996),而社会保障调查使用11项职能(国际劳工组织,2005)。

② 澳大利亚对退休公务员的退休金安排由公共和私人部门的混合体构成。相关的养老金支付是一种由政府保证的福利计划,因此被归类为公共支出。相反,许多公务员退休时的一次性付款,是以他们的强制性缴费和利率为基础;相关支出归入澳大利亚强制性私人社会(保障)支出项下。

全体人口中或在人口群体中(例如,疾病保险基金的所有成员)重新分配资源。许多私人福利是在政府行动的影响下提供的。事实上,私人项目中的人际再分配通常是由政府立法引导的(例如,通过强制保险公司对病人和健康人群实施同一份保单,收取统一价格),或者像许多经合组织国家一样,通过税收优惠刺激私人养老金的接受程度。政府有时还会影响集体谈判过程,这可能引导雇主为员工在患病或与儿童有关的假期中提供支持或提供保育支持(OECD,2007b)。政府干预会引入和/或加强参与私人计划的人群之间的再分配,从而导致法律规定的私人安排和税收优惠计划之间有着高度的相似性。

哪些不包括在这些国际比较中?

也有各种方案和政策可以很好地履行社会(保障)职能,但却没有纳入社会努力的综合国际比较中。例如,人寿保险或一般储蓄不被包括在内,虽然这些方案可以享受税收优惠,并用于退休、幸存者或意外保险。然而,这种情况在多大程度上存在,或人寿保险政策是否仅与住房所有权和抵押贷款结合使用,目前尚不清楚。

住房支持的国际比较(见第33章)并非没有困难。有关老年人和残疾人的住房支持和低收入家庭的租金补贴等方面的数据是可获得的,但关于低收入家庭抵押贷款减免的信息,虽在性质上类似,但在跨国基础上是不可获得的。

此外,地方政府以及作为非政府组织和雇主的私人代理机构,可能没有足够的动机向中央政府或其他中央记录单位报告它们的社会支持支出。因此,这些机构的社会(保障)支出数据质量相对较低。例如,不清楚雇主在保育假期间在何种程度上提供额外收入支持。多年来,在一些(地方或非商业)社会服务中支出数据的质量和可比性已明显改善,如儿童保育和抚养期支持,但在有关社会(保障)和卫生服务数据质量的进一步提高上仍有许多工作要做。此外,即便可以获得良好的总体支出数据,也并不总能确定相关的子部分。如,瑞士私人养老基金支付的养老金支出数据是可获取的,但尚不知道这种支付在多大程度上基于过去的强制性和/或自愿性养老金缴款,因此不能进行完全分类。

国家间的社会支持

2005年,公共社会(保障)支出总额——国际比较中衡量"福利国家"努力程度的传统标准——在经合组织国家中平均为GDP的20.5%(见图8—1),在既属欧盟又属经合组织的19个国家中为GDP的23.3%。社会(保障)支出与GDP的比率最高为法国和瑞典的29%,最低为韩国和墨西哥的约7%。从经合组织的平均水平看,从1980—2005年期间公共社会(保障)支出占GDP的比率从16%增长到略高于20%。公共社会(保障)支出占国内生产总值的比率在20世纪80年代初、90年代初以及21世纪初增长是最显著的。随着经济增长放缓,2009年公共(保障)支出占GDP的比率预计将再次上升。

一般来说,现金福利(占国内生产总值的11.6%)支出高于卫生和社会(保障)服务支出(占国内生产总值的8.4%)大概40%。向退休人口和幸存者转移支付的公共养老金(占国内生产总值的7.2%)和卫生保健服务的公共支出(占国内生产总值的6.2%)是最大的支出项目,但卫生支出的标准差为1.2,养老金转移支付的标准差为3.4,养老金支出的变化要大得多。事实上,在澳大利亚、冰岛、爱尔兰、韩国、墨西哥和土耳其,老年人和幸存者抚恤金的公共支出占国内生产总值的比重不到4%,但在德国、希腊、波兰和葡萄牙占国内生产总值的比重为10%,奥地利和法国则超过了12%,意大利最高,达到14%。相比之下,2005年经合组织成员国中,用于向适龄劳动人口转移收入的公共支出,平均水平要低得多,仅占GDP的4.4%多一点,其中,失业救济支出仅占GDP的1%。

在不同国家,私人社会保护安排的重要性具有很大差别:私人支出总额最高为美国,在2005年占国内生产总值的10%以上;荷兰、瑞士和英国也在高位,约占GDP的7%—8%。平均而言,在经合组织和欧盟15国,私人社会(保障)支出的作用受到更多限制,约为GDP的2.75%,而在东欧国家、墨西哥和土耳其,私人社会(保障)支出的作用最为有限(OECD,2008g)。以广义社会政策支出占GDP比重表示的公共社会(保障)支出见图8—1。

与公共支出趋势不同,私人社会(保障)支出占GDP比重的趋势似乎对商

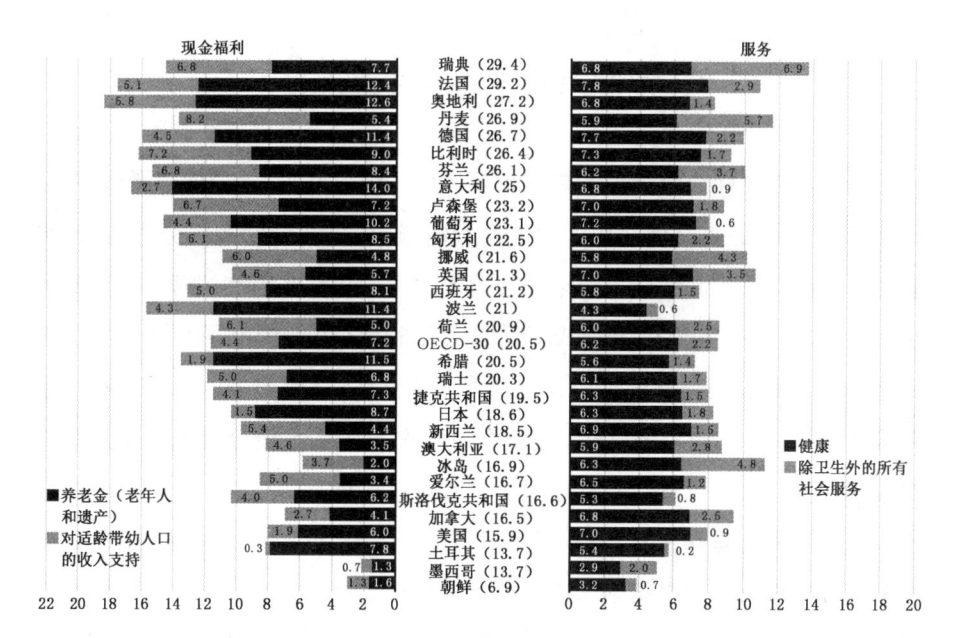

注：按社会（保障）支出占 GDP 比重的降序排列。活跃劳动力市场计划（ALMPs）的支出不能按现金服务和财政支持分类，但这一数字包括在公共支出总额中（括号内所示）。葡萄牙所用数据为 2004 年。

资料来源：OECD，2008a。

图 8－1 以广义社会政策支出占 GDP 比重表示的公共社会（保障）支出

业周期没有反应，但自 1980 年以来一直稳步增长。这也混淆了私人保护只是在取代公共保险的概念（Caminada and Goudswaard，2005），反之亦然。当然，在荷兰和一些北欧国家，与能力丧失有关的公共收入资助的慷慨程度的减少和雇主在提供疾病福利方面责任的增加导致 20 世纪 90 年代私人（保障）支出的增加，但总体影响有限；相反，人口老龄化、社会的日益繁荣发展使得私人养老金储蓄计划覆盖面增加以及促进私人养老金计划的成熟，共同促成了私人（保障）支出的稳步增长。美国私人（保障）支出的居高不下和不断增长的原因还在于，在没有为工人提供全民保险的公共医疗保险制度的情况下，私人社会健康保险发挥了巨大作用。2005 年，自愿的私人社会卫生支出占国内生产总值的比重近 6%，使得美国整个医疗保健系统成为经合组织中最为昂贵的。

税制对社会福利的影响

税收制度在社会政策中发挥着重要作用。税收(包括社会保障缴款)用于资助社会支持,而其具体达成的方式会影响税收/福利制度的再分配效应(见下文)。然而,税收制度也被用来通过对受益人的转移支付和消费进行征税收回社会支持。各国发生这种情况的程度差异很大,因此影响了社会支持的国际比较。[①] 例如,根据家庭组成和受抚养人的存在,瑞典的失业保险福利申请人需要支付1/3的受益收入税,而失业福利收入在几个经合组织国家是免税的,包括奥地利、捷克、德国、日本、韩国和斯洛伐克。

除了国家之间存在差异,不同福利项目的征税也不同。儿童福利、社会援助和住房支持在经合组织国家中一般不征税;养老金和与儿童有关的休假、疾病和残废期间的收入补助金通常是应纳税收入的一部分,但通常是按较低的税率征税(OECD,2007j)。

在一些高福利开支国家,如丹麦和瑞典,对福利收入的直接税特别高,大概占国内生产总值的4%,而经合组织的平均水平为1.2%。在澳大利亚、加拿大、捷克、爱尔兰、日本、墨西哥、葡萄牙、斯洛伐克、英国和美国,公共福利收入的直接税低于GDP的0.5%。由于私人社会(保障)支出的作用通常有限,因此"私人支出的所得税占GDP的比率"往往很小。在私人养老金有实质性作用的情况下,荷兰对私人转移支付的直接税是最高的,占国内生产总值的1.3%,在加拿大、英国和美国也有实质性作用,占国内生产总值的0.5%。"税收与私人支出比率"在冰岛和瑞典是最高的。

经合组织中非欧洲国家的福利收入消费税是最低的,因为间接税率较低。在韩国、墨西哥和美国,对福利收入的消费征收的间接税不到GDP的0.5%。经合组织的平均水平接近GDP的1.7%,但在奥地利、丹麦、芬兰、法国和卢

[①] 在估算税收制度对社会努力的影响程度时,涉及广泛的量化和方法论问题。一般来说,对福利收入和经济主体(如伴有私人社会支出)的财政支持的征税规模的估计质量被认为低于中央政府关于社会支出的信息质量。阿德玛和拉戴克(Adema and Ladaique,2005,2009)详细讨论了相关的方法论和量化问题。

森堡，就公共福利收入支付的间接税占国内生产总值的2.5%或以上。在间接税率相对有限的非欧洲国家，总支出水平也可能相对较低，以便为受益人带来与间接税率较高的国家相同的净收入水平。

税收体系可用于向当事人直接提供社会(保障)支持。这种给付渠道通常用于支持有儿童的家庭，欧洲和非欧洲经合组织国家都如此。这种财务支持通常类似于现金支持，有时财务和现金转移是同一财政支持计划的构成部分。例如，在2005年的德国，针对儿童的税收减免达365亿欧元，其中，194亿欧元用于抵税，而171亿欧元用于转移收入。同样，2005年的美国劳动所得税的抵免成本为369亿美元，其中，49亿美元用于抵消当事人的税收负债，320亿美元用于现金支付。在许多经合组织国家中，对有子女家庭的支持也纳入课税单元。对在婚夫妻的支持在经合组织中不被认为是社会(保障)支持，但是对儿童的财政支持却被认为是社会(保障)支持，例如，2005年法国通过各种财政措施(包括"家庭商数")的优惠税收待遇达到133亿欧元。总体而言，2005年，用于家庭福利的公共支出平均仅略高于国内生产总值(GDP)的2%，其中，平均约10%是通过经合组织(OECD)各国的税收体系发放的。在法国、德国和美国，税收制度在提供家庭支持方面的作用最为明显，对家庭的财政补贴仅占国内生产总值的1%以下。

税收制度还用于鼓励和补贴私人社会保护筹划的兑现。在私人养老金覆盖面很大的国家，相关税收减免的价值也蔚为可观(Adema and Einerhand，1998)。[①] 除此以外，目前私人保护筹划的税收减免包括对非政府组织提供的捐款和收入的优惠待遇，最主要的是包括德国以及重中之重的美国对私人卫生保健计划的支持。总体而言，在直接税征收相对较高的国家，即丹麦、芬兰、冰岛和瑞典，税收减免是最不重要，而在德国和美国则最重要，约占GDP的1.5%。

税收和私人(保障)支出对各国社会政策努力程度的影响

在美国(以及墨西哥和韩国)，公共(保障)支出总额实际上是低于净公共(保障)支出的，因为它们以非常低的税率对福利收入征税，但它们利用它们的

---

① 养老金的税收减免包括对私人养老金缴款的免税，以及对资本化养老基金投资收益的税收减免。由于计算这些在储蓄期间分三个不同阶段给予的税收减免的价值十分复杂，因此没有关于对养老金税收减免价值的跨国可比数据。

税收制度直接提供社会支持或间接补贴私人提供的社会支持。然而,在大多数国家,政府通过对公共转移收入直接和间接征税收回的钱比它们为社会目的提供的税收优惠要多(见表8—1)。因此,在经合组织国家,纯公共社会(保障)支出与国内生产总值的比率平均比社会(保障)总支出与国内生产总值的比率低2.4个百分点,这一差异在丹麦和瑞典最高,约占GDP的7%。

将所有公共和私人社会福利以及相关平均税率的差异加在一起有助于确定一个经济体的国内生产比例。据此社会福利受益人可以提出相应的诉求:净(公共和私人)社会(保障)支出总额。这一比例最高的为法国,约为29%,紧接着是比利时,德国为27%。奥地利、意大利、荷兰、瑞典、英国和美国的社会福利受益人都要求占国内生产总值的23%—26%。净支出水平的相似性是由私人社会(保障)支出(尤其是美国)和欧洲国家相比于非欧洲国家对收入转移征收相对较高的直接和间接税推动的。

在一些国家,由于在社会支持分配方面有着很强的针对性,因而其支出水平被控制。爱尔兰、新西兰、加拿大,尤其是澳大利亚,至少有15%的公共社会(保障)支出要接受收入调查(Adema and Ladaique,2009),因此社会保护体系[占所有公共社会(保障)支出的40%]包含着很强的面向低收入家庭的针对要素。在这些国家,公共支出比经合组织平均水平约低3个百分点,而在澳大利亚和加拿大,这种情况至少通过私人养老金制度进行补偿[这在爱尔兰可能也发挥了重要作用(Adema and Einerhand,1998),但近年来无法获得可靠的支出数据]。

低公共社会(保障)支出国家(约占国内生产总值的20%或更低)对福利收入征收较少的直接税(澳大利亚、捷克、加拿大、爱尔兰、日本、韩国、墨西哥、葡萄牙、斯洛伐克共和国和美国),但是反过来并不总是成立。特别是法国和德国,它们是高社会(保障)支出国家,与其他多数欧洲国家相比,直接税负相对有限(约占GDP的1%),这使得这两个国家的净社会(保障)支出总额占GDP的比例最高。在对福利征收直接税和间接税最高的5个国家中(奥地利、丹麦、芬兰、挪威和瑞典),斯堪的纳维亚税收/福利制度通过针对为老年人和工作人口提供的社会服务提供税收融资,形成了强有力的公共资源再分配制度(见表8—1)。相比之下,奥地利制度强调对退休人员的转移支付(而不是服务支持),在本质上更不具有再分配性。

第8章 公共福利与私人福利

表8—1 总社会（保障）支出与净社会（保障）支出

按市场价格计算的社会（保障）支出占GDP的比重，2005[a]

	澳大利亚	奥地利	比利时	加拿大	捷克	丹麦	芬兰	法国	德国	冰岛	爱尔兰	意大利	日本	韩国
1G 社会公共支出	17.1	27.2	26.4	16.5	19.5	26.7	24	29.2	26.7	16.9	16.7	25	17.7	6.9
—直接税与社会缴费	0.2	2.4	1.4	0.3	0	4	2.6	1.4	1.4	0.7	0.2	1.9	0.2	0
—间接税（现金补贴）	0.8	2.6	2.3	0.7	2	2.7	2.6	2.5	1.9	1.1	2	1.8	1	0
+净TBSPs（除养老金）	0.4	0	0.4	1.1	0.5	0	0	0.9	1.7	0	0.4	0.2	0.7	0.5
1N 当期净公共社会支出	16.5	22.2	23.1	16.6	18	20.2	18.8	26.2	25.1	15.1	15.2	21.5	17.6	7
2G 总强制私人社会支出	1.1	0.9	0	0	0.2	0.2	0	0.4	1.1	1.5	0	1.5	0.7	0.6
—直接税与社会缴费	0.1	0.3	0	0	0	0.1	0	0	0.4	0.2	0	0.2	0	0
—间接税	0.1	0.1	0	0	0.2	0.1	0	0.3	0.1	0.3	0	0.2	0	0.1
2N 当期净强制私人社会支出	0.8	0.5	0	0	0	0.1	0	0.1	0.6	1	0	1.2	0.7	0.5
3G 总自愿私人社会支出	2.6	1	4.5	5.5	0.1	2.4	1.1	2.6	1.9	3.4	1	0.6	2.8	1.8
—直接税与社会缴费	0.2	0.1	0.3	0.8	0	0.8	0.2	0	0.2	0.5	0.1	0	0.1	0
—间接税	0.2	0.1	0.6	0.4	0.1	0.4	0.2	0.1	0.1	0.6	0.2	0	0.2	0
3N 当期净自愿私人社会支出	2.2	0.8	3.6	4.4	0.1	1.2	0.7	2.5	1.6	2.3	1.1	0.5	2.5	1.8
4N 当期净私人社会支出[2N+3N]	3.1	1.4	3.6	4.4	0.3	1.3	0.7	2.8	2.2	3.3	1	1.7	3	2
5N 净总社会支出[b]	19.3	23.5	26.8	20.7	18.2	21.6	19.5	29	27	18.4	16.1	23.1	20.7	9.4
备忘录														
养老金的TBSPs[c]	1.9	0.1	0.2	1.7	0.1	—	0.1	0	0.9	1	1.4	0	0.6	—
平均间接税率	9.8	16.2	15.1	10.7	17.3	26	20.8	14.9	13	21.6	21	12.1	6.6	12.6

续表

按市场价格计算的社会(保障)支出占GDP比重，2005[a]

	卢森堡	墨西哥	荷兰	新西兰	挪威	波兰	葡萄牙	斯洛伐克	西班牙	瑞典	英国	美国	OECD—26
1G 社会总公共支出	23.2	7	20.9	18.5	21.6	21	22.9	16.6	21.2	29.4	21.3	15.9	20.6
— 直接税与社会缴费	0.8	0	2.3	1.3	1.8	1.5	0.8	0	1.2	4	0.2	0.5	1.2
— 间接税(现金补贴)	3	0.1	1.6	1.3	2.1	2.4	2.3	1.8	1.6	2.3	1.4	0.3	1.7
+ 净TBSPs(除养老金)	0	1.4	0.7	0.1	0.1	0.1	0.8	0.1	0.4	0	0.4	2	0.5
1N 当期净公共社会支出	19.4	8.2	17.7	16	17.9	17.2	20.8	14.9	18.9	23.1	20.1	17.1	18.2
2G 总强制私人社会支出	0.2	0	0.7	0	1.3	0	0.4	0.2	0	0.4	0.8	0.3	0.5
— 直接税与社会缴费	0	0	0.2	0	0.3	0	0	0	0	0.1	0	0	0
— 间接税	0	0	0.1	0	0.2	0	0.1	0	0	0.1	0.1	0	0
2N 当期净公共私人社会支出	0.2	0	0.4	0	0.7	0	0.3	0.2	0	0.2	0.7	0.3	0.3
3G 总自愿私人社会支出	0.9	0.2	7.6	0.4	0.8	0	0.4	0.8	0.5	2.4	6.3	9.8	2.4
— 直接税与社会缴费	0	0	1.4	0	0.2	0	0	0	0	0.5	0.4	0.5	0
— 间接税	0.1	0	0.8	0	0.1	0	0.1	0.1	0	0.4	0.6	0.2	0
3N 当期净自愿私人社会支出	0.7	0.2	5.5	0.4	0.5	0	0.4	0.7	0.5	1.5	5.2	9.1	1.9
4N 当期净私人社会支出[2N+3N]	0.9	0.2	5.9	0.4	1.2	0	0.8	0.9	0.5	1.7	5.9	9.4	0
5N 净总社会支出[b]	20.3	8.4	23.3	16.4	19.1	17.2	21.4	15.7	19.1	24.8	25.9	25.3	20.4
备忘录													
养老金的TBSPsc	0.6	0.1	—	—	0.6	0.2	0.1	0.2	0.3	0	1.2	0.8	0
平均间接税率	22.3	6.3	17.2	15.3	22.5	16.7	16.8	-17	13.3	20.5	13.3	4.3	15.5

注：(a)2005年葡萄牙社会(保障)支出数据，"—"表示没有数据。
(b)为避免重复计算，在测算总社会支出时忽略了TBSPs当前的私人社会(保障)津贴。
(c)由于概念同问题以及可用数据的缺失，表中展示了养老金税收优惠数据。

数据来源：Adema and Ladaique,2009:48。

私营和公共社会(保障)支出的影响差异：效率和公平的含义

鉴于公共和私人(保障)支出之间具有明显的互补性,那么公共和私人支出之间的差异是否重要？这个问题涉及的是其他有关福利国家供给影响的重要论题的核心。一方面,有一些论点认为高水平的福利国家支出(以及为这种支出提供资金而征税)会造成效率低下,从而减少工作努力和储蓄;另一方面,有人认为高水平的福利国家支出与较低程度的不平等和贫困有关,即使这样降低了人们工作和储蓄的积极性——这本身就是一个有争议的命题——那也很可能是一个值得为这些更好的分配结果付出的代价。

然而上面的讨论表明,福利国家所付出的努力的传统评量方法有严重的误导性——净公共和私人社会(保障)支出总额比总公共支出、税收以及私人社会支出的分散程度小得多。如果福利国家的努力程度被误判,那么福利国家的影响和结果是否有可能也被误判？公共和私人供给组合的变化对激励和公平的影响,是否与它们对衡量支出水平的影响一样大？

关于福利国家激励效应的文献有许多,但有一种观点由舒克内希特和坦齐(Schuknecht and Tanzi,2005:9)提出,他们认为：

> 高水平的公共支出在税收方面造成了低效率——因为他们需要更高的税率,同时在支出方面也造成了效率低下——因为他们也需要庞大的官僚机构,并且,因为从公民个人的角度来看,政府服务价格通常为零(或至少非常低),从而刺激了对它们的更大需求。最后,当高水平的公共支出的一部分由财政赤字提供资金时,那就有可能导致宏观经济困境。

相反,林德特(Lindert,2005:1)认为：

> 经合组织自1980年以来的经验没有显示出更大规模的税收资助转移对国民生产的任何负面影响。此"免费午餐之惑"有着很好的理论缘由。高预算福利国家的税收组合比低预算的美国、日本和瑞士的税收组合更有利于经济增长。高预算国家也有更有效的医疗保健,对儿童保育和妇女的职业生涯有更好的支持,以及其他减轻福利

受益人负面激励的特征。

有时候有人认为私人供给比公共供给对工作和储蓄的激励作用更好(Disney,2004),这导致政府有极大的兴趣进行公共供给改革,使其更相像于私人供给,特别是在养老金方面,还包括疾病保险覆盖方面。然而,迪斯尼(Disney)指出,对公共养老金计划的供款与其他家庭征税不同,参与者认为可以让他们有资格去申请获得未来的养老金福利。

> 如果养老金缴款被认为给予个人获得未来养老金的权利,方案参与者对缴款的行为反应将不同于对其他税收的反应。事实上,他们可能认为养老金缴款提供了退休储蓄的机会。在这种情况下,缴款不应从家庭收入中扣除,也不应纳入税收楔子,因此出现了计划设计的问题:如果养老金计划可以被明确设计为退休储蓄计划,则可以减轻较高的养老金缴纳额对就业的潜在不利影响(Disney,2004:270)。

迪斯尼的研究表明,制度设计的多样性可以通过比较两种类型的方案来说明。在一个极端情况下,1998年的瑞典公共养老金改革和1995年的意大利养老金改革试图使他们的公共养老金方案看起来更像一个私人退休储蓄体系,将个人的养老金应享待遇与所支付的实际缴款密切关联起来。另一个极端是,澳大利亚公共养老金是经过严格的收入审查并且资金出自一般税收资助,参与者似乎没有期望收到特定的福利用于回报他们在工作期间的纳税。迪斯尼认为,这些设计特征以及计划的整体成本对于激励是很重要的。他估计了所谓的公共养老金的再分配和精算份额,发现在供款水平(支出)和再分配程度之间似乎有着一种利弊权衡关系。基于22个国家的样本,他发现20世纪90年代的有效供款率在澳大利亚的15%和希腊的58%之间,澳大利亚的有效供款率最低,再分配额最高,约占有效供款率的38%。相比之下,像葡萄牙、卢森堡和希腊这样的国家供款率高得多,但是再分配却非常有限(有效税率约为5%)。

迪斯尼的结果给出了强有力的证据,当公共养老金计划的缴款被分为税收部分和储蓄部分时,工资贡献的税收部分会降低女性的经济活动频率,而较高的退休储蓄部分则具有相反的效果。他发现,几乎没有证据表明,平均税率,无论是如何构建的,对男性的经济活动频率有任何不利影响。

迪斯尼(Disney,2004)的结果可以看作是对林德特(Lindert,2005)观点的论证确认,即福利国家的设计对结果至关重要。这些论点可以用另一种方式来解释:一些高福利支出国家对激励的不利影响比预期的少,其原因是它们的结构类似于私人提供,比起那些低支出但更进步的国家,人们投入福利国家的东西和他们从福利国家得到的东西之间有着更强的关联。实际上,高福利支出国家将私人支出设计特征纳入其公共系统。福利开支较低的国家往往倾向于将公共和私人提供严格区分开来。

这些论证对结果公平的影响是什么？与研究福利国家的激励效应一样,有大量文献分析福利国家设计的分配结果。最近研究中最著名的一个是科尔比和帕尔默(Korpi and Palme)的研究,他们认为,福利国家为高收入者提供明显的与收入相关的福利,将其纳入社会保险体系,比固定费率或有针对性的福利更能有效地减少不平等和贫困。他们指出:

> 倾向于福利以低收入群体为目标和固定费率的传统观点,将注意力完全集中在实际转移资金的分配上,忽视了三种基本情况:第一种情况是,再分配预算的规模不一定是固定的,而是往往取决于一个国家福利体制的类型。第二种情况是,在低收入目标的范围和再分配预算的规模之间往往存在权衡。第三种重要的情况是,跟那些与收入相关的社会保险计划相比,市场主导型分配结果往往更加不平等。承认这些因素有助于我们理解所谓的"再分配悖论":我们越是只针对穷人的福利,越是关注通过向所有人平等的公共转移创造平等,我们就越不可能减少贫困和不平等(Emphasis in original,1998:36)。

相对而言,很少有研究考虑到私人社会保障供给对分配结果的影响;卡米纳达和古德斯瓦德(Caminada and Goudswaard,2005)以及卡斯尔斯和奥宾格(Castles and Obinger,2007)的研究是个例外。这两项研究都使用跨国回归分析来考虑变量之间的关系,例如,私人社会(保障)支出、福利税和分配结果。卡米纳达和古德斯瓦德发现:

> 公共社会(保障)净支出与收入不平等之间存在负相关关系,私

人社会(保障)净支出与收入不平等之间存在正相关关系。在16个富裕国家,总支出(公共和私人)对收入不平等的影响似乎是微不足道的。因此,提供社会保护的公共/私人组合的变化确实可能对福利国家的再分配产生影响(2005:187)。

卡米纳达和古德斯瓦德(Caminada and Goudswaard,2005)以及卡斯特尔斯和奥宾格(Castles and Obinger,2007)的结论存在与许多社会政策文献一样的问题,他们实际上没有考虑到提供私人福利对分配结果的影响。换句话说,他们对分配影响的度量不一定准确。

参考表8—2,其中列出了用于分析福利国家再分配效应的标准会计框架(OECD,2008a)。在这个框架内,来自工资、薪金、自营职业和财产的收入归总为"要素收入";要素收入加上职业和私人养老金即为"市场收入";市场收入加上公共和私人转移支付以及其他类型的现金收入,得到"总收入";最终,总收入减去个人所得税和工人的社会保障缴款,得到"现金可支配收入"。最后一个概念,当通过一个等价量表来反映家庭需求的差异时,给出了"等价可支配收入"——几乎所有的收入再分配研究中采用的衡量家庭幸福的主要指标。表中列出的方法是一个会计框架,它允许收入的不同组成部分相互关联,并得出适当的总量,但这个框架是线性和静态的。

表8—2　　　　　　　　　　收入测算框架

收入构成	调整	均等化收入构成
工资、收入+自雇收入+财产性收入=		
(1)要素收入+职业与私人养老金=	均等比	=等值的要素收入
(2)市场收入+社保现金补贴(普遍的、收入相关的、受益的)+私人转换+其他现金收入=	均等比	=等值的市场收入
(3)总收入—税收收入(和雇员社保缴费)=	均等比	=等值的总收入
(4)可支配现金收入	均等比	=等值的可支配现金收入

资料来源:摘引自O'Higgins et al.,1990:30—31。

该框架可用于构建测量社会保障和税收政策再分配效应的若干指标。利用微观数据,该框架可以应用于每个家庭的收入,从而产生表8—2中确定的四种收入衡量方法,然后可以对这些记录单位进行汇总和分析,以产生对人口整体的分配和再分配的度量方法。特别是,税收或社会保障转移支付对再分配的影响程度,可以通过比较收入份额或表中所列过程不同阶段的基尼系数等其他衡量指标来计算。例如,现金转移支付的影响可以通过比较基于市场收入(第 2 阶段)和基于总收入(第 3 阶段)的不平等或贫困的量化差异来评估,而税收的影响可以通过比较总收入和可支配收入(第 4 阶段)的量化来计算。

这个框架缺少一些重要的收入组成部分,其中,包括政府支出的直接现金福利和用于资助政府支出的一些税收(所得税和雇员工资税)。福利费所缴纳的税款作为观察到的直接税的一部分包括在内,而一些税收支出(例如,通过税收制度为儿童支付的款项)如果不单独计量,则也包括在内。

但标准框架不包括雇主的社会保障缴款,这在澳大利亚、丹麦和新西兰是微不足道或根本不存在的,但在法国和捷克共和国却占税收总额的 25% 以上。鉴于这些供款实际上在许多国家支付了很大一部分社会保障支出,因此有必要对其分配效应进行评估。

雇主缴款的发生率尚有争议,但一个简单的办法是假设他们与工资有关。在第一阶段,这似乎意味着应在框架的所有阶段增加雇主的缴款。将雇主社会保障缴款纳入要素和市场收入以及家庭税,将改变要素和市场收入的不平等,从而改变衡量不同税收转移制度有效性的标准(Mitchell,1991),因为要素收入和可支配收入之间的差异一般是大于常规测量的。

但是,所有为社会福利提供资金的税收都应该被列为减少可支配收入的税收吗?迪斯尼(Disney,2004)关于不同养老金制度激励效应的论点在这里同样适用。如果对针对公共供给的部分缴款不是税收,而是被视为等同于私人储蓄,那么它们是否应从收入中扣除呢?

这里存在一个相关的复杂问题。标准框架包括家庭市场收入中的私人和职业养老金。但显然没有人为他们买单——无论是雇员还是雇主。标准方法将对政府养老金的缴款视为一种税收,为同一年支付的养老金提供资金,而私人养老金的缴款实际上被视为一种私人消费形式,而且雇主对(公共和)私人养老金的缴款不在家庭调查范围之内。

类似地,公共资助的疾病福利被视为福利国家再分配活动的一部分,而雇主提供的疾病津贴被视为工资包的一部分。虽然在对现金转移支付的影响进行标准分析时，通常不考虑医疗保健支出，但是也会出现类似的问题。关于福利国家财政影响的研究通常包括政府支出，但在一些国家，尤其是美国，职业资助的医疗保健几乎与政府支出一样重要。

  这些因素以若干方式影响收入分配的国际比较，也同等影响着激励效应和福利努力量化。例如，拥有与收入相关的社会保障体系的国家看起来更加平等，因为富裕的个人为退休而储蓄的更高比例是通过税收来实现的。相反，如果福利的供给是固定费率或经过了经济状况调查，那么通过职业和私人养老金缴款而会促成更高的退休储蓄比例，这种情况通常也不会被考虑在内。（这些偏差可以通过几种方式加以解决。例如，低于平均收入统计的英国家庭从可支配收入中减去职业养老金缴款，因为这些缴款不能提高目前的生活水平。）据我们所知，没有任何研究可以模拟得出职业福利的收益和成本对收入分配的影响。克服这种偏差需要扩大用于评估家庭福利和分配结果的框架。

  总之，正如传统的公共支出衡量标准不能完全量化福利国家的努力程度一样，私人和职业福利的激励以及分配效应通常不包括在对福利国家结果的评估中。不同的社会保障制度产生了公共和私人养老金权利的不同分配，对这种再分配活动的不完全处理可能会使收入分配的跨国比较产生偏差。这就意味着，正如对福利国家努力的综合衡量表明在实际支出水平上存在更大的相似性一样，实际结果将比传统衡量的结果更为相似。

第9章　家庭与国家和市场的相向而立

玛丽·戴利（Mary Daly）

引　言

家庭生活组织以及家庭、国家和市场之间的关系在国家内部和国家之间有着深刻的差异。在一些国家特别强调家庭的特殊性，人们认为家庭有别于国家和公共生活。更自由的观点赋予家庭隐私以特权，一般不干涉家庭，并且，与其为此目的建立一个精心设计的架构，不如让家庭自行其是。在另一种关系框架中，家庭更加分散，不是在自己的领域内处于封闭状态，而是与许多机构紧密地联系在一起。这些都是历史设定的模式。直到最近，政府才能够理所当然地认可传统家庭的存在，无论是从其形式，还是从丈夫/父亲和妻子/母亲在收入与家庭照料方面做出的性别贡献来看。然而，在过去的30年中，家庭变迁已经成为推动政策变化的一个主要因素。这一节主要关注国家的回应，特别是不同国家的社会政策如何使哲学理念和实践制度化，以及社会政策如何在家庭功能和家庭关系方面作为变革的推动者。

首要目标是将家庭理解为，一方面，它是国家政策的对象，另一方面，它也是当今许多国家市场运作的对象。这是通过分析过去十年中与家庭有关的政策的扩展与改革，并思考如何解释这些政策，尤其是按照家庭的传统路径来实现的。实证分析的思路是，在特定国家的发展过程中，从自身的权利出发，鉴定新出现的处理家庭、国家和市场之间相互关系的政策方法，同时也要考虑到欧盟和经合组织在当今家庭和工作生活中适切的关注点和定位方向上似乎已达成的共识。比较是最重要的。鉴于研究文献对欧洲的强烈关注以及自由主义在全球化时代的巨大影响,我们有理由对所谓的"自由主义"非欧洲国家进行超量采样的案例研究。因此,澳大利亚、美国、法国、德国、瑞典和英国被纳入一组。对家庭的政策方法上的大多数差异实际上都在这6个国家得到了诠释。

本章分为四个部分:第一部分介绍了这一领域,概述了随时间发展的家庭政策的主要特点和学术界的见解。第二部分进而考虑当前改革的主要轮廓,特别是考虑到欧盟和经合组织正在推行的家庭政策模式。第三部分讨论了解释性因素以及理解家庭政策的主要方法的有用性。最后一部分是结论。

理解家庭、国家以及市场之间的相互关系

简要概括巴勒(Bahle,2009)的观点,我们可以发现,历史上国家、市场与家庭间的交往关系存在着两个背景。第一是工业化和国家建设。从19世纪后期开始,国家和政治利益群体致力于解决由农业生产向工业生产的转变和国家向社会的扩张所引发的需求和问题。支撑着早期福利国家的是资本和劳动力之间的协调方案,但这是基于家庭层面的第二个协调方案,即男性为家庭挣钱者,女性为家庭照护者。以男性养家糊口的家庭为定位形象,早期的社会政策假定存在一个家庭工资,并为婚姻和养家糊口的赡养者提供补贴(Crouch,1999)。从20世纪70年代开始的第二个时期的动力在于服务经济的扩张以及与此和其他因素相关的妇女大规模进入劳动力市场的运动。这使人们将重点放在与家庭有关的角色和职能的性质以及家庭与市场之间的接口上。在这一时期,性别政治与阶级政治并驾齐驱,形成了种种影响,替代产妇护理的服务和对家庭的经济支持迅速增长,国家对儿童保育的关心也迅速增加。

在经典的战后研究文献中,家庭与国家、市场的交叉关系已趋于概念化为相当静态的功能主义(Parsons,1967)和经济学术语(Becker,1981)。本人意在追求一个对于家庭的更宽泛的理解,一个与经济、社会学、意识形态和政治等多方面相关的家庭概念。本人的家庭概念中是从以下视角来理解家庭、国

家与市场的关系:从经济角度看,家庭的主要功能与收入再分配、劳动力供应和消费有关;从社会学看,家庭是一种社会组织形式,它提供照顾需要、安排代际和性别关系,并通过这些以及其他手段,在社会生活组织中起着关键作用;家庭作为一个意识形态实体,影响着价值体系的连续性和变化;从政治上看,家庭则是社会控制的场所与社会秩序的源泉。

对家庭政策的学术研究,是关于家庭、国家和市场的相互关系方面最为丰富的知识领域之一。一部这方面的研究文献经过长时间的发展,在许多方面反映了家庭作为国家关注对象的合法性逐渐增强,它涉及的范围是相当狭窄的。鉴别在家庭方面国家政策的体制特点一直是人们的兴趣所在。这些研究主要集中于具体的通常是技术性的政策供给的特征(Bieback,1992;Wingen,1997)。人们的注意力集中在政策工具的类型(现金福利、免税津贴、休假和服务)、行政安排以及政策如何与管理家庭生活和行为(婚姻、生育、儿童、代际关系)的社会惯例或公约接轨。随着时间的推移,这些研究文献变得越来越具有可比性,将对制度条款变化的兴趣与对因国家背景而变化的国家—家庭参与的政治动机的研究结合起来。家庭政策在政治和经济安排中的基础支撑作用一直是跨国比较的一个接合领域(Wennemo,1994;Gauthier,1996;Kaufmann et al.,2002)。在一种框架下,依据国家政策不可能总是直接面向目标群体家庭的具体实际,国家之间在对家庭采取显性或隐性做法方面的差异被证明是持久存在的(Kamerman and Kahn,1978)。

然而,在福利国家方面学术界对家庭的引入却迟迟不予认可,而是一直将国家—市场关系视为政治活动的主要来源。这部分是因为,家庭是被认为引发了一揽子的关注,但更多涉及的是性别、健康和幸福,而不是作为阶级政治"硬"目标的福利。在福利国家学术研究中,家庭有某种"想当然"的地位,正如戈斯塔·埃斯平—安德森(Gosta Esping-Andersen,1990)早期的作品中所证实的那样,家庭只不过是国家—市场关系发展的背景而已。把家庭引入比较福利国家范畴的是女权主义学者们的研究(eg. Lewis,1992;O'Connor et al.,1999;Daly and Rake,2003)。这些研究指出了国家是如何在有关家庭功能和性别角色的一系列偏好下运作的,以及这些偏好不仅塑造了所谓的"福利关系",而且也是组织经济和就业不可或缺的部分。这种关注已经成为最近政策的核心,学术界的研究也反映了这一点,表明家庭为国家和市场运作提供了核心支持。社会政策力求使人和活动家庭化或去家庭化的程度是政治和经济制度的一个重要特征(Esping-Andersen,1999;Leitner,2003)。

什么因素激励着国家与家庭走到一块儿了呢?已经得到确认的典型的关注点有四个方面:人口变化、有无孩子家庭的横向再分配、贫困救助、性别平等(Wennema,1994;Gauthier,1996)。特定的潜在动机的力量以及国家对家庭的哲学取向的多样性,导致欧洲历史上若干不同的家庭—国家—市场关系模式。

第一种路径,以法国为例,在取向上更强调家庭与鼓励提高人口出生率。家庭具有政治和道德实体的价值,所以用国家政策来保障家庭的物质和道德功能是合法的(Lenoir,1991)。自19世纪末法国首次经历了生育率从高到低的转变以来,生育率、家庭和国家利益之间的联系一直是各政治派系关注的对象。民族的未来与家庭的活力息息相关(Revillard,2006)。家庭主义,作为一种提倡家庭作为一种生活方式和一种促进社会融合的力量的意识形态,在历史上深深植根于民族文化之中,国家在高度有效的家庭组织的游说推动下承担起家庭的捍卫者和保护者的角色(Lenoir,1991)。随着其发展,法国的政策框架倾向于为家庭提供慷慨和广泛的支持(包括财政援助和育儿服务)(Pedersen,1993)。对家庭作为一种生活方式的大力支持以及鼓励提高生育率的做法,对女性的描述是,她们首先是母亲,然后才是工人,尽管随着时间的推移,这种情况后来有所改变。

第二种路径,以西德为代表,虽然家庭也有很高的社会价值并且构成了采取政治行动的合法基础,但对家庭的支持方式有着更多的选择性。事实上,依据辅助性原则,家庭的诉求被拔高对待并置于其他机构或社会类别的诉求之上,而该原则也要求,国家支持的目的是增强家庭福祉和功能,但此类国家行为不应损害家庭自治。家庭内部关系被看作是有区别的,更为偏好男性养家糊口/女性做家庭主妇的家庭模式。母亲留在家中象征着适当的道德秩序。如此一来,再加上人们普遍认为,幼儿应在家中得到照顾,这就形成了稳固的劳动力性别分工。人们普遍持有,并且也一直没什么改变的看法是,家庭应因抚养孩子而得到补偿。因此,德国(西德)福利国家倾向于对它的家庭进行收入补贴,而不是采取提供服务的方式。

第三种模式是平等主义,其中,国家的目标是支持男性父亲与女性母亲的就业,并使家庭获得高质量的育儿和其他服务。这种模式建立在斯堪的纳维亚国家,但并未以家庭作为集体乃至单独机构的强势理念来运作(Ellingsaeter and Leira,2006)。的确,它在力求强化突出为所有人的福祉和有益活动创造条件时,往往会把家庭剔除在外。女性的角色和身份被写进了国家和市场制度之中,作为个人独立和自主的更普遍的原则。家庭成员身份可能是情绪稳定和身份认同的来源,但是与欧洲的其他地区相比,家庭作为一个经济和社会单位的地位要低得多。

最后,有的国家如英国(澳大利亚和美国),政策主要源自反贫困和经济运作的取向,而不是通常的家庭支持。在这些国家中,除了预防和管理社会弊病之外,国家对家庭的干预缺乏强有力的合法性。个人和家庭对独立性和自给自足的价值赋予,倾向于为了一般的家庭支持而减少国家干预,这使得家庭政策相对不发达。在这样的情况下,其主要目的在于预防贫困和家庭功能障碍引起的"危机"。在法国和德国的政策实践过程中,家庭政策与社会认可各自渐行渐远(O'Connor et al.,1999)。

事情是如何变化的呢?

目前的观点以及变革

正如我们所看到的,家庭政策可以有不同的目标,就像对家庭政策和家庭生活之间的关系有不同的解释一样。在过去的 5—10 年里家庭政策已经开始失去多样性。这里有很重要的一点是,一些关键的国际组织对家庭和家庭政策问题表现出了兴趣。欧盟和经合组织就一直表现得特别积极。虽然这两个组织的政策途径之间乃至它们内部都存在着分歧①,但一些更宽泛的决定因素将它们联合在一起。一个核心的关注点是为了一个全球化的经济体要构建起"灵活的"劳动力市场与家庭(Mahon,2006:174)。考虑到这里只能以一种非常笼统的方式覆及这两个组织的政策路径,因此可以确定一些共性。它们

---

① 比如,马洪(Mahon,2006)展示了 OECD 国家在就业与教育方面各自不同的框架。

都强调：

·父亲与母亲一生中在就业与家庭间的分配，以及有必要制定社会和经济政策，鼓励母亲就业和父亲更多地参与照顾家庭；

·增加对儿童的家庭外照顾和早期教育；

·工作和家庭生活之间的平衡（所谓的工作和家庭生活的调和）；

·促进儿童的教育和福祉。

实际上，为了摆脱隐性的家庭政策，各国被迫制定以家庭为中心的战略。这些策略首先涉及作为一个经济单位的家庭，但也影响到家庭的生活组织（触及性别和辈分关系）。在这两个方面，欧盟国家走得更远，它们设定了目标（儿童照料和女性就业）并出台法律强制就业休假以照顾儿童（Lewis，2006a）。

在这种大背景下，表9—1列出了自20世纪90年代中期以来这6个国家的主要问题和改革重点。就改革的（缺乏）规模和程度而言，美国与其他6个国家相比有些差距，它几乎没有或根本没有发生变化。以或这或那的方式，它弥补了当前比较分析的不足。在美国，围绕家庭政策改革的唯一议程就是减少对（已经相对不足）公共资金的依赖。单身母亲的情况尤其如此，她们是美国福利国家"母性主义"的最后遗迹之一（Orloff，2005b）。进行中的任何改革的主旨都是进一步私有化护理/就业的边缘领域。

表9—1　　　　　　　　20世纪90年代中期以来的主要家庭政策改革

澳大利亚	强制单亲福利享受者在孩子达到6岁时进行兼职就业，调整家庭补贴为税收抵免，引入育儿税收补贴，加大对"家庭主夫"和有子女家庭的支持，对接受政府支持的低收入父母执行工作福利措施，引入一次性生育津贴
法国	产假延长，将对儿童保育的一些财政支持由资助幼稚园转为直接支付给家长，扩大公共支持的儿童保育类型范围，简化育儿补贴，并引入一种促进父母"自由选择"的津贴
德国	扩大3岁以下儿童家庭外保育服务，为超过3岁的孩子提供保育场所，改革保育假来鼓励母亲就业，在保育假中引入一定时段的"父亲假"
瑞典	延长指定的父亲假，延展儿童权利，扩展儿童保育服务和收费上限，在幼儿教育和保育的管理上先分权再集权
英国	扩展儿童保育和早期教育，增加对有子女家庭的收入支持，3岁及4岁儿童可获免费半日托服务，对补贴接受者执行工作福利措施，尤其是单亲妈妈，延长妊娠阶段的聘期内休假，部分现金支持转变为税收抵免
美国	增加单亲补贴享受者的就业

瑞典也经历了比其他国家更少的改革,也许是因为瑞典已经超越了国际标准。瑞典人坚持他们的模式——过去十年里所做的改变本质上是定性的,是进一步推广而不是改变模式。男性的家庭角色一直是一个主要的关注点,部分护理假专门针对男性("父亲月"),父亲的权利得到普遍加强。另一个趋势是进一步的个性化,例如,通过法律和政策的改变,儿童获得日托的机会及其独立机构的能力都得到了加强。在早期儿童教育和看护方面也有一些变化,先是经历第一次分权,然后又重新集权。总体而言,瑞典的改革在致力于两性平等、公平和高水平就业服务的个性化模式下继续大力推进福利。

其他四个国家都在积极地进行改革,其中,英国可能采取了最广泛的改革方案。它正在迅速摆脱其不干涉主义的本性。它着手扩大儿童保育和儿童早期教育的供给,促进单身母亲以及所有"无业家庭"的就业;延长父母双方的在岗休假,但特别针对母亲,并围绕就业灵活性采取措施,以便更好地平衡工作和家庭生活(Lewis and Campbel,2007),同时也增加了对家庭的资金支持,支持儿童的主要负担已经从社会保障转移到税收体系(从而把收入支持更加紧密地与就业和收入联系起来)。对于英国而言,这些在许多方面都是朝着新方向迈出的步骤——国家正表现出准备超越家庭的界限,以推广工作家庭的模式。在新工党的"重建英国"项目中,传统上只是依赖于自我资源的家庭已被动员起来,以改变就业和个人行为方面的做法。在这个过程中,劳动力市场被视为一种支持来源,家庭的一些经济"坏习惯"被清除,国家的支持作用被削弱。

在德国,尤其是 2000 年以来,引入了一种与母亲身份和家庭相关的话语选择。如前文所指,德国在历史上有很强的家庭生活观念,其社会政策比其他任何地方都更理想化地将男性养家糊口模式作为优越的家庭安排形式。这种情况正在发生改变。尽管辅助性原则制约着政府的回旋余地,现在德国越来越鼓励儿童的家庭外看护和母亲外出工作。育儿假在 2000 年实行了个性化,2008 年再次进行了改革,使其与收入相关(而不是固定费率),并使其与休假者同时能兼职工作更相适应。育儿问题从一个边缘事项移位成为核心政策关注点——1996 年,儿童获得了可入托一个儿童保育所的权利,最近两届政府在为年幼儿童提供家庭外保育的事业中表现出了领导才能,即便没有企业家精神。尽管未实施陪产假,但对育儿假制度进行了改革,以鼓励第二个伴侣利用它。就业问题也反映了德国的变化,但这些变化与增加妇女的选择权和选择意识的愿望交织在一起,尤其是还处在一个生育率极低的背景下。

在法国,长期以来改革的动力在于政策上更大的经济和社会工具主义。经济和创造就业机会的目标已经渗透到一种政策空间中,这种政策空间在历史上一直是支持和促进家庭应作为一种得到高度重视的生活地点和方式的。重心已经从家庭作为"神圣空间"转移到家庭作为服务提供者或消费者。人类要繁衍生育的生育主义现在是法国家庭政策中最长的一条主线——它在家庭主义衰落的地方幸存下来。父母在如何管理育儿方面被允许有更大的灵活性(也被称为"自由选择")。现金补助福利,使父母能够雇一个日常的子女看护人或自己照顾孩子,延长育儿假的福利使得母亲能够在家待得更久,这两方面一直是政策改革的重点。津贴和休假方面的公共开支增长率超过了托儿所和机构照护方面的开支增长率(Martin and Le Bihan,2009:63)。虽然儿童教育的发展为早期的几轮改革提供了依据,但 20 世纪 90 年代以来所进行的变革使早期儿童保健和教育具有更强的"一致"性质,特别是对 3 岁以上的孩子而言(Bahle,2009)。人们的注意力更多地集中在父母的行为上,而较少地集中在儿童作为有权利的人口群体上。一个结果是,在儿童早期看护经历方面,社会阶层的分层程度更高(Martin and Le Bihan,2009)。总体而言,在历史上法国的家庭政策极为鲜明,它经历了一个"主流化"的过程,成为服务于经济和社会目标的另一种工具,进而,法国有关家庭的政策目标越来越类似于其他国家的政策目标。

与欧盟以及经合组织国家认可的方向相反,澳大利亚采取的是一个新式的家庭路线(在某些方面与法国相似,但与英国截然不同)。保守的社会和性别哲学同新自由主义方法的结合,一方面导致对传统家庭形式的依赖增加,另一方面导致儿童保育的市场化机制。霍华德政府领导下的改革重点是男性养家糊口的家庭(Brennan,2007)。在促成母亲更容易进入劳动力市场、扩大父亲在子女生活中的参与以及调和工作与生活的和谐相容等方面几乎没做什么努力。保护和提倡"选择"成为全职母亲是一项重要的改革原则,尽管这并不一定适用于单身母亲,也不一定适用于领取福利的低收入父母(在 2006 年这些人是福利工作方案的主要目标对象）。不再有带薪产假,而是对所有新妈妈发一次总付款或补助金,不论其就业历史或地位如何,并调整了税收补贴,以有利于夫妻只有一方有收入的家庭（尽管随着时间的推移这种情况有所缓和）。此外,因为有大量的儿童接受了规范的儿童保育服务,所以儿童保育费用支出大幅增加,但霍华德政府之前就有的一些儿童保育的公有制已被取消,儿童保育津贴也开始发放给营利性供给机构,并向所有家庭提供儿童保育补贴（无论劳动力状况如何）。从欧洲的视角来看,澳大利亚看起来是在转身向后看,但这一转变包含的是一种积极的立场,即它在家庭现金福利方面的支出目前是经合组织中最高的国家之一,其中大部分资金流向单亲家庭。有迹象表明,2007年当选的工党政府正在采取一种更有利于家庭的劳动力市场立场,虽然这些脆弱的萌芽很可能极易受到经济危机管理"狂风"的影响。

这些变化的基础是什么?

对变革的解释

综观不同国家,有可能并且有必要确定一些有助于解释正在发生变化的观点。

一个广泛存在于各国的因素是经济发展,特别是劳动力市场的发展。市场的需求,特别是劳动力市场,提升了政策在塑造家庭成员劳动力供给方面和更广泛的就业机会方面的作用。实际上,潜在的动力是将家庭政策与就业政策和更广泛的经济目标更紧密地结合起来。虽然经济和劳动力市场考虑是决定各地家庭政策变化的关键因素,但重点却各不相同。德国和英国鼓励父母加入劳动力市场。在这些国家特别是英国,国家支持正越来越多地覆盖"所有的工作家庭"。作为其中的一部分,国家正在推动增加对儿童的家庭外看护服务。还有一系列与就业有关的关注问题——就业创造。至少法国对家庭支持制度进行改革的部分原因是创造就业机会——父母在如何管理子女照料方面有更多的选择,以激励孩子看护者参与就业,从而提高就业率。这些和其他的一些发展表明,"家庭政策"这一命名已经过时,现在为了准确起见,我们似乎应该说"工作/家庭政策"。这种影响范围很广,家庭生活的本质实际上可以通过使家庭与就业更加适应的愿望来改变。

意识形态因素也在发挥作用。政治哲学在与家庭有关的事务中一直具有影响力。事实上,有组织的宗教力量或宗教信仰和道德对政治的鼓动程度是家庭政策的经典解释之一,特别是从历史的角度来看(Bahle,2008)。教会与国家的关系,特别是天主教与保守党的权力,是与更详尽的家庭政策密切相连的(以及面向传统的双亲只有一个人有收入的家庭的政策)。最近与家庭相关的政策的变化使人们有理由质疑,所观察到的政党与家庭政策之间的历史关系是否仍然普遍存在(Morgan,2006)。现在很难通过一个政党在左翼和右翼阵营中的地位来了解它在家庭政策方面的立场。例如,德国社会民主党领导的联盟与基督教民主党领导的联盟之间几乎没有什么区别,如果有的话,则后者被指斥为更彻底地远离了传统的家庭。先验性的澳大利亚案例为政治哲学论证提供了最坚强的基础——在那里,保守的霍华德政府固守着一种传统的、回归旧时光景的立场。对其他国家正在发生的事情的解释要求我们理解到政治哲学正在实现现代化。例如,在英国以及较小程度上在德国得以立足的"第三条道路"哲学证明,出于使其更具活力、自给自足和社会包容(特别是经济包容)的目的,政策对家庭的介入有其正当性(Daly,2004)。变迁的政治文化也推动了对儿童和儿童保育的一些关注——社会政策在未来发展人力资本方面的功利性功能脱颖而出。童年已经被政治化了,如果童年的贫穷与落魄对长时期乃至整个生命周期的影响得到重视,儿童就可能成为未来"收获"的潜在资产(Jenson,2006),但也有其他的意识形态潮流在起作用。

解释必须考虑到国际组织的作用和影响。然而,如果将变化过程臆指为国际组织的发号施令和国家政策的回应则是错误的。至少有两种观点可以反驳这种理解。多样性是一个有力的反驳,没有一个国家有相同的改革议程。当国家和国际改革进程之间存在既存的"亲缘关系"时,即当改革也具有国家动力时,他们才能够彼此走得最近。英国在这里是一个典型的案例。国际议程上强大的自由主义暗流在那里找到了肥沃的土壤。儿童保育的吸引力之所以扩大,是因为它是一个发展儿童保育市场领域的机会(澳大利亚和法国也是如此),单身母亲的就业为激发活力和自给自足提供了动力。同样,一些传统的社会阶级断层脉线正在逐步得到改革的认可。为了改善家庭功能、稳定贫困社区的家庭和社区关系,英国对家庭支持服务进行了大量投资。实际上,早期教育和社会化,特别是对于来自低收入背景的儿童,在英国(我们可能加入澳大利亚)得到大力提倡,本质上并不是基于儿童的福祉,而是因为它们有助于将儿童纳入国家控制计划或促进人力资本积累(Bahle,2009)。

还有一种可能性是,改革在某种程度上是对社会关注和问题的回应。新社会风险的理念具有相当大的影响力。典型的情况是,后工业时代的福利国家与经典的福利国家不分伯仲,经典福利国家主要从男性无法从劳动力市场获得收入的角度来解释风险(或没有男性养家糊口的女性家庭),而后工业福利国家则面临着一系列不同的风险,其中许多风险是在私人生活中出现的(Bonoli,2006a)。本书所强调的这些风险与此处所研究的6个国家正在进行的改革目标之间存在着真正的对应关系:将边缘化群体纳入劳动力市场、覆盖与加剧家庭不稳定相关的风险、应对妇女大量流入劳动力市场的后果、管理代际关系以及特别要平衡年轻人与老一代人的需求和权利。尽管还没有这样的理论,但是有关社会风险的文献可以扩大到围绕社会融合的风险维度展开思考。家庭正在发生变化,与之相关的价值观也在变化。家庭政策既是对这些正在发生的变化的回应,也是对市场或国家发生变化的回应。如果我们把今天的福利国家定位在社会背景下,我们就可以认为家庭政策改革在许多方面是对"新的"社会问题的回应。这些问题与经济问题没有直接关系,而是与人们对家庭(价值观)的承诺以及不断变化的文化规范和生活方式如何影响人们追求以家庭生活为根本的愿望有关(Kaufmann et al.,2002;Bahle,2008)。这是过滤有关人口统计和出生率下降问题的关键方法。对有孩子的家庭的更多支持以及对工作/生活平衡的关注使人们对男女的生育和抚养意愿产生了担忧,虽然他们不会将自己的出生完全归因于自我。因此,国家政策可以被理解为试图使个人重新融入家庭生活,并把提升家庭的地位作为一种社会融合形式。男女性别在这个问题上各有其影响。从上述分析可以看出,性别关系正在不断重塑,特别是在父母如何履行与家庭有关的角色以及如何将其与就业结合起来方面。除了澳大利亚外,大多数国家都采取了性别中立的行动。

所有这一切都指向一个主要的结论。家庭政策是一个复杂的领域,是一个(在政治和道德上)极具争议的政策领域。因此,重要的是认识到,表9-2

所呈现的某一个种类将会涉及一系列多个因素。鉴于此,解释必须跨越学科和利益,而不是孤立地关注政治、经济、社会的迫切需求或规范和意识形态。

表9—2　　　　　　　　国家家庭政策的一系列影响因素

经济上	市场需求/供给/利润再服务 人力资本发展
思想上/文化上	在子女角色、需求、对社会贡献方面的观点 对家庭的哲学取向 围绕福利的观念形态
政治上	社会阶层的紧张关系/定位,偏差 政治角色的参与,包括国际组织
社会上	新的社会风险 社会整合 人口统计更新 与性别相关的规范和实践

结　论

正如所研究的6个国家所证明的那样,社会以不同的方式处理家庭、国家和市场间的关系。历史上,一系列因素制约着这种相互关系。经济增长和发展的同质化趋势受到民族国家层面政治哲学和政治特殊性的限制。人们普遍认为,家庭政策主要在两个阶段或两个时期展开(第一个阶段是战后时期的工业扩张阶段,第二个阶段是20世纪70年代以后)。我认为我们已经开始了第三个家庭政策时代。这是由许多特征来标记的。首先,家庭更加开放,它不再像过去那样是个人的私密领地,因为国家和市场都竞相涉足一些家庭活动。其次,更多的干预,尤其是来自国家方面的干预,对家庭生活施加了更多的微观管理,削弱了家庭自主性。母亲和父亲的角色比以往任何时候都得到了更为外部化的界定。最后,各个国家家庭政策的独特性正在被磨蚀。虽然没有一个国家有完全相同的改革方案,没有一个国家不折不扣地遵循欧盟和经合组织所赞同的方法,但它们都有"混合搭配"的共同倾向。结果就是现有系统变得混杂,尽管还有独树一帜的瑞典和美国。在这两个国家,虽然结果已然改变,但它们相对长期以来对家庭的态度没有太大的变化(详见第32章)。

目前,出于经济、政治和社会方面的考虑,有许多推动改革的动力。它们主要涉及就业和经济自给自足、一揽子围绕"工作与生活平衡"(其根源在于对人口下降、家庭生活质量以及就业和家庭对社会融合的贡献的担忧)的问题以及性别平等。它们的意义各不相同。在这三者之中,性别平等在推动当代改革上最为薄弱,瑞典除外。最强大的改革动力集中在:一方面鼓励就业,另一方面,要在鼓励就业与家庭生活之间找到一个平衡点。值得花时间去思考为什么会有这种看似矛盾的反应。我认为,这是因为,从本质上讲,现在只有两个相互竞争的家庭意识形态[不像过去仅在西欧就至少有5种观点(Bahle,2008)]。首先,家庭只不过是一个家户概念。这种方法主要是将家庭作为一种经济安排,其职能可以由其他组织按照经济的和其他不得已而为之的规定要求同样有效地,即便不是更有效地,加以执行。反对意见则认为,家庭构成生活的一个领域和一组关系,有其独特性与特殊价值关系(这种观点在历史上影响了法国和德国的政策)。如果前者将家庭视为一个个体的集合,推动改革朝着个性化的方向发展,后者则是以家庭为中心,承认家庭是一个值得公众支持的社会机构。有两个共同点值得注意:两者在职能上都依赖家庭来达到特定的目的;都没有特别关注性别平等(因此瑞典并非引导典范)。这里所研究的国家都是两者兼而有之,即使是自由主义国家。因此,人们可以看到就业政策中家庭取向日益变强(例如,越来越多地使用收入支持和税收政策来鼓励就业),同时平衡工作和家庭生活的政策也越来越多(例如,更多的儿童保育、更大的灵活性、对儿童看护的更多经济支持以及更慷慨的父母育儿假)。至少可以值得欣慰的是,工作与家庭的和谐在某种程度上复兴了第二种观点,即家庭的社会融合功能。我敢说,这种对社会融合的关注,对个体化起到了刹车的作用。家庭和家庭政策的特殊性——道德寓意、政治复杂性、社会重要性——继续存在,历史因素的"拉拽"也没少。

所有这些对于如何理解家庭、国家和市场之间的关系都有很大影响。我认为,这些关系应该被概念化为以下五条轴线或平衡力的交叉:

- 人口统计和生活历程(出生率及与家庭相关的角色和实践);
- 就业(劳动力供给、就业条件);

- 看护(看护劳动的供给与成本、为人父母的意义与实践、儿童生活与机会的质量、代际关系、看护的分配);
- 收入(充分性、获取、平等);
- 社会整合(社会风险管理)。

它们跨越了经济学与政治或社会与人口因素间的经典鸿沟,将家庭置于社会、政治和经济中。除提供一系列分析类别之外,将政策视为必须涵盖这些不同维度,也有助于解释似乎是国家政策特征的那种矛盾心理。澳大利亚在鼓励母亲以家庭为基础的同时,也在扩大家庭以外的儿童保育服务。法国继续支持妇女同时承担母亲和工人的角色,但长期提供高质量的正规儿童保育服务的历史已经让位于促进以家庭为基础的看护服务,其主要目的是作为一种就业而非家庭政策。没有政策试图提倡父亲看护孩子。同样,在德国,改革也是有两面性的,它并没有彻底瓦解男性养家糊口的模式,而是"软化"了其中的一些棱角。即使是在狂热地拥护工作启动议程的英国,通过单独增加对护理者的资助,也进一步增强了其市场化地位的某些母性主义元素(Campbell, 2008)。

当谈到解释时,我们需要考虑一系列解释性的方面,而不是一个单一因素。经济、政治、思想/文化和社会因素都有关联性(见表9-2)。值得强调的是,通过总结的方式,社会学过程必须与更常规的(本领域)其他三组因素一起考虑。我们现在在各国看到的,不只有一种各国组织日常家庭生活的新方式,国家、国际组织和市场都更加愿意介入其中,以重塑家庭在社会中的地位及其"内部"组织的各个方面。

第10章 学科视角

艾纳·奥弗比(Einar Øverbye)

引　言

传说,当3个盲人要描述一头大象时,摸到大象身体的人觉得大象是一堵墙,摸到象脚的人认为它是一棵树,摸到象鼻的人认为它是一条蛇。同样,不同的学科在使用"福利国家"概念时会有不同的理解,这取决于福利国家的某些方面如何适应该学科内一直存在的纷争。表10－1简要说明了福利国家的不同方面如何与7个学科内的核心辩题联系起来。本章阐述了这些与核心学科辩题的联系。

表10－1中的问题只是一些简略的基本点。在实践中,学科内部的福利国家争论是重叠的,因为学科本身是交叉重叠的,还有跨学科的交叉问题。[①]一个贯穿各领域的问题是,一些福利国家的设计(又称福利制度,或称福利国家族群)是否与其他国家的设计不同(Esping-Andersen,1990;Castles,1993)——例如,一些福利国家的设计是否比其他国家更经济、高效?另一个

[①] 一门学科可以定义为一个独立的知识分支。社会政策、社会管理和社会工作是否有足够的逻辑一致性来构成学科,或者它们是否应该被视为学科的混合体,或者被视为社会学、政治学和(可能的)心理学的子主题,这是有争议的。然而,划分独立学科所必需的标准并不明确。这里应用的实用主义论点是,这些主题足够明显,可以使用学科标签。社会政策、社会管理和社会工作是福利国家"内部"的学科,因为它们的大多数主题都与福利国家固有的问题联系在一起。而社会学、经济学、政治学和法学这些较老、较成熟的学科,其主要学科内容并不直接与福利国家挂钩,因此它们是"外部"的学科。

涉及跨领域的问题是,在研究福利国家的某个特定方面时,要赋予组织(制度)和机构(行动者)各类因素不同的权重。机构和组织方式之间的争议也是福利国家发展史研究中的重要主题。这在多大程度上取决于掌门人的意识形态和独特的思想,在多大程度上可以追溯到直刺历史的层层结构化因素中?另一个跨领域的主题是,民主体制下的国家与独裁体制下的福利国家概念是否不同,还包括就专制福利国家的概念而言是否存在矛盾?

表 10—1　　　　　　　福利国家的学科视角:核心辩论

社会学	福利国家是促进还是破坏社会整合?
经济学	福利国家是提升还是拖累经济效率?
政治科学	福利国家是冲突政治还是共识政治的产物?
社会政策	福利国家是对穷人的再分配,还是主要对富裕者有利?
社会管理	公共或私人管理的福利国家是否最有能力提供具有可接受的质量且有成本效益的福利和服务?
社会工作	福利国家是否能使边缘公民获得某些能力并赋予其权力,还是控制和约束他们的一种手段?
法学研究	福利国家是代表着法治的加强和扩大,还是代表着法治的削弱和专制统治的回归?

最后一个问题指出了福利国家概念的模糊性。对于一些人而言,"福利国家"这一术语意味着一整套相互关联的法律、政治和社会权利(Marshall,1964b)。对另一些人来说,这只是许多福利项目的一个方便的缩写,这些福利项目可以在大多数国家找到,或者至少在大多数高平均收入的国家可以找到(Barr,1992)。前者通常将民主决策制度(政治权利)定义为福利国家的一个组成部分,后者使政治决策体系与福利国家脱钩。它们甚至可能使法治原则和福利国家脱钩。这种模糊性使得重新审查福利国家的学科视角成了一项复杂的任务。例如,从法律研究的角度来看,福利国家是必然嵌入法治法律结构中的。如果没有,则法律研究几乎没有任何分析的起点。相比之下,至少有一些政治学家对基于专制统治者武断的日常决定来分析独裁政权的"福利国家"是毫无疑虑的——只要该政权最少为其部分臣民提供了一些健康和社会福利项目。对福利国家的不同概念化理解意味着一些人在研究"苹果",而另

一些人在研究"橘子",甚至是亲缘关系更远的"水果"。在学科内添加一些模糊的学科界限和不同的福利状态概念,很容易理解为什么很少有人发表关于福利国家学科路径的评论观点。

考虑到这些要注意的事项,下面简要介绍福利国家学科争论中的一些主要方面,首先是三个经典的社会科学学科:社会学、经济学和政治学。

社会学、经济学和政治学

作为一个必要的简化,以便能够描述一些事物,假设社会学的核心主题是对一个社会中社会融合条件的研究(或者有人更倾向于用一个规范的问题框架:如何维护或加强社会融合)。经济学的核心主题是研究有限资源的有效配置条件(规范框架:如何维持或提高经济效率)。政治科学的核心主题是研究政治权力在一个领域内如何运作(规范框架:如何明智地使用权力)。

社会学

现代社会学是多元化的学科,但它最主要和最古老的主题是社会融合的研究。这是涂尔干(Durkheim)《自杀论》的主题[1897](1992),可以说这本书是社会学学科发展的开山之作。这本书同时开启了福利筹划的社会学研究。在《自杀论》的最后一章,涂尔干建议,为了加强社会融合,有必要加强"行业集团或行业联盟"。实现这一目标的实际手段是确保这些团体或联盟主导管理着"各类保险、慈善援助和养老金公司"。在涂尔干同样具有影响力的《社会劳动分工》(1984 [1902])一书的第二版序言中,这项倡议得到详细阐释,国家得以引入。在这里,涂尔干建议国家应该使用监管政策(税收补贴等)来激励行业集团担负起保险、慈善援助和养老金等责任。简而言之,涂尔干将福利国家概念化,作为在社会上工业化和随之而来的文化变革威胁削弱社会联系的社会中修补社会融合的一种手段。从涂尔干的建议到帕森斯(Parsons,1971)的结构功能主义社会观中对福利问题的处理方式,可以得出一些线索。在这里,福利安排作为在受外部干扰(可以用统称"现代化"概括起来的干扰)困扰的系统中重新建立社会融合所需要的反馈机制之一出现。

研究路线也可以扩展到威伦斯基(Wilensky,1975)对经济增长("现代化"的一个粗略指标)和福利国家扩张之间关系的分析。伴随着现代化的福利平等引发了大规模的趋同辩论,问题是,面临类似经济、社会和人口挑战的国家,在多大程度上做出反应,使其福利安排在跨时期中更加相似。这种趋同的争论可以被看作一场组织与机构的争论:政治精英在多大程度上受到类似的历史—结构性挑战的制约,以及他们在多大程度上有追求自己特殊福利政策的空间?涂尔干的研究路线可以进一步拓展到最近的关注点,即福利政策——尤其是各种类型的劳动力市场的激活——是否强化了社会公民权利,也就是是否使他们具有了与社会排斥抗争的能力(Room,1995)。社会融合主题中另一绕脑筋的问题来自对种族/文化同质性与福利国家发展之间最终关系的研究。例如,夸达格诺(Quadagno,1988b)认为,美国不太健全的福利国家体制是高度种族分裂的结果,这在关键的历史节点上影响了美国福利政治的发展。一个相关的例子是,越来越多的人开始关注欧洲社会种族多元化(多元文化)的趋势对福利国家可能产生的影响(Alesina and Glaeser,2004)。这些研究的实证结果各不相同。这里强调的重点只是它们有一个共同的基本主题,关注的是社会融合的条件或影响。

顺带说明,涂尔干[(Durkheim,1984,1902)]认为国家不应该在福利提供中发挥直接作用。涂尔干希望加强的是国家和个人之间的中介方,而不是国家本身。他的建议是,国家通过刺激社团主义的福利安排"从第二线上"掌舵,而不是在前台操纵局面。[这种"通过刺激中介的方式进行操纵"在今天的法国刺激互助社团和类似的(互助组织)的传统中仍然可见,并且,与其他类似的德国社会主义传统相比,它代表的是一种较少以国家为中心的社会保护方法。]这种国家怀疑主义立场反映在另一种社会学传统中,这种社会学传统同样关注社会整合,但对福利国家扩张的看法则完全不同。在这里,学者担心国家承担更多福利责任是在弱化而非加强社会融合。一个例子是关于"替代问题"的争论,争论的是福利国家是不是在减弱,而非加强家庭以及其他介于个人与国家之间的中介体(Lingsom,1997)。另一个持续的争论则关注福利国家是否创生了一个独立而没有融入社会的下层群体(Murray,1984)。

福利国家的社会学研究分为若干部分相互冲突的子论述,但社会融合的共同基本主题是看得出来的。即便是权利资源理论,可以说具有福利国家研究中最顽固的社会学传统(它关乎的是不同的物质利益,特别是劳动和资本的物质利益,调动各种资源,然后在民主的阶级斗争中一决高下),也有一个共同的愿景,即较弱势阶层最终在福利政策上取得胜利的终极结果,将是一个更加一体化的社会(Korpi,1983)。由这些阶级战争(也就是说,如果假定的弱势群体的代表获胜)产生的"制度性/普遍性"(即包罗万象的)福利国家设计应该在物质和社会意义上将中产阶级和被压迫者团结起来(Rothstein,1998)。即使是在关注物质利益导向下的核心社会学传统中,社会融合的主题也从未远离。

经济学

对福利安排可能阻碍人们对节俭的担忧,比对福利国家的担忧更久远。这种担心是否有充分的根据,最终的负面效应可能有多大,或者负面效应最终是否可能被更大(通常更微妙)的正面效应抵消,是关于福利国家的经济争论的核心主题。基础的本质问题是经济效率,无论是微观层面还是宏观层面。这是一场蜿蜒曲折的争论。负向效应观点的论据是简单直接的:如果人们是不劳而获,那么他们工作干活的动机就会降低。反驳观点通常更为微妙,例如,失业保险能够作为凯恩斯的自动稳定器,因为其支出在困难时期上升(并刺激需求),并在繁荣时期减少(并使公共支出收缩)。另一个反驳论点认为,失业福利允许失业者利用更长的时间去寻找最佳的工作,以确保劳资双方之间更好(更高效)的契合。

这些只是一系列论证福利计划具有潜在积极效应的论据中的两个。福利国家——通过抑制社会冲突——也可能为投资者创造一个更加稳定和可预测的环境,吸引那些满足于有适度但安全的回报的资本。有些人甚至把一个大的福利国家作为让相关利益群体接受开放市场的一种方式,如果他们最终会成为失败者,则可以向他们提供社会保护(Rodrik,1998)。在这种思路中,福利国家被概念化为一种可信的承诺手段。通过这种承诺手段,经济全球化中的预期赢家可以减弱预期输家的抵制。这些不同的观点可以与趋同争论联系起来:如果福利国家主要是对效率的拖累,那么经济全球化也可能导致向底层趋同,因为大型福利国家会被较小的福利国家竞争出局。但是如果一些福利国家设计提高了经济效率,其他国家就有可能模仿它们,进而导致向这些福利国家而不是另外一些福利国家的设计趋同。

经济学和社会学之间还存在更直接的交叉:一些经济学家反映了悲观主义类型的社会学观点,认为福利政策会导致学习功能失调的规范,使负面激励效应随着时间的推移而恶化;而另一些人则持乐观主义类型的社会学观点,认为安全(社会保障)网会鼓励冒险行为并促进企业家文化。关于正负经济效应的争论也出现在政治经济学领域。一些政治经济学家将福利国家的扩张描绘为既得利益者寻租行为的结果,且假定认为,随着此类利益的增长,不受战争或类似社会动荡的干扰时间越长,它就会进一步扩散并变得更加强大(Olson,1982)。其他人认为国家福利是对私人保险市场失灵的理性反应,因为国家提供社会保护时不受逆向选择和相互依存的风险问题的影响。在这里,福利政策应运而生,成为大多数人可以获得针对社会风险保险的有效途径(Barr,1992)。在寻租框架内著书立说的政治经济学家倾向于将福利政策视为一种赢家和输家间的博弈,因此对政治进程持有冲突的观点(Browning,1975)。这种冲突视角与社会学家在之前总结的权利资源传统中所表述推崇的"民主阶级斗争"的方法相一致。另外,那些认为福利国家是以一种理性的方式提供保险(因此这符合所有人的开明的个人利益)的人,(至少含蓄地)假设了一种长期和谐的政治观。可以说,在福利国家的社会学研究中这类观点与新功能主义之间存在一致性。例如,大多数抵御社会风险的保险需求可能代表了自我平衡的稳态变量;"现代化"代表会有各种干扰,它削弱现有保险制度,带来新的风险;政治精英之间的竞争代表着恢复平衡的矫正机制;各种福利政策是用于实现这一壮举的手段之一(Stinchcombe,1985)。这种冲突或共识的差异也为政治学家关注的问题提供了一个交叉点。

政治学

政治家的福利安排是在运用他们的权力压制他人的利益和/或政治理想中构建而成的吗?或者,福利安排是一场关于理念的无休止辩论的结果,而反对者利用劝说和开明辩论的力量来使事情状态更接近于共同利益?福利国家是不是冲突或共识的产物,这与福利安排或者是符合所有人的开明利己主义,或者是各利益集团寻租的结果有关(见上文),但也与政治理念包括政治意识形态相关。19世纪80年代的俾斯麦社会保险立法,可以说是现代福利国家这台"大戏"的第一部法律,在左翼和右翼两个方面都表现出了意识形态的模糊性,这种模糊性一直持续到今天。这些政策措施为德国城市工业工人阶级提供了抗击诸如工伤事故、疾病、残疾、失业和年老等的社会风险保护。这些措施是统治阶层内部可以保守地称为保守与自由意识形态派别之间妥协的结果(Briggs,1961)。保守主义者关注政治一体化和国家共识的建立,而自由派倾向于将社会保护的范围限制在穷人身上,让其余的人通过自愿联合和/或市场来照顾自己。左右两翼在意识形态上的分歧主要反映在:(a)一个是改革派,由不同名号的社会民主党派主导,他们倾向于推行福利改革,并且经常发起雄心勃勃的改革;(b)一个是革命派,将福利政策作为安抚工人阶级的一种手段,为了发动革命就会被抵制。随着俾斯麦社会立法法案传播到更多的国家,这些意识形态分歧也得以输出,并与当地的政治分歧相互作用。当政治精英在福利政治领域内运筹帷幄时,左右政党的意识形态矛盾为他们适应地方/情势提供了广阔的空间。由于不同的政治形态,这个大问题的答案(福利国家是冲突政治还是共识政治的结果?)"视情况而定"。在一些国家,福利安排的扩大是一件相当和平的事情,以跨党派的共识为特点。在另一些国家,则以激烈的政治冲突为特征。甚至可以认为,20世纪的许多革命都是发生在统治精英对社会保障(广义上的)的普遍要求反应过于缓慢或无力回应的时候。

在20世纪70年代和80年代,新制度主义的复兴给政治科学带来了严重的影响。这导致福利研究的重点发生了转移。新制度主义建立在同一时期心理学中发生的"认知转向"的基础上(Powell and Dimaggio,1991)。他们认为,人们在认知上如何感知自身的利益,受到他们所处的制度环境的严重制约。政治学家开始提出问题,例如:国家的结构(例如,单一制或联邦制)如何影响不同地方、区域和中央精英在福利政治方面参与的权力博弈(或共识审议)?劳资关系的结构(如以工业或手工艺为基础的工会)如何影响工人该怎样看待他们的福利利益和/或形成他们的理念?以前福利立法(例如,普遍福利与残补福利/经过经济状况调查的福利安排)的制度结构如何影响利益集团、官僚以及新领导人怎样看待新福利挑战(例如,不稳定的就业风险的增长,或单身父母的风险)的解决方案？新制度主义者通常假设福利政策存在路径依赖,这意味着新上位的政治精英改变福利政策的范围受到现有制度环境的制约。纷争再起,所涉及的是组织体制(现有制度)与觉醒的代理人(新精英)在塑造未来的福利国家中的相对重要性。

从20世纪90年代到21世纪,福利扩张向福利紧缩的转变导致另一个学科的重新定位。问题就变成了要去解释紧缩会怎么产生,而不是要解释为什么福利安排会不断扩大。保罗·皮尔逊(Paul Pierson,2000)的"信用主张"和"斥责规避"是旨在捕捉新的政治现实的概念创新。皮尔逊声称,福利紧缩政治的特点是政治精英试图将不受欢迎的削减责任转嫁给他人(无论是政治对手还是不同政府层面的政治精英),而较早的扩张主义阶段的特点往往是争先恐后地为新的福利举措邀功。这些概念有某种马基雅维利式的意味。他们认为,在寻求维持或获取权力时,政治精英通常能够操纵选民的看法。削减开支也可以被理解为一个建立共识的过程。在此过程中,精英们调查彼此是否愿意坚持共同的削减开支提案,和/或以同样的方式在选民面前从认知上勾画起削减开支的框架(Overbye,2008)。

在解释福利政治变化时,政治科学内部的各种学科辩论以不同的方式强调利益、思想(包括意识形态)、现有制度安排、认知结构和修辞策略考量的作用。但可以说,一个根本的主题是,变化在多大程度上反映了不可解决的冲突或共识,以及最终结果在多大程度上是真实的或被操纵的协议的产物。

社会政策、社会管理和社会工作

学科的简略定义是"一个独立的知识分支",社会学、经济学和政治学是建立已久且得到公认的学科。社会学与经济学在研究人类行为时也会提出不同的认识论观点,可以有些诙谐地总结为"社会人"(被规范支配的)与"经济人"(被激励支配的)之间的区别。政治科学是一门逻辑并不是非常清晰的学科,因为政治科学家通常是在牵扯到当前相关问题的时候就会从经济学、社会学和其他科学(如心理学)中借用理论。社会政策、社会工作和社会管理同样关注一系列问题,并且务实地从其他社会科学学科中借鉴见解,往往也不会过分关注更深层次的认识论一致性(一开始就引出问题:社会科学中是否存在这样一种现象或事情)。然而,与政治学不同的是,它们并不总是分开单独教授的。在美国,他们通常都在社会福利的标题下一起教授,而在欧洲,制度的分界线则因国家而异。尽管如此,他们的主题有足够大的区别,必须在这里单独讨论。

再次简略处理,这里假设社会政策的主要学科争论与福利国家政策的结果有关。社会管理涉及的是与福利补助和服务的供给和管理有关的问题。社会工作关注的是如何指导遇到社会问题的人解决问题,以及福利国家机构和福利制度在这方面的帮助或阻碍程度。

社会政策

社会政策的奠基之作是理查德·蒂特马斯(Richard Titmuss)的著作,特别是他的文章"福利的社会划分"(1976b[1955])。蒂特马斯关注的是政策结果,特别是社会政策是否实现了从富人到穷人的再分配。福利国家在多大程度上给穷人重新分配,自那时以来一直是社会政策中的一个重大问题。这为福利国家的社会学研究提供了交叉点,因为许多社会学家同样关注社会不平等和社会整合(尤其是因为社会不平等通常被认为是社会凝聚力结构薄弱的粗略指标)。

蒂特马斯区分了剩余型、成就导向型和制度化/普遍型福利政策,与埃斯平-安德森(1990)后来的英美(自由)、欧陆(保守)以及斯堪的纳维亚(社会民主)福利国家之区分大体对应。蒂特马斯认为,制度化/普遍型(全面包括的)的福利安排将比剩余型(按收入调查结果支付的)和成就导向型(缴费型保险)的福利安排更具再分配性。他是最早拓宽政策焦点以考虑间接社会政策的再分配影响的学者之一。这些社会政策包括诸如财政福利(税收补贴)以及职业福利(主要是由雇主和/或工会提供的医疗保健和养老金,但最终受国家管制并由国家提供税收补贴)等。一些学者进一步拓宽了应被视为福利国家一部分的界限,认为在某些情况下强制仲裁、高关税壁垒、移民管制和补贴性住房所有权等制度安排也可被看作税收—支出福利国家的近似替代品(Castles,1998)。

诚然,社会政策争辩中争议最大的涉及制度化/普遍型福利安排是否比剩余型/收入调查型福利安排更多地再分配给穷人。遵循蒂特马斯的思路,一种较有影响力的观点认为,普遍型福利安排可以把穷人和中产阶级的福利结合起来,让后者搭上前者的顺风车(Baldwin,1990;Korpi and Palme,1998)。然而,这个问题是有争议的。古丁和勒格兰德(Goodin and Le Grand,1987)怀疑是中产阶级而不是穷人是普惠福利服务的主要受益人。图洛克(Tullock,1983)声称,如果普遍型福利安排给穷人的再分配更多,这必然是因为高/中等收入群体无法"透过普遍主义的面纱",发现从他们身上拿走的钱比在剩余福利型国家中拿走的更多。他怀疑高/中等收入群体是否就真的无法理解这一点(至少从长远来看)。这场正在进行的社会政策辩论,与梅尔泽－理查德假说(Meltzer-Richard hypothesis)和指导者法则假说(Director's law hypothesis)的不同预测有着大致相同的政治经济学含义(Mueller,1989)。梅尔泽－理查德假说认为民主制度中的再分配通常是由中等收入以上群体向中等收入以下群体转移。这符合穷人与中下层阶级结盟的假设。但是,指导者法则假说(Director's law hypothesis)认为,从两端到中间的再分配比从某一端出发的再分配更稳定。这与中产阶级以牺牲富人和穷人为代价而受益的假设是一致的。

这种经验性的争论还没有得到解决。然而,人们可能会质疑,在所有这些研究中,再分配是福利国家最主要的目的这一想当然的假设是否正确;相反,如果人们假设社会投资(教育、健康等)是许多福利政策的主要目的,那么,最具再分配性质的政策也是投资回报率最高的政策,这一点并不明显。同样,如果保险(针对失业、残疾等)是许多福利政策的主要目的,那么强势的职业群体,只有是执政的政客将社会保护局限于他们中的特定群体,而不包括其他(较贫穷的)群体,他们才可能会完全满意。假设重新分配是福利国家的主要(甚至唯一)目的的社会政策研究通常会忽略这样一个事实,即政府的实际福利目标可能是多种多样、复杂的,并且在内部存在冲突。

一个讨论较少但可能比再分配本身更重要的全球社会政策问题是圈内人/局外人的分裂。大多数国家社会保险计划都是受到俾斯麦最初的社会保险立法的启发。几乎所有地方的公务员以及大型企业的全职城市工业工人都享有养老金、工伤事故、残疾和医疗保健计划。但是他们通常是由小群体组成；从大多数拉丁美洲国家占正式劳动力的大约2/3，到亚洲和非洲某些国家只占不到10%（Ginneken，2003）。这些福利计划可以作为指路明灯，向尚未被排除在外的群体展示应许之地，但它们也可能是强大的、根深蒂固的群体的特权，这些人将那些也可能被用作面向真正的穷人和赤贫者的有针对性的社会援助的税收收入牢攥在手。圈内人/局外人型福利国家的再分配趋势往往是倒退的，从多数人再分配到中等以上的少数人。但是话又说回来，这种福利安排的政治目的也许根本就不是重新分配，而是为"内部"群体提供抵御社会风险的保险。圈内人/局外人之分裂不容易克服，因为"特权"社会保险计划确实为人们提供了在正规部门工作的动力，而转向（更具再分配性的）社会援助将使留在非正规部门的工作更加有利可图。此处，我们会遇到经济学家所关注的再分配与激励问题（见上文）。圈内人/局外人之分裂特别体现在南欧国家的福利制度中（见Leibfried，2001和下文第42章）。这些国家社会政策的一个关键方面是，强大的圈内群体可以享受慷慨的福利计划，而实力较弱的局外人群体则不得不依靠（大）家庭或慈善机构。近年来，圈内人/局外人之分裂在南欧地区变得不那么明显，但是，有一种说法是，这种福利国家的设计最好地体现了世界上"典型的福利国家"的形象，包括亚洲、中东、非洲和拉美大多数国家（Ginneken，2003）。

社会管理

社会管理的中心问题涉及如何管理福利国家，包括如何提供具有成本效益的且质量可接受的福利和服务。社会管理与社会政策相关，但也从公共管理和组织理论（政治学的两个应用分支）中寻求灵感。社会管理侧重于政府和福利诉求者之间的许多行政中介，包括各级政府中福利国家管理者与为不同诉求者服务的各种专业和半专业从业者之间的紧张关系。

经济全球化与人口老龄化带来的成本压力增加，导致一系列重组举措，这些举措被笼统地称为新公共管理（Minogue，1998）。相比于传统的（韦伯式）官僚式管理，这种新的管理思想工具箱的优点和缺点，已经成为较早如死水般沉寂的社会管理研究里激烈的核心辩论内容。新的管理思想包括在公共福利服务中引入购买—提供模式,将福利服务供给外包给私人福利提供者,并在申请人不满意时给予他们更大的发言权或更好的退出选择(Le Grand,2007)。更多地使用目标和绩效评量是新管理的另一种手段,还包括将决策权力下放给中层管理人员(包括一些国家的区域或地方当局)。这些改革试图使独立的福利机构更有效地执行其核心任务,并应对每个福利机构内的问责制与专业自主权之间始终存在的紧张关系(Bruijn,2007)。第二波管理改革涉及如何确保各福利机构之间的充分合作和协调(Christensen and Laegereid,2007)。对协调的重新关注包括通过机构之间的治理(网络管理)而不是自上而下的管理来寻找解决方案,以及让公私伙伴关系取代分级的公共控制。总而言之,一整套全新但又经常互相矛盾的管理理念正在从内部改变福利国家。重组的动力不仅出现在经合组织国家,而且出现在许多中低收入国家,这些国家的公共福利服务(包括卫生服务)往往因为行政效率低下、质量差和/或"不规范的用户费用"而声誉不佳。最终结果会形成一个以更具成本效益的方式提供更高质量服务的福利国家吗?这是核心的实证问题。相关问题涉及新的管理设计与诸如社会融合、权力的使用和滥用,索赔人授权和再分配效应等主题之间的关系,这说明了社会管理与其他学科之间的许多重叠辩论。

社会工作

相比于其他学科,社会工作在研究福利国家时更大程度地采用明确的自下而上的视角。社会工作既是一门学科,也是一种职业,即需要特殊教育的职业。它的根源不仅在于国家福利官僚机构,而且也在于慈善社团之间(即涂尔干所说的国家和个人之间的中间人)。慈善社团往往反对旧《济贫法》的苛刻做法,并对与申请福利和服务有关的社会不良名声心存芥蒂。对帮助者和控制者(包括守门人)角色之间紧张关系的认识可以追溯到社会工作的起源。在该学科的创始人中,里士满(Richmond)的"科学慈善"观点强调了帮助者的作用,而亚当斯(Addams)对提供援助的构架设置的兴趣还包括对福利政策控制方面的认识(Johnson and Yanca,2004)。

社会工作中核心的福利国家争论关注的是,如何(如果有的话)以赋予边缘公民权利和能力的方式设计和提供福利补助和服务。蒂特马斯(Titmuss)

的著作以及科夫曼(Coffman)关于不良名声的文章(1990),是这方面的重要开创性文献。社会工作甚至对自己的职业角色也有一种矛盾的立场。是不是一个职业帮助者,通过含蓄地声称对福利服务的接受者有更多的洞见,也可能是一个把边缘群体的情境说得更糟糕从而施加威胁的人?

部分是由于经济全球化,部分也是由于人口老龄化,福利和服务无处不在被重新设计,以确保"工作是第一选择"。所谓的劳动力市场激活可以通过"好"政策措施来实现,但"不那么好"的措施也可以达到目的(Lødemel and Trickey,2000)。不那么好的措施包括减少福利、缩短福利发放期、更苛刻的资格标准或将福利与低薪公共工作挂钩(工作福利)。从自下而上的社会工作的角度来看,这些常常会受到质疑,因为它们相当明确地用于约束潜在的福利客户,并降低了补助比率。更好的激活措施包括免费或有补贴的再培训工作、更宽松的收入调查(或完全取消收入调查),以防止贫困陷阱,并尝试让受助者参与其激活过程,以使他/她内化激活目标。更好的激活措施有时也会遇到来自自下而上的社会工作学者的怀疑,特别是那些受到福柯"牧养权力"观念启发的学者(Villandsen,2007)。牧养权力来自专业人士的愿望,他们想的是让申请人看到希望,并使他们接受和内化专业人员所认为好的方面,而不是申请人自己可能认为是好的,包括他们首先要如何表达"好"这一概念。社会工作对潜在滥用职权的敏感性——包括牧养权力——提高了其对福利国家可能更黑暗的方面的纪律敏感性。然而,与这种黑暗的观点相反,务实的立场可能推测,至少在替代措施不是那么好的激活措施或根本没有采取替代措施的情况下,接触牧养权力可能比替代措施更好。

与此相关的一个社会工作问题是,福利国家的设计是否比其他设计更能够赋予权能。在这里,普遍型福利政策和剩余型福利政策的支持者之间的讨论重新浮出水面。蒂特马斯推测,普遍型福利国家贬损申请人名声的程度低于剩余型福利国家,而平克(Pinker,1971)则认为,这主要是申请人群体的看法(比如,高龄养老金领取者对年轻失业男性)而不是福利安排本身的设计,这是解释名声贬损的关键因素。这种经验性争论的解决还遥遥无期。名声贬损是一个社会学概念,它再次说明了辩论是如何跨越学科边界的,以及类似的争论是如何以不同的方式跨学科展开的。

法律研究

像社会学、经济学和政治学一样,法律(法律研究)也是一个建立已久、相当完善的学科。法律是一门规范性科学,关注的是为人类互动创造一个可预测的环境。与法治对立的是随心所欲的武断专治,意味着国家今天批准的决定与明天的决定没有任何因果关联。如果规则是任意武断的,那么除了简单地记录统治者怪异偏好的变化,就没有必要为打破既定惯例辩护。如果是依法治国,打破既定惯例将需要一些明确的理由。除了仅仅记录统治者内蓄的"偏好变化",包括那些代表统治者做出决策的人的"偏好变化",比如,公共福利部门的管理者以及专业的福利供给者,还有太多要做的。

福利国家走法治路径的核心问题是,福利国家在多大程度上代表着法治的加强或削弱。在这方面,区分实质性权利(指享有某些福利和服务的权利)和程序性权利(在申请福利待遇和服务时,被以某种方式对待的权利,包括获得适当程序的权利和对认为是错误的决定提出申诉的权利)硕果累累(Kjoenstad and Syse,2008)。在界定物质福利权利的确切含义时,法律学者有时会与经济学家发生冲突。经济学家通常认为宏观经济的灵活性是一件好事。也就是说,政府在实现一个非常昂贵的未来的财政承诺(例如公共养老金承诺)时,不会"把自己绑在桅杆上(即意志坚定)"。经济学家常常建议政府为未来的财政调控策略保留相当大的余地,以确保有足够的资金用于未来政府认为最重要的任务(也许是公立学校而不是公共养老金?)。然而,这可能与法律上的关注点相矛盾,即今天的公民应该被允许生活在最大可预测的福利环境中,这意味着应以即使对未来政府也具有法律约束力的方式,承诺提供诸如公共养老金之类的福利。就增加这种灵活性而言,至少在一些法律学者看来,它会被视为一种向专制统治的倒退。

同样,当明确界定程序福利权的具体内容时,法律学者有时会与福利国家专业人士(包括社会工作者)产生冲突。福利国家专业人员通常喜欢在与索赔人打交道时拥有高度的专业自由裁量权。这样,他们可以最大限度地发挥他们的专业能力,而不受正式程序的阻碍。然而,法律学者再次倾向于强调,在与专业人员打交道时,福利申请人所期望的东西是可预测的,这种可预测性是值得去获取的。随着越来越重视对福利申请者的激活,这种紧张关系进一步加剧。在灵活的法律环境中,劳动力市场的激活可能更容易实现。在该环境中,专业人员和申请人可以量身定制适合申请人的任何激活措施。但是,程序上的灵活性过大,可能会使申请人难以预计其待遇的哪些方面(如有)是毋庸置疑的权利,以及有多少取决于专业人员的判断。专业人士的自由裁量权也使得申请人难以对所认为"错误"的程序或"错误"的结果提出申诉,因为在申请人与专业人员之间的会晤中允许的灵活性越大,在特定情况下记录和操作展现"错误"表示的含义就变得愈加困难。另外,一些法律学者可能会将这方面的灵活性解释为向着武断专治转变。当意识到福利国家不仅仅是福利和服务的分配,而且与保护性强制措施有关时,这些问题变得更有争议,例如,决定何时保护患有精神疾病的人不受他们自己的伤害,何时保护孩子不受他们父母的伤害。这些问题说明,不同学科间不仅有模糊的边界和重叠的辩论,也还有尚待理解的学科对立与争吵。

回　顾

本章为福利国家的学科争论提供了一个简略的导引,包括简要回顾跨学科和学科之间的交叉和对立。从学科角度研究某些东西往往是增加研究深度的必要条件。但是,就像通常一样,要有深度就需要知道在自己的学科之外发生的事情。如果一个人要深度认识的不仅仅是代表福利国家的无定形、多面性和规范性、模棱两可的动物的躯干、皮毛或足部,那么学习认识多种可选的学科方法是有帮助的。

第四部分

投入与执行者

第11章 福利国家的需求与风险

简·祖塔文(Jan Zutavern),马丁·科利(Martin Kohli)

引 言

福利国家是为满足公民的需求而存在的。虽然这只是福利国家存在的众多理由之一,但如果一个福利国家连最少的"满足需求"都没做到,那么捍卫这样的福利国家是不合理的。唤起需求是向福利国家进行权力诉求的一种基本方式,回应需求则是福利国家存在的一个关键理由。这同样适用于风险。对典型风险的强制防范是福利国家满足需求的主要手段之一。在本章中,我们把风险称为需求出现或不出现的可能性,而这种可能性可以计算出来并且受人类行为的影响(Zinn,2008)。但是,应当记住,特别是在个人控制方面,需求和风险的概念可能有不同甚至相反的含义。

福利国家学者对需求与福利国家之间的关系提出了两个问题:其一,福利国家必须满足哪些需求才能保持其合法性;其二,福利国家有效解决了哪些需求,以及做得有多好?文献中对需求概念的明确和系统的使用在很大程度上限于前者,即规范性视角。在为社会政策干预建立合法性的基础上,自现代福利国家诞生以来,不同的需求概念及其适当性问题一直处在规范性争论的中心。另外,实证福利国家研究通常没有将需求的概念视为具有分析意义。虽然这一概念经常在实证研究中被提及,但在概念上仍不成熟,而且往往与理论和实证研究结果无关。

因此,在本章中我们的第一个目标是探究实证研究可以从规范性学术研究中学到什么,以解释福利国家对需求和风险的反应。正如我们将看到的,规范的概念区别也是与实证理论相关的。但从实证经验来看,需求和风险仍然重要吗？西方福利国家的扩张(在这里,我们的讨论仅限于OECD国家),难道没有将需求,连同前现代《济贫法》时代支离破碎的社会政策一起,束之高阁吗？难道向后福特主义社会的过渡没有使风险成倍增加和个性化,进而使社会保险失去效用吗？回答这些问题是我们的第二个目标。根据最近的文献,答案显然是否定的。一方面,旧劳动力市场和与基本生活相关的需求和风险远未消失;另一方面,福利国家的成熟也将一些新的需求和风险推到了政策议程上。这些新的需求和风险是什么以及它们在福利国家之间是如何变化的,这是我们要解决的第三个问题。

需求和风险的概念化

通俗地说,需求是无处不在的。植物需要水,企业需要资本,政府需要支持,有时我们需要的只是爱。福利国家范畴内的需要则是公民的需求。由于它们的资源是有限的,因此福利国家在给予需求供给时必须是有选择性的。根据一个广为接受的观点,福利国家更多地满足了凭着强大的组织力量和政治资源在争取对政府的影响力的斗争中占上风的那部分人的需求。但是,福利国家是如何对待那些缺乏政治影响力的穷人和社会边缘化的人群的呢？某种程度上,需求似乎对福利国家提出了要求,这些要求在一定程度上与提出需求的个体又是没有关联的。例如,如果你即将失去工作,那么你希望福利国家为你做什么就完全是你的事。但是在那种情况下你要求它做的又不是你个人的事。对需求量度中某一个特定条件进行评估——同样也适用于风险——使该评估脱离了主题范围。这意味着福利国家对需求的反应不完全取决于偏好和由此产生的冲突。相反,它们总是对人们的"真正"需求以及他们实际面临的风险进行(或多或少)公开——或多或少也是理性的——评估的结果。然而,将社会政策的正当理由和原因从主观规则中部分剥离出来,本身并不能引导我们达成一个明确的规范或积极标准,以使我们在此基础上可以评估不同的需求及其对政策的后果。正是这种标准的多样性，才使得规范性讨论能赖以生存（见第2章）。最根本的对立出现在绝对需求概念和相对需求概念的支持者之间。

绝对需求概念的支持者认为，存在一套"基本"的需求，它是如此基本，以至于它的满足会成为人们完成其他任何事的先决条件（Goodin，1985；Alkire，2002）。这种基本需求的本质使得福利国家面临很强的道德义务，即在其他社会机构无能为力时，为满足这些需求提供一切所需。最终，绝对需求概念的支持者需要证明，可以有一个列举基本需求的清单，它得到了足够广泛的认可，代表了一种"重叠共识"（Nussbaum，2000），但它还要足够具体，以作为实际的政策指导。多亚尔和高夫（Doyal and Gough，1991）通过提出一个普遍目标（避免严重伤害，参与选定的生活方式）、基本需求（如健康、自主性）和基本需求（如充足的营养，安全）满足者通用特征的层级模型，从而解决了这一问题。他们的模型是系统地将基本需要与具体、可变、实际相关的满足形式联系起来的一次尝试。最终，该模型同评估特定满足者是否满足基本需求的普遍标准的可接受性是一致的。学者们对多亚尔和高夫的努力是否成功表示怀疑（Soper，1993）。评价需求的标准是否足够"基本"，的确也是值得怀疑的，因为它们明确和全面地罗列了所有可能的、文化上特定的需求解释（Sen，2000；Fraser，1989a）。尽管需求的绝对概念面临着理论障碍，但它们已经以政策干预的实际标准（如人类发展指数或美国官方贫困线）的形式得到了重要的应用。无论这种绝对标准多么不完整，其规范性权重使其成为社会政策的强大支撑，因此也是研究的一个关键目标。

绝对概念关注的是人类需求的"本质"，而需求的相对概念则关注满足任何基本需求的各种方式。相对概念的支持者确切地指出了基本需求的实际表现及其满足条件。虽然绝对需求概念指引我们去关注任何社会都必须以某种方式满足需要，但相对需求概念阐明了满足需求的形式有不同维度。因此，这两种观点并不是相互排斥的，而是允许我们在需求的规范性——必然也是开放的——概念和社会，尤其是福利国家，如何满足需求的经验性问题之间架起一座桥梁。物质、经济、文化上的约束以及资源在空间和时间上的差异是使需求满足表现得各有千秋的第一个源头。决定个体确切需要的是各种约束和机会。评估此约束和机会的一种方法是,在给定的参考群体中对基本需求是如何"正常"得到满足的进行实证评估。如果该群体的成员缺失了这种"正常的"方式,则基本需求的满足就可能受到限制。这种对特定群体社会标准的解释铸就了一些统计指标的基础,如"正常"的商品篮子或相对贫困阈值。相对于绝对测量指标,即先验或规范性地界定什么是基本需要的"充分、适当"满足,这里的相对指标依赖于对"典型"满意度水平的实证判断,它们可能会增加一个相对阈值,例如,收入中位数的50%(Boariniand Mira d'Ercole,2006)。

但是,参考群体不仅仅是潜在成功需求满足的象征,而且它们还定义了被接纳为给定社群的正式成员所需的条件(Sen,1983;Goodin,1990b)。文化习俗和标准构成了某一社群的成员通常能够实现并期望实现的事物、现象和行为。言下之意,这种相对性仅适用于个体间比较是构成要素的那些基本需求。这些需求一般都是参与性的基本需求,例如,需要社会承认或需要文化认同。这个概念在评量不平等(Atkinson and Bourguignon,2000;Försterand Mira d'Ercole,2005)相对贫困(Townsend,1979;Boariniand Mira d'Ercole,2006)或社会排斥(Atkinson and Davoudi,2000;Hills et al.,2002)方面具有重要的实际应用价值。与认同需要和参与需要相对立的是被区别对待的需要。被区别对待的需要是为了确保社群的特性和个人成就。区别对待需求的满足与其他个人的成就或群体特定的地位禀赋成反比;换句话说,区别的满足是"位置性商品"。言下之意,参与性需求和区别对待的需求在它们必须在同一个人身上得到满足的意义上是互相冲突的。因此,那些旨在通过累进税或平等机会政策扩大参与性的措施,使个人丧失了标定其区别性的一些手段。福利国家在赋予这两种需求的相对权重上,以及在它们选择作为合法区别基础的职业、就业状况、性别、年龄等特征上,差别很大。

总之,不同的需求概念引起了对不同类型分析问题的注意。首先,基本需求概念所依赖的价值观指向福利国家可能面临的潜在需求广度。在国家已经参与其中的需求满足的过程中,即使是最吝啬的概念,也给福利国家供给的"经典"领域增添了一系列需求和相关风险——例如,健康、教育、情感关怀、人身安全或有益的环境等——但决策者和研究人员将其结合起来考虑。其次,从满足基本需求的不同环境条件的角度出发,提醒我们不能忽略全球、国家和地方环境的相对重要性和相互作用,以及它们对需求满足的具体制约。再次,以个体间比较为基础的相对需求概念强调了不同社会群体之间以及个体作为各种参考群体成员的需求满足所涉及的权衡和潜在冲突。阐述为一种政治诉求,需求提倡在不同的干预水平上采取不同形式的社会政策。在它们作为贫困阈限、经济状况调查或保险原则等具体政策工具的基础的情形下,它们就充当了福利国家应对其社会经济环境变化方式的强力过滤器。最后,需求主张与政策工具的对立,引起了人们对以下问题的关注:谁有权定义需求或风险以及适当的满意度或保护。在下一节中,我们将展示福利国家理论如何处理需求和风险,并就如何更系统地做到这一点提出一些建议。

福利国家的需求、风险和理论

战后福利国家理论的大多数史学编纂都阐述了功能主义、政治、制度主义系列解释的区别(Myles and Quadagno,2002;C. Pierson,1991)。这三者都隐晦地使用了需求的概念。尽管如此,我们认为所有这些需求都存在着更系统的概念化的空间。对于功能主义者来说,社会政策是对社会经济压力的直接反应。社会需求的政治组织或政府机构等潜在的干预力量,被认为对社会经济变化或者是中立的或者是完全由其决定的。福利国家在面临社会经济挑战时会尽其所能,只要经济生产和社会再生产的社会经济条件的变化超过一个阈值,而现有的需求满足形式失去效用,就会触发它们的反应。因此,功能主义的解释,与他们认为是福利国家的责任所在的需求的具体说明,是休戚相关的。威伦斯基(Wilensky)的经典观点,即工业化和人口变化通过创造新的需求,特别是在老年人中,导致福利国家的扩张,可以作为一个恰当的例证(Wilensky,1975)。扩张性拉动,是归结于经济上对满足老年人基本物质需求的限制有所放松;扩张性推动,是源于政治要求和政策承诺,使退休人员能够更充分地参与社会生活或保持其现有地位,从而减少与年龄有关的不平等;由于未能区分扩张性拉动和扩张性推动,威伦斯基忽略了这些不同的政策设计需求概念的影响深远的实际后果。不管人们怎样看待功能主义解释的说服力,如果功能主义要适应福利供给的实证变化,就需要将需求具体化。

一旦我们提出了福利国家致力于解决哪些需求的问题,我们也就要弄清楚是什么引起了需求满意度的变化。解决这个问题的一种方法是去考察引发需求和风险出现的社会与经济变化中的差异。在某种程度上,(去)工业化和人口变化等进程不仅在不同国家有不同程度的发展,而且具有不同的国家表现形式,故此它们可能是变化的有效来源。然而,如果社会和经济政策的变革对人的需求的影响后果会触发政策改变,那么它们就必须被阐述为福利国家的问题。只要不考虑这些变化的政治根源,即使是社会经济变化最复杂的描述,其解释力仍然是有限的。

因此,针对福利国家理论的政治和制度路径认为,"政治是很重要的",它显示了组织能力、决策制度化程序和行政实践的变化是如何有选择地引导和处理社会需求和不满的。首先,这种观点猛然转向基于欲望和愿望的政治偏好。社会政策成效是有组织的利益之间由制度介导的权力斗争的结果("权力资源"路径,例如,Korpi,1983;Huber and Stephens,2001a)。但是,为了确定行为者应追求的利益,基于权力的解释往往部分依赖于需求的概念。如果我们假设行为者在制定其(政治)目标时是理性的,那么他们追求的是自身不需要的东西就相当不可信了。由于我们可以评估需求,而不必完全依赖于承载它们的主体,因此允许我们独立于政治行为者所表达的目标来制定基于偏好的假设。对需求的不同规范性概念的认识,应该有助于我们理解行动者在试图满足相互矛盾的需求时所面临的潜在的紧张局势。规范理论还提醒我们,没有任何原则允许研究者明确地对任何给定参与者的潜在需求进行排序。通过需求的这种内在模糊性,一些学者已经提出了完全放弃对需求进行客观评估的理由。他们认为,我们反而应该完全聚焦于具体的政治争辩,据此,需求被界定为是真实且合法的(Stone,2002;Fraser,1989b;Robertson,1998)。

在这样的争辩中,福利国家本身就是一个强有力的参与者。大多数社会政策工具都是建立在受援者需求或风险的具体概念基础上或包含这个概念。作为政策实施的规则,它们影响到需求或风险获得公众认可的机会。在政策设计层面,这种基于规则的需求满足与风险防范的传承常常受到当前受益者的强烈保护,从而不利于那些新的、不充分阐述的和组织不善的需求与风险(P. Pierson,2006);在实施层面上,它们限制了基层官员在确定回应需求和风险的范围时的酌情权。通过提出哪些需求和风险分别从自由裁量权或规则中受益的问题，近来社会福利与服务分权化和个性化的趋势开启了一个日益重要的研究议程。

最后，正如埃斯平－安德森(Esping-Andersen,1990)所强调的，不同的需求概念是基本福利制度变化的重要组成部分。然而，正如埃斯平－安德森狭义的需求概念使他陷入争论之中，不仅仅只有自由主义福利国家是"以需求为基础"的。自由主义福利国家大部分的社会政策确实针对的是基本的(非比较)需求满足方面受到限制的个人，这允许机构具有自主权，并且避免会削弱个人成就的干预行为。另外，斯堪的纳维亚福利国家在满足公民参与国家社会的需求，从而减少各种社会群体中的不平等方面走的最远，而欧洲大陆福利国家则更加强调基于资历和职业成员资格的区别。

换句话说，社会政策变化在很大程度上是由不同形式的需求满足和风险保护的制度化所致。即使导致需求和风险状况出现的社会经济条件发生变化，新的需求或风险正在抢占政治关注的情况下，这种变化也可能持续存在。正是这个新旧需求或风险之间关系的问题，在最近的福利国家研究中获得了突出的地位。在下一节，我们将转向通过实证文献来描述福利国家今天面临的主要挑战。

社会经济挑战、需求、风险和福利国家

虽然福利国家本质上是政治成就，但其发展的动力往往在于巨大的宏观历史变革与现存的社会秩序相抵触而形成的破坏力。尽管存在国家差异，但第一代福利国家的标志是将一种社会供应模式制度化，这种模式与工业化社会的功能需求密切相关。这种模式依赖于性别分工，分工的基础是男性全职和持续就业，女性承担家庭内的护理工作。此模式要通过经济增长和高劳动力需求来维持。福利国家的主要贡献是工人一生中在"合法"的形势下可以动员团结起来，在那种情况下，他的劳动力将不再能够成功地商品化。因此，它有助于将"福特主义"人生历程制度化，包括三个主要阶段——教育、就业、退休(Kohli,2007;Mayer,2001)——为第一个尤其是最后一个阶段提供财政支

持,并保护其中期阶段免受不可预见的或短期脆弱性的伤害(疾病、意外事故、残疾、短期失业)。

今天,这个模式正展露出历久日衰的残损态势。维持其成就的社会和经济条件已经衰落。由于结构和文化的变化,以及福利国家制度受到老的选民保护,新的需求和风险正在与旧的需求和风险结合起来。文献将新需求和新风险的出现归结为以下几个方面的关键发展:劳动力的第三产业化、女性化和灵活性、家庭的日益不稳定、生育率的下降再加上寿命的延长使社会的年龄结构向上倾斜。正如表11-1中选定的经合组织国家的数据显示,这些进程的开启和发展速度差异很大。第一次石油危机前后,在经济状况趋紧之前,社会的发展进步对福利国家的反应至关重要。那时,在美国和荷兰等国家,只有不到1/4的工作年龄人口仍然在第一产业部门和第二产业部门就业。因此,进一步的损失已经相当低,而且会通过服务业的大力扩张而得到更多补偿。其他国家,例如德国、意大利和日本,直到最近才达到可比的水平,因此不得不应对在经济增长缓慢和紧缩的情况下进行调适的巨大压力。

表11-1　　　　　　　　新社会需求与风险的社会经济原因

	部门就业			女性LFP率		总离婚率(阶段)		非婚生子女	
	损失 第1+第2	收益 第3	水平 第3						
	▲	▲	∅	∅	∅				
	1969—2006年	1969—2006年	2002—2006年	1982—1986年	2002—2006年	1970年	2000年	1980年	2004年
澳大利亚	−12.4	16.4	52.7	54.1	68.3	11.0	46.0	12.4	32.2
丹麦	−16.0	19.2	54.2	74.9	76.4	26.2	37.5	33.2	45.4
法国	−16.5	17.0	45.2	56.1	64.0	9.9	40.9	11.4	46.4
德国	−17.5	16.3	43.0	52.6	66.6	18.1	44.3	11.9	27.9
意大利	−13.4	16.2	36.1	40.7	50.0	2.8	12.5	4.3	14.9
日本	−13.8	16.2	46.1	57.0	64.8	9.3	33.1	0.8	2.0
荷兰	−9.6	26.2	57.1	40.6	68.3	8.3	39.3	4.1	32.5
西班牙	−17.3	23.1	39.1	34.9	57.8	.	.	3.9	23.4
瑞典	−17.0	18.9	53.9	79.3	78.0	29.9	53.9	39.7	55.4
英国	−18.0	16.7	52.5	63.4	70.7	13.4	52.7	11.5	42.3
美国	−9.1	18.5	53.7	64.7	71.8	32.8	50.6	18.4	35.7

续表

	总生育率(组)		预期出生寿命(年)			
			女性		男性	
	Co.	Co.	∅	∅	∅	∅
	1941—1945年	1971—1975年	1969—1973年	2002—2004年	1969—1973年	2002—2004年
澳大利亚	2.58	1.96	74.9	83.0	68.1	78.1
丹麦	2.21	1.96	76.0	80.1	70.7	75.5
法国	2.31	2.18	75.9	83.5	68.3	76.4
德国	1.83	1.62	73.8	81.8	67.7	76.4
意大利	2.08	1.48	74.9	83.3	69.0	77.5
日本	2.06	1.45	75.4	85.5	70.0	78.6
荷兰	2.11	2.00	74.7	81.7	71.0	76.8
西班牙	2.49	1.60	74.8	83.6	69.2	76.8
瑞典	2.00	1.70	77.2	82.6	72.0	78.2
英国	2.04	1.78	75.0	80.8	68.8	76.5
美国	2.53	2.10	74.9	80.2	67.3	74.9

注:就业数据是比例数据。我们展现了 5 年平均值(∅),将无法获得的数据除外。
▲代表时期变化的总和。

资料来源和定义:部门就业 = 就业年龄(15—64 岁)人口中居民就业的比例;女性劳动力参与率是在女性就业年龄(15—64 岁)人口的比例,缺失部分:丹麦:1982,英国:1982—1983,参见 OECD 2009e。总离婚率 = 年份视角下婚姻期间的离婚率总和;OECD,2002a;表 GE 5.1。非婚生子女是所有出生子女的比例,OECD,2007b;表 2—2。总生育率在 1941—1945 年是完整的,在 1971—1975 年是估计的;D'Addio and Mira D'Ercole,2005;表 2。预期出生寿命的年份是由 OECD 2008f 得来;意大利和英国的数据参考 1971 年的数据,西班牙的参考 1970 年的数据。

虽然第一产业和第二产业的就业损失似乎已经通过第三产业的增长得到了(超额)的补偿——总的来说,仅有德国和英国的服务行业无法吸收所有农业和制造业多余出来的就业人员——当我们将这一时期女性劳动力参与率上升考虑进去时,情况则有所变化。荷兰和西班牙见证了自 20 世纪 80 年代初以来最大的女性就业扩张,其次是澳大利亚和德国。关于第三产业化方面,澳大利亚、英国、瑞典和丹麦也加入了美国和荷兰这两个以服务业为主的经济体,这在一定程度上是因为公共和私营服务部门的妇女劳动力参与率很高。荷兰、法国和英国因其强势突出家庭关系的灵活性而引人注目——这种变化北欧国家和美国早在20世纪70年代就已经大量出现。日本将家庭破裂的大幅增加与非婚生子的极低水平结合起来。意大利一直强烈坚持传统,在这方面的主要挑战仍然摆在面前。与第二次世界大战时的出生情况相比,当时只有德国明显低于更替水平,第一次石油危机前后妇女的生育率在各地都有所降低[①],澳大利亚、意大利、日本和西班牙等国家相对下降幅度最大——这些国家的出生人口预期寿命现在也是世界上最高的。

本书报告的数据很大程度上证实了文献中描述的社会经济变化引起的福利制度的变化(Goodin et al.,1999),北欧和英语国家引领了向后工业主义的转变,而日本、欧洲大陆,特别是南欧国家正紧随其后。尽管如此,历史时间视角揭示了相同政治制度内显著的国家间差异(例如,西班牙的高变化率与意大利的低增长率)以及国家内部的劳动力市场和家庭相关变化之间的对比。

这些社会经济转型对福利国家意味着什么？事实上,只要它们确实标志着偏离了维持"旧的"福特主义供给模式的条件,那么它们不仅会引起新的社会需求和风险,而且还会削弱现有福利安排的可行性和有效性(Esping-Andersen,1999;Taylor-Gooby,2004;Bonoli,2005)。农业和工业就业的减少导致特定部门技能的贬值(Iversen and Cusack,2000),从而带来摩擦性和结构性失业的风险。与这种过渡性现象相反,服务行业的增长带来了一些持续存在的风险。不稳定的就业和不再是贫穷证明的工资,可以归因于第三产业中技能要求和工资的两极分化。其后果是工作贫困和不平等加剧。福利国家和社会合作伙伴干预劳动保护法规以稳定就业履历和工资,付出的代价是就业水平下降、失业率越来越高、失业时间越来越长(Iversen and Wren,1998;Kenworthy,2003)。

女性除了在进入劳动力市场时可能面对比男性更为不利的条件,她们在家也面临着两难的困境。对孩子的渴望基本上没有减弱(经合组织,2007b)

[①] 这里给出的同类群组研究视角得出的数值高于当前时期的总生育率(TFR),但与经速度效应调整后的当前时期总生育率接近(根据维也纳人口统计学研究所计算,请参见 www.populationeurope.org)。

和父母与成年子女之间更倾向于"近距离的亲密关系",使得妇女很难从家庭照料中解脱出来。家庭中的照料工作仍主要依靠女性,而不是依靠她们的男性伴侣。因此,妇女就是要在两种压力之间做出选择,要么承担在事业野心与照顾儿童或老年人之间做好平衡的压力,要么承担选择其中一方就很有可能要放弃另外一方的压力(Hakim,2000;Lewis and Huerta,2008)。离婚会显著增加物质和社会失落的风险。然而,尽管伴侣之间更脆弱的结合可能确实削弱了家庭企稳动荡的就业履历和提供有效的贫困保障的能力,但支撑家庭几代人之间关系的纽带依然牢固(Kohli et al.,2010)。通过从父母向成年子女的(资产)净转移,工业福利国家的成果部分传承到后工业时代的一代人(Albertini et al.,2006)。

特定国家的风险概况(见表11-2和表11-3)也大体上符合制度变化(的轨迹),但表现出一些细微差别。瑞典因其与劳动力市场相关的低风险评分和对女性就业几乎没有任何有关儿童方面的惩罚而引人注目。丹麦的风险水平相当或略高,但因在两个或两个以上子女的母亲中,兼职工作的水平较低而惹人注意。在美国,与就业相关的风险水平也相对较低[①],有个意料之中的例外,那就是低工资工作——美国近1/4的全职受抚养工人,其带回家的收入不到全职收入中值的2/3。英国偏离了自由主义模式,长期失业的平均发生率相对较高(然而,自20世纪90年代中期达到峰值以来,长期失业率显著下降);澳大利亚比北半球的盎格鲁-撒克逊人更有可能从事临时或低技能工作。在澳大利亚,妇女更有可能退出劳动力市场,与地中海国家不相上下。

在欧洲大陆,荷兰、法国和德国的风险状况大致相似。除了相似之处外,荷兰劳动力市场风险的特点是众所周知的兼职就业盛行。在荷兰,拥有两个或更多孩子的母亲中有4/5是兼职工作。另外,德国劳动力市场的特点是对在职母亲处以高额的儿童罚款。其低技能人群的就业率也低于平均水平,这在一定程度上反映出年轻人的教育水平相对较高。相比之下,在2003年的意大利,15—64岁的人口中有1/4是低技能员工。这一数字仅次于西班牙,该国未完成高等教育的年轻人比例(占25—34岁年龄组的40%)也同样很高。

---

① 然而,应当指出,固定期限就业的比例低也表明就业保护程度低,换言之,是一种容易的"雇佣和解雇"模式。

这两个南欧国家的长期失业比例也最高。此外,西班牙的雇主尤其大量使用临时合同。

关于家庭转型,表11—1和表11—3之间的数据对比表明,北欧和自由福利国家的高离婚率和非婚生育率很高,这意味着与单身母亲一起长大的儿童比例更高。另外,在南欧,单亲家庭是一个边缘现象。意大利的水平在一个狭窄的范围内波动,而西班牙的水平却在上升。人口变化在意大利和日本最突出。美国、英国、法国和斯堪的纳维亚的老龄化进程较慢,但在20世纪70年代初的不同水平也导致显著的风险差异。尽管北欧为老年人提供的物质条件压制了他们的贫困风险,但意大利,尤其是日本以及澳大利亚和美国面临的老年人相对贫困水平最高。在收入贫困家庭中长大的儿童人数最多的是英国和美国。

因此,更大范围的情形是,风险生活环境的发生率越来越高。这些生活环境要么已经成为问题,要么在后工业化社会中变得更加普遍。因此,它们对社会供给的工业模式提出了新的挑战。虽然"旧的"工业需求和风险并没有消失(Scarbrough,2000)——且他们的成功覆盖也可能促进对新风险的防范,例如,通过代际转移——但福利国家面临着潜在的适应压力。然而,这些压力具有政治性质。如果没有承担这些需求的人或在政策领域提倡这些需求的人明确表述新的需求,社会和经济转型以及相应的风险状况也都不会导致政策改变。

除了研究在这种转变的发生和发展过程中有相当大的跨体制和跨国差异外(Bonoli,2007),学者们还研究了风险群体的具体构象和组织能力,以及确定福利国家如何应对这些风险的现有政策计划(Armingeon and Bonoli,2006)。他们的结论倾向于悲观的。受新社会风险影响的人口——儿童和青年、单身母亲、低技能和低工资的服务人员和长期失业者——不太可能在政治上很活跃和加入政治组织。即使新的需求得到政治认可的地方,他们也会在零和博弈中面对组织良好的对立利益,而在那些博弈中几乎没有留给他们丝毫的政治交流的余地。这种缺乏政治影响力的状况,已引起一些学者对福利国家着手实施的政策"调整"战略持谨慎态度,以免过于乐观。对福利受益者的"激活",特别是工作年龄妇女的"去家庭化",这些政策势必会在满足受影响个人的多种需求和那些需要团结一致的人的政治要求之间走钢丝(Dean,2003;Taylor Gooby,2006;Leitner and Lessenich,2007)。

第11章 福利国家的需求与风险

表 11-2　　选择需求与风险：就业

	失业				就业	
	总体		%>1年		%兼职	
	1983—1987年	2002—2006年	1983—1987年	2002—2006年	1983—1987年	2002—2006年
澳大利亚	8.8	5.7	28.5	19.9	20.2	24.4
丹麦	7.8	4.8	33.0	21.7	20.3	16.9
法国	9.8	8.8	42.4	39.8	11.7	13.4
德国	7.0	10.0	46.1	52.2	11.5	20.4
意大利	10.7	8.1	64.3	54.4	8.1	13.6
日本	2.8	5.0	15.7	32.9	16.5	18.0
荷兰	12.6	4.4	51.6	34.7	21.5	34.9
西班牙	19.9	10.3	56.5	35.9	5.0	9.3
瑞典	3.2	6.5	12.1	17.6	16.8	13.9
英国	11.3	5.0	47.7	22.3	19.7	23.6
美国	7.6	5.5	10.4	11.0	14.9	13.0

	就业				低技能就业	
	%定期		%低工资			
	1983年	1998年	1983年	2004年	1992年	2003年
澳大利亚	15.6	26.4	14.6	14.5	27.2	23.2
丹麦	12.5	10.1		10.7	25.3	11.0
法国	3.3	13.9			27.2	21.2
德国	10	12.3	14.3[a]	16.9	9.4	8.5
意大利	6.6	8.5			38.8	26.5
日本	10.3	10.8	18.5	14.3		10.7
荷兰	5.8	12.7	10.4	14.8[b]	21.3	20.1
西班牙	15.7	32.9		16.2[c]	37.2	32.5
瑞典	12	12.9		6.4	24.8	11.6
英国	5.5	7.1	18.8	20.8	17.9	8.6
美国		3.2	20.4	23.9	8.3	7.5

注：a 表示1984年；b 表示1999年；c 表示2003年，参见表11-1。

资料来源和定义：总失业＝劳动力中失业的比例；长期失业＝总失业中失业时间>1年的比例；兼职就业＝居民总就业中通常周工作时间低于30小时的比例；OECD 2009e。定期就业是从Kalleberg 2006年开始总就业的比例见表5-2。低工资就业＝全职就业中赚取的薪水低于均值2/3的比例；OECD 2009f。低技能就业＝就业年龄（25-64岁）未完成高中或更高教育的比例（数据在总体时间上并非完全可比）。我们的计算基于OECD 1994b，2005c的数据。

表 11-3　　选择需求与风险：家庭

	有 2⁺ 孩子的工作母亲		缺乏高技能 (25—34 岁)	单亲母亲家庭的孩子
	就业率(%)	兼职		
	2000 年		2003 年	1980s 中期	ca. 2000
澳大利亚	43.2	63.1	25	8.4	17.8
丹麦	77.2	16.2	14	12.0	14.3
法国	58.8	31.8	20	6.7	11.5
德国	56.3	60.2	15	8.4	12.5
意大利	42.4	34.4	40[a]	4.2	4.9
日本			6		
荷兰	63.3	82.7	24[a]	7.8	9.0
西班牙	43.3	15.3	40	3.8[b]	6.9
瑞典	81.8	22.2	9	13.5	17.8
英国	62.3	62.8	29	12.9	21.7
美国	64.7	23.6	13	18.8	19.5

	老年"抚养"比		受抚养穷人(<50%均值)	
			<17	66⁺
	1973 年	2007 年	ca. 2000	
澳大利亚	13.4	19.5	3.0	2.8
丹麦	20.1	23.4	0.7	0.8
法国	21.2	25.2	1.8	1.7
德国	21.8	30.5	2.0	1.6
意大利	16.2[c]	29.8	2.8	2.6
日本	11.0	33.1	2.6	4.5
荷兰	16.6	21.7	2.0	0.2
西班牙	16.2	24.2	2.9[d]	1.8[d]
瑞典	22.4	26.5	0.8	1.3
英国	21.8	24.2	4.1	2.0
美国	16.0	18.7	5.7	2.9

注：a 表示 2002 年；b 表示 1980 年；c 表示 1971 年；d 表示 1995 年，参见表 11-1。

资料来源和定义：工作母亲 = 有两个或以上孩子的女性就业率<15 和兼职工作的比例（见表 11-2）；OECD 2002b：表 2-4 和表 2-5。缺乏高技能 = 年龄在 25—34 岁的未完成高中或更高教育的人口比例；OECD 2005c：表 A1.2a。单亲母亲家庭的孩子 = 和单亲母亲生活在一起所有<18 岁的孩子的比例；卢森堡收入研究不平等和贫困关键数字。老年抚养比 = 65 岁以上人口占 15—64 岁人口的比例；OECD 2009e。低依赖性 = 均等享有低于 50% 的可支配收入的儿童（<17 岁）和老人（>65 岁）在全部人口中的比例。我们的计算基于 Forster 和 Mira D'Ercole 2005；Annex 表 A6、A7 的数据。

第 11 章 福利国家的需求与风险

简而言之,后工业社会面临的政策挑战来自新的社会需求和风险状况与那些持久存在的"福特主义"需求的共存,后者继续为传统福利国家机制提供强有力的支持。这种不断增长的异质性不但未能催生福利国家的大规模结构重组,而且迫使现有的政策安排适应更广泛的各种风险情况。严格的财政限制和使国家干预合法化的日益脆弱的政治资源意味着,这种政策的差异将不得不利用日益多样化的私人社会供给形式。然而,在既定政策领域之外表达的抱怨不大可能通过制度化的渠道传达给政策制定者,以聚集特定阶级——或环境——的利益。因此,如果要保持其在解决社会问题上的合法性和有效性,后工业时代福利国家的治理将需要对未表达出来但凭经验可体察的需求有更高的敏感度。对于福利国家的研究来说,议程应包括对导致新需求和风险状况的社会经济发展进行仔细分析,以及对如何表达和动员后者的评估。这两个任务的前提条件是对需求和风险进行理论上有根有据的、细致入微的概念化。

第12章 民主与资本主义

托尔本·艾弗森(Torben Iversen)

引 言

福利国家是政治经济学中关于资本主义和民主之间关系的长期争论的中心所在。一个标准的观点认为,民主通过国家福利的扩张来弥补财产和收入分配中的不平等。但是,这种观点引出了许多经验和理论上的难题,这些难题是关于民主和资本主义的大量多样的政治经济学文献的核心内容。本章的目的是确定这些难题以及弄明白它们是如何在文献中得到解决的。本人的研究重点是政治经济学中宽泛的理论问题和难题,因为它们与再分配和福利国家的研究有关。

第一,如果民主赋予处于收入分配底层的那些人权力,那么为什么穷人不去掳掠富人呢?第二,与此相关的,如果福利国家完全是关于"政治对抗市场"[(埃斯平-安德森)的第一本书的标题]的话,那么资本主义如何能够在民主制度下形成一个切实可行的经济体系?第三,如果民主"补偿"的是经济不平等,那么我们如何解释劳动力市场相对平等的国家进行了大量的再分配(比如瑞典),而劳动力市场相对不平等的国家再分配却很少(比如美国)?

本章讨论了研究民主再分配的三种不同方法,并对近年来关于资本主义作为一种经济制度以及经济和民主制度如何相互联系及其与福利国家的关系等方面的文献进行了讨论。第一种方法假定民主政治围绕的是一个从左端向右端再分配的维度构建的。此文献中的核心问题是"谁治理"是否重要,如果是,则在哪些方面。这些都是政治经济学的关键问题,因为它触及民主政治是否会缔造出不同之处的核心问题:穷人是否有机会掳掠富人,以及他们这么做的时候成功的机会有多大?

这种方法的主要弱点是,它没有解释为什么政治家应该限制自己在一个单一的政策层面寻求再分配。在没有这样限制的地方,形成分配联盟的机会比比皆是。将联盟政治置于其分析中心的研究,描绘了一幅更加丰富和更现实的再分配政治图景。但是成本可能是理论上的棘手问题,而且许多关于联盟政治的文献都落入事后描述的陷阱。我将讨论最近两次试图超越这种描述的尝试。

第三种方法将分配政治解释为民主制度的具体设计的一种功能——包括选举规则和联邦制。这里的策略是用那些植根于仔细观察实际制度设计的模型假设来取代诸如单维性等特设的模型假设。这种方法超越了党派文献,明确地考虑了经济偏好是如何聚合到政策中的,同时避免了无约束政治联盟的混乱世界。我认为这种组合产出了一个有活力的研究方案,有助于回答上面提到的三个关键问题:在什么情况下穷人将掳掠富人,资本主义如何成为一个在民主之下的可行的经济体系,以及为什么平等和再分配要携手并进。

尤其是"资本主义的多样性"方法,阐明了再分配政治与经济绩效之间的关系,并有助于解释为什么福利国家与市场之间没有必然的矛盾。这项研究也有助于弄清所观察到的现代资本主义的制度多样性,以及为什么这种多样性在全球市场一体化面前仍然存在。但是,迄今为止,在这一传统领域的工作,对经济和政治制度之间的关系鲜有得出深刻的洞见,对经济制度的政治起源也没有什么说法——而是聚焦经济组织效率作为一个由头。

一些最新的关于民主和资本主义的文献试图将制度内生化,包括民主制度本身,将这些制度建模为阶级利益的函数。此举颇具诱惑力,而且可能是可取的,但它确实是要付出代价的,因为没有制度约束,多维性和偏好聚集的难题就会再次出现。在结论部分,我认为政治经济学出现了一个新的结构主义转向——我们的制度设计模型的参数来源于在世界各地塑造资本主义的特定历史条件。这些源头可以反过来帮助解释当前的分配和再分配模式。

民主与党派关系

政治经济学中有两种解释分配和再分配差异的标准方法。一个起源于梅尔策和里卡德(Meltzer and Richard,1981)的具有巨大影响力的再分配模式。在过去20年里,该模式一直是政治经济中的主力。这个模式是建立在一个直观的简单理念之上的,即由于中位选民的收入往往低于平均收入(假设一个典型的收入右偏分布和高投票率),因此她会对再分配感兴趣。在按比例征税和统一税率有利的情况下,假设存在税收的效率成本,唐斯(Downs)的中位选民定理可以用来预测再分配的程度。当额外开支给中位选民带来的收益被这种支出所产生的工作抑制因素(或其他低效率)所完全抵消时,就达到了均衡。这意味着两个关键的比较静态:支出越高,(a)收入分配的偏斜度越大,(b)投票的穷人数量越多。

后者意味着,扩大穷人的选举权,或提高穷人的投票率,将使决定性的选民转向左翼,从而提高对再分配的支持。假设中位选民的政策偏好得到落实,那么民主化将会导致再分配。这一主张得到了一些支持(Rodrik,1999;Ansell,2008a;Franzese,2002:第2章关于投票),但是民主促进再分配的证据远远没有定论(esp. Ross,2006)。即使民主增加了再分配,但似乎很明显,再分配中的大部分变化是在政权内部,而不是在政权类型之间。

另一层含义——不平等的社会比平等的社会再分配得更多——完全被这些数据所否定(Lindert,1996;Moene and Wallerstein,2001;Iversen and Soskice,2009)。事实上,民主国家的模式似乎恰恰相反。正如上面的例子所提到的,一个收入结构平等的国家,如瑞典,比收入水平非常不平等的国家,如美国,再分配要多得多。这有时被称为"罗宾汉悖论",它是一个困扰着许多当代学者的难题。

研究资本主义和民主的另一个主要方法是聚焦于政治权力的作用,特别是劳动力的组织和政治力量。如果资本主义是关于阶级冲突的,那么阶级的组织和相对政治力量应该影响政策和经济结果。权利资源理论关注福利国家的规模大小和结构,将其解释为政治左派的历史力量的作用,并通过同农业利益群体和中产阶级的联盟进行调节(Korpi,1983;Esping-Andersen,1990;Huber and Stephens,2001a)。

权利资源理论的一个关键吸引力是它可以隐含地解释罗宾汉悖论。如果中左翼政府同时促进收入平等(特别是通过投资教育)和再分配(特别是通过转移),两者将趋于协同。一个补充的逻辑是,如果强大的左翼政府与强大的工会联系起来,后者促进工资平等,前者增加再分配,那么再分配将再次成为平等的补充,而不是像梅尔策一里卡德(Meltzer-Richard)模型暗示那样的一种替代。布拉德利(Bradley,2003)等人很好地解释了这一见解。其研究表明,工会是解释工资分配的关键,而左派政府对解释再分配至关重要(Hicks and Swank,1992;Cusack,1997;Allan and Scruggs,2004;Pontusson,2005;Castles and Obinger,2007)。

虽然党派关系看起来很清楚是很重要的,但是权力资源理论没有提供为什么左派在一些国家强而在另一些国家弱的解释。这种变化与工会化相关性不大(Iversen and Soskice,2006),工会本身就需要解释。此外,如果我们使用一个简单的左—右政治概念,就有充分的理论上的理由去期望政府成为中间派。虽然唐斯仅将他的论点应用于多数主义两党制,但中位选民定理也适用于多党制立法政治的一维模型。从本质上说,任何提案或联盟如果偏离中间立法者的立场,都不能获得多数支持(Laver and Schofield,1990)。权利资源理论没有解释为什么中位数投票法被系统地违反,因此自相矛盾的是,它没有说明党派关系为何重要。一个重要的难题是,为什么在政府党派关系方面存在稳定的跨国差异(Powell,2002;Iversen and Soskice,2006)。

比较令人惊讶的是,大多数文献也没有区分党派的偏好和选民的偏好。观察到的左派与右派政府之间的政策差异可能也是其中之一造成的。这个问题有方法论上的解决办法,但我们也需要一个选民偏好的理论。这一点尤其重要,因为正如许多年前唐斯(Downs)所说的那样,选民有一种"理性无知"的动机。自1960年"美国选民"问世以来,普通选民完全缺乏政治信息这一点已经得到充分的记录(Campbell et al.,1960;见Lewis-Beck等2008年的更新),并且巴特尔斯(Bartels,2008)在最近的一本书中充分说明了党派政治和再分配的后果。巴特尔斯(Bartels)表明,普通人经常投票反对自己的分配利益,即使他们是受这些利益驱动的。

然而,与理论和证据相反,再分配和福利国家的标准政治经济学方法都假设,人们充分了解他们的利益以及这些利益如何受公共政策影响。因此,一个主要的研究议程是在再分配模型中内生化政治知识的获取。我认为这需要我们更密切地注意非正式网络的作用以及它们为其成员提供信息的社会激励措施。有关社会资本和福利国家的新兴文献(Rothstein,2001;Rothstein and Stolle,2003),并没有涉及政治知识问题,也没有很好地与标准政治经济学视角下的再分配相结合。

福利资本主义和政治联盟的世界

分配政治本质上是多维的,就如一个馅饼可以从多个维度分割,有很多政治代理人都要去争夺一块一样。因此很难理解,为什么政治家要强迫自己去竞争单一的政策工具,例如,梅尔策－里卡德模型中的比例税率/统一税率福利。当考虑替代性税收福利计划时,结果将从根本上发生变化。例如,在斯奈德和克莱默(Snyder and Kramer,1988)的研究中,选择的是不同的——线性和非线性——税收时间表,大多数选择不再有利于穷人的再分配。实际上,斯奈德－克莱默(Snyder-Kramer)模型本身只限于一个维度(因为它将选择限制在单参数时间安排上,并取决于外部给定的收入目标),但它清楚地证明了结果对税收和福利结构假设的敏感性。[①]

埃斯平－安德森(Esping-Andersen,1990)是最先认识到多维分配政治重要性的人之一。他的三种不同的"福利资本主义"中的每一种都与一种独特的税收福利结构相关联。在最具再分配性的(社会民主主义)类型中,累进税与统一税率福利相结合;在"自由主义"类型中,经经济状况调查的福利针对的是穷人;而在"保守主义"类型中,福利与收入和职业挂钩。卡斯尔斯(Castles,1998a)分离出了一个独特的南欧群集,但它可能正在向欧洲大陆模式趋同(Castles and Obinger,2008)。埃斯平－安德森的三种主要类型对变化都有

[①] 斯奈德－克莱默(Snyder-Kramer)模型的赢家是中产阶级——这一结果在迪克西特和隆德雷根(Dixit and Londregan,1996)的多维模型(使用概率投票)中得到了呼应。

很强的抵抗力。

埃斯平－安德森提出了一种合理的(并且有趣的)论点,即福利结构与不同的社会分化和政治模式相关,并且可能导致不同的社会分化和政治模式:在经济状况调查这一类型中,穷人与中产阶级对立;在保守主义类型中,圈内/局内人士与局外人士对立;在社会民主主义类型中,公共部门与私营部门对立。因此,为清楚解释分配政治,政治经济必须将福利结构内生化。显然,这一任务既不能用中间选举人模型完成,也不能用简单的左右翼党派模型完成。相反,埃斯平－安德森认为,答案在于历史上独特的阶级联盟,导致普遍主义的斯堪的纳维亚红绿联盟,欧洲大陆的国家社团主义联盟以及自由国家中产阶级和高收入群体之间的联盟。与最近关于路径依赖的文献(P. Pierson,2000)相呼应,埃斯平－安德森认为,福利体制的结构再现了每种类型的政治支持。

但是,无论是埃斯平－安德森的三个世界的起源,还是它们的稳定性,都不能用任何传统的科学意义来解释,因为没有论据来排除其他结果。例如,为什么自由福利国家不可能扩大对中产阶级的再分配?或者,为什么中产阶级不试图排除穷人分享社会民主模式的丰厚利益?或者为什么保守模式中局外人士不能向一部分局内人士提供一笔交易,从而导致最初的联盟分裂?没有任何明确的联盟理论,埃斯平－安德森的许多分析都是作为事后描述的。

埃斯平－安德森直观的理解是,社会政策是多维度的,多维度就意味着联盟政治和不同的结果。但是,要超越事后描述,我们需要一种理论来解释为什么分配政治在特定的时候会以特定的形式出现。

建立多维联盟政治模型是理解民主国家分配的几种新尝试的核心做法。在罗默尔(Roemer,1998)的模型中,除了偏好再分配之外,人们对一些归属性的维度也有内在的偏好,例如,种族或宗教。如果再分配是唯一重要的维度,那么该分析将基本上推翻梅尔策－里卡德模型。然而,当引入第二个维度时,右翼政党可以吸引贫穷的宗教(或种族主义)选民,而左翼政党则被迫通过吸引更富裕的反教派或反种族主义选民来回应。由于这种选民"交换"的发生,两个选区在收入方面往往变得相近。因此,通过在另一个非经济方面寻求共同点,打破了原来的亲福利联盟。正如里克(Riker,1986)在许多年前非正式地承认的那样,问题的(重新)捆绑是联盟政治的一个关键组成部分,它有助于解释为什么穷人没有去掳掠富人。①

阿雷西纳和格莱瑟(Alesina and Glaeser,2004)提出了一个相关的论据,为什么种族政治可能破坏再分配。如果人们只对自己种族的人无私,那么他们就不会重新分配给占贫困人口比例过高的少数群体。当然,如果团结穷人是一种"品位",那么我们需要一种理论来解释为什么人们会有这种"品位",而阿雷西纳和格莱瑟(Alesina and Glaeser)继续争辩说,反对再分配的精英可以使用"种族牌"来破坏对再分配的支持。这与罗默尔(Roemer)模型中的逻辑相似。

奥斯汀—史密斯和沃勒斯坦(Austen-Smith and Wallerstein,2006)提供了一个关于种族重要性的完全不同的描述。在他们的模型中,人们有"种族盲"型的偏好,并且只是试图最大化他们的净收入。但是,仅有第二维度的存在(这里指平权行动)就可能会导致支持再分配的立法联盟解体。这是因为(大致来说),多数派中的富人可以向少数派提供一种交易,加强平权行动却减少对穷人的再分配。当然,其他联盟也是可行的,但没有一个联盟能够产生像在单一再分配政策维度上进行谈判那样多的再分配。因此,最终的结果是更少的再分配。

罗默尔和奥斯汀—史密斯模型在数学上是复杂的,但他们指出了一种强力的逻辑思路,这种逻辑思路通常适用于任何再分配维度由第二或第三维度补充的情况。这或许可以解释为什么政策空间维度越高的国家也往往再分配越少。据我所知,除了一些评估种族—语言分块化对支出的影响的尝试外,还没有对多维度对再分配的影响进行系统的比较测试的研究。

对于福利国家的研究而言,挑战不仅在于要解释再分配的水平,还在于要解释福利国家采取的不同形式。正如下一节所解释的那样,自由主义和社会民主主义变体之间的区别可以用一个简单的三级模型来解释,在这个模型中,形成特定联盟的动机是政治制度的一个功能。政党的组织结构可能也很重

---

① 事实上,这个模型更加复杂,因为,还是如此,在多维空间中,多数票并不均衡。罗默用两种可替换的方法解决了这个问题。在第一个公式中,一方先于另一方选择其平台,从而产生史坦柏格(Stackelberg)均衡;另外,两党不同派系都必须同意此政策平台,这就把可行的政策空间压缩到一个点。

要。在一本新书中,马诺和范克斯伯格(Manow and Van Kersbergen,2009)认为,欧洲基督教民主党是跨阶层的政党,必须满足迥然相异选区的选民,所以采取一种基于保险的社会模式。在此模式下,社会保障是慷慨的,但再分配只是适度的(通过将福利与收入和以往缴款挂钩的方式)。这与埃斯平－安德森对基督教民主福利国家的描述是相似的,但是现在有一个可检验的模型,它将这种类型扎根于由政党体制的组织结构所引致的特定的联盟政治中。在马诺和范克斯伯格(Manow and Van Kersbergen)的表述中,福利资本主义的三个世界以不同的跨阶级妥协形式出现,这是选举制度和基督教民主相互作用的结果。这表明了密切关注政治制度作用的重要性,而在埃斯平－安德森的研究中基本上被忽略了。

民主机制

在许多学者看来,关注制度的作用,一方面是在历史研究与"厚重描述"之间,另一方面是在分配政治的抽象形式模型之间,开辟出了一片有吸引力的中间地带。对政治行为的约束不是从有时表现为限制性和临时性的模型假设而是从观察到的政治和经济制度特征得出的。还有,也不是对行为的事后描述,而是通过有目的的行为和制度约束的相互作用来预测结果。[1] 这种方法非常成功地解释了经济政策和成果的跨国差异。在本节中,我选择一些突出的例子,要么关注民主制度(本节),要么关注经济制度(下一节)。[2]

我首先讨论选举制度的作用,因为它是民主国家的一个特征,与政府支出、再分配和收入平等等差别很大也有着密切的共同变化(Persson and Tabellini,2003)。这种共变已经成为比较政治经济学近期研究的重中之重。

佩尔森和塔贝里尼(Persson and Tabellini)解释说,这种关联与政治家的动机有关,他们要么把福利集中在关键选区,要么把它们分散到定义广泛的群体或阶层。他们认为,在单成员多元制中,如果中产阶级的摇摆选民集中在特

---

[1] "制度"广义上被定义为"游戏规则"(North,1990)。
[2] 这些例子是为了说明问题。我并不是要装作对制度主义文献进行详尽的讨论(另见第15章)。

定的选区,那么政党就有动机完全忽视那些在意识形态上倾向于某一方的选区。这些地区是"安全的",因此不值得去争夺。相反,资金流向中产阶级地区的摇摆选票。相比之下,在所有候选人都是从全国名单上被选举出来的比例代表制中,没有安全选区,因此,如果所有的变数都集中在中间阶层,那么政客们就不能忽视其他群体支持的流失。结果是,各阶层的支出更加分散,或更多的支出用于宽泛的公共产品。在埃斯平—安德森关于社会民主福利国家的讨论中,与普遍主义的类比是显而易见的,尽管单成员区域体制中地理上有针对性的支出概念在埃斯平—安德森的类型学中没有明显的对应。

佩尔森和塔贝里尼(Persson and Tabellini)解释中的一个问题是比例代表制(PR)倾向于在转移支付和公共产品上都有更多支出。为了解释这一点,佩尔森和塔贝里尼提出了 PR 的"二阶效应",即 PR 倾向于有更多的政党,并由多党政府统治。如果每一方都希望把钱花在自己的团队上(因此空间是多维的),那么就可能会导致过度支出的公共资金池问题(另见 Bawn and Rosenbluth,2006;Crepaz,1998)。

但是,多党制的更重要后果可能是它们会导致一种独特的联盟政治形式(假设没有一个政党拥有绝对多数)。例如,米莱西—费雷蒂等(Milesi-Ferretti et al.,2002)认为,有三个代表不同"地区"或阶级的候选人,政府由两个候选人之间的联盟组成。正如在佩尔森和塔贝里尼模型中指出的,单一成员区的多数主义选举制度鼓励在地域上有针对性的支出,但这种偏见因联盟政府的讨价还价而得到强化,因为每个选区的选民都会投票给那些对本地区有针对性支出极度偏好的政治家——这一逻辑可能也适用于联邦体制。另外,在 PR 体制中,各阶级将选举那些只关心向他们所代表的阶级给付转移的人做领导,而忽略当地的公共产品。尽管两种体制下的支出组合效率并不高,但该模型有助于解释为什么不同国家的支出形式如此不同。

佩尔森—塔贝里尼和米莱西—费雷蒂(Milesi-Ferretti)等人的再分配结果并不清晰。在艾弗森和索斯基斯(Iversen and Soskice,2006)的阶级联盟模型中,它们是制度争论的核心。在这个模型中,阶级政党要么彼此结成联盟(如多党制 PR),要么它们本身就是多阶级的联盟(如两党多数制)。在前一种情况下,代表穷人和中产阶级的政党有动机联合向富人征税(而不是中产阶级和富人向穷人征税),这导致中间偏左的党派偏见。在两党多数制中,政党本身就是联盟,虽然两者都会吸引中产阶级,但中间选民会担心选举后偏离这一纲领。假定右翼不能参与递减的再分配,不完整政纲承诺会使中位选民处于危险之中,并使中间偏右者获得选举优势。这意味着,党派关系和再分配是系统地与选举体制关联共变的。与将党派关系视为外生变量的权力资源理论不同,在艾弗森和索斯基斯的模型中,再分配是由选举制度引致的党派联盟的一个函数。与梅尔策-里卡德模型不同,党派之争的可能性出现,因为支出可以有针对性,所以是多维的。

另一个引起学术界广泛关注的民主制度是联邦制。这一领域的许多研究来源于布伦南和布坎南(Brennan and Buchanan,1980)的观点,即地方政府之间对流动收入来源的竞争削弱了政府征收"过度"税收的能力。联邦制,再加上各州潜在的"退群"能力,限制着中央政府剥削成员国的能力,两者一起可以形成对财产权的可靠承诺,即温加斯特(Weingast,1995)所说的"维护市场的联邦制"。从左翼的角度来看,这一逻辑表明,联邦制可能会破坏福利国家,导致社会福利供给不足,甚至出现"逐底竞争"(P. Pierson,1995)。

一个相关的论点是,联邦制使得新立法很难通过,因为它必须得到不同级别政府和联邦层级两个立法议会的同意(Scharpf,1988)。这意味着存在一种现状偏见,有人认为它会减缓福利国家的扩张(Cameron,1978;Castles,1998a;Huber and Stephen,2001a)。虽然联邦主义确实似乎与更小规模的政府相关联,但事实上联邦主义国家之间存在着惊人的差异(Obinger et al.,2005a;Castles et al.,2005)。瑞士和美国联邦制似乎产生了税收竞争和低支出,而德国或奥地利联邦制与跨区域协调和再分配有关。

为了解释这种变化,罗登(Rodden,2003)提出了区分具有不同财政制度的联邦制度。如果地方支出由地方政府提供资金,税收竞争会削弱支出,但如果地方支出通过中央或政府拨款提供资金,地方政治家就没有什么动机来控制支出。收入共享可以被看作是共同池问题的根源,或者它可以被看作是一种降低那些移动资产拥有人的权力并授权(中央)政府进行再分配的方法。无论从什么标准角度看,如果存在两种不同类型的联邦制,那么一个关键问题是为什么一些政府采用一种形式而不是另一种形式(Wibbels,2003)。奥宾格等人(Obinger et al.,2005a)的研究表明,可以在各级政府管辖权的原始分配中找到答案。只有在如奥地利和德国这样的国家,联邦政府最初承担了巨大的社会政策责任,联邦机构促进了协调和收入共享,联邦制度才允许福利国家的显著扩张。

通过将模型假设锚定在实际政治制度的丰富细节中,新的制度主义文献使形式推理与归纳研究的现实主义结合起来。它减少了民主政策制定的不确定性,并提出了有希望的方法,将党派之争、联盟形成和政策制定风格内生化。在这个过程中,我们对再分配和福利的理解已经取得了很大进步。但是,通过强调制度细节的关键重要性,人们不禁要问,真正的任务是否不是对制度本身的解释。下面我将回到这个问题。但首先,我要谈谈制度主义的另一个成功分支,它将现代资本主义视为一种经济体系,对分配和福利国家有着独特的影响。

资本主义的多样性

如上所述,通常将民主资本主义描述为一种体制,其中,市场根据效率来分配收入,而政府根据政治需求进行收入再分配。这表明经济学家和政治学家之间可以方便地进行智力上的分工,但是这种看法是基于当今很少有人相信的新古典主义经济观。相反,把资本主义作为一种经济体制来研究的主流方法是建立在新制度经济学的基础上的,被称为"资本主义的多样性(或称VoC)"的方法。正如民主已经被证明可以分为制度性亚类那样,资本主义也是如此。如我在本节结尾讨论的,事实上政治和经济制度之间存在着密切的经验关联,虽然这种关联的原因才刚刚开始被理解。

资本主义的多样性(简称 VoC)假定经济机构的设计目的是帮助企业和其他经济主体充分利用其生产性资产(Hall and Soskice,2001b)。正如威廉姆森(Williamson,1985)、罗斯(North,1990)和其他人所论争的,当一个经济体的特征是对共同特定资产进行大量投资时,经济主体就会面临让市场交换产生问题的风险。[①] 因此，这种经济体有效工作的前提条件是必须要建立一个密集的机构网络，提供信息，提供保险以抵御风险，并允许持续谈判和公正地执行协议。

资本主义多样性的另一个中心特征是制度互补性的概念，即一个机构的有效性取决于另一个机构的设计。这一观点的先驱是兰格和加勒特（Lange and Garrett,1985）的一致性模型，该模型认为再分配政策只在工会集中组织的情况下才能产生良好的经济绩效。VoC方法将这一理念进一步延伸，认为资本主义的所有主要制度都是相辅相成的，包括劳资关系制度、财务和公司治理制度、培训制度和创新制度。

VoC对于福利国家提出了与权力资源理论截然不同的解释。例如，马瑞斯（Mares,2003）认为，面临高度风险的公司和行业将倾向于支持成本和风险共担的社会保险制度，从而促使雇主奋力争取普遍性的失业保险和意外保险。虽然低风险公司会反对这种保险支出，但值得注意的是，由于文献将普遍主义与工会和政府强加给雇主的政策紧密联系在一起，普遍主义就一直被雇主团体所推崇。埃斯特维斯－阿贝等（Estévez-Abe et al.,2001）和艾弗森（Iversen,2005）进一步认为，社会保障（包括工作保护、失业救济、收入保护和一系列相关政策，如积极的劳动力市场计划和行业补贴）鼓励工人获得特定的技能，这反过来又提高了企业在国际市场上的竞争能力。因此，福利国家以一种构建起利益互补的方式与经济联系起来。这可能有助于解释为什么没有证据来说明社会支出对经济增长存在不利影响（Lindert,1996；Pontussson,2005），以及为什么全球化并没有让福利国家走向终结。在一些制度背景下，慷慨的社会支出可能确实降低了绩效，但有关福利国家的VoC故事的要点是，此类支出往往仅在与生产机制运作相辅相成的环境中发生（Iversen,2005）。

在VoC文献中，一个仍未充分探讨的话题是经济和政治制度之间的关系。例如，令人惊讶的是，自由的和协调的市场经济的划分几乎完全与比例代表制度（PR）和多数当选制度的划分相一致。与卡岑斯坦（Katzenstein,1985）关于社团主义的研究相呼应的一种可能的解释是，PR促进了具有共同特定

[①] 波兰尼（1944）是其中许多争论的重要先驱。

资产的经济代理人在立法机构及其委员会中的代表性。这种代表性有助于在存在强烈的共同利益因素的监管政策上达成妥协。由于共同特定投资在自由市场经济中不太普遍,所以右翼对于防止与 PR 相关的再分配有强烈的兴趣(如上一节所述)。多数制反而鼓励政党选择强势领导人,以让中间选民确信,他们不会受制于特殊利益或"过度"的再分配(Cusack et al.,2007;Iversen and Soskice,2009)。

这些推测必须通过历史研究加以证实,因为我们今天观察到的体制结构是 19 世纪和 20 世纪初发展的结果。这一观察实际上适用于政治经济学的整个制度主义研究路径。政治经济学在参照制度设计来解释经济政策和结果上越是成功,就越是迫切地需要解释为什么选择了一种设计而不是另一种(Thelen,1999;P. Pierson,2000)。但问题是,我们如何能够在不受到制度自由政策的复杂性束缚的情况下完成这项任务。在结论部分,我求问,答案是否可能在于一种新的结构主义形式?

结论:走向一个新的结构主义?

十年前,几乎所有比较政治经济学家都会称自己为制度主义者。今天,越来越多的学者相信,向前的唯一出路是追溯制度的起源,以及产生制度的社会经济和政治条件。这些学者提出的问题是根本性的:在哪些结构性经济条件下,专制政体才会致力于民主和再分配(Acemoglu and Robinson,2005;Boix,2003)?什么是现代技能体系以及与之相关的劳动力市场和社会体系的起源(Thelen,2004;Iversen and Soskice,2009)?是什么导致社会方案结构的差异(Mares,2003;Swenson,2002)?联邦制或多或少的分配形式的起源是什么(Wibbels,2003;Castles et al.,2005)?与左翼政府和再分配密切相关的选举制度又该如何解释呢(Boix,1999;Cusack et al.,2007)?

在最近的一篇文章中,罗戈夫斯基和麦克雷(Rogowski and Macray,2008)推测,数十年的制度研究细致入微地记录下的许多制度效应,实际上是导致其产生的结构条件和利益尤其是经济不平等的缩影。如果这是真的,那么就特别需要了解代理人的"战略前"政策偏好,以及决定它们如何"聚合"的环境。新结构主义(以区别于马克思主义的结构主义,结构功能主义和该术语的其他用法)试图解释民主和社会制度的设计,以及支撑这些制度的联盟,并参考早期市场和国家形成时的结构条件。

例如,塞莫格鲁和罗宾逊(Cemoglu and Robinson,2005)在解释民主的出现时,重点关注收入的分配和中产阶级的规模;艾弗森和索斯基斯(Iversen and Soskice,2009)在解释不同的选举和社会制度时,强调了工业革命初期的资本主义组织。马丁和斯旺克(Martin and Swank,2008)转换了因果关系故事的焦点,认为早期政党制度的结构塑造了后续的资本主义生产组织。同样,奥宾格等人(Obinger et al.,2005a)认为,早期的民主化与中央政府在社会政策形成中所扮演角色的相互作用决定了联邦制后来采取的形式,包括其分配结果。

这些例子的简单加总并不构成研究资本主义和民主的统一方法。然而,它们确实强调了理解影响分配政治的经济、政治和社会制度的历史渊源的重要性。最近政治经济学的历史转变突出了确定经济体和国家的结构属性以及它们的构成主体的重要性,以便建立既有解释力又有描述力的制度设计模型。与过去四十年来成熟的制度主义计划类似,新结构主义的成功将取决于精心确定的历史约束与严格的理论化之间的结合。但是,通过将制度视为回溯过往的因果纽带,而不是简单的出发点,我们可以更深入地理解在当代民主国家观察到的分配和再分配模式。

第13章 工会与雇主

伯恩哈德·艾宾豪斯（Bernhard Ebbinghaus）

引 言

从早期工业化时代开始，劳资冲突就影响着社会和行业公民权利的发展。有组织的资本和劳动力，即雇主（或企业）协会和工会，组织协调雇佣关系双方的集体利益。这些"社会伙伴"通过集体谈判直接调节就业条件，但也影响社会政策的制定。他们有时参与社会政策管理，并提供一些职业福利功能。作为劳资关系领域和社会政策领域的主要集体行为人，它们通过集体谈判的工资直接影响市场收入的初次分配，并影响税后和转移再分配后的政治。

这一领域的研究经常反映出一种扭曲的劳动分工：对有组织的资本和劳动的研究仍然是劳资关系和政治经济学研究的主要对象，而社会政策分析集中于福利国家，而较少涉及公司供给或集体谈判的福利社团主义。福利研究中的权力资源理论、劳资关系中的社团主义理论以及最近的"资本主义的多样性"方法都强调劳工运动、社会合作伙伴或企业。虽然"新政治"视角和全球化论断不再强调旧社会伙伴在福利国家重组时期的影响，但是其他研究者也看到新的社会契约和更多私人职业福利安排的范围在不断扩大。

工会和雇主是否以及在多大程度上在福利资本主义中发挥重要作用，将是本章的首要问题。首先，绘制主要的理论视角，这些视角或直接或间接关注雇主和工会在福利国家发展中的作用。其次，调查在什么条件下集体利益得以组织和动员,如何很好地组织工人和雇主的利益并将其整合到整个政治经济中。再次,考察福利国家分享公共空间的程度差异,即社会伙伴对不同国家的政策制定和实施的影响。最后,审视选定的政策领域(工资谈判、劳动力市场政策、养老金政策和医疗保健),展示劳动和资本的利益如何受到差别化影响,并在发达经济体中产生不同的效应。对发展中社会和新的市场经济体的最终比较表明,在这些国家,社团主义的中间协调比发达经济体更脆弱,有组织的劳动力和资本对就业条件和社会保护的影响较小。

工会和雇主影响理论

有组织的资本和劳动利益在福利国家发展的主要理论中具有不同的重要性。这些利益的动员和代表性在权力资源、社团主义理论和"资本主义多样性"方法中凸显为自变量,解释了政体跨国差异。这些利益集团的影响在其他方法中仍较为间接,包括功能主义、以国家为中心的制度主义方法以及全球化理论。

根据现代化理论(Wilensky and Lebeaux,1958),工业化增加了民族国家提供收入支持以抵御社会风险的压力。尽管社会问题和工人阶级动员是"工业化逻辑"命题所固有的,但雇主和工人组织被概念化为相当被动的行动者。与此密切相关的是,多元主义劳资关系学派(Kerr et al.,1960)认为,集体谈判会使"阶级冲突"制度化,劳资关系冲突将在很大程度上"不复存在"(Ross and Hartman,1960)。20世纪60年代末,阶级冲突的复苏导致一系列冲突导向理论,这些理论对功能主义方法存在质疑。

权力资源理论着眼于利益集团——特别是有组织的劳动力和雇主——在推进或阻碍社会政策发展中的影响(Korpi,1983)。比较研究则调查了战后由劳动力权力资源,既有左翼政党的选举成功也有工会运动的势力,所导致的福利改革(Korpi,1983)。值得注意的是,埃斯平-安德森(Esping-Andersen,1990)将三种政治意识形态——自由主义、社会民主主义和保守主义概念——追溯至截然不同的政治运动,同时也承认了国家传统的传承。许多有关福利国家发展的定量研究表明,社会支出和劳工运动强度之间存在很强的相关性。后者通过工会密度或左派选举结果来衡量,这是两个无法同时检验的高度相关的变量(Huber and Stephens,2001a)。强调蓝领工人、白领城市中产阶级和农村小农利益之间跨阶级联盟结果的历史研究(Baldwin,1990)修正了社会民主理论。

社团主义理论把凯恩斯主义战后福利国家理解为有组织的资本和劳动力之间隐含的"社会契约"的一部分：扩大社会权利和充分就业政策是接受社会市场经济的交换条件(Crouch,1993)。社会保护是抵御全球化市场波动的重要缓冲，有助于维持社会达成共识，特别是在欧洲小国(Katzenstein,1985)。社团主义的前提条件是有向心力的利益协会，它们对有组织的资本和劳动力都具有准公共职能。自20世纪60年代新社团主义鼎盛时期以来，与社会伙伴的政策协调，参与社会保障管理，以及通过谈判达成的三方社会契约，都已经有了很大的发展(Berger and Compston,2002)。自20世纪70年代中期以来，福利国家和社团主义都面临着压力，导致一些研究者宣称他们的研究"终止"(Lash and Urry,1987)，并转向供给侧货币主义、劳动力市场放松管制和谈判的分权化等方面。然而，近年来，有关薪酬节制的社会公约以及就业和社会政策的改革已成为"竞争性社团主义"战略的一部分(Rhodes,2001)。

通过重新引入资本，资本主义多样性的研究路径(Hall and Soskice,2001a)将自由和协调的市场经济体并列，并侧重于企业(非)合作关系的微观基础。这里特别令人感兴趣的是福利国家和劳动关系之间的联系(Ebbinghaus and Manow,2001)。特别是，比较历史研究发现，雇主并不总是反对社会政策(Mares,2003；Swenson,2002)，例如，美国的医疗保险就是企业福利政策提供的一项附带福利(Hacker,2002；Martin,2000)。一个关键的主张是，"制度互补性"可以带来比较优势，例如，提前退休政策有助于企业以社会可接受的方式重组人员(Ebbinghaus,2006)。同样，失业保护、就业法规和工资谈判机制的相互作用在协调的市场机制中维持了基于公司的或职业的技能(Estévez-Abe et al.,2001)。然而，仅是假设但不能证明商业利益在影响社会政策制定中至关重要，也存在功能主义谬误的危险。

以国家为中心的理论侧重于政治精英为维持其地位而采取的策略，从而不再强调有组织利益的作用(Heclo,1974)。最突出的是，俾斯麦的社会政策被视为"自上而下"的改革，是一种威权家长式战略的一部分，目的是防范社会风险，同时压制工人运动的政治和经济动员(Flora and Alber,1981)。公民身份权利、政治身份权利和社会公民权利的发展(马歇尔,1964b)被理解为一个长期渐进过程,而行业身份权利的发展仍然被看作一个配角。按照自愿主义的传统,国家不应该干预劳资关系,尽管英国撒切尔政府和美国里根政府的反工会政策在20世纪80年代将权力平衡转移到雇主身上。在英语国家的多元化体系中,无论如何,雇主利益集团总是有良好的渠道和丰富的资源来游说政府当局。

制度理论假设,政治制度会为利益集团提供影响政策制定的"否决点"(Immergut,1990),即使不是为了阻止对现状的重大改变。特殊的制度安排解释了各国政府在公共福利领域和职业福利监管方面进行单方面干预政治能力的跨国差异,包括联邦第二议院、联合政府、全民公决或宪法法院。利益集团可以通过说服政党或其他政治行为人利用这些否决点代表它们进行干预。在联合民主国家,这种否决权可以为有组织的利益集团提供充分的机会来阻止改革,而在多数主义政体中这是不可能的。更正式地说,否决者定理(Tsebelis,2002)假设,个人或集体行为人可以在改变现状方面发挥关键作用。特别重要的是,集体行为人的整齐划一及其在政策立场上的一致性,往往映射在一个二维的政策空间中。这些理论关注的是宪法或党派否决权的执行人,而无论是有组织的资本还是工会都还没有成为该研究议程的中心,但工会可以通过政治交换拥有"否决权"。通过使用罢工这一利器或阻碍执行,政府可能被迫与社会伙伴达成协议来克服改革障碍(Ebbinghaus and Hassel,2000;Schludi,2005)。

最后,全球化与欧洲化的论断将它们对福利国家结构调整的分析重点放在跨国经济进程和超国家政治协调上。与现代化理论的内生性趋同假设相呼应,全球化论断假设趋同是由外生因素引起的:资本、生产者和劳动力市场的全球竞争给国内行为人带来了降低劳动力成本的压力,并为寻求投资可能性的企业提供了"政权购买"的机会。这些经济势力被认为赋予"自由流动"的资本权力,挑战全国性雇主协会将工资排除在竞争之外的协调,并严重限制了工会提高工资和改善高于竞争水平的工作条件的能力。然而,鉴于经济竞争疲软、跨境迁移相对缺乏以及对社会支出的影响不太明显等相关证据,全球化理论(Fligstein,2002)以及欧洲的"社会倾销"论(Alber and Standing,2000)显示出了一些问题。一个相反的论点是,福利国家可以缓解国际经济压力的后果,从而合理地在开放经济体中进行实质性的重大社会政策干预(Garrett and Mitchell,2001；Rieger and Leibfried,2003)。但这一观点仍然存在争议。

资本与劳动力组织

集体利益的组织是在劳资关系和社会政策领域产生影响力的前提。为了有效协商就业条件和影响政策制定,工人利益需要通过工作单位代表(或行业代表)在工会中集体组织。同样,大多数雇主将不得不依靠他们的协会参与集体谈判,并提升他们在公共领域的利益。多元主义理论认为,所有利益集团都将具有类似的组织压力集团的能力,从而平等竞争。然而,这一观点受到战后作为经验现实和理论范式的社团主义兴起的挑战(Schmitter and Lehmbruch,1981)。

奥尔森(Olson,1965)指出了自愿性会员组织面临的"搭便车"问题:理性的(自利的)行为者——无论是雇员还是雇主——对采取必要的集体行动以获得诸如提高工资或限制工资竞争等"公共产品"几乎没有兴趣,因为通常很难将非成员排除在享受这些集体的成果之外。虽然小团体可以轻易克服这个问题,但是较大的志愿组织需要对非会员实施负面制裁(例如,通过强制要求雇员加入工会的"封闭式商店")或使用选择性激励措施(如仅针对会员的罢工保险)来支付会员费。但是,可以说,社会规范和意识形态取向可能改变成本效益计算。奥菲和维森塔尔(Offe and Wiesenthal,1980)认为资本的组织能力在结构上高于劳动力。雇主们作为一个更小的群体,拥有更狭隘的工具利益、丰富的(金融)资源和结构性经济权力,可以更自主地追求自己的利益,而工人们则是一个拥有分散的政治和经济利益的、更大的异质群体。总的来说,工人们不得不依靠集体行动来弥补个人谈判能力的不足,尤其是在福利国家没有提供足够的非工作福利的情况下。对经合组织国家的企业和雇主协会的比较研究(Streeck,1991；Traxler,1993)挑战了这一两种逻辑的论断。研究表明,即使雇主协会比工会更集中和组织得更好,但考虑到每个部门内部的竞争压力,生产者联盟仍然更加分散和更加狭窄。

工会是在工作场所和社会上促进雇员利益的集体组织,其成员基础决定了他们的组织、资源和定位(Ebbinghaus and Visser,2000)。原则上,与政党和合作性自助协会结盟的工会是单一劳工运动的一部分。然而,政治、宗教和种族分裂常常使工会和政党之间的关系紧张,导致国内和国际劳工运动分裂,例如,改革派与激进派、一统派与基督教、国家与地区主义运动之间,在职业地位和经济部门方面也表现出显著的组织差异。工业工会主义战胜了以英语国家市场经济为特征的手工业工会主义,在大多数北欧或欧洲大陆运动中占据了主导地位。传统的地位差异在一定程度上是由分层的社会政策推动,常常导致白领雇员、专业人员和公务员各自分化为独立的组织群体。这些意识形态和功能的分裂也阻碍了工会运动的国际性组织,但是自从20世纪90年代以来,已经实现了更大的统一,最显著的就是在欧洲工会联合会(ETUC)内部。工会在工作场所中的作用也可以采取不同的形式(Rogers and Streeck, 1995):如果它们有足够的成员资格,地方工会可能是自由市场经济体、日本或北欧各国工作场所内的一个统一的代表机构,而工会也可以与欧洲大陆法定工作场所代表共存并获取部分利益(例如,德国的共同决定模式)。

  根据历史和国情,有组织的资本表现出不同的形式和职能。商业利益通常(但不总是)在雇主协会、行业协会和商会等不同组织中有所差异(Schmitter and Streeck,1999)。雇主协会组织雇主与工会之间的利益关系,作为劳资谈判的伙伴,国家作为劳资关系的调节者。内部分化发生在私人和公共企业雇主、制造业和服务业或大公司和小公司之间(van Waarden,1995)。只有少数几个国家维持独立的雇主协会,最突出的如德国和瑞典,而在其他大多数国家,顶层商业协会则成为雇主和生产者利益的代表。商会和手工业者协会特别在地方和区域一级协调中小型企业。在欧洲大陆,会员资格通常是具有强制性的,具备自我监管的准公共职能,例如,德国在双重职业培训上的监管(Thelen,2004)。虽然雇主协会通过集体谈判来规范就业条件,但是他们还就有关就业法和社会政策立法的事项游说政策制定者。商业协会也越来越多地参与社会政策辩论。自国际劳工组织成立以来,雇主利益有了国际层面的组织,从欧洲经济一体化进程(欧洲商业组织)的第一天起,它也有了欧洲一级的组织。此外,大公司,特别是跨国公司,拥有与工会谈判的资源,以及在国家甚至国际层面影响决策者的游说能力(例如,促进欧洲单一市场的欧洲大型公司圆桌会议)。

工会力量通常以工会密度来衡量,即有组织的工人在从属受雇者中所占的份额,这一指标在资本主义经济体中差别相当大(Ebbinghaus and Visser, 2000)。正如权力资源理论所提出的,工会密度与社会支出规模之间具有弱相关性,尽管也有一些异常值(见图13-1)。北欧工会运动组织得井井有条,并从普遍主义福利国家中获益,部分原因要归功于工会运营的失业保险基金为会员提供了选择性激励(战后挪威除外)。欧洲大陆工会的成员组织层次较低,也比较多样化(比利时工会重新受益于其对失业救济的参与)。然而,由于强大的雇主组织或国家代表他们的干预,他们从相对广泛的集体谈判范围中受益。在自由市场经济体中,工会组织的密度较低(而且还在下降)。此外,由于权力下放(澳大利亚和新西兰除外),集体谈判更加有限。在日本,基于公司的工会制度也是如此(Visser, 2003)。

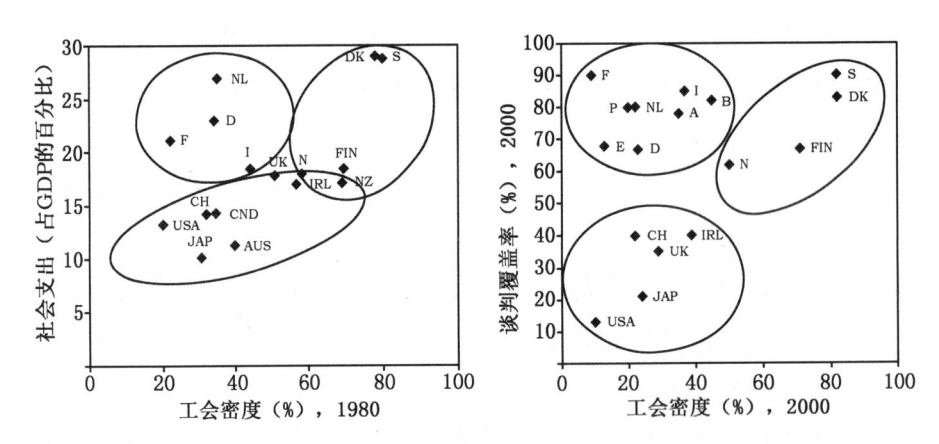

资料来源:OECD 2008g; Ebbinghaus and Visser, 2000; Visser, 2003。

图13-1 工会密度、社会支出和谈判覆盖率(1980, 2000)

虽然强大的工会和广泛的谈判范围可以在就业条件和一些社会福利方面为工人提供集体保护,但工人及其组织也从国家干预中获利。通过立法对劳动力市场进行广泛的监管,并为核心劳动力提供慷慨的社会保护,这为有组织的劳动提供了有利的制度支持。尽管较高的工会密度可能解释了为什么英国(和爱尔兰)的社会支出水平比美国略高,但正是放松管制的劳动力市场和量少质次的公共福利供应的结合,加强了自由福利国家和自愿劳动关系之间的联系。在北欧国家,强大的劳工运动对福利国家发展至关重要。但与此同时,普遍主义的社会政策和工会在失业保险和劳动力市场政策中的强大作用,有助于维持工会的权力。在欧洲大陆,社会伙伴关系在独立于其组织力量的社会保险和就业关系中的制度化作用,已成为有组织的劳工及他们捍卫获得的社会权利的一个据点,但同时也可能削弱其动员能力。

借鉴社团主义理论(Crouch,1993),劳资关系的跨国变化可归纳为四种模式:争执关系、多元谈判和具有更强或更弱工会的新社团主义(见表13-1)。争执关系模式的特点是阶级冲突、不合作和自组织的缺陷。因此,在这种模式占主导地位的国家,社会动员常常引发国家干预。从历史上看,当雇主在政治和法律变革的支持下,将其战略改变为"制定一些程序,以一种避免有相互伤害行为的方法来应对与劳工的冲突"时,就会出现多元化的谈判(Crouch,1993:36)。然而,自愿性谈判仍然遭受短期主义和特殊利益代表的困扰,而国家仍然不愿意干预实质性的谈判问题。最后,社团主义的利益调解是基于所有利益相关者之间长期共同的"正和"利益,假定有相对集中和包容的组织以及国家的制度化支持,就像北欧国家一样。然而,欧洲大陆工会的成员要少得多,而且,至少从历史上看,政治上的分歧更大(Ebbinghaus and Visser,2000),而他们的社会伙伴关系模式则依赖并复制了保守的福利国家。

表 13—1　　　　　　　　　　劳动关系的理想模式及其制度关系

模式 (最好的例子)	争议的 (法国、意大利)	多元的 (英国、美国)	新社团 (瑞典、丹麦)	社会伙伴 (德国、比利时、荷兰、卢森堡)
劳动	支离破碎的	特殊主义的	强有力的,集中的,包括在内的	包括在内但弱联盟
资本	特殊主义对立于大的/国有企业	大企业,弱的/无峰	强有力的,集中的	强有力的,集中的
角度	对抗的阶级斗争	短期团体利益	长期共同利益	长期共同利益
国家角色	国家干预	非干预主义	可能的/合作的	可能的/合作的
变革模式	抗议的浪潮	经济的波动	自愿的	自愿的
福利统治	南方的	自由的/残余的	普遍主义者	保守的
市场经济	(国家)协调的	非协调的	(集中)协调的	(部分)协调的

资料来源:Crouch,1993;亦参见 Ebbinghaus,2006。

社会治理：与社会合作伙伴共享公共空间

福利国家在其分享公共空间的程度和形式上存在差异：工资政策、就业管理和社会保护的责任在国家、社会伙伴、个人雇主和雇员之间的分配上各有迥异。对有组织的利益所施加的影响以及国家和社会合作伙伴分担责任的方式有很大不同。我们可以将社会治理分为五种不同形式：单方面国家干预、利益集团的制度化磋商或游说、自愿的社会协调、授权的自我管理和自主的自我节制。

单方面国家干预是发生在当政府不受——或规则或传统的——的约束需要去征求社会伙伴的意见，也不需要它们来执行时。然而，政府在社会和就业政策方面的责任往往被划分到不同的部门，为社会伙伴提供了不同的接触政府的机会。根据政治决策过程中的机构否决权（Immergut, 1990），利益集团可以利用政治压力阻止这种单边政策，特别是当工会或雇主组织与强大的政党关系密切时（van Waarden, 1995）。当然，工会也可能获得其他非制度化的否决权，例如，通过大规模抗议甚至总罢工，就可以成功地阻止单方面国家干预的情形（Ebbinghaus and Hassel, 2000）。出于务实原因，政府可与社会伙伴，特别是与工会进行协商甚至谈判，以避免因国家干预出现政治和社会冲突。

磋商为国家保留了最大的权力，同时得到了能从利益集团获得关于其偏好和战略的信息的优势。政府（或议会）可能希望与社会伙伴协商，或可能在法律上有义务去跟咨询委员会磋商，但决策者可以自由地偏离其所提出的意见。例如，欧洲社会和经济理事会（European Social and Economic Council）就存在正式磋商，它在欧盟层面代表着各种各样的利益。

协约是政府和社会伙伴之间达成的协议，包括双方都做出的一些让步。雇主和工会参与政策的制定和执行，包括在立法和三方协议的内容方面，就会发生这种情况。磋商是法律规定的或非正式但经常进行的，而协约主要发生在临时的特定情境下，并取决于各方自愿达成的协议，因此有更多的条件。自20世纪90年代以来，协约的兴起与一些特定的挑战相关，因为欧洲国家面临着欧洲货币联盟和福利国家改革所引发的诸多问题（Siegel, 2005）。

在自我管理情况下，"委托人"将一些（但不是全部）决策权和实施权委托给"代理人"。根据所委托的权力和提供的资源,该"代理人"机构或多或少属于一种自治的国家机构。此外,社会伙伴的影响取决于代理机构的代表规则(提名或选举)、构成规则(双边或三方)和决策规则(资格标准或简单多数)。当自主管理的权力下放,代表从公开名单中选出,组成是三方的(有独立专家),并且不存在少数人否决权时,它们的影响是相对有限的;反之,当自我管理权力集中时,他们的权力往往更大,他们可以提名代表,机构由两方构成(而没有国家参与),每一方都有否决权。

最后,自我节制是在没有国家干预的情况下,集体谈判伙伴之间自愿达成协议的结果。国家只能要么是通过拒绝扩展集体协议,要么是通过有条件地提供国家补贴或税务优惠,要么是将干预作为一种例外措施,来间接影响社会伙伴的"自主"决定的结果(但也因此破坏了辅从原则)。虽然无约束的集体讨价还价是一个最好的例子,但是社会伙伴也可以在公共福利制度之外就职业福利进行协商(Shalev,1996;Trampusch,2007)。

雇主和工会在社会政策领域的影响

集体谈判

根据其在劳资关系中的核心作用,雇主直接或通过协会与工会(或工作场所代表)就就业条件进行谈判。1919年,三方国际劳工组织(ILO)的成立使集体谈判制度化。多项国际劳工组织公约、欧盟宣言和国家立法都规定了在独立的自愿组织中组织集体行动(罢工或停工)的权利以及集体协议的法律地位。工资和就业条件的集体谈判极大地影响着对其有依赖的劳动力的市场收入。然而,通过扩展(对所有雇员普遍适用)集体协议、在劳资纠纷中强制仲裁或限制罢工权利等对集体谈判的干预,各国在程度上存在有很大差异(Traxler,1999)。除了提供程序框架外,立法者还通过劳动法干预就业条件的设定,通过非工作福利(例如,失业补助金)设定保留工资,有一些国家还通过立法规定最低工资。

雇主和工人在不同程度上的共同出资是通过社会保险缴款,或提供直接的社会福利作为职业福利。总体而言,社保缴费减少了工人的净工资,增加了非工资劳动力成本,这与双方相互之间的划分无关。社保缴费的增加将对劳动产生两种负面影响:它缩减了工人的议价范围和净工资,并且提高了总体劳动力成本,损害了就业和竞争力。因此,工资谈判和社会政策改革必然被视为是相互依存的(Ebbinghaus and Hassel,2000)。过去,工会和雇主通过增加递延工资来协商社团主义收入政策,例如,通过增加提前退休的福利(Ebbinghaus,2006)。在社团主义收入政策如火如荼地实施之际,福利国家的扩张意味着,工资节制和社会权利之间有一种有时隐含、有时显性的政治交换。然而,今天的国际经济竞争和对福利国家支出的限制不再允许这种交换。

劳动力市场政策

考虑到其干预措施对劳动力市场的影响,失业保险是大多数欧洲福利国家引入的四种典型社会风险中的最后一种。法国和比荷卢经济联盟很早在社区一级补贴自愿失业保险。继英国第一次推出失业保险之后,大多数发达经济体都推出了强制性的公共失业保险。一些欧洲大陆国家的方案是由雇主和工人共同出资和自行管理,而斯堪的纳维亚联盟管理的失业基金则由国家补贴,但对工会会员提供了可察觉到的选择性激励(Rothstein,1992)。此外,为失业者提供的就业服务已从社区或工会自助服务发展为设立公共劳工办公室。在大多数国家,这些保险仍然与失业保险分开。但在德国,主动和被动的劳动力市场政策都是在一个三方组织中制定的。虽然公共就业服务部门普遍实行三方自主管理,但自20世纪90年代以来,国家也通过增加财政参与和从被动转向主动的劳动力市场政策,发挥了更大的主导作用。国家对失业保险的补贴或专门资助的程度越高,社会合作伙伴的影响力就越小。

在大多数国家,我们看到了积极的劳动力市场政策去中心化的趋势。英国开始放松管制,瑞典雇主和保守党政府共同催生了去公司化,荷兰和德国政府限制了社会合作伙伴的影响,法国雇主也在推动社会治理改革。然而,由于劳动力市场改革的成功取决于集体谈判,因此政府需要工会和雇主的合作,正如丹麦和荷兰引入的"灵活保障"中所明证的那样。在德国,哈茨对长期失业援助的改革招致工会的抗议,就业联盟的谈判因此阴影重重,劳动力市场改革上协调一致的行动变得更加难以实现。在某种程度上,社会合作伙伴代表"内部"利益,政府必须引入"外部"利益。例如,爱尔兰的三方协商进程还包括辩护团,以为那些被排除在就业之外的人的利益发声。

养老金政策

雇主和工会都对养老金有明显的兴趣。强制性的养老保险可以通过迫使所有雇主缴费和更广泛地分散社会风险来消除工资竞争。养老金缴款是"递延"的社会工资。国家补贴的养老金计划越多,在规定福利水平上配发自愿养老金的公司压力就越小(Swenson,2002)。雇主的另一个逻辑是,有机会利用公共或集体计划,在强制退休年龄之前或到达时以社会可接受的方式解雇年长员工(Ebbinghaus,2006)。社会伙伴参与所表现出的跨国差异反映了福利国家发展的历史变化,常见的例子就是俾斯麦式社会保险和贝弗里奇式福利国家(Flora and Heidenheimer,1981)。在引入老年养恤金作为工业工人的社会保险的地方,福利往往由雇主和雇员共同出资和自主管理。另外,在贝弗里奇式福利国家中,自愿自助被由国家为所有公民提供社会福利所取代,且由一般税或工资税提供资金,由公共机构进行管理。

协调和社会冲突在整个欧洲的养老金改革中都存在:虽然1994年反对意大利养恤金改革的罢工和1995年反对法国政府的罢工表明工会仍然能够发动政治罢工,但1995年在意大利和1993年在法国都进行了协调一致的改革,阻止了这种罢工动员(Ebbinghaus and Hassel,2000)。将工会纳入改革联盟通常需要分阶段进行,并需要支付相应的补偿报酬(Bonoli,2000a)。最近,鼓励私人养老金改革风潮兴起,紧跟着工会也许会像在荷兰那样,加强它们在职业养老金谈判方面的作用。国家可以通过税收政策,利用监管权力和"激励"来影响私人养老金,并干预自我监管。因此,尽管分担责任使得改革更加困难,特别是在实施方面,但国家对公共养老金制度的重要参数仍然拥有相当大的权力,它可以通过使用监管框架来影响职业养老金的发展。

医疗保健

雇主和工会在医疗保健中的作用与体制类型有关(Rothgang et al.,

2005)。在诸如英国和斯堪的纳维亚半岛国家的卫生服务体系中,健康照护是由税收资助的,医院通常是公有的,私营部门的雇主往往不直接参与,公共部门的工会和专业协会在就业条件的谈判中发挥作用。相比之下,在德国或法国等国家的社会医疗保险计划中,雇主和工人是主要的出资人,如此,他们的代表是自我管理的一部分。故而,在与医疗协会谈判时,雇员和雇主代表都对稳定的缴费率感兴趣。即使是对医疗成本增加持批评态度的德国雇主也从不支持私有化(Giaimo and Manow,1999)。然而,1993/1994年的克林顿医疗保健计划不仅受到医疗保健提供者和保险公司的反对,而且受到商业利益群体的反对。

发展中国家的组织问题

对于传统经合组织发达经济体以外的许多国家来说,它们对工会和雇主组织及其对福利国家发展的影响的认识还有些落后(Mares and Carnes,2009)。在许多非民主国家,工人(有时也有雇主)被剥夺了组织结社的基本权利。当前,国际劳工组织关于结社自由的公约(1948年第87号)和集体谈判权(1949年第98号)已分别获150个和160个国家的批准,尽管许多发展中国家加入较晚或暂停了这种权利一段时间。

随着冷战结束后的民主浪潮和东方共产主义的衰落,中欧和东欧的转型经济体已经促成了自由工会的组织、罢工权和集体谈判权。对分别于2004年和2007年加入欧盟的10+2个新成员国,这一统一体包括基本的公民权利、政治权利和社会权利。然而,在这些转型经济体中,工会没有凝聚力,且工会密度相对较低,只有少数国家例外(Avdagic,2005;Visser,2003)。社会政策的发展仍然是公共政策的混合体,这些政策旨在为老年人和失业者提供最低收入,以及世界银行等国际组织提倡的一些私人养老金。

拉丁美洲国家有着较长的工会和雇主协会的传统,一些国家在两次世界大战期间就已经加入了国际劳工组织。然而,在独裁统治时期,公民社会权利的中止往往阻断了更多的民主进程(Segura-Ubiergo,2007)。尽管最近的民主化和市场自由化导致工会会员进一步减少,但过去,国家社团主义、民粹主义和依恃主义国家工会关系与进口替代工业化并存(Visser,2003)。福利国家的发展,与其说是民主时代的大规模动员,不如说是通过威权措施来稳定特定社会群体的收入,在某些情况下还依赖私人提供的养老金(Haggard and Kaufman,2008;Mares and Carnes,2009)。

在世界许多地方,工会的发展被阻滞或被压制。在非洲和中东,后殖民国家在批准国际劳工组织公约或针对在这些国家经营的跨国公司的工人权利运动做出回应方面进展缓慢。最值得注意的是,南非直到在种族隔离结束和恢复民主之后才于1996年批准了两项国际劳工组织公约。除了比较繁荣的国家,非洲大部分地区的工会率在世界范围内是最低的(Visser,2003)。社会保护主要侧重于提供基本保健和教育,部分还由国际援助提供。

亚洲的劳资关系一直受到谈判权力下放、雇主家长式作风和工会运动疲弱的影响(Benson and Zhu,2008)。印度签署了许多国际劳工组织公约,尽管它实行了大众民主制,但却没有承认国际劳工组织关于组织和集体谈判权利的公约。中国尽管向世界市场敞开大门,但也没有签署这些公约,并严格限制了这些权利。亚洲的新"小虎"经济体也因其对组织和工人罢工权利的限制而闻名,而商业利益对政府政策有实质性的影响。"对东亚和东南亚工会状况的研究一致认为,劳资关系结构薄弱,集体谈判权力极度分散"(Visser,2003:384)。一些快速增长的亚洲经济体越来越需要社会保障,而不仅仅是企业愿意提供的保障,未来的老龄化将对东亚国家公共政策形成进一步的挑战。

展　望

虽然工会和雇主在形成市场收入和影响社会再分配方面发挥着重要作用,但对劳资关系和福利国家的比较研究往往是分开的。早期关于福利国家发展的研究强调工业主义的逻辑和在推进社会和行业公民权利方面的动员,但最近关于福利国家结构重组的研究则不再强调工会的作用,而是重新发现雇主在现代经济中的作用。对雇主和工会的实际作用有一个更加平衡和适中的看法是有必要的,以便更好地了解资本和劳工利益组织的持续变化和挑战,国家行为者与非国家行为者之间责任的变化,以及随之而来的对收入不平等和社会保障的影响。

  发达经济体的大多数工会运动成员数量的下降,将阻碍社会权利的捍卫以及寻找社会可接受的适应社会人口挑战和世界经济压力的能力。雇主协会也受到这些组织主张的权力下放和放松管制的共同趋势的影响。跨国公司越来越重视雇主之间的合作战略,从谈判达成的就业条件集体协议,转变为更多的是"企业社会责任"的无工会战略。在发展中国家,由于不同的劳动标准、工资水平和社会保障的国家之间的全球化竞争加剧,在组织工人利益方面持续存在的问题只会增加工人工作和生活条件的压力。工会和雇主在这些社会中所起的作用相当有限,这导致我们对影响工作条件和社会保障的有组织的利益能力的变化和背景的研究,除了那些触及的先进福利国家之外,还有很多空白的地方。

第14章 政　党

曼弗雷德·G. 斯密特（Manfred G. Schmidt）

政党理论与福利国家

政党在塑造福利国家中的作用是政治科学家、社会历史学家和社会学家撰写的大量文献的主题。这些文献的主要部分聚焦于经济发达的民主国家，因此，本章着重关注这些国家。

关于福利国家和政党之间关系的文献的理论核心包括公共政策的"政党十分重要"观点或"党派理论"（Hibbs,1992:361;Hibbs,1987）。根据这种思想，政党尤其是政府的政党构成，是福利国家的时间进程、实质、扩张和紧缩的主要决定因素（Hibbs,1977；Tufte,1978；Castles,1982a；Rose,1984；Schmidt,1982a,1996；Huber and Stephens,2001a；Zohlnhöfer,2009）。

政党在社会政策中发挥作用，这一观点是基于以行动者为中心的民主政治市场制度理论。在这些市场中，民众在消费者主权理论中扮演与消费者类似的角色，政治人物和政府提供政策，以换取特定或普遍的政治需求和民众支持，但须遵守选举日程的规定和政策进程的制度约束（Budge and Keman，1993）。与标准的基于市场的理论不同，党派理论认为民主市场是随着不同国家的制度和文化环境而变化的，因此，党派理论具有内在的比较性。

党派理论预测政府政党组成的指标与福利国家的指标（例如，社会总支出或净社会支出占GDP的百分比，社会权利水平或福利国家制度）之间存在显著的协变。此外,它假定这个协变反映了福利国家与政党的党性之间的概率或因果关系。后一概念的衡量标准包括右派和左派政党的参政以及政党的各种政治意识形态派别的短期、长期内阁席位份额,无论这些派别是自由派、世俗保守派、中性宗教派还是左派。

在解释福利国家的差异时,党派理论主要依赖于关于社会选民、政党和社会政策之间联系的九个主要命题:

(1)政党有多个目标。首要目标是谋求公职和实现政策目标。

(2)政党的社会选区和选民群体具有独特的社会政策偏好。

(3)政党的社会政策取向反映了其社会选区和选民群体的独特偏好,且与竞争对手的政策取向存在差异。

(4)执政党选择允诺会与谋求公职和更广泛的政策目标相一致的社会政策。

(5)各国政府有能力执行所采纳的政策。

(6)实施这些政策会产生独特的福利国家产出和成果,并导致公共政策中明显的党派差异。

(7)这进一步意味着,政府的党派组成的重大变化与社会政策选择、产出和结果有关——并由此推论为与之因果相关。

(8)政党差异对社会政策的影响程度取决于各种各样的因素。特别大的党派效应产生于以下情况:政府拥有绝对多数,联合政府相对同质,否决权参与者相对较少,反对党不统一,国内政策有相当大的回旋余地等。

(9)先进的党派理论是对标准党派理论的补充,它区分了党派的短期影响和长期影响。党派效应不仅包括同时期的短期影响(以某一特定时间点或较短时期内甲方内阁席位的份额来衡量),而且还包括甲方对该社会政策立场的长期影响。

政党何时以及如何产生影响

"政党十分重要"这一理论观点并不是没有争议。一些批评人士就他们的论点给出的前提是,各国政府的指导控制能力相当有限,以及(或)市场经济和自由主义的可操纵性不高。这样的例子包括较早的福利国家发展的功能主义论述(Wilensky,1975)、自生社会系统理论(Luhmann,1981)和全球化研究文献中的"逐底竞争"理论(见第22章)。历史制度主义方法希望通过提出一种最近的变化,以避免强烈的党派效应,从而使党派理论的发现有些细微差别。这种变化既可以是"福利国家的新政治"(参见下文关于紧缩时期的党派差异部分)的结果,也可能是当代政党的社会政策立场趋同的结果(Seeleib-Kaiser,2008)。

虽然我们承认所有政策结果的多因果决定机制和衡量社会政策结果的具体的"因变量问题"(Clasen and Siegel,2007),但各种研究的证据是,"政党十分重要"假设相当好地通过了实证检验。两种类型的研究为支持党派理论提供了特别有价值的证据:第一,政党持有的社会政策立场的比较;第二,关于政党对福利国家的影响的研究。

政策立场:政党与福利国家

政党的政策立场主要是根据政党规划,如托马斯(Thomas,1976)、政党宣言资料(Volkens et al.,2007)以及对政党政策立场的专家判断(Benoit and Laver,2006)来估计的。

这些研究为包括福利国家在内的各种政策领域的党派差异提供了证据。对于确定政党在塑造福利国家中的作用,特别有用的是政策立场文献中的一个关键变量:一个政党在税收和公共服务之间取舍问题上的立场。经合组织国家的社会预算占公共支出总额的2/3,因此,贝努瓦和拉韦尔(Benoit and Laver,2006)中的税收服务变量可被视为政党在实施福利国家扩张(以增加税收和/或社会保险缴款为代价)或为了降低税收和/或社会保险缴款实施福利国家紧缩这一针锋相对问题上的立场表征(见表14-1)。

贝努瓦和拉韦尔的数据表明,政党在社会政策的立场上既有显著的差异,也有显著的共性。在政党派系框架内对这些数据进行重新分析,主要结果可概括为如下几点(见表14-1):

- 激进的社会主义和共产主义政党对扩大福利国家有非常强烈的偏好,而不考虑所涉及的成本。
- 虽然不那么极端,但明确的福利承诺是社会民主党派系的特征。

表 14—1　政党关于福利国家扩张与紧缩的政策立场（21 世纪初）

范围从"促进税收增长以增加公共服务"（1）到"促进公共服务减少以缩减税收"（20）

国　家	最大的极左政党和最大中间或极右政党的两党组合	最大左翼政党的立场	最大中间或极右政党的立场	政党差异（左派减去右派或中间派）
澳大利亚	澳大利亚劳动党和自由党	8.7	12.9	−4.2
奥地利	奥地利社会民主党和奥地利人民党	7.5	14.7	−7.2
比利时	荷语社会党－荷语社会自由党和法语人道主义民主中心党	7.3	14.3	−7.0
英国	劳动党和保守党	8.1	15.3	−7.2
加拿大	自由党和进步保守党	11.2	14.2	−3.0
丹麦	社会民主党和左派自由党	7.4	14.8	−7.4
芬兰	社会民主党和芬兰中间党	8.4	9.5	−1.1
法国	社会党和保卫共和联盟	7.1	14.3	−7.2
德国	社会民主党和基督教民主联盟与基督教社会联盟	9.3	14.4	−5.1
希腊	泛希腊社会运动党（PASOK）和新民主党	10.9	14.8	−3.9
爱尔兰	劳动党和共和党	6.6	13.8	−7.2
意大利	左翼民主党和进步党	6.7	17.5	−10.8
日本	共产党和自由民主党	8.7	10.1	−1.4
荷兰	劳工党和基督教民主联盟	8.1	13.3	−5.2
新西兰	工党和国家党	8.6	14.7	−6.1
挪威	工党和进步党	6.6	15.3	−8.7
葡萄牙	社会党和社会民主党	8.6	14.5	−5.9
西班牙	工人社会党和人民党	7.4	16.7	−9.3
瑞典	社会民主党和温和联合党	7.1	17.7	−10.6
瑞士	社会民主党和共和党	4.3	18.0	−13.7
美国	民主党和共和党	6.3	16.8	−10.5
N＝21	均值	7.9	13.7	−6.2

资料来源：从 Benoit 和 Laver，2006：附录 B 数据计算得来。

- 公共社会保护和接受高水平的税收也是大多数中性政党的特征,尤其是基督教民主党派。
- 民族主义－民粹主义政党(瑞士人民党除外)和大多数绿党也赞成增加福利国家的服务,而不是降低税收。
- 相比之下,自由主义和世俗保守主义政党一贯选择降低税收和削减公共服务。此外,这些党派的成员比其他人更倾向于对福利国家缩减或节约成本的福利国家结构重组。

党派对福利国家的影响:比较研究和国别研究的结果

贝努瓦和拉韦尔(Benoit and Laver,2006)以及拉韦尔和杭特(Laver and Hunt,1992)等人在之前研究中阐述的政策立场表明,福利国家政策存在显著的党派差异。对福利国家的各种比较研究也证实了显著的党派效应,如休伯和斯蒂芬斯(Huber and Stephens,2001a)以及施密特(Schmidt,1997,2005)。对西欧民主国家福利国家的比较,如阿尔伯(Alber,1982,1983)、弗罗拉(Flora,1986—1987)和默克尔(Merkel,1993),也发现了党派效应,尽管这种效应比经合组织地区的比较研究(包括美国、日本、澳大利亚和新西兰的非欧洲福利国家)所揭示的效应更弱、更不稳定。在后一类国家中,社会政策的进程偏离了大多数西欧国家的道路——例如,经历了发展迟缓和发展不完全,比如在美国,兴起一种特殊类型的社会政策,又如澳大利亚的"工薪收入者国家福利"(Castles,1985),公共社会保护水平低于西欧,更多地依赖自愿的或强制性的私人社会政策,社会支出增长率更低(Obinger and Wagschal,2000;Castles and Obinger,2007)。

西欧和非欧洲福利国家之间的这些差异至少可以部分归因于政府党派构成的差异。强大的社会民主和/或基督教民主类型的亲福利国家政党一直是西欧的主要执政党。相比之下,美国、澳大利亚、新西兰和日本是非左翼政党,特别是以市场为导向的保守派政党,在制定公共政策的时间和内容方面发挥了更为重要的作用。这种力量的组合有利于不那么雄心勃勃、更节俭、更自由的福利国家的缓慢或适度的增长(Obinger and Wagschal,2000)。

因此,纳入非欧洲先进民主国家的比较研究设计,比那些只关注西欧国家的更小、更同质的研究设计,更可能鉴别出福利国家强烈的党派效应。同样,欧洲和非欧洲民主国家之间的比较也更有可能发现更多议会外权力资源的强大影响,例如,工会力量、劳工权力或左翼投票等,这里仅提及在更广泛的福利国家决定因素研究文献中认为是相关的一些变量(Schmidt,1982a,1982b;Esping-Andersen,1990;Hicks and Swank,1992;Castles,1998a;Korpi,2006)。

政党在福利国家发展中的重要性也是卡斯尔斯(Castles,1982a,1982b,1998a,2007a)研究中的一项核心发现。这项研究侧重于分析从20世纪60年代开始的各个时期的社会支出结果,并在早期的多轮研究中强调了右翼政党的因果影响。根据卡斯尔斯的观点,两个潜在可分离的党派力量会导致高水平的社会保护:一是强势左派执政党的影响,二是"多数派右翼政党"的政治弱势。强大的右翼多数派政党,尤其是由右翼的多数派政党主导的政府,是防止福利国家大规模扩张的主要障碍,而弱势的政府右翼政党或没有右翼政党,则是通往扩张性福利国家的第二条道路的极为有利的条件(Castles,1982b:58—60,1998a)。

卡斯尔斯的研究清楚地表明了持久的党派效应,但他的党派分类将比荷卢经济联盟国家的基督教民主党派作为中间派政党,而将奥地利、德国、瑞士和意大利的同僚党派作为右翼的多数派政党,并据此作为一个强大的扩张性福利国家的主要障碍,这是值得怀疑的(Castles,1982b:58—60)。详细的国别研究表明,如霍克茨(Hockerts,1980)、塔洛斯(Tálos,1981)、费雷拉(Ferrera,1986)、阿尔伯(Alber,1989)、范克斯伯格(van Kersbergen,1995)和施密特(Schmidt,2005),西德、奥地利和意大利的基督教民主党派一直是强大的福利国家的主要支持者。这些政党确实构成了"在功能上等同或替代社会民主制度以扩大福利国家的组织"(van Kersbergen and Manow,2008:529)。[①]

通过关注更广泛的政党政治意识形态派系或"派系精神"(von Beyme,1985:3),最近的研究提供了比以前一维或二维指标更为有效的衡量政府党派色彩的方法。例如,持偏左、中性、自由主义和以市场为导向的世俗保守主义信仰的政党的参政程度,主要根据各政党的执政时间和/或内阁席位份额来衡

[①] 对于这些党派在福利国家紧缩期间的变化位置,见后面讨论的紧缩期间的党派差异。

量,这已经被证明是福利国家的比较研究中特别适合的手段(Schmidt,1996,2001;Huber and Stephens,2001a)。

这些研究表明,在福利国家的比较分析中,衡量政府党派性质的核心不再是左派和右派的区别;相反,最重要的是一端的社会民主党与另一端以市场为导向的世俗保守派政党之间的长期内阁席位份额差异。现执政的社会民主政党通常采取的明显是以国家为中心的政策立场,努力争取高水平的公共社会保护和主张人人平等的结果。在财政资源方面,这些政党主要依靠由社会保险缴款和/或税收提供资金的大规模社会预算,即便不是完全的无足轻重,私人强制性或自愿性的社会政策也只起到很小的作用。与社会民主党派不同的是,世俗保守党派选择那种明显的市场友好型政策立场,瞄准适度规模的社会预算,更强调私人的强制性社会政策和基于公司的自愿性社会保护(Seeleib-Kaiser,2001)。

社会民主政府和世俗保守党参政通常被证明是福利国家趋势和结构的重要预测指标。在统计上,更为显著的是社会民主党和世俗保守党长期内阁席位份额的差异(Schmidt,2007:171—173)。表14—2列出了该指标与民主经合组织国家福利制度努力中的各种指标之间的二元关系数据[①],包括:

- 21世纪初公共社会总支出占GDP的百分比(OECD,2007);
- 自20世纪60年代以来这一份额的变化(Schmidt,2005;OECD,2007);
- 净社会支出指标(OECD,2007);
- 去商品化分数(Esping-Andersen,1990);
- 斯克鲁格斯(Scruggs)的21世纪早期的社会权利指标(Scruggs,2006);
- 迈耶(Meyer)的"社会民主"衡量标准(2007)。

[①] 对于多变量扩展,参考 Hicks 和 Swank,1992;Huber 和 Stephens,2001a;Schmidt,1997,2001;斯万克,2002。许多多元文献关注全球化背景下党派立场的趋同或不融合,参见第22章总结的文献。

表14—2　21个经合组织（20世纪50年代以来）国家的福利制度差异及社会民主党与世俗保守党的政府构成差异

国家	1950—2003年间社会民主党和世俗保守党的内阁席位比重差异	2003年总的公共社会支出（%GDP）(OECD, 2007k)	1960—2003年间社会预算的变化（%GDP）(比重点变化)(Schmidt, 2005; OECD, 2007k)	2003年社会公共支出（%GDP）(OECD, 2007k: 41)	1980s早期去商品化指数(Esping-Andersen, 1990: 53)	2002年收入替代率和制度范围的Scruggs指标(Scruggs, 2006b: 36)	1996—2003年间Meyer的社会民主化指标(Meyer, 2007: 213)
澳大利亚	−41	17.0	10.2	20.6	13.0	0.99	11
奥地利	53	26.0	9.6	23.9	31.1	2.20	20
比利时	31	26.0	12.0	26.0	32.4	2.35	16
加拿大	−29	17.0	8.7	19.5	22.0	2.14	13
丹麦	39	27.0	15.2	23.8	38.1	2.23	24
芬兰	19	22.0	14.5	22.7	29.2	2.21	23
法国	−9	28.0	14.4	29.8	27.5	2.09	16
德国	28.0	27.0	9.8	29.5	27.7	2.09	17
希腊	−8	21.0	15.2				
爱尔兰	−58	15.0	6.9	15.6	23.3	1.72	8
意大利	21	24.0	10.9	25.3	24.1	2.11	13
日本	−94	17.0	13.0	19.7	22.3	1.57	17
荷兰	21	20.0	9.4	20.6	32.4	2.33	20

第14章 政 党

续表

国家	1950—2003年间社会民主党和世俗保守党的内阁席位比重差异	2003年总的公共社会支出(%GDP)(OECD,2007k)	1960—2003年间社会预算的变化(%GDP)(比重点变化)(Schmidt,2005;OECD,2007k)	2003年社会公共支出(%GDP)(OECD,2007k:41)	1980s早期去商品化指数(Esping-Andersen,1990:53)	2002年收入替代率和制度范围的Scruggs指标(Scruggs,2006b:36)	1996—2003年间Meyer的社会民主化指标(Meyer,2007:213)
新西兰	−38	18.0	7.3	17.2	17.1	1.40	13
挪威	55	25.0	17.2	23.8	38.3	2.82	23
葡萄牙	29	23.0	18.0	23.2		11	
西班牙	21	20.0	16.1	19.6		11	
瑞典	74	31.0	21.0	29.2	39.1	2.39	25
瑞士	10	20.0	15.5		29.8	1.58	17
英国	−28	20.0	10.8	22.8	23.4	1.45	10
美国	−57	16.0	9.1	18.9	14.2	1.51	3
均值	2	22.2	12.1	22.7	26.9	1.95	15.6
相关系数		$r=0.81^b$	$r=0.54^a$	$r=0.64^b$	$r=0.83^b$	$r=0.77^b$	$r_s=0.64^b$

注：政党数据的政府部分计算来源于 Schmidt(2008)。

相关系数是用 Pearson 的 r 和 Spearman 的 r_s 表示，是 1950 年和计算因变量年份之间的政府部分政党数据各列变量的相关性（参见卷2）。社会预算的比重变化是 1960—2003 年间 GDP 的比重，与同时期政府部分的政党数据相关。

$a=0.05$ 的显著水平，$b=0.01$ 的显著水平。

229

扩散过程和共同执政的反对党

执政党通常在制定一般的公共政策,特别是社会政策方面发挥重要作用。然而,反对党的影响也需要考虑。在这种情况下,两种机制是相关的:第一种机制是由竞争者的扩散引发的。这类进程一直是研究的中心所在,包括资产阶级政党从左翼蔓延,或者相反,左翼政党从自由派或保守派蔓延(Hicks and Swank,1992),或者是基督教民主和社会民主派相互蔓延(Seeleib-Kaiser et al.,2008)。

第二种机制由反对党共同执政构成。这主要发生在反多数主义机构向反对党提供有影响力的合作权或完全否决权的情况下。这种类型的模式首先在具有对称两院制的联邦国家中盛行,例如,在德意志联邦共和国(Schmidt,1995)。特别强大的共同管理效应是在议会上议院和下议院中多数席位出现分歧,或者在德国,由联邦议院(议会)和作为各州政府代表委员会的联邦参议院之间的多数席位出现分歧。在这种情况下,反对党可能对立法产生非常严重的影响。主要的例子可以在德国关于福利国家的立法中找到。它们包括1972年社会自由派政府和基督教民主反对党的一场文字上的社会政策角逐(Hockerts,2006)、社会民主反对党联合政府关于德国统一的立法(Ritter,2006)以及第二届红绿政府(2002—2005)的劳工市场改革中基督教民主主义反对党的共同治理。

注意事项

党派影响的假设是一种重要的分析工具,有助于更好地理解福利国家的决定因素,并且与文献中的许多其他假设相比,在解释政策产出和结果方面相对成功。不过,也有一些需要注意的地方。第一,政府的党派构成只是福利国家各种决定因素中的一个变量,党派理论是比较研究社会政策产出的一种方法(Oberge et al.,2003;Schmidt et al.,2007;Leibfried and Mau,2008b;以及本手册中的章节)。

另一个需要注意的问题是,各国在政治可操作性方面存在差异。在宪政民主中,并非所有的社会和经济生活领域都容易受到政治操纵。在几乎没有否决权的单一国家,如在权力下放前的瑞典和英国,原则上比美国、德国和瑞士这样的国家更容易受到党派操纵公共政策的影响。在这些国家,政府受到反多数主义权力的制约,如联邦制、一个强大的宪法法院以及一个自治的中央银行等。

还有一个注意事项涉及的是,党派理论对一端的多数主义民主国家和另一端的非多数主义民主国家的功能有着非对称的适应性。党派理论通常完全适用于多数主义民主国家,如英国、希腊和瑞典。在这些国家中,政策制定者利用了相当大程度的政治可操纵性。然而,在非多数主义民主国家,决策者往往很少能自由操纵。非多数主义存在的两种情况:第一,一个包容各方的联盟,如第二次世界大战期间和从1959年至今大部分时间里的瑞士;第二,一种民主政体,主要反对党实际上是通过议会第二议院(下院)共同执政,如红绿政府时期大部分时间(1998—2005年)里的德国。这两种情况都不存在标准党派理论所建议的那种政策制定的回旋余地:那就是现任政党A在单干,在权力更迭之后,是前反对党B单干。在这些情况下,唯一的选择自由就是在讨价还价、退出和封锁决策过程之间。当讨价还价盛行时,政策往往是以联盟伙伴的最低共同点为前提。该最低共同点倾向于产生连续性而不是非连续性的政策,并且通常与政策制定中的有限短期弹性相关联。因为在这些情况下,政策是通过长期的谋求妥协而得出的结果,所以选民几乎不可能将失败归因于诸多个体参与者。然而,这意味着存在中断或封锁党派理论在选民的偏好、政策选择和政策产出之间的关系上假设的因果关系。

福利国家紧缩时期与全球化背景下的政党差异

"福利国家新政治"这一文献(P. Pierson,1994,2001a)对党派理论进一步提出了郑重告诫。该观点的支持者认为,1945年后福利国家的成功产生了一种转变后的制度环境,为福利国家的进一步发展提供了环境条件。这种转变的关键因素是出现了强大的针对特定方案的福利国家受益对象和专业组织的支持群体,他们对维护福利国家现状具有强烈的兴趣。正是这些利益成为反对任何福利国家削减计划的政治抗议的主要源头。"新政治论"文献也认为,社会立法中的削减政治与福利国家的扩张政治有所不同。福利国家扩张通常会产生一种非常受欢迎的信贷政治,主张扩大社会权利和提高福利,而福利国家的紧缩通常会冒犯广大选民,尤其是福利国家的受益对象和有组织的利益群体。因此,对于那些选择紧缩或重新调整社会政策的人来说,谨求不被责备而不是追求信用就成为他们的口号。"新政治论"的另一个主张是,在福利国家紧缩和福利捍卫的新背景下,政党可利用的回旋余地大大缩小。

欧洲化和全球化的进程也是共同的趋势,这进一步限制了党派对福利国家的影响。然而,欧洲化和全球化所产生的适应性要求的强弱程度是有争议的。有学派认为,适应性要求很强,最终导致政策趋同;另一种观点表明,适应的时间和程度随着以州为基础的国家制度和行动者族群而变化(Castles,2007a;Zohlnhöfer,2009)。

虽然在福利国家紧缩和全球化的时代,党派对福利国家的影响可能已经减弱,但它们绝不会消失(Siegel,2002;Castles,2007a;Obinger and Tálos,2006;Rueda,2008)。例如,政党在对外部变化作出反应的适应进程的时间和内容方面仍然存在差异。德国、英国、丹麦和荷兰的比较表明,社会民主党回应外部适应要求的时间滞后较长,因为这种变化要求这些政党特别是在选举中对公共政策进行有风险的改变(Zohlnhöfer,2009)。此外,适应全球化的类型因政府的党派构成而异。如今,各种各样的社会民主政府都倾向于对人力资本进行投资,从而投资于经济的供给方面,而不是像20世纪60年代和70年代那样以需求为导向的国家干预(Boix,1998;Zohlnhöfer,2009)。

对社会权利的研究也发现了持久的党派效应。与声称党派关系对福利国家承诺几乎没有影响的说法相反,阿兰和斯克鲁格斯(Allan and Scruggs,2004:496)的研究表明,"传统的党派关系在紧缩时期对福利国家的权利仍有相当大的影响"。尼加德(Nygard)对北欧国家的研究支持了这一观点:社会民主党和左翼政党仍然是"北欧福利模式"的最主要捍卫者;而右翼人士对福利国家的扩张变得更加犹豫(Nygard,2006:356)。在第三个例子中,科尔皮和帕尔默(Korpi and Palme)在1975—1995年间对18个经合组织国家进行了比较,也指出党派对福利国家紧缩的影响:"在内阁中有左翼代表的情况下,大幅削减开支的风险显著降低,而世俗的中间保守派政府则相反"(Korpi and Palme,2003:441)。虽然如基督教民主党派等宗教党派(忏悔党)过去常常要为大规模的福利国家扩张负责,但是在紧缩和福利国家倒退时期,它们一直处于左派政府和世俗中右派政府之间的中间位置(Korpi and Palme,2003)。

党派效应也可能与其他变量交互作用,如否决权执行人或否决立场(Starke,2008)以及福利国家的类型等(Siegel,2002)。例如,与自由主义和社会民主主义福利国家相比,社团主义类型的福利国家和中间党派的福利国家可能被证明对大幅削减更具韧性。这确实是对 1990 年以来 OECD 国家的财政整固,包括整固社会预算,进行比较研究后得出的一项重要成果(Wagschal and Wenzelburger,2008)。这项研究指出,从亲市场的意识形态来看,新西兰等自由福利国家削减开支是合理的,而社会民主福利国家的决策者则将削减社会支出与应对国家财政危机的迫切需求联系在一起。相比之下,保守政权的财政整固更为有限,因为社会保险是保守型福利国家的一个关键体制特征,其导致社会权利和社会支出强烈的路径依赖性发展。

瓦格沙尔-温泽尔伯格(Wagschal-Wenzelberger)的研究还发现了另外两种党派效应。两者在本质上都是间接的,并对财政整固的两个关键预测因素即财政压力和福利国家类型产生影响。财政压力有许多原因,但显而易见的原因是,执政的左派政党对于慷慨的社会支出的偏好。福利国家政权到处都浸渍着党派效应(Esping-Andersen,1990)。"社会民主福利国家"裹挟着社会民主政策效应;"自由福利国家",如果没有世俗的中右翼政党的影响,是不可想象的;而"保守的福利国家"清楚地反映了两类亲福利政党的长期影响,一个是社会民主派系,另一个是基督教民主之源。

党派群体与福利国家

总的来说,文献的回顾梳理和对党派与社会政策现有数据的分析表明,党派理论在经济发达的民主国家福利比较研究中仍然是一个有价值的工具,表 14-3 总结了此处分析的国家中各党派之间的重要差异。党派效应在福利国家扩张时期是最强的,并在那一时期形成了独特的福利国家制度。尽管如此,在各种各样的福利国家紧缩案例中,党派效应也没有消失不见。例如,左派政党接受紧缩的程度明显低得多,而且紧缩也没有出现在激进的社会主义和共产主义政党的议程上。相比之下,世俗保守派和自由派政府更有可能考虑削减社会转移支付和服务,以巩固预算或减税。

政党之间的巨大差异也体现了国家与市场之间的劳动分配以及福利生产中公私混合的特征。左派政党支持以国家为中心的政策立场,只在一定程度上接受私人社会(保障)政策。相比之下,中间派政党、自由派政党,尤其是世俗保守派政党,都做出了对市场有利的社会政策选择,并为自愿的私人社会(保障)政策提供了相当大的行动余地。这是导致英语国家大家庭中出现斯堪的纳维亚福利资本主义世界与"自由资本主义"世界(Hall and Soskice, 2001a)的主要原因。

在社会(保障)预算的融资来源上,也存在重大的政党差异。左翼激进政党支持以税收为基础的资金和高度累进的税收。较为温和的左翼政党,如社会民主党派,强调社会保险缴款和以税收为基础的资金的结合,而中间党派一方面倾向于劳动和资本的社会保险缴费,另一方面倾向于较高水平的强制性私人社会(保障)支出和自愿性社会(保障)支出。最后,对私人社会(保障)政策的强烈偏好是自由主义党派和大多数世俗保守派党派的特征。然而,后两类政党都倾向于将税收而不是缴款作为"自由主义福利国家计划"的主要资金来源。

在研究福利国家的党派影响时,两个党派基本上是被忽视的:农民党和民族民粹主义政党。农民党可能成为特别强大的亲福利主体,尤其是在与社会民主联盟伙伴组成红绿联盟的背景下(Manow, 2007),他们往往选择通过对城市人口征税来为福利国家融资。民族民粹主义政党也倾向于将税收作为社会(保障)预算的主要来源,因为它们期望的是,以税收为基础的福利国家供给,能使国家特别是民族民粹主义政党更加引人注目和更受欢迎。

表 14-3　　20 世纪 50 年代中期以来主要政党派系的社会政策立场

事件/政党派系	雄心勃勃的社会保护的促进者或反对者	福利国家所偏好的融资来源	社会保障公私混合的立场	去商品化的立场	福利国家紧缩的促进者或反对者	其他福利国家议题
(1)激进社会主义或共产主义政党	促进者	收入和财富累进税	促进以国家为中心的各种类型	强力促进者	反对者	促进就业保障和保护主义的对外经济政策
(2)社会民主党	促进者	税收和社会保险缴费	促进以国家为中心的类型；私人社会政策可视为社会保障第三或第四支柱	强力促进者	大部分是反对者，仅在一些例外情况下是支持者	支持扩大就业和就业保护政策(很多国家)，支持教育投资
(3)宗教中心政党	促进者(尤其在经济快速增长时期)	社会保险缴费和(自愿和强制的)私营基金	支持均衡的公私混合	支持社会保险会员	部分促进者，部分反对者	支持补贴和社会政策上限
(4)民粹主义政党	促进者	税收	支持以国家为中心的各种类型	促进者(对于国家劳动而言)	主要是反对者	支持社会保护和保护主义的对外经济政策
(5)农民党	促进者——如果成本外化	主要是对城市纳税人征税	无所谓——如果成本外化可行	促进者	反对者	支持社会保护和保护主义的对外经济政策
(6)世俗保守党	反对者	(自愿的和强制的)私营基金和以税收为基础的自由主义福利国家政体	支持强有力的私人社会政策和简约型福利国家	反对者	促进者	反对工会和刚性工作保护
(7)自由党	反对者	支持私人的、资本投资的社会保障安排	支持强有力的私人社会政策和简约型福利国家	反对者	促进者	反对工会,支持平等的就业政策
(8)绿党	部分支持,部分反对	税收	支持慷慨的社会保护,接受私人社会政策的适度作用	支持基本的社会收入	不关心	支持包容的社会政策；支持边缘群体和反歧视

资料来源：表 14-3 的政策角色是参考文章和 Schmidt(2005)。

结　论

　　政党和福利国家之间的关系模式是明确的：大小、强弱不等的党派效应影响了福利国家的结构、扩张和紧缩。这并不排除政党政策立场的重大变化,例如,在20世纪90年代英国转向新工党。但是,政党在政策立场上的重大变化相对罕见,其中大多数都比趋同理论的支持者所预测的要渐进得多。拉韦尔和亨特(Laver and Hunt,1992)与伯诺伊特和拉韦尔(Benoit and Laver,2006)记录的政党在社会(保障)政策立场上的显著连续性支持了这一观点。其余不连续性的政策立场不应掩盖政党与福利国家之间关系的基本模式。对于这里所讨论的国家,是经济上发达的西方民主国家,其基本模式是由政党组成,这些政党对公共政策的形成,特别是对福利国家的形成产生重大影响。

第15章 政治体制

艾伦·M·伊默古特(Ellen M·Immergut)

引　言

　　正如本手册中的所有篇幅所证明的那样,福利国家比较旨在回答特定的难题。因此,一个具体问题决定了案例选择的范围、研究的时间框架以及作为因变量的福利国家结果。国家和政治机构也是如此。它们是如何定义和衡量的,人们选择什么作为研究的自变量和因变量,以及希望用何种方法,都取决于将要提出的关于福利国家的具体问题。此章勾勒了不断变化的研究问题,促使人们对过去几十年来国家结构和政治体制对福利国家的影响进行研究。它特别关注研究人员在定量和定性分析中如何操作政治制度和国家结构。它从国家中心法开始,走向新的制度主义,并以制度主义研究的新方向结束。实际上,正如我们将看到的,已经由对国家结构的广泛的、比较的历史研究转向更狭隘地关注于特定政治制度的影响。然而,这一研究领域的未来潜力很可能取决于对国家和政治制度研究的重新开放和扩大,以考虑跨国、比较历史问题,这一系列关于福利国家的研究就是从这些问题开始的。

国家中心法

　　关于国家结构和政治制度在福利国家的出现、扩张以及衰退中所起作用的当代理论,如果不参考引起人们对战后福利国家进行研究的兴趣的更多的辩论,就无法理解。从20世纪70年代后期开始,人们对国家在福利国家发展中的作用的兴趣与对国家的兴趣普遍复苏有关,这既是对政治和政治发展的多元理论的回应,也是对马克思主义国家理论的回应。多元政治观点认为(在开放的政治体制中),当市民被反复出现的问题所困扰时,利益集团会自发地形成,这些集团会向政府施压,要求政府制定政策来解决这些问题。为了应对持续的利益集团斗争,政府将逐步改进这些政策,使得政府的所有活动都可以用利益集团压力的平衡来解释——包括来自无组织或"潜在"利益集团的压力。对于福利国家来说,这意味着社会政策只是对社会需求的回应,因为政治权利可以用来施压政府对社会需要做出回应。然而,关于这一论点,一种令人惊讶的反转观点是,趋同理论认为,所有政府——无论是民主的还是专制的——都需要解决这些功能主义需求,因此,福利国家支出可以根据可用于社会支出的资源(国民生产总值的规模)和社会需求(65岁以上人口的百分比)以及社会保障制度的年限来进行预测(Wilensky,1975)。无论是在利益集团还是在功能主义派别上,多元主义观点都将社会需求和经济发展视为福利国家慷慨的决定因素。

20世纪60年代末70年代初,随着人们对马克思主义理论兴趣的复苏,出现了第二种功能主义。马克思主义的功能主义认为,资本主义国家起着支持资本主义制度的作用。然而,究竟如何看待国家内部的行为人——作为资本家的代表还是作为中立的管理者——是激烈辩论的主题,也是公务员和政客知道为实施资本目标而推出哪些政策的过程。福利国家政策是这场辩论的重要部分,因为福利国家政策可以解释为民主政治可以弥补资本主义不平等的证据,也可以说成是资本主义能够进行面上改革的标志,即便这种改革并不威胁到资本主义制度本身。事实上,一些作者认为福利国家是跨阶级联盟的产物,在短期内使资本主义合理化,但最终会破坏资本主义积累和合法化的条件(Block,1984;Gough,1979;Offe,1984)。

对多元主义和马克思主义的功能主义的这些大胆宣言的一个回应是关于"政治重要吗?"的辩论,其重点是左派政党和党派政治的作用,以及利益集团中介作用的社团主义模式(Castles,1982a;Schmidt,1996;Wilensky,1981;另见上文第 14 章),如果比较范围缩小到"富裕民主国家",则其影响将更加明显(Wilensky,2002)。第二个回应是"冲突理论"的发展,这是马克思主义和多元主义政治观点的韦伯式替代,它将国家和社会政策的发展视为政治竞争的产物,包括社会阶层的竞争。趋同理论所采用的定量、大样本检验和假设因果变量之间存在连续关系的形式饱受争议,与此对应的是,冲突理论关注特定国家或地区轨迹的重要性,以及历史上特定国家和社会结构在解释政治发展和福利国家出现时的作用。比较案例研究对于反驳福利国家是作为对民主或社会需求的回应的观点至关重要,因为在专制国家,社会权利是被作为政治权利的备选替代品而得以引入的(Flora and Alber,1981)。

冲突理论对多元主义提出了挑战,指出多元主义政治是发生在不平等的竞争环境中,这种不公平的竞争环境尤其由国家所发挥的独立和强大的作用所构成。从与马克思主义的理论交锋中,冲突理论家发展出一系列以阶级为中心的关于福利国家政治的观点,但同时也对国家的相对自治有所赞赏。阶级和政党之间或者不同经济部门的工人和雇主之间的联盟——基于阶级的利益和基于阶级的政治,也称为"民主的阶级斗争"——对于解释福利国家发展中的差异很重要(Esping-Andersen,1990;Korpi,1983;Stephens,1979)。然而,一旦实施,这些政策将通过为阶级行为者提供政治和思想资源,如信奉社会权利,来影响阶级利益的动员(Esping-Anderse and Korpi,1984)。与此同时,资本主义国家的研究重新发现了熊彼特(Schumpeter)(Myles,1984)所强调的国家"财政利益"以及一个相对自治的国家在稳定开放经济市场条件方面的作用(Cameron,1978;Stephens,1979)。因此,这种与阶级理论的交锋也促成对国家结构和行为者、政治发展的顺序以及公共政策的反馈效应产生了兴趣。

斯科柯波尔(Skocpol)在《引领国家回归》(*Bringing the State Back In*,1985)一书的导言中,可能最直接、更清楚地表达了这种观点。在这里,斯科柯波尔指出,政治科学和社会学的一系列研究受到了麦克斯·韦伯和奥托·辛策(Max Weber and Otto Hintze)的观点的影响。他们认为,国家是控制领土及从事跨国冲突和跨国关系协调的组织:

> 将国家视为控制领土的组织,使我们偏离了所有政体共同的基本特征,转而考虑国家的结构和行动受历史上不断变化的跨国环境

制约的各种方式。这些情况通过国家间支配和竞争的地缘政治关系,通过公共政策理想和模式的国际交流,通过世界经济贸易模式、生产活动分工、投资流动和国际金融,对各个国家产生影响。各国必然处在国内社会政治秩序与跨国关系的交叉路口。为了生存和谋求对其他国家的相对优势,它们必须要有所行动(1985:8)。

因此,人们可以把国家看作行动者,以及由官员组成的机构,他们的利益、思想和能力取决于国家的组织和国际地位。此外,国家不仅明确肯定了要"相对"自治,而且(如 Tocquevillian 的观点)影响了社会行动者的组织、目标和资源,无论这些行动者是被看作阶级、群体还是阶层。作为这种观点影响的更具体的一个例子是,斯科柯波尔转向赫克罗(Heclo,1974)的研究。该研究声称,英国和瑞典的养老金政策是由"受困于"老年收入保障问题的公务员所塑造的,因此是由"自主"的国家行动者所决定的,而不是更广泛理解到的利益集团谈判或阶级冲突的结果。

在更为结构化的层面,亨廷顿(Huntington,1971)分析了美国政治发展的特定模式如何留下了一个"都铎王朝式"的法院和政党国家,而不是一个韦伯主义路线的集权式官僚国家,为国家结构如何影响政策发展提供了一个很好的例子。作为政治发展早期阶段的结果,罗斯福只能依靠足够的国家能力在农业领域进行大规模的政府干预,而这正是他 30 年代"新政"开始的地方。政治发展的特殊模式也对政党的发展产生影响,这些政党突破了软弱的官僚制度而创造了一种政党分肥制,使美国 19 世纪后期在内战养老金方面的社会政策屈从于选举机器的意志(Skocpol,1992)。因此,这一政策遗产在第二次世界大战期间对美国福利国家的进一步发展起到了刹车作用,当时许多欧洲国家在一种宽泛的基础上引进了社会保险(Orloff and Skocpol,1984)。国家结构和政策遗产也影响到政策思想观念的发展、利益集团需求的形成和政策联盟的发展,例如,在大萧条期间凯恩斯主义思想和政策的传播(Weir and Skocpol,1985)。

新制度主义与福利国家

马克和奥尔森(March and Olsen,1984)在标志着他们研究转向的文章中采用了"以国家为中心"的方法,指向政治科学中"新制度主义"的发展。这是将重点从国家转移到聚焦政治体制的开始,因此,也从对国家进行更广泛的社会学分析转向更狭隘地关注民主政治制度对公共政策的影响。与此同时,在摆脱国家本位的过程中,制度主义的政治观点更多地聚焦于机构、特征和问题解释,而不是之前的"以国家为中心"的方法(Immergut,2005)。

理想类型的体制

考量政治制度对公共政策和政府支出影响的一种方法是将政治制度分组为基本类型。这些类型中最有影响力的是利杰法德(Lijphardt)对多数主义民主与共识民主之间的区分(Lijphardt,1999)。多数主义民主体制的特点是允许一个政党获得多数政治代表权,并利用这一多数权力制定政策;相反,共识民主政体的特点是允许少数群体获得政治代表权和行使政治权力的一系列制度,从而能够阻止多数派群体忽视他们的偏好和利益。因此,在共识民主国家,政府必须考虑广泛的偏好和利益,根据利杰法德的观点,这使得这些民主国家成为更为包容的福利国家(1999:294)。定义共识民主的具体制度可以分为分散行政权力的制度[利杰法德(Lijphardt)称之为"执行党派"的维度],以及向国家层面政府之外的权力中心提供决策权的制度("联邦主义－单一主义"维度)。

佩尔松和塔贝里尼(Persson and Tabellini,1999)构建了一种用于理解制度对政策结果影响的竞争性分类法。他们的分类法基于两个独立的变量:选举制度的类型(比例制或多数制)和政权类型(总统制或议会制)。与利杰法德相比,佩尔松和塔贝里尼更进一步解释了政治制度如何有利于特定的政策结果,因为他们关注的是政治制度的微观激励。他们认为,赢得比例代表制选举的关键是赢得更多的选票,但在单成员选举制度中,关键是要最大化选区数量。因此,单成员选区制度中的政客应该偏爱的分配政策是,分配给选民的税收超过其缴纳的税款,而且这些政策集中在一个地区。另外,赋权方案不能只针对特定的选区,因此对在比例代表制中竞选职位的政客更具吸引力。此外,佩尔松和塔贝里尼认为,由于总统制为选民提供了一个明确的增税归责人,总统将倾向于否决增税,而议会制度的分散责任往往允许更多的增税。综合这两个因素,他们认为,当两个因素共同作用时,政府的规模应该最大。换句话说,在一个基于比例代表制的议会体制中政府的规模应该是最大的。

政治格局/形态

类型学为我们提供了一种有用的启发式方法,用于识别政治体制的关键特征,并将这些特征与特定的政治模式联系起来。然而,它们非常容易受到错误案例设定的影响,并且它们本质上是静态的,因为全面的宪法更改很少发生。因此,一些学者认为,人们应该将政治制度视为动态的"政治格局",这种格局随政治多数和政治偏好的变化而变化。泽贝里斯(Tsebelis,1995)从"否决权行使者"的角度理解政治格局。对于泽贝里斯来说,一个否决权行使者是任何立法必须得到其同意才能通过的政治行为者。行使否决权的可能是党派或机构。党派否决权的行使者是政府中的党派。机构否决权行使者是必须其同意立法才能通过的任何机构,如第二议院。然而,不是所有的否决权行使者都是平等的。党派否决者中,只有两方在某一问题上立场分歧最大——也就是最遥远的立场——才是有意义的。原因是,如果两个最遥远的政党可以就一项立法达成一致,则所有"中间"各方也应当同意一项给定的提案。同样,一个机构型否决权行使者只有在与政府有不同立场的程度上才是有意义的,否则,它就被认为是"被吸收同化了"。例如,如果美国总统、众议院和参议院都由一党控制,则我们不指望这三个"潜在"机构否决权行使者阻止彼此的决定,因此,在这种格局中没有相关的机构否决权行使者。否决权行使者的分析旨在解释政府通过特定法律的能力差异,从而预测政策变化的可能性。

同样,伊默古特(Immergut,1992b)关注的是由宪法规则和政治结果相互作用而产生的制度否决点。否决点本质上是从另一个角度来看机构否决者。与机构否决权行使者的情况一样,重要的是政治舞台是否符合宪法规定资格否决一项提案,以及该领域的多数派与政府的多数派是否不同。因此,否决点分析也区分了"潜在"的和相关否决点。潜在的否决点是第二议院、宪法法院和公投。此外,当政府缺乏议会多数席位时,议会的第一议院就是一个否决点。关于某些经合组织国家的否决点和否决者的概述,见表15-1。正如表15-1所示,选举结果和宪法规则在设定否决点方面的结合意味着,特定政治制度中否决点的数量和位置会随政治格局的变化而变化。此外,否决权本身并不能否决任何东西;相反,它们被立法的反对者用来阻止立法。因此,否决点分析是动态的,取决于政治多数和政治偏好,包括利益集团的政治偏好。

对福利国家发展的若干研究表明,宪法否决点对于某些利益群体来说是至关重要的,因为他们希望阻止政府在卫生和其他社会政策领域的更大干预。然而,与此同时,这些作者也指出了其他必须考虑的变量,如政党的类型(Maioni,1998;Obinger,1998),随时间变化的反馈效应(Hacker,1998)和扩散效应(Brooks,2009)。所有这些将在下面进行更深入的讨论。此外,否决点的影响随着时间和政策领域的不同而发生变化,这表明历史的偶然性和其他更复杂的情境因果关系模式的重要性(Tuohy,1999)。地理环境也可能很重要。对拉丁美洲退休金政治的研究表明其支持否决点分析路径:在否决点有利于利益集团或党派反对私有化的情况下,退休金私有化更加困难(Brooks,2002;Kay,1999)。然而,在西欧,政治家们实际上已经成功地在具有强势的否决点和许多否决权行使者的体制中引入养老金改革(Bonoli,2000a;Immergut et al.,2007)。这样做的一个原因可能是,当政府不能通过政治决策过程迫使变革时,他们必须为改革引发社会共识,这可能比采取自上而下的决策紧随之后就是公众抗议的模式更有效(Baccaro,2002;Natali and Rhodes,2004;Schludi,2005)。然而,在成熟的民主国家,共识的产生可能更重要。因此,否决点理论对于两次世界大战之间和战后初期的西欧以及今天的拉丁美洲更具适用性。

表 15—1 选定的经合组织国家的否决点和否决权行使者(1980—2005 年)

国　家	潜在的机构否决点[a]	合并后的机构否决点[b]	典型政体	机构否决点 范围	机构否决点 均值	政党否决权行使者 范围	政党否决权行使者 均值	政府政党之间最大的政策距离[c] 范围	政府政党之间最大的政策距离[c] 均值
澳大利亚	两院制 联邦制 高等法院 公投	参议院,高等法院	一党或两党多数	1—2	1.92	1—2	1.5	0—14.5	3.5
奥地利	宪法法院 联邦制	宪法法院	一党或两党多数	0—1	0.56	1—2	1.85	0—36.3	21.4
比利时	两院制 联邦制	无	多党剩余多数	0	0	4—6	4.58	11.5—55.6	26.3

续表

国　家	潜在的机构否决点[a]	合并后的机构否决点[b]	典型政体	机构否决点 范围	机构否决点 均值	政党否决权行使者 范围	政党否决权行使者 均值	政府政党之间最大的政策距离[c] 范围	政府政党之间最大的政策距离[c] 均值
加拿大	最高法院 联邦制 单成员选区（SMDs）	联合决策[d]	主要是一党多数	0—2	1.6	1	1	0	0
丹麦	公投	议会制	多党多数	0—1	0.94	1—4	2.64	0—50.5	17.4
芬兰	总统制（1999年之前）	总统制（1999年之前），议会制	多党剩余多数	0—2	1.29	3—5	4.12	8.9—79.0	39.5
法国	总统 两院制 宪法法院 公投 SMD's	总统 宪法法院	一党或多党多数	1—2	1.34	1—3	2.07	0—32.9	14.1
德国	两院制 宪法法院 联邦制	第二议院 宪法法院	多党多数	0—2	1.70	2—3	2.56	1.3—28.3	17.3
希腊	无	无	主要是一党多数	0	0	1—3	1.04	0—58.7	1.4
爱尔兰	最高法院 公投	议会，公投	一党或多党多数（少数）	0—2	0.95	1—3	1.78	0—54.1	15.9
意大利	两院制	下议院，参议院	多党少数/多数	0—2	0.24	1—8	5.12	0—41.5	20.7
日本	两院制	众议院	1993年之前是一党多数，之后主要是多党多数	0—1	0.14	1—7	1.95	0—29.3	5.32
卢森堡	国家议会 宪法法院	无	多党多数	0	0	2	2	2.7—21.6	11.6
荷兰	两院制	第一议院，第二议院	多党多数（少数）	0—2	0.03	2—3	2.43	2.8—32.7	18.7
新西兰	1993年之前SMDs	众议院	1993年之前是一党多数，之后主要是多党多数	0—1	0.38	1—2	1.30	0—29.63	4.79
葡萄牙	总统 宪法法院 公投	总统 议会 宪法法院	一党或多党多数（少数）	1—3	1.86	0—3	1.44	0—15.0	2.3

续表

国　家	潜在的机构否决点[a]	合并后的机构否决点[b]	典型政体	机构否决点 范围	机构否决点 均值	政党否决权行使者 范围	政党否决权行使者 均值	政府政党之间最大的政策距离[c] 范围	政府政党之间最大的政策距离[c] 均值
西班牙	宪法法院	议会下院	一党多数/少数	0—1	0.45	1	1	0	0
瑞典	除议会外无	议会	一党少数或多党多数/少数	0—1	0.94	1—4	1.52	0—44.4	7.8
瑞士	执行合议庭 两院制 联邦法院 联邦制 公投	公投	四党剩余多数	1	1	4	4	20.5—80.1	52.7
英国	SMDs	无	一党	0	0	1	1	0	0
美国	总统 两院制 最高法院 联邦制 SMDs	总统 众议院 参议院	一党	1—4	3.69	1	1	0	0

资料来源：国家部分和国家的数据来源于伊默古特（Immergut，2007）等；克林格曼（Klingemann，2006）等；奥宾格（Obinger，2005）等。

注：a 表示此列仅列出休伯、拉金和斯蒂芬斯（Huber, Ragin, and Stephens，1993）提到的机构，不包括议会第一议院，它们只是政府在其中不占多数的情况下才是一个否决点。由于休伯、拉金和斯蒂芬斯对否决点的编排包括单成员选区，因此这里也包括这种机构特征，尽管也许选举制度应被视为政治竞争制度的一部分而不是否决点。很大程度上遵循休伯、拉金和斯蒂芬斯的编排决定，只有在经常被用来否决法律的情况下才会列出公投，这也符合泽贝里斯（Tsebelis，1995）的讨论。然而，当政府能够控制公投的呼声时，就会出现合并，这样就使得瑞士成为唯一一个将公投作为积极否决点的国家，这也与休伯、拉金和斯蒂芬斯的编排是一致的。取代休伯、拉金和斯蒂芬斯后期关于司法审查的研究，我们只提到那些实际上经常否决法律的法院，因此比一般的司法审查更直接地关注宪法法院。

b 表示此列来源于伊默古特等（Immergut，2007）的研究，考虑了每一种政治格局下的多数派状况，以决定在某个特殊时刻否决点是开放还是关闭。这里的程序与泽贝里斯（Tsebelis，1995）使用的程序相同，只是考虑将第一议院作为少数派政府的否决点。党派否决权行使者遵循泽贝里斯（Tsebelis，1995）的研究。

c 表示政府中最疏离的两个政党之间的差异，基于政党宣言研究小组对于党派左—右属性的界定（Klingemann et al.，2006）。

d 表示奥宾格（Obinger et al.，2005）的加拿大部分。

多变量分析

致力于验证国家结构和政治制度对福利国家结果的影响的量化方法受到

休伯、拉金和斯蒂芬斯(Huber,Ragin,and Stephens)研究的高度影响(Huber et al.,1993)。以前使国家结构运作的努力仅限于国家行政管理能力,即国家中央集权、社会保障计划的年龄、政府人事的预算权重和官僚世袭制的传统(Hicks and Swank,1992;Pampel and Williamson,1989;Wilensky,1981,1975)。相反,休伯(Huber)等重点关注制度对政治决策的影响,因此关注的是社会行为者对国家施压的能力,既基于多数民主制与共识民主制的区别,又基于否决点分析,它们将对政府行为(联邦制、总统制、两院制、公民投票)或议会代表制(单一成员选区)形成障碍的制度僵硬性纳入一套宪法结构的指标中。他们发现,在控制了党派属性后,这些体制障碍确实减缓了福利国家扩张阶段社会支出的增长,但对紧缩阶段的努力只产生了适度的影响(Huberh and Stephens,2001a)。施密特(Schmidt)也调查了机构否决点和党派属性对社会(保障)支出的影响(甚至扩大了机构否决权行使者名单,使其包括中央银行和欧盟成员国),发现它们对福利国家的扩张和紧缩都起着重要的遏制作用(2002a)。一些学者将工会和雇主协会视为"否决点",因为他们在社会保险管理中的作用可能会使他们处于否决政策的地位(Ebbinghaus and Hassel,2000)。但是,我认为,最好只考虑政治机构作为否决点,并将社会利益集团和经济进程(例如,经济一体化)作为独立变量来分析其极为重要的作用。阿米根(Armingeon,2002)将政策阻碍的来源分为几个维度,认为必须将反多数主义机构(否决点或机构否决权行使者)与联盟主义机构(联合政府或党派否决权行使者)的影响分开考虑,因为否决点首先遏制了社会(保障)支出的增长,而联合机构有助于协商福利国家的削减(另见Birchfield and Crepaz,1998中关于竞争性和自愿否决的讨论)。

随着时间的推移,制度的影响可能具有累积效应,斯万克(Swank)称之为"二阶效应"(2002)。"包容性"的选举制度,例如,比例代表制(以及相关的更高的有效政党数量)对福利国家的原始扩张很重要,因此与享有高度民众支持的福利国家紧密相随。同时,比例代表制允许当代福利国家的维护者有更多的形成政治影响的机会。同样,机构否决点直接和间接地影响当前的紧缩政治。它们的直接效果是允许削减方案的反对者阻止紧缩;但是由于他们过去的影响首先阻碍了扩张福利国家的发展,他们也与更多的"自由"福利国家相关联,这些国家享有较少的公共支持,因此更容易削减(2002:56—8)。因此,机构对政治联盟,甚至对有利于公众对福利国家的承诺的规范和价值观,都具有长期影响。

单一制度和制度起源

经过一段时间对紧缩政治和福利国家新政治的关注,人们现在能够观察到的是,一场运动又转回去重点关注福利国家的起源和发展,以及关注个别政治制度本身的起源(参见上文第 12 章的讨论)。目前关注的一个焦点是联邦制。所有关于联邦主义的研究都表明,联邦制的标签必须进一步明确,以准确阐明联邦机制对政治和行政决策的影响。联邦主义政治的一个重要特征是广泛使用强大的第二议院(强大的两院制)以及宪法法院和(较不常见的)公民投票,这些正是政治决策的阻断之地(Obinger et al.,2005a)。第二个关键的方面是"财政联邦制",即各司法管辖区在多大程度上享有财政独立性,并受到财政竞争的制约,事实上也就是财政收入筹集和分配的实质(Rodden,2006)。只有在财政联邦主义导致税收竞争制度中的直接税收责任和/或政治障碍积极活跃时,联邦制才会对福利国家产生负面影响。此外,如前所述,财政安排和制度否决点的影响,取决于政党政治、联盟以及先前政策与当前政治利益之间的反馈——简要而言,取决于政治环境。此外,政治和利益集团战略被发现可以绕过联邦对福利国家扩张的限制或对福利国家改革的阻碍(Hacker,2002;Maioni,1998;Obinger et al.,2005a)。最后,联邦主义(再次结合特定的政党制度)不仅可以对福利国家产生影响,而且可以影响利益集团组织及其架构,从而通过改变政治行为者的架构来影响福利国家的政治(Martin and Swank,2008)。

选举制度

尽管在早期的关于对福利国家的出现和福利丰厚程度的定量研究中选举制度已被包含在内(Huber et al.,1993),但它现在正重新成为分析的焦点。库萨克、埃斯特韦斯—阿贝、艾弗森和索斯基斯(Cusack,Estévez-Abe,Iversen and Soskice)都指出了比例代表制、协调的市场经济和社会政策之间的联系

(Cusack et al.，2007；Estévez-Abe et al.，2001）。他们认为，比例代表制使得利益集团更偏好丰厚的社会工资，鼓励人力资本的形成，以及提供大量的就业保护，从而实现更好的政治代表性。他们的观点的关键在于，比例代表制允许（当选者）代表更多的利益，因此中产阶级和工人阶级选民之间的联盟倾向于有利于中产阶级的再分配，这比在多数制下更容易出现。同样，林奇（Lynch，2006）认为，决策者能否使职业福利制度现代化，使之包括所有公民，并更平等地涵盖整个生命周期的风险，这取决于选举博弈的规则——政治家用来吸引选民的是所提出的方案还是客户中心主义——以及方案架构。克尔斯伯格（Kersbergen）和马诺（Manow）将选举制度的分析与社会分裂相结合，以解释不同类型福利国家的发展（van Kersbergen and Manow，2009）。比例代表制与斯堪的纳维亚国家的城乡分裂相结合，使农业利益成为联盟伙伴的核心，因此，这是造成所谓的"社会民主"福利世界的普遍福利国家的原因。比例代表制与欧洲大陆政教分离相结合，产生了基督教民主型或"保守"型福利国家，其强调的重点是辅助性和维持既得利益。相反，多数主义选举制度导致更少的再分配，从而产生了"自由主义"福利国家。

总统制和政体

对另一些体制的实证研究刚刚起步，对于将福利国家研究的视角扩大到欧盟的超国家政治并将拉丁美洲和东欧的新兴民主国家包括进来，意义重大。依据总统制与议会制政体的研究文献，如何对待总统职位是理解体制对社会政策影响的一个重要问题（Huber et al.，1993；Huber and Stephens，2001a）。此外，休伯（Huber）等人最近关于拉丁美洲社会（保障）支出的研究（2008）表明，对这个地区而言，政体——无论是民主的还是专制的——对福利国家支出都至关重要。鉴于越来越多的证据表明专制政权持续存在，对政治体制更多的关注对于将福利国家研究的议程从最初的地理重点转移到西欧和经合组织国家之外非常重要。同样，鉴于司法政治在欧盟的突出作用，以及人们越来越关心作为解决移民和包容问题的世界性公民权利，法院对社会（保障）政策的影响似乎是一个有前途的研究前沿。

第 15 章 政治体制

更宽泛的体制效应视角

最近关于对福利国家体制效应的研究已经扩大了体制的视角,从正式的政治体制扩大到更广泛的国家能力、政策遗产以及先前以国家为中心的路径所强调的社会动员——简而言之,扩大到福利国家本身就是一套体制。一个重要的研究方向是体制的时段反馈效应。正如"新政治"方法所建议的那样,福利国家体制不仅创造了它们自己的支持者,而且对时间维度的关注可以证明事件序列对福利国家政治的影响,而这在变量式方法中是很难捕获的(P. Pierson, 2004)。以前的政治决策可能造就福利国家发展中的分水岭——如美国在第二次世界大战后未能扩展普遍福利国家后对职业福利的重视——然后随着私营保险公司、工会和雇主适应新的制度现实,产生一系列新的行动者和利益(Hacker, 1998)。此外,体制变革可能通过"非立法"手段发生——这是一个尴尬的术语,意味着改变政策的非政治手段可能是高度政治性的,即使它不是作为政治决策提出的。这些"手段"包括增加政府赤字,以致未来的福利国家的扩张无法进行(Paul Pierson 的"制度性削减", 1994)或将风险私有化并允许政策"自然渐变"(Hacker, 2004a)。

先前的政策会影响国家的行政能力,从而影响福利国家扩张和重新调整的基础,包括不仅取决于政府,而且还取决于社会行为者支持的政策,例如,激活和培训政策(Martin and Thelen, 2007)。反馈效应不仅会影响行为者的政治动员程度和对自身利益的认识,而且可能引出对体制规范性理据的信念(Rothstein, 1998)。此外,通过对公民进行分类,福利国家不仅对社会分层作出反应,而且实际上通过其分类影响分层。较早的关于福利国家的研究认识到在欧洲大陆福利国家中地位类别的重要性,即工人、薪金雇员和公务员之间的区别(Kocka, 1981)。更新的研究转向福利国家在种族、民族和性别问题上划分"自我"和"他人"的影响(Lieberman, 2005; Naumann, 2005)。因此,福利国家的政治和政策不仅影响利益的组织及其在政治中的表达,而且可以重塑社会类别并重新确定政治冲突的类别。

结 论

从这项关于国家结构和政治体制对福利国家影响的调查中,我们看到体制对福利国家结构和结果产生了重大影响。体制上的否决点为出于各种原因而反对扩大社会(保障)权利的行为者提供了政治决策上的杠杆作用,因此,与福利国家更受限制和政府支出水平更低有关。通过允许反对政府干预的利益集团有机会阻决政策,否决点对社会(保障)供给中的公私混合产生了重大影响。另外,党派否决权行使者在福利国家紧缩政治中更加重要,特别是他们不是靠阻止立法,而通过帮助为政策变革形成社会共识。

然而,体制效应是互动效应,因此,如果不关注政治行为者的偏好,就无法预测。此外,由于在这些体制内做出的制度和政治决策影响到有组织行为者群体、公民的偏好和国家的能力,因此,必须随着时间的推移研究体制效应,并要敏锐地意识到这种效应会随时间而改变。此外,体制分析必须考虑"内生性"的问题。体制出现在特定的社会环境中。因此,我们不能只考虑体制对福利国家结果的影响,而不考虑特定制度的选择是否考虑了福利国家的结果。最近的研究表明,地理分布可能与时间维度一样重要。因此,对福利国家的新研究正在走向更大的跨区域比较,交合于跨国模式和进程,以国家为中心的研究范式就此开启。

第 16 章 公众态度

斯蒂芬·斯瓦尔福斯(Stefan Svallfors)[1]

引 言

为什么福利国家研究应该关注民意状态？既然态度往往是分散、游移不定乃至是完全矛盾的，那么为什么研究人员还要费心去尝试分析和解释呢？其中一个原因，正如约瑟夫·熊彼特(Joseph Schumpeter)曾经说过的那样，"态度是不容易融化的硬币"(Joseph Schumpeter,1942:12)。也就是说，既定观点、规范性期望、正义概念等往往很难改变，因此，态度通常起着制衡政策突然变化的作用。政策改革者需要应对一系列由以往政治和政策所确立的规范性取向和期望，这往往会阻碍或破坏变革进程。相反，对于那些决心挑战体制化的现状和实现政治变革的行动者来说，现有的态度也可能是一种资源和机会构成的一部分。

第二个原因是，对态度的持续分析就会使得要把精英的观点和策略与广大公众的观点混为一谈就非常困难。精英常常声称代表大多数人或更大的群体，而这类研究有助于我们判断这种说法是否正确。这与现有社会安排是否

---

[1] 作者注：这项研究由瑞典研究理事会及瑞典社会和工作生活研究理事会资助。感谢琳达·伯格(Linda Berg)、克莱姆·布鲁克斯(Clem Brooks)、乔纳斯·埃德伦德(Jonas Edlund)、米凯尔·海尔姆(Mikael Hjerm)、斯塔凡·库姆林(Staffan Kumlin)、维姆·范·奥尔肖特(Wim van Dorschot)、玛丽亚·奥斯卡森(Maria Oskarson)、玛丽亚·佩特森(Maria Oskarson)、安妮特·施纳贝尔(Annette Schnabel)和乔索斯(JoeSoss)提出的宝贵意见。

合法有关。他们(指现有的制度安排)之所以被接受,仅仅是因为人们看不到其他选择,或者认为行动是徒劳的,还是他们在规范性上是有根据的?体制从根本上讲是公正的吗?

这种研究还要求我们不仅要通过分配效应或经济效率来判断公共政策,还要通过其对公众的规范性影响来进行判断。这些政策是倾向于培养利己主义、狭隘思想和排他性,还是倾向于培养公民意识、宽容和关心他人?对于一个民主政体来说,这些似乎是相当基本的问题。

为了解决态度的形成和变化问题,比较视角尤其富有成效。通过比较不同制度环境中的态度,我们希望能阐释态度模式背后的原因和过程。一般而言,这种制度分析包括对空间上不同环境的行动者进行比较,并利用它们所在的制度环境要素来解释差异性和相似性。

该领域长期以来因缺乏数据而使得研究无法进行。虽然在相当长的一段时间内,对于诸如社会流动、收入分配和各种经济指标等问题都有相当良好的数据,但即使到了20世纪80年代后期,在比较各国的态度时,数据情况也极不乐观。随着欧洲社会调查、国际社会调查计划和世界价值观调查等数据生产合作项目的建立和发展,这种情况现在已经完全改变。与稍早时候相比,该领域现在是"数据丰富的",尽管在时间序列的可用性和随后将探讨的足够具体的比较数据方面存在不足,但是,先进的分析、解释和演绎仍然有些落后。

在本章中,我旨在总结该领域的比较研究,因为它涉及对福利政策的态度以及(重新)分配资源和生活机会的态度——也就是我们所说的比较福利态度。[①] 我将从我看到的第一代比较福利态度的研究开始。在这些研究中,有关该主题的全国性调查已经建立起来,可以进行比较。然后我继续调查那些朝着比较研究的明确转向,特别是对福利制度与态度模式之间联系的广泛研究。下一节介绍福利制度框架之外的态度研究的最新进展。最后,在结论的前一节强调未来的重要挑战。

---

① 在本章中,用于解释的术语将有所不同,反映了特定分析师的不同强调重点。本章主要关注(隐含或明确的)国家比较的工作,因为它涉及公民对政府应该或不应该做什么的看法。对于具有略微不同的重点领域的概述,更加强调福利状态的评估(Kumlin,2007)。

第一代：国家调查编制

虽然自20世纪50年代以来选举研究和其他一般性调查偶尔也关注福利态度，但是更广泛和系统的研究直到70年代才开始。无论是广泛福利国家的成熟还是20世纪70年代经济问题后的政治质疑，都使得福利国家的公众舆论成为一个突出的研究问题。这一领域的第一代学者不得不编制、重新分析和比较有关福利态度的全国性调查，此程序使他们的结论具有内在的脆弱性。

理查德·考夫林（Richard Coughlin，1979，1980）是最早尝试汇编和重新分析现有调查的学者之一。考夫林（Coughlin）利用现有的全国性调查比较了8个富裕国家的态度数据。彼得·泰勒－古比（Peter Taylor-Gooby）对现有调查数据进行了另一系列有影响力的重新分析。他用英国的调查来描述福利态度的模式，并指出福利态度中的矛盾心理（Taylor-Gooby，1982，1983，1985）。

在调查公众福利态度模式的初步探索之后，一波全国性的调查很快就出现了，调查了福利态度的不同方面。在20世纪80年代，全国性的调查和分析在一些发达国家得以进行，包括美国（Cook and Barrett，1992）、德国（Roller，1992）、瑞典（Svallfors，1989）和英国（Saunders，1990）。

虽然结论来自不同的数据集和各种比较，并且在实质和重点方面有所不同，但从这些早期研究中得出的一系列共同关键结论可以简要概括为5点：

（1）总的来说，公众态度强烈支持一个涵盖广泛的福利国家。对于福利政策的代际过程导致较年轻的年龄群体不支持福利政策，或加大对官僚行政干预的抵制，相比于公众辩论中一概而论的说法，早期研究表明，福利国家是相当受欢迎的。事实证明，集体筹资和公共组织的涵盖广泛的福利政策得到了发达资本主义经济体公民的全面支持。

（2）与此同时，研究发现普遍性福利计划和选择性福利计划的支持情况具有明显的差异。诸如养老金和医疗保健等全民福利计划得到了强有力的支持，而更有针对性或有选择性的福利计划，比如失业救济和社会援助等，得到的支持则少得多。这种模式基本上适用于大多数，即便不是所有的发达资本主义民主国家。

(3)对福利国家的一般支持和具体支持也存在着明显的差异。一般的支持,例如对"公共部门"或"社会改革"等对象的态度,被证明更加依赖于公共话语的变化和一般的意识形态倾向,因此公众支持在这一层面上更加不稳定。另外,对具体福利政策方案的具体支持则更为稳定,因为其扎根于日常生活经验。

(4)对福利政策的明确支持与对福利政策若干方面的相当大的矛盾心理并存。例如,对于福利滥用和欺骗的普遍怀疑,以及对公共部门官僚主义和低效率的担忧是福利政策再分配和减少风险方面获得全面支持的重要条件。

(5)早期研究还证实阶级和"与阶级相关"的因素(如收入和教育)作为影响福利态度的最重要因素的持续重要性——与此对照的广泛观点涉及的是相关行业的割裂对福利国家大众观点的影响(Dunleavy,1980;Saunders,1986:ch.8)。

虽然这些第一代分析受到数据缺乏的严重制约,但它们构成了该领域后来发展的重要背景。它们只是通过将福利态度作为系统社会科学研究的主题,而不是政治和投机预测的对象,这为随后的发展和改进奠定了基础。[①]

比较转向:福利制度和公众舆论

从20世纪90年代开始,关于福利态度的研究发生了明确的转向。其前提条件是比较数据集的建立、整合和日益完善。通过欧洲晴雨表民意调查、欧洲(后世界)价值观调查、国际社会调查计划和欧洲社会调查(按出现顺序)收集的数据已成为进行系统研究的基础,这些研究涉及的是政治和制度因素对福利态度的影响,以及制度和态度变化的相互作用。

也许在第一轮福利态度的系统比较中,最重要的单项规划可以在马克

[①] 当然,重要的单一国家研究在20世纪90年代和21世纪头十年继续蓬勃发展,通常关注的是随着时间的推移福利态度的变化——而且往往发现变化甚微。对于基于单一国家调查的选择分析,见詹森和马丁努森(Jenssen and Martinussen,1994),斯瓦尔福斯(Svallfors,1996),范·奥尔肖特(van Oorschot,1998),布隆伯格·克罗尔(Blomberg-Kroll,1999),斯瓦尔福斯和泰勒·古比(Svallfors and Taylor-Gooby,1999)的个别章节,安德鲁斯(Andress et al.,2006),斯塔克(Staerkle et al.,2007)。

斯·凯斯(Max Kaase)和肯尼斯·牛顿(Kenneth Newton)领导的"政府信念"(BiG)项目中见到(Kaase and Newton,1995)。在此五卷书集中,研究团队旨在总结从第一轮真正的比较态度研究中可以学到的东西。特别是,"政府的范围"一卷增加了许多关于公民对政府活动和支出的取向方面的宝贵分析(Borre and Scarbrough,1995)。在区分人们对政府活动范围和政府参与程度的态度中,这些分析质疑了"政府超负荷"假说。根据这一假说,选民不断要求越来越多的政府干预,导致政府预算和能力的超载。从这项研究中可以清楚地看出,选民要求政府越来越多地扩大责任范围的情况根本不是事实:总体而言,随着时间的推移,这种要求是相当稳定的。

政府信念项目的比较分析仍然受到数据可用性问题的严重制约。正如编者们乐于承认的那样,比较福利态度的许多方面可能根本无法通过现有的数据来挖掘。时间序列仍然太短,而且国家的范围仍然太过局限,因此不能得出更普遍的结论。此外,政府信念项目显然还没有建立起任何连贯的理论框架,用以理解对国家干预和再分配的态度模式。它所包含的许多有趣的分析并不是由一整套分析概念和观点推动的。

逐渐成为比较研究主要框架的是埃斯平－安德森所引入的著名的"福利世界"的分类(见第39章)。许多研究分析了态度模式和冲突模式是否与他所建议的分类相对应,以及什么可以解释非对应的情况。在这类研究中,最早的是斯瓦尔福斯(Svallfors,1993和1997),他以安德森的福利世界作为国家选择和分析的框架,比较了不同西方国家对再分配的态度。这些研究之后也涌现了许多其他的研究(Bean and Papadakis,1998;Evans,1998;Edlund,1999a,1999b;Matheson and Wearing,1999;Bonoli,2000b;Gelissen,2000;Andress and Heien,2001;Arts and Gelissen,2001;Svallfors,2003;Jæger,2006;Larsen,2006,2008)。

这种"政体领域的态度比较"的主要发现并不完全明晰,因为概念和实证问题困扰着我们的分析(见下文)。但是,似乎大家对以下一系列调查结果达成了一致意见:我们确实发现,各国在福利国家的整体公众支持方面存在巨大差异,这与福利政策的承诺大致相符。对平等、再分配和国家干预的支持在社会民主体制中是最强的,在保守体制中较弱,在自由主义体制中最弱。但是,我们没有发现任何明确的国家体制集群。国家之间的差异和相似之处表现出可解释的模式，但是它们太复杂，无法概括为"福利态度的世界"。

此外，我们发现不同社会割裂的影响在不同国家之间存在普遍的相似性：阶层、性别或劳动力市场地位线上的分类差异在福利制度中显示出相似的模式。我们确实发现国家之间在分类态度差异的大小和模式上存在让人好奇的不同之处，但它们根本不符合埃斯平－安德森在论文结尾章节中提出的模式。相反，分类差异似乎遵循了在不同背景下特定社会分裂的历史性表述。例如，瑞典和西北欧其他一些国家阶层差异尤其明显，这反映了这些国家的政治方案和实践中与分配和阶层有关的问题比较突出。

斯蒂芬·毛(Steffen Mau, 2003, 2004)的研究提出了一个特别创新的论点，即以重要的方式扩展政体框架。毛(Mau)将政策体制的观点扩展到一种方式路径的讨论中，按此路径，我们可以预期在不同的体制构架中互惠规范是不同的。根据毛的观点，不同的福利制度孕育了不同的互惠规范，从而创造了不同的福利国家的"道德经济"：虽然有针对性的制度倾向于要求作为福利接受者的公民应该温顺和感激，并尽最大努力摆脱他们当前的"贫穷"状态，但一种普遍福利制度引发了这样的问题：更大的集体如何能够解决其安全和生计。

尽管从福利制度的比较中可以学到许多关于比较福利态度的内容，但整个调查现已陷入僵局。目前，我们很难期望从"福利资本主义的 X 世界"里对福利态度的另一种比较中学到什么新东西。在形成这种僵局的过程中，一些与分析框架有关的概念和经验问题已经出现了。

其中一个问题与政权概念本身是具体相关的。什么是真正的"福利制度"？它们是国家集群还是一些国家或多或少算是比较接近的理想类型？政权体制是制度的组群，是分配结果的合集，还是政治行动者和政治制度的聚合？仅从埃斯平－安德森的创始专著的阅读来看，这一点并不完全清楚，不同的作者在尝试比较福利制度时采取了不同的方式(Castles and Mitchell, 1992; Korpi and Palme, 1998; Huber and Stephens, 2001b)。如果在国家集群和某些特定结果(例如，在这里是福利态度)之间发现一些松散的匹配，是否表明制度和态度之间存在松散耦合，或者事实上那些国家不"匹配"此福利体制(Scruggs and Allan, 2008)？

另一个更普遍的问题是,如何最好地衡量与福利体制相关的福利国家支持。各种研究在用来表示态度支持的指标方面差异很大,且没有明确的论据说明为什么选择了某种特定的量化指标。对于是否选择由多个单独指标(例如,Svallfors,2003)、某种潜在结构(例如,Andress and Heien,2001)或某种"全局性"单项指标(例如,Jæger,2006)组成的显性汇总度量,分析师的看法各不相同。对于是否试图衡量对具体福利政策的支持程度,或者更笼统地衡量对(再)分配的态度,他们也存在分歧。总而言之,这种特殊的"因变量问题"使得不同分析之间的比较变得困难,而且研究结果的积累也非常缓慢。

除这个"因变量问题"之外,似乎还有一个"自变量问题"。一些分析人士用可信度不高的社会分裂——尤其是阶级——作为衡量标准,而另一些人则倾向于用其他态度或党派选择来"解释"福利国家的态度。总而言之,这常常使人们对不同政策体制下的福利态度构建产生极大的困惑。

尽管存在所有这些问题,但通过比较不同政策制度中的态度可以学到重要的东西,正如下一部分将展示的那样,制度分析在阐明福利国家态度形成的背后机制方面仍然非常有用。

最近方向:超越福利制度框架

最近比较研究学者已经采取了一些重要的步骤来扩大视野,而不仅仅是比较福利制度。其中一个重要的延伸是扩大政体的概念,将各种先进政治经济体的生产制度和政治权力安排包括在内。通过将市场的社会组织和政治行动者的动员/表达等特征纳入,分析人士已经能够证明福利态度是由这些因素构成的。

一个研究聚焦于个人和劳动力的"技能特定/专属性",并认为这个因素对再分配态度产生影响:与掌握一般技能的工人相比,掌握更多行业或职业特定技能的工人往往会要求国家给予更多的保护和再分配。因此,在那些特定技能现象更为明显的国家,对国家干预的需求往往高于一般技能更普遍的国家(Iversen and Soskice,2001;Kitschelt and Rehm,2006;Tahlin,2008)。

另一些人则提出了更为宽泛的问题,即不同政治经济体之间的风险状况如何不同，以及这种风险状况如何影响人们对福利政策的态度（Svallfors，2004；Cusack et al.，2006）。构成阶级和阶层体制的风险和资源矩阵，影响了处于这种矩阵中不同位置个体的利益，也影响了他们对再分配的态度。无论是将技能专属性还是将基于阶级的风险和资源视为关键机制，所有这些分析都倾向于将重点放在市场组织和市场能力的分配上，将其作为福利国家支持和反对的关键。

通过聚焦于福利政策和机构组织的反馈效应的分析，发现了一种不同但互补的新线索。在这些分析中，有人认为福利政策的组织和分配效应会对公众产生反馈效应，影响他们对政策和政体的兴趣、理解和规范行为（P. Pierson，1993；Soss，1999；Mettler and Soss，2004；Soss，2005；Soss et al.，2007；Svallfors，2007）。正如梅特勒和索斯（Mettler and Soss）阐述的观点，公共政策"影响了个人理解其作为政治团体成员的权利和责任的方式"（2004：61）。[①]在探讨这些反馈效应时，研究人员使用了广泛的比较方法（Svallfors，2007）和特定国家的深入案例研究（Soss，1999；Kumlin，2004；Soss and Schram，2007），以说明个人的理解和取向如何以及为什么会受到公共政策的影响。

这一领域的一个重要方法上的扩展是试图量化福利国家或更广泛的社会政治环境的各个维度，以及越来越多地使用多层次方法，然后分析这些因素对个人福利态度的影响（Blekesaune and Quadagno，2003；Jæger，2006；Kumlin and Svallfors，2007）。例如，这种多层次模型已被用来证明福利制度的不同维度对态度的影响（Jaeger，2006），并解释不同国家之间不同程度的阶级态度差异（Kumlin and Svallfors，2007）。

这种量化和分层建模的做法往往一开始就批评让国家来"代表"福利体制过于简单化和粗糙。但是，它们有自己的风险。其中一个是，如果宏观变量的影响仅仅是被忽略的个体水平变量的反应，那么被低估的个体水平模型可能导致国家层面上"徒劳无益的追逐"。另一个副作用是，分析人员通常假设各种宏观因素之间的关系是线性加法模型。由于较高层级（国家）的单位太少，

[①] 因此，政策反馈的研究轨迹显然与福利国家的道德经济概念相关（Kohli，1987；Svallfors，1996；Mau，2003）。道德经济是指约束统治者和人口群体的相互期望和互惠规范体系。它突出了一点，即互惠而不是基本的自我利益，似乎是群体和社区内的指导方向（Gints et al.，2004；Mau，2004）。

无法对相互作用进行广泛的建模,因此研究人员(没有多少讨论)倾向于假定,无论国家在其他维度上的价值如何,特定宏观变量的影响都是相同的。这是一个非常值得怀疑的假设,而且政体概念显然是要从这一假设中脱离出来。事实上,它现在被默认地重新引入,这表明社会科学论证中经常出现问题循环。

如果把拓宽政体概念、注重反馈效应和更先进的多层次建模方法结合起来,就能够助力洞察到福利态度的形成,那么将对福利态度对政策发展的影响产生新的认识。这方面研究的一个重要著作是布鲁克斯和曼扎(Brooks and Manza,2007)的研究,它使用国际社会调查计划(ISSP)的汇总数据,研究态度对后续政策发展的相对影响。这项研究的作者发现,这种影响是巨大的,并且明显使福利国家变化背后的其他既定因素相形见绌。因此,态度和制度变革之间的长期反馈过程似乎是双向的,并且是相互促进的。尽管与态度形成的原因的研究相比,政策效应的研究仍然较少,但是似乎有明显的理由将其扩展到不同的时间和国家。

一般来说,在比较制度框架之外福利态度的研究分为两个稍有不同的方向:一个是严格的政治经济学方法,其中,福利态度基本反映了算计过的个体利益(例如,Iversen and Soskice,2001;Cusack et al.,2006);另一条主线是政治社会学方法,其中,福利态度被视为不仅反映自我利益,而且反映了对社会正义、社会权利和互惠的更广泛的考量(例如,Mau,2003;Brooks and Manza,2007;Svallfors,2007)。未来几年,我们可能期望看到各种令人兴奋且相互竞争的分析,这些分析将使这两条研究主线走得更远。

我们遗漏了什么?

在结束之前,我们应该谈谈在这个研究领域仍然缺少的东西以及未来仍然存在的最重要的挑战。在数据、方法和分析问题方面的缺陷都是显而易见的。

关于数据,这一领域的一个明显弱点是缺乏纵向数据。如上所述,现在有几个跨国时间序列数据,但它们都是横截面数据。与横截面数据相比,面板数据可以建立事件的时间顺序,使分析人员能够建立因果关系。现有的包含态度数据的纵向国家数据集,要么时间太短,要么数量太少,无法真正有用。纠正这些数据缺陷的举措将为该领域的研究增加一个新的维度。

该领域尽管在制度上有足够的具体针对性,但还缺乏涵盖范围足够大的国家的比较数据。这些数据往往是在相当普遍的水平上提出,可能掩藏了不同制度环境之间的重要差异,虽然在不同国家之间具有可比性,但还缺乏足够具体的数据来揭示不同制度和文化环境之间的态度差异。在2008年或2009年,欧洲社会调查的福利态度调查模块首次面世,将在这方面增加相当大的影响力[1],但显然我们还需要进一步扩展这类数据。

关于方法,显然需要创新的方法组合。虽然大多数人都同意组合方法原则上是一个好的策略,但实际应用组合方法的却很少。特别是,为了更详细地研究过程和机制,需要用更细致深入的实验性、基于访谈的和/或民族志的数据来补充调查数据;还需要进行比较研究,将来自大众的调查数据的分析与精英层面的研究和大众媒体对福利国家相关问题的辩论/报道相结合。

至少,这种组合方法可以帮助我们梳理公共话语、政治表达和态度形成动力之间的复杂关系。公众态度所表现的矛盾心理常被政治行为者用来突出福利国家的某些方面和特征,而将其他方面留于暗处,不为人所知。利用调查数据、大众媒体研究和精英研究的组合进行比较研究,可以帮助分析在不同的制度环境下这种政治表达方式是如何发挥作用的,并产生什么样的态度影响。

从更专业的角度,通常使用的统计方法并不总是理想的。现在越来越多地被确立为该领域的标准的多层次方法,实际上是在主观意识下以完全不同的嵌套数据结构开发出来的,例如,对大量学校或其他组织进行抽样,然后在这些较高级别的单元内对个人进行抽样。在跨国比较调查研究中,我们所拥有的较高级别单位——国家——相对较少,并且是根据战略或简单的可用性而选择的。因此,我们经常倾向于推动这些方法超越它们最初的意图,而且显然需要方法论上的创新,比目前更加严谨地对待态度研究中遇到的数据结构。

关于理论和分析,不得不说,理论上和方法上先进的比较分析,与只是列

---

[1] 资料来源于http://www.europeansocialsurvey.org/index.php?option=com_content&task=view&id=219&Itemid=308。

于榜单的论文量相比,占比之低,实在令人沮丧(Jowell,1998:168)。从稍微积极一点的角度来说,这一领域的比较研究在描述方面比较强,在分析和解释方面比较弱。

一个显然需要有进一步理论和分析考量的问题是规范和利益作为解释机制的作用。如前所述,政治经济学方法往往严重依赖于利益作为解释性机制,而政治社会学方法也考虑规范性解释。人们似乎普遍认同,规范和利益都受到制度安排和政策反馈的影响,但目前,对于它们如何作为形成对福利政策态度的机制而发挥作用,尚未达成共识,甚至没有明确的概念。

另一个分析上争论和困惑的点是过去、现在和未来在形成态度方面的相对重要性。目前,我们似乎对个体的历史记载、当前状况以及未来期许在形成福利态度中的相对重要性知之甚少。以阶级和态度研究为例,我们知道阶级背景、当前阶级地位和预期未来的阶级流动都会在一定程度上影响态度(Svallfors,2006)。但我们对这三个因素的相对重要性、不同个体是否以及为什么会受到不同的影响,以及这些方面的研究结果是否会延伸到其他社会分裂领域等无甚了解。

结　论

自20世纪70年代和80年代的早期分析以来,比较福利态度领域已经有了很大的发展,它已经成为明确而不是含蓄地比较、利用国家变化作为关键的分析工具。它已经从比较汇编的单国家研究起步,首先是发展至福利制度的比较,然后是分析反馈效应和其他解释性制度机制。它在方法论上变得越来越复杂,并已经从数据贫乏过渡到数据相对丰富,尽管仍然缺少某些类型的数据。重要的问题仍然没有解决——研究中的惯常情况——但我们可以期望这个领域保持活跃并富有成效。与基于调查的政治社会学的许多其他领域相比,福利态度的比较研究更具有真正的国际性,且美国学者的主导地位也不那么明显,这将使分析的起点和问题的卓有成效的结合得以继续蓬勃发展。"不易融化的硬币"在未来很长一段时间内仍然是学界关注和创新的对象。

第17章 性 别

安·舒拉·奥尔洛夫（Ann Shola Orloff）

引 言

　　福利国家能促进性别平等吗？福利国家的性别分析人员调查了这个问题，并围绕社会供给、监管体系与性别之间的相互构成关系等一系列更宽泛的问题进行了调查。自1990年以来，性别和福利国家的比较研究一直受到两次学术"大爆炸"——性别研究和政权分析——的青睐。它的动力来自这些创新的爆发所创造的两个选民群体的参与，以及他们各自在性别、政治和政策方面的学术见解的部分整合。[①] 首先，许多女权主义学者充当了性别研究大使，其研究包括一系列令人眼花缭乱的跨学科的学术发展，并对学术界和其他地方盛行的男权主义假设提出了挑战。他们把"性别"这个词从尘封的语言学用法中重新定义，正如哈拉韦（Haraway,1991:131）所解释的那样，"为了在多个斗争领域对性别差异的归化进行抗争，女权主义关于性别的理论和实践试图解释和改变……性别差异体系，即'男人'和'女人'在社会上构成和定位在等级关系中。"性别不是个体的属性，而是一种社会关系，在历史上不断变化，包含着劳动、权力、情感和语言等元素；它跨越了个体的主观性、制度、文化和语言

[①] 所谓"女权主义"学术，我指的是对性别的研究，这种研究是为了对抗性别等级制度。"主流"学术是指不把性别主题化，接受关于演员、政治和工作的男权主义前提的研究。这个术语不应该被认为暗示这个标题下的工作在其他方面是统一的。

(参见例如 Scott,1988;Connell,1987)。20 世纪 70 年代和 80 年代的开创性工作确立了性别(部分)是由社会供给和管理体系构成,并反过来塑造了这一体系(有关评论参见 O'Connor,1996;Orloff,1996)。

为了获得对"性别问题"的认识,女权主义者不得不进行多方面的批判,不仅包括社会政策研究特有的分析概念和理论,还包括支持这一领域和其他政治研究领域的社会理论、方法论和认识论假设(Butler and Scott,1992;Orloff,2005a)。实际上,女权主义的挑战是根本性的,性别研究可以说是代表了库恩主义(Kuhnian)的一种范式变化。女权主义学者已经开始将偶发的政治实践带回到行动和社会变革的基础领域,而远离那些以政治模型为中心的、以"大"结构和体系为主导的具体化和抽象化(Adams et al.,2005)。他们没有发展一种新的总体化理论,而是试图理解男性和女性在性别化政治行动中的不同性别化倾向、能力、资源、目标和解决问题的方式。概念创新和基础术语的重新概念化在福利国家的比较研究显得尤其突出,从性别开始,包括照护、自治、公民身份、依赖/独立、政治机构和平等。如果没有这些概念上的和理论上的创新,就不可能看到——更不可能描述和理解——性别与福利国家之间的相互构成关系。

对社会供给和监管体系的研究从本质上的线性分析模式(例如,福利国家是否福利优厚)转变为对"政体类型"或"福利资本主义世界"的构型分析。在这种分析中,变异被定义为是定性的和多维的,从而形成了具有相似特征的国家集群。这些转变通常也被历史化——强调连接、顺序、转折点和路径依赖(Orloff,2005a);或者,至少这是了解埃斯平-安德森对蒂特穆斯(Titmuss)、科尔皮(Korpi)和其他人的见解,以及他自己对比较变异特征的令人信服的——如果不完全是库恩主义范式转变——洞见发展的几点认识。这些洞见在影响深远的《福利资本主义的三个世界》(1990)一书中有所体现。埃斯平-安德森对"政治与市场"的理解基本上是马歇尔式的,他还提出了"去商品化"的概念,以捕捉福利国家对工人阶级的潜在的解放性政治影响。

虚假的普遍化(暗含的男权主义)分析框架支撑了几乎所有关于福利国家的比较研究,包括埃斯平-安德森的研究,掩盖了社会供给体系的性别基础和女性的具体情况。然而,有关埃斯平-安德森的分析的某些内容在女权主义学者和福利国家的主流学者之间引起了更大的纷争。也许是他尝试着对"劳动力市场体制"的改变和从工业转行到服务业对女性和性别产生了怎样的影响进行的分析,或者是他对一个解放的但仍然无视性别的社会公民权利概念的复兴。这让他直接进入女权主义者所深耕的知识领域,但又没有承认自己的工作。这种情况同时激起了女性学者的兴致,激发了他们对政权观念的创造性重新阐释和别样解读、社会公民权利观念的扩展以及对照护服务和转移后工业化就业模式的调查,从而导致福利国家被修正为性别秩序的核心机制(参见例如,Lewis,1992;Orloff,1993b;O'Connor et al.,1999)。

与政治科学和社会学的其他子领域不同,性别视角在一定程度上已被纳入福利国家的主流比较研究(例如 Korpi,2000;Huber and Stephens,2000a;Esping-Andersen,1999;Esping-Andersen et al.,2002)。历史制度主义和其他历史社会科学模式在福利国家比较研究中显得尤为突出,它们的路径与女权主义分析有着共同的建构主义倾向(Orloff,2005a)。两者都提倡具体时间和地点的分析,而不是寻求普遍规律,都对政治身份和目标秉持时变性和偶然性的观点,并且至少对平等主义甚至解放主义政治有一定的依属性。女权主义者和主流学者在过去二十年中的争论一直是富有成效的,推动了性别学者开创的关键主题和概念的发展,其中包括去家庭化、家庭无偿护理工作的重要性以及工作与家庭"平衡协调"的困难,性别化的福利国家机制、生育率与女性就业之间的关系,以及不同家庭和性别政策模式下的党派关系等。然而,很少有完全的"性别主流化",因为主流学派仍然抵制女权主义研究的更深层次含义,并且难以吸收相互依赖、关怀和性别权力的概念。

女权主义者从"福利国家"的定义开始他们的批判性计划。男权主义范式以养老金和社会保险为中心,遵循他们由经济发展或阶级利益所塑造的政治观念。性别分析人士已经放弃了将阶级冲突视为"历史发动机"的假设,对社会政策机构是"核心"的概念更加多元化。他们指出了国家活动对性别和女性福利的重要意义,诸如家庭和就业法、国家的再生产和"种族"的繁衍(Williams,1995)、住房以及对福利领取者的管制等。"福利国家"的地理和社会政治界限向来是有争议的,但我在这里专注于关于富裕民主国家比较的文献研究,其中性别、政策和政治之间的关系得到了最广泛的研究。

第17章 性 别

福利国家分析的性别概念化

"性别"代表了女权主义研究的关键理论和概念创新,包括以社会供给和监管制度为重点的研究。因为"驯化"学术和政治趋势不断威胁着破坏性别分析的核心洞见,所以我想通过与主流的理解进行对比,准确地强调究竟是什么让性别成为政治分析的潜在梦魇,包括福利供给政治的分析。

社会政策的主流分析人士日益关注性别关系的某些方面。大多数分析人士关注女性与男性在偏好、终身劳动模式以及相关社会权利方面的个体差异(例如Esping-Andersen et al.,2002:ch.3;Gilbert,2008;Hakim,2000)。哈基姆(Hakim)在"偏好理论"的论题下整理了女性异质的"生活方式偏好"的经验证据,认为他们可以以家庭为中心、以适应环境为中心或以工作为中心的工作和家庭取向来分组。无论政策环境如何,以家庭为中心和以工作为中心的女性都追求自己的偏好,但社会政策对大多数"适应型"女性有一定影响。这一观点在欧洲关于工作/家庭"平衡协调"的政策讨论中比较有影响力,因为决策者试图激活"适应性"群体,想必是无需质疑这种偏好理念趋向于认为理所当然的性别分工。

哈基姆、埃斯平-安德森或主流经济学家对偏好力量的主张至少在以下方面受到质疑:第一,这些方法将性别概念化为个体属性,忽略了性别的关系特征。第二,有相当多的证据证明,影响男性和女性的偏好、做法和机会的性别等级和不平等是存在的,这些证据将在下文详细介绍。但也许最重要的问题——这些偏好是从哪里来的?——甚至都没有被问到。女权主义学者贡献了大量的研究文献,其中,代表指征——包括偏好、欲望和身份——与结构组织是相辅相成的。按照这种观点,知识、主体性和政治代理都受到现有性别范畴的制约和推动(Butler,1990;Adams et al.,2005;Zerilli,2005)。性别身份和代表指征——包括对家庭和就业的取向——既不是前政治的,也不是"自然的"。相反,福利供给与其他政治和社会机制一起参与形成劳动的性别分工以及维持这种分工的偏好、需要和愿望(参见例如Morgan,2006;Haney,2002)。

女权主义者通过对各种各样的社会和政治思想的创造性的运用,提出了反对性别等级制的理论——值得强调的是,这标志着女权主义者对待性别问题的方法与非批判性性别问题方法之间的关键区别。对女权主义者来说,性别不仅是关于"偏好"理论的"差异",而且还涉及其通过权力体系的构建和维护,体系之一就是福利国家本身。这并不总是意味着男性主义占主导地位,但也包括局部逆转的可能性(Connell,1987)、性别的"消殒"(Butler,2004)或新政治形式的激进上位(Zerilli,2005)。鉴于国家对集体强制手段的垄断以及国家对政治参与及公民权利的(性别)类别的构成和规定,国家控制是性别权力斗争的关键因素(Connell,1987;Orloff,1993b;O'Connor et al.,1999)。[1]

早期围绕社会供给的女权主义干预始于关于女性类别的统一性和固定性的前提。关键区别在于男女性别的差异。政策加强了这种二元划分,而政治反映了男女间各有特点又相互竞争的利益。这两个前提已经遭到了广泛的批评(参见例如 Zerilli,2005;Butler,1990)。现在,对社会政策和政治的研究是从女性(和男性)之间的"多重差异"的角度,基于权利、差异和不平等的其他维度(诸如种族、阶级、民族、性别、宗教等)进行的。此外,男性的地位越来越受到质疑。性别类别的固化概念已经被更具流动性的性别概念所取代,这反映在"做"或"履职"性别(而非"是"某一性别)的短语中,它是一种从性别到性别化的转变(West and Zimmerman,1987;Butler,1990,2004)。这就使得我们可以对性别化、再性别化或去性别化的过程进行调查,其中,福利国家是核心影响因素。

性别和福利国家:相互影响的证据

在本节中,我将集中讨论两组实证研究,它们说明了性别关系和社会供给及监管制度的相互影响,而这些研究一直是大量女权主义研究的焦点。一方面,我回顾了福利国家和性别分工、就业以及护理劳动(有偿和无偿)的相关研究。另一方面,我评估了性别化福利国家的政治,包括政权、党派、政治机制和公民身份。

---

[1] 国家与家庭暴力脱不了干系,因为通过将某些事项定义为"私人的、恰好又不在国家监管和警察权力范围之内的",男人可以自由地以他们认为合适的方式行事——并且太多的人采取暴力行动[Brush,2002;见 Weldon(2002)为打击家庭暴力的政策的跨国调查]。

第17章 性　别

性别化劳动、照护和福利国家

照护是许多女权主义学者理解性别的核心,反映了长期以来女权主义者对性别化劳动分工、无偿劳动、家务劳动和社会再生产的关注,这些都是妇女压迫的核心。主流研究人员认为照护问题对于妇女与男性而言有所不同,并将其作为就业的障碍。相比之下,性别分析人士认为照护是一种社会必要活动,但又经常得不到这种认可。照护主要是女性的工作,而不是家庭关爱的"自然"女性化表现(England,2005)。照护是许多妇女在经济和政治发展上处于不利地位的根源,但也配以独特的身份标识、资源和道德承诺。此外,照护是一种以相互依存及连接、权力和冲突为特征的关系(Daly and Lewis,2000:283)。了解照护的社会组织迫使人们跨越经济与家庭、公共与私人、有偿与无偿工作、情感与商品、文化与国家社会政策、国家提供服务和间接支持家庭护理之间的鸿沟进行思考(Jenson,1997;Daly and Lewis,2000;England,2005)。

福利国家的性别分析人士强调了特定的性别分工、家庭生活模式和社会政策之间的联系。在第二次世界大战后的大部分时间里,受政策支持的主导模式一直是核心家庭,即养家糊口的男人和他的妻子,妻子担负家务和照护劳动,即使她也有工作。这种安排通常被称为"传统的",尽管其完全实现——特别是即使在工人阶级中也普遍存在家庭主妇——仅限于第二次世界大战和20世纪70年代初期之间的"黄金时代"。福利国家也维持了男性在劳动力市场上的优势地位,但也并没有充分改善女性照料家庭所必致的经济和其他方面的脆弱性。我们现在正在见证一项"与母性主义的告别"(Orloff,2006),转而支持"成年工人家庭"的政策,该政策使男性和妇女都有望从事可获得报酬的工作(Lewis,2001)。妇女越来越多地加入劳动力队伍和养家糊口家庭模式的衰落,改变了家庭、市场和福利国家的照护组织。非家庭护理服务,无论是市场化的还是公共的,都已经发展起来,但妇女仍然承担着不成比例的无偿照料和家务劳动,这使性别分工的核心不受干扰,特别是在异性夫妇中。花时间照护家庭会给照护者带来巨大的成本,除非社会政策能降低成本。"照护危机"已经出现,因为对护理的需求增加超过了家庭护理人员的供应;照护的双重问题——照护者和被照护者——对社会决策者提出了要求(Knijn and Kremer,1997)。让(带薪)工人有时间照护是一项挑战,而寻找新的护理人员供应则是另一项挑战,一些国家通过鼓励移民来应对这些问题。

妇女就业的原因很多,各国政府,特别是欧盟各国政府,对妇女的劳动激活更感兴趣,部分原因是为了抵消与劳动力老龄化和非移民人口生育率下降带来的有关问题(其中的"种族"基础在这里只能提及)。在各发达国家,母亲的参与率低于父亲的参与率,除非有国家或市场提供的照护服务或其他"平衡协调"就业和家庭工作的手段。即使在母亲的劳动参与率和父亲的劳动参与率相等的情况下,就像北欧国家一样,他们的就业模式也不一样,妇女的育儿假更多,因而工作时间更短(Ellingsaeter and Leira,2006)。社会和就业政策影响了性别的就业模式,因为妇女是通过服务部门就业(私人或公共)、灵活的劳动力市场、反歧视法和/或非全时工作的不同组合进入劳动力市场的。这就解释了为什么北欧国家、北美洲、英国和澳大利亚的妇女就业率相对较高,而欧洲大陆大部分国家和日本的就业率相对较低,以及政策改变的水平在不断提高,如荷兰(Daly,2000;Estévez-Abe,2005;O'Connor et al.,1999)。

公共托儿服务的可得性对母亲的就业具有重要意义,并与公共和私人之间的性别分隔以及有关做母亲的性别意识形态及其与有偿就业的潜在兼容性有关,这在不同的妇女群体中可能有所不同。北欧国家将提供照护定义为一项公共活动,与儿童的福祉和性别平等相关,两者都被理解为意味着母亲的就业。相比之下,直到最近,在英国、大部分欧洲大陆国家和日本,对儿童的照护一直被认为是家庭照护的一部分;而在北美,照护被认为最好留给私人"选择",这反映了政治上占主导的自由主义(O'Connor et al.,1999)。在美国,政府供给几乎已经被排除在外,但母亲们仍然能够找到私人护理服务,尽管其质量参差不齐(Orloff,2006)。老年人照护也已经参照私人/公共标准进行了考察,但其照护模式与儿童保育有所不同;北欧国家在为两者提供公共服务方面是一致的,美国对两者都不提供,而其他国家则有不同的服务供给组合(Antonnen and Sipilä,1996)。特别是在欧洲,照护服务和政策在20世纪头十年发生了迅速变化,老年人照护和儿童保育服务、非正式照护服务费用和带薪休假都在扩大。这些转变揭示了公共—私人职责的划分是福利性别化的关键节点,确定了哪些需求可以通过公共社会政策来解决,哪些需求应留给家庭、慈善机构或者市场(Lewis,1992;O'Connor et al.,1999)。

与男性相比,女性更多的是围绕家庭照护(以及在较小程度上的家务劳动)这一必需事件来塑造自己的就业行为。然而,抽出劳动力时间在家庭中做无偿照护和清洁工作——即使这些工作累积起来也够不上全职和终身的家庭主妇——也依然给照护者带来了成本,特别是终生较低的收入和养老金待遇、经济依赖以及对贫困的脆弱性(England,2005;Hobson,1990;Joshi et al.,1999)。就业降低了妇女的脆弱性和依赖性,但并未消除:在大多数国家,母亲都遭受了"作为母亲带来的工资惩罚"和"长期性别收入差距"(Misra et al.,2007;Waldfogel,1997)。这些经济上的不利之处,有些归咎于妇女不从事劳动或从事非全时工作,但是,由于母亲身份对生产力的影响以及雇主在雇用和晋升中对母亲的歧视,对母亲仍有残存的[工资]惩罚。此外,与其他类型的工作相比,由女性承担的有偿护理工作——占比更多的是由女性承担,报酬更低,即便在其他条件相同的情况下也是如此(England,2005)。欧洲大陆女性和男性的收入差距最大,北美女性处于中等水平,北欧女性的工资最接近男性的工资,其中至少部分原因是北欧采取了支持母亲就业的政策(Misra et al.,2007)。

在大多数富裕民主国家,单身母亲(即使有工作)和老年寡妇的相对较高的贫困率证明,如果照护者发现自己无法获得与男性同等的收入,他们的脆弱性就依然存在。正如霍布森(Hobson,1990)巧妙地将赫希曼(Hirschmann)的"退出、声音、忠诚"框架应用于分析女性在婚姻中的处境时所指出的那样,单身母亲的状况——基本由公民权利塑造的——也会影响到已婚母亲,因为她们在某种程度上反映了她们的"退出选择"会是什么。她认为,单身母亲的状况越好,有伴侣的女性拥有的权力就越大。单身母亲已经成为福利国家在多大程度上解决妇女经济脆弱性问题的"测试案例";只有通过慷慨的福利计划(例如,20世纪90年代中期福利改革之前的荷兰)或通过提供照护服务(例如法国)支持其就业,以及在最佳情况下这两种方案结合,才能在有限程度上减轻贫困(Christopher,2002;Kilkey and Bradshaw,1999)。因此,在福利不丰厚、就业支持由市场来源提供的地方,单亲妈妈的相对贫困率仍然很高(就像在英语国家和德国那样)。

照护的社会组织也影响妇女就业的质量,这体现在妇女获得权威职位和其他传统男性职业的机会上（这些职业相对于女性职业而言比较有利）(Charles and Grusky,2004)。横向和纵向的性别职业隔离在发达国家普遍存在，但其程度和性质各不相同。值得注意的是，在工资和贫困方面的性别差距较低、被认定为"性别平等"的国家，其职业隔离程度高于平均水平。曼德尔和谢苗诺夫(Mandel and Semyonov,2006)确定了一个"福利国家悖论"。在这个悖论中，发达的福利国家通过提供广泛的服务和休假，增加了妇女的劳动参与率，但同时也阻碍了妇女获得理想的（男性化的）工作。他们认为，雇主会在雇用男性工作时理性地歧视女性，因为女性更有可能要休假，而能短时间供给的人还是男性。北欧模式的拥护者认为，批评者忽视了大多数妇女进入劳动力队伍的性别平等效应、女性主导的公共部门就业的相对良好的条件以及相对较低的性别工资差距(Korpi,2000;Shalev,2008)。他们注意到，职位的横向分隔——即劳动力的性别分化——似乎为民主国家公众所接受(Charles and Grusky,2004)，这是由性别分工和社会政策形成的"偏好"的一个实例。北欧模式因其对工人阶级妇女的有益影响而受到捍卫，但是性别不平等仍然存在：妇女进入精英职位的机会有限，尤其在私营部门，而且职业隔离与某些工资惩罚联系在一起。相比之下，在美国，工资差距和单身母亲贫困率相对较高，很少有针对就业母亲护理需求的政策，但自20世纪60年代以来职业的性别隔离一直在下降，"性别权力差距"低于斯堪的纳维亚半岛。自由主义政体或市场经济的相对性别中立似乎有利于那些愿意追求男性化就业模式的高技能女性(Shalev,2008;Estévez-Abe,2005;Orloff,2006)。

社会政策认可某些照护和家庭组织模式并为其提供制度化支持，同时也承认其他模式，以补充文化在塑造照护实践中的作用(Kremer,2007)。鉴于性别在家庭、市场和国家之间不断变化的情况——包括男性养家糊口者和全职母亲的照料作为理想和现实的衰落，以及对照护的新要求，围绕社会政策将促进性别、家庭和照料的模式或理想出现激烈的争辩也就不足为奇(Knijn and Kremer,1997;Mahon,2002;Lewis,2001)。母亲的就业已被广泛接受，但许多圈内的模式只是修改了按性别划分的劳动分工，以使带薪工作辅之以妇女持续的照护责任，正如在"平衡协调"措施中——非全时工作和/或长期产假——推出的"一个半"工作模式那种做法，比如荷兰就是如此(Mutari and

Figart，2001）。替代母亲的护理模式（如保姆）和代际照护模式也得到了支持（Kremer，2007）。这些在整个欧洲大陆都很重要［法国有部分例外，在那里它与专业的儿童教育和护理服务相结合（Morgan，2006）］。

受到性别平等主义启发的照护模式，如双重收入者/双重照护者，侧重于专业照护和父母分担，这使得母亲可以就业，但对性别差异的意识形态提出了挑战（Sainsbury，1996；Crompton，1999；Kremer，2007；Gornick and Meyers，2003，2009）。瑞典、芬兰、冰岛和挪威已经采用父母共担与专业照护服务结合的理想模式，并提出了增加男性照护工作的政策倡议，例如，旨在鼓励他们参与育儿休假，但这种模式仅取得了部分成功——北欧国家仅丹麦采取了向"父亲假"反转的趋势，尽管他们有非常杰出的公共服务（Hobson，2002；Ellingsaeter and Leira，2006）。最后，对"选择"的强调可能会允许异质人群在他们偏爱哪种照护和性别模式方面实现多元化——这是主导英语世界论争的新自由主义者和"第三条道路"倡导者的愿景（Mahon，2002）。在这些情况下，市场化和公共补贴的程度决定了选择能否实现，以及照护质量和性别平等将如何发展（Orloff，2009）。一些女性照护部门的工作是专业化的，或者至少是行会化的，且薪酬相对较高，但其他一些则是典型的"不好的工作"，而照护工作中的"种族"和民族维度在许多有偿照护研究中都占据突出地位（Glenn，1992；Lutz，2008）。此外，来自发展中国家或发达国家较贫困地区的照护者迁移到全球北部或其富裕地区，为有工作的女性（和男性）的家庭提供照护——在她们的家中或在服务部门工作；这些移民将他们的照护责任委托给亲属（Lutz，2008；Parrenas，2005）。意义重大的经验性和规范性讨论关注的是将移民劳工用于过去主要由家庭主妇完成的任务，强调这样的安排是否具有固有的剥削性，或者可以被创造成"好工作"。

性别化照护和就业安排对照护的质量和数量均有影响（Morgan，2005；Himmelweit，2007）。大部分欧洲大陆的主要照护危机源于缺乏公共或市场服务。分析人士认为，在北欧国家，公共照护服务的质量很高，照护工作者的工作条件良好；唯一的批判来自财政可持续性问题，因为照护成本也很高——然而，从根本上来说，是否需要照护补贴是一个政治问题。在美国，照护服务的供给较为充分，但主要是市场化且不实施监管，这又导致照护质量出现分层。那么,选择高水平的公共补贴来克服问题或容忍不充分或质量差的照护服务,这是一个政治问题。

性别、政治和社会政策

"政治"对性别很重要。通过关注或多或少存在一致逻辑的国家集群,即"性别福利制度",其特征有男性养家糊口的逻辑、母性主义模式或在何种程度上支持妇女和男子的个人自主等。政策体制路径法提供了一种方法来简化对复杂变化模式的描述(Lewis,1992,2001;Orloff,1993b;Leira,1992;Sainsbury,1996;Bergqvist et al.,1999)。制度分析对于理解福利国家的变化拓扑是非常重要的,但是这些基于类型学的分析可能已经达到受益递减的节点。为了深化对政治和性别间关系的认识,我们可能会采取一些不同的策略:继续研究政体概念,重点放在政策的阐述上,并不再把类型化作为一个主要关注点,正如O'Connor等(1999)建议的那样。政权类型可以被看作是独特的政治体制机会结构,产生了历史的和国家特有的利益、目标、身份、联盟、行政能力以及对问题和类别的定义等,它们以路径依赖的方式影响社会政治——政策创造了政治。通过考察不同政策的阐述,可以更加准确地了解社会供给体系的影响。单个逻辑或多个可能存在竞争的逻辑,在国家的不同层级或地区被制度化。或者,人们可能会将政体的概念分解为驱动力量、中介机构和结果,以调查因果分析中的具体组成部分。

科尔皮(Korpi,2000)将不同政党在战后年代的主导地位与不同的"家庭政策模式"联系起来,这些"家庭政策模式"反映了有关照护安排、家庭类型(双收入者或"传统型")以及首选的提供支持的机构——国家、家庭或市场等的理想状态。社会民主党派,有时由附属女性运动协助,采纳了双职工家庭的模式,以及通过就业(特别是公共工作)和公共照护服务实现了女性平等(另见Huber and Stephens,2000a;Hobson and Lindholm,1997)。与左翼党派占主导地位一直联系在一起的是,高消费福利国家和大型国有部门、公共服务、与单身母亲和单身老年妇女的低贫困率相关的慷慨的和非物质化的福利以及相对平等的收入分配。在由社会民主党派主导的国家,普遍覆盖、个体享有福利的权利和再分配结构对许多女性特别有利(Sainsbury,1996)。

许多福利国家的研究人员认为,左派比右派更倾向于性别平等,但这在一定程度上取决于"平等"的定义。它是否与消除贫困和支持一个庞大的公共部门联系在一起,后者提供的服务使妇女更容易就业和为妇女提供就业机会?这一定义本质上是坚持社会主义的"妇女问题"观点,将妇女解放与阶级斗争联系起来。左右党派的分裂确实映射到性别政治上,但对性别平等或妇女解放的定义更加多样和广泛,强调参与、平等机会和企业家精神,以及创造自主的女性空间(Zerilli,2005;Fraser,1994a)。女权主义社会政策研究人员也更愿意承认社会民主模式的优势,这可能导致他们低估了自由主义与两性平等联系在一起的途径,比如,拥有平等机会的法律和监管框架(Orloff,2006、2009)。

相反,政治权利的主导地位与抑制性别平等的政策有关。世俗和宗教右翼政党,或自由和保守政权之间的区别,在性别问题上显得相当重要。宗教党派一直是辅从原则和"传统的"性别意识形态的主要倡导者,其形式是"家庭主义",这与国家支出是一致的,但支持家庭的形式却强化了养家糊口/照护者模式,阻碍了增强自主权的规定(Saraceno,1997;Korpi,2000)。摩根(Morgan,2006)认为,宗教在19世纪融入现代政治的方式是解释后来支持母亲就业政策的关键,这对女权主义政治具有潜在的重要意义。在瑞典和法国,宗教势力早期从属于世俗势力,在塑造家庭和社会政策方面发挥了比欧洲大陆更大的作用;国家在福利和教育方面的积极作用被接受。宗教势力,如果不从属于国家,就会更加强大,在荷兰,导致宗教支柱对福利供给的制度化支持,而在美国,则是私人福利供给普遍流行。

世俗的右翼政党主要关注限制国家开支和公共服务。在20世纪80年代,玛格丽特·撒切尔和罗纳德·里根是削减福利国家最显要的倡导者。但新自由主义者并非对女性的就业怀有敌意,对提供商品化替代方案也不感兴趣;将家庭支持推向市场的做法削弱了传统家庭,因为女性被吸引到就业岗位,而男性的特权又不受国家的保护,就像在美国一样(Orloff,2006)。他们不赞成通过社会支出和国家服务,而更倾向于减税来支持妇女就业。反歧视立法等监管措施在世俗右翼政党的主导下产生了更大的矛盾,尽管现在反对监管是新自由主义论调的一部分。

20世纪90年代的创新分析揭示了男性和女性作为追求性别目标的政治

行为者的作用(Skocpol,1992;Pedersen,1993;Koven and Michel,1993)。社会政策关注的远不止阶层问题,并且变化的程度远远超过相对的慷慨程度或去商品化程度。相反,性别与阶级、国家、"种族"、宗教以及权力、差异和不平等的其他维度相结合,以历史偶然和可变的方式来塑造政治。例如,我们看到国家官员在国家或种族、公民和士兵的生产和管理方面的利害关系(一些人称之为"生物政治学",在某种程度上不可避免地涉及女性的生育能力);男性关心的是如何获得或维持养家糊口的工资;女性感兴趣的是与照护工作相关联的对经济依赖和贫穷的抗争。性别化的行动者可以通过社会运动来确定——女性平等运动、"母权主义者"或反女权主义团体,也可以通过政治党派和国家管理机构得以确认,例如,"女性官员",即专门的性别平等单位中的女士。随着超国家组织的扩张,女权主义组织和其他团体已经在不同的政策制定层面上战略性和战术性地利用政策空隙——如性别主流化的委托授权——来满足他们的要求(例如 Walby,2004)。

长期以来,人们对公民权的理解完全是男性化的,与特定的政治主体概念相联系:理性、自主、不受累于照护、不受身体完整性被侵犯的影响。如果,正如性别学者所主张的那样,考虑到人类在婴儿期和老年期的依赖性,以及其间也经常有的情况,对照护的需求是不可避免的,那么我们就必须重新评估公民和政治行动的概念。妇女在被赋予了选举权的男子承认她们有选举权之前获得了社会权利,但与女性身体自决有关的权利仍然存在争议。妇女在福利国家所要求的公民权利方面也往往与男性不同;虽然工人阶层男性可能确实渴望"去商品化"——至少当失业不是最突出的威胁时,但许多妇女发现,正规的、有报酬的工作的权利可以提供新的资源和组织能力。从历史上看,男性的公民权利一直与兵役和有偿就业挂钩,而社会公民权又经常配套给士兵和退伍军人的特殊福利,也大多数是男性(Skocpol,1992)。女性公民和女权主义学者试图扩大夯实公民权利的社会和政治参与概念,以便把作为母亲和照护的工作纳入进来,不管它是否有报酬(Knijn and Kremer,1997;Lister,2003a)。鉴于女性政治行为的经验和对相互依存作为人类基本条件的理解,性别学者提出了女性解放所必需的新公民权利:组建自主家庭的能力(Orloff,1993b);时间、照护和被照护的权利(Knijn and Kremer,1997)或"身体权利"(Shaver,1994)。

妇女参政使政策发生了革命性的变化。20世纪初期,"母权主义者"以"差异"为基础进入政界,根据其作为母亲的能力主张公民的身份权利,并理想化了一个可以照顾其公民特别是母亲及其子女的母权主义国家(Skocpol,1992;Koven and Michel,1993)。目前,促进性别平等的妇女运动敦促制定支持妇女就业的政策,特别是在反歧视和平权行动、育儿假和儿童保育服务等方面(O'Connor et al.,1999:第3章),以及提高妇女在政府和政治组织中担任关键职位的比例,这些都对社会支出和采取平等政策产生了积极的影响(Bolzendahl,2009)。然而,基于母亲身份的诉求并没有被放弃,而是作了修改,以适应妇女赚取工资的活动。反女权主义团体在婚姻、性和生育方面提倡"传统"性别制度,因为它们与妇女对保护的"需求"更加一致。当妇女团体和投票集团分裂时,如在意大利,社会主义/世俗和天主教取向之间的分裂,或反女权主义运动得到充分动员,被视为促进或支持妇女就业和公共照护供给的政策的采纳就会受阻,而这些政策是妇女平等运动项目的关键支柱。然而,随着全职家庭主妇的减少,人们可能会质疑反女权主义的传统主义会持续多久,特别是因为它违背了新自由主义对妇女活动的要求,或是工具主义者对生育率下降的担忧。尽管女权主义作为一系列有组织的运动可能已经衰落,但是性别平等的许多原则已经制度化,与照护和家庭工作、经济和政治参与有关的,旨在重组调整社会供给和监管体系的新的女权主义运动形式已经出现。

通过对性别分析的充分整合来实现主流学术的转变,对于理解福利国家和资本主义的发展以及性别问题都是必要的。性别一直是福利国家、家庭和资本主义经济转型的中心。社会政治越来越多地表征出很多与性别有关的问题:生育率、移民、劳动力供应、照护工作者和服务供给、税收和母亲的就业;家庭、就业和政治形态中的两性平等;等等。女性的公民身份、政治地位和主张社会福利的能力越来越多地以就业或就业加为人父母为基础,这意味着女权主义政治正在转变,也许是通过努力争取"告别母权主义"的方式(Orloff,2009)。基于性别的见解——特别是围绕权力和政治的见解——激化和转变了福利国家的比较研究。福利国家比较研究是确保社会供给体系促进平等和关怀的方案的必要组成部分——换言之,福利已经得到广泛的理解。

第18章 宗　教

基斯·范·科斯伯根（Kees Van Kersbergen）
菲利普·马诺（Philip Manow）

引　言

宗教在现代福利国家的发展中发挥了重要作用，但它如何发挥这一作用并不总是能得到正确的理解或特别的赞赏。本章概述了比较社会科学以往研究中如何处理宗教与福利国家之间的关系，评述了理论方法和实证结果，并提供了另一种观点，为进一步研究提出了问题。我们特别关注欧洲和移民殖民地的经验。只有在这些地方，我们才可以利用关于这个重要主题的更广泛的研究文献，而其他地区还有待更全面、更系统地加以探讨。此外，基督教已发展成一种"有组织的宗教"形式：教派是其"利益集团"（Warner，2000）。基督教民主派作为一个非常强势的政治行动者以及一种纷纭的宗教社团格局，过去以及现在仍然在显著地参与提供社会服务、贫困救济和社会保护。最后，正是在欧洲、北美洲和大洋洲，国家福利得以早早出现，并发展为一个成熟而全面的社会保障体系。当然，我们重点关注这些区域并不意味着宗教对福利国家的影响仅限于西方世界。

对于主流理论来说，宗教或宗教激发的社会和政治运动对福利国家的影响一直是个谜。在功能主义现代化理论中，宗教的作用被认为是因其现代化和相关联的世俗化而消失的。制度论者的解释侧重于国家和国家建设及其对福利国家发展、国家能力发展、官僚主义政策学习或国家间竞争、政策传播和国际学习的影响,这些似乎都与宗教无关。冲突理论方法,特别是权力资源方法,提出了(社会民主主义)劳工运动的权力和福利资本主义力量之间的正线性关系。在这里,宗教或宗教社会政治运动被认为只是延迟或扭曲了资本主义的正常社会民主化。

然而,关于宗教在何种程度何种条件下以及如何影响福利国家发展的问题很少得到讨论(Heidenheimer,1983;Castles,1994a;Kaufmann,1988),后来也只是尝试性地应答。但是,为什么福利国家研究者要关注宗教呢?宗教的作用微乎其微,学者们对这个话题的忽视没有任何不当之处,难道这不是再清楚不过的历史事实?我们认为,鉴于宗教对现代资本主义的影响长久以来众说纷纭(Weber,2001),如果不探讨其对福利国家发展的潜在影响就相当奇怪,尤其因为基督教的所有主要分支都以某种方式强调穷人的特权地位,强调邻里友爱、慈善、乐善好施和行善的基督责任(Troeltsch,1931)。基本上,对在现代社会中宗教作为一种文化力量的研究,仍然停留在差不多 100 年前马克斯·韦伯(Max Weber)和厄恩斯特·特洛尔茨奇(Ernst Troeltsch)提出的立场之间(Heidenheimer,1983)——一端强调以宗教为基础(新教徒)的工作伦理的重要性,将个人的经济和社会命运责任归于个人;另一端强调宗教教义的作用,要求家庭、教会、自愿自助组织或民族国家有责任照顾和保护那些需要照顾和保护的人。关于对穷人、赤贫者或其他极需要帮助的人的宗教义务的研究,不仅与西欧及各种基督教教派对西欧的影响有关,而且也与移民殖民地有关,这些殖民地受到改革后新教的强烈影响,带有深刻的自由主义、个人主义和国家怀疑主义倾向。这对于分析新兴的拉丁美洲福利国家来说也很重要,如果我们考虑到天主教和五旬节派新教之间的"宗教市场份额"斗争以及这场斗争对拉丁美洲天主教会在社会政策问题上的地位所产生的影响(Gill,1998)。对于新兴的东亚福利国家,辩论围绕着儒家思想可能产生的影响展开(Rieger and Leibfried,2003:第 5 章)。在伊斯兰,扎卡特(zakāt;又译"天课""开斋捐")的作用是要求每个穆斯林都要向穷人布施,这对于福利国家和宗教慈善组织之间的分工至关重要。

宗教应当受到更多关注的另一个原因是权力资源理论提出的社会民主主义劳工运动的权力与福利国家之间的线性关系是错误的。它还错误地认为,宗教对福利国家发展只有一种延迟的影响。无论是在福利国家发展的早期阶段还是在第二次世界大战后的进一步扩张阶段，社会民主党人在社会保障政策的开创性试验（例如，19世纪80年代的俾斯麦社会保险法）中几乎毫无作为，在欧洲大陆上许多其他建立了慷慨的、包罗万象的福利体系国家中也没有多大的重要性（见第41章）。例如，在意大利，受宗教——特别是基督教民主——启发的强大的社会和政治运动，不仅积极参与了福利国家建设，而且在确定其性质和质量方面发挥了关键作用。此外，在欧洲大陆的许多国家，19世纪末20世纪初，自由建国精英的激进反教权主义推动了教育和社会保障政策方面的早期立法，在这一时期的制度遗产上留下了印记（Gould，1999）。在这里，国家和教会在教育问题上的冲突往往在强度、动员和政治显著性方面取代了劳资冲突（Berger，1987）。在大陆经验的背景下，很明显，斯堪的纳维亚发展的特殊性与兼蓄路德教国家教派的新教社会中没有宗教分裂有关。当民族国家开始接管教会以前履行的大部分慈善和教育职能时，斯堪的纳维亚国家教会从未感觉到存在的威胁（VanKersbergen and Manow，2009）。从这一角度看，宗教并不是根深蒂固的价值观的文化储存库，这些价值观会转化为不同类型的福利国家主义，它动员教会、宗教党派和天主教选民反对自由主义派（世俗的）国家建设精英。所有这些都要求重新尝试理解宗教在福利国家发展中的作用。

作为文化和政治力量的宗教

我们区分两种方法：第一种是"观念的"，追踪宗教教义对社会政策原则的影响；第二种是"政治的"，追踪通过政党和利益调解制度进行的宗教分裂对福利国家体制结构的影响。在第一种情况下，人们会问一种信仰的基本宗旨是如何转化为关于社会正义的现代观念的（Leibfried and Rieger，1997），然后，可以通过询问不同的宗教或教派如何并在多大程度上发展了特定的社会信条来具体说明这一点，这些社会信条可以被认为对各类福利国家政体的道德基础做出了贡献（或没有作出贡献）（Gorski，2003；Manow，2004）。

不同的价值体系可能会导致风险再分配的不同逻辑从而支撑不同类型的

政体。关注西方,人们注意到政权类型和国家教派特质之间具有惊人的同构性:

> 组合保守型福利国家最有可能出现在天主教占主导的社会,如法国和意大利……自由型福利国家只出现在受改革型新教主义影响严重的地区(即英国及其移民殖民地)……[以及]社会民主型福利国家只出现在同质的斯堪的纳维亚路德教国家(Gorski,2003:163)。

这表明不同的伦理道德原则产生不同的分配、再分配和社会保护的制度形式,且最终转化为独特的经济和社会结果。正是由于所涉及的价值观不同,因此将宗教(而不仅仅是自由主义或社会民主)作为一种文化力量来研究,塑造支撑福利国家政权体制的文化、社会和政治社会的价值观、规范、信仰和态度是有意义的(VanOorschot,2008)。

除了公民对社会团结的不同态度外,他们的安全感也不同,因此他们对社会保护的需求也可能受到宗教的影响。学者们开始研究宗教和福利国家在多大程度上是具有替代性的,比如,其中一个(福利国家)的扩张(或衰落)是以另一个(宗教)的牺牲(或受益)为代价的。与现代化理论相呼应的基本论点是,宗教能给人带来安全,以及当福利国家在防范存在的风险时,在贫困和痛苦的时刻对安全和精神取向的需求就会减少(Gill and Lundsgaarde,2004;Hungerman,2005;Scheve and Stasavage,2006;Gruber and Hungerman,2007;Norris and Inglehart,2004)。相反,如果福利国家提供个人社会保障的职能在紧缩时期下降,宗教可能会填补这一空缺。在私有化之后,这也可能导致将福利任务从国家重新分配到教会和慈善组织,这些机构自此步入那些原本是国家该承担义务但现在却打了退堂鼓的地方(Bckstrm and Davie,2009)。移民还可以提高公众对社会团结的道德和宗教基础的认识,例如,在斯堪的纳维亚,以前的同质社会具有丰厚的社保和服务水平,现在蕴含着一个庞大的伊斯兰社会群体,从而导致民族和宗教异质性水平上升。

从价值观、态度和社会规范的角度来看,人们会发现,一方面是深度的国家怀疑主义改革化新教及其自由主义倾向,另一方面是更多的友好干预和以国家导向的路德宗教主义,两者之间有着根本的区别。前者在瑞士、荷兰、英国及其移民殖民地很有影响力,而后者通过路德式国家教会在斯堪的纳维亚有强烈的影响。鉴于不同的新教派别之间的深刻差异,毫不奇怪,在新教和天主教的简单对比中,总是天主教而不是新教,对福利国家发展及其体制设置产生了明显的影响(Castles,1994a)。然而,一旦我们区分新教的不同派别,新教教派对福利国家发展的滞后和制约作用就变得明显起来(Manow,2004)。

但是,人们也可以更直接地关注社会和政治运动,特别是基督教民主和天主教背景中的许多组织,以便研究宗教如何塑造社会改革方案,以及最终政党(和社会组织)如何影响社会政策的形成和结果。这就是权力资源法如何修正其基本理论框架以适应宗教的影响。最初,它的主角只强调了社会主义工人阶级动员对社会政策的因果影响(Korpi,1983;Esping-Andersen,1985a)。他们认为只有工人阶级及其社会主义组织通过国家福利推动了资本主义的"社会民主化"。但(社会)天主教也促进了福利国家的发展,这一事实为这种方法提出了一个难题(Stephens,1979:100)。

然而,"政党十分重要"的文献(Castles,1982a)表明,基督教民主不仅是一种政治力量,还附带一套"鼓励福利开支"的方案,而且在福利国家扩张方面,它在功能上也与社会民主相当(Schmidt,1982a,1996)。威伦斯基(Wilensky,1981)发现了两个运动之间的共同意识形态基础,甚至提出了历史上天主教对福利国家的影响比左派更深远的事实论据。天主教社会教义要求修正资本主义秩序中最令人憎恶的社会影响。此外,天主教的辅助性原则认为,在最后时刻,国家有义务进行干预,以纠正道德上不可接受的市场结果(vanKersbergen,1995)。这一教义学说的核心,不是人们在社会民主意识形态中发现的工人的社会权利和解放的论点,而是坚信人们有基督教义务去帮助穷人,社会保障政策有助于保持稳定和公平的社会秩序。

然而,决定宗教政党亲福利立场的不仅是社会教义所界定的道德义务和对社会秩序问题的关注。选举竞争和政治动员的逻辑也迫使基督教民主党派在社会保障政策上采取积极的立场(Huber and Stephens,2001a)。这些政党在政治中心运作,寻求工人阶级的选票,并希望与天主教联盟合作。社会政策承诺要确保天主教工人阶级的支持,并促进天主教团结。然而,这意味着权力资源模型的一个基本原则必须放宽。资本主义中雇佣劳工的政治身份并不是本来就有的社会民主,因为工人显然也可以作为天主教徒被动员和组织起来。

研究开始聚焦于政治运动和政党(包括宗教政党)对福利国家发展的不同影响。此外,正如埃斯平－安德森(Esping-Andersen,1990)所坚称的那样,政党对促进社会保障支出本身并不那么感兴趣,而是对采用社会保障政策实现社会和经济目标以及为政治动员而利用社会保障政策更感兴趣。这意味着对福利国家进行彻底的重新定义:定量的"福利努力"和社会保障支出概念被一个更具定性的概念所取代。新方法对不同类型福利国家的(潜在的)社会经济和政治后果更加敏感,可以说那是对政党、选民和福利受益者最重要的社会保障政策方面。埃斯平－安德森(Esping-Andersen,1990)确定了国家在追求工作和福利上采用的三种福利制度(市场、国家和家庭的配置)。政体类型的新概念化有助于更好地理解政治对社会保障政策的影响及效果。它阐明了基督教民主不只是像社会民主那样推动社会保障支出,而且还培育了一套独特的福利国家政体,并增强了自己的权力动员资源(Huber et al.,1993;Huber and Stephens,2001a;vanKersbergen,1995)。

基督教民主福利制度在工作中表现出更加被动的政策风格,导向是现金转移支付而不是提供服务。该政权体制强调收入替代和工作保护,但很少关注创造就业机会。与自由主义版本相比,基督教民主福利体制下家庭优先于个人,并培育了所谓的养家糊口者——照顾者模式。主要福利方案的管理和实施是分散、分权的,通常委托给执行国家职能的半公共机构。与促进平等的社会民主政体不同,基督教民主税收福利体制倾向于重现男性养家糊口者在社会保障制度中的社会地位(收入水平、职业地位),抑制妇女参与劳动力市场,给已婚妇女的主要障碍是收入的联合征税。

重新确定宗教和福利国家之间的关系

为了解释基督教民主社会政策的影响而进行的理论调整与改进造成了反常现象。

(1)权力资源—基督教民主的解释忽视或否定了新教在任何形式福利国家发展中发挥作用的可能性。这与早期的现代化研究形成对比。彼得·弗洛拉(Peter Flora)已经宣称宗教影响福利国家的发展,但他强调结构方面和长期影响。现代化理论强调了宗教衰落和世俗民族国家崛起的重要性,正是世俗民族国家取代了教会在社会保障供给中的角色。新教从质上改变了教会与国家的关系,并促进了传统社会向大众民主的早期转变,特别是在那些宗教促进了社会底层的文化素养并使其政治包容成为可能的国家(Flora,1983:22)。

在那些改革影响深远、国家教会关系逐步发展的国家,集体福利服务的条件被认为是最有利的,因为人们认为宗教的衰落促进了阶级政治的日益突出。在那些天主教继续影响文化和政治的国家,国家和教会之间的冲突抑制或至少延缓了福利国家的出现。宗教被用来解释福利国家在时间和质量上的差异。现代化理论家心目中理想的福利国家是普世主义和国家主义的历史结合,比如,斯堪的纳维亚国家与罗马的地理距离最大。换句话说,现代化理论所确定的"新教福利国家"后来被重新界定为"社会民主福利国家"。

(2)修正后的权力资源模型命题难以与历史事实相吻合。例如,在意大利和法国福利国家形成时期,盛行的是自由主义和反教权主义,而不是天主教或基督教民主(Lynch,2009;Manow and Palier,2009)。在法国和意大利,许多早期的社会立法具有反教权的倾向,因为自由主义国家建设精英的目的是在教会一直声称拥有专属管辖权的领域确立中央国家责任。

此外,强调天主教社会教义的强大影响力与强调利益和阶级的新马克思主义权力资源方法总是不一致。一旦基于利益的解释达到极限,就诉诸思想,这看起来更像是一个快速的理论修正,而不是一个令人信服和连贯的解释(Iversen,2006)。研究文献忽略了国家教会的冲突是如何在另一个重要的政策领域中展开的,而这对早期福利国家的发展至关重要。它进一步说明:正是在公立(即世俗)学校与私立(即忏悔)学校的问题上,宗教分裂在19世纪末20世纪初的西欧变得最为严重。民族国家和教会在学校问题上的基本妥协往往预示国家和教会针对"劳动问题"找到的解决方案的类型。因此,重要的是不仅要考虑到工业革命造成的资本劳动冲突,而且还要考虑由(民族)国家建设引起的国家-教会冲突对教育和社会政策造成的后果。宗教撕裂是至关重要的,因为只有在那些19世纪最后1/4的时间里发生了激烈的国家-教会冲突的国家,捍卫宗教的政党(天主教政党、基督教民主)才得以出现。这些政党后来成为核心的政治行为角色,对工人和中产阶级的动员,沿袭的不是阶级路线,而是教派归属的交叉路线。

(3)正是这段国家－教会冲突的历史解释了当代福利国家的某些特征,而在传统的"三权制"模式中,这些特征仍然无法解释。特别是,在法国和比利时以及一定程度上在意大利,很难调和全面的公共学前教育计划和非天主教家庭政策,因为欧洲大陆社会熟悉的图景仍然是坚守一种过时的、天主教传统家庭模式。在这种模式中,妇女负责照料和抚养子女,而男子是家庭唯一的养家糊口者。只有我们能对一些大陆福利国家因教会在教育中的作用而发生的国家－教会冲突的历史给出解释,我们才能理解这种反常现象(Morgan,2009)。法国、比利时和意大利是在20世纪成功地将教会从教育系统中挤出去的国家。

宗教分裂和政治阶级联盟的历史

要更好地理解宗教对福利国家的政治影响,需要从社会分裂的罗卡尼(Rokkanian)概念及其在经合组织政党体系中的政治表达入手。[①] 我们从以下观察开始,即埃斯平－安德森最初的三政体启发式方法非常重视阶级联盟的视角。中产阶级是否成为亲福利国家联盟的一部分,还是继续留在外面?虽然埃斯平－安德森强调包括中产阶级在内的广泛政治联盟的重要性,但他也没有提出一个令人信服的解释,为什么中产阶级有时会将自己的利益与社会民主联系起来,有时又不会。索斯基斯和艾弗森(Soskice and Iversen, 2006)为我们提供了这样一个理由,他们强调选举规则的重要性。多数主义选举制度产生了一种两党制,即左翼—中间派政党和右翼—中间派政党,而按比例选举制度则导致有效党派数量增加。不同的政党体制触发了中间阶层的不同投票行为。在索斯基斯和艾弗森的简单框架中,选民包括三个群体或阶层:底层阶级、中产阶级和上层阶级。在一个两政党的多数主义选举制度中,底层阶级倾向于投票给左翼—中间派政党,上层阶级倾向于投票给右翼—中间派政党。但是,中产阶级是怎么决定的呢?

[①] 本节基于马诺和范·克尔斯伯格(Manow and van Kersbergen,2009)的研究。感兴趣的读者可以参考这本书,以获得更详细的分析和更广泛的参考。

中产阶级担心,如果左派党执政,政府则将对上层阶级和中产阶级征税,为底层阶级提供专属利益;如果右派党执政,政府则不会对中产阶级和上层阶级征税,因此,再分配将是边缘化的。在这种两党制的情况下,如果左派执政,中产阶级则可以选择不领取任何福利,但要纳税;如果右派执政,中产阶级则可以选择不领取任何福利,但也不纳税。显然,它会选择不纳税。然而,在多党制度中,中产阶级的选择是不同的。左派和中产阶级政党可以组建一个联盟向富人征税,并可信地分配其税收收入。这样一来,在多党制中,左派党将更多地出现在政府,再分配将更高,福利国家更慷慨。在多数主义体制下,中产阶级将更多地投票支持中右政党,政府将更多地由保守派组成,福利国家将停留在残余态势,再分配将边缘化。

这是一个非常明智的解释,解释了众所周知的经验规律,即左派在比例代表制(PR)国家比在多数主义政治体制国家更经常执政(Soskice and Iversen,2006:116,表1)。因此,它似乎合理地解释了盎格鲁—撒克逊国家的自由剩余型福利国家与欧洲大陆或斯堪的纳维亚慷慨型福利国家之间的区别。然而,这种方法并不能解释斯堪的纳维亚和欧洲大陆福利国家之间的巨大差异。正是在这里,宗教分裂的重要性开始展现作用。

多数主义选举规则一般与两党制度有关。在这样的两党制中,劳资分裂或左右派分裂主导着政治。所有其他的分裂,包括宗教冲突,即使他们在政治上比较突出,但仍然只是潜在的或被"并入"基本的左右派分裂。这里适用的基本机制是:在多数主义规则下,两派政党主要代表经济分裂。在这种情况下,中产阶级更经常投票给保守派政党,福利国家仍然只是剩余型的。

相比之下,在比例代表制中,有效的政党数量越多,代表的政治人数就越多,乃至超越劳资分裂。哪种额外的分裂在政党体制中是具有代表性的,它取决于所涉国家的分裂结构。在这里,北欧国家和大陆国家在福利国家方面的区别具有特别的相关性。在北欧,宗教分裂没有沿着政党路线被政治化,因为这些社会并没有宗教上的异质性,"民族革命"也没有导致国家与教会之间强烈的冲突。与南欧的天主教会形成鲜明对比的是,当新的民族国家开始接管以前由教会负责的责任时,北边的路德教会并没有感到根本的威胁。在斯堪的纳维亚,反教权主义从未成为一股强大的政治潮流。相反,农业利益与工业利益之间的分裂被政党路线政治化了,因为在斯堪的纳维亚半岛工业化后期的大规模民主化时期,农业部门仍然非常强大。只有在欧洲北方,才出现了强大的捍卫农业的政党,并在整个战后期间获得相当多的选票。农业政党的强势地位解释了为什么几乎所有关于北欧福利国家的发展历史的描述,强调了红绿联盟对于福利国家的形成和随后扩张的重要性(Baldwin,1990;Esping-Andersen,1990:30)。

在欧洲大陆,北方的农业党派所占据的政治空间被基督教民主党派所占据。这些政党植根于政治天主教,是19世纪末20世纪初国家-教会冲突的产物(Kalyvas,1996)。在宗教混合或同质的天主教国家,国家与教会的冲突除了左右分裂外,在政党制度中也有明显的表现。因此,在欧洲大陆发展起来的是宗教党派而不是农业党派。这些党派成了社会民主主义在第二次世界大战后进行的福利国家建设事业上最重要的盟友。

这段政治阶级联盟的历史解释了为什么我们在拥有多数主义选举制度的国家发现了自由福利国家(一个典型的案例是英国)。但它也解释了欧洲北部慷慨的社会民主福利国家背后的政治联盟,这是社会民主党派与农业保卫党之间联盟的结果。红绿联盟出现的一个重要先决条件是没有强烈的宗教分裂,因此,在斯堪的那维亚的政党制度中几乎没有宗教保卫党。反过来,在欧洲大陆,我们发现福利国家是社会民主和基督教民主联盟(红黑联盟)的产物,如果福利国家不仅仅是基督教民主的产物,例如,在意大利这样的国家,左翼力量太弱,分裂就不足以对公共政策产生多大影响。在这些大陆国家中,除占主导地位的左-右派或劳资分裂之外,代表政党制度的第二种分裂就是宗教分裂。

总结起来,我们认为艾弗森和索斯基斯强调中低阶层之间联盟的重要性是完全正确的,而且通过考量北欧和大陆国家不同的分裂结构对新兴政党制度的影响,人们可以确定哪些类型的中产阶级政党加入了社会民主主义的联盟。这些见解使我们能够解释这些政治阶级联盟所引致的福利国家类型。类似地,欧洲大陆基督教民主的变化——有时是霸权主义的,就像意大利的基督教民主一样,有时在战后几年消失了,就像在法国一样——这使得我们能够更系统地解决大陆基督教民主福利国家的内部类型差异很大的问题。

启示和进一步研究

福利国家研究文献在很大程度上忽视了宗教（特别是新教）和宗教分离的作用、宗教保卫党派的影响和激烈的国家－教会冲突的后遗症。从根本上讲，宗教的影响被认为主要局限于泛政治天主教主义，而这里要强调的是天主教社会教义的影响。我们不是要争辩社会教义没有相关性，而是认为，宗教保卫党派，作为核心的政治行为者，将宗教关切转换到民主政治领域，更为重要。在那些存在宗教维护党派的政党体系中，他们支持一种特定类型的跨阶层妥协，这种妥协在一种特定类型的再分配制度中得到了体现。

这并不意味着宗教对福利国家发展的影响仅限于通过这个政党－政治－选举制度渠道发挥作用。在这方面，法国和爱尔兰很有趣，但初看令人费解。这两个国家都缺乏基督教民主党，尽管宗教总是具有最高的政治地位。两者都采用不同于大多数其他欧洲国家（英国除外）的比例代表选举制度。然而，法国福利国家在很多方面类似于其大陆同系国家（Palier，2002），而爱尔兰结合了典型的欧洲大陆特征和贝弗里奇模式的特征（Cousins，1997）。仔细审究下来，法国案例强调了政党在将宗教分裂转化为政治和政策方面的重要性，而爱尔兰的案例则在一个重要方面证明了有关选举规则和天主教欧洲的教会－国家冲突相互作用的论点。在法国，正是基督教民主主义人民共和国运动（Christian Democratic Popular Republican Movement）——在第四共和国比例代表选举制度下发展成一个强大的执政党，但在1967年解散——导致法国福利国家持久不衰的"俾斯麦式"性质（Manow and Palier，2009）。另外，爱尔兰的情况是一个单维度的政策空间，其中左派－右派分裂和教会－国家分裂都不占主导地位（Laver and Hunt，1992）。相反，两大主要政党——爱尔兰统一党（Fine Gael）和共和党（Fianna Fáil）——代表爱尔兰独立和爱尔兰内战（1922/1923）之后形成的支持和反对条约的派别。由于独立运动本身具有强烈的宗教色彩，爱尔兰天主教民族主义和民族主义天主教的特殊烙印阻止了国家－教会冲突的出现（Martin，1978）。爱尔兰的案例表明，民族国家和天主教会并不是时时处处都是敌对的。

第18章 宗 教

必须强调的是，宗教党派从来都不是简单的宗教教条的空谈，他们最关心的是如何使选票、席位或职位最大化。党派要想当选，就要吸引选民，并满足特定的社会利益。福利国家政权代表了不同选举群体和社会团体之间的政治妥协，对于联合政府（或少数党政府）是规则、一党统治是例外的比例代表选举制度尤其如此。具体来说，我们认为，农民和工人利益之间的妥协支持的是斯堪的纳维亚的福利国家，而大陆型福利国家是工人和天主教中产阶级之间的（政党间和政党内）妥协的制度表现。为了理解在不同的欧洲国家在政治阶层之间达成了什么样的妥协，未来的研究可能希望系统地研究不同社会分裂线的存在或不存在。我们的观点是将注意力集中在不同的政党制度背景下再分配政治的不同逻辑。

我们重新评估宗教对西方福利国家发展的影响，引发了一场关于当代福利国家不同的制度设置背后的因果关系的重新辩论。这意味着，社会民主主义、保守主义和自由主义福利国家之间的三重分类可能掩盖而不是阐明了我们今天所知道的各种福利国家制度发展的因果因素。我们的方法也可能对制度僵化和福利国家改革的分析产生影响。自21世纪初以来，关于基督教民主主义福利国家的文献一直在关注这样一个谜题：为什么和如何以无工作福利综合征为特征的"冻结的福利国家格局"（Esping-Andersen,1996c:24）正在发生改变，而在那里改革原本被认为几乎是不可能的。现在的问题是，福利国家改革如何进行的、在什么条件下进行、谁在进行改革？基督教民主主义政党在改革福利制度方面是否仍然发挥着关键作用？它们在历史上一直与这些福利制度紧密相连，在政治上可能仍有承诺？或者是因为政党政治斗争在福利国家改革中的重要性越来越小，基督教民主的作用正在进一步减弱？我们是否正在见证宗教对福利国家影响的终结？人口老龄化、经济增长乏力、长期失业、家庭结构和性别角色的变化、生命周期模式的转变、后工业化劳动力市场、新的风险和需求的上升以及国际压力等，不仅结束了扩张的黄金政治时代，而且似乎缩小了福利政治行动者包括宗教人士的回旋余地；或者福利国家的撤退是否为非政治宗教（教会）团体和行为者提供了新的机会，让他们承担起在现代社会中戏剧性地失去福利角色？这些问题将在未来十年的研究议程上占有重要地位。

对于非基督教宗教的作用及其对政治、经济和社会的影响也仍然需要研究。很明显，伊斯兰教、现代化、慈善、社会政策和福利国家之间的关系问题很可能成为未来一代研究的重点，因为即使是伊斯兰教——像基督教一样——也要求信徒帮助穷人。更具体地说，关于宗教和福利国家是否、如何以及在多大程度上可以替代，就此问题开启的研究议程飞速发展。与此同时，我们需要进一步研究这种假设，即国家在中东的退缩或结构性弱点造成了社会保障政策的空白，伊斯兰慈善机构和运动（例如，巴勒斯坦领土的哈马斯、黎巴嫩的真主党或埃及的伊斯兰慈善机构，见 Pioppi，2004）已经介入，他们提供缺失的社会保障服务（包括保健和教育），这增强了伊斯兰反对派的政治吸引力和实力。一个有趣的可进一步研究的方向与怀特（White，2002）和克拉克（Clark，2005）的研究结果有关。克拉克（Clark）发现，像埃及、也门和约旦这样的国家，伊斯兰慈善组织不是跨阶级组织，而主要是横向的中产阶级组织，为中产阶级自身服务，很少为穷人服务。他们正在逐渐形成中产阶级的政治观，以及对其政权的广泛支持和合作意愿。相比之下，怀特（White）发现，土耳其的慈善机构往往在主要有利于全国伊斯兰政党的社会政策支持体系下发展成为纵向的、以客户为中心的组织。这两种经验在某种程度上都与西方经验相呼应，但也形成了对比：这是一个将修订后的研究议程扩展到其他情形中的显著机会。

第19章 移民与少数民族

斯蒂芬·卡斯特(Stephen Castles)
卡尔—尤里克斯·奇鲁普(Carl-Ulrik Schierup)

引 言

移民和日益增长的种族多样性是欧洲和北美福利制度演变的重要因素——但却常常被忽视。公共福利制度作为巩固民族国家和减少阶级冲突的机制,出现于19世纪和20世纪。然而,欧洲国家被想象成民族文化是同质的。学者们在很大程度上忽视了少数民族合并(往往是被迫)和依赖外国劳工的历史。相比之下,在北美,移民人数众多,不容忽视。在那里,控制差异的策略是通过一个巨大的"大熔炉"同化一个新的美国人,尽管这从未适用于非裔美国人。在主导西方社会科学的"方法论民族主义"(Wimmer and Glick-Schiller,2003)的这两种变式中,都没有分析种族多样性对福利制度的重要意义的空间。社会政策是面向公民的,并与团结的概念相联系,因此,福利的扩大与两次世界大战有关。这有助于解释为什么许多福利国家理论中根本就看不到涉及种族多样性对当今世界的重要影响的只言片语(Myles and Saint-Arnaud,2006:340)。

然而,西方社会一直显示出多样性的特征,既有历史上的本土少数民族,又有连续的移民浪潮。在1945年可以认为人口是同质的,但在20世纪末就肯定不行了。到2005年,欧洲经合组织国家的外国居民人口已超过2 400万(占总人口的5%)。外国出生人口(即包括入籍人口)为3 900万(占总数的

8%以上)(来自经合组织2007年的数据)。包括拥有居住国公民身份的移民后裔在内,西欧国家的少数民族人口占5%—15%。在美国,2005年外国出生人口增加到3 570万(占总数的12.4%)。"种族"的官方分类表明,14.5%的美国居民是西班牙裔,12.1%的是非洲裔,4.4%的是亚裔和6%是其他种族(美国人口普查局,2005)。在加拿大,2001年的人口普查显示,外国出生的人占总人口的18%(加拿大统计局,2007)。澳大利亚是所有发达移民国家中最多样化的国家——22%的人口是移民,剩余约20%的人口至少有一个移民父母——但这里不再赘述。

另外三个因素表明近期移民对福利制度的重要性。第一,移民和他们的后代从根源上来自更为遥远和有着更多差异的社会。直到20世纪60年代,大多数西欧和北美的移民来自欧洲;到90年代,移民和寻求庇护者来自世界各地(S. Castles and Miller,2009)。在美国,2005年,53%的外国出生人口来自拉丁美洲,27%来自亚洲,只有14%来自欧洲。第二,移民和少数民族高度集中在城市,并在这些城市内的特定社区中——通常是那些最缺乏良好的住房和公共设施的社区。第三,虽然少数族裔成员在社会各阶层都能找到,但他们在体力类职业、失业者和贫困线以下的人群中所占比例过高(Schierup et al.,2006)。

在本章中,我们将关注两类人:移民,被定义为移民到欧洲或北美国家出生的人;和少数族裔,包括前一个类别,但也包括他们的后代,这些后代可能出生在也可能不出生在居住国,但由于外表、宗教习俗、语言使用和风俗习惯,他们被归类为不同于大多数人口的人。重要的是要注意到,我们正在谈论的是最近的移民及其后代,而不是历史上的少数民族或土著民族——在这篇短文中,要涵盖这些类别也是不可能的;还应注意到另外两个限制:第一,尽管到西欧和北美的许多移民都是高技能的(事实上,移民的技能水平往往高于目的地国家人口的技能水平),但本章重点关注的是低技能移民的情况。第二,虽然在其他目的地区域(如大洋洲、东亚和东南亚以及海湾国家)从社会政策的角度来看移民的状况是很有价值的,但在这里是不可能做到的。

本章分为两个主要部分:第一部分,我们简要回顾了目前关于种族多样性和福利国家的三种研究视角,每个视角都对克服普遍忽视的这一问题具有重要意义,对北大西洋社会的现在和未来也是至关重要的;第二部分,讨论我们称为欧洲福利国家的美国化倾向,我们认为需要通过将移民和民族多样性问题与关于新自由主义转型的动态政治经济研究视角联系起来,从而超越当前方法的范围。

移民、多样性和福利国家研究现状

解析福利国家的主流方法中缺乏分析移民和种族多样性的参考框架,这是非常引人关注的,并且也削弱了它们的分析能力。在历史性关头,这一缺陷是显而易见的,彼时按种族划分的劳动力市场和社会公民身份获取的种族化越来越多地影响着福利国家的制度和实践,但这在最近几十年中得到了部分纠正。下面,我们简要回顾目前比较重要的三种方法:

(1)一种更普遍的方法,力求将对种族主义和歧视的理解与对公民身份和社会排斥—包容的分析联系起来;

(2)越来越多的专门研究专注于分析国际移民、性别和护理工作的制度变迁;

(3)关于多元文化主义、公民身份和福利国家的综合学术研究和辩论。

移民、公民身份和种族排斥

自20世纪80年代初以来,西欧和北美洲移民以及新的少数族裔越来越贫困,这使得社会科学家开始关注社会公民身份和有种族差异的包容及其包容模式。一些人认为,强大的福利国家往往是排斥新来者的封闭机制(Bommes and Halfmann,1998),而其他人则认为,福利权利实际上有助于将劳动力迁移转变为家庭定居,尤其是在1973年后的西欧(S. Castles and Miller, 2009)。

当然有充分的证据表明,移民和少数民族逐渐被纳入欧洲的社会公民框架和制度化的福利供给(Guiraudon,1998),但是,必须区分正式权利和实质性权利。在某些国家,移民和少数族裔被排除在福利和服务的完全资格之外(有时是暂时的),仅在某些情况下(例如,20世纪60年代和20世纪70年代的德国)提供了特殊服务(通常质量较差)。移民和少数民族有一些特殊需求(与语言、习俗、宗教或教育有关），福利制度在不同程度上对此做出了回应。基于政治定义的入境类别（例如，工人/寻求庇护者，常规/不规范）来提供差异化的供给是常见的（Sainsbury，2006）。最后，公民身份权利并非不可逆转，正如目前欧洲和北美国家通过一系列手段产生的排斥效应所证明的那样，这些手段包括移民控制的资产证券化、新的临时移民劳动体系的制度化、不规范和非正式移徙劳工的"正常化"以及移民获得公民身份的限制越来越严格等。

关于移民、种族关系和获得福利的重要研究是费斯特（Faist，1995）的《社会公民身份该给谁？》。费斯特（Faist）质疑，在德国和美国的土耳其和墨西哥移民后代中，是否会出现一个以多重和持久的贫困为特征的"底层阶级"。他的研究将德国高度管制的福利国家与市场驱动的美国变体并列，出现的是两种截然不同的种族排斥和"二等公民"模式。在德国，排斥的主要模式是移民排斥，它基于与高劳动力市场准入门槛和种族歧视相关的人员冗余，尽管在一个相当慷慨的福利国家里，人们仍然能够获得教育和社会福利。与此形成鲜明对比的是，由于后福特主义经济和新自由主义"工作优先"政策的分化，美国种族化的工作贫困人口激增。

欧洲将种族化少数群体排除在劳动力市场之外的模式与美国剥削种族化贫穷工人的模式之间的对比似乎成为一种普遍的跨大西洋裂痕（Kloosterman，1999）。因此，直到最近，关于在西欧"老"移民国家中移民融入的研究主要集中于失业，因为失业是排斥社会公民身份的罪魁祸首。然而，关于"新移民"的研究，即以前移民出去的南欧国家20世纪80年代初开始转变为移居国家（例如，Anthias and Lazaridis，1999），揭示了一种更复杂的模式。在这些地方，移民的失业率仍然低于国民，并且因为非正规移徙、不断变化的移民政策，非正规就业被排除在核心劳动力市场之外，形成了一大批工作穷人。禁止移民获得公民身份和福利是这里的一个关键部分。

2000年以来，北欧学者越来越关注种族化的新型劳动贫困人口，分析了非正规移民的上升、移民家庭劳动力的增长、移民和少数民族就业在不断扩大的低工资服务经济中的增长。各种类型的排斥是相互依存的，并植根于复杂和不断变化的劳动的族裔分工中。长期的社会劣势和福利依赖是那些不稳定、报酬低并且系统性地由妇女、移民和弱势少数群体所从事的工作活动的潜在"孵化器"(Mingione,1996:382)。这些工作岗位的增加反过来又给福利体制带来了压力。种族排斥的特定格局是在地方和国家体制环境中形成的,因为它们面临全球压力(Schierup et al.,2006)。

福利部门中的迁徙劳工

社会政策研究人员仍然没有充分注意到移民在向老龄化社会中处于重压之下的健康、福利和护理服务的底层人员提供劳动力方面的作用(Esping-Andersen,2003)。此外,通过在中产阶级家庭提供照顾、清洁和烹饪服务,外来的家政工人使当地妇女得以进入劳动力市场的特权阶层。女权主义移民研究人员通过研究严重性别化的"服务种姓",纠正了这种忽视(Andall,2003)。家政服务人员市场激增的特点是,雇主和工作任务的层次结构复杂、正式和非正式的就业方式以及种族化细分的群体得到区别对待(Cox,2006)。事实上,家务工作在西欧和北美似乎濒临灭绝的边缘之后的重新面世,是基于移民妇女的可得性;由于性别、族裔和法律地位标准的交媾,移民妇女特别容易被剥削利用(Wichterich,2000)。这些种族化的等级制度被正规部门的招聘机构复制,它们根据"出身""文化""种族"或"民族"的陈规俗套将工人分类。但是,他们也是通过隐蔽的机构和社会网络来塑造的。这些机构和社会网络植根于一种地下经济,由来自非洲、亚洲、拉丁美洲以及中欧和东欧的无证移民所推动支撑。发达国家福利部门的重组在很大程度上依赖于这种性别化的跨国护理链的出现。

正如布里吉特·安德森(Bridget Anderson,2007)所论证的那样,这种劳动力不稳定性和可利用性的一个基本共同点是,通过国家政策和公共话语,将家庭佣人塑造成弱势移民或种族化的少数群体。这意味着将其排除在正式或实质的公民身份之外,并将这些妇女的生存战略引向非正规的家政服务。考克斯和瓦特(Cox and Watt,2002)认为,事实上,这可能是家政服务的主要非正式特征,它继续使福利国家和劳动力市场转型这一重要因素在以数量为导向的主流社会政策研究以及主流性别平等政策中"难觅踪影"。然而,家政服务工作者并非在所有地方都是"不可见"。在意大利,根据安达尔(Andall,2003)的观点,大量的家庭佣工移民劳动力对家庭主义的保守型福利体制至关重要,这些工人(在天主教工会中)是最有组织的移民。

目前,移民家政服务和福利国家转型的系统比较视角正在形成(Lutz,2008):各地的家政服务市场都在扩大,但就业的程度和形式各不相同,它取决于性别制度、护理制度和移民制度的具体交叉态势。对南欧和土耳其来说,研究人员记录了一个"不连续中的连续性",即从对"居住在外"的本土家佣的有限剥削转向对"住在本地"的移民妇女的扩大剥削(Akalin,2007)。然而,直到最近,家庭佣工在欧洲其他地区变得极为罕见,特别是在北欧国家,因为可以得到公共组织的照护。这种情况正在改变,但不同的国家就业模式对移民的家政服务成为一种优先选择的实际程度以及所涉及的实际做法具有决定性的影响。关于欧洲移民和福利制度变革最著名的比较研究之一是,威廉姆斯和加瓦纳斯(Williams and Gavanas,2008)比较了英国、瑞典和西班牙的儿童保育制度与移民制度的交集,以及西莫纳齐(Simonazzi,2009)调查了老年护理制度在家庭看护、私人供应和现金转移方面的变革。

另一个实质性的研究集中在护士的迁移上(Buchan,2006):"全球人才搜寻"就是一个例子,它暴露了移民链两端持续存在的结构性、制度性和组织性问题。来自世界贫困地区的护士——通常资质很高——取代了西欧和北美的当地护士,因为这些护士在专业上取得了进步或者获得了更有吸引力的工作。然而,金马(Kingma,2007)依然认为,这可能导致医疗保健服务现有缺陷的再现,产生弱势的女性移民劳动力,而不能从根本上解决组织问题或护理短缺问题。同时,根据克莱恩(Kline,2003)的研究,合格护士的移民导致移民原籍地区遭遇严重的技术流失和医疗服务恶化。这在非洲最为严重,但似乎也威胁到欧盟新成员国的公共卫生服务质量(Vrk et al.,2004)。

多样性、多元文化和福利国家

在20世纪70年代,许多移民国家已经采取政策,承认少数群体的文化特性和社会权利,以及国家在打击歧视和种族主义方面的作用。一些国家有明确的多元文化政策(例如,澳大利亚、加拿大、英国);另一些国家,使用了"移民政策"(瑞典)或"少数群体政策"(荷兰)等术语;还有一些国家,则采用了"外国同胞融合"(德国)这一概念。但法国明显不同,其共和党政策明令禁止身份象征(如伊斯兰头巾)、拒绝种族监控以及不承认移民文化和社区,但即使在这里也有以"城市政策"为委婉标签的替代性少数民族政策。在20世纪90年代,这种趋势得以反转。政治话语和媒体辩论(例如,Goodhart,2004)聚焦于所谓的团结和多样性之间的冲突,一些有影响力的研究人员也支持这种说法。他们认为,强大的多元文化主义与强大的福利国家结合,导致移民融合失败(Koopmans,2003)和激进右翼民粹主义运动增长。从21世纪初开始,欧洲政治话语不再强调对少数民族文化的承认,而是在于强调融合、社会凝聚力和"国家价值观"。例如,在英国,引入了公民入籍考试,以促进对英国社会和价值观的认识。荷兰政府也在政策上做了大幅度的改变,而法国、德国、瑞典和其他国家也在类似的方向上发展(S. Castles and Miller,2009)。然而,必须指出的是,多元文化的话语往往比实际的多文化政策衰落得更厉害:承认移民和少数群体的社会和文化需要的措施往往变化不大,即使公共话语发生了变化。

那些认为多样性会损害福利的说法通常都是把美国作为"典型案例"。在一篇被广泛引用的著作中,阿莱西娜和合作者开始探讨为什么美国没有成为一个强大的福利国家。他们发现:在美国,种族是支持福利的唯一最重要的预测指标。陷入困境的种族关系显然是其美国式福利国家缺失的主要原因(Alesina et al. ,2001:189)。他们确实明确了其他一些因素,例如,旨在保护财产的政治安排的历史延续性以及美国人对向上流动机会的笃信。然而,他们强调,"种族异质性,无论是直接还是间接地通过政治机制,都可以解释美国和欧洲在福利开支方面大部分无法解释的差距"(Alesina and Glaeser,2004:133)。阿莱西娜等人认为大多数美国人口反对再分配,因为这意味着将资源转移给黑人。

阿莱西娜等比较了美国和欧洲,认为"欧洲国家在种族上是非常同质化的,而且……有大量的社会(保障)支出"(Alesina et al. ,2001:232)。这意味着,如果欧洲国家变得更加异质,那么对福利国家的支持就会下降。阿莱西娜的方法在方法论上受到了批评。多国回归分析显示,多样性和社会支出之间的负相关性似乎受到美国权重的强烈影响,其在这两个方面都是一个离群异常值(Banting and Kymlicka,2006a)。此外,阿莱西娜等人假设政治左翼的力量只是种族多样性的反应,因此在他们的回归分析中忽略了这一点。当泰勒—古比(Taylor-Gooby)加入这一因素时,种族多样性对欧洲的社会支出没有显著影响(Taylor-Gooby,2005b)。此外,阿莱西娜等人没有解决美国长期存在的白人对待黑人的种族主义与最近在欧洲移民中所出现的种族多样性之间的差异,也不清楚他们是如何得出欧洲(有大量移民和少数民族人口)比美国同质性更强的结论的。

最近班廷等人(Banting et al.,2006)的研究试图为这次争辩提供实证基础。他们着眼于两个截然不同但又相互关联的问题:第一是担心民族语言或种族多样性会通过减少信任和团结来削弱福利国家("异质性/再分配权衡假设");第二是担心采取多元文化政策来承认和容纳族裔群体会产生破坏福利国家的政治动力("承认/再分配权衡假设")。这些作者检验了种族多样性和多元文化政策、社会(保障)支出、再分配和社会结果之间的联系。他们的回归分析表明:"没有一个系统性的国家模式,即那些采取了强大的多元文化主义政策的国家,相对于抵制这些计划的国家,它们的福利状态受到了侵蚀。"因此,他们得出结论,没有证据证明承认/再分配的权衡取舍。类似地,他们也没发现有什么异质性/再分配权衡的证据。他们还指出,"初步证据"表明,采用多元文化政策可以减轻基于移民的异质性快速增长对社会支出的负面影响(Banting et al.,2006:83)。

欧洲福利国家的迁徙和转型

一些认为多样性会销蚀福利国家的分析者,对班廷(Banting)和基姆利卡(Kymlicka,2006a)等的实证结果不屑一顾,认为"腐蚀效应"可能是间接和长期的。这种观点认为,多样性可以通过两种主要方式影响对福利国家的支持:一是公众舆论对移民和少数民族的福利转移产生敌意;二是极右民粹种族主义政党的成长。

范·奥肖特(Van Oorshot,2006)提供了第一个问题的证据。他通过对1999/2000年欧洲价值观研究数据的分析,指出在欧洲有23个国家的人在很大程度上享有共同的"应得文化":老年人被认为是最应得的,紧随其后的是病人和残疾人,失业的人被认为不那么应得,移民被认为是最不应得的。大多数欧洲人非常不愿意支持向移民转移福利;范·奥肖特引用了阿莱西娜和格莱泽(Alesina and Glaeser,2004)的研究,认为:

> 如果在欧洲,福利与"移民"有着负相关关系,就像美国的"黑人"一样,那么整个福利体系的合法性可能会受到影响,其可能导致的长期结果就是降低福利的慷慨程度(van Oorschot,2006:38)。

然而,另一项针对欧洲公众舆论的研究,利用一些大型调查的数据,得出了截然不同的结论。克雷帕兹(Crepaz,2006)针对所谓的团结一多样性矛盾,考察了公众对多元文化主义态度的支持以及多元文化政策对公众舆论的影响。他发现发达国家的公民普遍支持多元文化主义。例如,相互尊重、促进不同文化和促进不同群体平等的教育得到了强有力的支持。许多人认为多元文化主义使社会变得更加强大。另外,大多数国家只有30%-40%的受访者支持移民保持其独特的习俗和传统。克雷帕兹发现,多元文化政策的存在与再分配福利政策的支持之间没有联系。有趣的是,他的研究显示了多元文化政策对信任的积极影响——这一发现与欧洲决策者日益占据主导地位的观点相矛盾。克雷帕兹认为这些研究结果表明"少数群体与社会主流成员之间存在良性互动",而且"这只能预示着公众对福利国家的支持"(Crepaz,2006:116—117)。

这些相互矛盾的发现表明,有必要对这一专题进行进一步的实证研究。例如,分析与移民的团结是否受特定福利国家的结构影响是有用的——特别是福利和服务是通过税收来筹资还是通过雇员的社会保险缴款来"赚取"的问题。

第二个主题,极右翼种族主义政治组织的发展,也可能有不同的解释。英国工党政客经常辩称,那些被视为对少数族裔过于有利的政策,可能会为英国民族党等右翼团体打开赢得选举成功的大门。在几个欧洲国家——特别是法国、奥地利、意大利和荷兰——极端右翼团体通过反移民宣传得到了可观的收益。这种右翼政党的传统基础是小商人,他们也支持反福利国家立场。另外,一些新的右翼政党以国家在工作和福利分配上的偏好为基础,试图通过福利沙文主义口号吸引工人阶级的支持(Myles and Saint-Arnaud,2006)。这些矛盾有助于解释影响极右群体的频繁冲突和分裂。

这里的关键问题是,极右翼的反移民和反少数群体动员是否有可能破坏民众对福利国家的支持。班廷等人(Banting et al.,2006)以及克雷帕兹(Crepaz,2006)的实证研究结果证明,这种情况是否在一定程度上发生值得怀疑,因为对多元文化政策(与某些地方的多元文化话语相反)和福利国家的支持似乎仍然强劲。然而,正如迈尔斯(Myles)和圣阿诺(Saint Arnaud)所指出的那样(2006),这并不能解决未来的问题……福利国家的实际做法往往具有制度上的"黏性",受到多重竞争势力的影响,并且往往会随着许多需要时间演进的小改革的累积而改变。问题是,移民、多样性和多元文化主义从长远来看是否会对欧洲福利国家及其民众支持产生负面影响。

这是我们2006年的书的主题(Schierup et al.,2006)。我们认为,具有包容性的欧洲福利国家有助于为20世纪50—70年代的移民和少数民族的形成创造条件。然而,从20世纪80年代起,新自由主义的优势带来了福利国家的重大变化。移民和少数群体往往首当其冲地受到这种变化的影响。此外,源于最近的移民而产生的大量的、往往处于边缘地位的少数群体的存在,是新自由主义"改革"的一个关键因素。排斥和贫困的种族化在福利普遍主义和社会再分配的转变中发挥了至关重要的作用。在欧洲社会的新自由化进程中,种族化了的种族补充了基于性别、阶级和位置的等级制度。移民和少数群体的存在有助于福利国家改革的合法化,并在将"应得的"与"不应得的"穷人区分开来的战略中发挥了重要作用。少数族裔成员的社会经济劣势和不同的文化有助于证明从普遍福利制度向剩余式路径的转变是正当的,同时通过工作福利制度对被排斥者给予了惩戒。经济和劳动力市场的非正规化,对于要使得剥削被排除在受管制的核心劳动力市场和社会保障条款之外的种族化劳动力变得越来越有可行性,发挥了重要作用。

福利的种族化:一些例子

我们分析的核心是,美国仍然是理解欧洲的总体发展以及移民、种族多样性和不断变化的福利国家之间关系的重要典范。

一方面,美国的反歧视政策和"多样化管理"理论已经逐渐享有了全球公认的道德和政治霸权(Bonnett,2006),并作为欧洲联盟委员会打击成员国歧视的范本。另一方面,生产、福利和移民制度的交错变化在美国造成了前所未有的劳动力商品化,移民和少数族裔是社会动荡的最大受害者。自20世纪80年代以来,明确的平等政策和种族主义做法之间的矛盾日益尖锐,并深植于务实的治理和阶级政治之中。市场解决方案的自由主义倾向、支离破碎的政治体制和多元文化共识构建过程的相对弱势阻碍了广泛的阶级联盟的形成和社会公民身份的扩展(Wilson,1999)。新自由主义、"福利沙文主义"(Banting,2000:21ff.)、对移民获得社会公民身份的限制,外加种族言论,交混在一起,巩固了移民作为灵活的劳动力后备军的功能。这可以被看作是更广泛的"反劳工战争"(Piven and Cloward,1997)必不可少的一部分,是美国资本在20世纪80年代和90年代战略的组成部分。数以百万计的无证劳工只允许对福利制度进行最低限度的主张诉求。他们作为一个压低工资的"后备军",使"合法"移民和本地蓝领工人受到压力。但是,在美国,即使是合法的移民也常常被剥夺所留给他们的社会公民权。通过出生权获得公民身份,部分地将"第二代"从无自由劳动的状态中解放出来。但是,新自由主义对穷人公共福利供给的破坏,使种族化的群体失去了一张安全网,而这一安全网曾经为他们拒绝最不体面的工作提供了回旋余地。

依从班廷(Banting,2000:19)简明的阐述,从这个角度讲,美国可以被看作是"显性紧张局势的典型案例,种族政治塑造社会政策……并限制福利倡导者建立稳定政治联盟能力"。然而,与班廷(Banting,2006a,b)相反,如果我们认为美国在全球范围内的新自由主义转型是一种潮流引领,而不是特例,那么对"美国化"进程的相对影响进行的评估,对于理解移民和多样性在当前不断变化的欧洲福利国家政治经济中的重要性至关重要。

在欧洲,各国的国情和政治路径的差别很大。在每个国家,阶级斗争、领土扩张和殖民主义的不同历史经验都影响了福利意识形态和政策。这些差异有助于塑造移民和少数民族融入社会的方式。然而,所有不同的方法都已经经由新自由主义的实践以及经济和社会政策的欧洲化趋势而面临着改变。最近的转变伴随着伊斯兰恐惧症、民粹主义的反移民运动、对"恐怖主义"的日益关注、移民和庇护政策的加速资产证券化以及劳动力市场和获得社会公民权方面新的种族分化。在这里,我们将非常简要地以英国、意大利和瑞典为例(更多细节参见 Schierup 等,2006)。

在英国,半个多世纪的移民造就了高度多样化的人口,这一多样性是根据种族、宗教、法律地位、性别、世代和阶级来区分的。为了保持良好的"种族关系"和防止歧视的国家干预政策一直与严格的入境管制政策联系在一起,后者根据复杂和不透明的标准对群体进行分类。移民和少数民族的状况一直与经济的新自由主义以及福利国家从社会团结逐步转向排斥和贫穷的个案管理紧紧地捆绑在一起。正式拥有英国公民身份从来就不是社会包容的保障,但目前从多元文化向"社会凝聚力"的意识形态转变表明,对于被多数群体视为文化异己的人来说,承认自己对这个国家的归属是有条件的。在 1997—2008 年的经济繁荣期间,工党政府结合了一项旨在吸引大量高技能和低技能劳工移民的政策(后者主要来自 2004 年之后加入欧盟的东欧和中欧国家),对"不受欢迎的移民"抱有强烈的敌意。后者指的是非正规劳动移民(尽管他们的劳动对低工资经济部门至关重要)和寻求庇护者。关于移民和庇护的立法多次被重写(1993—2006 年之间通过了五部新法律),对寻求庇护者的入境实施了越来越严格的规定,并减少了他们的福利权利,如果他们违反了复杂的官僚程序,就会陷入贫困。相比之下,高技能移民则完全融入福利国家。

对意大利来说,"第二次经济奇迹"的黄金时代正在消退,对温顺和被社会排斥的非正规移民劳工的依赖似乎也即将结束。意大利不可能仅仅依靠一支由廉价家庭佣人组成的全球储备大军来应对迫在眉睫的"人口危机"。在当前的关键时刻,经济管理和治理中的非正式性和客户主义策略越来越证明其不足之处,种族化的双重劳动市场和排他主义福利国家以及公民身份制度的固有的内在张力已激化为公共骚乱,其典型代表是中右翼联盟的反移民论战和行动。本土化民粹主义和街头种族主义暴力日益面临着如何动员移民和新少数民族,同时还抗议骚扰并呼吁承诺让自由宪法起死回生。

在移民—福利关系的大多数方面,瑞典与意大利都是相反的。瑞典福利国家所依据的具体劳动力—资本契约不允许其像美国、意大利和英国一样使用移民作为工资贬值和劳动力再商品化的工具。然而,瑞典的政策充满了内在的对立和矛盾(Alund and Schierup,1991)。这些问题在 20 世纪 90 年代初的经济衰退中突然公开化,伴随而来的是通过带有明显无疑的新自由主义色彩的收入政策,旨在保持充分就业的工业行业契约遭到破坏。与此相对应的是,具有表征性的积极劳动力市场政策逐渐转向惩戒性的新美国式"工作福利"实践。然而,这场危机也标志着社会福利合作伙伴对任何有效的反歧视立法的抵制已经结束。自20世纪90年代后期以来,瑞典引入了新的多样性和反歧视的论述、立法和实践,这些论述、立法和实践与其所参照的美国模式非常吻合。然而,鉴于经济、福利和劳动力市场监管中的新自由主义并行发展的趋势,反歧视立法和多样性管理已经在社会环境下逐步发挥作用,这些环境一步一步地变得越来越类似于美国或英国等自由福利国家的结构性贫困和种族排斥。欧盟对所招募的来自其他成员国(特别是东欧新欧盟成员国)的移民工人的管制进一步加剧了现有的种族分裂,这是对规范工资和工作条件的集体协议制度的严重打击。最近的立法(2008年)从根本上改变了瑞典关于进口劳动力的政策,并使其走上了"美国化"的道路,终止了工会的传统看门人职位,将关于雇用外劳的决定完全放在雇主个人身上。这些变化和当前的其他变化实际上可能对几十年来盛行的多元文化共识进程的形成带来沉重的压力,该进程将平等获得公民权和普遍的集体工会-雇主协议作为重要的基本社会制度前提。

未来趋势

这些简短的比较并不意味着瑞典福利国家或欧盟其他任何福利国家的顺利清退之路即将开启,或者说,美国模式势在必行。尽管有着向全面的新自由主义霸权趋同的强烈趋势,但欧洲历史上多元化的公民政策和制度尚未结束。在当今日益复杂和有争议的社会福利和移民问题上,欧盟—欧洲也没有发出共同一致的声音。

移民正在成为欧盟的核心政策领域之一,欧盟的移民制度正在出现,且在许多方面都以美国政策为蓝本。积极的方面包括若干反歧视指令和方案,要求成员国打击歧视和社会排斥。然而,在临时工人计划的推广、无证移民的刑事定罪、移民资产证券化以及以前有关庇护的人性化规范和做法的废止等方面,欧盟的政策也越来越多地与美国的政策相似。越来越多的不平等的族裔劳动分工、歧视性移民管理以及不平等的公民、政治和社会权利的获取,都与移民和少数群体融入社会的措施不相容。他们很可能在种族化的移民和少数群体中制造或加剧他们对福利国家的矛盾心理(Ryner,2000),同时伴随着福利沙文主义和大多数人口对多样性和多元文化主义的排斥。

"社会维度"的含糊不清也适用于欧盟,它继续围绕着经济和政治目标之间的中心矛盾,在适应全球资本主义的经济需要和根据强有力的公民观念创造新的欧洲身份的任务之间忐忑不安地徘徊。

正如我们在席鲁普等(Schierup et al.,2006)的研究中所论证的,围绕多样性和福利国家重组而发生的转变和冲突的交集,代表了福利国家和民族的当代双重危机:在新自由主义全球化的压力下,社会公民身份和既定的民族身份都受到挑战。通过移民实现的文化转型和通过向全球竞争开放国家经济实现经济转型的同时发生,动摇了1945年后作为和平与经济扩张基础的阶级妥协。社会公民的种族化一直是应对这种双重危机的意识形态工具的重要组成部分。但围绕移民和福利国家重组的冲突持续存在——例如,西欧国家所有不同融合模式同时发生的危机——表明这些问题仍然像以往一样具有争议和难以解决。

2008年9月的金融崩溃所体现的新自由主义经济模式的痛苦无疑将加剧这种双重危机。这一点已经很明显地体现为对移民工人的敌意增加,以及失业保险、养老金和其他福利制度的压力增加。在撰写本章的时候,预测变化的方向还为时过早。对信贷推动、以利润为导向的"经济理性主义"模式的广泛批评,可能为重新确立欧洲国家和欧盟的社会(保障)职能开辟道路。同样,目前的经济困境可能导致民族主义、保护主义甚至更强烈的种族化和排斥少数民族的趋势。

第20章 欧 盟

格达·法克纳(Gerda Falkner)

引 言

本章讨论欧盟及其对欧洲福利国家的影响。几十年来,欧洲各国及其福利体系一直被比较并归类到不同的"福利世界"(Esping-Andersen,1990)。同时,它们也成为一个准联邦主义国家的一部分。该准联邦主义国家具有福利国家的某些特征:超国家的欧盟。因此,要了解欧洲的福利发展,就必须考虑到欧洲一体化所代表的共同承诺和压力。

开篇部分介绍了欧洲社会(保障)政策的演进方式,包括:

• 监管(在劳动法和工作条件、工作场所的健康和安全、性别平等和反歧视政策等领域);

• 再分配(例如,通过欧洲社会基金)和开启关于欧洲社会(保障)维度的公开辩论;

• 国家政策制定者之间的相互监督("开放的协调方法")。

第二部分总结了"欧洲一体化的社会(保障)维度"的争议。欧洲一体化自1957年以来一直在进行,当时其缔造者一致认为,经济问题——没有社会监管来抵消自由化效应——应该成为该联合项目的核心。

第三部分介绍了评估"欧洲社会(保障)"状态的标准。最后将讨论欧盟如何影响不同类型的福利国家,并创造条件以促成欧盟拥有更多"有限的福利多样性",即在欧洲一体化直接或间接强加或强化的限制范围内更为有限的多样性。

欧盟社会(保障)维度发展的证据

欧盟的社会(保障)政策一体化起步相当缓慢,但后来发展较快。在欧洲一体化的初期,社会(保障)政策几乎只包括确保工人自由流动的努力。国家社会保障制度得到协调,以期改善国际流动工人及其家庭的地位。然而,在20世纪60年代后期,政治气候逐渐变得更加有利于更广泛的欧洲社会(保障)政策措施。在1972年的巴黎首脑会议上,欧共体国家元首和政府首脑宣布,经济扩张本身不应是目的,而应是为了更广泛地改善生活和工作条件。他们商定了一系列欧盟社会(保障)政策措施,随后欧盟委员会(启动欧盟政策的机构)在1974年的《社会(保障)行动纲领》中对此进行了详细阐述。这证实了各国政府将社会(保障)政策干预视为欧洲一体化的一个组成部分。欧盟部长理事会在随后的几年中通过了《行动纲领》中提出的若干立法措施,而在第一个《行动纲领》之后,又通过了一些更进一步的《社会(保障)行动纲领》。从20世纪70年代中期开始,欧盟社会(保障)政策的发展相当令人印象深刻——至少从纯粹的量化角度来看是如此。

欧盟社会(保障)监管

2009年,在欧盟社会(保障)监管的三个主要领域:健康与安全、其他工作条件以及工作场所内外的平等,存在着约80个具有约束力的规范(Falkner,2010)。此外,对这些有约束力的规范通过了大约90项的修正案和地域扩展(其中一些是针对新成员国的)。除这一硬性的法律之外,还有软性法律,其中包括约120项非约束性政策,例如,包括向成员国提出的建议。

在平等方面,诸如同工同酬,男女在工作条件和社会保障方面的平等,甚至歧视诉讼中的举证责任问题等,都随着时间的推移在欧盟层面得到了监管(Hoskyns,1996;Ostner and Lewis,1995)。自欧盟1997年颁布《阿姆斯特丹条约》(新的第13条)以来,针对性别、种族或族裔出身、宗教或信仰、残疾、年龄或性取向等的歧视问题,已经制定了一项更普遍的平等政策(Bell,2004)。

在工作条件方面,20世纪70年代末通过了一些规则,例如,在集体裁员情况下对工人的保护、企业转让和雇主破产等。在20世纪90年代及以后又有更多进一步的规定,内容包括工人信息、工作合同的条件、对非典型工人(例如,轮班、临时代理或兼职)的平等待遇以及育儿假等。

工作健康和安全方面的规章是以一些具体的行动方案为基础的。这些指令(必定会转化为具体法律的欧盟规范)包括保护接触工业排放物或污染物的工人,或对重负荷负责的工人,以及防范与工作中的化学、物理和生物制剂(如铅或石棉)有关的风险。这是欧盟监管行动的三个主要领域。

欧盟社会(保障)政策的分配维度(广义)

1957年的"条约"已经规定了设立"欧洲社会基金"(ESF)。其目标是简化工人的就业,增加他们在共同体内的地域和职业流动性,并促进他们适应变革,特别是经过职业培训和再培训后。最初,欧洲社会基金会向成员国补偿了引入和实施这些措施所涉及的一些费用。1971年,欧洲社会基金的第一次重大改革涉及确定目标群体,并只资助那些从共同体的角度被认为适当的国内项目。在进行了一系列进一步的改革之后,欧洲社会基金现在共同资助一些项目。这些项目面向寻求就业的年轻人、长期失业者、弱势群体以及促进劳动力市场上的性别平等,目的是通过战略性长期计划(特别是落后地区)提高人们的"就业能力",升级和现代化劳动力技能,并培养创业的积极性。

除了社会基金,其他欧盟基金也在寻求消除区域和社会差异(Allen,2005;Bache,2007)。它们包括欧洲区域发展基金、欧洲农业指导和担保基金(担保部门)以及渔业指导金融产品。此外,凝聚力基金(the Cohesion Fund)为国内生产总值不到欧盟平均水平90%的成员国的环境项目和跨欧洲基础设施网络提供资金。最后,欧洲全球化调节基金(European Adjustment Fund for Globalization)旨在帮助因全球贸易模式变化而失业的工人尽快找到另一份工作。它于2007年开始运作,每年可支配5亿欧元,但至少在初期阶段,成员国的申请数量少于预期。

总之,欧盟的社会(保障)维度不像人们通常想象的那样具有监管性。2006年,"结构性业务"的资金占欧盟总预算的31.6%(欧洲委员会,2006b;

8)。欧盟劳动力市场政策的指导效应可能比欧盟社会基金数据所显示的要更强一些。后者只显示欧盟在项目总预算中的一部分,但这些项目大多由各国政府共同资助。此外,欧盟选择项目的标准可能对国家预算优先事项产生间接影响。再加上2009年的经济复苏计划,欧洲社会支出的整体规模是显而易见的。

开放式协调方法

除欧盟社会(保障)政策的监管和再分配水平之外,过去十年还出现了一种新的工具,即"开放的协调方法"(OMC)。它是一个明确的基于话语和促进相互学习的非管制策略,例如,基准测试或标杆管理。虽然在其他超国家/国际组织中存在类似的做法(Schfer,2006b),但这种发展已经创生了一波政治和学术声明,其中有人假定,在不具有约束性的欧盟法律所带来的强制力的情况下将会出现国内政策的协调。

开放协调方法的主要特点是在欧盟就业政策领域发展起来的。这最初是在没有条约基础的情况下发生的,是1994年埃森欧洲理事会的后续行动。1997年《阿姆斯特丹条约》的就业章节正式规范了这些程序,欧盟自此每年都采纳一些就业政策指导方针。它们的具体规范和实施由国家一级行为者负责,以便可以考虑国内局势和政党政治偏好。其底线是,欧盟成员国必须定期提交关于他们如何应对这些指导方针以及为什么他们在"国家行动计划"中选择某些特定战略的报告。他们必须在定期辩论中在欧洲层面为自己的决定辩护,这样才能发挥同侪压力,至少有可能对欧洲的社会政策产生协调作用(例如,Porte and Pochet,2002)。多年来,这种开放的协调方法已经扩展到新的领域,包括医疗健康、养老金改革、平等机会和社会包容等。

因为缺乏关于其在成员国产生实际效果的可靠数据(参见Zeitlin and Pochet,2005;Krger,2009),开放的协调方法的成功仍然难以判断,并且因为在研究人员的工作中没有反事实的比较基础,所以始终很难衡量它的成功。似乎有理由期待,共同的政策学习和相互适应将对国家政策产生一些影响,而欧盟层面的义务,无论定义多么宽松,要有助于各国政府证明其国内改革的合理性,否则,由于担心在选举中失利,它们可能不敢实施改革。然而,在一国政府尚未准备好进行政策变革的情况下,《国家行动计划》可能只会重复已有的国内政策或发挥象征性的作用(Scharpf,2002)。

关于"欧洲一体化社会(保障)维度"的辩论

自后来演变成为所谓的欧盟组织成立以来,关于"欧洲一体化的社会(保障)维度"是否存在或是否需要的辩论一直很活跃。早期的论述主要集中在欧盟社会(保障)计划薄弱的法律基础上(更详细的参考 Falkner,2007),并且大多由法律学者撰写[以后关于欧盟社会(保障)政策的讨论主要,但不全是,从法律的视角,Shaw,2000;DeBúrca et al.,2005]。由于1957年条约的主要理念是,福利的改善将源于欧洲市场自由化带来的经济增长,而不是欧盟公共政策的监管和分配形式,因此,社会(保障)政策能力预计将在很大程度上仍然是欧洲的国家事务。然而,该"条约"对更具"干预主义"的代表(最重要的是,法国)作出了少量让步。这些主要是关于男女同工同酬的规定和欧洲社会基金的设立。这种法律状况说明了社会(保障)政策在欧盟政策中独具一格的一些特征:长期以来,欧盟没有明确的权限条款去授权欧盟委员会起草社会(保障)立法,供欧盟部长理事会和欧洲议会采纳(这是通常的决策程序)。正是由于所谓的"附属能力规定"的存在,才使得对社会(保障)政策领域的干预成为可能,而且只有在认为对市场一体化是必要的情况下才有可能。值得注意的是,从20世纪70年代起,这些规定被用来促进欧盟一级的社会(保障)政策协调。然而,它们需要得到部长理事会的一致同意,这是非常难以实现的。这种状况一直持续到1992年《马斯特里赫特条约》,在某些领域,即使在《里斯本条约》下,也仍然需要全体一致同意。①

弗里茨·沙普夫(Fritz Scharpf,1988)在一篇被经常引用的文章中批评

---

① 欧共体条约对社会立法的授权已经随着时间的推移而演变。《单一欧洲法案》对于1986年工人健康和安全问题引入了合格多数的投票;在1992年的《马斯特里赫特条约》中,除了英国外,11个成员国商定了具有深远影响的额外权限和程序改革,包括大幅度扩展合格多数投票权;1997年的《阿姆斯特丹条约》结束了英国退出选择,并在欧盟条约中插入就业协调章节;2001年的《尼斯条约》在社会(保障)领域进行了非常小的改革,但它允许欧盟机构将对一些社会问题一致同意的要求改为合格的多数。

了这种决策模式,声称它在联邦和准联邦系统中制造了一种"联合决策陷阱"。沙普夫(Scharpf)指出,在联邦立法需要各组成政府的同意,而且决定必须是一致或几乎一致的情况下,就会是一种"连锁相扣的政治病态"(同上,第254页)结果。权限是共享的(而不是分割的),但同时,较低级别政府维护其否决权地位进而维护其主权的制度化自身利益,并不受代表性原则的过滤。此类体制预期可能会导致僵局和次优结果(同上,第267页)。

在审视欧盟社会(保障)政策时,沙普夫的分析在发表时绝对准确。然而,在随后的几年里,人们发现了一些反推力。20世纪90年代,一场关于"社会(保障)欧洲"的适当辩论开始盛行,当时一本颇有影响力的编著(Leibfried and P. Pierson,1995)首次就欧盟的社会(保障)政策、社会(保障)政策的发展及其与国家政策的关系进行了全面的讨论。该书通过考察和比较欧盟社会(保障)政策在若干领域的演变,研究了社会(保障)政策一体化的动态。概括起来,保罗·皮尔森(Paul Pierson)和斯蒂芬·莱布弗里德(Stephan Leibfried)描述了一种新兴的"社会(保障)政策共享政治权威体系"(P. Pierson and Leibfried,1995a:4)。在这个体系中,成员国的权力不仅集中在一起,而且越来越受限制(同上:7)。"正在形成的是一个多层次、高度分散的体制,其中,政策在'发展',但不受任何单一政治权威的坚决控制"(P. Pierson and Leibfried,1995b:433)。

皮尔森(Pierson)和莱布弗里德(Leibfried)还发现了一种绕过联合决策陷阱的特定动态。他们指出,欧盟机构不再是成员国的工具,但是成员国的权力实际上受到欧盟机构自主活动的制约,并受到三个重要因素的限制:先前欧盟层面政策承诺的影响、事项密度的增长和非国家行为者的活动。他们的著作还表明,至少在某些领域,欧盟的社会(保障)政策举措已经超过了成员国偏好的最低公分母(P. Pierso and Leibfried,1995b:458)。

社会(保障)政策共享政治权威的多层级体制(Leibfried and Pierson,1995,2000)在超国家层面创造了比以前预期更多的社会(保障)方案和法规,但面对日益强大的市场力量,这些方案和法规是否足以构建起有效的制衡,仍然是一个有争论的问题。这种学术争议的一个突出例子是围绕着"半满杯"的类比(Ross,1994)。

第 20 章　欧　盟

评估欧盟在社会（保障）领域的活动

大多数关于欧盟社会（保障）政策的文本都界定了它们的主题，但令人惊讶的是，很少有人以完全明确的方式做到这一点，包括列出衡量标准、可操作化和量化方法。在广泛的文献综述的基础上，似乎至少有四个不同的评价标准值得考虑（Falkner，2000）。第一，欧盟社会（保障）政策的一项主要任务是消除劳动法中的一些法律空白。这些法律空白是由欧盟内部市场计划及其跨越国界的自由化效应引入或扩大的，需要制定新的规则，特别是关于其公司指派到外国成员国工作的工人（派驻工人）的权利，以及关于需要建立跨国机构以处理其企业扩大的业务基础的欧洲务工协会的规则。在应对这些挑战方面，欧盟的表现优于大多数专家在 20 世纪 90 年代初的预期，而且当时讨论的所有关键漏隙都已得到弥合。[①] 然而，最近欧盟共同市场进一步自由化的步伐又额外增加了澄清劳工法的必要性，其中最重要的是有关服务提供商的跨境竞争。事后看来，弥合劳动法的缺口可能是一个要持久关注的问题，因为欧盟继续煽动市场开创项目，最终还需要在劳动法和/或社会（保障）领域重新进行监管（Mabbett and Schelkle，2009）。

第二，判断欧盟社会（保障）法一个意义更为深远的标准是委员会提案与理事会立法之间的差异（注意，欧盟委员会发起欧盟层面的所有立法项目，而部长理事会是主要的决策者，如今与欧洲议会联合在一起）。在 20 世纪 80 年代末 90 年代初，欧盟委员会提出的潜在欧盟社会（保障）政策与实际采取的政策之间存在巨大的缺口。然而，这种缺口几乎完全消失了。甚至一些最有争议的项目，如在工作场所的性骚扰和"欧洲公司章程"中的雇员咨议也已获得通过。

欧盟社会（保障）维度领域的第三个指标是采取行动，防止国家社会（保障）标准的降低，这可能是由于单一市场和经济货币联盟的竞争压力（有时称为"社会倾销"）的增加而引起的。防止这种情况发生的一种可能方法是就波

[①] 应当指出的是，欧洲法院最近的一些判决强调，即使根据明确旨在消除这种空白的欧盟指令，市场一体化对国内劳工法的影响也可能需要进一步辩论和采取进一步的法律行动（参见结论部分"欧盟对不同福利国家家庭的影响"）。

动幅度达成共识,这将阻止一个国家通过降低社会(保障)标准获得竞争优势。无论如何,只是在少数成员国,尤其是比利时、法国和德国,有少数学者和政治家认为这样的建议是值得的(Busch,2000;Dispersyn et al.,1990)。

第四个评价标准可能是欧盟在锻造出一种真正是超国家的社会秩序上的程度还相当小。然而,应当指出,欧盟作为准联邦制度是在成员国已经具备完全成熟的福利国家体系情况下建立起来的。因此,政策先发制人战胜了超国家野心(Obinger et al.,2005b:556),取代国内体制的功能需求既不是无可争议的,也没有被广泛接受。

简言之,虽然欧盟的福利活动与相对较低的期望相比表现并没有太差,但它们显然与更深远的构想相去甚远。还有就是许多作者都抱有的怀疑,即"成员国政府对国家福利政策失去了更多的控制权……比欧盟在移交的权力方面所实际获得的还多"(Leibfried,2005:243;也见 Scharpf,1999;Ferrera,2005a)。然而,除对现状的评估之外,很难找到一条摆脱这种状况的易行之路。在欧盟层面上简单地重建国家已经失去的能力似乎不切实际。作为这种思想实验的基础,需要考虑欧盟在该领域的各种活动形式,如表20-1所示。

表20-1　　　　欧盟社会(保障)政策的形式(广义)

	问题领域	成员国/欧盟关系
(A)社会(保障)权利和标准规则	主要方面:劳动法、工作场所的健康与安全、平等待遇政策	双方都享有同样的权限,欧盟在20世纪70—90年代变得越来越重要
(B)社会(保障)支出	主要方面:欧洲社会基金、全球化基金、农业基金、区域基金	如果与国家福利体系相比,欧盟的支出是微不足道的,但在欧盟预算范围内却是非常醒目的
(C)协调以促进社会(保障)领域和谐相处	主要方面:就业政策、养老金、社会救助、教育	欧盟的影响取决于国内的意愿,几乎没有任何事实效应或因果关系证明的信息
(D)一般公共事业的自由开放,包括"社会(保障)事业"(欧盟经济政策的结果)事项	主要方面:就业服务、能量、运输、邮政服务,还有卫生行业的一部分 事实上,经济政策触及了社会保护的"外圈",广义上,即"福利国家的保护外壳"(Leibfried,2005:270)	成员国不能歧视市场上的私人行为者或将他们排除在外,除了几个界定狭窄、有争议的公共利益核心领域之外

看来只有(B)和(D)领域才有资格提出这样的论点,即欧盟应重建在国内层面上被削弱的权限,因为欧盟条约的社会(保障)章节中的监管能力由成员国和欧盟共享,而开放协调方式在任何情况下都不会剥夺各国政府的权限。这样的思想实验将导致(B)在欧盟层面的社会(保障)计划支出更大,以及(D)平衡公共事业的自由开放化。例如,后者可能导致在欧盟一级重新垄断就业服务。这是一个值得讨论的有趣话题,但就功能而言,其积极的结果还远未确定。欧盟对当地公共交通潜在垄断的影响也不确定。另一个要提出的论点是,一般公用事业的自由开放,就其发生的情况而言,是基于这样一种考虑,即更多的竞争总的来说是有益的。欧盟在这方面的多数共识是否已经消失,似乎值得怀疑。换句话说,如果在成员国层面有广泛接受的主张自由开放的论据,那么这些论据在欧洲层面也往往是有效的。因此,允许欧盟承担在国家层面上失去主权的想法是可行的。人们可能会质疑支持自由开放选择的依据(并且应该讨论一些明显的不利影响),但这只会是一场经济辩论,而不是关于社会(保障)政策适当水平的辩论。

表20-2　　　　　　欧洲一体化对国家社会(保障)支出的影响

	影响	欧盟政策	评价论点
对支出的影响	直接	向其他欧盟国家的公民开放边界和社会保障制度;社会转移不再仅限于"自己的公民",也不再要求在国家领土内消费	(a)从成员国的角度,这有可能成本高企。但是,如果别的国家情况相似,互惠则是可能的。如果不是这样,欧洲法院(ECJ)则为社会保障制度的财政稳定性提供(某些)保护。 (b)从市民的角度,这提供了新的社会权利。
对预算资源的影响	直接	欧洲货币联盟(EMU),收敛标准限制赤字支出	(a)短期:可能对社会支出产生限制性影响,尽管政府原则上可以自由裁减他们认为有用的支出,包括福利领域以外的支出。 (b)长期:由于有债务超负荷的危机,不限制预算赤字可能在社会预算方面产生更大的负面影响。
	间接	欧盟范围内只有部分税收统一,因此成员国之间存在税收竞争的空间	对民族国家的事实上的压力是降低对移动经济行为者的税收(包括社会保障缴款),但是要在国家层面做决定。

最后,关于增加欧盟层面的支出,很难确定需要多少资金来平衡各种欧洲一体化措施在国内层面施加的压力。同样,我们可以区分欧盟影响的不同形式(详见下一节)。

表20—2再次表明,仅仅在欧盟层面上采取行动,而不是落实在现在的民族国家完整的主权(最广义)领域内,将是一个很难的抉择。从技术上讲,在福利支出领域,这意味着试图确定由于"倾销"进程而可能实施的福利削减数额。然而,任何国家福利削减的因果关系都难以确定,因为除欧盟内部的税收竞争之外,还有许多其他可能导致具体削减的潜在原因。与此同时,很难建立任何欧盟机制,以一种可抵消欧洲一体化带来的这种后果的方式花掉这笔钱款。

欧盟对福利国家不同"家庭"的影响

我们已经概述了在过去40年中欧盟在社会(保障)维度上是如何发展得比政治家和学者们最初预期的更为强劲。然而,对于欧洲一体化在"社会(保障)维度"上成功与否,评价有很大差异。本结论部分将讨论欧盟如何影响福利国家的总体政策,至少会带来事实上的巨大压力,要求更多种类的福利。然而,正如以下两节所示,这些方法往往是间接的,在不同的成员国产生的影响也不同。

意外和间接影响的突出作用

已有证据表明,一国内的国家福利受到欧洲一体化的限制,在某种意义上,它们现在必须:确保劳动力在一体化的欧洲内部自由流动,并且按照欧盟协调规则的要求,确保跨国社会保障权益的相关累计;执行欧盟法律规定的反歧视政策,旨在年龄、种族和族裔出身、宗教和信仰、性取向和残疾等方面支持妇女和少数民族;尊重欧盟法规中针对工作场所健康和安全领域以及劳动法所规定的最低标准;通过定期报告和证明许多其他社会(保障)政策领域的国内选择的合理性,尊重开放的协调方法的程序规则。这些都是欧洲一体化的直接影响。

然而,欧洲一体化对一国内部的国家福利和社会(保障)政策制度的影响远远超出了"执行"此类欧盟社会规范（本身可能存在问题）所带来影响的范围[1]，因为许多影响是"间接的"，不是由明确的欧盟社会（保障）政策引发的，而是由经济一体化的次级影响触发的，和/或是由卢森堡的欧洲法院以广泛的有时是意想不到的方式解释欧盟法律而触发的。

如上所述，经济政策在1957年的"创始条约"中被赋予突出的地位。随着自由化在时间的推移中得到更多的发展进步，到一定程度，在不断扩大的市场中的竞争，对提高流动生产要素的税收和社会保障缴款形成了有力的约束。在20世纪80年代后半期，"内部市场计划"恢复了欧洲一体化进程，即使以前受保护的领域，例如，国有基础设施和公共利益服务（能源、电信、运输、就业机构等），也实行了自由开放的举措。福利政策的外圈（Leibfried，2005）缓慢但肯定并且越来越广泛地受到了影响（Scharpf，2002）。1992年的《马斯特里赫特条约》致力于建立经济和货币联盟，就其对社会（保障）支出的间接影响而言，是一个里程碑。这消除了国家对货币政策的控制，同时，《增长和稳定公约》对预算赤字施加了限制，从而产生了削减开支（或增税，见下文）的压力，影响了社会（保障）政策。

一种广为接受的经济观点是，所有这些都引发了额外的增长，可以预期，这会让所有欧洲人能够分享更大的蛋糕，但同时大家也都认同，开放的边界加强了更具流动性的生产要素的力量，并且似乎已经阻碍了工人代表的议价能力。原则上，再分配的规模和大部分形式仍然由成员国决定，但框架条件已不再相同。福利国家，特别是在欧盟，目前：

> 要在国际上仍然保持其活力，必须是他们的税收和管理体系不会降低其经济在开放产品和资本市场中的竞争力——这意味着，大体上，再分配必须通过公共支出而不是通过监管和调节就业关系来实现，福利国家的成本必须从非流动人口的非资本收入和消费支出

---

[1] 这里应当指出，对现行欧洲社会法成功与否的充分评价，由于缺乏对其在成员国的实际效果的了解而受到限制。一项针对欧盟一系列社会指令中90个国内适应表现案例的比较研究（Falkner et al.，2005）表明，存在重大的执行失败。迄今为止，欧盟委员会未能充分发挥其控制功能。虽然所有国家偶尔都没有遵守，但有些国家通常会认真对待与欧盟相关的职责。其他国家则经常将国内政治关切置于欧盟法律要求之上。还有一些国家几乎理所当然地忽视了欧盟的这些义务。如果将这种分析扩展到中欧和东欧的新成员国，就会发现欧盟的标准常常是"一纸空文"（Falkner et al.，2008）。

中筹集(Scharpf and Schmidt,2000b:336)。

当然很难确定欧洲一体化对国内社会(保障)政策影响的净效应。然而，有些人认为，欧盟，如果不是真正的变化来源，至少也已经被用作"外部理由"。特别是，但不仅限于，在南欧，欧洲货币联盟的趋同标准似乎已成为福利国家改革的受欢迎的理由(Martin and Ross,2004)。

除了间接效应外，还会有预期之外的直接效应。欧盟法院在解释欧盟法律方面有最后决定权。自20世纪70年代以来，它对许多社会政策问题产生了影响，有时还通过其判例显著增加了欧盟法律的实际影响。在工作场所对妇女的平等待遇和在企业转手时对工人利益的保护是两个重要的例子(Leibfried and P. Pierson,2000)。从市场一体化向福利领域"溢出"的最近一个案例是医疗保健。最初，这是一项国内的权利，如果病人要求在另一个欧盟国家获得公共资助治疗，就需要有资质的医疗机构的预先授权。1998年，欧洲法院裁定医疗保健是一种服务，因此受欧盟法律竞争法规定的约束。欧盟所谓的内部市场中盛行的市场自由对国家卫生政策的影响超过了政治家们的预期(Sindbjerg Martinsen,2009:11)。事实上，欧洲联盟委员会后来一直利用欧洲法院的判决和科学证据作为权威输入，支持其关于扩大欧盟在这一领域的监管权限的建议(同上)。

欧盟统一市场的服务供给一直是一个很有争议的话题，自2004年服务指令首次提出以来，引发了许多大规模的示威活动。《服务指令》处理外派工人的方式尤其具有争议性：它使常驻工人和外派工人受到其母国规章的限制，从而创造了不平等的条件，这些规章对工人的友好程度往往不如东道国(Schmidt,2009:1)。最近，更多有争议的欧洲法院案例触及了市场自由与工会行动等基本社会权利之间的界限，这些案件的后果只有在未来几年才会显现出来。目前正在就其对国内社会(保障)和劳资关系的潜在后果进行激烈的辩论，特别是如果提供服务的外国公司(例如，在建筑部门中)不需要适用与东道国大多数雇主相同的规则，最低工资和罢工权将如何实现(Scharpf,2009；Joerges and Rödl,2008)。

欧洲一体化的不同影响

正如"全球化"对欧洲福利国家产生的影响是不均衡的一样(例如，Sykes et

al.,2001),欧洲一体化以不同的方式和不同程度影响着欧洲福利国家集群。

最初的六个欧盟创始国家都采用俾斯麦式基于工作的社会保险福利体系。那时国家之间的福利在结构上和在慷慨程度上的差异都要小得多。因此,欧盟层面的协调最开始的时候比自那以后的任何时候都要容易得多,但这是"一条未走的道路"(Scharpf,2002)。在20世纪70年代欧盟第一次扩容之后,丹麦、英国和爱尔兰已经大大增加了欧盟的异质性。现在一种斯堪的纳维亚式的福利国家和两种盎格鲁-撒克逊式的福利国家都是欧盟成员。此后,随着南部欧洲进而斯堪的纳维亚和大陆以及最后东欧改革国家的加入,多元化程度进一步提高。

福利供给在资金(雇主或员工缴款,各种来源和群体的直接/间接税)和支出方面(普遍型与基于经济状况调查的职业型社会福利和/或收入维持的转移支付和/或育儿等私人服务供给)的多样性,以及不同的规范性假设和价值观,使得欧盟层面的共通式福利政策更加困难。同时,欧洲一体化对成员国的反馈效应也越来越不同。大规模的比较研究,既要系统地考虑上述欧盟影响的所有根源,又要针对所有的福利体制以及国家,几乎还没有过并且极为难以协调组织。然而,在费雷拉关于重新划定欧洲福利边界的重要论述中(Ferrera,2005a),已经阐明了在养老金、医疗保健、社会援助和移民方面发挥作用的基本机制。

总体而言,欧洲大陆系统似乎受到欧盟内外国际化进程的最大不利影响,因为它们的收入来源在部分程度上已不再可行。当流动生产力可以容易地迁移并避免高企的雇主社会保障缴款时,就很难防止将负担转移到其他地方(Scharpf,2002)。以税收为基础的制度受到的负面影响似乎较小,只要公民接受直接的财政负担以换取更多的社会保障(同上)。丹麦可能是个例外,它的社会福利制度主要以增值税为基础,但也承受了欧盟税收协调努力所带来的压力(Leibfried,2005)。

未来可能的趋势是什么?欧盟的影响是否会使所有先前存在的分歧很快得到消除?原则上,事实情况应当是,首先是关于支出的差异,其次是关于福利制度类型的。然而,实证数据显示并非如此。关于总体福利支出水平,各种实证研究得出的结论认为,无论是在全球层面还是在欧洲,"逐底竞争"既不受支出模式的支持,也不受结构变化的支持(Starke et al.,2008)。这些研究揭示了福利制度的"模糊性",这是由于在各地都推行了类似的政策——劳动力市场政策中的激活和工作福利制,医疗健康保险的共同支付增加,以及更加强调家庭政策等(参见 Obinger 等,2005,一项对四个开放经济体的研究)。医疗健康体系的特征也体现了类似的情况,有从不同类型向混合类型趋同的趋势(Rothgang et al.,2005:187)。

完全趋同既不是功能上的需要,又没有政治上的可能,因为适应似乎一般都是有民族色彩的(Cowles and Risse,2001;Héritier et al.,2001)。因此,从中期来看,欧洲一体化的各种直接和间接影响很可能会在欧洲产生所谓的"有限的福利多样性"。

关于欧盟层面社会(保障)政策可能的未来趋势,似乎深刻的政治和经济分裂阻碍了向"能够提高产出合法性和加深社会凝聚力的重大社会转移计划"的"质的飞跃"(Obinger et al.,2005b:546)。结合上述"欧洲社会(保障)"的动态,这可能意味着持续的渐进式变化(Ferrera,2005a)——可能有更多的司法而不是监管行动,特别是在欧盟扩容和《里斯本条约》之后。

然而,在一些突变时期,发展中断乃至伴之以机制的崩溃和更迭也不是不可能的(Streeck and Thelen,2005b:9),比如 2008/9 年度金融市场和经济危机所见证的。欧盟并不是这些问题的主要来源。事实证明,这些问题对世界各地的社会(保障)和福利制度都是有害无益的(尽管有可能本可以做得更多以阻止它们),但欧盟是一个至关重要的行动者,它至少有可能赢得遏制危机后果的斗争。在撰写本章时,尚不清楚从长远来看这场危机的规模和后果是什么,但从各民族联邦国家社会(保障)政策的发展来看,"权力再分配方面的重大突破只有通过严重的外部冲击才能实现"(Obinger et al.,2005b:564)。

第21章 政府间组织

克劳斯·阿明根(Klaus Armingeon)[①]

引 言

  这项调查回顾了政府间组织(IO)在国内社会政策中的作用。我们认为政府间组织(IOs)就是那些有国家政府代表参与其中的国际组织。社会政策是指核心的福利国家活动,如社会援助、社会保障和社会保险,以及劳动力市场政策教育。
  近年来,发达国家的政治左翼,特别是"反全球化"运动的成员,如 AT-TAC(援助公民金融交易征税协会)一直非常关注政府间组织(IOs)对福利国家的影响。他们煽动的例子包括1999年在世界贸易组织西雅图会议上的示威活动(这促成了世界社会论坛)和2009年1月在拉脱维亚发生的骚乱,这些活动针对的是资产阶级政府执行"国际货币基金组织"要求的紧缩政策。尽管有这些政治活动,但是社会科学界关于政府间组织对福利国家影响的系统研究却相当少。本调查试图通过回答三个问题来将该领域系统化:政府间组织(IOs)如何影响社会政策? IOs 在社会政策方面发挥作用的主要例子有哪些? 关于 IOs 对国家社会政策的影响,以及民族国家和 IOs 在制定和执行社会政策方面的互动方式,我们了解多少?

[①] 作者注:非常感谢詹斯·斯特菲克和斯蒂芬·莱布弗里德的评论。

我们回顾讨论的重点是民主和经济相对发达的福利国家。这包括欧洲联盟的 27 个成员国以及经合组织国家集团中其他已建立的民主国家,即加拿大、美国、日本、澳大利亚和新西兰。我们的描述也许失之偏颇,因为诸如世界银行和国际货币基金组织等政府间组织覆盖全球,事实上,它们特别强调发展中国家的行为。但这些组织对发达国家的福利规则有重大影响。在少数情况下,他们实际上将资源转移到这些国家,如在拉脱维亚就是如此。也许更重要的是,它们传播的理念和标准直接影响发达国家的政治行为者,并影响那些直接关注发达国家的国际组织,例如,经济合作与发展组织(OECD)。

当我们考虑到政府间组织活动的影响取决于对社会政策的政治关注程度以及可用的国内资源量时,关注那些既民主又发达的国家,是有道理的。在专制国家,有证据表明,精英有时会选择更多的社会保障,以稳定其政权。这被广泛认为是德国总理俾斯麦在 19 世纪后期采取的策略(Alber, 1982)。但只要他们没有重大的合法性问题或面对(再)选举的压力,专制国家的精英也可能会忽视社会保障。事实上,国内政治态势和国内政治制度决定了政府间组织的影响;反过来,这种影响也是国内精英与政府间组织之间战略互动的一种功能。欠发达国家(往往由专制精英统治)的国内资源不足,无法致力于社会政策。大多数社会政策改革的规范和建议取决于可用资源的水平。对于一个国家来说,削减福利可能是必要的,但在一个更加富裕的社会并非如此。在一个国家可以提供资金的改革在世界另一个地区可能就不可行。

相比之下,富裕国家的政府普遍面临着对社会福利有浓厚兴趣的选民。根据经验,执政党如果担心在选举日会因此受到惩罚,就会避免大规模的福利国家紧缩。这些政府拥有比贫穷国家更多的专门用于公共部门的资源。因此,关于政府间组织在富裕和民主国家社会政策中的作用的结论可能不一定适用于贫穷和非民主国家。贝丝·西蒙斯(Beth Simmons, 2009)强调国内政治与国际力量之间的相互作用,认为国际组织在向温和专制国家传播人权时实际上可以发挥最大的作用。在完全专制的体制中,统治者可能不关心政府间组织的规范,同时如果是在民主政体下,人权并未受到质疑,但已经在很大程度上实现。然而,如果该政权尚未实现民主,但仍给其人民一些政治回旋余地,那么这些公民可能利用政府间组织的规范和声誉去争取更多的人权。在这方面,政府间组织创造出的投入可以被动员起来的公民用来反对专制统治者。

以下概述分为三个部分:第一部分描述那些与发达国家的福利状态最相关的政府间组织:世界银行、国际货币基金组织、世界贸易组织、经济合作与发展组织和国际劳工组织(欧盟在第 20 章中单独讨论)。由于篇幅限制,联合国的两个专门机构没有进行介绍:世界卫生组织和联合国教科文组织。它们在资源方面远少于世界银行等组织,它们对经济发达民主国家社会政策发展的影响非常有限。对 5 个选定的政府间组织的描述将侧重于其组织结构和决策系统以及其正式目标和任务。这 5 个政府间组织主要关注福利国家的不同方面。有趣的是,可能除世界银行及其对养老金制度的建议之外,这些政府间组织在应对西方福利国家的核心保险计划(面向年老、疾病、伤残、失业等)上也仅仅是触及边角。然而,这些政府间组织都直接或间接地影响福利国家政策。经合组织侧重于教育、卫生和劳动力市场政策,国际劳工组织专注于就业和劳动条件,国际货币基金组织和世界贸易组织侧重于提高自由化世界贸易体系的竞争力和促进金融稳定与增长。它们的措施,例如,国际货币基金组织对减少债务和赤字的呼吁,会对社会政策产生重大影响,因为它们往往意味着削减开支或税收,从而限制了社会政策的回旋余地。

第二部分讨论了政府间组织试图影响国家福利状态的方式和手段。最后一部分探讨了政府间组织对国家福利状态的影响,政府间组织与国内政治行为者的战略互动,以及软性法律和硬性法律的问题。

社会政策领域的主要政府间组织

世界银行成立于 1944 年,与其紧密联系的国际货币基金组织同时成立(Marshall,2008,www.worldbank.org)。这两个机构都是联合国的专门机构,但具有实质性财政自主权。世界银行每年支出约 250 亿美元,这使得其他声称改善公民福利的所有国际组织相形见绌。它是一个由 185 个成员国组成的合作组织,这些成员国通过财务捐助的方式定期缴款,并具有与这些捐资水平相对应的表决权。因此,"治理结构不是为了民主而设计的"(Marshall,

2008:2)。目前,世界银行由5个机构组成:国际复兴开发银行、国际开发协会、国际金融公司、多边投资担保机构和国际投资争端解决中心。国际复兴开发银行、国际开发协会和国际金融公司是世界银行集团的主要机构。世界银行最初的目的是通过向饱受战争蹂躏的国家提供贷款来促进战后欧洲的重建。后来,资助重点转移到发展中国家和东欧转型国家。世界银行目前的主要官方目标是消除贫困。其官方政策以2000年的联合国千年发展目标为框架,其中列出了消除贫困和饥饿、普及初等教育、促进性别平等和降低儿童死亡率等主要目标。

世界银行的最终权力机构是理事会,理事通常是其成员国的经济或财政部长。理事会每年与国际货币基金组织举行一次会议。投票权是国家缴款水平的函数。日常事务由理事会管理。24名成员中有5名来自最重要的捐资国(美国、日本、德国、法国和英国)。投票权仍然取决于缴款份额。理事会努力达成共识,很少有事项进入投票表决(Marshall,2008:77)。一位强力型总裁管理着该组织,按照传统,总裁来自美国。世界银行集团拥有约1.1万名员工。

世界银行的主要政策机制是向成员国政府提供贷款和赠款,用于发展项目(如水坝)或调整结构。这些贷款以银行制定的标准为条件。此外,它还提供对成员国的社会和经济政策的监测和比较经济数据,这对较发达的民主国家来说非常重要。例如,世界银行报告劳动力市场政策,其中就包括世界各地雇用和解雇规则(就业保护)的比较数据。

国际货币基金组织最初是为了监测和帮助维持战后世界上固定但可调整的汇率水平而创建的(Vreeland,2007,www.imf.org),它有186个成员国(2009年)。随着布雷顿森林体系的消亡,国际货币基金组织改变了其角色。它现在是一个主要为发展中国家提供贷款的组织,旨在纠正国际收支困难,提供临时融资和支持针对纠正根本问题的政策。尽管国际货币基金组织和世界银行密切合作,但它们的目标是不同的。第一,世界银行支持经济发展,国际货币基金组织支持财政稳定。第二,基金组织监测所有成员国——包括经合组织集团中经济最发达的民主国家——的经济和金融发展,并提供政策建议,特别是针对危机预防。第三,国际货币基金组织在其专长领域向各国提供技术援助和培训。支持这三项活动是国际货币基金组织在经济研究和统计方面的工作。

国际货币基金组织的决策结构与世界银行的相似。成员国在基金中存入一笔资金(称为"配额"),这决定了其投票权。在国际货币基金组织中,所有的权力来自理事会,它每年与世界银行举行一次会议。每个国家都有权获推1名理事,通常是财政部长或中央银行行长。24名成员组成的执行委员会做出运营决策。执行委员会还是以"配额"决定投票权。传统上,世界银行行长来自美国,而国际货币基金组织总裁则由欧洲人担任。国际货币基金组织有大约2 700名员工。

国际货币基金组织的主要目标是向那些在国际支付方面遇到困难且无法以可承受的条件获得足够资金的国家提供贷款。这种财政援助旨在帮助各国通过重建国际储备、稳定货币和支付进口费用,从而恢复宏观经济稳定。国际货币基金组织还向低收入国家提供优惠贷款,帮助它们发展经济和减少贫困。

贷款是有条件的,一旦贷款申请国不遵守这些条件,贷款就会停止。国际货币基金组织制定了3种条件性模式,最初包括3个主要元素:通过削减开支和增税来降低政府预算、减少货币供应量,有时还会使货币贬值。这种"宏观"条件之后是更详细的"微观"条件。在世纪之交,"微观"条件显然是无效的,它被基于"政策所有权"的条件所取代。这是指国家官员对一项政策方案的承诺,然后他们有责任根据自己的理解,认为该方案是可实现的,符合国家的最大利益(Vreeland,2007:127),进而制定和实施这些政策。

与世界银行、货币基金组织相比,世界贸易组织不是联合国的专门机构。它并不主张对社会政策施加任何影响。1996年,它拒绝了对劳动标准负责的提法。它认为这是国际劳工组织被视为一个补充性组织的任务。但世贸组织确实有社会政策效应。例如,世贸组织关于西方公司药物专利的某些决定,对较贫穷国家的医疗保健系统产生了巨大的次级影响(Stiglitz,2002;Deacon,2007)。此外,国际贸易自由化增加了国家产业竞争力的重要性,这反过来也是社会政策制度及其资金筹措的功能。因此,世贸组织的贸易政策对福利国家政策的操纵空间具有强烈但间接的影响(Hoekman and Mavroidis,2007,www.wto.org)。世贸组织成立于1995年,是前《关税及贸易总协定》(关贸总协定)的延续,并增加了《服务贸易总协定》(GATS)和《与贸易有关的知识产权协定》(TRIPs)。截至2009年,153个国家政府是世贸组织成员。该组织的管理方式是成员国政府每两年召开一次会议,具体执行工作由总理事会决定。总理事会总部设在日内瓦,它是世贸组织的最高决策机构。它有来自所有成员国政府的代表(通常是大使或同等级别人员),并有权代表部长级会议采取行动。它得到一个小型秘书处的支持,通常通过协商一致做出决定。与国际货币基金组织和世界银行不同,世贸组织的每个成员都有1票,每1票都有同等的权重。核心规则的修订需要全体一致同意(如最惠国待遇原则),其他问题则需要2/3的多数票同意,而对于所有未具体说明的情况,以及在未能达成共识的情况下,简单多数就足够了(Hoekman and Mavroidis,2007:26)。

经济发展与合作组织的成员是30个发达国家政府,这些国家也声称自己是民主国家(Sullivan,1997)。其主要决策机构是理事会,由每个成员国的1名代表,以及欧洲委员会的1名代表组成。理事会定期举行经合组织常驻代表级会议。决定是通过协商一致的方式做出。理事会每年举行1次部长级会议,讨论关键问题并确定经合组织工作的优先事项。经合组织秘书处执行理事会授权的工作。它是一个相对较小的组织,拥有2 500名员工,年度预算为3.43亿欧元。经合组织的主要目的是通过信息、咨询和监督来传播"最佳做法"(Marcussen,2004)。经合组织发布了许多类型的报告和分析;可以说,成员国的"经济调查"是其活动的基石之一。最初,经合组织关注的是经济政策,诸如商业周期或货币政策等,但它现在已越来越关注与国家福利机制密切相关的政策。这适用于积极和消极的劳动力市场政策、财政政策及其对社会保障计划产生的影响,以及教育政策(Martens and Weymann,2007)。

国际劳工组织成立于1919年。它是联合国的一个专门机构,拥有182个成员国。它的主要官方目标是提升工作权利、鼓励体面的就业机会、加强社会保护,以及在处理与工作有关的问题上加强对话。它有一个代表国家政府、工会和雇主组织的三方架构,主要决策机构是国际劳工大会。它每年举行一次会议,每个成员国政府分别派出两名政府代表及1名工会和雇主协会代表参加会议。国际劳工大会就公约和建议作出决定,每个成员国都必须将其提交给相关的国家主管当局,以便就所要采取的行动作出决定。换句话说,一个国际组织有权将一个问题列入国家议会的社会政策议程。一旦被接受,国际劳工组织就会监督这些国家法律的执行情况。理事机构由28位政府成员、14位工会成员和14位雇主成员组成。国际劳工组织的工作得到秘书处,即国际劳工局的支持。有1 900名官员为国际劳工组织工作,此外,600名专家在与各国技术合作的项目中工作,平均每年在这些项目上花费1.3亿美元。

资源、标准、理念和信息

政府间组织如何影响国家福利制度?至少可以分为三个渠道。首先,政府间组织可以向国家提供用于福利目的的资源,或者可以阻止国家将其资源用于社会政策计划。其次是设置标准和创建规则,这可能导致比迄今为止更多或更少的国家层面上实施的规则和标准。最后,政府间组织可能通过扩散理念和信息,从而帮助国家决策者作出选择。

社会政策取决于资源。政府间组织可以向各国提供资源,以支持国家福利。这种模式并不是很关涉紧要,原因有二:第一,大多数政府间组织的预算有限,只能为小型、有针对性的方案和本组织的运作提供经费。主要的例外是国际货币基金组织(IMF),其2008年的年度资源为3.333亿美元,还有世界银行集团(World Bank Group),该组织每年向成员国分配约25 000万美元,其运营预算为21亿美元(Marshall,2008:4)。相比之下,世卫组织2008年的预算为42.27亿美元;国际劳工组织在2002/2003财政年度的支出为1.46亿美元;2008年,世界贸易组织运作了1.84亿瑞士法郎;经合组织在2008年的预算为3.43亿欧元。① 第二,这些支出只是社会支出的一小部分。世界银行的支出和贷款不是旨在支持国家福利计划,除了社会保障安全网(经过经济状况调查的社会援助)和"社会责任投资",而国际货币基金组织的贷款旨在通过促进金融稳定来刺激经济增长——其所谓的减贫功能。

更重要的是,政府间组织的活动阻碍了各国政府将国内资源用于社会政策。主要的例子是货币基金组织的条件性。国际货币基金组织向那些削减公

---

① 参见这些组织的网站。

共开支的国家提供贷款,而削减公共开支往往会影响到教育和社会保障。世界银行和国际货币基金组织的批评者的一个主要论点就是其使用资源是增加而不是减少了社会不平等(Marshall,2008:145;Vreeland,2003;Toussaint,2008;Deacon,2007)。由于国际货币基金组织和世界银行的资源通常用于欠发达国家,这种影响对于本章的探讨重要性不大,因为本章探讨的重点是较富裕和民主的国家。然而,西方世界的一些国家受到了国际货币基金组织的限制;东欧国家自20世纪90年代初以来经历了很多的国际货币基金组织的条件限制(Stone,2002)。根据努鲁丁和西蒙斯(Nooruddin and Simmons,2006)的研究,这种限制条件的影响在专制和民主国家中是相似的。他们认为,民主国家往往比专制国家倾向于将更多资源用于社会保障。然而,在国际货币基金组织方案下,民主国家和非民主国家之间的差异消失了。

对于较富有的民主国家,政府间组织(IOs)为福利国家发展提供的资源比标准的强制实施更为重要,后者可能需要更多的社会保障努力。国际劳工组织及其公约和建议是这种类型政策指导的主要例子(Senti,2001)。经合组织还可能要求有更高的教育支出和更好的教育水平(Martens and Weymann,2007)或更积极的劳动力市场政策(Armingeon,2007)。但是,当政府间组织(IOs)批评国家政府将过度的公共支出用于教育、社会保障或劳动力市场法规,并提出削减建议时,正如经合组织、国际货币基金组织和世界银行经常做的那样,则政策就会转至相反的方向,社会保障标准将被废除、社会标准将普遍下调。在这个意义上,国际货币基金组织和世界银行对富裕国家和民主国家也很重要。国际货币基金组织力挺贫穷国家;世界银行与经合组织警告称,不要继续推行慷慨且被认为是不可持续的养老金计划。

最后,政府间组织可以使用理念和信息,以影响福利国家政策。最典型的情况是经合组织,它缺乏国际货币基金组织和世界银行的资源(及其附带条件),也缺乏国际劳工组织制定和推广标准的体制手段。对经合组织而言,除了传播理念和提供信息,就没有其他可以做的了。它被描述为一个典型的思想经纪人(Marcussen,2004;Kildal,2009)。政府间组织传播的一类理念具有强烈的规范性,例如,国际劳工组织坚持"体面劳动"或"公平全球化"。同样,国际货币基金组织和世界银行在20世纪90年代推动了所谓的"华盛顿共识"

(Washington Consensus)的形成,它们阐明了一种市场原教旨主义,并对任何由国家主导的经济再分配提出了强烈批评。

通过一种不那么意识形态化的方式,思想理念可能得到发展,正如由政府间组织(IOs)创建或支持的知识共同体……知识共同体是"一个由具有公认的专业知识和能力的专业人士组成的网络,并可在相关政策知识方面发表有权威的主张……他们有:(1)一套共享的规范性和原则性的信念……;(2)共享因果信念,源自他们的实践分析……;(3)共享的有效性概念……和(4)共同的政策事业"(Haas,1992:3)。所有的政府间组织都培育了这样的知识共同体。最明显的例子是经合组织,它已经建立了为国家政府或经合组织工作的经济学家国际网络(Armingeon and Beyeler,2004)。最后,政府间组织生成、收集和发布对给定策略字段至关重要的信息,这样的例子很丰富。世界银行公布了公共部门规模和不平等比较的数据;经合组织为其成员国在经济和社会政策的所有领域提供高质量的数据;国际劳工组织系统报告了全球的劳工法律和标准。这些数据可以对国家福利工作、问题和缺点进行更客观的比较和评估。它们不仅对科学研究不可或缺,而且对于政治辩论也是必不可少的。

影响和意义

鉴于其巨大的政治和科学影响,令人惊讶的是,对于政府间组织与国家福利政策之间的相互作用缺乏系统的研究。在本部分,我们总结了一些确实存在的研究结果。

一个主要的关注点是政府间组织对国内社会政策的影响。特别是,研究人员分析了自20世纪80年代以来政府间组织的新自由主义转向——以"华盛顿共识"为例——是否导致国内层面的福利紧缩。令人惊讶的是,许多经验分析未能确定任何实质性影响。卡斯尔斯和奥宾格(Castles and Obinger,2007a、2008)的研究表明,欧盟27国的福利制度与非欧洲经合组织国家群体已有民主制度之间没有任何共同点。哈咖德和考夫曼(Haggard and Kaufman,2008:350)比较了拉丁美洲、东亚和东欧的福利国家,几乎看不到有什么证据能表明国际政治力量正在导致社会政策的同质化。关于经合组织对国家福利改革影响的项目不能提供强有力的经验证据,以证明经合组织对国家福利改革的建议具有直接和强大的影响力(Armingeon,2004)。如果一个国家采纳新的社会政策理念,"同行"国家似乎比政府间组织更重要(Brooks,2005、2007)。最后,国家政治行为者可以通过务实和不连贯的方式利用政府间组织的建议和想法,使自己的政治战略合法化;而政府间组织的其他论据论点,如果不符合其国内策略,则会被忽视。

这些发现是有争议的。迪肯(Deacon,2007)支持对"反全球化"运动的政治批评,认为国际货币基金组织、世界银行和劳工组织已更多地参与制定国家政策。贸易自由化是世贸组织活动的核心,往往在社会供给方面创造一个全球私人市场,从而破坏以国家为基础的国家福利制度。采纳国际劳工组织公约的国家增加了他们的社会保障支出(Strang and Mei Yin Chang,1993)。这与以下发现相吻合:一般而言,国际条约和政府间组织成员资格可以对国家政策产生影响(Simmons,2009;von Stein,2005;Simmons and Hopkins,2005)。此外,国家政客们往往不会把改革的成功归功于政府间组织(IOs),而他们想要宣称这是他们自己的功劳。在这些情况下,政府间组织是理念和信息的重要经纪人(Marcussen,2004),与政策变革有脱不了的干系,但它们常常被忽视,因为选举的需要,使得国家政治行为者把所有的功劳都揽在自己身上。例如,林登(Lindén)认为,德国的家庭政策受到经合组织和欧盟的强烈影响,但政客们并不公开承认这一点(Lindén,2009)。

在政府间组织对国家社会政策的影响的研究结果中,有些差异是由于方法不同、案例选择和实证证据类型不同造成的。一些相互矛盾的结果也可以归因于政府间组织对国家政策的影响方式不同,在某些情况下,可能会有直接影响的情况,即政府间组织具有明确的规范,并迫使成员国遵守该规范;但也可能存在在传播扩散过程:政府间组织制定的规则在一个国家被接受,并从那里扩散到地理或社会经济接近的其他国家(Jahn,2006;Simmons and Elkins,2004);也可能存在内生性,其很好的例子就是那些在批准国际劳工组织规则前已经达到该规则标准的国家(Senti,2001)。在这种情况下,国际规范和国内政策之间的相关性就没有假定的因果关系,因为政府间组织的行动并没有引起国家改革。

最后,组织的影响可能是间接的,难以衡量。如果国际货币基金组织迫使一个国家削减其公共支出,则有可能但不必然会导致福利缩减。在国际货币基金组织允许的机动空间内,一国政府将削减农业补贴,另一国政府将削减养老金或公共就业。这类似于研究人员在欧盟成员国《马斯特里赫特条约》中所发现的对福利支出的间接和有条件的负面影响。由于存在削减支出的压力,在一些国家,这可能导致国家福利的削减(Leibfried,2005)。在1996年世贸组织试图将劳工标准纳入规则的努力失败之后,其对社会政策的影响主要是间接的。迪肯(Deacon,2007)认为,世贸组织的主要社会政策效应是通过公共服务的私有化、社会服务的自由化以及WTO条约对知识产权的影响。正是这种影响,危及穷国的仿制药行业,从而提高了这些国家的药物价格。

关于影响的研究结果也反映了"硬"法和"软"法的不同使用。"硬"法是精确的,规则是强制性的,一些解释、监测和执行的职能被委托给第三方(Goldstein et al.,2000:387)。"软"法不能完全满足这3个标准中的至少1个(Abbott and Snidal,2000:422)。软法律比硬法律也许更有效率,因为后者可能产生大量的成本,例如,在不合规或国内冲突方面。软法律还允许更灵活地适应特定国家的需要。欧洲联盟的开放协调法或经合组织的监督与说服混合法是政府间组织应用极端软规则的例子(Schäfer,2005;Schäfer,2006a)。虽然软法律避免了许多硬法律的问题,但它也包含这样的意思,即它可以如此之软,以至于不会带来任何变化。有趣的是,在新自由主义的国际货币基金组织和保守社会主义的国际劳工组织的例子中,硬法律似乎都在退却。这两个组织都认识到,他们严格而详尽的法律并没有像预期的那样有效运转(Hassel,2008;Vreeland,2007),进而已转向软监管。在国际货币基金组织的例子中,产生了"政策所有权"概念,这给予各国充分的机会来根据国内需要和当地实践调整国际货币基金组织的规范。针对各国批准公约的情况参差不齐——较贫穷的国家和美国拒绝批准公约——以及对"标准太多,效果太小"的批评(Hassel,2008:237),国际劳工组织最近将重点放在核心劳工标准上,这些标准基于四项权利[结社自由和有效承认集体谈判、消除一切形式的强迫或强制劳动、废除童工、消除就业和职业方面的(性别)歧视]。这些原则缺乏传统的执行机制。政府间组织制定的此类规则变得越"软",就越难以衡量成员国在多大程度上真正遵守了这一现已具有可塑性的规范体系。

在确定政府间组织的影响方面,一个相关的问题是政府间组织持有和传播的理念随着时间的推移而发生的变化。经合组织从一个受凯恩斯主义思想强烈影响的组织发展成一个更自由的机构,但最近强调社会政策和社会伙伴关系对增长以及竞争力的贡献(Armingeon,2004;Deacon,2007:57—61;Sullivan,1997)。世界银行对"华盛顿共识"的形成做出了贡献,但随后它通过强调为较贫穷国家提供社会(保障)网络和公平而退出了这一立场(Marshall,2008:ch.2;Ramesh,2007)。即使国际货币基金组织最近也开始强调预防贫困的目标,并淡化了"共识"(Deacon,2007;Vetterlein,2007)。在成为20世纪90年代"华盛顿共识"的主要机构之一之前,国际货币基金组织的政策是以凯恩斯经济学为基础的(Stiglitz,2002:ch.1)。

社会政策理念不仅仅会因为内部的辩论而在政府间组织内部发生变化;相反,政府间组织的互相交流也在传播理念和规范。关于养老金政策的国际讨论就是在世界银行、经合组织和国际劳工组织之间进行的(Ervik,2009;Maier-Rigaud,2009)。对于观念领导力存在竞争。席勒等人(Schiller et al.,2009)指明,由于世界贸易组织和世界银行的作用日益增强,世界卫生组织如何失去了对卫生政策的影响力。因此,政府间组织的影响有时会经由其他政府间组织得到调节。

评估政府间组织对国内福利政策的影响,有时会假定政府间组织对国家的影响是单向的。然而,强有力的实证表明,从国家层面到国际层面的"上传"是不均衡的。民族国家试图将其国家标准确立为国际标准,这可能会给他们带来竞争优势,或者可以帮助他们避免社会标准较低的竞争对手经济体采取倾销策略的危险。一个有说服力的例子是,欧盟强调积极的劳动力市场政策,这与瑞典的一项倡议有关。同样,森蒂(Senti,2001)认为,国家执行人支持那些符合其国内标准的国际劳工组织公约。关于国际货币基金组织和世界银行,美国被指控为其国内目的利用这些政府间组织。有人认为,美国单方面制定了国际货币基金组织和世界银行的政策(Marshall,2008:140;Stiglitz,2002:ch.1)。最近对国际货币基金组织贷款的统计分析发现,就那些对美国具有战略重要性的国家而言,美国对界定国际货币基金组织贷款的条件有一定的影响(Stone,2008)。

政府间组织的影响——特别是对福利国家紧缩的影响——可能也被高估了,因为国家政客们不仅在国内层面(P. Pierson,1994),而且也在政府间组织和民族国家的相互作用的两级博弈中(Putnam,1993)追求避免被指责的策略。例如,根据众所周知的对国际货币基金组织贷款的批评,该组织会迫使各国改变其社会政策。但是,在危急的经济形势下,每个国家都可以自由请求或不请求国际货币基金组织的支持。弗里兰德(Vreeland,2003)认为,国家政客通常只是选择国际货币基金组织贷款,以实现必要的社会政策改革,否则将付出选举成本,将责任归咎于国际货币基金组织,使得政府能够推行其改革政策,而不会遭受选举惩罚的危险。2009年初,拉脱维亚的紧缩措施或许就是一个例证。

政府间组织和福利国家间互动的最后一个方面是关于民主赤字的。世界银行和国际货币基金组织的投票权取决于各国的会费缴纳,给予大国(特别是美国)比小国更多的权力。在国际劳工组织、经合组织或世贸组织中,每个国家都有相同的投票权,而不论人口规模或经济实力。这两条规则都与民主规范相冲突(Zürn,2007)。福利国家一直是国内政治争论的一个主要领域。假设政府间组织对国家社会政策有一些影响,那么值得注意的是,国家民主政治里一大块也很重要的部分已经转移到透明和民主的领域之外。这是一个更大的问题,因为政府间组织层面上的一些政策决定只有间接的社会政策效应,并且基于技术有效性或其他目标而合法化(Toussaint,2008)。如果政府间组织开启自己的生命历程,民主问题则也会变得显而易见。在对经合组织的分析中,马腾斯和韦曼(Martens and Weymann,2007)认为,各国政府转向政府间组织,是因为它们可以在特定情况下提供帮助,例如,教育政策。但是,一旦给予某一特定政策的授权,就可能创造一种自我推进的动力,并赋予政府间组织国际层面的权力,而这种权力是原本没有在民族国家的设想中的(Martens and Weymann,2007)。

第 22 章 全球化

杜安·斯旺克(Duane Swank)[①]

引 言

当今世界,很显然,富裕的民主福利国家并没有趋同于盎格鲁—自由主义福利国家模式,即适度的福利、广泛的经济状况调查以及大量的私人保险和服务(Starke et al.,2008;Scruggs and Allan,2008);而发展中政治经济体所采取的福利国家模式也表现出大量的多样性(Haggard and Kaufman,2008)。然而,福利国家一直在进行市场化改革:在社会保险方面,各国政府定期缩减福利权利并降低了收入替代率,增加福利的针对性,还鼓励私人保险;预算上限、内部市场以及其他以效率为导向的改革在公共服务中已经很常见(Castles,2004;Huber and Stephens,2001a;Swank,2002)。激活劳动力市场,"灵活性"以及用新自由主义术语明确地称为"工作福利"的新政策倡议也已广泛传播(Martin,2004;Zeitlin and Trubek,2003)。对社会科学家来说,一个根本性的问题一直是——而且将继续是——经济全球化是否对这些改革产生了重大影响。

在接下来的篇幅中,我将简要介绍将经济全球化(即国际市场一体化)与福利国家变革联系起来的核心理论观点,并回顾关于该主题最好的研究。本章视角的主要局限在于,仅集中阐述本质上明显是比较和定量分析的实证研

[①] 作者感谢克雷格·肖克利和杰森·夏尔克特(Craig Shockley and Jason Charrette)的超常的研究协助。

究;而大量关于当代福利国家的定性以及案例研究文献同样也讨论了全球化的影响。然而,对这些研究文献作一个系统收录,将远远超出篇幅所限。① 另外,本章通过阐述把福利国家与全球化联系起来的理论,并且就第一波全球化和早期福利国家展开学术研究,以及对当代发达国家和发展中政治经济体的研究,力求拓展研究宽度。在对核心理论问题进行综述和实证研究评估的基础上,我将强调文献中一些有前景的趋势,这些趋势应有助于人们更好地理解全球化对国家社会保护体系的影响。

全球化理论与福利国家

20世纪90年代,关于全球化和福利国家的许多新兴研究都是由熟悉的"逐底竞争"理论推动的:经济全球化不可避免地迫使发达国家的政策制定者缩减慷慨和包容性的社会保护;发展中国家的政策制定者也同样被迫放弃对社会保险和服务的改进,并采取面向市场的社会保护制度。然而,由于缺乏关于这类政策效应的明确证据,学者们在20世纪90年代后期重提几十年前构建起的一个著名的政治经济学理论:国际市场一体化实际上应该产生对新的保险的需求,以防范风险的增加,并补偿国际竞争的失败者。同时,学者们开始提出新的理论,探讨关于国内机制如何调解全球化对部门和阶级的相关福利偏好和政治经济能力的影响。尽管大家都很熟悉,但理论概述还是很重要的。

迎合市场的社会政策竞争

古典学者[如 Smith,1976(1776)]以及当代学者(McKenzie and Lee,1991;Strange,1996;Scharpf,2000a)都有过著名的论断,即市场国际化程度的提高,特别是国际资本的高流动性,将限制政府维持慷慨的公共社会保护体系的能力。在这一理论中,经济全球化对福利国家的影响主要通过3种基本机

---

① 定性文献在描述全球化问题的方式和实证结果方面与大样本量化文献相类似。代表性例子,可参见布列斯和塞莱布·凯瑟(Blesses and Seeleib-Kaiser,2004)、辛弗斯(Hinnfors,2006)、里格和莱布弗里德(Rieger and Leibfried,2003)以及对于大样本定量分析的详细案例研究,参见布鲁克斯(Brooks,2009)、胡贝尔和斯蒂芬斯(Huber and Stephens,2001a)、鲁德拉(Rudra,2008)、塞古拉－乌比尔戈(Segura-Ubiergo,2007)和斯万克(Swank,2002)。

制传导（Swank，2002、2003；Garrett，1998a、1998b；Hay and Rosamond，2002）。第一种，可以称为全球化的"经济逻辑"，所指的意思是，国际资本流动的增加，通过企业经济选择的后果，限制了现任政府为实现社会福利目标而进行操纵的能力。基于技术的交易成本降低和国家对资本流动限制的自由化使移动资产持有者能够在全球范围内追求最高的投资回报率。如果政策制定者无法实现经济和社会政策的国际协调（极有可能的结果），则他们就会面临囚徒困境：每个国家的政策制定者都面临着激烈的竞争，通过减少社会支出和为国家福利提供资金的税收来争夺流动资产。贸易开放还可能迫使政策制定者削减社会保险和服务，以降低劳动力成本、公共债务和利率，以及对工作和投资的普遍抑制。换句话说，经济全球化迫使所有意识形态的政府都追求以效率为导向的社会政策改革。

或者，全球化的"政治逻辑"强调，一方面，国际化可能导致通过常规的民主政治来缩减社会保护。具体来说，可信的资本外逃威胁可能会大大增加资本的选举和组织资源。例如，企业及其利益协会经常通过辩称福利国家对利润、投资和创造就业产生负面影响，并引用外国投资环境的相对优势，向决策者施压，要求削减福利。另一方面，贸易和资本开放程度的提升，增加了新自由主义经济正统学说巧言令色的吸引力。也就是说，自由党派、商业经济学家和利益集团发言人在主张提高效率的政策改革时，通常会使用全球化的"经济逻辑"。

补偿理论

传统"逐底竞争"论点的主要替代方案是"补偿理论"，或者所谓的嵌入式自由主义的新理论（Polanyi，1944）。随着对当代国际市场一体化研究的进一步深入，学者们开始关注大卫·卡梅伦（David Cameron，1978）和彼得·卡岑斯坦（Peter Katzenstein，1985）早期的开创性工作，其中最值得注意的是，他们认为一个庞大的福利国家能够使政府减少国际化带来的不安全性和风险，并在其他方面寻求对国际开放的灵活调整。[①] 另有人，如约翰·鲁杰（John Ruggie，1982）指出，与传统的全球化理论相反，一个嵌入式自由主义的多国体

---

① 这些学者还指出，贸易开放性往往在结构上与高度集中的工业部门联系在一起，反过来，又与强有力的工会和雇主组织、集中的工资谈判以及获得选举成功的社会民主党派有关联，这些因素与福利国家的发展密切相关（另见 Stephens，1979）。

制出现第二次世界大战后,彼时,一个自由的国际贸易体制是由政府对市场和社会保险的大量干预所支撑的。作为这项研究的先行者,杰弗里·加勒特(Geoffrey Garrett,1998a,1998b)和丹尼·罗德里克(Dani Rodrik,1997,1998)的研究强调,福利国家继续为就业和收入的国际风险提供充足的社会保险,并为那些全球市场竞争的失败者提供补偿。还有一点值得注意的是,补偿可能来自关注重选或社会稳定的政府,但同时补偿性社会转移也可能是政治交换的产物:经济中可贸易部门的工人可以同意支持对非贸易部门工人的社会转移、培训和类似政策,以换取支持有利于面向国际的生产的工资限制(Garrett and Lange,1995)。第一次世界大战前的社会保护的发展可能受到以劳工为导向的党团和自由主义党团之间协议的影响。在这些协议中,劳动者支持降低关税,以换取社会补偿(Huberman and Lewchuck,2003;Huberman,2008)。

国内制度和全球化的独特影响

在20世纪90年代中后期,全球化对福利国家影响的第三个主要观点也得到了发展。在古雷维奇(Gourevitch,1986)和罗戈夫斯基(Rogowski,1989)之后,最引人注目的是加勒特和兰格(Garrett and Lange,1995)。在对这种方法最全面的阐述中,他们认为全球化应该以可预见的方式显著影响部门和阶级的偏好以及政治和经济能力。然而,可贸易部门的生产者能否作为决策的主导者,以及国家在多大程度上仍然可以推行其偏爱的政策,将从根本上取决于国内的政治经济体制。加勒特和兰格(Garrett and Lange)强调了劳动力市场制度、选举和代议制度以及正式的制度否决权等特征是经济全球化释放压力的中心制度管道。

这种方法的一个重要例子是斯万克(Swank,2002)。斯万克(Swank)借鉴国际贸易理论(赫克歇尔－俄林模型)和"新""旧"福利国家理论,认为国际化产生的紧缩压力将促成一个由各方组成的亲福利国家联盟,他们是由全球化的"失败者"(比如半技术和非技术工人)、成熟方案的计划支持者以及慷慨和包容的社会保护的观念形态支持者(比如左翼和基督教民主党、工会运动)等群体动员而来的。这些行动者或由国际导向的生产者以及由中右翼政党组成的新自由主义联盟,能够在多大程度上占赢,取决于国内政治机制的功能。如果国家机制的特征是社团主义的利益代表、包容性的选举制度、中央集权的政治与普遍和保守的国家福利,则长期的政治偏见、直接的机会结构和大众价值体系都有利于福利国家。全球化导致的紧缩应该发生在具有自由主义福利国家结构的多元主义、多数主义和碎片化政体中。

在最近关于欠发达政治经济体的研究中,类似的对全球化影响的机制性调解的强调也出现了。例如,哈咖德和考夫曼(Haggard and Kaufman,2008)以及塞古拉-乌比尔戈(Segura-Ubiergo,2007)认为,发展中国家现存福利制度的程序性特征从根本上为在国内和国际经济力量的压力下进行的当代福利改革设定了条件。鲁德拉(Rudra,2008)从有关富裕民主国家的文献得出推论,假定劳动力市场制度应该与经济全球化相互作用,以塑造发展中政体的福利改革。同样,马雷斯(Mares,2005b)认为,只有在机制有利于出口部门行为者的集体行动,且国家能力足够强大,能够实施此类政策的情况下,外部风险才会产生补偿政策。

另外两个论点补充了关于政治制度的理论。第一,伯贡(Burgoon,2001)提出,全球化的福利影响应该根据福利计划类型加以区分:开放性可能促使对工人的持续补偿,同时在与商业成本和效率问题最直接相关的领域促进倒退。第二,慷慨的福利国家是协调市场机制运作的必要组成部分(例如,高端消费品和工业品的长期产品开发),它将劳动力纳入政治经济,促进稳定与合作的劳资关系。慷慨的社会保险还促进了工人掌握企业的特定技能,并反过来增强了协调的市场经济中工人和雇主所重视的长期就业承诺(Ebbinghaus and Manow,2001;Iversen,2005;也参见 Hall and Soskice,2001a)。因此,全球化对协调的经济体中具有重要职能和由政治支持的社会保护产生的影响应该是温和的(Swank,2003)。

关于全球化间接福利后果的说明

还有很多的理论论点通过间接机制将全球化与福利改革联系起来。例如,全球化可以说消除了一些经济政策工具(例如,国内货币政策自主权)。这些工具允许大型福利国家维持相对较低的失业率;随之而来的失业率上升给慷慨的福利国家带来了挑战(Huber and Stephens,2001a;Hicks and Zorn,2005)。此外,全球化也可能削弱有利于亲福利国家联盟的政治机制(Swank,2002;第 7 章)。也许这些理论中最重要和最深入的研究是强调经济国际化对税收的影响。正如人们普遍认为的那样,全球化迫使决策者减轻移动资产持有者和高收入者的税收负担,进而减少为社会保护提供资金的税收收入,在下文中我将再对此作出说明。

发达民主国家:来自第一和第二波全球化的证据

关于全球化对当代福利国家影响的研究有很多。然而,关于早期福利国家发展的有影响力的研究通常没有考虑第一波全球化浪潮(19世纪60年代到第一次世界大战)对社会(保障)项目采纳的影响(Hicks,1999)。但是,一些研究工作确实存在。对于一些学者来说,第一波全球化浪潮在大多数地区阻碍了国内政策的自主性。例如,弗里登(Frieden,2006)强调,黄金本位制的硬规定严重阻碍了宏观经济和国内政策的自主权。在另一些人那里,如莫斯利(Mosley,2003),全球资本市场的出现对国内政策几乎没有影响。莫斯利(Mosley)的历史分析表明,在全球化的第一波浪潮来临时,工业化和民主化国家的政策目标量少质劣,国际资本市场对国内社会政策的关注很少,因此在早期福利国家的发展中发挥的作用很小。另外,一些重要的研究(例如,Lindert,2004)断言,19世纪末20世纪初社会(保障)支出的增加显然为面临国际竞争和资本流动带来新风险的工人提供了安全体系。

关于第一波全球化浪潮对福利的影响,最直接的证据来自经济历史学家迈克尔·胡伯曼(Michael Huberman)及其合作者的研究。事实上,胡伯曼和勒查克(Huberman and Lewchuck,2003)对17个欧洲国家在1870年、1900年和1913年的贸易开放对劳动力市场监管和社会保险的影响进行了全面的实证分析。在控制重要经济和政治因素的模型中,胡伯曼和勒查克(Huberman and Lewchuck)发现,贸易开放性同劳动力市场和社会保险具有显著的正相关性。胡伯曼(Huberman,2008)做了进一步的理论阐述,并对比利时第一波全球化浪潮和劳动保护进行了详细的实证分析。在这项研究中,胡伯曼(Huberman)建议,虽然总体薪酬动态是有操作性的,但全球化和福利国家发展之间正向联系的基石是政治交流:比利时劳工明确表示支持降低关税,以换取自由党支持增加对劳动力市场和社会保险的保护。

关于第二波全球化浪潮对资本主义民主国家福利影响的证据要丰富得多。

在进一步巩固卡梅龙(Cameron,1978)的开创性研究的情况下,对第二次世界大战后福利国家扩张的著名研究证明,开放对社会福利转移在国内生产总值中所占的份额产生了积极的影响(Hicks and Swank,1992;Huber et al.,1993)。这些研究使用越来越复杂的时间序列横截面估算工具对福利国家变化的决定因素进行了估算,其结果在最近关注福利增长时代的研究中不断重现(Hicks,1999;Busemeyer,2009c)。虽然艾弗森和库萨克(Iversen and Cusack,2000)已经提出了理论和证据,认为是去工业化的总体进程而不是贸易开放,推动了第二次世界大战后福利国家的扩张,但是,大量的研究依然表明,战后紧随的几十年里,在工业化民主国家中,补偿理论所强调的机制在某种程度上也起到了作用。

随着20世纪70年代后关于全球化影响的辩论日益激烈,新的研究考察了财政紧缩时期(即20世纪80年代)福利国家的发展轨迹。这些研究通常使用时间序列、事件历史记录或1980年至大约2000年16—21个资本主义民主国家社会福利政策及其决定因素的多重横截面数据。这项研究的主要重点是评估贸易开放和资本流动性对福利国家支出或方案的直接影响。虽然福利国家、全球化和其他一些因素的实证模型确定及量化措施在各研究之间有所不同,但诸如艾伦和斯克鲁格斯(Allan and Scruggs,2004)、布雷迪等(Brady et al.,2005)、卡斯尔斯(Castles,2007b)、加勒特和米切尔(Garrett and Mitchell,1995)、希克斯和佐恩(Hicks and Zorn,2005)、基特尔和奥宾格(Kittel and Obinger,2003)以及莫斯利(Mosley,2003)和斯万克(Swank,2002)等的研究,即可以列出一个有代表性的现存研究的大样本,几乎都认为在后工业时代贸易开放和资本流动对福利的影响实际上是非常微弱的,或者是南辕北辙,或者甚至根本不存在。

一项平行且互补的研究评估了全球化是否会推动社会民主党和中右翼政党政府的政策趋同。令人惊讶的是,加勒特(Garrett,1998a)的开创性研究表明,在开放时代,左翼劳动党派高度强势的国家与那些劳工联盟和左翼政党弱势的国家的社会政策差异事实上有所增加。然而,全球化时代党派政府对福利国家的持续影响这一提法仍然是有争议的。休伯和斯蒂芬斯(Huber and Stephens,2001a)、基特尔和奥宾格(Kittel and Obinger,2003)以及其他一些人提出的证据表明,积极的社会民主(和基督教民主)党政府对社会保护的影响在20世纪90年代及以后出现了下降甚至消失。其他学者则断然否定了这些说法。如科尔皮和帕尔姆(Korpi and Palme,2003)颇有影响力的研究,使用了社会公民权利的精确衡量标准,认为在社会民主政府治理下,无论全球化程度如何,20世纪80年代和90年代福利国家紧缩的概率都显著低于中右派政府治下。曹(Cao,2007)等人最近的研究表明,右派政府在外部风险的压力下增加工业补贴(但不是社会保护);左派政府通过增加社会保护(而不是工业补贴)来应对开放度的显著提高。最后,权和庞图森(Kwon and Pontusson,2008)为这些不同的研究发现提供了调和的可能,并将研究带回到加勒特首先强调的政治因素上来。在对1962—2000年党派对福利支出的影响的综合分析中,这些研究者发现,左派政府对福利国家的影响在劳动力萎缩的高度全球化背景下消失了;在劳动力强劲而稳定的情况下,随着全球化的发展,左翼党派继续对社会保护产生积极的影响。

另一组研究预测了全球化的调解作用。斯万克(Swank,2002)从5个维度评估了20世纪80年代和90年代国际资本流动对社会政策的影响。他发现,资本市场的爆炸性增长与多元化、多数主义和分权政治以及自由福利国家的福利紧缩有关;在以社团主义、协商一致的民主制度和中央集权国家为特征的政治体制中,资本流动通常与普享型和保守型福利国家的社会保护密切相关。斯万克(Swank,2003)对资本主义多样化的重要性报告了补充结果:全球化对协调政治经济体的社会保护具有积极或中性的影响,而对自由市场经济体具有负面的影响。哈(Ha,2008)等其他研究也表明,国内机制很重要:国际资本流动对社会保护的积极影响随着机制否决权的增加而减少。另外,在综合分析贸易和资本开放的多个维度对福利的影响时,布雷迪等人(Brady et al.,2005)的研究结果表明,全球化对欧洲和英语国家以及自由和非自由福利制度的影响(通常是零)几乎没有什么差别。

最后,一系列研究表明,全球化对后工业民主国家的福利影响近年来已变为负面。罗德里克(Rodrik,1997)总体上发现了全球化补偿效应的证据。他报告说,在资本高度流动的情况下,贸易开放对社会供给的积极影响在发达的民主国家变成了消极影响。类似地,希克斯(Hicks,1999)报告了资本开放的曲线效应,即最初的积极效应在高水平上变为消极效应。此外,亚恩(Jahn,2006)给出了明确的证据,表明在达到高度全球化和经济动荡的门槛之后(即大约在1990年中期之后),更大的贸易开放对福利国家的影响是负面的。与这些发现一致的是,布西迈耶(Busemeyer,2009c)分析了发达国家5年的数据,他报告说,到 1995 年及其后,开放的补偿效应消失了。

总而言之,对全球化和发达民主国家的社会保护制度的现有研究表明,19世纪晚期到 20 世纪早期,福利国家的发展以及第二次世界大战后历时几十年的福利的急剧扩张,在某种程度上是由提供风险保护、补偿国际竞争失败者和政治交换的动力所塑造而成的。然而,20 世纪 70 年代后国际市场一体化的爆发式增长并未导致社会保护的同步扩张。另外,这一时期显著的经济全球化也并没有造成一种恶性的逐底竞争。尽管全球化很可能与盎格鲁自由主义政治经济体的社会保护减少有关,而近来开放度的提升可能与当代福利供给的缩减有关,但福利国家在系统方案上的实际变化有限且统计上的效果显著性较小,这表明,发达福利国家之间的跨国差异仍然非常突出。此外,如布雷迪等(Brady et al.,2005)最近提出的(也参见 P. Pierson,2001b),不管全球化对民族福利国家近年来的影响如何,与国内经济和政治因素的影响相比,那都是相形见绌的。这些结论对发展中的政治经济体来说是可持续的吗?

欠发达国家:来自发展中和转型经济体的证据

学者们在研究全球化对欠发达国家的福利影响时,通常预期开放会给欠发达国家的社会保护制度带来比富裕的民主国家更为可怕的后果。尽管罗德里克(Rodrik,1997,1998)较早的研究表明,外部风险(贸易条件波动加权的贸易开放程度)与欠发达国家的社会保障支出呈正相关,但情况仍然如此。然而,大多数学者遵循莫斯利(Mosley,2003)和维贝尔斯(Wibbels,2006)所阐述的立场,认为欠发达国家的情况应该有所不同。在大量的实证支持下,莫斯利的观点非常直截了当:国际资本市场对国内社会和经济政策的影响应该是强大的,但对发达民主国家来说是有限的:在几乎没有违约风险的情况下,国际投资者仅监测和应对一些主要经济指标(通货膨胀和预算平衡);福利国家未受到显著的影响。对欠发达国家而言,违约风险很大,资本市场会对社会支出等一系列国内政策信号进行监测并作出回应。恶性的逐底竞争压力在欠发达福利国家是相当现实的。维贝尔斯(Wibbels,2006)强化了这种推理,认为虽然与全球化相关的冲击和波动可以被富裕民主国家所吸收,但是欠发达国家不具备这样的财政体制和政治能力;全球化很可能对社会保护产生下行压力。

近年来有关全球化对欠发达国家福利影响的实证研究有所增加。考夫曼和塞古拉-尤比格(Kaufman and Segura-Ubiergo,2001)的开创性研究为此奠定了基础。考夫曼和塞古拉-尤比格(Kaufman and Segura-Ubiergo)利用TSCS对1973—1997年拉丁美洲福利国家的跨国时间序列数据进行分析,发现贸易开放以及资本的低流动性抑制了社会保障和福利方面的支出;开放性对健康和教育支出没有影响或只有较弱的积极影响。塞古拉-尤比格(Segura-Ubiergo,2007)的后期研究强化了这些发现,他使用几乎相同的方法但将数据扩展到2003年,结果发现,贸易开放对社会保障有显著的消极影响,对健康和教育有积极(尽管不显著)影响;资本流动与社会保障具有显著的正向关系,但与健康和教育没有显著关系。

这些核心发现已被哈咖德和考夫曼(Haggard and Kaufman,2008)以及维贝尔斯(Wibbels,2006)所重复论证。然而,在前一项研究中,作者指出,贸易实际上与亚洲的社会保障和福利支出正相关,与东欧的社会保护无关。①在维贝尔斯(Wibbels)的研究中,商业周期和经济危机起着重要作用;无论是在积极还是消极的经济冲击下,贸易开放对社会保障和福利都产生了抑制作用。然而,贸易开放性与负面冲击期间人力资本支出的减少有关,并且与"繁荣时期"的人力资本支出呈正相关。最后,鲁德拉(Rudra,2008)提供了一个平行且互补的分析。与加勒特(Garrett,1998a)的研究相反,鲁德拉(Rudra)发现,在1972—1997年的57个贫困国家样本中,随着欠发达国家贸易开放程度的提高,劳动力对社会支出的积极影响实际上是显著下降(乃至消失)的。

另外,有两项著名研究质疑了贸易开放对欠发达国家社会保障和福利支出的逐底竞争效应,利用对19个拉丁美洲国家1980—1999年的跨国时间序列数据的分析,以及对贸易(基于购买力平价的国内生产总值的进出口份额)和资本开放(Quinn,1997)的资本流动限制指数的更好测量。阿维利诺、布朗和亨特(Avelino,Brown and Hunter,2005)发现,贸易与社会保障和福利以及

---

① 在后共产主义国家,库克(Cook,2007a)表明,国际化的一些特征,如全球政策网络在20世纪90年代福利国家的发展中发挥了作用。然而,库克(Cook)提出,总体经济全球化在转型国家的福利国家变革中只起到微小的作用。

339

教育支出呈正相关；资本流动与社会福利无关。同样，休伯等人（Huber et al.,2008）对 1970—2000 年 18 个拉丁美洲国家社会支出的研究发现，贸易、资本流动和 IMF 杠杆通常都与社会保障及福利支出无关。此外，布鲁克斯（Brooks,2009）在对拉丁美洲国家养老金私有化的研究报告中说，全球化的任何明确版本都缺乏支撑：资本流动的风险与养老金私有化的决定无关，而且实际上与养老金市场化结构的变化幅度呈负相关。世界银行贷款的数额与私有化的决定成正相关。

我们如何整合这些不一致的发现呢？几乎所有支持高贸易开放约束的研究都采用了误差修正模型（ECM），其中，社会政策的变化是根据过去的社会政策和过去的水平以及解释变量的变化来建模的。阿维利诺、布朗和亨特（Avelino,Brown and Hunter）以及休伯（Huber）、穆斯蒂略（Mustillo）和斯蒂芬斯（Stephens）使用更为简单的经验规范：前者使用简单的滞后内生变量模型，而后者则将社会政策水平的变化建模为解释变量水平的函数（通过 Prais-Winsten 回归）。另一个不同之处在于，阿维利诺、布朗和亨特采用了不同的经济全球化量化标准，休伯、穆斯蒂略和斯蒂芬斯（Stephens）在基本的实证模型中使用了一组较为详尽的政治变量。因此，在某种程度上，当前的结果集依赖于研究者对特定的测量方式、模型规范和估计策略的偏好来解释。

另两项强调全球化压力的机制调解的研究可能可以解释这些不一致之处：首先，塞古拉－尤比格（Segura-Ubiergo,2007）发现，贸易开放对社会保障和福利的负面影响在"福利化体制"，即具有中央集权传承特征的政治经济体中，比起在"非福利化体制"，即更倾向于适度市场压力的政治经济体中，更为明显。鲁德拉和哈咖德（Rudra and Haggard,2005）发现，从 20 世纪 70—90 年代，贸易对 57 个欠发达国家在卫生、教育、社会保障和福利支出方面的负面影响主要发生在"强硬"的威权中。贸易开放与相对民主化的欠发达国家的社会保护支出总量并不相关。因此，一个初步的结论是，全球化可能压制了欠发达国家的社会保障和福利支出（虽然不是人力资本支出），且主要是在威权和中央集权政体；而在更加民主和面向市场经济的政治经济体中，全球化几乎没有产生什么影响。证据显然倾向于此。

关于全球化和福利国家筹资基础的说明

如上所述,大量的研究都指向与经济全球化密切相关的问题,即经济全球化是否减少了资本税负,或者国家福利资金的税收收入是否普遍下降。斯万克(Swank,2002)以及斯万克和斯坦莫(Swank and Steinmo,2002)提出的理论与证据表明,虽然全球化与税收政策转向更符合市场的结构有关,即较低的法定税率和更广泛的税基,但贸易和资本开放并不涉及资本、劳动力和消费(或总税收)的有效税率。近年来,绝大多数的研究认为,全球化与资本、劳动力、消费或总税收之间的关系或者的确是微乎其微,或者有机制上的调解,或者根本就是零关系(见 Ganghof and Genschel,2008;Plümper et al.,2009;以及 Swank,2006 的评论)。[①]

全球化与福利国家理论研究的新方向

现有研究对经济全球化对福利国家有限的、偶然的以及在许多情况下完全没有的影响提供了重要的见解。然而,两个新的研究领域已经凸显锋芒,它们有可能增进我们对国际经济一体化所引致的福利后果的理解。首先,最近的研究进一步发展了全球化塑造国家社会政策选择机制的理论与实证规范。学者们越来越多地将共同经历的压力,同过去一些国家("i"国)独立评估和应对的贸易开放以及被全球化所强化的政策扩散区分开来。正如理论所表明的那样(Simmons,2008;Brooks,2009),政策选择可能不是对全球化共同压力的独立反应,而是各国对共同经历的现象作出的高度相互依存的反应。也就是说,社会福利改革可能会扩散。此外,那些与某"i"国市场有着国际整合(比如,高水平的双边贸易)的国家的过往政策变革,对于"i"国的社会福利政策选择而言,比起那些与"i"国很少共享国际交流的政治经济体的近期政策改革要重要得多。弗兰泽斯和海斯(Franzese and Hays,2006)、亚恩(Jahn,2006)、

[①] 关于通过经济政策和劳动力市场制度对全球化福利影响的研究回顾,参见 Brady 等(2007)和 Swank(2002 年:第 7 章)。

还有其他一些人,在理论层面强调了将全球化的一般影响和扩散性影响分割开来的重要性,并且提供了证据表明,国际一体化伙伴国家过去的社会政策选择是政策改革的重要动力。最后,一方面,学者们进一步区分了两种情况,一种是全球化的一般效应和扩散效应,另一种是近期某"i"国的国际市场波动程度与全球化整合程度之间可能存在重要的相互作用。例如,正如维贝尔斯(Wibbels,2006)最近所指出,在国际负面冲击期间,社会政策对全球化的反应可能与"繁荣时代"不同。总而言之,极具前景的学术研究能够更准确地区分将国际市场一体化与国家社会政策选择联结起来的基本机制的研究。

另一方面,最近的研究越来越集中在一个重要但尚未被深入研究的问题上,即经济全球化如何影响个人、特定部门、阶级以及代表他们利益的协会和政党的社会福利偏好。这项研究倾向于支持补偿理论。在明确的关于补偿理论微观基础的研究中,海斯等(Hays et al.,2005)利用个人层面(和宏观层面)的数据来评估社会保险对自由贸易的影响,进而评估贸易支出关系。作者认为,来自微观和宏观层面的分析,都有力地支持了深入机体的自由主义理论。梅达等(Mayda et al.,2007)的研究也是如此:利用来自18个国家个人层面的数据,他们发现,随着政府支出水平的提高,风险规避和贸易态度之间的正相关性下降。与此相关,赫尔维格等人(Hellwig et al.,2008)的实验结果表明,公民对自由贸易的支持是基于一种相对普遍的信念,即政府有很大的回旋余地来缓冲对收入和就业的威胁。

最近的研究也开始探索全球化是否以及如何在新的国家分裂维度(例如,在国际化的赢家和输家之间)以及联盟、政党结盟和纲领取向中显现出来(参见 Kriesi 等人 2008 年的文稿)。这项研究表明,虽然全球化创造了新的联盟,并加剧了跨越传统(例如,阶级)分裂的冲突,但主流政党并没有显著改变传统的纲领性取向。这一系列研究领域有着极大的机会,让我们获得对政治的新见解。这些政治世态加强了全球化对福利国家和更广泛的社会团结模式的当代影响,而那种社会团结模式在后工业民主国家和世界各地的发展和转型政治经济体中都有出现。

第五部分

政　策

第23章 社会支出与收入

赫伯特·奥宾格（Herbert Obinger）
乌韦·瓦格沙尔（Uwe Wagschal）

引 言

预算是政府的一种行为指征，其中所列举的众多数字不仅告诉我们政府的政治优先事项，而且还反映了民众的偏好和需求。诚然，政治家本身不为社会支出而斗争，但发达民主国家的大多数政治冲突都与特定的公共政策分配公共资源有关。追溯一段时间以来的预算构成，可以例释国家在社会中所扮演角色的变化。虽然在20世纪初，公共支出主要用于军事方面，但现在，OECD国家的社会总支出中超过50%被专用于国家福利。20世纪，社会支出的巨大增长，不仅使得政府总支出显著增加（Tanzi and Schuknecht，2000；Lindert，2004；Castles，2006），同时也是战后时期税收增长的主要因素。

本章重点介绍的是福利国家的支出和收入。通过最新获取的数据，我们描绘并分析了1980年以来21个发达民主国家的社会支出和公共收入的主要发展情况。在本章中，我们讨论了度量问题，并阐明了文献中确定的跨国支出和收入水平差异的决定因素。我们的论点是，不管后来提到的缺点如何，支出和收入数据都为这段时期福利国家发展的逻辑和模式提供了重要指标。

社会支出

与其他公共政策领域不同,福利国家的比较研究得益于早期就能够取用由国际组织(如国际劳工组织和经合组织)收录的跨国开支数据。因此,社会支出被广泛用于描绘福利国家的规模,并考察导致福利水平跨国差异的因素。然而,也有人批评将社会支出作为因变量。其中,最有名的批评者是埃斯平-安德森(Esping-Andersen,1990:19)。他指出,支出水平很少或根本不能说明公共资金是如何分配的。鉴于此,他和其他研究"权力资源"传统的学者认为,要重点关注国家福利制度对社会权利的保障程度,而去商品化和社会福利慷慨性被视为比社会总支出更好的"福利国家的理论实质"的衡量标准。

然而,自1990年埃斯平-安德森(Esping-Andersen)撰写此文以来,社会支出数据质量已经有了显著提高。这方面的一个里程碑是OECD在20世纪90年代中期汇编的《社会支出数据集(SOCX)》。该数据库提供关于公共和(强制和自愿)私人社会支出的国际可比统计数据。最新版本的数据库(OECD,2008)涵盖了30个经合组织国家1980—2005年的数据,并将社会支出分为9个项目类别。虽然较旧版本只包括总支出数据,但最新版本还包含对26个OECD国家2005年社会总支出净额的估计。鉴于此数据可用性的显著提高,我们认为社会支出分析为不同国家选择的社会预算组成和公私社会政策组合提供了重要见解。简言之,社会支出在帮助我们理解"福利国家做什么"(Castles,2009a)以及福利国家如何组织方面是有价值的。然而,社会支出肯定是"不够的"(Castles,1994b),无法描绘福利国家的所有相关维度(Amenta,1993)。因此,社会支出是比较社会政策研究中因变量的一个重要方面。

1980年以来的社会支出趋势和模式

表23—1总结了21个经合组织长期成员国的主要社会支出指标。为了鉴别不同福利制度下社会支出的相似性和差异性,表格中将各国分为4大类(Castles,1993)。这些福利国家类型与埃斯平-安德森提出的3种福利制度具有很强的重叠性,不同之处在于,南方国家集群得以单列,并且没有将瑞士

和日本这两个典型的混合型福利国家归于这些类型中的任何一种。

表 23－1　　　　　　　　　社会支出趋势（1980－2005 年）

国　家	(1) 总公共 1980	(2) 总公共 2005	(3) 净总计 2005	(4) 总公共/总计政府支出 1980	(5) 总公共/总计政府支出 2005	(6)a 公共支出每人 1980	(7)a 公共支出每人 2005	(8) 自愿的私人的 1990	(9) 自愿的私人的 2005	(10) 强制的私人的 1990	(11) 强制的私人的 2005
澳大利亚	10.6	17.1	19.3	31.4	49.2	1 979	5 154	0.9	2.6	0.0	1.1
加拿大	13.7	16.5	20.7	32.7	56.8	2 864	5 117	3.3	5.5	na	na
爱尔兰	16.7	16.7	16.1	30.7	49.4	1 891	5 723	1.4	1.3	na	na
新西兰	17.2	18.5	16.4	na	46.4	2 737	4 367	0.2	0.4	na	na
英国	16.7	21.3	25.9	35.9	64.2	2 768	6 093	4.8	6.3	0.3	0.8
美国	13.1	15.9	25.3	39	43.6	2 894	5 779	7.1	9.8	0.5	0.3
英语国家	14.7	17.7	20.6	33.9	51.6	2 522	5 372	2.9	4.3	0.3	0.7
奥地利	22.5	27.2	23.5	45.2	54.7	4 315	8 285	1.1	1	1.2	0.9
比利时	23.5	26.4	26.8	42	50.7	4 458	7 695	1.6	4.5	0	0
法国	20.8	29.2	29	45.4	54.4	3 744	7 695	1.7	2.6	0.2	0.4
德国	22.7	26.7	27	na	57.2	3 580	7 109	1.5	1.9	1.6	1.1
荷兰	24.8	20.9	24.1	44.9	46.2	4 764	6 355	5.6	7.6	0.4	0.7
大陆国家	22.9	26.1	26.1	44.4	52.6	4 172	7 428	2.3	3.5	0.7	0.6
丹麦	24.8	26.9	21.6	46.2	51	4 685	8 121	1.6	2.4	0.5	0.2
芬兰	18	26.1	19.5	45	51.7	3 059	7 475	1.1	1.1	na	na
挪威	16.9	21.6	19.1	36.6	51.4	3 623	8 468	0.7	0.8	1.1	1.3
瑞典	27.1	29.4	24.8	42.7	53.2	5 292	9 081	1.2	2.4	na	0.4
北欧国家	21.7	26.0	21.2	42.6	51.8	4 165	8 286	1.1	1.7	0.8	0.6
希腊	10.2	20.5	na	35	47.6	1 553	4 600	2.1	1.7	na	na
意大利	18	25	23.1	44.1	51.8	3 123	6 477	0.5	0.6	3.4	1.5
葡萄牙	10.2	23.1	21.4	29.3	49.7	988	3 973	0.7	1.5	0.2	0.4
西班牙	15.5	21.2	19.1	45.9	55.2	2 011	4 927	0.2	0.5	na	na
南欧国家	13.5	22.4	21.2	38.7	51.1	1 919	4 994	0.9	1.1	1.8	0.9
日本	10.6	18.6	20.7	30.4	64.7	1 793	5 053	na	3.3	0.3	0.5
瑞士	13.5	20.3	na	na	57.4	3 486	6 549	1	1.1	4.3	7.3
OECD21 国均值	17.5	22.35	22.3	39.0	52.7	3 124	6 385	1.9	2.8	1.0	1.1
范围	16.9	13.5	12.9	16.4	21.0	4 303	5 107	6.9	9.4	4.3	7.3
标准差	5.3	4.3	3.6	6.2	5.4	1 167	1 489	1.9	2.5	1.3	1.8

注：所有数据均为占 GDP 的比重，除非特别说明。
资料来源：OECD2008，数据于 2009 年 11 月 2 日获取。

查看总公共社会支出[列(1)－(2)]以及表 23－1 最后几行报告的汇总统

计显示:在1980—2005年间,除了两个国家(爱尔兰和荷兰),其他所有国家和地区的社会支出总额都增加了。GDP平均增长了近5个百分点,这表明那完全不是一场逐底竞争。尽管1980年以来各国在支出上的差异有所下降,但当前的差异仍然是令人印象深刻的,也符合北欧和欧洲大陆的传统排行榜概念,即北欧和欧洲大陆是大笔支出的先锋,而英语国家则是支出水平最低的垫后部队。

总支出水平趋同的最重要原因是先前南欧低支出国家的强劲追赶以及日本和瑞士超常规的高支出增长。如果考察人均社会支出[(6)—(7)列]和社会支出在政府总支出中所占的份额[(4)—(5)列],那么福利国家持续增长的情况就显得更加引人注目。尽管自1980年以来,人均社会支出已经增加了1倍以上,但社会支出占政府总支出的比例已从1980年的39%增加到2005年的52%以上。

在过去的二十几年中(至少到全球金融危机到来之前),许多国家的政府总支出都在下降,而社会支出在公共预算中的比重不断增长,这就意味着福利国家已经挤出了其他公共政策开支。因此,事实证明,相比于其他公共政策领域(如教育、国防和经济事务),福利国家更不易受削减开支的影响(Castles,2007a)。然而,如果得出社会福利没有削减的结论,那将完全是一种误导。事实上,正如科尔皮和帕尔梅(Korpi and Palme,2003)所证明的那样,尽管社会支出不断增加,但许多国家都出现了显著的福利削减。原因很简单,需求增长快于支出水平的增长(见第38章)。

在私人社会支出方面,国家覆盖范围足以说明1990年以来的基本趋势[(8)—(11)列]。经合组织区分为自愿和强制性的私人社会支出(见第8章的详细资料)。自愿的社会支出包括:(1)涉及再分配效应的私营项目所供给的福利;(2)具有税收优惠的个人计划或集体资助筹划,如与就业有关的养老金和健康计划。强制性的私人社会支出包括由立法规定但由私人行为体(如雇主)经营的社会供给。

与公共支出的情况一样,人们可以很容易地从私人支出角度发现存在国家集群现象,这证实了比较研究的常规智慧。英语国家是支出的领先者,而南欧和北欧国家的私人支出最低,与公共支出一样,私人支出也随时间推移而增长,但没有表现出趋同性。(自愿)私人支出的增长在那些说英语的国家中最为明显,在这些国家,私人支出在1990年就已经扮演了重要的角色。相比之下,其他国家的强制性私人支出水平却下降了。此外,尽管1990年的支出水平很低,但后两个国家的自愿支出保持适度的增长。因此,我们可以得出结论,私人支出没有取代公共支出,仅荷兰是唯一明显的例外;相反,私人支出的增长还促进了公共社会支出的增长,特别是在英语国家。

归功于威廉·阿德玛(Willem Adema)等学者的巨大努力,经合组织现在提供了对净社会支出的估算(参见第8章)。其结果是惊人的,特别是将净支出与公共总支出相比(表23—1第2列和第3列)。若扣除税收,同时考虑私人社会支出,则目前美国和英国就出现在支出的领先队伍中。2005年,两国的社会支出甚至超过了瑞典。虽然大多数英语国家具有较高的净社会总支出,但北欧和南欧福利国家在国际净支出联盟的排名则在下降。因此,4类福利国家的净社会支出总额的平均水平明显比公共支出总额更为接近。

分析净社会支出的优势在于,这些数据突出了"隐藏的"(Howard,1997)或"分裂的"(Hacker,2002)国家福利,这些福利是基于"其他手段的社会政策",包括税收减免和私人新方案。一般来说,似乎不同福利国家体制之间的主要分界线是由总福利努力的程度来界定的,而也有更多的是由福利供给的公私组合差异及其对分配结果的影响来定义的(见下文)。

如前所述,SOCX数据集将总公共社会支出分为9个项目类别,即老年人、幸存者、与丧失能力有关的福利、健康、家庭、积极劳动力市场计划(ALMP)、失业、住房和其他类别的支出,最后一项也包括社会援助支出在内(见表23—2)。此外,表23—2的第10—11列展示了按项目类型划分(现金与实物福利)的支出水平。

分类的社会支出提供了许多关于福利国家的结构组成以及各类国家之间差异性和相似性的信息。例如,支出数据很好地反映了欧洲大陆和南部福利国家对现金转移的依赖及其养老金的高支出水平。欧洲大陆和南部国家之间的主要区别在于后者用于家庭的资源很少。支出数据还揭示了一个独特的北欧模式:家庭支出(主要是服务支出)、积极劳动力市场政策和针对丧失工作能力者的福利高于其他经合组织国家。最后,表23—2还展示了英语国家的情况，其养老金的支出相对较低，而卫生健康支出是最大的单项社会支出。在英语国家，卫生健康支出主要是以实物形式提供的，这一事实解释了为什么在实物福利方面的支出超过了现金福利支出。因此，毫不奇怪，对社会支出数据的聚类分析强烈支持存在不同的国家集群或福利体制这一观点(见图23-1)。

表23-2　　　　　不同项目公共开支占GDP的百分比(2005年)

国家	(1) 老年	(2) 遗属	(3) 失能	(4) 健康	(5) 家庭	(6) ALMP	(7) 失业	(8) 住房	(9) 其他	(10) 实物	(11) 现金
澳大利亚	4.4	0.2	2.4	5.9	2.8	0.4	0.5	0.3	0.1	8.7	8.1
加拿大	3.7	0.4	0.9	6.8	1	0.3	0.6	0.4	2.2	9.4	6.8
爱尔兰	2.9	0.8	1.6	6.5	2.5	0.6	0.9	0.5	0.3	7.7	8.4
新西兰	4.2	0.1	2.9	6.9	2.6	0.4	0.4	0.8	0.2	8.4	9.7
英国	6.1	0.2	2.4	7	3.2	0.5	0.3	1.4	0.2	10.5	10.3
美国	5.3	0.8	1.3	7	0.6	0.1	0.3	na	0.6	7.8	8
英语国家	4.4	0.4	1.9	6.7	2.1	0.4	0.5	0.7	0.6	8.7	8.5
奥地利	12.6	0.4	2.4	6.8	2.8	0.6	1.1	0.1	0.3	8.2	18.4
比利时	7.2	2	2.3	7.3	2.6	1.1	3.3	0.1	0.4	9.1	16.2
法国	10.9	1.8	1.9	7.8	3	0.9	1.7	0.8	0.3	10.8	17.5
德国	11.2	0.4	1.9	7.7	2.2	1	1.7	0.6	0.2	9.9	15.9
荷兰	5.5	0.3	3.6	6	1.6	1.3	1.5	0.3	0.6	8.5	11.1
大陆国家	9.5	1	2.4	7.1	2.4	1	1.9	0.4	0.4	9.3	15.8
丹麦	7.2	0	4.3	5.9	3.2	1.7	2.8	0.7	1	11.6	13.6
芬兰	8.5	0.9	3.8	6.2	3	0.9	2	0.3	0.5	9.9	15.3
挪威	6.3	0.3	4.4	5.8	2.8	0.7	0.5	0.1	0.6	10.1	10.9
瑞典	9.6	0.6	5.6	6.8	3.2	1.3	1.2	0.5	0.6	13.6	14.5
北欧国家	7.9	0.4	4.5	6.2	3	1.1	1.6	0.4	0.7	11.3	13.6
希腊	10.8	0.8	0.9	5.6	1.1	0.1	0.4	0.6	0.4	7.1	13.4
意大利	11.6	2.5	1.7	6.8	1.3	0.6	0.5	0	0	7.7	16.7

续表

国　　家	(1)老年	(2)遗属	(3)失能	(4)健康	(5)家庭	(6)ALMP	(7)失业	(8)住房	(9)其他	(10)实物	(11)现金
葡萄牙	8.7	1.6	2.3	7.2	1.2	0.7	1.2	0.2	0.2	7.8	14.6
西班牙	7.9	0.5	2.5	5.8	1.1	0.8	2.2	0.2	0.2	7.4	13.1
南欧国家	9.7	1.3	1.8	6.3	1.2	0.5	1.1	0.2	0.2	7.5	14.4
日本	8.6	1.3	0.7	6.3	0.8	0.3	0.3	na	0.3	8.1	10.2
瑞士	6.6	0.4	3.3	6.1	1.3	0.7	0.9	0.2	0.7	7.8	11.8
OECD21国均值	7.8	0.8	2.5	6.6	2.1	0.7	1.2	0.4	9	12.6
范围	9.7	2.5	4.9	2.2	2.6	1.6	3	1.4	2.2	6.5	11.6
标准差	2.8	0.7	1.3	0.6	0.9	0.4	0.9	0.3	0.5	1.6	3.4

资料来源：OECD2008g，数据于2009年11月2日获取。

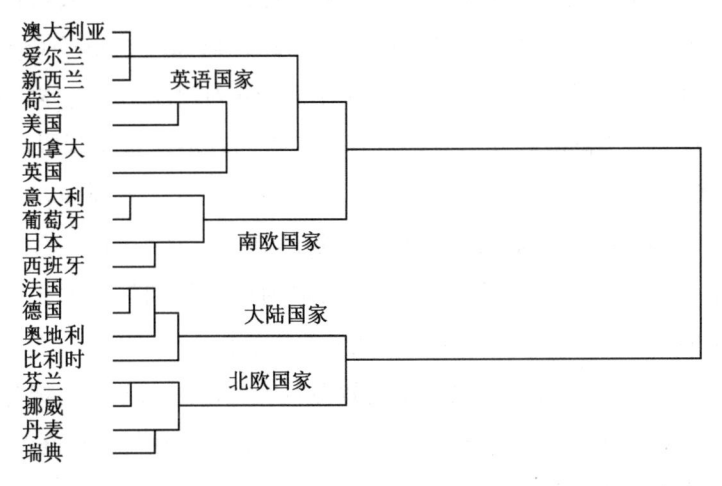

注：这一树状图基于以下的支出项目：老年人、遗属、丧失工作能力、健康、家庭、积极的劳动力市场、失业、其他突发事件、总公共社会支出、净总量、实物福利、现金福利、公共支出政府支出总额、人均公共支出、自愿私人支出的百分比；距离测度：平方欧氏距离、聚类分析。因为缺乏净消费数据，所以希腊和瑞士在图中缺失。

数据来源：经合组织2008g。

图23－1　19个经合组织国家的社会支出模式（2005年）

社会支出跨国差异的决定因素

社会总支出已广泛用于评估经济合作与发展组织各国福利努力中跨国差异的决定因素。第一代实证研究强调了财富、经济增长、人口统计学以及社会保障体制在解释社会支出水平差异等方面的重要性(Zöllner，1963；Wilensky，1975)。功能主义观念认为，社会支出水平主要由人见人知的社会经济发展决定，这一观点受到20世纪70年代和80年代出现的"政治很重要"学派的挑战。权力资源、政党和政治机构被认为可以解释为什么在社会经济方面类似的国家在社会支出上却存在差异。大量的实证研究表明，左派和基督教民主党派的支出要高于自由和世俗保守党派(Hicks and Swank，1992；Huber et al.，1993；Hicks and Misra，1993；Schmidt，1997；Huber and Stephens，2001a；Castles，2004)。此外，党派竞争、选民投票率、党派之间的传染效应、社团主义和强大的工会也被认为是推动社会支出上升的因素(Hicks and Swank，1992；Cameron，1978；Garrett，1998a；Hicks and Kenworthy，1998)。其他研究发现，小型开放经济体的支出水平高于相对封闭的经济体。相反，社会支出在体制上支离破碎同时有多重否决卡点的政治体系受到限制(Huber et al.，1993)。联邦制(Wilensky，1975；Cameron，1978；Swank，2001)和公民投票(Wagschal and Obinger，2000)是阻碍高支出水平的重大体制因素。与功能主义论相反，许多研究未能发现GDP对国家福利努力的显著线性影响。这里的问题是经济增长会影响因变量的分子和分母，然而，一旦分析了人均社会支出，则经济富裕程度就会成为预测社会支出跨国差异的极为有利的指标。如果对净社会支出进行分析，则功能主义理论也获得了显著的解释力。到目前为止，经济财富是解释社会总净支出水平的最重要变量。相比之下，政治因素要么影响微弱，要么在统计上不显著(Castles and Obinger，2007)。

重点关注后黄金时代社会消费动态的调查最终得出了一些不同的结论。许多分析1980年以来社会支出变化的研究表明，与黄金时代相比，政党的影响更弱，或者完全消失了(Huber and Stephens，2001a；Swank，2001；Kittel and Obinger，2003；Potrafke，2007)。除了前面已经提到过的原支出垫后者的强劲追赶(Starke et al.，2008)，许多研究表明，社会经济压力是解释困难时期社会支出动态的关键因素。人口老龄化、低经济增长、失业和去工业化是在黄金时代之后推动社会支出的主要决定因素(Castles,2004;Iversen and Cusack,2000;Kittel and Obinger,2003)。换句话说,不断增长的社会需求是2005年社会支出水平高于1980年的主要原因。然而,许多国家同时实施了显著的福利削减,这一事实表明,社会支出的增长还不足以完全满足因社会经济问题压力不断增加而产生的社会需求(参阅第38章)。目前,关于全球化对社会支出的影响尚无定论,大多数实证研究既没有证实补偿理论,也不支持"逐底竞争"的概念(Castles,2004)。

上述所有研究的共同点是,它们都关注社会总支出。使用SOCX数据库在项目层面的丰富信息,弗朗西斯·G.卡斯尔斯(Francis G. Castles,2009a)最近分析了4大类(总)支出的决定因素:(1)与年龄有关的现金福利;(2)工作年龄的现金福利;(3)健康;(4)其他服务开支。他令人信服地证明,这4种支出类型的决定因素差别很大,与公共支出总额的决定因素并不一致。

支出对社会结果的影响

社会支出本身并不是目的。然而,无论是否将风险补偿或消除贫困和不平等作为福利国家的核心目标,财政资源的可及性都是社会政策制定的必要先决条件。尽管前面讨论过对支出分析的批评,但重要的是要注意,公共社会支出与去商品化水平和与替代率之间,都存在着很强的相关性。此外,社会支出也会影响收入不平等和贫困率。由于这些问题在有关不平等和贫困的条目中都进行了广泛讨论(请参阅第36章),因此我们只限于陈述一些典型的事实。首先,公共支出总额比所有类别的净支出更具备再分配功能。一个主要的原因是,由于现金福利往往来源于征税,总支出措施需要一种二次再分配机制。富人最有可能受到此类税收征减的影响。其次,所有类别的公共支出(总额或净额)对减少不平等和贫困的影响都大于所有类别的私人支出(Castles and Obinger,2007)。大部分的私人社会支出出自愿的社会支出组成。很明显,主要是中产阶级和核心劳动力受益于基于个人或雇主的、享受税收优惠的养老金和健康计划,这使私人社会支出的再分配效果相当有限。另外,针对家庭和工作的穷人的税收抵免也是重要的再分配工具,其功能等同于现金转移支付。这种类型的税收干预反映在公共支出净额中,同"税收搅动"效应一起,解释了为什么所有的公共支出指标在消除贫困和不平等方面优于私人支出指标。最后,分类的支出方法提供了有趣的见解。卡斯尔斯(Castles,2009a)表明,面向工作适龄人口的现金福利支出与再分配的关系最为密切(OECD,2008a)。这种影响甚至比去商品化的影响更加强烈——去商品化是一项旨在克服所谓的社会支出分析缺陷有意而为的措施。相比之下,卫生健康支出和老年人支出都不会涉及重大的纵向再分配。

政府收入

不平等和税收

福利国家的主要目标,如减少不平等和贫困,不仅可以通过现金转移支付和其他福利支出,而且还可以通过税收(包括社会捐助)来实现。经合组织的最新可用数据(2009b,2008i)表明,基尼系数和总税收收入之间具有很强的相关性,然而,影响平等的不仅仅是一般的税收水平。其他的相关特征还包括:是否存在负所得税、税收类型(联合与个人税收)、税收减免以及税收的累进性。税收制度的这些属性的影响反过来又在很大程度上取决于收入水平和个人特质。

经合组织(2008a)最近关于收入分配问题的一项研究表明,归因于税收和转移支付的可支配收入不平等的减少幅度从瑞典和丹麦的约40%到韩国的5%。这项研究进一步表明,税收的影响本身就很显著,并且与之前的研究不同,之前的研究只指出相对较小的税收影响(Messere,1993)。然而,除了美国例外,其他国家现金福利的影响一般大于税收的影响。

但是,这种对再分配效应的分析并没有考虑高税率对劳动力市场可能造成的扭曲效应。特别高的边际税阻止了低技术工人就业(Layard et al.,2005),而劳动税这个楔子可能会提高失业率。此外,许多研究发现,在20世纪80年代和90年代,更多的不平等与失业率上升之间存在着重要的联系,即"不平等"程度高的国家反而具有更好的劳动力市场表现(Feldstein,1998)。

除了这些调查结果,最近的研究表明,劳动税和福利替代率之间的交互作用对失业率的增加有影响(Belot and van Ours,2004)。

税收对性别平等也有重大影响。个人或家庭是否纳税都有区别。在法国,"家庭分户"(连同现金福利)既刺激了生育率,又促进了妇女进入劳动力市场。相比之下,德国实行不同的分户制度,对夫妻共同征税,这制约了已婚妇女参与劳动力市场(Dingeldey,2000)。今天,面向个体征税是主流的税收制度,这种制度20世纪70年代在斯堪的纳维亚开始引入,此后几年欧洲大陆的其他地方得以推行,往往是由社会民主党或大联盟政府引入。总的来说,有充分的证据表明,税收制度在很大程度上会影响已婚妇女和母亲的就业模式。

税收制度的另外两个密切相关的属性也会影响不平等:税收抵免和税收累进性。负所得税,例如,1973年在美国实施的"收入所得税抵免"(EITC)和在英国实施的"工作税收抵免"(WTC)等,已成为激活社会政策的成功工具,其目标是"让工作有报酬"。研究报告通常只报道这种政策对减少贫困的积极影响,因为它们特别针对单亲父母。主要的激励源于必须从事一份工作才能获得税收抵免,且EITC对其他福利(例如,低收入住房、食品券)的获得资格没有影响。其他国家也存在负所得税,但不那么重要。

负所得税增加了税收累进性。然而,这种税收使对低收入的税收楔子效用显著降低。税收累进性意味着平均税率随着收入的增加而增加。亚当·斯密主张累进税的目的是减少18世纪的不平等和贫穷,但它们的效果和需要的累进程度仍然存在争议。根据经合组织(2008a:106)的观点:总的来说,各国税收的累进性差异要小于转移支付,在美国之后,税收的分配在英语国家——爱尔兰、澳大利亚、英国、新西兰、加拿大、意大利往往是累进性最强的,其次是荷兰、捷克共和国和德国。北欧国家、法国和瑞士的税收往往是最不具有累进性的。然而,其他渐进性指标会形成不同的排名,例如,有效税率或税收楔子效应因收入、家庭状况和子女人数的不同而有所差异(OECD,2003d)。

资助福利国家:逐底竞争?

福利国家提供商品和服务需要足够的资金。广义的政府收入具有不同的来源,即税收、社会捐资、收费、罚款、铸币税、经济活动收入、私有化收入、国际预算捐资和公共赤字。最后一个剩余类别平衡了预算等式,并已成为一些国家的永久性收入来源。

政府收入的主要数据来源是经合组织收入统计数据系列(OECD,2008b)。此文献区分了6个不同的收入类别:(1)收入、利润和资本收益税;(2)社会保障缴款;(3)工资税;(4)财产税;(5)商品和服务税;(6)其他税。其中3个主要类别——收入、利润和资本收益税,社会保障缴款以及商品和服务税——在经合组织国家的税收总额中占93%。表23-3展示了不同国家群体最重要税收种类的征税水平。它显现了一个相当清楚的模式,北欧国家税收最高,其次是大陆和南欧国家,英语国家的征税水平最低(Peters,1991,见下文)。

在经济全球化的背景下,经济理论预测,税收竞争会导致税率和税收收入的下调,这无疑会对福利国家产生巨大的影响。然而,随着时间的推移,税收收入的发展并不符合这种"逐底竞争"的情况(见表23-4)。据2006年的最新数据,税收占GDP的平均比重处于历史最高水平,并且在当前经济危机之后,总体税负可能会增加。与税收水平呈螺旋式下降趋势的观点相反,事实上,近年来企业所得税收入相对于GDP增加了(见第2栏),而个人所得税收入却下降了。一般来说,在北欧和南欧国家集群中可观察到最大的变化。

表23-3　　　　21个经合组织国家的税收水平(1990—2006年)

国　家	2006年总税收收入 (1)	1990年总税收收入 (2)	2006年企业所得税 (3)	2006年个人所得税 (4)	2006年社保缴费 (5)	2006年财产税 (6)	2006年商品服务税 (7)
澳大利亚	30.6	28.5	6.6	11.4	—	2.8	8.3
加拿大	33.3	35.9	3.7	12.1	4.9	3.4	8.1
爱尔兰	31.9	33.1	3.8	8.9	4.3	2.9	11.6
新西兰	36.7	37.4	5.8	14.9	—	1.9	12
英国	37.1	36.1	4	10.8	6.6	4.6	10.8
美国	28	27.3	3.3	10.2	6.7	3.1	4.7
英语国家	32.9	33.1	4.5	11.4	5.7	3.1	9.3

续表

国家	2006年总税收收入	1990年总税收收入	2006年企业所得税	2006年个人所得税	2006年社保缴费	2006年财产税	2006年商品服务税
	(1)	(2)	(3)	(4)	(5)	(6)	(7)
奥地利	41.7	39.6	2.2	9.3	14.4	0.6	11.5
比利时	44.5	42	3.7	13.1	13.6	2.3	11.4
法国	44.2	42	3	7.7	16.3	3.5	10.9
德国	35.6	34.8	2.1	8.7	13.7	0.9	10.1
荷兰	39.3	42.9	3.4	7.4	14.2	1.9	12
大陆国家	41.1	40.3	2.9	9.2	14.4	1.8	11.2
丹麦	49.1	46.5	4.3	24.5	1	1.9	16.3
芬兰	43.5	43.5	3.4	13.2	12.1	1.1	13.5
挪威	43.9	41	12.9	9.1	8.7	1.2	12
瑞典	49.1	52.2	3.7	15.7	12.5	1.4	12.8
北欧国家	46.4	45.8	6.1	15.6	8.6	1.4	13.7
希腊	31.3	26.2	2.7	4.7	11.1	1.4	11.3
意大利	42.1	37.8	3.4	10.8	12.6	2.1	10.8
葡萄牙	35.7	27.7	3	5.5	11.4	1.1	14.5
西班牙	36.6	32.5	4.2	6.9	12.2	3.3	9.9
南欧国家	36.4	31.1	3.3	7	11.8	2	11.6
日本	27.9	29.1	4.7	5.1	10.2	2.5	5.2
瑞士	29.6	25.8	3	10.5	6.9	2.4	6.8
OECD21国均值	37.7	36.3	4.1	10.5	10.2	2.2	10.7
范围	21.2	26.4	10.8	19.8	15.3	4	11.6
标准差	6.4	7.1	2.2	4.3	4	1	2.8

注:所有数据均以税收占GDP比重形式呈现。

数据来源:OECD 2008i。

这种发展趋势与20世纪80年代初以来税率已经下降的事实形成鲜明对比,特别是对于企业和高收入群体。由于税率是一国经济对企业具有吸引力的最重要信号,政府特别在意降低税收负担以吸引外国直接投资以及将本国作为新的移居地。但同时,政府也需要足够的税收来满足开支。因此,税收政策通常遵循降低税率和拓宽税基战略,以便将收入保持在较高水平。经合组织(2008h)、欧盟统计局(2008年)和世界税收数据库(OTPR,1987 ff.)的数据显示,随着时间的推移,企业和个人的最高边际税率都在下降。相比之下,平均来说,最低边际利率并没有下降。商品和服务税的改革主要是由于与欧盟的协调统一。然而,自20世纪80年代初以来,平均税率只提高了1个百分点。

家庭税收和福利国家类型

表23-3所示的不同税收模式间的显著差异引起了一个问题,即是否可能确定不同的国家集群。在144个税收指标(例如,税收结构、税收与GDP比率、具体税收制度特征)的基础上,对所选21个经合组织国家进行分析,可聚类分析出4个税收国家集群(Wagschal,2005:105; Peters,1991),且与图23-1中的社会支出模式有很大的相似之处。这4个国家集群分别是:(1)英语国家;(2)大陆国家;(3)北欧国家;(4)其他国家。

(1) 英语国家集群包括美国、加拿大、英国、澳大利亚、新西兰、瑞士和日本。与其他国家相比,这些国家的税收水平较低。与自由主义的税收思想一致,该体系强烈地基于"支付能力"原则。直接公司税、所得税和财产税(相对于GDP)超过经合组织的平均水平(见表23-4)。

(2) 大陆国家奉行"福利原则"。这些国家高度依赖社会缴款,且遵循福利/保险原则。在这样的一个体制下,雇员享有比税收资助的福利国家更多的权利,这使得福利国家改革更加困难。

(3) 北欧国家税收集群包括瑞典、丹麦和芬兰。它的特点是最高的税收水平(主要集中在所得税)、相当适度的商业税和相对较低的社会保障缴款。此外,商品和服务的税收超过经合组织的平均水平。

(4) 其他国家包括欧洲南部的国家,加上挪威和爱尔兰。其税收模式与欧洲大陆的税收模式相似,主要属性是整体税收水平中等和高间接税,主要反映税收征管的内部问题。

一个强有力的证据表明,"税收国家集群"可以由两个变量来解释,这两个变量被确认为是不同福利国家制度的重要决定因素(Kersbergen,1995:第18章),即政府的党派色彩和宗教差异。在英语国家以及日本和瑞士,保守党和自由党派势力强大。欧洲大陆和南部国家由基督教民主和社会民主党派所主导,即两个支持福利国家的党派群体。在北欧国家,社会民主党是传统上占主导地位的政党。

表23—4　　　21个经合组织国家的税收趋势(1990—2006年)

国家	2006—1990年总税收收入	2006—1990年企业所得税	2006—1990年个人所得税	2006—1990年社保缴费	2006—1990年财产税	2006—1990年商品服务税
	(1)	(2)	(3)	(4)	(5)	(6)
澳大利亚	2.1	2.6	−0.8	0	0.2	0.4
加拿大	−2.6	1.1	−2.5	0.6	−0.2	−1.2
爱尔兰	−1.2	2.2	−1.7	−0.6	1.4	−2.4
新西兰	−0.7	3.4	−3	0	−0.7	−0.5
英国	1	0.4	0.1	0.7	1.6	−0.5
美国	0.7	0.9	0.1	−0.2	0	0
英语国家	−0.1	1.8	−1.3	0.1	0.4	−0.7
奥地利	2.1	0.8	1	1.4	−0.5	−0.9
比利时	2.5	1.7	−0.4	−0.4	0.8	0.2
法国	2.2	0.7	3.3	−2.2	0.9	−1
德国	0.8	0.4	−0.9	0.6	−0.3	0.8
荷兰	−3.6	0.1	−3.2	−1.8	0.3	0.7
大陆国家	0.8	0.7	0	−0.5	0.2	0
丹麦	2.6	2.6	−0.3	0.1	−0.1	0.9
芬兰	0	1.4	−1.9	1	0	−0.6
挪威	3	9.2	−1.7	−2.1	0	−2.6
瑞典	−3.1	2.1	−4.4	−1.7	−0.4	−0.2
北欧国家	0.6	3.8	−2.1	−0.7	−0.1	−0.6

续表

国　家	2006—1990年总税收收入	2006—1990年企业所得税	2006—1990年个人所得税	2006—1990年社保缴费	2006—1990年财产税	2006—1990年商品服务税
	(1)	(2)	(3)	(4)	(5)	(6)
希腊	5.1	1.2	1	3.2	0.2	−0.4
意大利	4.3	−0.4	0.9	0.1	1.3	0.2
葡萄牙	8	0.8	1.1	3.9	0.3	2.2
西班牙	4.2	1.3	−0.1	0.7	1.5	0.7
南欧国家	5.4	0.7	0.7	2	0.8	0.7
日本	−1.2	−1.8	−2.9	2.5	−0.2	1.2
瑞士	3.8	1	0.5	0.9	0.1	1.3
OECD 21国均值	1.4	1.5	−0.8	0.3	0.3	−0.1
范围	11.6	11	7.7	6.1	2.3	4.8
标准差	2.8	2	1.8	1.6	0.7	1.1

注:所有数据均以税收占GDP比重形式呈现。

数据来源:OECD 2008i。

福利国家的税收与态度

从历史上看,过度征税与政治动荡密切相关。然而,税收的影响并不只是关乎政治稳定,还会波及民主社会对福利国家的支持。鉴于20世纪税收国家的规模急剧增长,许多国家都出现了反对征税的运动。20世纪50年代的布热德主义(Poujadists)和后来的法国国民阵线都坚定地反对福利国家体制。在丹麦,莫根斯·吉尔斯特鲁普(Mogens Gilstrup)领导下的进步党(Fremskridtspartiet)在1973年成为议会第二大党,其纲领基础是要求减税和废除福利国家。在实施直接民主的国家中,可以观察到更大的影响。20世纪80年代,美国新保守主义反税运动始于第13号提案,其在1978年将加利福尼亚州的财产税降低了50%,并导致美国大约一半州的税收削减(Smith,1998)。

与激进的反福利国家政党相反,其他政党则支持更高的税收,各方之间的这种差异可以从其立场上得以确定。一个关于政党宣言的长期研究项目(Budge et al., 2001)分析了大多数经合组织国家在1945—1998年期间的政党宣言。这些数据可以从两个方面进行分析：一方面，可以确定那些对"高"或"低"税收以及"支持干预"政策有强烈偏好的政党；另一方面，可以比较两个变量之间的差异及其随时间的变化。

除了上面讨论的激进的反税收政党之外，保守党和农业党也非常重视减税。出乎意料的是，自由党表现出较低的减税偏好和相对较高的干预偏好。赞成税收的政党包括共产党、社会民主党和绿党。基督教民主党和其他宗教党派则处于中间位置。共产主义和社会民主党派是偏好干预的政党。宗教党派也接受干预主义政策，在过去导致福利国家扩张。

我们可以观察到福利国家随着时间的变化吗？福利国家黄金时期的结束(即20世纪70年代中期)标志着"支持干预"态度的分水岭。第一次石油危机后，资产阶级政党不再那么热衷于政策干预。温和的左翼和右翼政党则朝"亲市场"和"低税收"的方向略有进步。最大的变化可以在极右翼政党那里观察到。相比之下，在第一次石油危机之后，极左党派更倾向于干预主义。从20世纪70年代中期起，多数的非极端政党倾向于亲市场的态度，但宗教政党例外。一些政党极大地改变了他们的政策立场。例如，英国工党从1945年的一个极左党派(该党宣言的右左得分为−48.1)转变为1997年的"中间党"(右左得分为+8.1)。

选民在何种程度上支持税收国家？要回答这个问题，需要获得不同国家和时间上的可比数据。最好的数据库之一是"国际社会调查计划"(ISSP)，尤其是ISSP中关于"政府角色"的4次调查(1985,1990,1996,2006)。22个国家参加了最后一次调查，其中5个国家4次调查的数据都可用。对关于选民税收偏好的4个具体问题进行了分析(见表23—5)：(1)对高收入征税，(2)对中等收入征税，(3)对低收入征税，(4)削减政府开支。

表 23－5　　对税收和福利国家的态度（1985－2006 年）

对高收入征税					
	极高	太高	比较适当	太低	极低
ISSP(1996)	7.30%	16.00%	25.60%	36.10%	15.10%
ISSP(2006)	8.70%	17.70%	29.80%	31.90%	11.90%
对中等收入征税					
	极高	太高	比较适当	太低	极低
ISSP(1996)	14.20%	43.00%	39.80%	2.60%	0.30%
ISSP(2006)	15.30%	45.40%	37.10%	2.00%	0.20%
对低收入征税					
	极高	太高	比较适当	太低	极低
ISSP(1996)	33.50%	41.80%	22.90%	1.40%	0.50%
ISSP(2006)	31.40%	40.90%	25.20%	1.80%	0.70%
政府和经济：削减政府开支					
	强力支持	支持	既不支持也不反对	反对	强力反对
ISSP(1985)	30.20%	35.20%	17.90%	13.50%	3.30%
ISSP(1990)	30.10%	40.80%	17.60%	9.30%	2.20%
ISSP(1996)	38.50%	37.30%	13.70%	8.40%	2.10%
ISSP(2006)	28.90%	31.10%	19.50%	14.70%	5.70%

资料来源：ISSP1985－2006 年累计；变量已加权，不同调查中，回应者数量在 6 112－21 806 之间，数据来自 14 个 OECD 国家，每一个问题采取 5 分量表。

通过观察对待税收的态度，我们可能会看到对高收入和中等收入征税的不满情绪略有上升。对低收入者的征税被认为太高了。然而，不满情绪略有下降。通过询问受访者是否喜欢削减政府支出，可以发现，20 世纪 90 年代支持削减达到高峰。从那时起，对削减开支的抵制力增加，这证明了国家日益重要。

除跨国差异之外，还可以揭示选民的左右倾向与其"税收"取向之间的关系。分析中使用的"选民意识形态"变量是基于受访者的左右倾向位置，将其分为 7 类（"极左""左""中""自由""右""保守""极右"）。人们的期望是，受访者越是右倾,越倾向于降低税收。对于所有国家的前4个类别都是如此。然而,被归类为"极右"的受访者对干预主义政策和对低收入的征税更为平滑,有较强的偏好。

结　论

自1980年以来,社会支出和税收收入占GDP的比重有所增加。尽管有些趋同,但在公共社会支出总额与税收的水平和模式方面,仍然存在显著的跨国差异。社会支出和税收模式强烈重叠,支持了不同国家群体的概念。总体而言,这一证据与全球化会引发一场逐底竞争的观点相悖。然而,这并不意味着国际竞争是无意义的。大幅度削减最高所得税税率和公司税似乎已经受到国际政治经济显著变化的影响。

尽管基于总支出的比较研究受到强烈的批判,但改进后的社会支出数据映射了与项目相关的支出、私人支出和税后支出,现在又为"福利国家的所作所为"提供了重要的注解(Castles,2009a)。因此,收入和支出数据都是分析成熟福利国家的重要工具,尤其是对分类支出模式的进一步研究。但应该明确的是,支出和收入数据还是不够的。社会支出既没有办法告诉我们福利供给的水平,也没有捕捉到社会政策监管层面的信息。

第24章 养老金

卡尔·辛里奇(Karl Hinrichs)
珠莉亚·F.林奇(Julia F. Lynch)

养老金制度的产生

19世纪末20世纪初,作为应对工业化和工薪劳动者社会风险的政治反应,养老金制度在欧洲诞生。在第一个重大养老金计划实施之前,只有部分有选择性的老年群体在终止雇用后可以享受定期的养老金给付,这些人包括公共部门就业者(公务员、退伍军人、市政工人)和一些特定的职业工人(煤矿工人、铁道工人),还有雇主自愿为长期供职的(白领工人)劳动力提供私人养老金的雇员。所有其他的劳动者(蓝领工人)则"工作到死或者失去工作能力"(Stearns,1975:260)。在非洲和亚洲的许多国家,养老金覆盖率有限仍然是常态。在这些国家中,警察、军人、公务员、国企就业者享有养老金特权,其动机与19世纪的欧洲类似,即确保未来受益人尚在工作时的忠诚。

根据1889年的立法,德国是第一个强制为几乎所有雇员投保因残疾和老年而造成收入损失的国家。这一立法不仅是一种先发制人的策略,旨在抑制潜在的工人阶级骚乱,也是未完成的国家建设进程中的一部分(减轻市政当局的贫困救济费用负担)。除了得到基督教会和早期社会政策学者的支持外,它还延续了威权国家父权干预的传统。随后,其他国家也引入了公共养老金计划,这些计划与俾斯麦式的做法略有不同,抑或也有较大差异(见下一章)。在工业化日趋成熟的时期,老年劳动者工作能力的下降是主要的社会问题,因此失能者养恤金占了很大部分。固定退休年龄（德国最初为70岁，低于其他国家）一般被认定为残疾的标志，但已经体现了生命历程三分法中"退休"无工作阶段的概念。然而，新实施的公共计划所提供的福利，在很大程度上不足以确保退休在第二次世界大战前就是一项普遍的社会成就。相反，公共养老金是对其他经济资源的补充：（较低的）来自继续就业的收入、个人储蓄、家庭资助或前雇主提供的私人养老金。现在，在一些国家中，尤其是在拉丁美洲和东亚，同样可以发现推行的公共养老金计划覆盖范围很广，但其抚恤金水平一般不足以确保高龄老人经济上完全独立。

相对而言，传统OECD的一些福利国家在一定程度上是"发达国家"，部分原因是1945年之后，它们筹划了自己的养老金制度，因此使得在更长的退休期完全退出有偿工作成为一种普遍权利。在此之前，65岁及以上的大多数男性仍然是劳动力大军的一员——比如，在1890年的美国，该群体有3/4的人仍在劳动力市场中就业；到1930年，这一数字为60%；但是到了1970年，只有25.7%的老年男性是在职工人（Jacobs，1991：41）。20世纪70年代，60岁以上人群的就业率下降，65岁以上人群的就业率甚至更低，标志着这一权利在很大程度上已经实现。1970年，在大多数发达福利国家，65岁以上的男性进入劳动力队伍的比例低于1/4（ILO，2009a）。退休的制度化源于养老金体制在几个维度上的扩展：覆盖范围扩大到几乎全部（工作）人口；获得养老金的资格标准变得自由化（如弹性退休制）；福利范围扩大（如遗属救济金），以及最重要的是福利待遇的丰厚程度大大增加。

在这一章的其余部分，我们描述发达福利国家成熟养老金制度的起源、组织和社会结果，并讨论20世纪70年代以来人口、经济以及社会转型对这些体制构成的挑战，追溯改革的轨迹，包括实际的和预期的。自始至终，我们关注的是西欧、北美、澳大利亚发达民主国家的养老金体系，并更多有选择性地关注拉丁美洲、亚洲和东欧国家的发展。

发达福利国家的养老金制度

完善的发达国家养老金制度发挥着不同的功能（Barr and Diamond，

2006,2008);它们致力于通过将经济资源从制度化生活过程的第二阶段(就业)转移到第三阶段(退休)来使消费平稳。养老金作为一种年金,可以防范生物特征风险——尤其是长寿风险——从而保护退休人员的储蓄足够覆盖其长寿的生命期。同时,养老金制度经常对家庭主要收入者提供防范死亡或残疾风险的保险(遗属和残障补贴,后者经常需要经过单独的计划)。养老金制度通过向超过一定年龄的所有个人或针对资源不足的人支付固定费率福利,以达到减贫的目标。与此功能相关联,养老金制度的最终目标是收入再分配(例如,具有累进收益),包括纵向再分配(例如,运用累进福利公式,代之以低薪工人比高收入者先前收入的百分比更高)和横向再分配(例如,像美国社会保障制度那样,分配给有配偶补助金的家庭;或在使用男女通用的死亡率表时在男性和女性之间)。

是将4项目标的实现依托给单一的养老金计划,还是分配给一个"多支柱"体系的若干组成部分,福利国家在这一选择上存在差异。俾斯麦道路和贝弗里奇道路在关于养老金供给方面的区别,为理解不同的国家养老金制度如何实现这些目标提供了一个有益的起点(Hinrichs,2001;Myles and P. Pierson,2001;Bonoli,2003)。两种类型的公共养老金供给在同一时期出现,即在1889年之后至第二次世界大战之前。俾斯麦道路是以一个主要的支柱或阶层为中心,由公共支出或捐助筹资。该道路以就业为核心,福利源于工作,现状维持(平滑消费)优于减贫。相比之下,贝弗里奇养老金制度——以英国经济学家威廉·贝弗里奇(William Beveridge)为主席的研究委员会于1942年提出并在1946年进行了一些修改后在英国实施的制度——侧重于通过税收或类税缴费提供资金的全额统一费率养老金来减轻贫困。贝弗里奇养老金体系在首次引入时一般都要接受收入状况调查,部分(而不是全部)后来发展成为全民的"人民养老金"。在这些制度中,由私人行为者(雇主和/或个人)组织的全额资助补充养恤金计划发挥了维持现状的作用。

19世纪末20世纪初,欧洲大陆的大多数国家开始实行俾斯麦式的养老金制度。在1935—1939年之间,美国通过社会保障立法引入了"简装版",加入俾斯麦阵营(见24章)。1960年中期至1970年中期,南欧国家扩大了迄今为止还很薄弱的公共养老金体系,此后为核心员工提供了相当慷慨的工资替代,而且由于其他项目的公共支出落后(在失业和社会服务方面尤其显著),养老金体系更加面向老年人(Lynch,2006)。在发展的某个阶段,所有的俾斯麦国家为那些缴费记录不足以保证充足补贴的老年人建立了最低保障"下限"。最低养老金的引入,要么作为一般社会救助计划的一部分,要么作为社会保险制度的一部分而得以制度化。

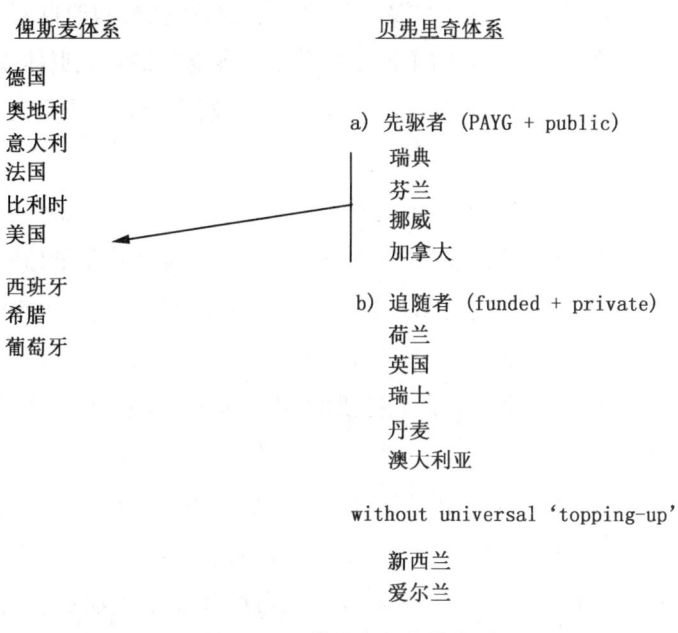

```
俾斯麦体系              贝弗里奇体系
德国
奥地利
意大利                  a) 先驱者 (PAYG + public)
法国                       瑞典
比利时                     芬兰
美国                       挪威
                          加拿大

西班牙
希腊                    b) 追随者 (funded + private)
葡萄牙                     荷兰
                          英国
                          瑞士
                          丹麦
                          澳大利亚

                        without universal 'topping-up'
                          新西兰
                          爱尔兰
```

图 24—1　养老金制度的类型

益格鲁—撒克逊国家(美国除外)和所有的北欧国家开始时都是贝弗里奇式的养老金制度,尽管北欧国家早在贝弗里奇报告出台之前就已经引入了这一类型的养老金制度。随后,由于不同的国家以两种主要的方式补充了其基本养老金计划,这一最初的庞大国家集团出现了分裂。瑞典(1959)、芬兰(1961)、加拿大(1965)、挪威(1966)是最早的试探者。鉴于当时有利的经济和人口条件,它们用第二类公共支柱增加补足了固定费率、全民型的"人民养老金"。第二支柱是基于缴费的,没有供资(至少在原则上),取得的是与收入相关联的补充养老金,包括在不同程度上的再分配规定。实际上,早在 20 世纪 60 年代这些国家就采取了俾斯麦道路。

后来者,即直到20世纪70年代初才只提供基本统一养老金的贝弗里奇式国家,采取了不同的路径在大规模范围内为老人提供收入维持。通过法律规定的职业养恤金计划(1985年的瑞士、1992年的澳大利亚)或通过集体协议产生并最终几乎实现全民覆盖的职业养恤金计划(荷兰、丹麦),实现了与收入有关的补充,从而扩大了制度。英国在1975年推出了国家收入相关养老金计划(SERPS),代表了某种独特的"混合"案例。[①] 因此,在最初的贝弗里奇阵营中,只剩下爱尔兰和新西兰保留了超出公共最低养老金的补充退休收入,由私人行为者自愿行动供给的制度。他们(还)没有强制推行职业或个人养老金计划,但鼓励更广泛的覆盖范围。

在后发国家,第二支柱养老金是私有的,而且资金充足。然而,为了保护雇员的诉求以及频频得到税收优惠,这些养老金计划受到广泛的监管,乃至将公众的触角延伸到这些表面上私有的筹划中。后发国家早在世界银行大力宣传之前就采取了多支柱的办法,即使福利的结构、供资和管理方面具有多样性(1994a)。在这些国家,由个人自愿提供的"第三支柱"养老金在退休收入组合中也经常发挥重要作用。

上述不同的退休养老金制度都通过增强那些不再工作的人的经济独立性,促进了退休的发展,使其成为按部就班生活过程的第三阶段。在当今发达福利国家,平均只有不到7%的65岁以上的男性和3%的女性仍然活跃在劳动力市场(OECD,2009c),公共养老金保证70%平均工资的净替代率(OECD,2007f:35),但是在不同的国家差异很大(见表24-1)。在考虑到税收和转移支付之后,只有12%的老年人依然处于贫困状态(OECD,2008d)。

[①] 1946年引入国家养老金制度后,英国经历了一段短暂的"俾斯麦时期",从1970年中期一直持续到20世纪80年代末。在此期间,SERPS被立法(1975年),"外包"的可能性仅限于雇主提供的固定福利职业养恤金。在1988年,养老金保障计划大幅缩减,而合约范围扩大至包括固定供款职业养老金和个人养老金计划。从那时起,大约3/4的雇员离开了SERPS(2002年更名为国家第二养老金—S2P),因此,在为英国养老金领取者提供收入替代方面,公共计划显然只扮演了一个次要的和逐渐淡出的角色。由于最近的养老金改革(2007/8)将通过"个人账户"进一步加强私人供给,因此英国现在显然属于后来者的多支柱集团。

表 24-1　　不同收入水平上公共养老金的净替代率[a]

	平均收入的一半	平均收入	2 倍平均收入
美国	67	52	43
德国	53	58	44
比利时	77	63	41
法国	78	63	55
葡萄牙	82	69	74
意大利	82	78	79
西班牙	82	85	72
奥地利	90	91	66
希腊	114	110	107
俾斯麦模式	81	74	65
加拿大	89	57	31
瑞典	81	64	74
芬兰	77	69	71
挪威	77	69	55
先驱者	81	65	58
英国	66	41	24
澳大利亚	84	56	41
瑞士	75	64	35
丹麦	133	87	72
荷兰	97	97	95
追随者	91	69	53
爱尔兰	66	39	24
新西兰	81	42	23
贝弗里奇模式	74	40	23
捷克共和国	99	64	40
波兰	75	75	77
匈牙利	95	102	99
过渡模式	89	81	72

注：a 表示养老金应当是退休前净工资、净收入所得税和雇员与领取者缴纳的社会保障费的某个比例。这里计算养老金所引用的 OECD 数据是个人终生平均工资的一定比例，能够体现经济扩张时的工资增长，并假设雇员在其整个职业生涯中赚取相同比例的平均工资。

数据来源：OECD 2007f：35。

但是，养老金制度安排的多样性意味着实现老年人经济独立的手段以及老年人和整个社会的福祉分布的精确轮廓都存在差异。国家公共养老金支出占 GDP 的比重也不尽相同，其中，爱尔兰最低为 2.5%，奥地利最高为 12.4%（见图 24-2）。尽管后发国家通过私人资助的补足计划来补充相对较低水平的公共养老金支出，但俾斯麦体系总体上表现出明显高于贝弗里奇体系的公共养老金支出水平。不同养老金体系类型之间的类似差异，标志着社会总支出中专门用于养老金的比重。通常，俾斯麦体系平均将一半以上的福利资源用于养老金，而贝弗里奇国家则一般少于 1/3（见图 24-2）。

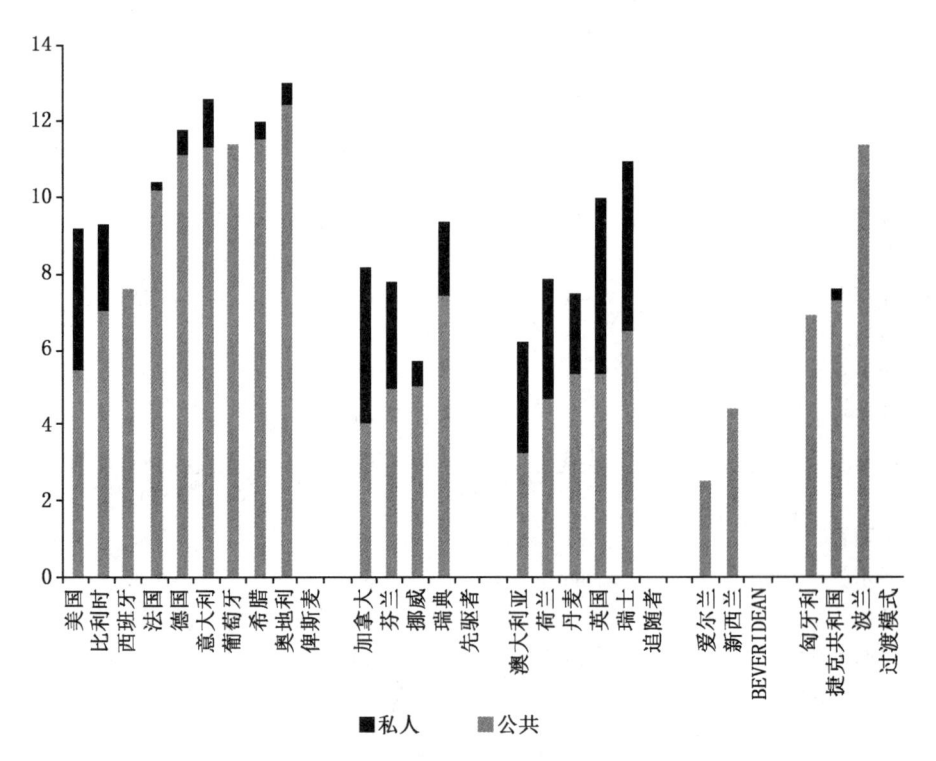

注：西班牙、葡萄牙、新西兰、匈牙利、波兰没有可用的私人养老金支出数据，爱尔兰、捷克的私人养老金支出几乎为零。

资料来源：Queisser et al., 2007。

图 24-2 公共与私人养老金支出占 GDP 的比重（2003 年）

不同的养老金制度也意味着不同的社会经济结果。传统的俾斯麦体系往往在老年人中存在较高的收入不平等率,这是他们依赖一个主要支柱的自然结果,即制度最主要的目标是收入维持而非纵向再分配(Lynch,2006)(见图24-4)。相对而言,在实行贝弗里奇道路的国家中,统一费率的基本养老金在前低薪员工收入中所占的比例要高于前高薪员工(见表24-1)。这在英国、爱尔兰和新西兰尤其明显。

经合组织在计算公共养老金的净替代率时将私人准强制性的职业养老金计划的支出包括在内,因此在荷兰(以及其他具有此类安排的国家),所有收入水平的替代率大致相同,这一点与公共支柱作为养老金制度中流砥柱的意大利、西班牙和芬兰相似(见表24-1)。表24-1中的数据主要与公共养老金相关;以前高收入的养老金领取者的总替代率与私人部分的范围和职业或个人养老金的选择性分配有关。因此,低收入/高收入的公共养老金支出(见图24-2)并不能很好地预测收入范围内的(不)均衡替代率或老年家庭收入不平等的程度(见图24-4)。

当非常高的公共养老金支出挤占了其他社会功能时,俾斯麦体系中非老年人的贫困率也可能与社会总支出水平低得多的国家相当(OECD,2008d;Lynch,2006)。尽管不断增长的老年人口的政治流动性有时被认为是造成这种差异的原因(Thomson,1989;Wilensky,1975),但"银发力量"绝不是决定性的力量。工会和政党制度等社会政治机构的组织可以极大地改变老年人投票群体的政策要求和政治力量(Anderson and Lynch,2007;Lynch,2006;Williamson and Pampel,1993)。

挑战和改革

成熟的养老金制度面临着诸多挑战,如上文讨论的养老金负担沉重的国家福利所造成的代际不平等,是与既定养老金体系的特定结构紧密关联的。然而,一些挑战更具普遍性。相比福利国家面临的其他挑战,养老金制度面临的人口老龄化挑战更加严峻。几乎所有发达福利国家生育率都低于更迭水平,人的寿命又不断延长,从而导致老年人抚养比提高,并带来了财政可持续以及代际公平问题,因为更多的退休人员将不得不由更少的工作年龄人口来

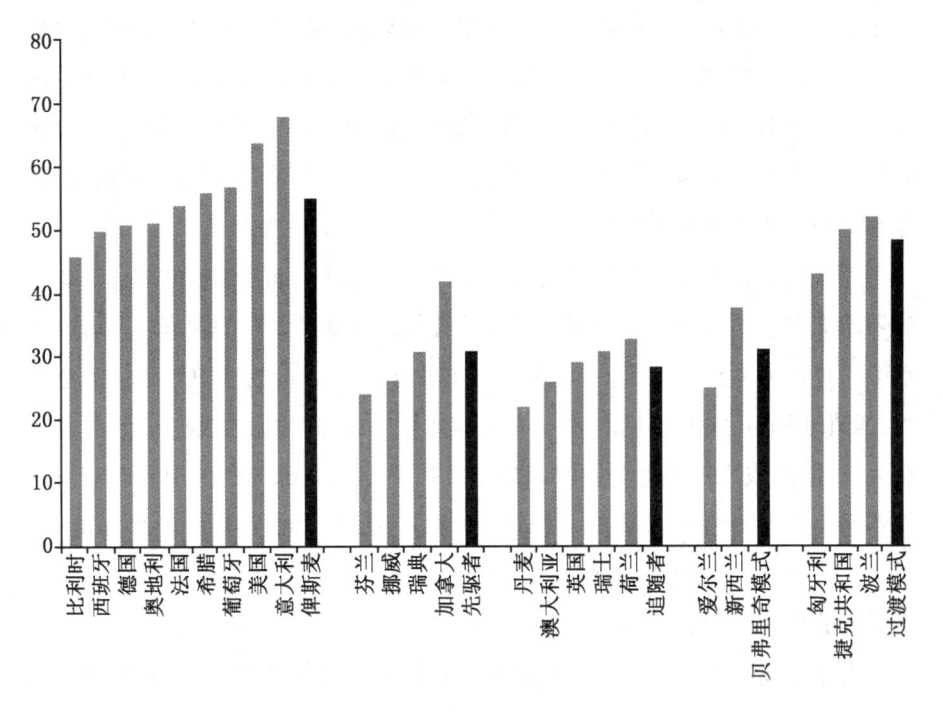

注：养老金支出为公共与强制性私人养老金支出。

资料来源：OECD，2009。

图 24—3　养老金支出占非健康总社会支出的比重（2003 年）

供养。在 G7 国家中，65 岁及以上的不活跃人口占总劳动力的比例从 2005 年的 22.6%（加拿大）至 45.9%（意大利），预计到 2050 年将上升到 50.3%（美国）至 98.5%（意大利）。这意味着，在移民和出生率没有急剧上升的情况下，到 21 世纪末意大利将由大约每一位劳动力供养一位老年人（OECD，2008d）。

劳动力市场的变化为养老金制度带来了更进一步的挑战。20 世纪 70 年代开始的长期高失业率和低就业率减弱了养老金资源的可获得性，在许多国家，增加提前退休和残疾养恤金开支的政治压力也增加了。在为应对高失业率和低增长而开放劳动力市场的情况下，"灵活"的工作可能会与社会权益脱钩，进而必然会导致间歇性就业。这将产生新的社会风险，即在离职时得不到足够的养老金（Hinrichs，2009），特别是在职业养老金制度中，年轻人的高失业使得其难以为未来的养老金权益构筑起合适的资格条件。

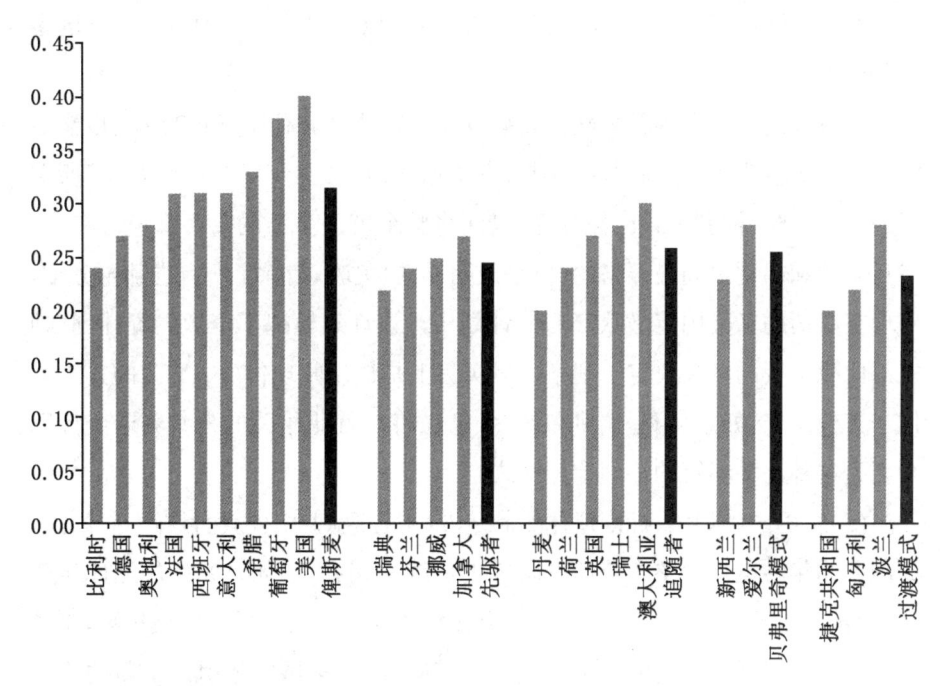

资料来源：OECD2009c。

图 24—4　家庭收入不平等，65 岁及以上人口（21 世纪中期）

不断变化的家庭结构也给现有的养老金制度安排带来了压力，尤其是在强大而稳固的职业养老金方面。离婚率的上升和女性工作人数的增加对将女性获得养老金的权力与其丈夫的就业相关联这一安排提出挑战。然而，由于妇女已成为职业养老金计划的全面参与者，也有人呼吁对抚养子女或照顾老人的时间给予养老金。

针对人口老龄化、劳动力市场和家庭变化的养老金制度调整，可以分为参数化改革和结构性改革。后者是使系统"偏离轨道"的系统性改革（见下文），前者是对将缴费和收益联系起来的基本公式各要素的增量调整。① 参数化改革旨在通过改变工人/养老金领取者比率、工资替代比率或增加新的资金来源来稳定或遏制养老金缴款率的进一步上升。

---

① 与参数化改革相关的公式：$C=(P:A)*(B:W)*(1-S)$。其中，C 是缴费率，P 是领取养老金人数，A 是缴费职工人数，B 是平均养老金水平，W 是平均工资，S 是源于一般税收的国家补助（另：从积累的资金中提取）。

在实行俾斯麦养老金制度的国家,1990年以来出现了5种主要类型的参数化改革。

(1)加强了缴费/受益关联。如果以前一定数量的有保障的工作足以满足"全额"养老金要求,而福利水平则取决于退休前"最佳年"或"最后几年"所取得的收入,那么福利公式已经改变,以便将整个就业生涯的收入都考虑在内。终身供款和福利之间最严格的(也是最明显的)关联,消除了所有内部再分配,出现在所谓的名义固定缴款(NDC)计划中。该计划模拟了全额供资计划(辅之以保障工资的增长决定了利率),但实际上是按现收现付(PAYG)的方式运作。其他国家,如意大利、瑞典和波兰,已经将与就业相关的公共养老金计划转变为这种几乎精算的福利计算模式。

(2)在美国和德国,标准退休年龄从65岁提高到67岁,而且在一些国家,标准退休年龄也使得整个劳动力队伍更加统一划齐,即如果妇女的退休年龄低于男子,以及公共部门雇员的标准退休年龄以前存在较低的资格年龄,则都会提高。除了提高法定的完全退休资格年龄外,许多国家还引入了新的或扩展的灵活退休方案。在达到标准退休年龄之前决定申请公共养老金的个人会从标准福利中得到永久性的(或多或少是精算的)扣减,而那些延长工作年限、超过标准年龄的人会得到相应的奖金。

(3)几乎所有国家都调整了指数公式。过去的收入决定了首次申请的养老金待遇的水平,但其估值往往不太符合平均收入增长率,而且会越来越多地进行调整以适应通货膨胀率(例如,在法国)。在其他地方,人口统计参数——如所有北欧国家和奥地利一样,退休年龄时的预期寿命,或德国不断变化的供款人/养老金领取者比率(Whitehouse,2009)——已被纳入计算退休时福利水平的公式中。最后,目前的养老金福利越来越多地根据消费价格而不是以前的工资发展情况进行调整。

(4)20世纪90年代以来,俾斯麦国家唯一的扩张式改革是将无报酬家务劳动列入养老金收益计量中,如此,抚养孩子和照顾家里体弱的亲属现在可能获得(更高的)养老金福利。在不同国家中,护理工作的价值评鉴程序以及由此产生的福利差别很大。在多数情况下,这类支出的扩张成本已从一般税收收入中支付。

（5）公共养老金计划通常以现收现付为基础运作,持有不同数目的储备基金。在一些国家,通过多重渠道临时性增加储备资金：以高于支付经常开支所需的缴款率收款(美国、加拿大、芬兰)；合并来自公共企业私有化或国家预算盈余的资金,通常将其留作专项资金以便日后纳入养老金体系(比利时、法国)；或者动用其他公有资金。

人口老龄化对仅提供基本养老金的公共计划(尤其是后发国家)的压力,不如在俾斯麦体系国家那么明显,因为前者的养老金体系规模较小。即使是后来的国家也采取了类似于俾斯麦体系的改革措施,比如延长退休年龄(英国、丹麦、新西兰),或者建立储备基金(荷兰、爱尔兰)。此外,人口结构的变化也被用作削减基本养老金的论据,例如,对其他(退休)收入进行更严格的审验(丹麦)。

除这些渐进性的变化之外,一些国家还实施了结构性改革,这些国家以前依赖于与收入关联的公共计划,将它作为退休收入的唯一主体来源。国际组织,包括 IMF、OECD,特别是世界银行,都在敦促这种改变。世界银行甚至直接参与了一些拉美和中东欧转型期国家的改革进程(Muler,2003；Orenstein,2005)。在1994年出版的《避免老年危机》一书中,世界银行声称：在当今的人口和财政条件下,三支柱的养老金制度对大多数政体是最合理的,并称赞智利在1981年的养老金改革是一个可以效仿的典范。世界银行设想的模式是三者结合：一个小规模的由税收资助的基本支柱,以确保老年人的最低收入；一个强制性的与就业相关的支柱,以提供更实质性的利益；还有一个个人养老金储蓄计划,以允许在退休后增加消费。由于预先融资,后两个支柱还意味着增加国民储蓄,以此作为新兴福利国家促进经济增长的手段。

因此,世界银行的建议并不太针对成熟的现收现付制的福利国家,但却能弱化俾斯麦国家现行的养老金政策范式。几乎一直到20世纪90年代,这一范式仍是基于社会保险方法相对于多支柱安排具有优越性的认知和规范信念。这一观点得到了政治和社会行为者的广泛认同。但是,鉴于在长期将面临的财务问题,这种单一支柱的办法显然已现枯竭,这使得相互竞争的多支柱办法在这些国家获得了发展。当私人资助的支柱被引入或大幅度扩大,以补偿上述前三种改革趋势造成的较低的工资替代时,真正的路径偏离便发生了。

现在,这些补充计划的参与要么是强制性的(瑞典、波兰),要么是自愿的,但受到税收优惠的刺激(德国、奥地利、法国、意大利)。通过采用多支柱方法,几乎所有俾斯麦模式的国家都采纳了更接近后来者的养老金结构。

发达福利国家的养老金改革遵循了一个总的趋势,即从公共(和私人)界定的福利计划转向以固定缴费(DC)原则为特征的计划(见表24-2)。这伴随着一种"风险转移"(Hacker,2006):未来的养老金领取者将面临金融市场敞口和寿命延长的风险。

养老金的参数化和结构范式改革实行起来都很困难,而且往往涉及严重的政治冲突(Myles,P. Pierson,2001;Hinrichs,2001)。因为养老金制度含有一段很长的时间跨度——从一个有收入的职业生涯开始到最终领取养老金——而且由于个人适应制度变化的能力随着接近退休年龄而降低,改革通常包括长时间的分阶段实施。然而,公共养老金计划已经创造了大量的养老金对他们来说至关重要的选民群体,如果政府的改革努力旨在削减当前和未来养老金领取者的既定权利,那么这些努力可能是冒险的。为了减轻养老金改革的政治风险,各国政府采取了多种策略,包括与反对党结成联盟以在议会中占据多数席位;寻求与主要利益相关者的合作,特别是工会和老年人利益团体;和/或组建专家委员会,提供咨询建议,以协力那些让人不快的决定合法化。表24-2为养老金计划的资金和类型。

表 24-2　　　　　　　　　　养老金计划的资金和类型

公共养老金类型	待遇确定型	缴费确定型
现收现付	社会保险型公共计划	国家支出的养老金计划(如瑞典、意大利)
完全积累	传统雇主缴费的私人养老金	个人退休账户-自愿(美国、德国)或者强制(波兰、智利)

养老金制度的前景

养老金制度中至少有3种正在出现的趋势对目前养老金领取者的现有安排提出了挑战,对未来受益人的挑战则更多。第一,由于未来高年龄段人口的死亡率下降,使得人均寿命增加,要在工作年限和退休年龄之间找到一种可持续的平衡,就要求提高劳动者退出劳动力市场的年龄。大多数国家已经采取措施来延长法定退休年龄,这至少在理论上应该导致更高的平均退休年龄。然而,这一改革的实施有可能加剧老年人的收入不平等,因为并不是所有的雇员都可以工作到65岁及以上。由于健康原因,从事某些薪酬低得不成比例的职业的工人往往不得不提前终止就业。个人的收入水平、健康状况与其退出劳动力市场时面临的风险之间具有明显的负相关性。低收入职业者在两个方面都被置于不利状态:一方面是他们的工作年限比"正常"的更短,这导致养老金福利较低,无论养老金体系的类型或支柱是什么;另一方面,平均而言,考虑到收入和预期寿命的紧密联系,他们享有养老金待遇的时间也更短。

第二个问题的形成源于劳动力市场的变化(见前面章节)。一般而言,为了保证标准替代率,养老金制度假定人们能够全职工作且持续性就业。然而,妇女的就业轨迹从来就没有很好地体现出这些假设——大多数妇女的工作样态与养老金制度要求的标准模式相差甚远。事实上,与收入关联的养老保险制度传统上将妇女视为其配偶的附属。但是,贸易的全球化、后工业化、劳动力市场的自由化、大量的失业以及一些国家中非正式部门的发展等因素——还有女性在有偿劳动力市场的参与在增加——都意味着非标准就业模式处于发展态势。如果公共计划不包含确保社会适当福利的再分配功能,和/或如果非分配性的私人DC计划在退休收入组合中占主导地位,则不连续的职业生涯可能会导致养老金权益不足。发达福利国家以及欠发达福利国家对私人注资养老金计划的依赖性越来越强,从而增加了有就业历史中断或非典型就业经历的公民退休收入不足的风险。

向私人出资的DC计划的转变也与第三个问题的发展有关。在这些计划中,长寿、通货膨胀、财政管理(不善)以及市场流动性带来的风险全部由未来的退休人员承担。始于2007年秋季的金融危机的创伤,其后果无疑是惨痛的。尽管还没有拿到最终数据,但是从2008年1—10月,在OECD国家中实际的养老金收益率为-22%。在2008年的前9个月中,美国的养老金实际损失了约27%(OECD,2009d)。这些经济损失会给现在和将来的养老金领取者带来严重的后果,他们如果不能推迟退休或接受税收资助的紧急援助,则可能会遭受巨大的收入损失。此外,暂时增加公共养老金计划储备基金的目标也受到了阻碍——至少目前是这样,这取决于投资组合中的股票份额(OECD,2009b)。

在金融危机爆发之前,拉丁美洲已经对基金养老金和世界银行最初战略可行性的乐观态度都已冷淡(Gill,2004)。2007年,智利通过引入税收资助的"互助架构",更加重视基本保障,而阿根廷完全取消了被视为现代化养老金计划核心部分的个人资助账户。然而,尽管近来备受挫折,但最近几十年里发展起来的私人注资的养老金计划的作用不会彻底消失。尽管许多选民可能需要公共保障计划似乎所能提供的保障,但人口老龄化、增长放缓和就业下降对规模庞大、资金不足的公共养老金计划构成的潜在挑战好像也没法得到消解。

第 25 章 健　康

里卡德·弗里曼和海因茨

(Richard Freeman & Heinz Rothgang)

引　言

我们关注健康以及会引发健康风险的一切事物。我们对新的疾病感到震惊，并对旧疾病的新疗法充满期望。我们对健康的关注会影响我们的饮食和利用闲暇时间的方式，尽管我们也在意医疗保健的质量和可获得性。

在整个经合组织中，发达国家平均花费在医疗保健上的支出占其国内生产总值的 9%（OECD，2006c）。健康卫生和医疗在以服务为基础的经济体中是关键的就业领域，也是创新和科技投资的关键领域。在经合组织之外的国家，健康是其发展的关键因素。反过来，卫生健康对国家社会经济的重要性意味着，国民健康问题是一个世界性的辩题，无论是在正式的政治和政策决策舞台上——还是在政党、议会和政府各部门——以及更广泛的媒体上都是如此。

因此，健康是一个大问题：大是指它在当代社会、经济和政治问题中如果不是最重要的，也是最突出的；促进健康和提供保健包括多种职能，这些职能分布在各种个人、机构和组织行动者之间。政府的责任被赋予到各个国家机构，包括各部委以及区域和地方卫生行政部门、医院和相关服务机构，以及一些准公共机构如行业机构和某些类型的保险公司等。这些机构与各种大小企业保持互动，包括很多在地方执业的医生、药剂师、一些医院和保险公司，以及那些常见的跨国制药公司，还有一系列民间社会组织，包括工会、大学、慈善机构、病患用户协会,最后也是最重要的,即各家各户。

在本章中,我们从宏观社会学两个角度着手观察:在社会中作为独特、可观察活动领域的"卫生健康系统"的出现和整合(Field,1973),以及将这些系统构建为"公共"的情况(Starr and Immergut,1987)。我们的重点在卫生系统的公共性方面,以及在政治和政策中表达对健康和医疗保健的关切方式。与其他大多数跨国比较分析相一致,我们聚焦于经合组织国家,部分是因为他们拥有最先进的卫生系统,部分是因为我们所利用的最广泛和大量可得的比较健康数据集是由经合组织提供的。①

我们首先概述了现代卫生政策的起源和发展,指出福利国家学者对发展的不同理解。我们描述了卫生健康系统的不同标准形式,讨论了发达工业国家医疗保健的支付、提供和监管方式,并对国际和全球卫生健康新领域的出现进行评论。

我们的概念定位在迈克尔·莫兰关于"医疗保健国家"理念上,简单地说就是,任何国家中针对民众医疗保健的准入监管、筹资以及组织供给的相关部分(Moran,1992:79)。它包含三个层面:作为一个福利国家层面,要保证向其公民提供医疗保健服务;在工业资本主义国家层面,要保持有健康的劳动力,同时不要让雇主承受过重的税收和缴款负担,甚至还要支持其高科技制药和医疗设备行业的发展;在自由民主国家层面,受到来自各党派和利益组织的压力,在决策过程中有一定的公开性和透明度(Moran,1995)。因此,至少在发达的工业国家以及其他地方,只有国家才能应对处理在健康和医疗保健上有时是竞争的、有时是互补的甚至有时是相互对立的需求。

起源和发展

在当今时代,第一次提出公共健康责任的是在教会、慈善医院和基金会,

---

① 《经合组织卫生数据》是一套比较统计数据,可在 www.oecd.org 查阅。有关欧洲不同国家系统的最新详细说明,请参阅世卫组织欧洲卫生系统观测网站,网址为 www.euro.who.int/Observatory。对这一领域的著作介绍包括弗里曼(Freeman,2000)、布兰科和布劳(Blank and Burau,2007)以及马尔莫等(Marmor et al.,2009)。

第25章 健康

在16世纪、17世纪通过《济贫法》制定的各类制度,以及地方公共卫生条例法规得到补充完善,例如,卫生、疫苗接种和检疫隔离制度等(Porter,1999)。第一个国家公共卫生部门往往是内政部或其同级部门的下属部门:卫生政策彼时就只是个维持治安的问题。同样地,最近,欧盟在健康方面的第一个倡议是在预防、促进健康和公共卫生方面,涉及各种食品标准、工作场所的健康和安全以及吸烟等问题的应对处理。这样一来,有关地方和国家以及超国家主管机构在制定卫生法规上的相对权力和责任问题就成了国家建设的一个关键特征。

中世纪晚期,国家开始对宫廷或地方行会的医生颁发执照。随后,医生的专业地位得到巩固,从而有效地垄断了医疗知识;这反过来奠定了他们在医疗服务方面的中心位置,并使他们能够有效地动员起来,在发展保健体制方面拥有否决权。医疗行业的制度地位在公共政策的任何其他领域都难以匹敌,这也是卫生和医疗健康区别于其他福利国家领域的原因。从这个角度来看,国家卫生保健的发展似乎是压力集团的政治问题(Eckstein,1960)。医生们在不同的国家有不同的组织形式,使他们能够获得不同程度的"专业统治地位"(Freidson,1970;Alford,1975)。例如,在美国,医生仅勉强接受享受保险的患者,因为医疗基金力推根据标准费率收费(Starr,1982);在英国,临床专家直到1946年才同意加入国民医疗服务体系,当时他们的待遇已经很明确,而全科医生则作为独立的承包商继续工作。

在其他方面,有关健康和卫生保健的国家监管已经被理解为政治经济学问题(Korpi,1989;Navarro,1989)。1883年,德国首创的医疗保险立法建立在现有的共同基金的模式上,这些共同基金由工人和一些公司建立,用于支付医生费用和提供有限的收入维持,使这种规定在新的公共计划下对某些工人群体具有强制性。德国当时还是一个君主制国家,但正在迅速工业化:法定健康保险是一种从日益有组织的城市工人阶级赚取忠诚度的一种方式。在其他国家也是如此。在20世纪,一旦社会民主党执政,则资产阶级和保守政府设立的计划都将被扩大和普及。在许多国家,如法国或德国,医疗保险迅速扩大,一步步覆盖更多的人群,提供更多的服务。在计划陷入困境、劳动力和国家均比较强势的地方(如20世纪40年代末的英国、20世纪60年代的瑞典),

381

基于保险的体制被转化为公有的、享受税收资助的国家医疗卫生服务。而工业发展和民主化进程较慢的地区,例如南欧,在 20 世纪 80 年代医疗保健的普及也很缓慢。

国家医疗保健的发展在各国之间表现出明显的共性特征(Mechanic and Rochefort,1996;Moran,1992):在 19 世纪 80 年代到 20 世纪 80 年代期间,几乎所有发达工业化国家都在公共计划框架下为几乎所有公民提供几乎所有必要的医疗服务。在漫长的繁荣时期,卫生系统已经被允许发展扩大,这对医生、病人、付款人和政府来说都是双赢局面。然而,就在公众对健康愿意付出最大化投入的时候,经济增长速度却放缓了。一方面,因为对医界的批评加强,另一方面也因为对政府的批评、对成本的控制需求得到强化,这促成了一段时期内各国在医疗保健方面的紧缩和改革(OECD,1992)。

但是,不同的国家采用不同的途径和不同的方式,通过不同的体制机制来保障居民的医疗健康服务(安德森,1963)。根据这一思路,医疗卫生体制改革的比较研究一直被制度主义分析所主导,包括英莫格特(Immergut,1992a)、皮尔逊(Pierson,1994)、威尔斯福德(Wilsford,1994)、托希(Tuohy,1999)以及哈克(Hacker,2004b)。一个政府,如果是在单一制国家,在议会有多数席位,有一个以税收为基础的国家医疗服务体系,比如英国,那么它能够感受到,比起一个要在一众联邦和分权机构中管理那些多元化的保险体制的联合执政的政府,比如德国,更容易放缓医疗支出的增速。基于同样的原因,美国长期以来很难建立普及的医疗保健保障制度(在撰写本文时,美国总统奥巴马 2010 年的立法措施——虽然具有里程碑的意义——但尚待明确)。

在扩张时代,国家和各行业之间达成的协议使医疗保健系统成为"私人政府"的舞台,以常规方式进行管理,并且在很大程度上符合医生的利益。但是现在,一旦医疗保健成本得到相对控制,人们的注意力就从 20 世纪 90 年代的卫生经济的宏观管理转向卫生劳动的微观管理。在公共部门和私营部门,"企业理性化者"(Alford,1975)的"抗衡力量"(Light,1995)开始体现为基于审计和检查的新型"临床管理"手段。

第25章 健　康

卫生保健系统

埃斯平－安德森对福利资本主义世界的建模(参见第39章)并不适用于医疗卫生保健系统。他的核心概念"去商品化"未能区别对待当今无论劳动力市场参与程度如何都能提供普遍覆盖的制度。它也未能抓住对医疗保健至关重要的服务提供这一要素(Moran,2000;Bambra,2005b)。

医疗保健国家的类型往往是基于资金来源以及公共与私人所有权这一二分法来确定。最常用的区别方式仍然在国民医疗服务体系、社会保险体系以及私营体系之间,尽管与所有这些框架一样,它是指理想的或典型的模式,而不是实际存在的安排。在国民医疗服务体系中,医院是公有制的;要去看专家的方式只能是转诊,本地的基层保健医生起到把关功能,且该体系是由税收资助的,医生的收入主要来自工资,而不是医疗收费。在社会保险体系,医疗卫生服务要么由地方政府所有的医院提供,要么由非营利组织所有的医院或私人所有的医院提供,或者由当地医生提供;资金主要由地区性、行业性或职业性方案众筹提供。在私人医疗体系中,医疗保健受到市场的正常约束,医疗服务由作为企业家经营的医院和医生提供,通常按服务收费,由患者直接("自掏腰包")或由他们订购的商业保险公司支付。在实践中,大多数体系融合了不止一种类型的元素。

国民医疗服务体系在北欧和南欧占主导地位(英国、丹麦、瑞典、西班牙、意大利和希腊),而社会保险体系主要在欧洲西部和中部(法国、德国、比利时、荷兰、卢森堡和奥地利)。自1990年以来,前中欧和东欧的大多数国家都用社会保险制度取代了国家主导的综合式服务。美国的医疗体系则有些不同,它往往被误定性为"私人制"。但事实上,它更多的是一个案例而不是一种类型,因为它不是一个体系而是多个体系,其构成内容在各州之间都不相同。美国的医疗保险既不是强制性的,也不是保障性的,而且远没有普及,其人口的2/3属于私人或基于雇主的计划的覆盖范围,而那些65岁以上的人口则由联邦医疗保险计划所覆盖(Marmor,2000)。医院大多是私人的、非营利性的基金机构;大多数医生都是个体经营者,但也有很多是执业群体的受薪成员。尽管如此,在占GDP的比重方面,美国政府的医疗卫生支出比欧洲一些国家要高。

最近对医疗卫生系统进行分类的尝试集中在监管模式上,广泛区分市场、层级和网络(Wendt et al.,2009)。他们首先确定了三种类型的利益相关者:服务提供者(医生和医院)、资助机构(税务机关和保险公司)和受益人(患者)。服务提供者、支付方和患者,三者是复杂的三角关系。支付方和患者关注的是谁应被覆盖并以什么条件被覆盖。支付方和提供者之间的关系是关于报酬机制或医生和医院的支付方式,以及它们的经营条件或市场准入途径。服务提供者和患者则关注享有的服务权利和一揽子福利的内容。与此同时,对这些关系的监管可能落在三种类型的行动者身上:国家、疾病基金协会等法人团体、私人机构。因此,反过来,可以区分三种监管模式:分级控制、集体协商和竞争。

财 政

即使自20世纪70年代中期福利国家的"黄金时代"结束以来,整个经合组织国家的医疗保健支出仍在持续增长,不管是按人均绝对值计算,还是按占GDP的百分比计算;无论是私人的还是公共的医疗支出都是如此。然而,由于公共支出在总支出中所占的比例略有下降,可以说这是一种医疗保健成本的"相对私有化"(Rothgang et al.,2010)。与此同时,不同国家的支出模式正在变得越来越相像。在大多数情况下,这种趋同归因于20世纪70年代和80年代后来者的"追赶"效应(Hitris and Nixon,2001);在医疗卫生支出总额中公共部门所占的份额方面,这种情况尤其明显(Rothgang et al.,2005)。

如何解释这些发展呢?从根本上说,医疗支出在发达工业国家的上升,是因为医疗服务是高档商品,意味着他们的消费随着财富的增加而增加。医疗卫生方面的支出占国民财富的比重随着国民财富的增加而增加(Arrow,1963;Gerdtham and Jonsson,2000;Docteur and Oxley,2003)。这也是为什么医疗卫生支出占GDP的比重已经成为国际比较的关键指标的原因。但是,至少还有四个关于医疗保健支出增长的其他解释:第一,医疗服务是个人服务,其理性化程度远不及工业生产。其结果是,医疗服务的价格增长得比一般价格指数快,这种"个人服务的成本不适"(Baumol and Oates,1972)产生了医疗通货膨胀。第二,与此相关的,医学技术的进步往往是一个产品,而不是一个工艺创新,这意味着附加的技术会产生额外的成本,而不是节省成本。第三,医疗保健本身的成功创造了未来需求,因为根据所谓的"西西弗斯综合征",一种治疗的幸存者往往需要进一步治疗(Zweifel et al.,2005)。第四,虽然现在有一些共识,即人口结构的变化无论在过去还是未来都不是医疗保健支出的主要推动力,但是"社会老龄化"意味着多种疾病、慢性病的病人将会越来越多(参见第26章)。

同时,在公共和私人医疗保健支出份额中发现趋同趋势的有趣之处在于,它与制度主义者关于医疗保健系统的特殊性和路径依赖性的观点相矛盾,这似乎又并不支持医疗保健筹资中的这种共同模式。然而,一旦普遍获得和有效利用被确认为医疗保健系统的共同目标,就可以预期会有一条折中的道路。与此同时,某种形式的共同保险或共同付费可能被认为是必要的,以防止出现道德风险。因此,从效率和效力的角度出发,在融资方面公私混合的趋势就没什么意外的了。

然而,尽管医疗卫生融资是一个无处不在的问题,但它并不总是相同的问题。凡以保险为基础、原则上承诺"所有必要的服务"的体系,力图限制医疗支出,而以税收为基础、根据国家负担能力为服务提供资金的体系,则想方设法寻求筹集额外资源,或者更有效地利用现有的资源。同样,以税收为基础的制度的单一渠道筹资使各国政府有更大的机会控制资源流动。医疗保健系统的这种明显特征在解释医疗保健支出水平方面仍然很重要,但对于公私混合的情况则不是非有不可。

给 付

养老金和就业福利以现金形式发放,而医疗保健系统则以实物形式提供福利:与社会关怀、社会工作和教育一样,它们是福利国家服务密集的部分(Bambra,2005b)。在各个国家,医疗健康服务供给的显著趋势包括与健康相关的就业增长和住院病床数量的下降。

1970年,每1 000人中医疗行业就业率介于希腊的6.6和澳大利亚的17.8之间(OECD,2006c)。到2004年,医疗行业的就业密度已经增长到葡萄牙的13.5到挪威的53.7之间。这种增长映射了在卫生支出上的增长,并且在很大程度上解释了:导致医疗卫生支出上升的因素之所以就遂,是因为他们促成了相关的就业增加。

同一期间,医院的床位数减少了。1970年,美国每1 000名居民拥有的床位数为4.1,瑞士为7.1。到2004年,这些数字已经分别下降为2.8和3.8。在经合组织中,急症护理床位密度现在从瑞典的2.2到日本的8.4之间不等(OECD,2006c)。同时,住院的平均时间一直在缩短(Schmid and Wendt,2010)。这些数据指明了公共和私人提供之间以及初级和二级医疗保健之间关系的更普遍的发展趋势。

医疗服务从公共提供转向私人提供可能采取物资私有化的形式,即从公共所有权向私人所有权的转变;正式私有化,是指公共机构法律地位的变化或职能私有化,是指以前由公共机构进行的外包活动。衡量这种变化的尝试必须考虑到不同类型保健护理之间的变化,例如,如果服务从公共服务提供比例较高的住院部门转移到门诊部门,而门诊部门的公共服务提供比例往往较低,则可能最终导致"间接私有化"。然而,总的来说,自1990年左右,几乎所有有相关数据的经合组织国家都发生了直接和间接私有化(Schmid and Wendt,2010),特别在医疗机构,直接的物质私有化也伴随着正式的私有化。

服务提供商私有化的后果是什么?在美国,西尔弗曼等(Silverman et al.,1999)发现,与公立和非营利性医院相比,私人营利性医院的价格更高,随时间增加的幅度更大。德弗罗等(Devereaux et al.,2002)对15项研究进行了系统回顾和元分析,发现私立医院死亡率适度但明显高于其他医院,同时一项平行研究(Devereaux et al.,2004)也发现了私立医院价格较高。正如埃格斯顿等(Eggleston et al.,2008)在对31项美国研究的系统回顾中得出的结论,医院所有权与导致质量差异的其他因素高度相关。虽然私有化的效果不可避免地依赖于其发生的环境,但这项研究也提出了一些疑问,即私有化能否降低价格并提高质量。

同时，医学和药理学的发展，加上新的财务和管理激励措施，使越来越多的病人能够在门诊和初级护理机构接受治疗。全科医生的行政职能，如调试和转诊往往在国家医疗服务体系中更为显著，该体系中的全科医生有一个把关的作用。在社会保险制度体系中，向初级医疗保健的转移更多的只是泛泛而谈，实际上做得很少，部分原因是患者在当地也能够立即获得专家诊治。与此同时，在这些体系中，家庭医生的一些传统职能正在丧失，或转移到其他较新的职业上，包括持续护理、咨询和获得其他种类的信息及给予建议。

监　管

经济合作与发展组织的医疗改革使得不同类型的医疗保健国家的监管模式变得模糊（Health Care Systems, above; and Rothgang et al., 2010）。在本部分，我们选择英国、德国、美国作为各自体系的原型。

在英国，1990 年推出的购买者－供应商分离模式中断了典型的分级监管的垂直指挥链。虽然医院和基层医疗机构已日益享有自主权，但中央政府已将许多战略决策移交到地区和地方机构（Lewis et al., 2006）。由于医院现在不得不与掌握大部分国民保健服务的初级医疗保健委托机构竞争合同，竞争——尽管这个词本身已经被"委托"所取代——已经成为一种主要的管理机制。竞争、权力下放以及其他新的公共管理形式，也存在于其他国家医疗服务体系中。

德国的社会保险计划也引入了竞争，最初是基金之间为了吸引会员。在 20 世纪 90 年代中期，选择参加不同的疾病基金组织的权利从白领扩展到蓝领工人，而引入风险均衡方案的目的是建立公平竞争所需的体制框架。在竞争日益激烈的市场里，各基金组织和服务提供商之间的集体协议已经通过辅之以单个基金组织和供应商之间的选择性合同给予了补充修正。随着竞争作用的增强，国家的直接干预也增加了。荷兰、比利时、以色列和其他实行社会保险制度体系的国家，也有类似的发展路径。

另外，在美国，以管理式医疗为形式的分级监管不但在公共计划中的医疗保险和医疗补助制度上有所增强，在私营部门也有所增强。20 世纪 90 年代以来,赔偿保险金的传统保险形式已被边缘化,而90%以上的私营雇主赞助的方案现在是由管理式护理组织运营的,特别是健康保健组织(HMOs)已经允许对供应商施加相当程度的控制。虽然健康保健组织和其他更柔性的首选供应商组织之间有着显著的差异,但所有管理型医疗组织的特征都是在以前不受管制的领域中存在某种程度的层级。

总体而言,医疗体系采用了"外来"监管机制,旨在纠正其既有类型的可察觉缺陷。这导致制度的模糊化,并由于一些共同的监管趋势而得到加强,在很大程度上反映了卫生保健系统中管理职能的出现。这一点在美国的管理式护理、英国的新公共管理以及德国的竞争引入等以市场为基础的制度和等级制度中都有体现。

在国家和地方两级,管理者和决策者在定义和重新定义一揽子福利时越来越多地参考循证医学、循证保健和卫生技术评估(Sackett et al.,1996;Jost,2005)。例如,成本效益的证据在管制药物获取方面变得尤为重要。这种趋势之所以具有共性,原因之一是管理技术,如医疗技术,在国家间迅速传播。例如,20世纪70年代美国为评估医疗保健成本而建立的诊断相关组织(DRGs),现在被用于对患者进行分类,并经常用于向世界各地的医院报销费用。再如德国20世纪90年代初开发的药品参考定价技术也已广泛使用。

国际和全球健康

就像其他公共政策领域一样,健康和医疗保健也要经历国际化和全球化的进程,这个过程也不是什么新事物。例如,国际卫生会议标志着传染病国际监管的开始。该会议于1851年把医生和外交官聚到巴黎,讨论共同关心的公共卫生问题,特别是霍乱(Fidler,2003)。1948年,世界卫生组织的创建为联合国体系内的健康管理提供了组织形式,而在欧洲,欧盟近期的合并对卫生政策也产生了显著的影响。

欧盟成员国一直小心守护其在卫生保健方面的能力和自主性,由于欧盟一直向东扩展,其对健康问题的超国家管控有可能被削弱而不是增强(Mckee et al.,2004)。单一欧洲市场的建设和监管对其最大的经济活动领域之

第25章 健 康

——卫生部门——产生了不可避免的影响,尽管欧盟在监管医疗保健方面没有特定的能力(Randall,2000;Greer,2006)。健康保险公司、连锁医院特别是跨境经营的制药公司必须遵守欧洲法律(Abraham and Lewis,2000)。最重要的是,健康服务的跨界利用成为欧洲法律进入卫生保健体系的突破口。自1998年以来,欧洲法院的一系列裁决,有效地确立了一个会员国的公民使用另一个国家提供的医疗服务的权利。劳动立法,如工作时间标准已经改变了一些国家初级医生的工作方式,而反歧视令对私人保险市场产生了重大影响。也就是说,在欧盟更大的发展背景下,目前正是消极而非积极的一体化进程在塑造国家医疗体系(Leibfried,2005)。

与此同时,在世界各地,与国际社会、经济和政治的相互依存联系密切的健康问题显得非常突出(Lee et al.,2002),这包括传染病(例如,艾滋病、结核病、疯牛病、非典等)的重新出现以及发展中国家疾病和贫困对国际安全的潜在影响(Ingram,2004)。虽然现代医疗保健国家的运作仍然依赖于熟练的工作人员和专业产品——专业人士和药品——这些物品的可及性取决于卫生劳动力的国际流动性以及跨国公司的经营和监管。

有效管理这些事情本身就非常困难,而国际医疗健康管理本身的复杂性及复杂的管理筹划使其难上加难(Kick-Busch,2000)。这是三个相关问题的作用:相关行为者的数量和种类、他们所关心的问题的不确定性、制定卫生政策的国际机构的先进性不够。世界卫生组织在国际卫生领域的地位部分被其他联合国机构取代,比如,全球艾滋病规划署(GPA)、联合国开发计划署和世界银行;部分被世界贸易组织在与贸易有关的公共卫生方面的突出地位所取代,正如GATS和TRIPS所表明的那样;还有部分则被数量急剧增加的类型各异、涉及的卫生相关问题也各不相同的国际组织(政府间组织和国际非政府组织、协会、基金会和企业)所替代,包括慈善组织和行业机构及至发展和人权机构(Inoue and Drori,2006)。这证明了可以将健康问题作为贫困、安全、住房、教育或环境问题(并且反之亦然)进行重建的方式,并反过来证明了健康本质上是一个有争议的概念。最后,健康问题不仅是在世界卫生组织及其工作小组和委员会进行了阐述和辩论,而且如我们所见,也在经合组织、智库、其他组织;不仅在它们内部,而且在它们之间不确定的体制空间中,在诸如世界经济论坛之类的联盟和网络中,在"隐形学院"的学术研讨和会议上,在积极分子和其他人士以问题为基础的会议中,都有阐述和辩论。这一切都说明,健康管理问题不会超越其他关注点在某个真空地带出现,而是存在于国家、区域和全球利益交汇的地方。

结 论

最后,我们注意到卫生系统旨在解决的问题和压力与当前面临的问题和压力之间并不一样,包括全球经济竞争、科学技术发展和人口变化。这让我们驻足思考,这样的变化所促成的变革,不仅在于卫生政策,也在于卫生政策分析。

健康和医疗保健方面的变革因国家个体和集体的持续自治和能力问题而变得更加复杂(Reich,2002)。在某种程度上,卫生监管是国家地位不可缺失的内容,而涉及健康和医疗保健的问题同样也是关乎国家的问题。一些新的卫生政策比较分析工作以城市而不是国家作为分析单元(Gusmano et al.,2006):主要的城市正处于健康政策的最前沿,尤其是因为它们比国家更国际化。

我们可能会再次质询不同国家卫生体系趋同的性质和程度(Rothgang et al.,2010)。但是,我们也可能会质疑我们所采用的标准化的健康护理计划在捕获显著差异方面的能力(Freeman and Frisina,2009)。我们如何将医疗保健制度的"模糊"或"混合"理论化?是否有混合型的?或者,混杂性是我们现在过时的分类的人工产物,它本身始终只是一种启发?我们将或应该从何处和如何重新开始描述和分类卫生系统?

国际健康问题之所以让人觉得饶有趣味,不仅仅因为他们跨越了比较的逻辑。在卫生政策的某些领域,高尔顿的问题已成为不可回避的部分:我们无法再将国家视为独立、分割的实体,对它们加以比较研究。我们还要把互相作用考虑在内——商品(药品和医疗器械,会计和监管手段)、人(医生、护士和患者)以及尤其是信息之间的流动。

我们还应该认识到,比较在多大程度上已经成为一种政策工具,而不仅仅是政策分析工具。在体系中,个人和机构是根据最佳实践和同行的行为来评量的。类似的情况在体系之间也有发生:如决策者利用跨国比较数据(OECD)分析自己的系统时,是含蓄、隐晦的,而在将系统作为一个整体或部分要受到国际基准的约束时,又是显性、明确的(WHO,2000)。因此,要了解当代医疗卫生治理,我们不仅需要比较政府以及其他行动者的作为,而且要研究他们本身构成的比较。

第 26 章　长期照护

奥古斯特·奥斯特尔（August Osterle）
海因茨·罗斯冈（Heinz Rothgang）

引　言

身体虚弱、慢性疾病以及残障会导致人们在各个领域及日常生活活动中受到各种限制。"长期照护"（LTC）已经成为一个既定的术语，涵盖了在这些情况下可以帮助和支持人们的各种"护理"条款。服务可以包括护理、个人援助、家政服务和社会支持，也包括监督和护理管理。护理的情感维度，例如，护理者和被护理者之间的个人关系或护理工作的亲密度，意味着对护理工作的理解和组织有着特殊的条件和挑战（Daly，2002）。

从福利国家的角度来看，长期照护是后来者。几十年来，福利国家没有致力于将长期照护作为一种特定的社会风险。从20世纪80年代和90年代开始，对长期照护的认识以及确保有更系统的覆盖范围的需求在经合组织内开始增长。目前，各国已实施新的计划或扩大以前的计划，部分国家目前正在考虑更全面的长期照护计划。由于人口发展的趋势，因此长期照护的需求将进一步增加。社会经济环境的变化以及对个人、家庭和公共责任的理解将对传统的照护安排产生重大影响，而护理政策本身也会对此进行反馈。

本章的目的是概述和分析长期照护政策的现状，福利国家、家庭和其他行为者的相互关联，长期照护制度面临的挑战以及研究的主要方向和前景。缺乏可靠的比较数据和使用术语的广泛变化，仅表明在该领域福利国家发展和福利国家研究有相对的创新之处。长期照护的国际数据的可比性和可用性仍然非常有限,因为长期照护在国际数据库中没有得到充分涵盖,但是世界卫生组织、经合组织、欧盟统计局等以及诸如 SHARE(欧洲卫生,老龄化和退休调查)、HRS(美国健康和退休研究)等项目正在努力研究提高数据质量。例如,在称呼护理机构(护理院、寄宿院、疗养院等)或护理人员(护理执业者、护理从业者等)时的术语差异以及其他语言中的相应术语表现和强调了对角色和概念的不同理解,但常常也是误解的来源。

本章分为三个主要部分。下一节将分析福利国家在长期照护中的角色。根据简要的历史概述和在比较福利国家分析中的长期照护观点,本节通过审视监管、融资和交付结构,研究了在福利国家政策中定义和解决长期照护问题的方法。在接下来的章节中,福利国家、家庭、非营利机构和盈利市场部门之间的关系以及市场和家庭之间的新架构是分析的中心。最后一节将重点介绍未来的政策和研究挑战,包括对未来的护理需求和潜在的服务供给来源的讨论。最后对本章进行了简要的总结。

长期照护和福利国家

长期照护:福利国家发展中的后来人

长期照护的需求不是新的,而确实一直是人类生存的风险。然而,不像疾病、失业和老年化等(见第 5 章),它最近才被认为是一种需要福利政策干预的特定社会风险。传统上,照护需求是在家庭网络内得到满足,并且在历史上,来自外部家庭或家庭网络的支持不是来自慈善资源就是地方社会援助。然而,这种供给在覆盖面和程度上都极为有限,主要是帮助最贫穷的人。除了北欧国家在 20 世纪 40 年代开始采取更普遍主义的方法外,许多经合组织国家的长期照护在 20 世纪 80 年代及以后都具有碎片化和残缺型的特征。长期照护被广泛理解或甚至被定义为以社会援助为导向的由公共支持的家庭责任。补缺型福利国家的支持在卫生政策、养老金政策、残疾政策或住房政策中可以找到,但政策制定部门在长期照护中的责任定位仍然很模糊。而对于需要照顾的特定人口群体，例如，体弱的老年人、残疾人或长期病患者，不同的福利部门对待处理的方式也有所不同。

只是在过去20年中，福利国家加强努力，将长期照护作为一种特定的社会风险加以解决，并开始寻求更全面的政策方法。这些发展的起源和驱动因素是多方面的。以残障人士需求为中心的倡议衍生出的自主、规范化和赋权等概念（见第28章）对理解长期照护和人们能够获得支持的方式产生了重要影响。在医院或养老院满足长期照护需求的传统方式在质量和效率方面受到越来越多的质疑，而传统的非正规照护供给也受到多方面的挑战，包括社会经济背景、劳动力市场和移民特征的变化，对工作和照护的理解或对个体、家庭和公众责任的看法等。最后，日益增长的护理需求、需求内容的变化（例如痴呆症），以及对公共资金的影响推动着长期照护政策。

福利国家模式及长期照护

长期照护和护理工作通常具有特定的往往又相互关联的特征。这包括工作与爱之间的良好关系，孝道规范和家庭义务的背景，性别的维度，参与者的范围以及条款的组合（England,2005;Daly,2002）。现金福利、社会服务和税收抵扣的组合构成了照护的组织结构，是基本价值观和意识形态原则的反应。虽然福利国家的支持水平大致遵循福利国家模式所建议的路线，但这种支持的实际组合和组织背景强调特定的目标、原则和传统。

在比较福利国家模式的文献中，LTC并不是重点关注的对象。然而，长期照护的概念和各个方面，在家庭、国家和市场交界地带的照护组织，或者长期照护政策中的特定现金和服务组合，已经越来越多地在文献中被提及。与更广泛的福利国家体制路径相比，聚类照护制度的尝试并未产生非常显性的图景，但是指出了社会照护（在比较儿童保育和长期照护时）的多样性、现金和实物组合的多样性以及所涉行为者的不同角色。安东宁和斯皮拉（Anttonen and Sipilä,1996）确定了两种截然不同的社会照护模式，即斯堪的纳维亚的公共服务模式和大部分南欧国家的家庭照护模式以及另外两种居中的模式——中欧的补助模式和英国的家庭经济调查模式。同样，贝蒂奥和普兰滕加（Bettio and Plantenga,2004）将在非正式照护方面的得分高、在正规照护方面的得分低的南欧国家和采用普遍方法、正式照护供给水平相对较高的北欧国家,归类为两个最明确的集群。蒂莫仑(Timonen,2008)提出了3个范式和3种相关的照护制度,强调国家的作用、个人和家庭的作用以及国家的资助角色和私人领域的供给角色的划分。

亚太地区还有另外一些传统及发展特点(Chi,2001)。在该地区,家庭和非正式护理占据护理服务的最大份额,其中,亚洲国家的孝道规范特别强势。然而,也有越来越多的人认识到长期照护是一种社会风险,由此促成了照护组织的新模式。日本是第一个实施单独的长期照护保险计划的亚洲国家(Ikegami,2007),韩国沿袭了这条路线(Kwon,2007)。澳大利亚、新西兰、美国和加拿大的长期照护制度强调护理服务,但澳大利亚也有支付家庭护理者费用的长期传统,并且最近有一种更加个性化护理的趋势,即像美国那样强调消费者导向(OECD,2005a;Ungerson and Yeandle,2007)。在发展中国家,公共资助的长期照护在很大程度上仅仅局限于家庭护理或根本不提供(Brodsky,2008)。接下来,我们将以监管结构、融资结构和交付结构(Alber,1995;Rothgang,2005)为基础,更详细地考察福利国家在长期照护中的作用。

监管结构

福利计划的监管构成包括对国家、社会和私人责任的定义,政府和福利部门公共责任的分配,以及对法规内容的质量和数量的界定。在责任方面,国家责任在LTC中占主导地位的国家,与法律或道德规范将照护主要作为父母和子女或更广泛的大家庭的责任的国家,它们之间的制度并不相同。对家庭和国家责任范围的(重新)定义以及国家和更广泛的私营部门角色的定义是最近许多长期照护改革努力的核心。德国、日本和法国等近年来的重大改革已是大大扩大了公共责任,但并没有废除家庭在照护提供方面的关键作用。同时,传统上具有强有力的国家责任的国家,如瑞典,也重新发现了家庭的作用,并明确或含蓄地阐述了家庭在界定国家支持程度方面的作用(Pavolini and Ranci,2008)。在监管角色方面,长期照护通常具有强大的地区或地方能力以及——至少只要长期照护没有被视为一种特定的社会风险——在不同福利部门的监管能力(Daly,2002)。在一些国家(例如,英国),医疗保健和社会照护之间的界限非常严格,而在其他国家仍然相当模糊。通常,另一种划分是按政府层级,医疗保健是由联邦负责,长期照护是区域或地方责任,或长期照护由中央、地区或地方分层级管理(OECD,2005a)。

监管的主要目标是将长期照护定义为一种社会风险,界定支持计划(转移支付、服务或税收抵免),目标人群和权利规则,支持的质量和数量以及关于组织服务和提供资金的规则。虽然将长期照护作为一种社会风险的理解已有一些广泛的共识,但其明确或隐含的实际定义在不同国家之间甚至在一国内部都存在很大差异。对于目标人口和照护支持的质量与数量的界定,采用了各种资格标准。所有这些定义的核心都是一些关于需求的概念(见第2章和第11章)。需求的内容以及需求在什么水平上可以激活国家支持,有着不同的解释。在一些计划中,需求评估是指评估日常生活活动(ADL)或日常生活的工具性活动(IADL)的限制条件;在另一些计划中,关注的重点是从这些限制中产生的要求。一些计划在评估中强调医疗导向,而其他计划严格地以社会关怀为导向。评估可以针对特定服务或遍及那些潜在的服务供给,由个人专家或跨学科团队进行,用户和潜在的非正式护理人员或多或少地参与其中。除需求导向之外,福利国家计划通常采用其他标准,例如,年龄(例如,区分对年轻残疾人和体弱长者的服务提供),地位(例如,考虑家庭背景)或经济背景(例如,经济情况调查)(Österle,2001)。这些定义权利的不同方法导致个人和物资保障范围的显著差异。例如,在奥地利,长期照护受益人占总人口的5%,而在德国,这一数字为2.5%,这两个国家都没有年龄限制或经济状况调查。

融资结构

长期照护的公共支出水平差异大于任何其他福利国家部门。根据经合组织的数据,瑞典的支出水平占国内生产总值的2.9%,在韩国、匈牙利及墨西哥则不到0.3%(经合组织,2005a)。由于长期照护仍缺乏被广泛接受的定义,医疗保健和长期照护之间的边界地带各有不同,以及收集或建立数据模型也有多种可选的方法,因此,各自信息的质量和可比性仍然是一个主要的问题。不同的信息来源报告了长期照护的公共支出水平迥然不同,这再次反映了这一政策领域的相对新颖性。尽管存在这些质量问题,但支出水平证实了福利国家对长期照护的不同做法,从北欧国家(支出水平高于 GDP 的 1.5%)最全面的政策计划,到过去 20 年已经在长期照护中采用新方案的国家(支出水平在国内生产总值的 1%－1.5%之间),以及长期照护只是一个缓慢发展的福利部门或长期照护的覆盖主要以社会援助为基础的国家(支出水平低于0.5%)。

总体而言,私人供给是长期照护融资的主要来源。私人供给包括家庭成员提供的无偿护理工作、收入或私人储蓄,而私人保险的作用仍然非常有限(Norton,2000)。在长期照护中有关用于福利国家供给的公共资金和基金池方面(Wittenberg,2002),社会保险安排的普及程度不如医疗体系基金(见第 25 章)。主要的长期照护保险计划存在于德国、卢森堡、荷兰和日本。在大多数其他国家,长期照护的公共提供在很大程度上是税收资助,即使在东欧,亚洲和一些地中海国家正在讨论新的社会保险安排。

长期照护基金中的公共和私人责任分工是福利国家长期照护安排的一个重要特征。在以北欧为主的普遍型福利国家,照护供给是覆盖全体公众的,即使它们需要私人共同支付,以区别于收入。最近的一些发展,如德国或日本的长期照护保险计划,也适用于普遍性原则。但同时,利益上限限制了服务覆盖的范围和数量,超越这些限制,长期照护被定义为一种私人责任。鉴于日益增长的照护需求及家庭照护潜力下降所带来的挑战,许多国家目前正在寻求新的战略。它们的目标是在传统社会援助方案之外提供支持,同时控制公共支出。当前的争论包括在定义个人共同支付或逆向抵押贷款模式中处理资产的新方法。

交付结构

长期照护交付结构的当前趋势特点是社区照护的扩展、居家照护的重新定义、现金支付计划的引入,以及越来越认可将非正式护理者作为长期照护政策的接收者。社区照护一般被视为一种有利的方法,它使人们能够留在他们的社区,并对需求做出更充分和更经济高效的响应。与这一领域的大量扩展相伴相随的是,把服务的目标锚定为高依赖性,对私人资源(无论是财政还是非正式护理)的引用,用户导向和选择,强调国家的购买者角色和私人部门的提供者角色,以及质量监管变得越来越重要(Doyle and Timonen,2007;Burau,2007)。对高依赖性的关注以及购买者和提供者角色的分离也体现了照护部门发展的特点。这些机构越来越多地在其他服务不足或无法获取的情况下向有长期护理需求的人提供服务。这导致少数国家的病床减少,而许多国家,由于原来服务匮乏,故仍在扩大护理病床数量。根据经合组织数据(2008f),2006年,意大利、波兰和韩国等国家的养老院床位密度为每1 000名65岁以上人口不足20张,在瑞典则超过80张,在许多欧洲国家,如澳大利亚或美国则在40—60张。

历史上,许多福利国家提供了具有依赖性的现金福利。然而,这些福利大多被设计和理解为对低收入者的补贴。最近,更严格地设计用于支持赡养(老年)人的"以现金换照护"的发展。无论是作为个人预算,还是作为消费者导向的现金津贴,已成为欧洲和美国对护理需求的一种新的主要回应(Ungerson and Yeandle,2007;Glendinning and Kemp,2006;OECD,2005a)。但其具体方法具有多样性:一些侧重于有需求的人的自主权和选择,另一些侧重于为服务消费或照护就业提供财政支持,还有一些侧重于为照护部门的市场驱动发展创造动力。使用福利的各种选择强调不同的基本目标:强调使用者的自由选择、照护工作的定期雇用或所使用服务的质量。虽然在奥地利、意大利或德国(后者是在选择现金福利时)的体制中,福利的具体用途并不是预先确定的,但荷兰的个人预算、英国的直接付款以及美国消费者导向的家庭照护则事先规定了其潜在用途。

长期照护中的福利混合

家庭照护

尽管针对受扶养老年人的社会服务大量增加,但近亲家庭成员,特别是妇女仍然是无报酬照护的主要供给者。除北欧国家外,估计70%—80%的照顾是由家庭内部提供的。在为长期受赡养的老年人提供长时间照护的人中,许多国家妇女所占比例超过80%。而且,面临非正式照护与有偿就业相关权衡的也主要是女性(Carmichael,2008)。养家糊口模式、去家庭化的概念和公民权范式强调了处理这些性别维度的不同方式(Lewis,2007a;Knijn and Kremer,1997;第17章)。家族网络中针对老年护理的孝顺规约和偏好仍然有很强的势力,但差别很大(Daatland and Herlofson,2003;Ikegami,2007)。当被问及如何照顾需要定期帮助的年长父母时,欧盟27国30%的受访者认为同居是最好的选择,其次是为弱势老人提供上门社会服务(27%),以及子女定期探访并为父母提供帮助(24%)(欧洲委员会,2007a)。但调查显示,欧洲大陆差异巨大。共同生活或子女提供支持是大多数中东欧和南欧国家一半以上人口的选择,但在瑞典、丹麦和荷兰,这一比例不到25%。当欧洲人被问及在他们自己需要照护的偏好时,可以发现在欧洲有类似的家庭偏好模式同时又有各地的差异,几乎一半的人(45%)更愿意在自己家里由亲戚照顾。

一般的福利国家政策及其基本的、潜在的性别原则深嵌于并塑造了照护的组织(见第17章)。在实际层面上,个人和家庭关于是否要以及如何在家庭内提供和使用非正式照护工作的决定,既是对价值观与从可用性和可及性方面来说的现有社会保护权利的反应,也是对个人经济背景的反应,经济背景决定着向替代性照护安排付费的能力和意愿。虽然长期照护政策的重点是那些需要照顾的人,但是对非正式家庭照护者的重视程度也在缓慢上升。把照护者作为资源的政策试图降低非正式照护所涉及的巨大负担,承认其所提供的工作,同时也维持这种照护来源。正在工作年龄期的家庭照护者面临着特殊的挑战。在这些情况下的非正式照护与失去劳动力市场机会的巨大成本相生相连,部分原因是失去了收入,部分原因是需要调整带薪就业安排,部分原因是社会保障权利方面的歧视,例如,没有了养老保险缴费(Carmichael,2008;Bolin,2008)。

直接针对非正式照护者的政策措施包括现金福利、服务和社会保障制度中对非正式照护工作的认可(Lamura et al.,2008)。虽然大多数"以现金换照护"的方案直接惠及需要照顾的人,但许多国家也制定了向非正式照护者提供付款的方案,如澳大利亚的照护费和照护津贴,爱尔兰的照护者福利,加拿大或爱尔兰绝症亲属照护者的护理假方案等(经合组织,2005a)。为家庭照护人员提供的其他服务包括信息和咨询或照护工作救济方案,以及社会保障方案中对照护工作期的认可。家庭照护的主要间接支持是针对需要照顾的人提供社会服务和福利。

这些支持措施对家庭照护者和照护工作的性别分工的影响还取决于更广泛的一般福利和更具体的长期照护政策,以及在家庭环境中应享权益进入流程和决策的方式。鉴于其规模,许多现有的直接针对非正式照护者的措施不会对家庭的决策和进程产生根本性的改变。然而,他们可以增加对家庭照护风险和负担的认识,从而对中期进程产生影响。更重要的是,潜在的照护人员是否可以选择提供或不提供非正式照护工作,将取决于在多大程度上可以获取并能够负担来自外部家庭的服务。特别是,在公共覆盖长期照护需求有限的情况下,利用灰色市场的廉价劳动力(主要由移民提供)已变得更加普遍,但又限于那些具有必需经济背景的人。当家庭内的照护工作由社会服务机构或雇用的照护工作者提供时,家庭照护者部分地将其角色转变为照护管理者。

非营利和营利性行为者

私营非营利性或自愿性组织长期以来是向有照护需求者给予服务支持的主要倡导者。自19世纪早期的养老院和社会服务倡议以来,非营利组织一直是主要的服务提供者。随着更加全面和更多公共(合作)资助服务框架的开发,非营利组织越来越多地成为签约供应商。除了供应商的角色,非营利组织还为老年人或家庭照顾者充当主要的说客角色。传统上,私营营利性供应商在美国护理院的作用很强势(Norton, 2000),以及最近在新西兰和英国等国家中是如此。在经合组织国家,作为签约供应商,或在纯市场化部门中,这些参与者的作用都越来越重要。

私营部门倡议举措的这些发展植根于具体的福利国家政策,而且也发迹于长期照护更宽泛的背景下。就福利国家推动的发展而言,现金保健计划和服务部门的市场导向是主要的决定因素。明确或隐含地,并且取决于具体设计,由消费者驱动的计划(个人预算或现金支付)强调用户一方的自主性和选择,以及潜在服务提供者一方的竞争。此外,公共资助者和经过认证且有质量监督的私人供应商之间契约关系的发展,正在引致照护行业的准市场化

(Pavolini and Ranci,2008)。这为有竞争力的私营部门的主动行动开辟了新的机会,并且还导致最初具有强有力的公共服务导向的国家实行私有化。与这些趋势相联系,私人部门的发展是由纯粹的家庭照护安排的转变所推动的。就业参与趋势、移徙模式和家庭责任观念的变化趋势对传统的照护安排提出了越来越多的疑问,因为整个照护工作是在家庭网络内提供的。这在多大程度上导致照护工作的市场化,取决于人们为市场服务付费的能力和意愿,在很大程度上也是由公共资助计划的程度共同决定的。

移民照护

在一些国家,传统的以家庭为中心的照护工作安排所面临的压力,加上增加但仍然有限的福利国家计划,已导致新的照护工作安排在家庭与市场之间、情感与合同关系之间扩散。"现金换护理"计划,即"流动工资"计划(Ungerson and Yeandle,2007),为这类安排创造了一种特殊的推动力,包括移民照顾和家庭成员的带薪工作。在后一种情况下,新型的"现金换护理"计划允许甚至旨在将家庭护理工作商品化。例如,法国护理系统明确强调护理工作应支持家庭成员的就业(Morel,2007)。

移民护理市场的发展在南欧和中欧一些国家特别明显(Da Roit et al.,2007)。这种发展是由3个相互关联的因素驱动的。第一,在无法提供社会服务或社会服务成本过高的情况下,这种安排提供了一种有效的家庭护理替代办法(例如,在寻求平衡非正式护理义务和有偿就业的方法时)。第二,在许多国家,"现金换护理"计划提供的资金,没有限制某些预定义选项的使用。第三,这些安排往往使得那些提供护理的人能够获得比他们在本国高得多的收入。然而,这些移民护理市场往往以灰色或甚至黑色护理市场筹谋的形式存在于劳动和社会保障法规之外。除了社会保障权的缺乏外,这也削弱了社会服务的发展,使服务质量和雇佣关系的质量处于危险之中。意大利、西班牙或奥地利等国的正规化努力创造了新的护理工作领域,其基本就业权利和相对低的薪酬有助于保持该方法的相对成本效益。除了照护者的社会权利和在目标国护理工作的组织等问题外,移民来源国家也面临特殊的挑战。在宏观层面,合格护理者的迁移可能导致来源国护理行业的资源短缺;而在微观层面,移民照护者家庭需要进行调整(Zechner,2008;Yeates,2008)。

挑战和展望

老龄化和未来长期照护的需求与成本

长期照护的需求是一种与年龄相关的风险。由于婴儿潮一代接近退休年龄,并且由于预期寿命的延长和低生育率,老年公民的绝对数量和占总人口的比例都将增加(OECD,2007;Norton,2000;Jacobzone,1998)。根据经合组织(2007i)的估计,经合组织65岁以上人口占总人口的比重将从2005年的13.8%增加到2030年的20%,到2050年将增长到25.2%;在85岁以上的年龄组中,增幅将达到250%左右(2005年,85岁以上人口占总人口的比重为1.55%,到2050年比重为5.2%)。为了预测长期照护需求的未来普及率,需要将人口情况与受抚养率结合起来(欧洲委员会,2006a;Jacobzone,1998)。例如,在欧盟,假设特定年龄和性别的受抚养比率不变,那么到2050年需要长期照护的人数将增加一倍以上。根据经合组织(2007),在2003—2030年间,若只考虑人口老龄化效应,则澳大利亚、加拿大或芬兰等国65岁及以上严重失能的人数可能翻一番。然而,这种预测的结果对死亡率和受抚养比率的变化非常敏感(Comas-Herrera,2006)。一方面,长期照护的需要取决于年龄,但也取决于死亡的临近性/濒临程度(Norton,2000)。如果预期寿命增加,则特定年龄段的患病率将会下降,可以将其视为以接近死亡为条件的特定年龄段患病率的加权平均值。另一方面,假设发病率有所降低,特定年龄段的患病率会降低(OECD,2007)。然而,即使假设较适度的受抚养人水平,受抚养人数仍将有非常显著的增长。

关于所涉及的福利国家成本,除了受抚养人口的发展趋势外,还必须考虑到未来的服务结构、正式医疗照护的使用程度、服务部门的价格水平和各自国家的宏观经济水平(Stearns,2007;Oliveira Martins and De la Maisonneuve,2006;Comas-Herrera,2006;European Commission,2006a)。欧盟委员会的研究(2006a)结论表明,长期照护支出占国内生产总值的比例在纯老龄化情景中几乎将增加1倍,而在依赖程度较低的情况下会增加约2/3。假设使用情况不变,则在具有发达的公共长期照护系统的国家中,其增长可能会更加明显。但是,尽管其中许多国家目前正在寻求长期照护的成本控制方法,其他国家仍处于开发更全面的照护体系的早期阶段。目前,在经合组织国家中长期照护公共开支占国内生产总值的比例在0.3%—2.9%之间,这表明福利国家对依赖公共支出的风险采取不同的做法所产生的影响。

长期照护政策的方向

社会对长期照护需求的回应方式,是在人口和社会经济变化、对照护的看法和理解以及照护工作的组织和所涉及的财政负担的复杂相互作用中发展的。在大多数国家,非正式看护是长期照护的支柱。但是,家庭照护的能力和意愿正处于巨大的压力之下。其原因有以下几个方面:第一,由于人口原因,每个受抚养老人的子女数量正在减少。第二,这是家庭、家庭组成和移徙模式改变的结果。第三,女性在劳动力市场上的参与度上升以及退休年龄的推迟,增加了家庭照护的机会成本。第四,将长期照护作为社会风险降低了家庭对照护的责任感。虽然大多数研究认为,即便发生了这些变化,人际关系仍然强势存在,但上述挑战将影响非正式照护的内容,需要新的照护安排和重新思考代际公平概念(Saraceno,2008)。

从福利国家的角度来看,有两个宽泛的问题将主导政策议程:提供充分和高质量的照护服务,以及为老龄化社会提供充足和可持续的资金。在长期照护资金方面,除了非正式护理工作投入外,还有四个可以确定的潜在来源:私人财务手段;(自愿或强制的)有风险相关保费的私人保险,可能有也可能没有公共补贴或转移支付;缴费与收入相关的社会保险;可能有也可能没有经济状况调查的基于税收的公共体制(Wittenberg et al.,2002)。由于长期照护需求状态下的个人支出将快速超过大部分人的支付能力,因此个人收入或储蓄不能作为可持续供资的基础。缴纳与风险相关的私人保险保费的私人替代方案将产生深远的选择性效应,它将大多数老年人、健康欠佳者和低收入者排除在外。只有强制性的私人保险,并限制适度的保费上限,同时提供补贴,才能解决未投保的相关问题。有了这些规定,强制性私人保险制度就接近社会保险制度。如果将全民覆盖、平等获取和可持续供资作为主要供资制度目标达成共识,那么长期照护系统需要公共资金的强力要素支持。

在确切的照护供给方面,预计需求的增长、非正式照护面临的压力以及正规部门照护工作劳动力的潜在短缺,都对长期照护政策构成了挑战。面临这种发展所应有的战略是致力于既要解决照护工作的需求,又要解决其供给问题。更健康的老龄化与发病率的下降肯定会对未来的照护需求产生重大影响,但在多大程度上可以实现这一目标仍存在高度争议。从总体需求转向对来自外部家庭的公共资助专业照护工作的需求,许多国家强调了试图维持或激活非正式照护资源的政策方法,或者是通过支持家庭或其他非正式照护(通过例如财政激励、社会权利或临时照护等),或者是通过在确定社会服务的资格标准时都参询了家庭和家庭网络。转向照护工作领域的供应方,它们已经尝试了各种具有成效的长期照护方法。最重要的是,对社区照护还是机构照护的强调主要是由效率问题共同决定的,即在现有环境中,外部有偿支持和非正式支持的供给相互结合。对照护工作任务和相关能力进行更严格的区分是另一种提升效率的方法。然而,这可能会严重影响到照护的个人和情感方面,在相当程度上,这些方面界定着照护的质量,并且不能从技术层面把它们分离出来。

在试图平衡财政可持续性和充分的长期照护的努力中,服务质量正在成为未来长期照护系统的辩论中心。在最近以消费者为导向的发展中,对质量的关注得以凸显,彼时政策制定者必须就选择范围做出决定。选择、质量和成本问题也是公共资助和私人提供这一准市场发展模式的核心问题。充分掌握用户满意度与照护质量的监测和认证程序,对于在竞争日益激烈的行业中防止以牺牲质量为代价的成本控制,是不可或缺的。最后,从系统的角度来看,整合是长期照护政策的一个关键问题。整合确保连续的照护服务,指的是将基于正式和非正式照护资源的护理安排的投入联系起来,以及将那些来自不同福利部门的供给联系起来,尤其是来自健康和社会照护部门的供给。虽然在大多数国家合并这两个部门并不被视为一种适当的整合路径,但在最先进的长期照护体系中,各个子系统之间的机构联系、长期照护的多学科方法以及个案和照护管理方法已被提上议事日程,而发展程度却各有差异。

结 论

在"黄金时代"结束之后,随着经济压力和重建或紧缩等理念日益影响着福利国家的形成,长期照护已成为福利国家发展的前沿。许多国家已实施新的长期照护政策,摆脱了传统的碎片化和残缺型特征。其他国家虽然提出了这种政策,但首先出于预算原因,实施工作受到了阻碍。长期照护作为福利国家问题的独到之处在于,它鼓励人们超越传统发展道路的思考,同时长期照护的发展仍然深植于特定福利模式的传统原则和思想中。

在过去 20 年中,福利国家长期照护的发展具有相当大的趋同性。从对公共和私人责任不同的理解出发,有一个明确但很慢的趋势,即承认福利国家有照顾身体虚弱的老年人的责任。同时,这种责任在其程度上明显是有限的,导致一些最初扩大公共支出水平的国家在照护上出现了某些重新个性化或家庭化的现象。对面向高依赖性状况的机构照护的重点关注,对流动照护服务的强调,实施"现金换照护"计划以及对家庭照护的认可,是趋同的其他迹象。同时,长期照护政策与福利国家的特性和传统密切相关,这限制了上述趋同趋势。总的来说,长期照护中的路径依赖性主要涉及对家庭、国家和市场关系的一般理解,而大多数国家不会回溯几十年来长期照护中全面而有力的具体部门政策。随着对长期照护服务需求的不断增长以及照护组织环境的不断变化,长期照护服务成了 21 世纪福利国家发展的一个关键问题。鉴于福利国家议程中长期照护的相对新颖性,将需要大量的投资,以改善信息基础并开展系统的研究、反思和国际交流。

第27章 工伤事故与疾病补助

奥利·坎加斯（Olli Kangas）

引　言

本章追溯了工伤和疾病日均补助计划在制度发展上的过去和现在的趋势。焦点主要集中在 OECD 国家，但在某些情况下，提及了更多的国家。本章前半部分首先是对工伤保险的历史回顾。在大多数国家，工伤保险是第一个法定的社会保险计划；此段历史突出了后发计划发展背后的一些因素。

本章的后半部分侧重于疾病保险。其次，我们从历史发展开始，尤其注重福利的普及性和丰厚程度。再次，我们接着讨论近年来疾病津贴在多大程度上成为削减的目标。最后一节初步讨论了这两个收入维持方案的未来轨迹。

为什么工伤是第一位的？

社会保险计划的实施遵循了一种顺序模式（Alber,1982）。不同保险计划实施的顺序如图27-1所示，它展示了5个主要的社会保险计划实施的时间段（SSA1999）。对这些计划布局的解释是明确的，框的上边界被设置为75%，下边界为25%。因此，有一半的情况都包含其中。每个方案的中值用方框内的水平线表示。从百分位数框的上边缘和下边缘绘制的线表示不离群的个案，例如，框的上边界或下边界大于1.5倍框长的情况。最小和最大非离群值用短水平线表示。这些线上方或下方的圆圈属于离群值。18个OECD国家包括澳大利亚、奥地利、比利时、加拿大、丹麦、芬兰、法国、德国、爱尔兰、意大利、日本、荷兰、新西兰、挪威、瑞典、瑞士、英国及美国。这18个OECD国家没有被纳入其各自所在大陆值。图27-1扩展了通常所查验的国家样本,并试图避免比较社会政策文献(包括本文)普遍遭受的经合组织偏见。

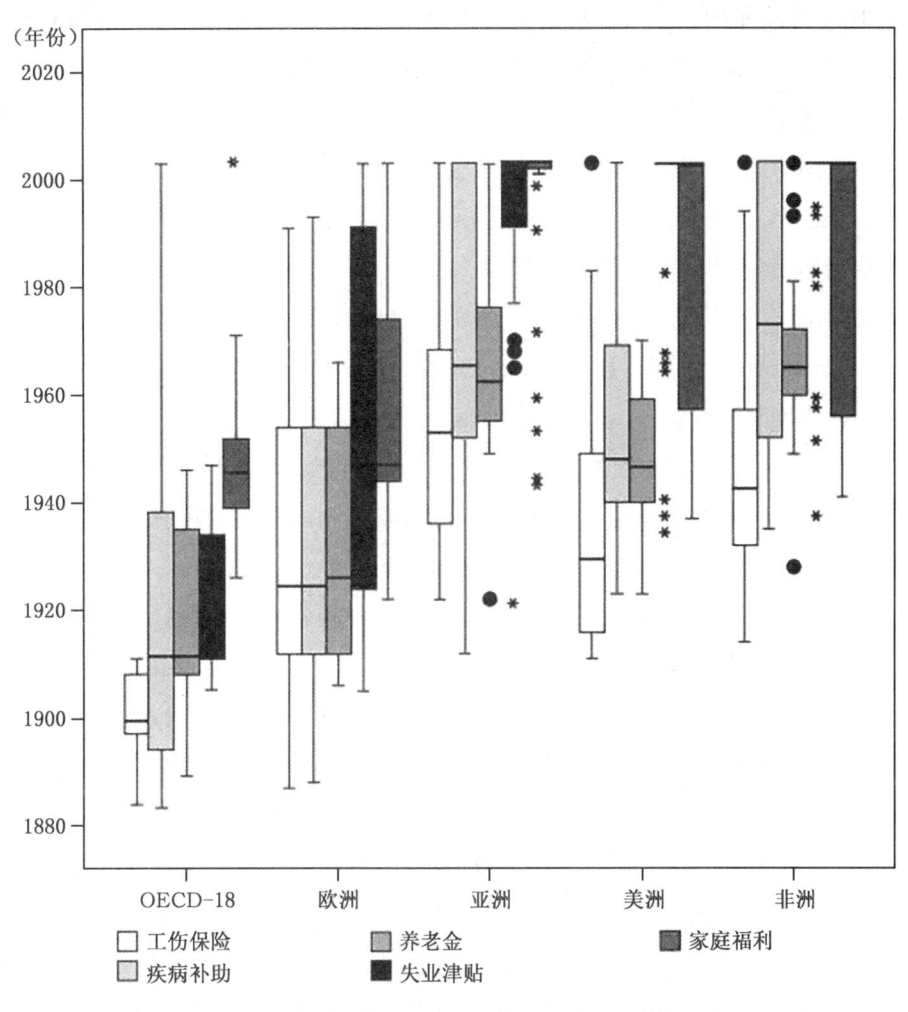

图27-1　不同的大陆与OECD 18国社会保险法的序贯介绍,OECD 18国不包含在其他大陆之内(1880s以来)

各大洲制定的第一项措施是工伤保险。按先后顺序看,工伤保险享有比其他保险更大的合法性。世界各国社会保障计划的发生发展也说明了同样的情况。在世纪之交,世界上大多数国家(167个国家)都提供工伤保险,而只有少数(69个国家)提供失业津贴。

OECD18国和欧洲的疾病补助的早期发展与意外事故保险保持同步,但在后期的发展中开始分道扬镳。虽然意外事故保险的引入期是从1871年的德国到1918年的加拿大,但疾病补助的引入却从1883年的德国一直拖到后来的芬兰(1963)、加拿大(1972),以及美国在2010年才推出了第一个联邦疾病补助计划。

美国的案例当即凸显联邦各州社会计划的时间问题,在美国、澳大利亚和加拿大,一些州比其他州更早通过了相关法律。宏观历史研究中的一般程序是根据第一个州制定的第一部法律来编码,例如,美国最早的工伤保险在1909年(蒙大拿州的第一部法律),而密西西比州直到1948年才出现工伤保险(E. Berkowitz and M. Berkowitz,1984:268)。为什么1909年是采用美国计划的正确时间点选择,理由尚不明确。这个问题涉及比较研究的基本单位。一般来说,比较的标准单位是民族国家,但是联邦国家对这种关注点的适宜性提出疑问。时间的选择也不是唯一的难点,联邦制国家的政策制定在单一制和中央集权制情况下往往有不同的特征(Obinger et al.,2005a)。

对于这些方案被采用的时间序列,已经有各种各样的解释。最早的比较研究强调结构原因或工业主义的逻辑(Kerr et al.,1960;Wilensky,1975、2002)。理由很容易接受:工伤保险与工业生产是最密切相关的,随着工业生产工人人数的扩大,工伤事故的风险也增加了。因此,结构转型带来了防范工业危害的压力。

第二个解释维度立足于工伤事故的特征:从旧的自由主义的个人造成的损害赔偿责任到强制事故保险,这并不是特别大的一步,与其他形式的社会保险相比,它代表着与自由主义精神不那么激进的决裂(Flora and Alber,1981)。民法责任被转变成雇主向保险承保人的强制性付款,保险承保人向受损害的工人提供了法律规定的利益(Zollner,1982)。

比较社会政策文献的主体更偏重于冲突,强调雇主与雇员之间的冲突。根据一般常识,有组织的劳工一直是法定社会政策的驱动力,而组织资本一直是计划发展的障碍。然而,也有人认为,雇主在促进社会立法方面有真正的利益(Swenson,2002),工伤保险就是一个突出实例。

早期的工伤措施,无论是根据普通法律程序还是依据雇主责任立法,都是以过错原则为基础,受伤者必须起诉雇主要求赔偿损失(Berkowitz and Mcquaid,1980)。结果,冲突和诉讼的焦点是,是否真的是由于雇主的疏忽而导致伤害的发生。虽然雇主们经常赢得诉讼,但他们往往也输得够惨,从而有充分的理由倾向于采用基于保险的解决方案(E. Berkowitz and M. Bejrtowitz,1984)。此外,保险可以帮助雇主预测事故的成本,这种成本同修理损坏机器的费用一样被视为是生产过程所固有的,它让雇主倾向于承担保险的总成本。最后,保险公司赞成这种只有国家保险才可以避免的解决方案(Lubove,1968:62—3)。

除经济利益外,还有政治上的原因也促进了适当立法。大量的诉讼损害了雇主和雇员之间的关系。帕瓦尔科(Pavalko,1989)对美国意外保险事故的研究表明,法院的案件数量越大(无论结果如何),保险的实施就越快,因此,企业从意外事故保险中获得了经济和政治上的收益。从这个意义上说,这些计划不仅给受伤的工人,也给他们的企业带来了更大的安全保障(Friedman and Ladinsky,1978:277)。

对于扩大雇主和雇员之间分裂鸿沟的担忧,想必是在威权的君主政体中最为严重,例如,德国(Ritter,1986:50—82)和奥地利(Hofmeister,1982:294—295),但这个问题在许多其他国家也存在。

在分析社会保险项目的时序时,瓦萨南(Vaisanen,1992)进一步阐述了对冲突的解释。他认为,工伤保险的立法没有侵犯雇主和雇员的关系,但失业福利,通过向失业者提供生计手段,增加了雇员的保留工资,使后面这一类计划在雇主中不受欢迎。疾病保险对雇主和雇员关系的影响介于失业计划和工作意外事故计划之间。这一隐含的排序在图27—1所示的全球采纳模式中得到了支持。

政府为福利国家制度铺平道路

德国1884年的第一次事故法产生了巨大的意想不到的后果。俾斯麦反对私人保险公司以及社会民主党推崇的中央集权的国家管理模式,而赞成雇主的社团组织经营的强制性保险(Rimlinger,1971;Zdllner,1982)。归功于"制度性学习",这一行政理念成为其他社会保险制度的模板。同样,在奥地利和瑞士,第一个组织模式利用半公共运营商的方案交付,这些模式目前仍然存在。因此,关于工伤保险管理模式的最初选择包含福利国家集群的萌芽,后来被称为社团主义(基督教民主主义)社会政策体制(Esping-Andersen,1990)。社团主义模式长期以来一直根深蒂固地抵制变革。然而,现在有迹象表明,即使是一个"冻结模型"也可能正在融化(Palier and Martin,2008)。

1897年,英国的工伤保险立法与德国模式最显著的区别在于,其采用了雇主责任原则。该法案也面临上述提到的基于过错规则的标准问题,并于第二次世界大战后并入国家保险计划(Gordon,1988)。英国的计划对后来各自治领(除了有法定计划的加拿大)以及美国和爱尔兰后续的发展产生了深远的影响。在后者中,规定是州而不是联邦的责任。因此,不仅时间因州而不同,而且承保商的选择也不同(Friedman and Ladinsky,1978:278)。在澳大利亚,也是如此。最初,新西兰追随英国的领导,但是与标准模式相反。在新西兰,工伤事故计划往往存在高度的路径依赖,制度在国家垄断和或多或少的市场自由发挥之间摇摆不定(Campbell,1996)。

在荷兰,最初的社团主义制度(从1901年开始)一直持续到1966年。当时,工伤事故计划和疾病保险计划合并,且覆盖了所有工作能力丧失的人,不论其与工作是否有关联。在1996年,疾病和工伤事故的成本由雇主承担,雇主须负责雇员在丧失工作能力后前52周的工资。在实践中,该方案是完全私有化的,为私营保险公司开启了一个新的时代。类似的关于雇主责任的趋势在其他地方也发生过,可以说,我们绕了一个圈,就像100多年前一样,雇主不得不组织起来保护雇员,防止他们丧失工作能力。

混合模式允许雇主从公共或私人保险公司获得保险,这种模式最先在比利时(1903)、意大利(1898)和瑞典(1901)开始运营。比利时保留了它的初始模式,而其他两个国家最终选择放弃私人选择权(Gordon,1963)。在3个欧洲国家即丹麦(1898)、芬兰(1895)和法国(1898),最初的计划依赖于私人保险运营商。丹麦和芬兰继续实施最初的模式,但在第二次世界大战后,法国对计划进行了改革,更倾向于支持公共保险机构(Saint-Jours,1982:106)。

有学者(Skocpol,1992)认为,美国最高法院对美国早期社会政策的发展产生了不利影响,事故和疾病保险就是一个典型的例子,许多早期的立法被法院裁定为违宪。有趣的是,近年来欧洲法院(ECJ)也对国家社会立法的某些方面做出了否定的裁决。例如,法院反对比利时和芬兰由私营保险公司经营的工伤事故计划,要求保险领域向国际竞争开放。这就提出了一个有趣的问题,即欧洲法庭扮演的角色是否趋近于美国最高法院,并在此过程中成为欧洲社会政策发展特质的制约因素。

从工伤赔偿到职业女性的保险

在早期形式中,工伤事故计划仅限于危险行业。扩大保险覆盖范围主要通过两个途径:德国和其他多数欧洲大陆国家采取第一条路径,即通过在现有事故保险方案中纳入新的职业群体来扩大覆盖范围,或者是为新涵盖的职业群体提供新的保险方案(Gordon,1963:195);另一条路径是,在同一保险计划中纳入所有的职业群体。这一路径主要存在于英联邦以及斯堪的纳维亚国家。

覆盖范围和补贴力度的演进如图27-2所示。20世纪50年代,一些国家(瑞典、德国、新西兰)实现了全覆盖,随后奥地利、丹麦和爱尔兰也加入了这一行列。在其余国家中,要么是没有纳入某些特定雇员类别,要么,更常见的是,自我雇佣者被排除在保险计划之外。后一类国家的覆盖率较高但尚未全覆盖。总的来说,工伤保险的覆盖范围(在21世纪初为87%)高于失业(67%)或疾病(65%)保险。工伤事故保险的合法性相对较高,这也反映在其替代率上(净工伤事故赔偿金占净工资的百分比)。在一定程度上,工伤保险的替代率比其他社会保险项目的替代率高。一些国家提供的补偿接近100%,但是其他国家(例如,丹麦、爱尔兰和英国)则远远落后于此。然而,补偿水平上这些明显的巨大差异在很大程度上是一种人为现象,这与强制保险和私人职业安排之间的劳动分工有关,而与福利方面的任何实际差异无关(Dean and Taylor-Gooby,1989)。在那些表面上较为慷慨的国家,法定保险一直是福利计算的基准,而在后一类国家,雇员直接从雇主的职业计划中获得补偿。

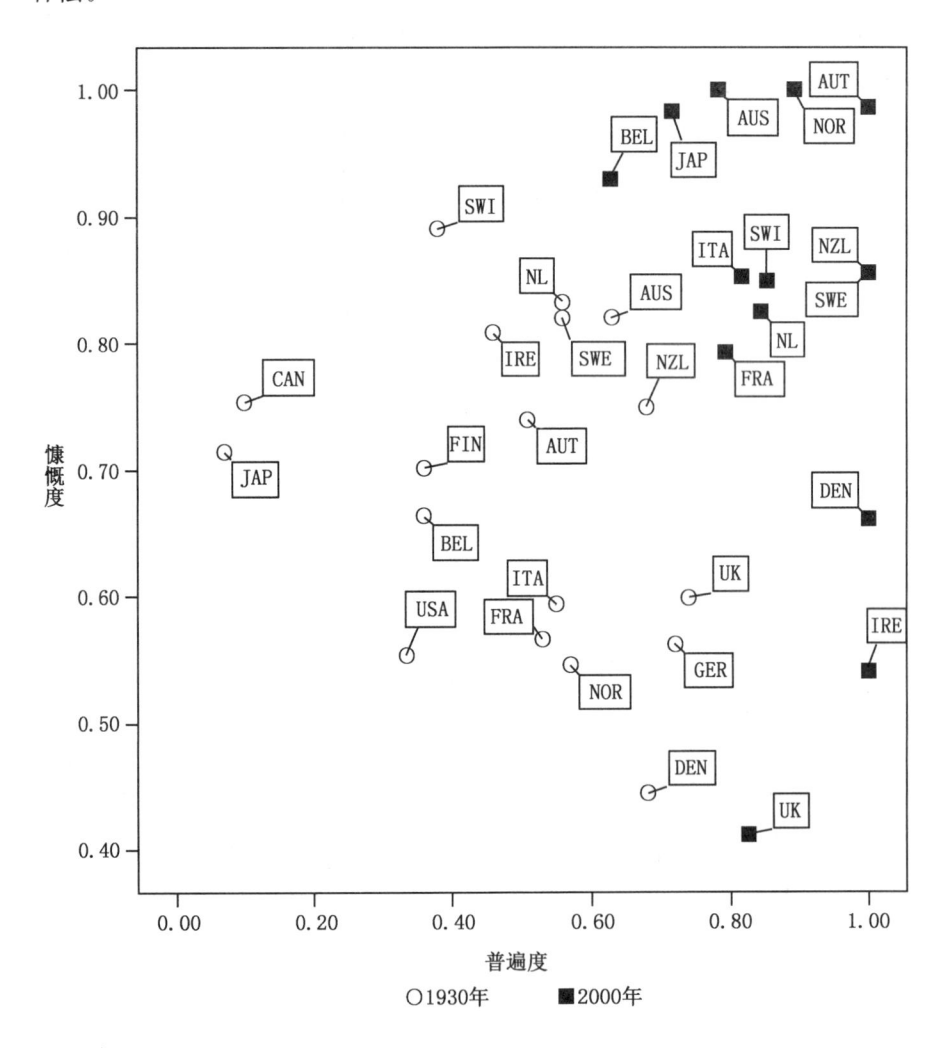

资料来源:Korpi and Palme,2007。

图 27—2 OECD18 国工伤津贴的慷慨程度(净津贴/净工资)
与普遍程度(参保者/劳工人数)(1930,2000)

经过 100 多年的渐进改革,许多国家的工伤保险计划基本覆盖了所有的劳动力和近乎完整的收入损失补偿。此外,工伤事故已由与工作有直接联系的身体伤害或职业病,如采矿业中的黑肺病的狭义概念扩大到涵盖更广泛的各种残疾和疾病,且病因不再需要与工作场所直接相关。随着工业生产的减少和白领就业规模的扩大,因为有些人出现与工作相关的精神症状,如压力、过度投入、倦怠等,索赔诉求也开始增长。因此,工伤和其他工作能力丧失之间的界限被淡化,意外保险计划被纳入更广泛的社会保障范畴,并与疾病福利计划合并。这一发展也意味着原先针对男性职工的工伤保险也能够为女性提供补偿。

疾病津贴

早期保障病人生计的举措包括来自亲戚和邻里的支持以及各种形式的慈善。随后,《济贫法》开始提供一些救济,并逐渐遵从中世纪工会制度衍生出的原则,自愿性疾病基金发展出更正式的方式来为其成员提供保障。自愿基金的作用因国而异,国家参与基金活动的情况也不同。在一些国家,基金完全由其成员管理和提供资金,而在另一些国家,国家也参与筹资和管理。

除了在发生疾病时提供帮助这一主要功能外,早期的互助疾病基金有重要的潜在功能,这就影响了不同的政治角色的策略选择。由于这些基金往往是新兴劳工运动的一个组织部分,因此它们促进了工人阶级的形成和加强了阶级团结(Ritter,1986:71—82;Quadagno,1988a:53)。德国疾病保险的早期历史就是一个很好的例子。

1873年,俾斯麦反社会主义法禁止社会主义组织,但互助疾病基金会为社会主义者提供了一个非法政党组织的合法替代者。难怪劳工运动更偏好工会而非国家作为保险承运人。法定的解决方案和国家在社会保险方面的管理遭到怀疑,例如,1893年社会党领袖贝倍尔(Bebel)警告他的同事们:"国家权力的每一次新的扩展都在缩小工会活动的范围"(Ritter 1986:80)。贝倍尔的恐惧是有理由的。为了削弱对社会主义者的支持,并加强工人对国家的忠诚度,政府推出了强制性的疾病保险,它有与收入相关的福利和针对不同社会经济类别的不同方案(Alber,1982;Hofmeister,1982;Ritter,1986;Talos and Worister,1984;Immergut,1992a)。无论政治行动者的理论依据是不是完全自觉的,其效果都是为了阻止员工共同利益的表达,并强调他们之间的地位差异(埃斯平－安德森,1990)。历史表明,社会政策不仅仅是一个分配的问题,它还造成人民的统一和分裂,同时构建起忠诚度和社会纽带。

渐渐地,随着劳工运动政治重要性的突出,并在政治上获得了有意义的代表性,议会路径似乎成了一个解决分配冲突的现实选择(Korpi,1978;Przeworski,1985)。工人阶级运动放弃了分裂主义的贫民区战略,转而支持议会主义和福利国家主义。在一些国家,这种情况在19世纪末就已经发生,但在另一些国家,这种情况发生得稍微晚一些,尽管通常是在第一次世界大战之前。

综上所述,在中欧国家,劳工运动带来的压力只是推动疾病保险立法的因素之一。同样,推动社会政策扩展的主要驱动力是威权政权迫切希望自身管理的合法化(Alber,1982:195;Talos and Wörister,1994)。这意味着在许多情况下威权政权在实施早期社会保险方面走在了前面,只是因为民主政权有义务在不同的竞争乃至冲突的社会群体之间寻求共识。

历史案例研究的结果得到了疾病和工伤事故福利发展定量研究的支持。结果表明,在第一次世界大战前,左翼政党对计划的慷慨和普遍性没有太大的影响,而基督教民主的作用更为重要(van Kersbergen,1995)。相比之下,第二次世界大战后福利的改善和覆盖范围的扩大与左翼政党的实力有着更密切的联系(Korpi,1989;Kangas,1991)。

日本一直是政权分析的一个有问题的案例,埃斯平－安德森(Esping-Andersen,1990)认为它是保守主义与自由主义福利国家政权的混合体。日本早期的社会政策效仿德国,在福利组合中引入了强烈的社团主义色彩。1927年生效的日本第一部健康保险法,就是一个很好的例子,它的对象是产业精英,随后通过渐进的社团主义路线扩大了覆盖范围。日语中与社会政策有关的单词"shakaiseisaku"是直接对德语"Sozialpolitik(社会政策)"的翻译,而且,与在德国一样,这个词的范围指的是协调雇主与雇员之间的关系的想法。随后,"shakaiseisaku"也加入了英国/斯堪的纳维亚的社会政策概念,作为保障人民生计的手段(Takahashi,1995:41－46)。后一个更广泛的概念是通过法定的社会政策,部分是通过雇主提供的社会福利来实现的,这些福利在日本发挥了巨大的作用(Campbell and Ikegami,1998;Peng,2005)。

第 27 章 工伤事故与疾病补助

就像在工伤事故领域一样,在疾病保险方面,英语国家的发展与欧洲大陆的发展方向完全不同。英国的计划(1911年通过)依靠的是统一缴款,进而离不了统一费率,而大陆模式则依靠社会保障缴款和每日津贴的收入分级。这些差异反映了这两类国家群体社会保险发展的思想和政治基础。在英国及其自治领,该计划旨在取代旧的《穷人法》,并向最贫困的人提供援助,而德国的方案侧重于满足工人阶级中较富裕阶层的需求。更笼统地说,欧洲中部国家强调的是个人生活中活跃期和非活跃期之间的横向再分配,而英国或英美法系的做法则强调在富人和穷人之间的垂直再分配。后一种方法在澳大利亚国家更为强势,它严重依赖经济状况调查,而非基于缴款或统一费率的普遍福利(Castles,1985;Castles and Mitchell,1990)。

北欧第一个社会政策计划是农民自由主义和新生的社会民主思想的融合,后来是蓝领和白领工人之间新兴跨阶级联盟的产物(Baldwin,1990;Olsson,1990)。这些建立联盟所做努力的重点内容和时间安排在某种程度上有所不同。在丹麦,自由主义传统是最强大的。在瑞典,社会民主从20世纪30年代起就一直是占主导地位的政治力量;挪威的情况基本与之相同;在芬兰,直到20世纪60年代农业政治利益都一直处于霸权地位。

丹麦的自由主义是一种力量,使该国在自愿疾病基金的发展方面领先于北方邻国。该国在1892年就已经开始补贴自愿疾病基金,到20世纪30年代初,疾病基金已覆盖90%的劳动力(Kolstrup,1996:263;Figure 27.1)。丹麦的案例与瑞士的例子表明,在某些情况下,即使通过自愿措施也有可能获得广泛的覆盖。以基金为基础的制度一直得以实施,直到1971年被公共计划取代(Norby-Johansen,1986:298—9)。

在瑞典(1891年制定关于对自愿基金进行补贴的法律),疾病资金是所谓的大众运动的一部分(包括禁酒运动和自由教会),它吸引了比工人阶级更广泛的支持,因此在发展阶级意识方面没有德国那么有影响力(Immergut,1992a)。从一个集中的、自愿的、以基金为基础的体制转变为一个强制性的计划(1955),这并不是一个重大的政治问题。反对强制性会员资格的呼声最高的是有组织的医疗机构,比如,美国就是如此,但在瑞典的政治体系中,医生没有像在美国那样阻止该法案的机构否决权(Immergut,1992a)。

在挪威和芬兰,自愿疾病基金运动从未像在丹麦和瑞典那样重要,两国都直接实施强制性保险:挪威早在1909年开始实施,芬兰在1963年开始实施(Kuhnle,1981)。否决权的重要性这一论断从芬兰的发展滞后中已得到证实。根据芬兰宪法,对改革的支持需要2/3的多数票,这为反对疾病保险的人提供了一个强大的抵抗平台,使芬兰成为欧洲最后一个就疾病福利立法的国家(Kangas,1991)。

到20世纪末,美国是唯一一个尚未在全国范围内建立疾病保险的经济合作与发展组织国家,权力资源论学者将其解释为缺乏左翼政党或强大的工会。在对美国与欧洲进行比较时,奥尔洛夫和斯科波尔(Orloff and Skocpol,1984)反对这种"社会的"、以政治为基础的解释,这种解释所依赖的假设是,一个中央集权的国家拥有组织良好的官僚机构和强大的政党。相反,他们强调国家机构的作用。与欧洲不同,美国没有一个能够有效地进行改革的国家官僚机构,社会立法的成功很大程度上依赖于公众的支持。健康保险的拥护者一直没有获得足够的支持(Numbers,1978),而有组织的医学界在其反对联邦保险的运动中取得了成功(Beland,2005;Quadagno,2005)。在这场抗争中,另一个机构盟友是最高法院。

在实施疾病保险的尝试失败后,工会主义者得出了自己的结论,并开始依靠集体谈判的附加福利(Quadagno,2005:52)。因此,美国劳工的态度接近于澳大利亚劳工的以"其他方式"寻求社会保护的理念(Casdes,1985),也就是通过集体协议的方式(虽然在澳大利亚,这类协议在某种程度上受到司法制裁,但在美国却没有)。美国和澳大利亚的情况都表明,在联邦制国家,国家层面的决策比中央集权国家更难实施(Obinger et al.,2005a)。在美国,有组织的劳工能在州一级有效地行使权力,而一些州实际上已颁布了强制性医疗保险(Skocpol,1992:206)。

可以说,对美国例外论的冲突性解释并不是基本面上而是一种强调性的做法。在对加拿大和美国的历史比较中,马奥尼(Maioni,1998)在基于国家的和社会的解释之间给出了一种折中方案:在加拿大,最重要的是社会民主党的存在,其在医疗保险的争斗中发挥了影响;而在美国,全民医保受到了医疗游说团体的阻挠,同时美国的决策机制有可能赋权给特殊利益群体代表从而构成阻挠。

覆盖范围和慷慨度

在福利国家和个人社会政策计划的分类中,最重要的两个维度是普遍性和慷慨度。普遍性涉及的是保险覆盖范围,即那些有资格享受每日津贴的人的比率,通常表示为占总劳动力的百分比。慷慨度表示的是收入损失替代水平,即津贴占以前工资的百分比。[①] 原则上,有两个主要的数据源,它们采用了相似的策略。社会公民指标计划(SCIP;see Korpi and Palme,2007)和斯克鲁格斯(Scruggs)的福利数据库(http://www.sp.uconn.edu/~scruggs/wp.htm)都以平均工资水平计算福利。在2000年的数据中,这两个来源的净替代率之间的相关性是非常高的(0.96)。SCIP还提供了最小值、最大值、限定条件和融资的数据。斯克鲁格斯的数据为1960—2002年的年度数据,而SCIP的数据是1930—2000年每隔5年收集1次。在此,我们两者兼顾:散点图基于SCIP数据,而讨论紧缩时采用斯克鲁格斯的年度数据。

从公民的角度来看,社会保险计划最核心的方面之一是经济保障的水平或计划所确保的慷慨度。从图27-3可以看出,从1930—2000年在慷慨程度方面有一个巨大的改善,1930年所有国家的平均值为45%,而2000年为76%,覆盖率增加了1倍(从32%到74%)。有一些国家提供充分的收入损失赔偿,但也有的国家福利微薄,特别是以英语为母语的国家,澳大利亚和新西兰的普遍性程度也较低。

后面这些国家的低覆盖率在一定程度上是一种技术上的人为现象:在有针对性的、基于经济状况调查的计划中,由于病人没有像以保险为基础的模式那样自动享有福利主张权利,因而其覆盖率设置为0。事实上,这种0设置对澳大利亚和新西兰的体制是不公平的,因为它们的经济状况调查较为宽松。这在SCIP和Scruggs的数据中都是一个明显的问题。此外,在澳大利亚和新

[①] 替换率如图27-3所示,是一个四个独立案例的复合指数(两种疾病的替换:1周和26周,2名工人:1个单身的工人和1个有两个孩子的已婚工人)。所涉工人的收入水平对应于每个国家和所涉年度的全国平均工业工资。

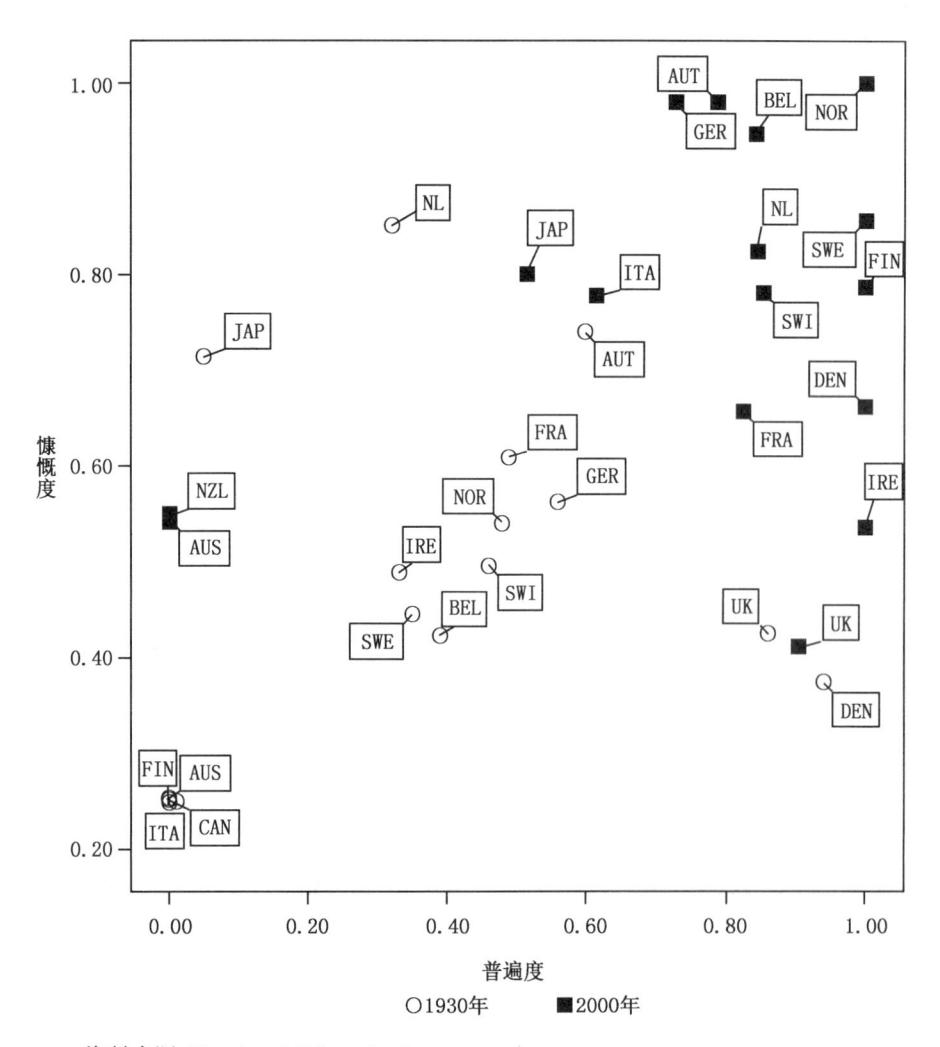

资料来源：Korpi and Palme,2007。

图 27—3　17 个 OECD 国家疾病津贴的慷慨度（净津贴/净工资）与普遍度（参保者/劳工人数）(1930,2000)

西兰,职业福利或多或少取代了对疾病提供现金支付,而法定福利的作用相对较小。实际上,"有针对性"一词具有误导性,可能更适当的标签是"劳动力市场细分体系"。英国体制的低补偿水平也可以用类似的方式来解释,即近年来,它有从立法福利向劳动力市场计划的明显转变。

以劳动力市场为基础的福利的重要性几乎在所有地方都以各种形式增加

了。有些国家实行雇主的强制性病假工资制度（从大多数国家的2周到荷兰的2年），而且几乎所有国家都有集体协议来增加法定福利。如果我们考虑到集体的非法定的病假工资支付，那么国家的社会保障水平和成本（Adema，1999）与所显示的数据更相似。社会公民身份方法可能体现了国家责任的某些质性方面，但是由于基于劳动力市场计划的趋势，公民身份概念变得越来越不适当。社会公民身份逐渐被"企业公民身份"所取代。

社会福利水平的计算可能被批评为过于一维：该方法所使用的"标准工人"计算是基于平均收入水平和对工作生涯等可能会使指标无效的大量假设。第一，标准工人指标可能会随着时间的推移而保持不变，尽管两个国家的标准工人指标可能是相同的，但对于收入阶梯的上端和下端，可能存在着平均衡量标准忽略的巨大差异。第二，公民身份指标衡量的是立法应该做什么，而不是它实际的工作方式。第三，在后工业社会中，标准工人是越来越不常见了。总而言之，社会公民身份指标正变得越来越空洞，承诺很多，但最终给予的极少（van Gerven，2008：48）。

20世纪80年代以来的紧缩

如果说埃斯平－安德森的《福利资本主义的三个世界》引发了纷至沓来的政权分析，那么保罗·皮尔森（Paul Pierson，1994）的《拆散福利国家》就社会保护紧缩方面挑起了无数成果斐然的辩论。当谈到疾病福利的慷慨程度时，确实存在一种降低福利水平的明显倾向。在图27－3中，17个国家的平均值在20世纪80年代中期达到最高值，随后，改善趋于平稳，在一些国家，大幅度的削减已经出现。正如前面所提到的，一些学者认为，福利计划的制度特征很重要，由于制度惯性，有些计划更为稳健，而有的计划更容易被改革。在大多数此类论述中，基于收入关联性、社会保险缴费、双方或三方管理的社团主义机制是最难改变的，尽管最近一些学者已经注意到即便在这里也有了一种"解冻"的进程。

对疾病计划慷慨程度变化的考察，为某些制度安排比其他方案类型更容易进行改革这一假说提供了一些面上的证据支持。在自由主义政权中，从20

世纪80年代到世纪之交,平均替代水平下降了21个百分点。在北欧半球(社会民主政权),削减幅度更温和(下降12个百分点),而对于社团主义国家,2000年和在20世纪80年代平均值基本相同。普遍主义的故事有点不同。斯堪的那维亚计划保持了其普遍性,而其他群体的计划覆盖范围已经有所减少。

结　论

工伤事故和疾病保险计划的演变展示了,当该计划最初所给予保护的社会问题发生变化时,保险项目本身也必须做出怎样的改变。工伤计划就是一个很好的例子。在早期的使用中,工伤保险被称为对工人的赔偿。从概念上讲,"工人"特指养家糊口、担负起照料妻子子女责任的男性。随着女性劳动参与度的增加,这一概念变得过时。同样,第一部法律涉及的仅是肢体残疾。逐渐地,保险也涵盖了职业病。最近,保险覆盖面已扩大到更细微的伤害,工伤与职业间直接因果关系的解释也变得更加自由。如今,只要与职位有关,就有权享受福利,甚至对因某些原因而无法工作的员工也提供了各种形式的康复和职业培训。这些发展已经淡化了工伤事故和疾病在概念上的差异。在许多国家,这两个福利系统合并在一起,并通过相同的方案支付补偿,而不再考虑丧失工作能力的原因。

伴随着立法社会政策的削减,另一个共同的趋势是向基于集体和劳动力市场的解决方案转型。法定津贴越低,职业要素就越重要。这一发展表明了社会保险中固有的社会契约性质的转变。在工业化以及民族国家的发展阶段,社会保险是国家层面的尝试,旨在取代已存在的公司层面的计划,并将福利和缴款统一起来,以便为雇员创造平等的补偿,为雇主创造有竞争力的先决条件。在一定程度上,这个循环已经关闭,在不断扩大的职业计划中,风险共担发生在工业部门甚至企业层面上。因此,假想的社会契约被写在雇主和雇员之间,国家作为社会保障生产者的作用逐渐消退,国家仅仅作为裁判,确保合同契约的规则得到尊重。

第28章 残　疾

马克·普里斯特利（Mark Priestley）

引　言

本章关注的是现代福利国家对残疾和残疾人的反应。在本手册中，这一主题尤其令人感兴趣，因为近年来在欧洲和国际上，残疾问题已成为决策者日益关注的问题。持续至今，残疾问题已经有了非常重大的发展，也许其中最重要的是将残疾人需求的概念重新界定，包括从照护和补偿模式发展到社会包容和人权模式。最近，2008年颁布的《联合国残疾人权利公约》，标志着这个转变的一个分水岭。公约规定了国家新的义务，以保护并保证残疾人从就业、教育到交通和收入等一系列社会政策领域的充分参与和平等。但现实是什么？特别是欧洲国家一直在寻求平衡既定的福利国家历史与民间社会中残疾人社会运动提出的基于权利的新要求。为了理解这些紧张关系的重要性，以及他们对福利国家的挑战，首先有必要更多地了解在将残疾理解为政策问题时发生的根本范式转变。

背景和概念

在批判性残疾研究领域，大量文献扩展了不同残疾模式的含义。尤其区分残疾的"个人"和"社会"模式是很有用的（Oliver，1983、1990）。在个人模式范式中,传统的观点认为,身体有残疾的人不可避免地会发现难以进行"正常"的活动,因此难以履行正常的社会角色(WHO,1981)。如果问题的根本原因在于个人的身体缺陷,那么很容易得出结论,即该人在社会环境的每个方面也可通过其身体状况来解释。从政策的角度来看,习以为常的是,残疾人所经历的不利处境在福利国家通常被视为由残疾造成的个人悲剧(Priestley,1999)。从这个角度来看,最适当的政策反应要么是补偿残疾人所认可的损失,要么是帮助他们通过康复进行调整,要么是通过独立机构向他们提供替代性的、价值较低的社会角色。虽然在这种范式下残疾往往被认为可以提出应得的福利诉求,但不太可能将其视为社会包容的合法主张。

相比之下,残疾的社会模式解释却颠覆了这一观点,质疑变得"残疾"和具有身体损伤之间的必然因果关系(Oliver,1990)。至关重要的是,社会模式表明,导致残疾的不是认知、感觉或身体缺陷,而是社会未能找到适应人与人之间有变异和差异的自然内容的方式(Zola,1989)。残疾的社会模式解释将残疾问题定位从个人转移到社会,因而残疾不再被认为是个人悲剧,而是由社会进程所导致的社会问题(Priestley,2003)。从这个角度来看,最适当的政策应对方式显得截然不同。要达到获得适当的补偿或照护的目的,不应仅简单地评估个人的身体功能局限,还应适当地评估社会基础设施中致其功能受限的障碍,以增加其可及性(例如,改善其工作场所、公众态度、教育、交通系统,使之对更多人具有更大的包容性)。

奥利弗(Oliver,1983)首先在学术背景下阐述了个人模式和社会模式的区分。然而,这种推动力来自20世纪70年代残疾人运动中形成的思想和主张(参见Union of Physically Impaired Against Segregation/Disability Alliance,1976)。

因此,根据社会模式,残疾是对残疾人造成限制的全部原因,从个体偏见到制度性歧视、从无法前往的建筑物到无法使用的交通系统、从隔离教育到工作排斥等。而且,这种失败的后果不是简单和随机地落在个人身上,而是系统性地落于残疾人这一群体,此群体将这种失败视为整个社会制度化的歧视(Oliver,1996:33)。

社会模式方法已经越来越多地得到应用并加以调整,以解释不同社会和生活过程中不同阶段缺陷千差万别的人的情况。身体、视觉、听觉、认知或心理障碍人士面临的障碍情况不同,并且这些障碍也以不同的方式影响残疾儿童、成年人和老年人(Priestley,2003)。社会模式提供了一种启发性的工具,可以将这些经验的共性概念化为制度性歧视或压迫。

一些研究社会模式的学者强调文化和思想观念在塑造残疾人标识和社会角色方面的作用(例如,Ingstad and Reynolds Whyte,1995;Shakespeare,1994)。其他人则主张用一种残疾的政治经济学来解释残疾人所经历的、作为资本主义和现代性的产物的不平等(Finkelstein,1991;Gleeson,1999;Oliver,1990)。通过这种方式,奥利弗(Oliver)认为,资本主义政治经济学中的生产和再生产的社会关系产生了"残疾"群体,并使他们被迫依赖一个新兴的福利国家。芬克尔斯坦(Finkelstein,1991)认为,这一点导致新的福利制度安排的增长,以适应社会产生的护理和监督的新需求。这种说法也让人联想到哈贝马斯(Habermas,1987)的论点,即福利资本主义创造了特殊的新形式的统治和从属现象,因为"生活世界"在合理化的官僚机构的控制下变得越来越"殖民化"。残疾可以被看作一种重要的福利管理类别——主要是一类劳动力豁免——是为了响应国家和资本控制劳动力供应并使福利的监管合法化的需要而出现的(Finkelstein,1991;Priestley,1997;Stone,1984)。理解这个复杂的论点对理解残疾和福利的当代动态至关重要。

对于残疾人根本的结构性依赖和福利国家的挑战,至少有三个关键因素具有重要意义。第一,残疾是一个贫穷问题——在当代社会中,残疾人,特别是残疾妇女,存在不同程度的失业、就业不足和报酬过低现象。在一些国家,高达80%的残疾人失业,残疾与贫困的关联在全世界都得到了证明(Elwan,1999)。第二,作为一种福利类别,残疾与工作参与、就业以及免予工作有着千丝万缕的联系。事实上,国家的残疾分类和残疾津贴的应享权利常常依赖于"可工作"的定义和对工作年龄成年人的工作能力测试。第三,这一结构受到以下事实的挑战:在经济发达的福利国家中,老年人的残疾比例很高,并且随着人口的老龄化趋势而日益复杂(Eurolink Age,1995;Mclellan,1997)。

社会模式方法的含义是,残疾不应被简单地视为当代福利国家的再分配问题(通过照护和补偿来应对不利状况),而应被看作是社会排斥的结构和关系问题。以这种方式看待问题有助于我们了解残疾人政策的最新动向以及向更加全面和以权利为基础的社会包容方法的转变(本章稍后将加以说明)。比如,社会模式方法的倡导者认为,在可及性方面的结构性投资(例如,在教育、住房、交通、信息和通信技术等),加上非歧视性法律,通过促进就业机会或减少对国家资助的护理和与残疾相关的福利的依赖,可以为福利国家带来经济利益,并为个人提供更大的包容性。然而,所有受困人群的可及性和包容性也对福利国家的市场和基础设施构成了根本性挑战,这意味着需要增加而不是减少投资需求。

起源与发展

对现代福利国家早期残疾福利供给的分析凸显了不同福利传统的重要性。从历史发展的角度来看,英语国家范例在社会模式文献中受到广泛关注,并提供了一个有用的起点。在英格兰,最早的残疾福利类别可以在控制流浪、贫穷和移民的法案中看到,这些法案对于"应得"和"不应得"的公共福利诉求的出现都是至关重要的,即便是在 1601 年的《济贫法》颁布之前(Priestley,1997)。在后来对"无工作能力"者的描述中,有身体缺陷的人占据了重要位置,公共福利机构则在同情和强制之间——"胡萝卜和棍棒"之间——寻求一种艰难的平衡。"疾病"类别的出现在 19 世纪可以更清楚地看到,1834 年《济贫法修正案》允许对患病者做出让步,使其在户外救济方面免受强加给有能力的穷人严苛限制。正如斯通(Stone,1984:43)所指出的那样,尽管如此,关于病人和残疾人是否也可以通过"不够资格"原则的威慑和对经济状况调查权利的惩罚性实施来"救治痊愈",还是存在一些争论。

随着时间的推移,出现了新形式的特殊供给(包括在济贫院和专门机构内的病房)。在这种背景下,给病人和残疾人的待遇往往被认为比有工作能力的穷人更有利。这种区别也导致福利官员和医生之间的权力紧张关系,即谁应该在福利管辖权的不同领域对资格进行判断(在今天的一些国家,这种紧张关系是显而易见的)。从针对"疯子"和"精神病患者"的有针对性的干预措施(例如,Borsay,2005)开始,医学将患病和残疾福利受益人分为不同的损伤类别也

第 28 章 残 疾

是一个重大发展。然而,在早期的公共疗养院和济贫院中,几乎没有任何系统地区分患有病理性疾病的人和那些因年老或犯罪等需要帮助的人。事实上,直到 20 世纪,残疾才从一般的老年福利中脱颖而出,成为一个独特的福利类别。在当时的英国济贫法体系下,为残疾人提供的福利主要是基于无能力工作、贫困和日益制度化的公共护理。重要的是,这一模式不包括伤残养恤金。

相比之下,德国 19 世纪 80 年代的俾斯麦改革为一个独特的社会保险制度奠定了基础,其中,"伤残"成为一个关键概念(特别是在 1889 年的《伤残和养老保险法》中)。这些发展以及它们所基于的概念,确立了福利供给的原则,它们在当今许多欧洲国家给残疾的待遇中都是显而易见的。就像在英国一样,快速工业化和国家建设为财富创造和新福利挑战的出现提供了动力(尽管可以说,国家的合法化在德国发挥了更重要的作用)。虽然德国在 19 世纪末对残疾人的反应包括强制和条件限制等要素,但比起英国《济贫法》的限制性/惩罚性路径,它是在一个更为家长式的福利国家模式中发展起来的。

从俾斯麦的改革中演变出一个三方福利财政体系,在这个体系中,雇员和雇主的缴款得到了政府对养老金和其他项目的积极资助。德国原始的公共社会保险制度建立起一个强制缴费的要素以及一种国家有援助责任的慈善模式。重要的是,国家承担了提供伤残养老金(以及老年养恤金)的责任。然而,那些无法谋生的人可能被要求从事与他们的技能和经验相适应的替代性工作。与英国模式一样,"工作能力"是界定援助资格的核心(或者更具体地说,在德国,是指获得基本收入水平的能力,具体规定为当地平均收入的一定百分比)。

德国在 20 世纪初引入伤残养老金,结果是由国家补贴担保的救助申请激增,导致养老保险制度走向破产。这反过来又鼓励收紧资格标准,并强化疾病保险和伤残养老金两个独立制度之间的区别。随后的发展因而变得越来越具有复杂的技术官僚主义的特征,讨论不同类别工人(例如,体力劳动工人和白领工人)的资格、收入和工作条件等。斯通(Stone,1984:66)认为,早期德国养老金制度的意义在于,它将残疾与个人习惯的"活动范围"内的收入潜力联系起来,而不是与具体的医疗条件或完全无工作能力联系起来。

英国和德国的这些早期发展是有用的例证,因为它们预示了其他国家出现的许多关切和争论,尽管在与国家残疾相关的福利供给的发展、组织和资金方面有重大差异。例如,在瑞典,社会保险和医疗保健福利都是在一个面向所有人的公共资助系统中出现的(福利和资助根据评估的需要提供)。这对残疾人有一些积极的好处,因为脱离社会保障体系范围的风险显著降低了(因为其很少依赖于在职缴款)。

与欧洲福利模式相反,美国的社会保障体系保护手段不多,享有社会保障的全部权利都取决于工作时间内的缴款。在这种剩余型制度下,在20世纪30年代影响深远的《社会保障法》中伤残得到了承认,但《社会残疾保险》的颁布相对较晚(1956年),并且只限于那些因残疾而无法"终身从事有酬工作"的人。最初,有限的现金福利也只支付给老年工人(50岁以上)。美国的战后发展也呼应了欧洲早先的争论,对权利资格的严格界定和限制给予了大量的关注,以防止迅速或欺诈性地扩大对国家的残疾权利主张。然而,与其他国家的发展一样,美国的快速增长接踵而至,并在20世纪80年代和90年代对公共资源造成了越来越大的压力(特别是在补充保障收入体系内)。

正如这个简短的历史回顾所展示的,国家福利供给体制有很大的差异,但是可以确定一些共同的紧张关系和挑战,包括:界定伤残和失能的问题;对有部分工作能力做出应对的挑战;公共和私人资金之间的适当平衡;与工作预期有关的条件性或强制性的程度;以及国家对残疾人权利主张随时间推移而扩大的反应(特别是在总体经济衰退时期)。下一节将阐述各国在应对这些核心挑战方面的一些主要共性和差异。这些例子特别侧重于欧洲国家的发展。

一致性与差异性

虽然在协调统一残疾人政策方面取得了相当大的进展(例如,最近通过制定一项联合国公约和欧洲联盟立法),但在国家层面仍有很大的多样性空间。即使有超国家立法,也存在实质的辅助性。因此,沃丁顿(Waddington,2005)比较了比利时和荷兰的《欧洲职业和就业非歧视性框架指令》的实施情况,以说明国家自由裁量权的广义范畴。虽然欧盟立法要求在一个共同的劳动力市场上不应有歧视,但实现这一目标的许多先决条件(如教育、住房、社会保障等方面的政策投资)都依赖于成员国的多样化政策(Machado and de Lorenzo, 1997)。在欧盟扩张之前,赫文登(Hvinden,2003)质疑西欧国家之间是否存在残疾政策趋同的确凿证据(见 Aarts et al.,1998;Prinz,2003;van Oorschot and Hvinden,2000,2001)。赫文登(Hvinden)进一步认为,残疾人政策关注的关键领域,如社会保障,在一定程度上"充斥"的是现有的各种国家福利体制和传统。相比之下,在更多的"空白"领域(如市场监管和反歧视法),欧洲化的空间更大。

在由 27 个国家组成的扩张后的欧盟中,残疾政策的一致化受到不同国情的进一步挑战。早期的欧洲政策提倡赔偿和康复,这可能引起了对原始成员国福利支出的关切,但在 20 世纪 70 年代、80 年代甚至 90 年代中期,这些政策的遵守几乎没有什么约束。相比之下,2004 年和 2007 年加入欧盟的国家在残疾和社会包容方面面临更大的政策遵守挑战,且这些国家的经济资源往往有限。因此,残疾人平等政策的实施对中欧、东欧和南欧转型经济体提出了巨大挑战(例如,Ursic,1996;Walsh,1997),在保加利亚和罗马尼亚更是凸显了残疾人面临的一些极端挑战。为了更多地了解欧洲和其他国家的差异并进行比较,有必要回到上一节所确定的一些关键挑战,并举例说明某些特定领域的例子。

现金收支

经合组织的社会支出数据库为比较总体支出水平提供了基准(尽管残疾、疾病和事故津贴都包括在"与丧失工作能力有关的津贴"类别内,但在国家之间可靠地按同等条件分类并不总是容易的)。在经合组织国家中,挪威、英国、荷兰、瑞士和瑞典报告称,2005 年公共支出中与残疾人津补贴(现金福利)相关的支出比例最大,所有这些国家都超过政府总支出的 4%。报告的趋势各不相同,很明显,不同的国家经历了不同幅度的支出增长。例如,虽然英国工作年龄人口的总体失业人数从 1997 年的大约 600 万人下降到 2007 年的不足 500 万人,但这一群体中领取与疾病或残疾相关福利的人数仍保持在 270 万左右(尽管在同一期间,领取这种福利超过两年的人数从 190 万增加到大约

220万）。在澳大利亚,报告的残疾人津补贴支出在1980—2005年期间从2.4%增加到3.7%;但在英国则增加了3倍,从1.8%增加到5.5%;而在美国,这一比例仍然比较稳定(从1.7%增加到1.9%)。

北欧和西欧已建立的福利国家继续报告较高水平的残疾人津补贴和现金福利支出,而南欧和东欧国家仍然低很多。以公共支出中与残疾有关的现金福利为相同的具体范例,就人均同等成本而言,卢森堡和挪威报告的比率最高,匈牙利、斯洛伐克、希腊和意大利报告的比率最低。5个北欧国家排在前七位(与荷兰一起)。即使考虑到公共和强制性私人保险计划,5个北欧国家、卢森堡、瑞士、荷兰、美国、奥地利和比利时均高于经合组织的平均水平(澳大利亚是这类中唯一的非欧盟国家)。在这一指标上,德国和法国的支出远低于经合组织的平均水平,不到北欧—荷兰—英国集团人均当量值的一半。相比之下,职业伤害和疾病津贴的支出数据显示出截然不同的模式[例如,加拿大在经济合作与发展组织(OECD)中名列前茅,奥地利和德国也显示了高水平的公共支出]。

然而,各国的趋势有所不同。斯马和罗德里格斯(Shima and Rodrigues, 2008)利用欧盟成员国2000—2005年国家行政登记中的数据,发现芬兰、丹麦和冰岛三国缴费型和非缴费型伤残福利受益人数量下降、支出增加(证明偿付越来越慷慨)。来自拉脱维亚、波兰和英国的比较数据表明,在同一时期,残疾人津补贴的人数相对福利水平和在国内生产总值中所占比例都有下降(另见Applica et al., 2007)。除英国、拉脱维亚、波兰和德国外,其他27个欧盟国家这一时期在残疾人津补贴计划上的社会支出份额都有所增加。这种比较应审慎对待,解释所报告的差异需要对不同国家的不同类型的福利计划及其资格标准有复杂的理解。

例如,英国就展示了一系列复杂的残疾人可获得的财政福利和应享权利。近年来,大量的注意力都集中在丧失工作能力的福利上,那些由于疾病或残疾而不能工作的成年人可以获得这项福利(条件是他们已经支付了国民保险费,没有领取法定病假工资,并且在伤残时低于退休年龄)。津贴补偿额度取决于得到认可的残疾评估师进行的个人能力评估。2008年2月,约2 659 650人获得了这项福利,平均每周领取金额为52.57英镑。然而,那些在日常生活中需要援助和支持的人也可以通过残疾生活津贴申请额外的收入补助,无论他们是否工作,并且通常也不涉及体检或个人收入审查。对于那些接受收入支持(社会保障支付的基本收入水平)、工伤残障津贴、战争伤残抚恤金和津贴、可能的减税、住房补贴和国民保险抵免的人,还有额外的残疾保险费支持。

以就业为中心的资格界定

鉴于各国与残疾有关的现金福利制度的复杂性和差异,资格的界定和标准应被视为极其重要。正如博尔德森和马比特(Bolderson and Mabbett,2001:53)指出的那样,"分类是社会政策的基本技术或实践之一",他们的分析强调了重要的资格类别是如何建立起来并遭到质疑的。他们把残疾凸显出来,作为一个特别有意义但也有问题的例子,认为残疾福利不能非常成功地发挥作用,尽管它被认为是一个高度合法的权利类别,但其识别和界定难以实施。尽管有这些困难,但他们发现也很难想象有一种普适的政策方案,可以完全消除残疾这一类别。

马比特(Mabbett,2005)在对欧盟15国现金福利和就业计划中所使用的残疾定义进行比较研究的报告指出,在广泛变化的政策背景下进行跨国比较是有难度的,同时也强调了医生和行政管理人员在认证福利资格时的高度自由裁量权。比如,该研究说明了,收入维持和社会保险的定义如何随着费用和索赔人数目的增加而改变;人口老龄化会如何挑战日常生活援助的界定标准;以及残疾人政策的主流化会如何导致定义的变化(特别是在就业方面)。在这个意义上,不同残疾定义的适用性仍然是政治家和技术官僚的一个重要关切点——对现金福利管理的有效界定不一定能够很好地对公民和社会权利的更广泛保护发挥作用。

许多国家依靠对个人功能损害的某种比例测量来触发某些残疾福利的最低资格(例如,奥地利、比利时、保加利亚、塞浦路斯、冰岛和罗马尼亚为50%;捷克共和国、葡萄牙、立陶宛为66.6%;意大利等为74%)。例如,在挪威,失去50%的收入机会则可以申领伤残补助金;但在丹麦、芬兰和英国,申领伤残补助金的资格取决于对工作能力的定性或基于标准的评估。对功能性损伤的测量是高度技术性的,有时是复杂的并在门槛评估中严重依赖于医学权威。从社会模式中的残疾角度来看,它也受到相当多的批评。例如,基于对身体的医疗评估而对个人工作能力做出的判断,可能未考虑劳动力市场上可提供的工作类型、适应性技术和支持性援助的可用性或工作环境的可及性。

在福利政策中对于残疾的"可工作能力"的定义的普遍依赖意义重大,并且这种普遍依赖加强了残疾与历史上被排除在劳动力市场参与之外这两者之间的根本结构性联系——这种定义在各有千秋的现代福利国家中如果不能说是无处不在的话,也是一种普遍的特征。对"可工作能力"的定义是有问题的,因为它未能充分解决残疾儿童或老年人所遭受的排斥。然而,很明显的是,即使对于有工作年龄的人来说,在劳动力需求低的时候(例如,在经济衰退期间)那些被判断为"无工作能力"的人,往往是在需求高时(例如,在战争或经济增长期)被带入劳动力市场的。"工作能力"的定义也可以随着时间的推移而改变,以适应政治和经济环境(Stoned,1984)。在这个意义上,国家对残疾的定义表现为具有特定的"弹性"(Gruber,2000)。因此,残疾的社会模式有助于提醒我们,资本主义市场条件和国家管理如何在现代国家将残疾人保障定位为一种具有剩余性和灵活性的福利类别。

在以成人为中心的控制劳动力供应和福利支出的政策关联中,人们越来越重视对因残疾/失能而享有福利资格的工作能力进行更详细的功能评估(包括日益强调更多的医疗化评估)。然而,正如最近经合组织对卢森堡的意见中所阐明的,评估工作能力丧失的措施有时所取得的成效,只是创造了一个新的"失业残疾人"类别,而没有在就业上取得实质性的回报。此外,限制性资格措施可能对已经获得残疾地位的成年人产生新的抑制性影响,使他们更不愿意寻找工作(例如,担心无法恢复享受残疾福利)。

这一点意义重大,因为在过去,无论是在西欧福利国家(在高失业率时期)还是在前东欧集团国家,残疾人津补贴都被广泛用于促进永久性的劳动力退出。在这两种情况下,人们普遍担心残疾津贴已成为一种摆脱就业的途径。近年来,政策出现了重大逆转,若干欧洲国家(例如,卢森堡、罗马尼亚、英国、马耳他、匈牙利、荷兰、罗马尼亚和斯洛文尼亚)开始积极注意改变这种福利路径。这种转变似乎主要是出于对福利国家支出的担忧(在经济衰退期间这种担忧将迅速升级),而不是出于对残疾人予以包容的善意考虑。然而,历史表明,经济衰退和更高的失业率扭转了这种趋势,并重新使用残疾福利来控制劳动力供应。

就业测量

如上所述,残疾的社会模式、当前的福利政策争论和技术官僚的守门人机制都在提醒人们关注残疾、工作和福利之间的根本联系,因此,有必要考虑当代福利国家残疾人就业政策的一些关键特点和发展情况。毫无疑问,就业在残疾人政策的制定中占有重要地位,而且往往占主导地位。残疾人就业政策的变化也为其他政策领域的后续变化奠定了基础。

对于支持和安置残疾人就业的政策有着大量的比较研究,主要集中在工业化的西方经济体国家。例如,桑顿和伦特(Thornton and Lunt,1997)在欧洲、北美和澳大利亚早期工作的基础上研究了 18 个国家的残疾人就业政策。他们的研究表明,众目睽睽下是一种全民致力于更多地高谈阔论残疾人的参与和平等,同时针对这一任务的立法路径也越来越宽泛。这项研究和其他研究提出了一些有用的趋势类型。桑顿和伦特(Thornton and Lunt)在国家层面确定了两种宽泛的路径:第一,通用的反歧视残疾立法路径(其中,就业通常是一个主要主题);第二,将残疾政策划分为独立的部门关注问题(其中,就业可视为单一问题)。戈斯等(Goss et al.,2000)还确定了两种政策传统——他们定义为基于受保护的就业配额和国家干预的"欧洲"传统,以及基于反歧视措施和个人公民权利的"美国"传统。古丁(Gooding,1996:65)做出了类似的区分,将就业配额制度与残疾的医疗补偿模式等同,将基于权利的方法与残疾的社会模式等同。这种二分法有点过于简单,值得商榷,但它们为理解最近的政策发展提供了有益的起点。

这个例子中没有明显的趋同证据,并且格列韦(Greve,2008)指出了不同的欧洲国家是如何在残疾配额制度上各奔东西的(例如,塞浦路斯引入新的配额制度,英国废除了以前未执行的配额)。事实上,大多数欧洲国家对雇主规定了某种形式的残疾配额义务(包括奥地利、比利时、保加利亚、塞浦路斯、捷克共和国、法国、德国、希腊、匈牙利、爱尔兰、意大利、立陶宛、卢森堡、马耳他、波兰、葡萄牙、罗马尼亚、斯洛伐克、斯洛文尼亚和西班牙）。通常,配额计划要求雇主招聘和维持最低比例的残疾人在岗(通常只适用于大雇主)。在一些国家(例如,波兰、奥地利、德国和法国),对不履行配额计划的雇主征收财政税,并投资于国家基金,以支持残疾人的培训或就业(例如,波兰的国家康复基金),但是也存在各种不同的情况,特别是在执行水平上。例如,在奥地利,塞尔德隆和雷纳特(Zelderloo and Reynaert,2007)指出,在2002年只有不到1/3的公司遵守了4%的配额标准(西班牙的合规水平甚至更低)。此外,令人关切的是,雇主履行配额义务往往针对那些最接近劳动力市场的残疾人,而不是那些在融入上更具挑战性(实际上或经济上)的残疾人。

在补偿模式中,残疾人就业政策路径还包括在主流劳动力市场之外或边缘为其提供"庇护式"就业。这种就业供给经常受到批判,因为它所供给的要么是没有报酬,要么是报酬不高的价值较低的工作角色(例如,Visier,1998)。还有人关注的是,残疾人被广泛安置在与工作有关的"培训中心",而对他们随后融入劳动力市场几乎没有影响。从20世纪80年代起,在主流劳动力市场中采用"资助式"安置的现象迅速增长,最初是在北美(Wehman et al.,1997)。就业领域非歧视立法的推行,包括美国的《美国残疾人法》、英国的《残疾人歧视法案》和《欧洲指令》(前文提到过)都助力推进了这一趋势。在国家政策中,尤其是欧洲福利国家政策中,补偿模式仍然是其重要的内容。然而,支持残疾人参与普通工作(作为一种合法权利或作为就业激励政策)可能对前面概述的残疾福利政策提出挑战。特别是,一些福利制度发现,很难在部分或临时工作能力或灵活工作需求与对残疾的明确定义和获得福利待遇的复杂途径之间取得平衡。

随着福利国家主动去适应新获得的各种认识,即很多"残疾的"人能够并的确是在工作,国家政策中各种各样的路径显露无遗。例如,一些国家(例如,在比利时、芬兰、马耳他、荷兰和罗马尼亚)已经开始采取行动,为残疾雇员和求职者提供工资补贴,但这些计划中的大多数都是有时间限制的。其他的财政激励措施包括对雇主税收或保险费用的优惠(如捷克共和国、西班牙、瑞典)。其他的政策投入包括使残疾人的技能与可获得的就业机会相匹配(例如,比利时),旨在帮助更多"重度残疾人"就业的政策(例如,塞浦路斯、德国),

更好地将残疾福利与有偿工作结合起来(如丹麦、英国),支持残疾人创业和创办小企业(如芬兰、立陶宛、瑞典)以及提供咨询、信息和定制求职服务(如卢森堡、罗马尼亚)。

就那些找到工作的成年人来说,有一些证据表明新的政策支持更灵活和更安全的就业。这些措施包括捷克共和国对创造兼职工作的激励,丹麦推广的"弹性工作",爱沙尼亚向雇主和雇员推荐灵活就业,以及荷兰有关部分工作能力的立法。这些政策取得了不同程度的成功,但其在经济衰退期的实施效果成功与否仍有待观察。这些政策也倾向于采取个性化的应对措施。考虑到社会模式带来的巨大挑战——消除阻碍包容性的结构性障碍——很少有国家在残疾人福利与社会包容性结果所需的社会基础设施的潜在可及性之间建立起任何实质性和切实可见的政策联系。

趋势与未来方向

正如前面几节所讨论的,当前对残疾人福利改革的关注是由各种因素驱动的。为了有资格获得与残疾有关的福利,被认定为残疾人的人数出现了历史性的增长,这导致相关预算压力加大。这种趋势在19世纪晚期最早的那些计划中和最近的公共支出比较数据中都很明显。最明显的是,在劳动力供应过剩时期,与残疾有关的权益诉求增加,但它也是人口老龄化的一种作用显现。申请残疾福利金人数增加的趋势有各种不同的解释,有从个人行为(假定的工作回避行为)方面的说法,也有工作供应(特别是面向长期失业的年长工人)减少的说法。然而,残疾作为一个灵活的管理范畴的概念已经得到了清楚、明确的例证,即在先前的经济衰退期间为了应对低劳动力需求,基于"无工作能力"或"残疾"两种福利,失业工人被大规模地重新分类。利用被评定为残疾而享受福利这种方法来促进永久性提前退出劳动力市场,现在已成为福利国家的一个突出问题,导致实质性的改革和收紧资格评估。

例如,英国政策近期的维新聚焦于将复杂的体制简单化,而将重点放在就业激活计划上(规划政府的成本效益而不一定是面向个人受益者)。2008年,为疾病或残疾支付的残疾福利津贴和收入支持计划被新的就业和补助津贴取代,并采用了新的工作能力评估方法,在确定资格时更加强调医学权威。英国的例子有助于表明国家所关注的是最大限度地增加残疾成年人和老年工人的就业贡献,强化资格界限,以及减少与残疾相关的公共福利支出,这些做法在欧洲其他地方的最新发展中也很明显。

欧洲国家最近的劳动和福利政策发展包括一种观念的转变,即从完全伤残(或失能)转向工作能力,重点评估人们可以做什么,以及基于这一评估进行针对性干预。这些进步已使人们越来越关注非完整性工作和工作的灵活性——包括缩短工作时间、更灵活的出勤(假日、工作休息等),例如,波兰颁布了法律,根据伤残程度,确保有非完整性的工作机会的权利。2007年,挪威残疾人中非完整性就业者比重为48.3%,高于所有从业人口中的比例(26.6%)。经合组织对基于非完整性工作能力的动议特别感兴趣,尽管这种举措迄今是否改善了长期融入劳动力市场的前景仍不清楚(OECD,2003a,2007d)。需要指出的是,残疾人从事非全日制工作的压力所暗示的"灵活性保障",可能导致新形式的就业不足和贫困风险。

在这种背景下,残疾人政策的重点也从补偿性模式历史性地转向以公民身份和权利为基础的模式(可能与国家福利政策并行或有别于国家福利政策的法律模式)。国际政策议程已重新制定,既有残疾人运动基于权利的主张,又有针对残疾歧视的新的国家法律的大量涌现(Breslin and Yee,2004),以重新提出作为人权问题的核心政策挑战。在这一发展中,2008年《联合国残疾人权利公约》的实施意义重大。随着各个国家在其框架内批准和立法,新的紧张局势和现有政策的挑战也会出现。社会模式的批评者认为,基于权利的立法不可能解决资本主义市场造成的残疾的深层结构性基础方面的问题。

博尔德森和马比特(Bolderson and Mabbett,2001)认为,残疾的社会模式和人权概念与欧洲国家的福利模式和传统并不相符。他们设想了三种可能的政策方案:统一残疾人和非残疾人的失业福利并废除丧失工作能力类型的福利。福利的出现是基于对残疾障碍的实际成本的补偿而不是对个人功能的评估,以及废除残疾分类,进而促成在社会包容所有领域的政策主流都有普遍可及性。其中,他们认为第一种方案是最不激进的(至少在英国是这样)——这一评估似乎被英国政府2008年的福利改革所证实。第二种方案对福利国家提出了挑战,因为非歧视立法(遵循美国模式)的发展将个人被排斥的责任概念化为国家的私人问题而不是公共问题,即在某种意义上雇主或服务提供者不合理地歧视残疾人,就应当对其后果承担法律和经济责任。第三种方案在欧洲委员会将残疾问题纳入所有主流政策领域的言辞立场上有部分程度的显现。显而易见的是,目前残疾政策的发展趋势已经使这一主题远远超出了"社会政策"和福利的传统界限,使人们更加关注面向所有人的社会包容、平等和公民权。

第 29 章 失业保险

奥拉·斯约伯格,乔金·帕尔默,埃罗·卡罗尔
(Ola Sjöberg, Joakim Palme, Eero Carroll)

引 言

失业保险有时甚至可能比其他任何类型的社会政策计划都更容易,引起工业社会的政治冲突。国家应对失业的方式,体现了工作和失业原因之间,以及国家、市场、家庭和第三方的作用之间,相互冲突的价值观。失业保险计划具有争议性质的一个表现是,这种计划往往是主要社会保险计划中最后一个引入的(Wennemo,1994)。

本章介绍了自第一部失业保险法律颁布以来 18 个代表性福利国家中失业保险计划的长期演变。它还旨在讨论失业保险计划可能对个人的状况、行为和态度,进而对整个社会产生的一些影响,包括对劳动力供应、贫困、企业与工人之间的匹配、个人的技能形成以及失业保险在经济衰退期间维持需求的作用等的影响。

尽管失业保险计划的许多方面值得我们关注,但在本章中,我们通过使用社会公民指标计划(Korpi and Palme,2007)的数据,重点关注这些计划的三个核心维度:覆盖了多少?失业工人会得到多少钱?在什么时候,持续多长时间,失业人士可享受保险福利?这些统计数据在宽泛的时间和空间上的可比性,使得它们非常适合于分析失业保险计划的性质及其如何发展的普遍结论。这些数据还为我们讨论制度变异的各种影响提供了一个富有成效的起点。

失业保险计划的制度多样性[①]

通过描绘理想的制度类型，我们可以将复杂的差异和相似性模式简单化，从而简化各国的比较结构以及时间趋势分析。在失业保险立法出现之前，工会和友好社团在捐款资助的基金内实现互惠互利。在世纪之交，一些斯堪的纳维亚和欧洲大陆国家建立了第一种制度型的失业保险，即自愿性国家补贴保险（通常被称为"根特系统"，因为其首次在比利时根特镇被引入）。1905年，法国成为第一个在国家层面引入补贴自愿失业保险计划的国家。在这种制度形式的失业保险中，福利基金是控制和管理的重要实体，国家扮演监管和监督的角色。失业者享有福利的基础是成为该基金的成员。从历史上看，福利是以固定费率的每日福利支付的，但也越来越多地以与收益相关的形式支付。根特体制仍在瑞典、丹麦和芬兰运行，但在芬兰，广泛的国家补贴直到20世纪60年代才开始实行。

特定的计划，根据持有的资产、失业时证明的支持需要或失业前的收入，以及最低水平的福利支付来判断应得的福利，历来也是失业保险的一种重要制度形式。然而，虽然一些国家提出了将这种有针对性的计划作为其第一个方案，或者已经采取了这种有针对性的计划来补充现有的无针对性的计划，但只有在澳大利亚和新西兰，财产或收入审查福利的国家计划才是国家立法规定的唯一形式的失业福利。

在强制性失业保险国家中，区分国家社团主义和全面计划是有用的。英国在1911年引入世界上第一个国家强制保险计划，尽管福利接近最低生活水平，但这项法律完全颠覆了旧《济贫法》的原则。在综合形式的失业保险中，社会保险缴款通常是享受福利的基础，但是没有事先缴款记录的求职者也可以获得福利权利。这种方案既不区分劳动力市场的不同群体，又不局限于自愿投保基金的人。福利在本质上倾向于统一费率，或者说，对于许多工人群体来说，福利依据收入的累加程度太弱，以至于实际上是统一费率。在欧洲大陆的

[①] 本节基于Carroll(1999)和更新的SCIP数据。

许多国家,国家社团主义保险(可被视为强制保险的变体)盛行。它的制度特征包括按职业界限划分的国家保险制度,以及这些制度由雇主和雇员代表共同管理。对于在一定程度上依据劳动力市场合作伙伴以双向或三方形式组织的情况,职业归属是福利权利的核心。福利通常以与收入相关的形式支付。

表29—1展示了18个OECD国家第一部国家层面的失业保险法的制度结构,以及随后的制度发展。正如阿尔伯(Alber,1981)在他的开创性研究中所观察到的,在失业保险计划的设计中,在一些重要方面,跨国多样性一直持续到今天。这些制度形式似乎对所覆盖的雇员比例和福利水平产生了相当大的影响。

表29—1　　18个OECD国家首次引进失业保险法律的时间

	自愿国家津贴	目标项目	综合保险	社团保险
澳大利亚	—	1944	—	—
奥地利	—	1920	—	1949
比利时	1920	—	—	1944
加拿大	—	—	1940	—
丹麦	1907	—	—	—
芬兰	1917	—	—	—
法国	1905	1940	—	1967
德国	—	—	—	1927
爱尔兰	—	—	1911	—
意大利	—	—	—	1919
日本	—	—	—	1947
荷兰	1916	1943	—	1949
新西兰	—	1938	—	—
挪威	1906	—	1938	—
瑞典	1934	—	—	—
瑞士	1924	—	1976	—
英国	—	—	1911	—
美国	—	—	1935	—

资料来源:Carroll 1999:27。

第 29 章 失业保险

失业福利计划的早期发展：大萧条及其后果

20 世纪 30 年代是经济衰退时期，这在工业化世界历史上（可能直到 21 世纪头十年）前所未有，因此，现有的失业福利国家安排受到相当大的压力。然而，这一时期的特点并不完全是紧缩的：在许多国家，失业保险计划的发展相当具有稳定性，有些国家甚至提升了替代率和覆盖率，尽管水平仍相对较低。

由于不同的政治、经济尤其是制度环境，劳动力市场政策决策者对 20 世纪 30 年代劳动力市场的大萧条做出了不同反应。一些国家为了应对危机，引入经济和收入审查——例如，德国和英国分别引入了经济和收入审查以及歧视性资格条件，这实际上导致已婚妇女没有资格享受福利待遇。20 世纪 30 年代奥地利保留了其颇具特色的特定的福利制度，通过更严格的收入调查，大大收紧了获得福利的渠道。然而，在大多数实行缴费型筹资的国家（如自愿的国家补贴保险计划和英国与爱尔兰的计划），危机并未导致收入审查使用增加。

在 1930—1933 年的大萧条期间，只有两个国家——德国和英国——缩短了普通保险福利的期限。在这两个国家，失业保险的政治纷争在 20 世纪 30 年代早期都很明显——在英国，失业保险在工党的分裂和选举失败中起作用；在德国，失业保险也导致魏玛共和国的垮台。总之，我们发现，在实施自愿计划的国家，如北欧国家、比利时和荷兰，受益期最短。在此期间，一些国家还实行了延长期限或无限期的紧急福利和救济方案（这里没有纳入）。

在涉及覆盖面时，我们预计强制保险形式（即全面保险或社团保险）的国家比自愿保险的国家更容易获得更广的覆盖范围。20 世纪 30 年代，这一预期似乎也得到了大部分数据的支持：北欧国家（丹麦除外）以及法国的覆盖率水平在此时期普遍低于平均水平（见表 29—2）。在北欧国家，国家是否有权利或能力提出要求，对这个新生的工会运动以前的自治方案进行管制，这一点远不明显。尽管法国互惠主义计划是第一个国家层面立法的失业计划，但其覆盖率却很低，这归因于以下事实：长期以来受失业冲击最大的群体——年轻人、老年人和移民——缺乏必要的政治代表性,无法促使精英和核心工人认识到这是一个突出的社会问题。然而,仅凭体制结构不能解释覆盖率的差异,在两次世界大战期间实行自愿保险的比利时和瑞士,覆盖率水平远高于平均水平,特别在20世纪30年代后半期。至1930年,已引入某种形式的强制保险的国家(即德国、爱尔兰、意大利和英国)在此时期具有较高的覆盖率。德国,在1930—1933年,削减期限和经济状况调查与高失业率相互作用,导致覆盖率大幅下降。

表29—2　18个国家的净替代率和劳动力覆盖率

（1930—1939年、1947—1970年和1975—2005年的平均数）　　单位:%

		净替代率			劳动力覆盖率		
		1930—1939	1947—1970	1975—2005	1930—1939	1947—1970	1975—2005
自愿型或北欧国家	丹麦	26	55	67	22	33	67
	芬兰	11	29	63	1	16	68
	挪威	19	32	69	5	55	86
	瑞典	9	59	75	2	43	92
欧洲大陆自愿型国家	比利时	16	46	64	23	58	67
	荷兰	22	57	79	16	46	80
	法国	29	29	61	1	10	60
	瑞士	35	35	70	24	24	79
综合型或目标项目型国家	加拿大	.	46	68	.	57	81
	爱尔兰	46	38	60	27	52	80
	英国	34	43	37	62	81	79
	美国	10	42	56	14	59	83
	澳大利亚	.	25	43	.	.	.
	新西兰	11	51	47	.	.	.

续表

		净替代率			劳动力覆盖率		
		1930—1939	1947—1970	1975—2005	1930—1939	1947—1970	1975—2005
国家社团项目型	奥地利	34	46	58	.	44	66
	德国	23	60	74	40	56	71
	意大利	25	26	26	26	38	48
	日本	.	59	72	.	28	48
平均		23	43	60	20	44	72

注：净替代率为单人家庭以及一对夫妻与两个学龄孩子家庭的平均数。失业期为26周，净津贴以半年内净工资的比例来测算。

资料来源于 SCIP 2009，参见 Korpi and Palme，2007。

同样的情况是，在20世纪30年代实行自愿方案的北欧国家，替代率相对较低（依然是丹麦除外）。然而，在制度结构和利益结果之间并没有一个完美的契合点——例如，法国和瑞士都采用自愿形式的保险，但其在20世纪30年代有相当高的替代率。对于20世纪30年代有社团主义制度结构的两个国家来说，情况是相当混乱的。虽然在战争期间德国的替代率大幅下降（从1930年的将近50%降至1939年的10%以下），但在同一时期法西斯主义的意大利则有所改善（从1930年的20%上升到30%以上）。第二次世界大战前，设立综合失业保险计划的两个国家——爱尔兰和英国——在这一时期有相对较高的替代率。爱尔兰的替代率在1930—1933年间有显著上升，但这并不是因为统一费率福利提高，而是因为通货紧缩、工资下降（平均生产工人的工资在1930—1933年之间下降了约40%）。在美国，联邦失业保险立法于1935年被引入并成为《社会保障法》的一部分，所有州都在1937年7月加入该法案。在20世纪30年代后期，该法案提供的替代水平与北欧国家的自愿计划相当（即低于20%）。

从福利国家扩张到全球经济危机与紧缩

正如一些评论家指出的，战时经济规划、民族团结和资源协调方面的经验被转用扩展到战后时期的福利国家。战后经济的快速重建引致的高速经济增长使得不断增长的收入基础成为必然,而较长时间内持续的低失业率降低了福利支出。这一时期发展失业保险至关重要的是,经济中的国家干预主义也是一种普遍迈进之势。1973—1979年的石油危机结束了福利国家的黄金时代。由于失业救济在许多国家解释失业率的上升和明显居高不下中有相当重要的作用,因此为失业者提供现金补助的合法性日益受到质疑。

在战后时期,平均等待时间非常稳定。然而,少数国家开始显著增加等待的天数,首要的例子是新西兰,与1990年颁布的所谓的《经济和社会倡议》相结合,大大增加了等待天数。由于1971年的失业保险改革,在加拿大以及在20世纪90年代初的法国和瑞士,等待天数也显著增加。在2005年的失业保险计划中没有等待日的国家只有奥地利、比利时、丹麦、德国和荷兰。加拿大失业保险计划的一个有趣特点是,自1971年改革以来,福利资格(以及福利)与该地区的失业率有关(即高失业率地区的资格标准限制较少)。

如果我们将战前几年和战后几年进行比较,则受益期限的增加是显而易见的。一些国家——瑞典、芬兰、英国、丹麦和挪威——在现有体制结构中延长了福利的期限。到1947年,一些国家还引入了(至少理论上)无限期的有针对性的计划。在荷兰,过渡期针对性的方案于1943年引入,但在1949年(1952年全面实施)该方案被强制性的社会和工业保险的双重制度所取代。这种从本质上说是国家社团主义制度结构的改变,也导致失业救济的期限越来越长,从1950年的13周到2000年的182周。同样在法国,战后有针对性的方案接续了先前的战时方案,又逐渐补充了以工业为基础的集体条款,并在1967年引入了强制保险。澳大利亚则于1944年提出了一个有针对性的计划。

从第二次世界大战到1985年期间,这里讨论的18个国家的平均覆盖率一直单向上升。最初引入自愿国家补贴保险的欧洲大陆国家(比利时、法国、荷兰和瑞士)在战后期间实行强制保险时覆盖率都大幅提升(见表29—2)。然而,北欧国家是自愿保险不会自动导致更低覆盖率的实例:实行自愿保险的北欧国家(瑞典、芬兰和丹麦)在1947—1970年期间的覆盖率低于平均水平,但是在1975—2005年期间这些国家的覆盖率接近或远高于(瑞典)总体平均水平。瑞典覆盖率的上升主要发生在1965—1975年之间,部分原因是公共部门工会于1970年开始加入该制度。那些从一开始就引入社团主义失业计划的国家,战后平均覆盖率增长较慢。尽管这些国家在1947—1970年期间的覆盖率接近或高于平均水平,但它们在1970年之后的覆盖率低于总体平均水平。这里所有被定义为拥有全面失业保险计划的国家在整个战后期间的覆盖率都高于平均水平。1974年,爱尔兰失业保险制度的覆盖范围大大扩大,取消了高收入雇员不具有保险资格的收入上限。在加拿大,失业保险在1971年彻底改革,包括覆盖范围的大幅扩大。

在经济扩张的战后时期,在有国家补贴的自愿保险型国家,替代率的增加似乎高于平均水平。瑞典、丹麦和芬兰的日常费率统一福利也逐渐被与收入相关的福利所取代,尽管获得最高福利的最高收入上限相对较低。特别是在1970年以后,根据比较标准,所有北欧国家的替代率都相对较高,然而,这些国家的替代水平也大幅下降。在瑞典和芬兰,这在很大程度上是20世纪90年代经济衰退期间削减开支的结果,且这种削减自那时以来一直没有完全恢复。在挪威和丹麦,这种发展更多是因为福利上限没有跟上工资增长的步伐,这意味着在失业的情况下,生产工人平均工资中越来越大的比例无法替代。

在那些自愿性保险被某些衍生的强制性保险所取代的欧洲大陆国家(如比利时、法国、荷兰和瑞士),福利增长率在战后经济扩张期间也往往高于平均水平。在比利时,1949年颁布的法律原则上规定了与收入相关的福利,但直到1971年,这些福利实际上都是统一费率。在荷兰,1950—1965年期间,福利费率大幅提高,部分原因是1964年取消了与收入有关的福利的收入上限,部分原因是毛替代率的增加(1964年达到80%)。在法国,1951年通过的基于经济状况调查的失业救济金法案,使替代率水平大幅提升。20世纪70年代,瑞士替代率的增加是由于1973年废除了抑制性制度,即超过每日工资收入某一限额的每一个法郎都将其基本津贴率降低一定的百分比,以及平均生产工人总替代率的增加。

尽管在这里被定义为拥有社团主义失业保险的国家直到20世纪70年代都遵循着替代率的普遍扩张,但个别国家的发展情况有些不同。在德国,由于阿登纳政府的1957年立法,第二次世界大战后的替代率显著增加,且从那以后则处于相当稳定的状态。2005年实施所谓的《哈茨四世法案》对失业前26周的替代率没有任何触及,但这一改革意味着,与之前制度中经过经济状况调查后较高的收入相关福利相比,失业者在失业第一年后领取固定标准的津贴(固定在以前的社会援助水平上)(Kemmerling and Bruttel,2006)。虽然意大利的发展似乎相当稳定,但在战后至1985年,固定标准的福利逐渐被淘汰,这在很大程度上是由于政治上的不确定。2000年,普通失业津贴的替代率增加了(从30%增加到40%),2005年再次增加(达到50%)。同样,奥地利1947—1970年和1975—2005年期间平均净替代率的增加掩盖了1985年以来这些比率的显著下降,这主要是由于税收制度和福利最高限额的变化所致。

在战后直到1970年,这里所有被定义为拥有综合保险传统的国家,其平均替代水平高于或接近总体平均水平。然而,在20世纪70年代和80年代初石油危机之后的这段时间里,这些国家净替代率的增长似乎比其他许多国家慢。事实上,这些平均数字掩盖了这些国家替代率的大幅下降。例如,1960—1970年期间英国的替代率有了相当大的增长,这是因为1966年更高的固定标准福利以及引入了与收入有关的福利。然而,1982年减少和最终废除这些与收入相关的福利意味着替代率自20世纪70年代以来已经在下降。在爱尔兰,1974年开始实行与薪金有关的固定标准福利补助,从失业第四周起支付基本的统一费率失业福利补助。固定标准并与收入有关的福利逐步削减,直至1994年被废除,这才意味着1980—1995年之间替代率的大幅度降低。1971年,加拿大彻底改革了失业保险(除了覆盖面的大幅扩展),它还包括提高替代率。自1971年改革以来,该制度经历了一系列的微调和收紧,其中包括在1976年和1979年降低了替代率。美国在战后期间的替代率在45%—60%之间波动。最后,自20世纪70年代中期以来,有针对性失业救济金计划的两个国家澳大利亚和新西兰的福利水平都大幅度下降。作为新西兰所谓的《经济和社会倡议》的一部分,福利金的支付大幅度减少。

尽管就第一次立法而言,我们已经观察到在失业保险落后于其他社会保险方案的背后有明显的政治因素,但在战后扩张时期情况又有所不同,彼时政党政治因素在解释失业救济的慷慨程度上只有很小的作用(Carroll,1999)。与其他社会保险计划背后的驱动力相比,这种反差是惊人的,在其他计划里政治左翼的力量更显著(Korpi, 1989)。然而,失业保险的阶级政治显著性似乎在紧缩时期重新浮现(Korpi and Palme, 2003)。失业保险不仅受到各种福利国家削减开支的特殊影响,而且党派政治因素作为紧缩发生的"风险"因素具有重要意义。但是,失业政治问题不仅涉及失业保险,而且还涉及失业本身。大规模失业的重现对政府的财政平衡产生了重大影响。政府在失业保险以及其他社会保险计划上的支出增加了,而税基却减少了,这导致预算压力增加。从"新政治"的角度来看,根据政府预算压力确定的"永久性紧缩"被视为驱动福利国家紧缩的主要外生因素。然而,有必要认识到,在石油危机之后,政府预算失衡显然与高失业率的卷土重来有关。平均而言,在此期间各国国内的失业水平能够解释财政平衡变化的42%。因此,限制开支在很大程度上是紧缩过程的内生因素,而不是主要的外生原因。

这意味着失业保险的发展不仅必须考虑福利待遇,而且必须兼顾支出和筹资。我们所发现的社会保险计划的一般模式是,"贫困"人口规模的扩大同社会权利的扩大一样,对社会公共支出的跨国差异做出了巨大贡献(Kangas and Palme, 2007)。然而,需求与权利的相对重要性在社会保险的不同分支中有所不同。就失业保险而言,失业水平变得越来越重要,但是跨国水平之间存在巨大差异。例如,在2000年失业率下降以前,丹麦的失业津贴支出占国内生产总值的3%—6%。然而,与养老金和医疗保健支出相比,总体水平并不高,许多经合组织国家的失业支出不到GDP的1%,平均值略高于1%。在过去二十年中,很明显,支出也随着商业周期的变化而波动很大。

失业救济的筹资有不同的形式(Sjöberg, 2000)。针对性方案是由税收资助的,而其他类型的方案往往由保险人、雇主和国家分担。美国是一个有趣的例外,战后时期几乎全部由雇主提供资金。我们所研究的全体经合组织国家的趋势是,自1980年以来,雇主供款在某种程度上变得更为重要。应该指出的是,即使有基本的财政结构,在失业率高的时期,这种结构也常常被打乱,国家往往用一般收入来填补暂时的赤字。

失业保险和劳动力供应

围绕失业救济金计划的引入和随后的改革而引起争议的一个重要因素

是,人们认为,这种慷慨和持续的福利将对总失业率和劳动力供应产生不利影响。根据所谓的工作搜寻模型,失业福利将提高失业者的保留工资,因此使失业者相对更加有区别地对待工作机会,这已成为对失业救济金激励效应的理论思考的主流(Mortensen,1977)。失业救济金也可能通过其对工资的影响而对失业产生影响:由于失业救济可能会减少对失业的恐惧,相对慷慨的福利可能会增加工会对工资的上行压力,并促使工会要求增加工资,而这种增加并不是与充分就业并行的。

还有人认为,向雇主征税以资助失业福利计划将增加劳动力成本,从而减少就业,这一推理适用于社会保障筹资的总负担。自20世纪80年代末以来,越来越多的文献致力于所谓的"持续时间效应"对失业的潜在宏观层面的影响(Blanchard,1991;Layard et al.,2005;Darity and Goldsmith,1993)。持续时间效应通常是指失业者在技能、动机或搜寻行为上的变化,取决于失业时间的长短和/或雇主对这种变化的感知。根据这种推理,持续时间长、找工作压力小的失业救济的存在可能会增加长期失业的比例,并成为失业的持续性或"滞后性"机制(Layard et al.,2005;Blanchard and Katz,1997)。

从政策角度来看,对不同福利制度国家进行长期的跨国比较以评估这些假设极为重要。此外,这样的研究也有捕捉一般均衡效应的可能性,而基于微观经济数据的研究很难刻画这些均衡效应(Holmlund,1998)。然而,实证证据似乎没有达成明确的共识。例如,尼克尔等(Nickell et al.,2005)和伦其亚塔(Nunziata,2002)发现失业救济金与失业率之间存在非常显著的正相关关系,而贝克尔等(Baker et al.,2004)发现没有明确的关系。贝洛特和范奥尔斯(Belot and van Ours,2001,2004)甚至认为失业救济金的慷慨程度可能与失业率呈负相关关系。

在阿特金森和米克尔赖特(Atkinson and Micklewright,1991)的一项开创性研究中,他们强调了失业保险制度的复杂性以及简单阐述了失业保险激励机制的不足。造成这种情况的一个重要原因是存在所谓的失业救济金应享权利效应。通过这种福利待遇,更为慷慨的福利将使失业者和劳动力以外的人通过工作有更多的资格获得这些福利(Friedman,1977)。此外,在劳动力市场上的转型不仅发生在工作和失业之间,而且发生在其他一些状态之间——转型到永久性工作,或转型到大量不同的非典型性工作,以及转向永久或暂时退出劳动力市场,例如,以教育或培训的形式。这些不同的转换具有不同的原因和不同的后果,因此可能受到失业保险计划(激励和行政)规定的不同程度的影响。阿特金森和米克尔赖特(Atkinson and Micklewright,1991)也认为,跨国研究中对失业福利慷慨程度的测量不能捕捉到这些计划中可能影响各种转型的许多方面,例如,如果"合理"工作机会被拒绝,那么个人是否可以领取福利。

失业保险、贫困和宏观经济

在战后福利国家扩张期间,人们普遍认为社会政策和充分就业政策是相辅相成的。虽然高总就业率将为福利国家提供资金并抑制支出,但社会政策也被认为有助于充分就业。这种互补性的最明显的例子是,失业救济金可以降低家庭可支配收入相对于市场收入的波动性,因此能够在商业周期中起到自动稳定器的作用(Chimerine et al.,1999)。

失业福利计划可以减少家庭可支配收入的波动,这一事实自然引起了人们对失业福利在影响正常工作年龄群体贫困率跨国差异方面所起作用的质疑。巴克曼(Backman,2005)的研究使用了卢森堡收入研究(LIS)从第一波(1980年及其前后年份)到第五波(2000年及其前后年份)的数据,说明了上述用于描述目的的失业保险的比较数据也可以用于分析目的。这项研究验证了失业保险计划一些关键的制度特征,包括覆盖率、替代水平和受益期限。巴克曼(Backman)的回归分析还包括代表某一特定国家适用的一般社会政策模型的变量(如针对性、基本的安全性、国家社团主义者和包容性)和结构性变量,如失业率和单亲家庭的发生率,因此,有可能评估在一段时间内以及国家之间形成不平等的结构和政策因素的相对重要性。

长期趋势分析表明,即使贫困率没有在收敛或正处于收敛的过程中,在1980—2000年间平均增加了两个百分点。替代率是三者中最重要的制度因素,它对贫困率的时间和跨国差异都有影响。单独来看,它解释的整体差异比所有结构性因素加在一起解释的要大。失业保险期限对整体变异也有解释价值。所分析的这段时期被广泛认为是福利国家紧缩时期(Korpi and Palme,2003)。这项研究的结果表明,以削减失业现金福利的形式进行的紧缩对当代福利国家的贫困风险产生了负面影响。替代水平的降低也解释了随时间变化的部分原因。从这一分析中可以得出的一般结论是,政策不仅对于贫困率的跨国差异意义重大,而且对在失业保险情况下贫困率随时间的变化同样至关重要。

从政治经济的角度来看,失业保险在商业周期中发挥自动稳定器的作用是相当复杂的。一个原因是众所周知的在商业周期内平衡预算的政治问题;另一个原因是家庭对未来失业救济金待遇的不确定性。如果家庭不能确定福利的水平或持续的时间,则可能会抑制消费,代之以在工作和失业期间都把钱存起来。还必须指出,失业救济金将对商业周期的波动不那么敏感。因此,随着获得救济金的标准越来越严格或净福利水平的降低,失业津贴作为宏观经济稳定器的效率也会降低。

即使标准的论点是失业救济金会延长个人失业期的持续时间,但这是否会对个人的人力资本或整体经济效率产生负面影响并不明显。慷慨的失业救济金也可以让人们失业足够长的时间,从而找到一份适合他们的技能与教育水平的工作。事实上,基本的搜寻模型预测失业救济金(或任何非工作收入来源)将降低与继续寻找工作相关的替代成本。通过补贴昂贵的工作搜寻成本,失业救济金可以让失业者在更长的时间内寻求相对更合适的工作。因此,失业救济金不仅有短期内稳定个人收入的效果,而且从长远来看也能稳定工人的职业生涯。这意味着失业救济金是一种可以被失业者有效利用的资源,它可以由失业者通过交换一些额外的搜寻时间来获得后续工作质量的提升(Gangl,2006)。这一论点也意味着,失业救济金可以通过失业期来保护工人积累的人力资本。有人可能会说,不管劳动力是否被雇用,都存在与维持劳动力的人力资本存量相关的间接费用(Clark,1923)。然而,一旦劳动力失业,这些成本对公司来说就是外部的。失业保险是一种覆盖这些成本的手段,从而防止人力资本存量的枯竭,而人力资本存量是一种社会成本。

关于失业保险金可能提高生产力的观点大致上表明,福利国家体制,可能其中的失业救济也许是最具争议性的,但福利体制的存在不仅是为了向那些不能在市场上得到表现的人提供经济资源,而且可能是市场效率的先决条件。根据这一观点,可以认为,相对慷慨的失业救济金可以为人们提供重要的激励,激励他们投资于各种技能,因为这种福利的存在意味着这些投资在失业期间也会有回报(Estévez-Abe et al.,2001)。因此,根据一个国家的更宽泛的制度背景,慷慨的失业救济金可以通过帮助行为者克服技能培养方面的市场失灵而提高经济效率。还有人认为,失业福利的存在不仅鼓励工人寻求更有生产力的工作,而且还鼓励公司创造这些工作,从而提高劳动生产率(Acemoglu and Shimer,2000)。

结 论

失业可以被视为"旧"福利国家试图通过建立失业保险来解决的"旧风险"之一。在战后资本主义的黄金时代,即福利国家发展的鼎盛时期,足以让人津津乐道的是,失业的风险比以往任何时候都低。然而,在"后石油危机资本主义"中,大规模失业浪潮似乎是一种反复出现的现象。2008年开始的全球金融危机表明,21世纪尚未结束这一局面。这反过来又表明,有充分的理由花费时间和精力来制定良好的宏观经济政策以处理失业问题。在这一努力中,失业保险的作用不应该被遗忘。宏观结果及其逆周期效应可能是决策者关注的核心,但经常被忽视的不平等问题与影响规范和行为的微观方面也具有持续的重要性。

在本章中,我们描述了七十年来的发展。由于统计数据具有滞后性,因此我们还无法全面描述2005年以后的情况。然而现有可利用的信息使我们能够在2005年之后检测到一些有趣的变化,即使这些变化不会改变总体状况。例如,我们发现,在2006年中右翼政府当选后,瑞典对其失业保险计划进行了多项改革。这些变化包括福利水平的下调、福利期限的缩减和参保个人的缴款增加。这些变化可能被视为政治偏好的表达,但它们的明确目标是在繁荣的经济中增加劳动力供应。随着经济前景的改变,决策者做出反应。2009年,奥巴马政府的经济刺激方案(可能还旨在改善对失业者的保护)包括将失业保险福利的期限从26周延长到39周。然而,随着失业增加,公共财政受到福利支出增加和税收收入下降的挤压,我们可能再次面临削减津贴的压力。从以往的危机判断,决策将受到政党政治以及制度因素的影响(Korpi and Palme,2003)。

我们在本章中试图说明的是从具体方案的方法中可能获得的见解。这里的阐述表明,失业保险计划在许多重要方面偏离了比较社会政策文献中所假定的正常情况。这种见解对于分析社会保险计划设计中的跨国家差异的后果非常有用。例如,关于失业保险质量的信息,连同其他政策和结构性因素,在很大程度上有助于解释贫困率随时间和国家之间贫困率的差异。失业保险的设计也有可能影响生活在不同政策制度下个人的规范和行为。在这种情况下,失业保险就成为社会科学研究中福利国家制度和生产制度之间那种全然未得到探索的相互关系的重要纽带。

本章讨论了最先进的工业国家的情况,但失业保险的政治后果并不止于此。在亚洲和拉丁美洲快速增长的经济体中,如果没有足够的失业保险,那么经济全球化既不可能在政治上可接受又不可能在经济上有效果。越南是亚洲较贫困的国家之一,于2009年推出了失业保险。这表明,在目前社会保险发展最薄弱的地区,如非洲大陆,失业保险有发展前景。在那里,与社会政策有关的减贫战略迄今主要是有关儿童福利和养恤金等方面。

第 30 章 激活劳动力市场

莱恩·肯沃西(Lane Kenworthy)

引　言

传统上,社会科学家和政策制定者们一直把国家福利视为实现经济安全和再分配的一种手段。社会(保障)计划为个人和家庭提供金钱与服务,这样做,个人和家庭就可以防范基于市场的风险,减少由市场造成的不平等和贫困。然而,在过去的二十年里,第三个目标凸显出来,即就业。有关政策改革和创新更多地关注增加有偿工作。

为何要激活?

激活绝不是一个新鲜事物。在大多数国家,政策制定者一直把就业作为政策的目标。特别值得注意的是,在 20 世纪 50 年代初,瑞典采取了再培训、协助安排就业,以及作为最后手段的公共部门工作等一系列积极劳动力市场计划(Ohman,1974;Ginsburg,1983:ch. 6;Rehn,1985)。创新所在是激活对现代福利国家的核心作用。激活转向有很多原因。

为国家福利供资。最突出的原因或许是国家福利带来的财政压力。公共服务、社会保险和再分配计划在 20 世纪 50 年代、60 年代和 70 年代稳步增长,这得益于经济的快速增长。此外,政府能够在经济增长所产生的收入之外增加收入；它们通过提高税率和引入新的税种，如增值税（VAT）来实现这一目标。

世事沧桑，在20世纪70年代末或20世纪80年代初，一些国家的失业率持续居高不下，特别是在失业救济期限不受限制、社会援助慷慨的国家，这带来了巨大的意想不到的成本。

大多数发达国家的人口正在老龄化。最初，这是出生率下降的结果。随着第二次世界大战后的婴儿潮达到退休年龄，这也进一步造就越来越多的老年人口。各国政府已作出的养老金承诺，将在未来几十年里对扩大公共支出的份额产生破坏作用，尤其是在出生率不增加的情况下。移民人口的增加已经有助于减弱老龄化并可能继续起作用，但不太可能完全解决这个问题。

医疗保健是一种"奢侈品"，随着社会变得更加富裕，公民对它的需求比收入增长更迅速。它是增长最快的一类社会支出，而且价格昂贵。在大多数的富裕国家中，养老金、医疗保健占据社会（保障）政策支出的份额最大，特别是在人口老龄化的情况下，对医疗保健服务需求的增加，以及由此而产生的医疗费用的上升，不太可能在短期内逆转。

政府面临的不仅是不断增长的支出，而且还有对收入的新限制。自从20世纪70年代中期以来，经济增长已经放缓，尽管决策者们一直希望增长率能够恢复到战后黄金时期的水平，但是到目前为止这一目标还没有达成，指望提高税率来产生额外收入也不再可行。资本流动性导致税率很难提高，事实上，政策制定者一直在努力将其保持在现有水平，经常通过减少免税和减税或增加工资和/或消费税来抵消法定税率的降低。

一些人认为高就业率是潜在解决方案中的一个关键组成部分（Esping-Andersen，1999；Ferrera et al.，2000；Scharpf and Schmidt，2000a；Esping-Andersen et al.，2002；Kok et al.，2003；Kenworthy，2004、2008；OECD，2005b，2006；Lindh and Palme，2006；Hemerijck，2010）。更多有正式工作的公民意味着有更多的工资和税收收入，而不需要提高税率。它还减少了社会援助、失业补偿及相关计划的开支。

平等。可以说，慷慨的社会（保障）项目只有在公民认为它们是公平的情况下才能长期持续下去。战后福利国家的主要目标是防范风险，并为那些无法养活自己的人提供经济援助。然而,随着社会(保障)计划变得越来越慷慨,欺骗的动机也增加了。在20世纪70年代,荷兰有很大一部分工作年龄人口获得残疾津贴;在20世纪80年代末,瑞典的雇员平均每年有25个病假(Visser and Hemerijck,1997;Agell,1996)。在快速的经济增长和迅速提高的生活水平下,这种类型的行为可能会被容忍,但在温和或缓慢增长的背景下,人们的感觉可能更倾向于互惠互利的社会准则(Bowles and Gintis,1999)。

减少贫困。长期以来,减少贫困在富裕国家一直是一个隐含的或明确的承诺。有证据表明,就业是减少贫困的有效途径(OECD,2008a)。

社会包容。20世纪80年代,为了应对高失业率,许多欧洲国家的初步反应是设法把一些人从劳动力市场中撺掇出来,以便为失业者腾出空间,其中,老年工人和妇女是主要的针对目标(Ebbinghaus,2006)。这被视为一种公正和人道的战略,因为养老金、特殊的提前退休福利、失业补偿、社会救助以及其他类型的支持将确保那些没有工作的人仍然维持良好的生活水平。但事实证明,与失业相关联的是社会排斥感、沮丧感、无聊感和不快乐感(Layard,2005)。

就业还有其他的好处(Jahoda,1982;Wilson,1996;Phelps,1997:ch.1)。带薪工作是精神激励的源泉,它对人们的生活施加了规律性和纪律性。随着地区流动性的提高、越来越晚的婚育和离婚率上升,邻里和家庭关系的日渐消散使得办公室或工厂成为一个越来越重要的社会互动场所,这导致人们重新考量诱导劳动力退出的好处。

女性的独立和成就。女性教育程度的稳步提高、性别规范的变化提高了女性对工作生涯的偏好。越来越多的女性认为,就业是实现个人潜力、增强认同感和自尊、实现社会融合和保障财政独立的一种手段。政策制定者激活劳动力市场的举措,其中部分是对这些变化的反应(OECD,2007b;Kenworthy,2008:ch.10)。

外部激励。经合组织1994年的就业报告和随后的就业战略推动了欧洲劳动力市场的激活。尽管对该报告和经合组织的一些后续研究的具体建议存在相当大的争议,但报告中对大规模长期失业的强调与支持体制和政策改革的观点在某种程度上改变了一些国家政策讨论的性质。欧盟里斯本理事会

2010年欧洲就业战略目标的制定、通过开放协调的方式促成政策学习,以及来自欧盟委员会的各种政策报告,可以说是加速了这一以激活为导向的政策的发展和进步(Kok et al.,2003;European Commission,2007b;Viebrock and Clasen,2009)。

怎么做?

关于劳动力市场激活的讨论通常集中在特定的政策工具上,但是,也可以从广泛的角度来考虑。我们可以区分出三种劳动力市场激活策略。根据所理解的激活目标和为追求该目标而采用的政策的幅度,它们会有所不同。

第一种策略是将目标设想为高就业率,而手段则是相对狭窄的一套政府方案,通常称为"积极的劳动力市场政策"(ALPM)。这些措施包括再培训、就业安置、临时财政援助,以及可能对雇主提供一些补贴或减税,以鼓励员工雇用。第二种策略还是锚定严格的就业目标,但以一系列更广泛的政策工具为特征,从公共就业到将增加非工资劳动力成本的税收转移到财政政策。第三种策略也采用了相对广泛的政策工具视角,但它认为激活的目标不仅是高就业,而且包括劳动力市场的成功。这里更多关注的是技能的发展、安置适当的工作、就业的回报以及向上层社会流动的机会。有时,在这方面形成的一种区分是,或者使用负面的激励或惩罚,迫使人们进入就业计划,或者与之相对,提高人们的能力,以便找到好的工作和在劳动力市场取得进步的"扶持性"政策。

用于激活劳动力市场的具体政策工具有广泛的范围,有些是强加要求,而另一些是给予激励;一些是关注需求方面,试图增加雇主的雇佣,而另一些是力求供应更多的求职者;有些是广泛针对整个劳动年龄人口,而另一些则是针对就业率较低的特定群体,如妇女、临退休人员、年轻人、受教育和/或技能有限的人、移民以及有身体、心理或情感障碍的人。

福利限制、削减和条件。福利计划,如果获取资格条件简单、付款慷慨且有很长的持续期,则会阻碍就业。各国推行的主要激活战略之一是降低获得福利的机会和削减福利的数量。资格标准收紧,福利水平降低,福利以就业为条件,并且领取时间缩短。

美国1996年的福利改革也许是这些变化中最引人注目的。尽管改革包括儿童保育等资助项目,但它的基本推动力在于惩罚性激活。它强制规定,领取现金社会援助的连续期限最多为2年,一生总共为5年。其目的是通过对劳动力市场之外的适龄人口的现金或类似现金支持加以限制,从而增加就业。换句话说,其目标是通过减少政府项目使劳动力"去商品化"来达成激活。

美国社会援助的另一个关键组成部分是"工作福利",即领取福利的条件是参加培训或实际就业,尽管它在各州之间的情况有所不同。这一理念是在提供收入支持的同时,以技能和/或工作经验的形式建立人力资本。批评者倾向于认为这是惩罚性的,因为它将获益人推入劳动力市场,同时在某些情况下提供的支持相对很少。

许多国家已经在不同程度上朝着这个方向发展。丹麦,福利大礼包最丰厚的国家之一,在20世纪90年代大幅缩短了领取失业救济金的资格期限。在21世纪初,德国的哈茨(Hartz)改革也有类似的效果。许多其他国家已经把培训和/或就业设为接受某些类型的福利的条件。

另一种选择是提供福利,如果有合适的工作,则要求受助者接受一份合理的工作。这一条件一直被应用到许多失业补偿方案中,但执行这些规则的社会工作者,往往不知道这些工作对福利申领者是否可得。现在,社会工作者往往对工作机会有更好的了解,而且经常积极参与保护这些信息。

求职和就业安置的社会救助。长期以来,寻找新就业的公共援助一直是瑞典积极劳动力市场政策的一个重要特征,这一点在其他国家也得到应用,不过程度小得多。自20世纪90年代中期以来,它的使用变得越来越广泛,近年来的趋势是朝着个性化援助的方向发展。政府会面向一些当事人,指派一名社会工作者,由他来评估当事人的能力和个人需要,帮助他们领取福利,监督其找寻新工作或公司,以及监督就业结果。

交通补贴。在无法通过公共交通轻易获得主要就业来源的地区,政府有时提供补贴,以支付上下班的交通费用。

工作补贴。英国的"工作税收抵免"和美国的"收入所得税抵免"是旨在通过补贴低收入家庭的收入来鼓励就业的著名实例(Dilnot and Macrae,2000;Hotz and Scholz,2004)。必须获得就业收入(在英国也是最低工作小时数),

补贴的金额会随着收入上升,到达一定的临界点之后就开始下降。在最大值的时候,补贴的数额是相当可观的,在美国大约占收入的40%,在英国则更高。事实证明,这些补贴在鼓励劳动力市场参与方面是有效的,而且管理是相对低成本的。在其他几个国家,包括丹麦、芬兰、法国和荷兰也有类似的计划,但规模要小得多,并且是对个人的补贴,而不是家庭。

尽管具有明显的优点,但迄今为止,大多数国家一直不愿意接受像英国和美国这样大规模的工作补贴。一个原因是,这样做被视为放弃了迫使雇主提高生产力的机会(Bertola,2000)。同时,它降低了低薪工作人员提高技能以使自己的收入更上一个台阶的动机。更根本的是,这标志着公民和政策制定者对低工资经济的承奉,而这被视为一种倒退。

另一个原因是,较高的非工资劳动力成本,特别是工资税而不是较低的工资,被视为低端劳动力市场上就业的主要障碍。因此,通过对某些类型的就业,免除工资税或向雇主提供补贴来减少前者被认为是一种较好的战略。马克·皮尔森和斯特凡诺·斯卡佩塔(Mark Pearson and Stefano Scarpetta,2000)认为,雇主补贴相当于有条件的就业收入补贴,并且更适合许多欧洲国家的情况。

> 国家似乎可以分为两大阵营。在那些低税收福利环境和相对较低工资的国家,根本的问题是鼓励劳动力供应,并为那些低薪工作者提供更高的收入。在这种情况下,对工作福利给予更大的压力似乎是合理的。相比之下,在税收和福利水平较高、最低工资相对较高的国家,人为制定工作薪酬方案可能会产生较高的财政成本,并有可能加剧与较高边际有效税率相关的抑制效应。因此,第二组国家的政策干预可能应集中于工资补贴,因为根本问题是增加对低技能或无经验工人的劳动力需求。

事实上,到目前为止,法国、德国和荷兰等国一直在走后一条道路,只向雇员或其家庭提供很少的(如果有的话)工作补贴。

雇主补贴。如前所述,通过有针对性的或一般的雇主补贴,可以提高对劳动力的需求。企业可以获得现金抵免或减税,作为雇用员工的回报。这在高工资税的国家中特别有吸引力。德国是一个经常被引用的例子:雇主和雇员分别支付工资的21%。在许多OECD国家中,这类补贴占劳动力市场激活计划支出的很大部分(OECD,2003b,c;Marx and Verbist,2008)。

公共就业。公共部门的工作可以作为给那些在私营部门找不到工作的人提供就业的"最后手段"。在北欧国家和法国,政府部门就业通常占总就业的25%—30%,这使得公共部门成为一个可能的就业来源,无论是作为最后的手段还是首选。

促进非全时工作和灵活工作制。非全时工作对于一些人尤其是家庭中的第二收入者,是一个有吸引力的选择。在一些国家,这一方式带来了1/4或更多的就业,在荷兰是1/3。有一些人是因为没有能力找到一个令人满意的全职工作,但调查显示,大部分人都是自愿选择。自20世纪80年代以来,荷兰的就业成功事例主要就是非全时就业的增长,其中3/4的新就业是非全时的(Visser,2002:25)。导致荷兰非全时工作快速增长的原因有多个方面,但在21世纪头十年,法律确保非全时员工与全职员工享有同等的工资和福利待遇,这促进了非全时工作的快速增长。其他一些国家也纷纷效仿(Gornick and Meyers,2003:ch. 6)。

灵活的工作时间,不管是面向非全时的工作还是全职的工作,往往也能吸引潜在的雇员,尤其是对有第二收入的家庭。为这类雇员提供保护,并向雇主提供财政激励,以扩大灵活的工作时间选择,有助于吸引这些雇员。

降低第二收入工作者的税收抑制。在一些国家,相对于那些只有一人工作的家庭,税收制度抑制夫妻同时参加工作获取收入(Plantenga and Hanson,1999;Sainsbury,1999;Daly,2000;Dingeldey,2001)。例如,2000年的估计值表明,瑞典和芬兰实行个性化的税收政策,根本就没有这样的抑制。然而,在德国,夫妻双方均工作获取收入的家庭相对于只有一个工作者获取收入的家庭的税收高出10%(Daly,2000:496;Dingeldey,2001:659)。减少这种抑制效果,可以促进就业,尤其是女性就业(Jaumotte,2003)。

降低实际工资。薪资适度——特别是降低实际单位劳动力成本——一直是经合组织(OECD)和其他支持激活劳动力市场的最主要建议之一。其论点是:在生产率低且难以提高的工作中,雇主只能承担得起支付最低工资。如果被迫支付更多,则他们将雇用更少的人。因此,政策制定者和工会面临着一个选择：允许此类工作的低工资，从而获得更高的就业；或强制要求更高的工资，而得到的就是较低的就业。

从决策者的角度来看，困难在于他们往往对工资水平和工资变化的影响有限。普遍的反应是形成正式或非正式的社会契约。在这种契约中，政府鼓励限制工资，以换取某些社会计划、税收或积极的劳动力市场计划的改变（Avdagic et al.，2010）。

对于决策者来说，一个更直接的杠杆是法定最低工资。然而，只有大约一半的富裕国家有法定的最低工资，在其他国家，工资是通过集体谈判确定的，很少或根本没有政府的作用。在美国和荷兰，法定最低工资的通胀调整值自20世纪80年代初以来一直稳步下降。然而，在法国，它往往与物价上涨的步伐保持一致。一些国家，如英国和爱尔兰，在这一时期首先引入了法定最低工资。

降低非工资性劳动成本。如前文所述，非工资性的劳动力成本往往是一个值得关注的方面，特别是在欧洲大陆国家，如德国和法国。除对某些工作免除此类税收或向雇主提供补贴以抵消其影响外，一些国家政府已经就将税负从工资税中转移出来展开讨论。在20世纪90年代末，这一话题是德国"职业联盟"讨论的一部分，但是对于改革税收制度没有达成统一（Streeck，2009）。同时，1990年，法国引入了新的个人所得税（CSG），目的是将税收从工资税中转移出去。但是，这只是千里跬步，工资税在法国社会政策收入中仍然占很大的部分（Palier，2000）。

放宽就业保护规定。就业保护条例限制了雇主解雇和雇用员工的自由。它们可以由政府制定为法律规则，也可以由工会和雇主在集体谈判中协商而成。对于正式（永久的）雇员，规则规定，雇主必须提供正当理由才可以解雇，需要获得雇员代表的认可，包括必须给予的通知时长、被解雇后雇员可获得的补偿类型和程度，以及雇员得到保护前的试用期。对于有固定期限的（非永久性的）雇员，有关规定限制了可签订固定期限合同的情况或任务、可签订固定期限合同的次数或时间以及临时就业机构可以利用的工作类型。

强有力的就业保障法规使得雇主解雇员工变得更加困难和/或成本更高，这些对失业状况的改善可能很少或根本没有影响，因为它们是让解雇和雇佣都减少了。但是,即使它们不影响失业率,在某种程度上,它们也减少了雇主对新工人的需求,就业保护规则可能也会降低就业率的增长(Nickell and Layard,1999;Kenworthy,2008)。自20世纪90年代中期以来,大部分的欧洲大陆和北欧国家主要通过放宽对固定期限就业的限制,降低了就业保护法规的刚性(Kenworthy,2008:ch.6)。

家庭友好政策。20世纪70年代以来,那些经历了就业增长的国家,其中的主体部分是女性。女性就业率的差异也占了跨国就业率差异的很大一部分。通常认为,促进女性就业增长的一个关键因素是家庭友好政策(Sainsbury,1999;Daly,2000;Dingeldey,2001;Esping-Andersen et al.,2002:ch.3;Orloff,2002;Gornick and Meyers,2003;Jaumotte,2003;Eliason et al.,2008)。

其中政策之一是公共提供或资助的儿童照护。缺乏负担得起的儿童照护对于家有学龄前儿童的妇女就业,可能会构成一个显著的障碍。因此,政府提供或资助的幼儿照护,可能会鼓励女性就业。例如,在丹麦64%的6个月至2岁婴幼儿通常可以享受每天7到8个小时的正规儿童护理机构的照护。高额的公共补贴有助于将父母的支出限制在生产工人平均收入的10%—20%。

对于家有适龄儿童(6岁以上)的妇女,上学时间和延长的课后服务的可得性可能会影响就业机会和决策。在这方面,一些大陆国家有值得注意的问题。例如,德国许多面向6—9岁学生的学校只开放半天,法国的学校传统上在周三下午休息。

第二项通常被认为有利于妇女就业的政策是带薪产假/护理假。其期望是:如果女性知道她们可以在不丢掉工作、不放弃所有收入的情况下合理地休一段时间的假,就会有更多女性首先选择进入劳动力市场,也会有更多的女性会在生完孩子后重返职场。在这方面,北欧国家也一直走在前列。到20世纪60年代,这4个国家都制定了带薪产假政策,并且在随后的几十年里,不断增加产假时长和财政支持丰厚力度。另外,芬兰、法国和挪威都提供了2至3年的带薪假期。可以预期,这会鼓励延长休假,从而减少女性就业,而这种休假有时会变成永久性的。

人力资本。在每一个富裕的国家,就业率与受教育程度呈正相关;那些拥有大学学历的人群比那些只有中等教育学历的人群具有更高的就业率,而后者又比那些学历更低的人群更容易找到工作(OECD,2008a)。这与标准的经济学观点一致,即工资由生产率决定,而生产率又是技能的函数。因此,增加就业的一个共同战略是提高教育程度和(或)学校教育的质量。

政策制定者试图以各种不同的方式做到这一点:补贴早期教育;通过增加资金、加强决策的集中或分散、强化教师问责制、择校等方式改善中小学教育;通过降低学费和/或增加获得贷款的机会来增加上大学的机会等。许多国家也采取行动,通过再培训、补贴返校教育、在线教育等方式,改善"终身学习"的机会。

职业阶梯。技能是人生过程中向上流动的关键之一,另一个关键因素是有组织的公司内部和公司间的职业生涯阶梯。这些计划有助于从一个行业的低技能、低收入工作过渡到高技能、高报酬的工作。琼·菲茨杰拉德(Joan Fitzgerald,2006)研究了美国在医疗保健、儿童保育和其他各种行业中有组织的职业阶梯。例如,在医疗保健方面,职业阶梯计划以低成本和可行的时间表提供培训和课堂教育,帮助就业者从助手到护理助理再到注册护士的过渡。尽管在美国和其他地方,这些计划实行的规模都很小,但是人们对这些计划的兴趣似乎在上升。

国家的相似性和差异性

可以说,富裕国家在政策战略和使用特定政策工具促进就业方面有一些趋同。而且,有迹象表明,在行政管理上也有所趋同,政府以分散的策略和执行方式实现集中的目标设定(Eichhorst and Konle-Seidl,2008)。尽管如此,无论是在总体的行动方式上,还是在各国使用的具体政策战略和方案上,各国之间仍然存在很大的差异(Eichhorst and Konle-Seidl,2008;Kenworthy,2008)。

在比较福利国家的文献中,类型学比比皆是,也有一些将激活方法类型化的尝试(Lødemel and Trickey,2000;van Berkel and HornemannMøller,2002;Barbier,2004)。类型学面临的挑战是确定国家分组依据的维度。在类型学的早期阶段,通常基于理论依据做出此决定。随着数据可用性的提高——也就是说,随着更多国家在相关政策或机构的更多组成部分上得到评分——因素分析和聚类分析等实证技术往往会占据上风。然而,劳动力市场的激活似乎还没有达到这一后期阶段。

据我所知,尚未有人尝试根据激活努力对国家进行评分或排名。OECD(2009a)拥有关于积极劳动力市场计划的公共支出数据。在这一指标上,北欧国家往往是最高的,其次是大陆国家,英美系国家最低。其他激活策略也有不同的评分,包括社会援助的慷慨程度、就业保护法规的刚性程度、公众对儿童保育的支持程度等。但正如在前文"怎么做?"的章节所表明,激励策略包括大量的政策和计划,它们都是以多种方式结合在一起。

激活是否有效?

激活的主要目的是提高就业率,那么它成功了吗?众多的实证比较研究考察了特定的劳动力市场政策和制度对就业的影响(Kenworthy,2008)。许多人发现两者之间有联系。

图30—1显示了OECD国家在1989年和2007年的就业率。这两个年份是经济周期的峰值期,所以进行比较是合理的。图中显示了四组比率:一个是所有工作年龄(15—64岁)的人;另外三个群体,他们的就业率传统上一直相对较低。因此,政策制定者特别热衷于提高他们的就业率。这三类人是年轻人(20—24岁)、处于适龄工作年龄的女性(25—54岁)和老年女性(60—64岁)。

在大多数国家中,总就业率以及处于适龄工作年龄的女性的就业率有所提高。唯一值得注意的例外是瑞典和芬兰,这两个国家在这一时期开始时都有着相对较高的就业率,并在20世纪90年代初经历了非常严重的衰退。如果我们承认,政策上确实存在一种激活转向,那么就业方面的逾时趋势将支持这样的结论,即这种转向已经产生了影响。当然,也有许多其他的因素导致就业率上升,包括文化规范上的变化、女性受教育程度的提高(Hicks and Kenworthy,2008)。此外,在荷兰和丹麦这两个经常被引用的成功案例中,政策变化一如既往地多且紧跟着就业的增长(Viebrock and Clasen,2009)。因此很难得知,就业上升在多大程度上可以归因于政策变化(Kenworthy,2008)。

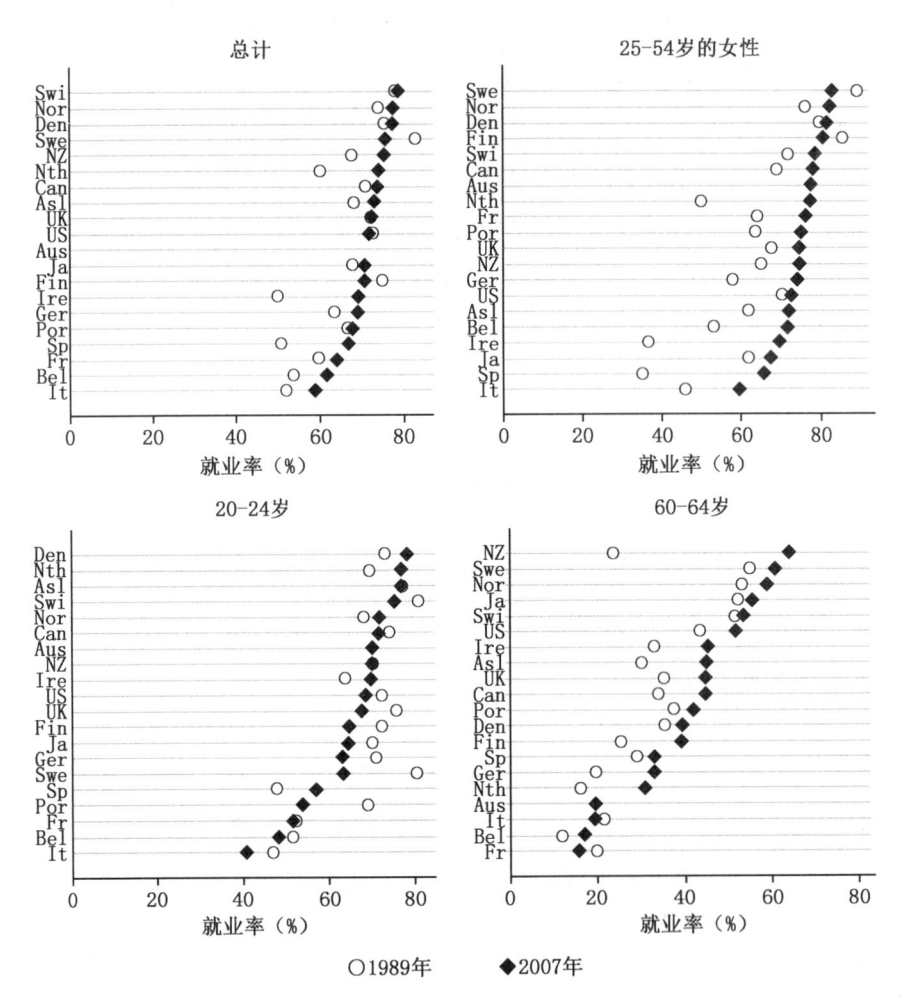

注:就业率＝相关组中的就业人员占所有人的比例。1989 年的就业数据不适用于奥地利。瑞士的第一年是 1991 年,而不是 1989 年。

数据来源:从经合组织 2009e 数据中整理得到。

图 30—1 就业率(1989 年和 2007 年)

对于年轻人和低龄老年人来说,情况更加复杂。年轻人(不包括 15—19 岁,可能还在学校)的就业率在一些国家有所上升,但在另外一些国家则是降低了。几乎所有国家的低龄老年人就业率都在上升,但在一些国家如法国、比利时、意大利和奥地利,低龄老年人就业率仍然非常低,低于20%。鉴于这两个年龄组一直是激活努力的特定目标群体,也许成功的结论应该有所降温压火。

社会科学家还研究了积极劳动力市场计划对就业结果的影响。这里得出的结论更有分歧(Martin,2000;Rønsen and Skarohamar,2009)。研究发现至少对一些目标群体就业产生了有益的影响,但是,从政府在被动福利上的支出少于其预期的意义看,此类计划是否具有成本效益尚不清楚,部分因为这些计划往往是处理最困难的案例。从激活战略更宽泛的背景来看,可以认为,积极的劳动力市场计划是一个至关重要的组成部分,不论其是否具有成本效益。它们是承担和奉献不可缺失的部分,通过对这种奉献的鼓励和协助,就能够超越所要求的就业水平。

从比较文献中可以清楚地得出一个结论,那就是增加就业和提高就业率的途径不止一种。在一些激活策略之间也可能存在有选择的类同之处,但像丹麦、荷兰和美国这样一些迥异的国家(至少到2008年)已经通过非常不同的政策和制度确保了相对较高的就业率(Kenworthy,2008:ch.11)。

结　论

激活成真了吗? 富裕的福利国家中的一个普遍观点是:在过去的几十年里,他们一直非常稳定。这种印象来源于一些研究和现象描述,相应的研究关注到,面对全球化和相关压力,税收或社会支出没有削减,同时相应的描述是,大陆福利国家没有能力适应新的风险和财政现实(Scharpf and Schmidt,2000a;Castles,2004)。根据这一概念,对所谓的劳动力市场激活转向持怀疑态度的解释可能表明,实际发生的情况是,英美系国家削减了一些福利,但大陆国家却什么也没做,而北欧国家主要的激活发展大多发生在20世纪70年代和80年代。

笔者更倾向于同意沃纳·艾希霍斯特和里贾娜·康勒·塞德尔(Werner Eichhorst and Regina Konle Seidl,2008)以及安东·赫梅瑞克(Anton

Hemerijck,2010)最近的比较调查结论:大多数富裕国家已经在与激活有关的政策方面进行了相当广泛的变革。在某种程度上,这是一种思维方式的转变,从一种倾向于去商业化的取向,或被动地支持不就业和鼓励劳动力市场退出,转向以就业为优先的取向。实际政策的转变在某种程度上也影响深远,包括在德国等最不受期待的一些国家。国家发展的案例研究也证明了这一点(Auer,2000;Madsen,2002;Visser,2002;Vail,2004;Eichhorst et al. ,2008)。

本章写作于20世纪30年代以后最严重的经济危机时期。这会对激活转向产生影响吗? 从两方面来看,我认为是的。

第一,事实上,几乎所有富裕国家的就业率都已经在下降,并可能持续下去,这增加了政府在供给和需求两方面都要提供就业支持的压力。为了刺激经济而产生的巨额预算赤字,为政府增加就业创造了额外的动力,以减少失业补偿、社会援助和早期的养老保险金等支出。

第二,这次经济衰退的深度可能会强化,使激活导向更具能动可行性的支持。政府只是强迫或诱使工作就已经足矣的观念可能会逐渐失去其吸引力。再者,巨大的预算赤字可能会导致各国政府抵制更具能动可行性的激活支持的要求,并可能削减现有的努力。

无论何种形式出现,我认为没有理由预期激活会逆转。尽管经济全球化,欧盟增加了对其他国家/地区所使用的计划的了解、人口趋势和经济危机等带来的压力出现类同,但我预计,我们目前在激活战略和政策方面观察到的广泛多样性将继续存在。

第 31 章 社会救助

托马斯·巴尔(Thomas Bahle)、迈克拉·菲弗(Michaela Pfeifer)、克劳斯·温特(Claus Wendt)

引 言

社会救助为有需要的人提供社会保护。该术语主要在欧洲使用,而美国人则指"福利"。在全球讨论中,"社会安全网"是最常用的。这些术语具有特定的含义,但针对的都是有需要的人群。社会救助既可以是广义宽泛的,也可以是狭义具体的。广义上讲,它是一种经过了家庭经济状况调查或收入审查的福利,不同于基于会员权利或保险索赔的福利。值得注意的是,英语国家一直都广泛采用这种方法。狭义地说,社会救助为所有社会成员(普遍的)或选定群体(分类),如老年人,提供最低收入。这种最低收入保障旨在获得最后的收入。在本章中,社会救助两种意义上的理解都有,即经过经济状况调查的福利和普遍的最低收入,但它不包括为所有人提供无条件的基本收入的概念。

在发达福利国家,社会救助通常被视为社会保障的补充部分,因为其支出和覆盖率远低于其他领域。然而,社会救助对福利国家而言也具有重要意义。历史上,它是第一个重要的公共社会政策,为福利国家的发展铺平了道路。今天,社会救助对于社会权利的制度化至关重要(Leibfried,1992),因为它提供了社会保障的底线,不应允许任何人掉入底线以下。

我们无法从功能上对社会救助下定义,因为它不涵盖特定的风险、目的或目标群体,而最低收入的功能就是预防贫困。社会救助包括针对不同需求群体的方案,包括老年人、残疾人、家庭(特别是单亲家庭)和长期失业者。低工资者也越来越依赖基于经济状况调查的追加补助或税收抵免。

受助者的数量和组成依赖于劳动力市场和家庭的变化。此外,其他福利机构"广泛包容性"的差异对跨国多样性有很大的影响。在这方面,应考虑功能上等效的解决方案。例如,老年人的收入可以通过与收入有关的保险、全民统一养老金以及针对退休人员或涵盖整个贫困人口的经过经济状况调查的援助来保证。在一些国家,特别是在英语国家,低收入者的税收抵免为大部分劳动力提供了额外的基于经济调查的收入(见下文)。这些工具组合的跨国差异对作为社会保障制度最后防线的社会救助计划产生了很大的影响。

本章下一部分概括了广义上的社会救助计划。此部分简单描述了它们的发展,并根据厄德利(Eardley,1996)等人的开创性研究描绘了经合组织国家不同类型的救助图谱。随后一节描述了最低收入保障计划的卓越性和慷慨性,其后一节讨论了政治冲突与争辩,再后一节概述了改变救助方案性质的新政策,最明显的是工作福利。这一分析主要侧重于经合组织国家。最后一部分从全球视角探讨发展中国家和转型期国家的社会安全网。

经合组织国家中的社会救助

在欧洲,贫困救济是最古老的公共援助形式之一。最初,它是在地方上,通常由私人慈善机构或教堂组织。随着工业化和国家劳动力市场的发展,这些救济体制受到了压力,从而有了国家干预和集中化(Swaan,1988),但在国际上具有显著差异。1601年,英国伊丽莎白女王颁布的《济贫法》及1834年通过的《济贫法(修正案)》可能是公共干预最早的例子(Fideler,2006)。英格兰成为领头先驱,那是早期工业化和圈地运动之后劳动力流动的结果(Polanyi,1944)。贫困救济从一开始就相当统一和"公开",尽管在实施过程中存在地方差异。大革命中的法国在1793年率先宣布公民享有接受公共援助的普遍权利,但从未实现这一点。一百年后,法兰西第三共和国才引入了各种分类援助计划。直到最近,这些计划一直体现着法国救助体制的特征。与其他欧洲大陆国家一样,在德国,辅助性原则对社会福利有着长期的影响。它在天主教国家和多宗教国家中尤为突出,在这些地方,教会试图保有自己的领域,对抗民族国家(见第 18 章)。家庭、地方社区、教会和慈善组织被认为会对穷人负责,只有他们失败了,国家才有权干预。这些"中间"机构仍然很重要,尤其是在社会服务领域(Bahle,2007)。

尽管有差异,但大多数救济制度仍区分应该救助和不应该救助的穷人,并对谁应该和谁不应该进行了严格的审查。在英国的《济贫法》中,福利接受者失去了公民权利,并且通常被安置在济贫院。然而,19 世纪的数据表明,英国贫困救济是该时期最广泛的救济,其支出高于美国或任何其他欧洲国家(Lindert,2004:vol.1,46—47)。

19 世纪后期引入社会保险以来,贫困救济的作用发生了变化。越来越多的社会群体被其他更为慷慨的计划所覆盖。与就业相关的养老保险或对养老金领取者、残疾人和失业者的普遍福利,将社会救助变成一种补缺型的保障体制,同时放宽了原先严格的资格条件和经济状况审查,社会保障权利得到扩展。社会保障权利的逐步扩展(Therborn,1995a)连同职业特定的社会保险意味着,在大多数国家,社会救助成为次要的供给形式。

首次关于经合组织国家社会救助的全面研究,由埃尔德利(Eardley)和其同事(1996;see also Gough et al.,1997)完成,尽管仅描述了 1992 年的情况,但它仍是当下研究的主要参考文献。作者使用了广义上的社会救助,包括不同领域的基于经济状况调查的福利以及一些服务。他们提出了一种福利分类法,并引入了 3 个主要维度:(1)贫困审查与普遍的经济状况调查;(2)现金与"捆绑",即专为住房等特定目的而指定的福利;(3)一般性与绝对性,即针对特定群体。随后,他们区分了四种福利类别(Eardley et al.,1996:3,26—8):(a)一般救助:向每个需要帮助的通过贫困审查的人提供现金福利(例如,英国的收入支持);(b)其他经过经济状况调查的福利(例如,家庭津贴);(c)对特定群体的分类救助(例如,最低养老金);和(d)针对特定目的的定向援助(例如,住房)。类型(a)和(c)接近最低收入福利(见下一节的讨论)。

多数国家同时存在各种类型的救助,但其组合不同。高夫(Gough)等人(1997:36—7;see also Gough 2001:165)确定了 8 种社会救助类型:

(1)选择性福利制度:大多数方案是分类的并经过经济状况审查的,但也相对慷慨,基于权利和全国统一化(澳大利亚、新西兰)。

(2)美国的独特案例:广泛分类但污名化色彩很浓的低"福利"和高工作激励。

(3)具有综合安全网的福利国家:社会救助已制度化,福利丰厚,社会权利重要(爱尔兰、英国、加拿大)。

(4)双重社会救助体系:分类方案占主导地位,但同时辅以一个对所有人来说都是最后手段的全面安全网(法国、比利时、德国)。

(5)基于公民身份的剩余型救助体系:一种普遍的计划提供相对慷慨的福利,但在发达国家的社会保障系统中处于边缘性地位(荷兰和北欧国家、挪威除外)。

(6)基本社会救助制度:除了地方性的通常是非公开组织的救济外,为数不多的分类方案提供的福利很低,覆盖范围有限(南欧,包括土耳其)。

(7)分权的、自由裁量的救济:强大的地方自由裁量权,高于平均水平的收益,但受益人很少(挪威、奥地利和瑞士)。

(8)日本的独特案例:一种集中但自由裁量的制度。

虽然这些分类是建立在包括体制特征在内的多种因素的基础上的,但通过覆盖率和受益水平等定量指标也可以看到各种差异变化(见图31-1)。1992年,覆盖率从日本的不到1%到新西兰的25%不等。所有英语国家有相当广泛的体系,但也各有变化。新西兰的社会福利体系是最为广泛的,其中,大多数社会福利都涉及某种形式的经济状况调查,并且覆盖范围往往延伸到中等收入阶层。美国的特殊之处在于高覆盖率和低福利收入,在此情况下,食品券计划提供了广泛的覆盖率,但它只覆盖了一小部分需求。在南欧,由于只是一种基础性的体制,因此覆盖面和慷慨度都很低。大陆国家的特点是覆盖面和福利收入水平适中,而北欧国家这两项指标都很高。因此,经过经济状况审查的补贴在普惠型体系中比在基于保险的体系中起更大的作用。在20世纪90年代初,斯堪的纳维亚国家面临着严重的经济衰退,在此期间许多人依靠社会救助。

与埃斯平-安德森(Esping-Andersen,1990)未考量救助的福利制度类型学相比,上述分析在自由主义和保守主义群体中有所区别。在以英语为母语的群体中,发展出截然不同的"自由主义"福利国家,首先是有一种英国—爱尔兰变体,其中,社会公民身份的观念盛行,并通过有保障的最低收入制度化。其次,有一种太平洋变体,慷慨的经过经济状况调查的福利构成社会保障的核心,反映了"激进的"福利国家传统(Castles and Mitchell,1993)。最后,北美的变体似乎遵循了"经典"的自由主义方法,污名化贫困救济。

南欧国家则有所区别,因为社会保障体制欠发达,家庭的作用突出(Leibfried,1992)。这两个因素都不利于建立全面的社会救助。此外,强大的影子经济、有限的行政能力和对公共机构的普遍不信任(往往渗透着庇护主义)阻碍了一般社会救助发展(Ferrera,2005b)。奥地利、瑞士和挪威的"非主流"案例似乎代表了权力分散的政治体制中旧的地方救济传统的幸存和延续。

经合组织国家的最低收入保障

本节重点讨论狭义社会救助的含义,即最低收入保障。实物福利和服务由于篇幅所限而不予考虑,尽管它们在许多国家为穷人提供的整体福利占很大的组成部分。坎蒂隆等人(Cantillon,2008:219)遵循国际劳工组织的定义(1942年)将社会救助界定为"按权利向收入微薄者提供的福利,其金额应足以满足最低需求标准,并通过税收筹集资金"。他们区分了四个要素:贫困审查、社会权利、最低需求标准和非缴费性。此外,最低收入规定可以分为包括全体人口在内的一般计划(普及)和针对特定群体的计划(分类)。

到2006年,大多数欧盟国家(当时有25个会员国中的19个)已采用普及式社会救助计划,有时还辅之以分类计划。在少数几个国家,只存在分类计划,葡萄牙(1996年)就实行了这一项计划,除匈牙利外,所有前社会主义新成员国都实行了这一分类计划。到2006年,意大利和希腊是唯一没有普及式(全国)计划的两个老会员国;西班牙的体系在区域一级已制度化。在其他经合组织国家(不包括墨西哥)中,只有美国、新西兰和澳大利亚没有普及式救助制度。在美国,普及式的救助服务仅涵盖食品券,公共援助仅限于家庭(OECD,2007)。

自1990年以来的这段时期是一个重大的社会、经济和政治变革时期,

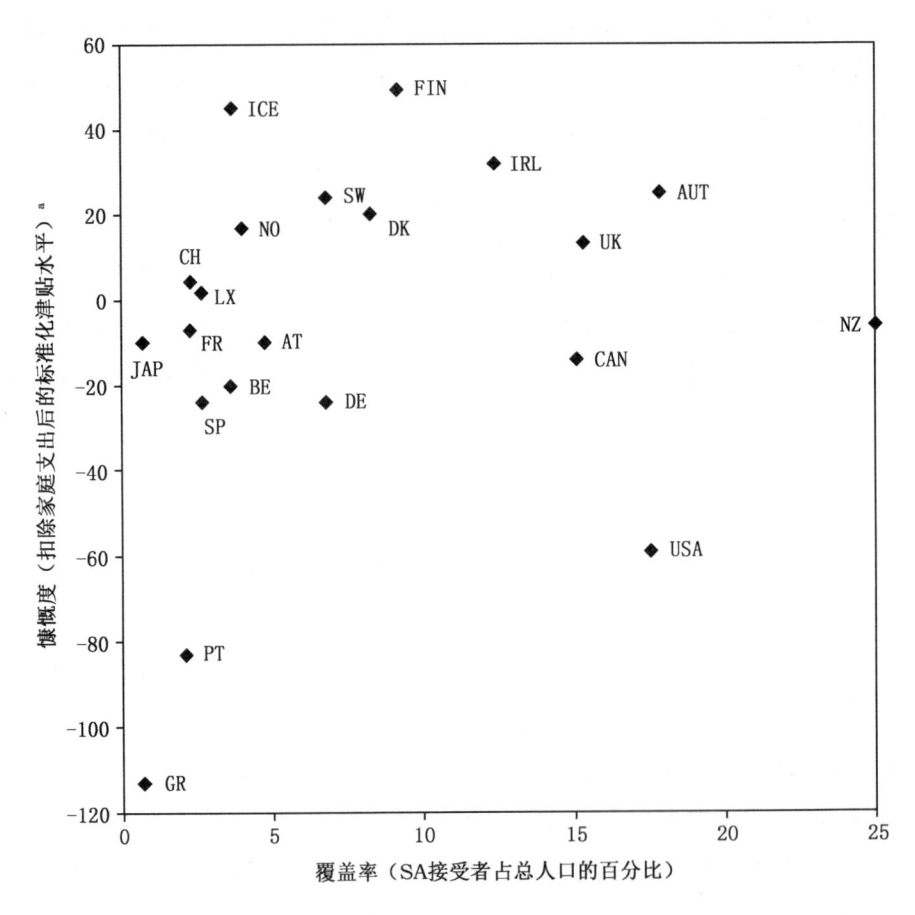

注：a 表示 9 种家庭类型扣除家庭支出后的标准化津贴水平，ppp 表示占所有 OECD 国家的均值的比例以及占 1992 年人均 GDP 的比例。

图 31-1 OECD 国家社会援助的范围与程度（1992 年）

包括一些国家向欧盟成员国地位的过渡。许多国家的失业率持续居高不下。就业关系对弱势群体的保护作用已经减弱，低工资和非典型就业现象普遍存在。与此同时，一些国家的社会福利受到限制或减少。因此，社会风险正在增加，社会保障却在减少，这两方面的发展都有可能使社会救助具有更大的意义。

然而，关于社会救助在一段时间内的显著性的跨国数据是有限的，特别是在支出和接受者方面。名义上的福利比率数据，即最低收入保障水平，是可获得的。① 此外,支出数据是有问题的,特别是对于最低收入,因为福利是根据受援者的收入和最低保证收入之间的差额计算的。因此,总支出没有揭示社会救助对人民生活状况的真实影响。

一些欧洲国家可提供更新的数据②,至少涵盖由埃尔德利(Eardley,1996)等人确定的8种社会援助类型中的4种。2006年的结果广泛支持1992年的发现(见表31—1)。③ 在欧洲、英国和爱尔兰清楚地形成了一个具有高支出和广覆盖范围的独立的国家群体。在英国,2006年超过1/4的人口获得了最低福利(包括工作税收抵免)。北欧国家和葡萄牙的百分比最低。在丹麦和瑞典,最低收入保障已经确立,但在这些高度发达的社会保障体系中发挥的作用有限。葡萄牙的最低收入在基本福利国家范围内影响有限。在其他南欧国家,不存在全国性的社会保障系统。法国和德国代表着传统的社会保险国家类型,社会救助的作用是补缺型的但作用显著。

关于随时间的变化,并没有什么总体上的趋势。考虑到巨大的社会经济变革背景,这也许是令人惊讶的。大体而言,社会救助的重要性并没有增加;相反,跨国模式显示了随着时间变化的巨大稳定性。其他发达国家的证据表明,欧洲和英语国家在最低收入保障上仍然是世界范围内的例外。在其他地方,社会救助体系的范围是零碎和有限的,覆盖率也较低(见下文)。例如,2004年大约1.1%的日本人口获得了公共救助(IPSS,2007:30),而在俄罗斯这一比例超过11%(世界银行,2006:135)。

---

① 经合组织和欧盟统计局的社会支出统计都包括补缺类型中的社会救助计划,使得有效的比较几乎不可能。在国际数据库中缺少受益人的数量,甚至包括所有个别计划的国家数据也经常短缺。受益率方面的可比数据得益于两项比较研究(Nelson,2007;Cantillon et al.,2008)及详细的OECD福利和工资数据库(从2001年起),此外,还有由纳尔逊(Nelson)在SOFI(斯德哥尔摩)开发的SAMiP数据库。

② 来自汉斯—波克勒基金会资助的曼海姆欧洲社会研究中心(MZES)欧洲社会救助研究项目的数据。

③ 应该注意的是,这里提供的数据不包括埃尔德利(Eardley,1996)等人研究中包括的许多经过经济情况调查的收益,因为这里的重点是维持生计的最低收入。

表 31-1　　　　　　　所选欧盟国家的最低收入规定（1992—2006 年）

类型[a]	国家	支出（占 GDP 比重）		支出（占 TSE 比重）		覆盖率[b]	
		1992 年	1996 年	1992 年	1996 年	1992 年	1996 年
3	英国	2.6	1.9	9.2	7.9	16.0	26.0[c]
	爱尔兰	3.6	2.6	23.0	16.3	22.3	19.0
4	法国	1.1	1.1	3.5	3.5	10.1[d]	10.1[d]
	德国	0.6	1.1	2.1	4.0	3.3	10.0
5	丹麦	1.7	1.2	5.3	4.2	7.9	5.5
	瑞典	0.6	0.3	1.5	1.1	2.5	2.1
6	葡萄牙	0.0	0.2	0.2	0.8	0.5	3.5

注：a 表示社会援助类型的界定，参考 Eardley et al.（1996）and Gough et al.（1997）。
b 表示受益人（所有计划的受益人加上家庭成员）占总人口的百分比。
c 表示包括工作税收抵免的接受者。
d 表示估计值。
资料来源：作者根据 MZES 项目的欧洲最低收入政策以及不同国家的参考数据计算获得。

不同国家对最低保障的慷慨程度也不同，但情况更复杂，类型也不尽相同。根据模型计算，表 31-1 显示了经合组织国家三种不同家庭类型的最低收入保障水平：单身人士（1a）、有两个孩子的单亲家庭（1a2c）和有两个孩子的夫妇（2a2c）。在所有国家，最低保障收入水平大大低于有平均工作收入的相同类型家庭的净收入，但有子女的家庭的差距较小。在这里，被广泛认可的低资格原则与支持贫困家庭特别是儿童的需求是冲突的。国家差异相当大，但与社会救助类型没有系统的相关性。美国没有孩子的单身人士的收入替代率（仅依靠食品券）只有 6%，爱尔兰有两个孩子的夫妇的替代率差不多有 80%。北欧国家和荷兰平均而言是最慷慨的，其次是瑞士、爱尔兰和英国。

最低收入保证与相对贫困线（收入中位数的 50%）之间的差距较小，但在许多国家，社会救助甚至不能使家庭摆脱贫困。如果将住房成本计算在内，则充足率更高：英国和爱尔兰以及德国、丹麦和荷兰仍然是最为慷慨的国家。一些东欧国家还提供了使受援者超过国家贫困线的福利，最不慷慨的还是西班牙和葡萄牙(没有额外的住房福利)。然而,对这些模型测算的解释应该非常谨慎,因为住房福利是基于漏洞百出的对住房成本的估算,从而导致许多国家高估了福利水平。

社会救助计划的影响也不同。在文献中,占支配地位的观点是总体社会支出与贫困率负相关(Kohl,2002)。虽然福利国家的确各有不同,但社会救助的具体影响并不那么强烈。科尔皮和帕尔默(Korpi and Palme,1998)提出了一个"再分配悖论":针对穷人的社会保障越多,真正惠益于低收入家庭的再分配就越少。主要原因是(用蒂特马斯的话说),为穷人提供的服务往往是劣质的,皆因为从长远看中产阶级也不支持他们。

另外的研究也证实,与其他福利相比,最低收入计划对贫困的影响微弱。塞恩斯伯里和莫里森(Sainsbury and Morrisens,2002:314)指出,在20世纪90年代中期,通过经济状况调查的福利不足以使许多人摆脱贫困:贫困率的下降幅度从意大利的0.2%到英国的8.5%。使用来自各机构的数据,尼尔森(Nelson,2004)还发现,在大多数国家,社会救助水平仍然远低于相对贫困线。导致有效性受限的一个原因是所使用的贫穷概念不同:社会科学家倾向于使用相对于社会平均收入的标准来衡量贫困,而出于政治和财政方面的考虑,各国政府大多将官方贫困线定在较低的水平。

公众支持

社会救助提出了两个关键的决定因素:谁是有需要的以及需要多少(Rothstein,1998)。在社会救助中界定社会救助的最低标准是一个有争议的政治和规范问题,它所引出的是支付者和需求者团结一致这一核心问题。有关团结性的最深远的想法是为所有公民提供基本收入,确保收入不受捐款、就业或任何其他条件的影响(Widerquist et al.,2005)。到目前为止,世界上任何地方都没有全面可行的基本收入计划。在发达民主国家,社会救助政治主要围绕着如何定义经过经济状况调查的最低收入者及其在市场经济中的资格条件而展开。设定适当的救助福利水平意味着要在两种福利水平之间找到某种平衡,一方面是相对于低工资而言过高的救助福利,会对工作产生不利影响;另一方面是救助福利太低,无法满足需求,从而阻止社会参与。社会救助,特别是有选择性的计划,往往会使受益人被污名化,并常常让人对他们的工作意愿和应得的待遇产生怀疑(Oorschot,2006)。因此,"应得的"和"不应得的"穷人这一老问题在发达福利国家仍然存在。

学者们对美国(Hetling et al.,2008)、丹麦(Goul Andersen,1999)和德国(Ullrich,2008)等不同福利国家的做派进行了研究,证实了实现这种平衡存在的问题。社会援助通常不如养老金或医疗保健("关于福利国家做派研究的概述"见第16章)那么受欢迎。对于美国,有人认为种族异质性削弱了对公共福利的整体支持度(Alesina and Glaeser,2004)。处于有良好的劳动力市场地位、受过良好教育和收入较高的人,比工人阶级和接受基础教育的人更不可能支持社会救助。然而,在高失业率的情况下,这些差异往往会减少(Pfeifer,2009)。

在一个"永久紧缩的时代"(P. Pierson,2001c),有影响力群体支持水平的降低使得选择性计划比其他计划更容易受到削减。他们的支持者比养老金或医疗保健系统的支持者要少得多,并且由于利益的异质性和利益"较弱小",他们往往缺乏组织性。对最低收入保护的支持可能会增加,因为中产阶级由于福利削减而会面临较低的缴款福利,或在经济困境时期面临长期失业的可能。

新的政策发展

在过去三十年中,大规模失业和新的社会风险已经重新定义了社会救助的作用。它不再是临时性最低收入的最后手段,而是已经成为一个"大规模计划"(Aust and Ariba,2005),为长期失业者和无劳动能力的人提供财政支持,在某些情况下或多或少是永久性的。此外,生命历程的个体化和家庭生活中不断增长的不稳定性产生了新的社会风险(Bonoli,2005),这些风险在现有福利计划中得不到充分解决。福利国家的金融财政危机和持续的就业问题导致社会保障缩减,进而导致更多的依赖社会救助的安全网功能,并对社会救助方案本身进行了大量的重塑。

理解社会救助的这种转变,需要考虑到政策目标从被动社会政策转变为主动社会政策的范式转变这一背景。对市场激活的更多重视导致影响社会救助的各种政策的变化：为那些工作收入较低的人提供税收抵免并提出与社会救助福利相关的新"激活"需求（见第30章）。

为了"让劳有所得/工作有报酬"而设计的收入所得税抵免最早于1975年在美国引入，1986年以后进行了几次改革，是当今美国最大的反贫困计划。英国于1986年建立了工作税收抵免政策，并在1999年和2003年对其进行了修订，以提供比美国更高的福利水平。除了加拿大的工作所得税福利，爱尔兰和新西兰也有类似的计划。一些北欧福利国家（丹麦、芬兰）和一些欧洲大陆国家（奥地利、比利时、法国、荷兰）也存在某种形式的税收抵免。一些国家（例如，德国）提供经过经济状况调查的福利，以便将收入或失业福利补充到最低收入水平。

1996年克林顿政府期间，带有政治色彩的美国术语"工作福利"终结了"众所周知的福利"。现有的福利方案被对贫困家庭的临时救助（TANF）所取代，它将公共救助的期限规定为5年，并采用"工作第一的方式"。它包括三个要素："工作福利是强制性的、工作福利主要是关于工作的、工作福利本质上是与最低层公共收入支持政策相关的"（Ldemel, 2004: 202）。"工作第一"计划是激活政策的核心；最显著的是英国的《求职者法》（1995年）、荷兰的《求职者就业法》（1998年）和丹麦的《积极社会政策法》。1994年的经合组织就业研究和1997年以来的欧盟就业战略都彰显了这种向"激活"转变的范式。其他消极的劳动力市场政策也已转变为积极的政策，特别是提前退出工作战略已经被失业保险、退休前福利和老年人的残疾福利所扭转（Ebbinghaus, 2006）。除了惩罚性因素，积极的培训政策和综合措施是"激活"之胡萝卜加大棒战略的一部分。因此，社会救助就从一种社会权利转变为一种"不能拒绝的给予"（Ldemel and Trickey, 2000）。

"社会包容"一词是由欧盟或更确切地说是由其前身欧洲经济共同体创造的。在20世纪60年代，人们认为，由于高增长率、充分就业和福利国家的扩展，贫穷已经一去而不返。然而，在20世纪70年代，决策者意识到贫困仍持续存在，并启动了"欧洲反贫困计划I"，也被称为"贫困I号"，它从1975年持续至1980年，主要资助基础研究。"贫困II号"从1984—1989年创造了"社会排斥"一词,因此重点关注贫困的社会维度及其起源,并引入最佳实践的跨国经验与方法的交流。"贫穷 III 号"从 1989 年持续到 1994 年,强调调查研究、贫困和社会包容的多层面概念、行动者与机构之间的伙伴关系以及目标群体对地方项目的参与。欧盟在这一问题上的明确行动在 20 世纪 90 年代末停止,但许多成员国从所获得的经验中受益,并对许多国家的政策产生了明显的影响,例如,葡萄牙消除贫困的国家战略(关于贫穷方案的详细说明,见国际劳工局,2004b)。

随着 2000 年里斯本战略的启动,社会排斥领域的开放协调方法(OMC)逐步得到采用。它纳入了先前计划的要素:欧盟成员国制定了打击社会排斥的共同目标(Zeitlin et al.,2005)。在开发协调方法框架内,成员国制订了促进社会包容的国家计划,并且共同制定指标和报告成果,这也就达成了将问题纳入国家议程的功效。随后,欧盟委员会发布了一份联合报告,强调最佳做法,鼓励成员国相互学习。

社会包容性政策,包括激活中的扶持政策,差异很大。特别是在南欧国家,由于对其他福利谋划的需求日益增长,全国性社会救助计划的缺失日益成为人们广泛争论的话题。像法国和西班牙这样直到 20 世纪 80 年代末还没有一般性社会救助计划的国家,首次引入了税收资助和经过经济状况调查的"最后手段"计划。在其他大多数国家,社会包容成为激活议程的一部分。自 20 世纪 90 年代后期以来,针对青年求职者、移民和老年工人融入社会的计划被称之为"新政"(例如,在英国)。然而,最脆弱的群体仍面临着被社会排斥的危险倾向(Handler,2003)。

在将强制性激活(工作福利)引入社会救助时,年轻人成了关注的焦点。在英国,新工党提高了福利,但同时将其与强制性的激活措施相结合,尤其是针对 25 岁以下的人和长期失业者。1997 年,丹麦提出规定,30 岁以下的社会救助受益人必须在 13 个星期内被激活进入就业状态(Torsson,1999)。其他斯堪的纳维亚国家也纷纷效仿。在德国,提高年轻人就业机会的必要性也受到更多的关注。自 2005 年以来,他们必须接受相关工作机会或培训课程(Aust and Arriba,2005)。

全球视角下的社会安全网

在大多数发展中国家,社会救助计划还处于初级阶段,尽管多项政策自20世纪90年代末以来已有所发展。国际组织对正在兴起的社会安全网产生了深刻的影响:联合国的千年目标是与全球贫困作斗争,世界银行在发展中国家推动一项关于社会安全网的计划,国际劳工组织强调社会保障的全球扩展(Barrientos and Holmes,2006;Barrientos and Hulme,2008;Gough et al.,2004;Leisering,2008)。

在这些社会措施中,社会安全网的运作环境与发达福利国家完全不同。贫穷不仅是一个收入不足的相对问题,而且往往是一个物质性生存的问题。此外,发展中国家通常有普遍的维持生计的自给自足经济以及广泛的灰色经济。由于行政能力有限,在实施经济状况调查或有针对性的计划时会出现一些重大问题(Overbye,2005)。此外,在许多地方,由于缺乏其他社会保障计划,社会安全网是大量人口唯一可获得的福利。这些安全网不是一种作为"最后救命稻草"的补缺计划,而是不得不担起贫困的全部。

莱泽林(Leisering,2008)区分了发展中国家四种类型的社会现金福利(Barrientos and Holmes,2006):(1)非缴费型最低养老金(几乎没有普遍性,大多数是需要经济状况调查);(2)与家庭有关的社会救助;(3)其他社会救助(分类或普遍);(4)有条件的经过经济状况调查的转移支付(通常需要参加以工换粮或以教育换粮的计划)。最普遍的是最低养老金,特别是老年人和残疾人最低养老金。2006年,至少有28个发展中国家和转型国家有这种养老金计划,其中大多数是需要经过经济状况调查的。这些方案相对来说比较容易管理,因为目标群体的划分是明确的,不存在工作阻碍因素。福利通常很低,虽然有些计划范围广泛。巴西的农村计划以及印度和南非的计划都包括相当一部分的老年人口。至少17个国家存在有条件的转移,其中最突出的是巴西的 Bolsa Escola(自2003年起并入 Bolsa Familia),该计划以正常上学为条件提供福利。

在经合组织国家中存在的其他社会援助计划在发展中国家是非常有限

的。一个显著的例外是中国1993年在上海开始实施的最低生活保障制度(MLSG),并很快扩展到其他城市。1997年,政府承担了主要的财政责任,并强制城市地区实施该计划(占城市人口的4.2%),(当时)并没有纳入绝大多数的中国人口,也包括农民工(Leung,2006:193—194)。到目前为止,中国的发展在经合组织之外的国家中仍然是独一无二的。

结 论

埃德利等人(Eardley et al.,1996)在20世纪90年代初所发现的社会救助制度的广泛多样性今天仍然存在。与预期不符的是,尽管劳动力市场状况不断恶化,福利政策持续紧缩,但最低收入保障制度的重要性总体上并未增强。相反,总体情况是,尽管由于国际压力和内生的现代化进程,全球的发展是朝向扩展社会安全网的趋势,但经合组织国家在跨国和跨期上都表现出一种令人惊讶的稳定性。

在"永久紧缩"时期,社会救助计划面临比养老金或医疗保健计划更高的被削减的风险。此外,激励福利受益人的国际趋势已经改变了"我们所知道的福利"。然而,这些计划的范围和影响,从惩罚性工作到扶持性的激活措施,差别很大。与此同时,在一些国家,有工作的穷人的数量正在增加。事实上,单靠就业并不总是能有效地防止人们陷入贫困。

社会救助计划如何从制度上纳入整个社会政策、教育系统和劳动力市场,这一点非常重要。在这方面,对社会包容的更广泛关注已列入政治议程。例如,在大多数国家,单亲父母及子女是贫困风险最高的群体之一。许多研究表明,对于这个群体,参与劳动力市场是有效防止贫困的最好手段。正因如此,家庭政策和社会服务,特别是儿童保育,比社会转移或工作激励更为重要。

第32章 家庭福利与服务

乔纳森·布拉德肖(Jonathan Bradshaw)
娜奥米·芬奇(Naomi Finch)

引　言

家庭福利和服务属于家庭政策的范畴。但是,由于家庭福利和服务目标多种多样且范围广泛,因此在许多国家,家庭政策并不是一个明确的政策领域。这可能使跨国比较的工作变得困难。一般来说,家庭福利和服务专注于家庭生活的不同方面以及不同家庭关系产生的不同义务和责任(Neyer,2003)。这些可能存在于伴侣、父母和子女以及子女和他们年迈的父母之间。政策反应会因所涉及的关系差异而有所不同。在这一章中,我们将侧重于关注有子女家庭的政策。虽然所讨论的主要关系是父母对子女的义务,但是这种关系的延伸是父母之间的关系,以及父母在抚养子女中各自的角色。然而,家庭关系并不存在于真空中。因此,我们还将在更广泛的背景下考虑父母身份如何与外部因素,特别是与劳动力市场的相互作用,以及对这些关系的政策反应。事实上,家庭政策的主要目的可能与子女抚养本身无关,而是要解决诸如人口下降或增加劳动力供应、维持两性关系或减少贫困等更广泛的问题。

最近,全球社会经济和人口趋势给西方福利国家带来了新的挑战。最重要的经济变化已经转向后工业化经济,由于技术创新,工业就业人数减少,服务业扩大(Taylor-Gooby,2001)。这对福利国家产生了两个重要影响:一方面,工业部门的衰退导致一些国家低收入、不稳定的工作增加,男性的充分就业不再是福利国家可以建立在其基础上的一个基本假设（Hudson and Lowe，2004）；另一方面，服务的增长带来了包括产妇在内的女性就业的增加（Andersen，1999）。

这意味着战后福利国家自我标榜的男性养家糊口和女性照顾家庭的模式已不再是常态（Taylor-Gooby，2001）。这对性别平等具有重要的影响，而且在人口统计学上也是如此。一个后果是妇女在平衡工作和家庭生活方面的压力增加。经济变化还意味着，为了避免贫穷，女性就业越来越必要，因为与单收入家庭密切相连的就是更高的贫困率（Andersen，2002；Cantillon，2001）。当这与北欧所见证的家庭形式的变化——尤其是单亲家庭数量的不断增加——结合在一起时，就会给福利国家带来巨大的挑战，因为存在相关的贫困风险。

本章分为三个部分：首先回顾家庭政策的背景：家庭变化和就业变化；然后比较家庭政策，包括福利国家为支持有子女家庭所做的总体努力、现有的为平衡工作和家庭生活而采取的措施以及国家对有子女家庭的财政支持；最后，考察了在专注于生育率、就业、儿童贫困和儿童福利方面所做努力得出的结果。

背　景

家庭变化

在比较研究中，对社会经济过程进行概括通常是不明智的，因为通常会有一些国家与总趋势背道而驰。然而，可以肯定的是，在过去几十年中，所有工业国家的家庭形式和功能都发生了深刻的变化。可能最引人注目的就是生育率的下降。

经合组织的数据显示，到2006年，在39个国家中，只有墨西哥和土耳其的生育率超过了替代率。[①] 此外，还存在两个国家集群：北欧和英语国家（加拿大除外）生育率高于1.7，南欧、中欧（爱沙尼亚除外，但包括德国和奥地利）

---

① http://www.oecd.org/dataoecd/37/59/40192107.pdf.

和东亚国家在1.5以下。

在大多数国家,生育率的下降与其他一些变化有关,包括婚姻减少、晚婚、更多的婚前同居,以及再婚的增加,当然再婚也同样是婚前同居。与此相关的是晚育和婚外生育的急剧增加,婚外生育通常是因同居而起。关系破裂,离婚和分居也与之相关。家庭人口统计学过去常常使用离婚率来比较家庭的不稳定性,但随着婚姻的减少,离婚已成为衡量家庭形式变化的一个越来越无用的指标。现在最好的比较指标是单亲家庭的普遍程度。但实际上要做比较是相当困难的,部分是因为定义上的差异,但也因为在家庭调查中,单亲家庭可以隐藏在多单元家庭中,而多单元家庭的普遍程度在国家之间差别很大。

然而,使用图32-1中的欧盟收入和生活条件调查数据(SILC),我们比较了与单身父/母组成一个家的单亲家庭或者"至少有一个18岁以下的儿童但没有父亲/母亲常驻,或父亲/母亲没有照应的家庭"所占的比例。在南欧国家,单亲家庭的比例仍然相当低。在拉脱维亚和英国,近1/4的儿童生活在单亲家庭中。

在大多数欧盟国家,90%以上的单亲家庭是以母亲主家的,瑞典是一个例外,只有70%的单亲家庭以母亲为户主(欧盟SILC)。正如我们将在下文看到的,在所有的国家中,生活在单亲家庭的儿童有着更高的贫困风险。

家庭形式的这些变化打乱了子女的养育环境,也是生育率下降的一个原因。与生育率下降有关的还有无子女家庭的增加。丁克家庭的数量不可避免是创历史纪录性的,但在20世纪60年代中期出生的这一代女性中,荷兰、英国和芬兰有1/5的人将继续不嗣子女,这一比例已经高于德国。[①]

家庭模式的改变意味着儿童的家庭经历已经改变。父母比过去年长,孩子现在更不可能有兄弟姐妹。他们更可能体验到生活在一个单亲家庭,所面对的是继父母、缺位的父/母亲、来探望的父母、继兄弟姐妹和同父异母或同母异父兄弟姐妹。伴随着所有这些变化,代际关系对于所有相关者来说都可能变得更加复杂。

---

① www.oecd.org/els/social/family/database—SF7:Childlessness.

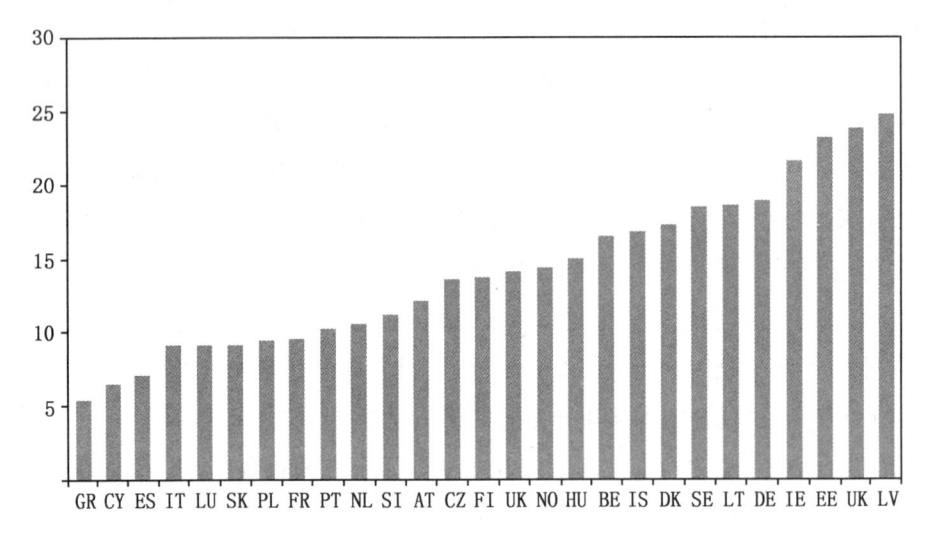

资料来源：欧盟 SILC 2006 数据自身分析（EU-SILC 2008）。

图 32—1　生活在孤儿家庭中的儿童的百分比（2006 年）

母亲的就业

后工业化时代，服务业的发展增加了工业化国家的女性以及孕产妇就业。这对家庭有重要的影响，表明正在脱离"男性养家糊口——女性照料家庭"的传统模式。在该模式中，任务是按性别划分的。但是各国在摆脱这种养家糊口模式上的程度不同。在这里，我们通过考察孕产妇女性的就业模式来探讨各国在多大程度上向双职工家庭模式靠拢。

男性养家模式假设，女性自我限制个人的劳动力市场行为，专注于无酬工作。如果观察到这种假设朝着双职工收入转向，就能够看到有高水平的女性就业。经合组织 2005 年有关孕产妇就业的数据显示，差异很大，北欧国家处于一个极端，东欧和南欧（葡萄牙除外）国家处于另一个极端。[①] 事实上，冰岛和瑞典向双职工收入就业趋势走得最近，超过 80% 的母亲就业，而斯洛伐克共和国、意大利、波兰和匈牙利只有不到 50% 的母亲从事有薪工作。

然而，总就业率并不能反映工作时间。高就业水平国家的母亲可能工作

---

① www.oecd.org/dataoecd/29/61/38752721.pdf.

时间非常短,而事实上花费大部分时间从事无偿工作。经合组织的数据表明,在所有国家中,妇女在非全时工作中所占的比例是很高的。[1] 某些国家,如荷兰和瑞士,妇女就业比例很高,妇女在非全时工作中的比例也很高。在这些国家,高总体就业率掩盖了妇女长期从事无薪工作多于有薪工作的现象。

当孩子年幼照顾需求最大时,"男性养家糊口－女性照料家庭"模式可能更加突出。在更坚持男性养家糊口模式的国家,妇女可能完全从劳动力市场退出,去照顾幼儿,并随着孩子长大、上学和照护需求的减少而返回劳动力市场。一般来说,基于欧洲劳动力调查的数据(Mayhew,2006),有证据表明,1985－2002年期间,在有年幼子女的家庭中,男性养家的模式有所下降,从53%下降到35%(经合组织,2004b)。实际上,经合组织发现,在这一时期,有一个或多个6岁以下儿童家庭从事有偿工作的总时间增加了,主要是因为有年幼子女的母亲开始就业(OECD,2004b)。

经合组织数据[2]显示,根据儿童年龄的不同,妇女就业的国家差异很大。一端是那些育有年幼子女的母亲的就业率高的国家:在丹麦、瑞典、荷兰和葡萄牙,10个母亲中,育有年幼子女的母亲有7名在工作。在这些国家,子女年龄较小和年龄较大的母亲的就业率之间的差距相对较小。事实上,在瑞典、丹麦和葡萄牙,有年幼子女的母亲的就业率高于有年龄较大子女的母亲,但在荷兰又几乎没有差别。在这个意义上,这些国家似乎已经有靠向双亲有就业收入的家庭趋势。

而在另一端,在匈牙利、捷克共和国、斯洛伐克、日本和德国,有年幼子女的母亲就业比例最低。在这些国家,有大龄儿童和幼龄儿童的母亲在就业水平方面存在很大差距——在匈牙利和捷克共和国,差距接近50%。因此,这些国家似乎在孩子很小的情况下更加坚持养家糊口家庭模式。

政　策

有三种方法可以用来评估国家为支持有子女的家庭所做的努力。可能最

---

[1] http://www.oecd.org/dataoecd/30/39/38752777.pdf.
[2] http://www.oecd.org/dataoecd/29/61/38752721.pdf.

好的方法是比较结果,特别是对儿童的结果,我们将在下一节做具体阐述。本节专门讨论其他两种方法:比较有子女家庭的总体开支,比较有子女家庭的福利国家机制。

为家庭谋利的福利国家总体努力

这需要对国民核算进行收集和分析,欧盟在其 ESPROSS 系列中以及经合组织在其公共支出分析中都进行了这项工作。最新的分析是针对 2006 年的欧盟国家。① 分析显示,平均只有国内生产总值的 2%用于为有子女的家庭提供这些福利,这一比例从丹麦的 3.7%到葡萄牙的 0.8%不等。

ESPROSS 系列包括现金和实物福利,但未考虑为儿童福利着想的税收消耗,这在一些国家正在成为一揽子儿童福利中越来越重要的部分。经合组织已经对有子女家庭的支出进行了分析,其中确实考虑了税收支出。最近的数据是 2005 年的。② 2005 年,经合组织国家平均将国内生产总值的 2.3%用于家庭福利、服务和减税,这一比例从法国的 3.8%到土耳其的 0.02%不等。各国之间的支出结构在现金福利、服务和税收减免方面存在差异。但是,在一些国家,特别是法国、德国、荷兰和美国,税收减免是一揽子计划的重要组成部分。为了衡量福利国家在为有子女家庭方面所做的努力,这些确实需要被考虑在内,采取的方式也应当是有别于目前的 ESPROSS 比较中的方式。

利用国民经济核算数据来追踪一段时间内支出的代际间公平性是可能的。图 32-2 显示了 1980—2003 年期间每个孩子的支出占每个养老金领取者支出的比例。除墨西哥之外的所有国家对老年人的支出都高于对儿童的支出,但这种人均支出国与国之间差异巨大。在澳大利亚、爱尔兰和卢森堡,他们每个孩子的人均支出是养老金领取者支出的 80%以上,而在希腊、日本和意大利,仅为 10%左右。只有日本、瑞典和斯洛伐克(在较短的时期内)的儿童支出与老人支出保持一定比例,或多或少有一致下降的趋势。澳大利亚、丹麦和爱尔兰已将相对支出大幅转向有利于儿童的一方。

---

① http://nui.epp.eurostat.ec.europa.eu.
② http://www.oecd.org/dataoecd/55/58/38798865.pdf.

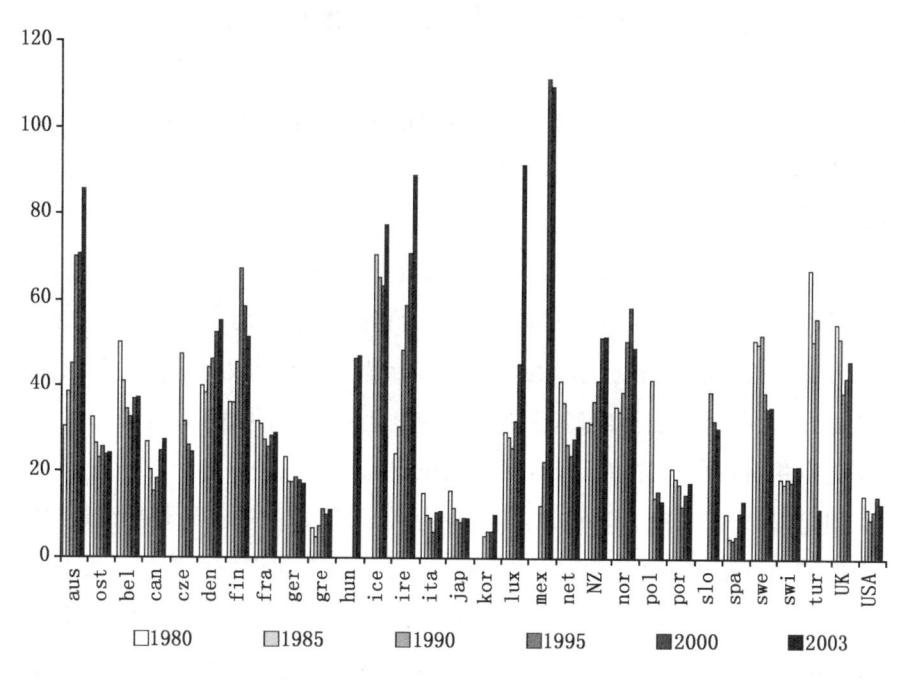

资料来源：经合组织 2009a 的分析。

图 32—2　单位儿童消费占单位老年人支出的百分比（1980—2003 年）

兼顾工作和照护

我们已经看到，男性养家糊口－女性照料家庭模式在一些国家比其他国家正处于势弱，而这表明政策可能在影响就业模式方面发挥了作用。本节将探讨各国在多大程度上支持母亲从事有偿工作。

福利国家可以通过去家庭化的照护政策鼓励妇女在有酬工作中发挥作用，让国家和市场承担照护责任，从而降低主要"照护人"（通常是母亲）的照护责任，并使他们能够过渡到有偿工作（Lister，1994；Esping-Andersen，1999）。这些政策包括儿童保育和/或社会服务的公共供给或通过市场（公共补贴）的照护供给。

有多种方法可以来评估福利国家对照护工作的支持程度。经合组织数据①显示,在儿童保育和早期教育服务方面的公共支出占国内生产总值的一定比例,包括对有子女家庭参加正式日托服务(例如,托儿所、日托中心和3岁以下儿童的家庭照护)和学前教育机构(包括幼儿园和日托中心,通常为3—5岁的儿童提供教育内容和传统护理)的所有公共财政支持(现金、实物或通过税收制度)。

显然,冰岛和丹麦是总体支出的领头羊,它们的两个北欧同僚芬兰和瑞典,连同法国,也没落下太远,挪威在这方面稍落后于其他北欧国家。在总体支出方面的落后者是瑞士、韩国、加拿大和希腊。如果仅仅考察正式日托服务的支出,那么芬兰的支出最高,紧随其后的是北欧各国,但法国、英国和卢森堡的支出也相对较高。许多国家并没有在正式的日间照护服务上有任何花费。

但是,如果没有高入学率,对儿童保育和早期教育的支持是劳而无果的。经合组织的数据②表明,各国在3岁以下儿童的保育登记方面有很大差异,这可能既有保育服务可获得性的原因,也有保育费用成本的原因。北欧国家的入学率相对较高,芬兰除外。这可以通过芬兰的家庭保育津贴来解释,它作为一种替代儿童照护的办法,旨在为有3岁以下子女的家长(即母亲)提供是否进行有偿工作的选择。比利时的入学率也相对较高。另一端是入学率接近于零的国家,包括捷克共和国、墨西哥、波兰、瑞士和土耳其。

为了避免母亲同时承担有偿和无偿工作的"双重负担",也需要有对家庭照护的支持。这可以使母亲在儿童非常小的时候能够平衡工作和家庭照顾,但同时也有工作保护,使她们能够重返工作岗位。如果没有这种受保护的假期,母亲们很可能会完全脱离劳动力市场。由于其复杂性,跨国比较休假计划很困难,我们将探讨休假制度上的支出占每个出生孩子的GDP比例。这将使我们了解出生时的一次性支出的不同作用,以及各国实际上有权享受带薪保育假福利的家长(和儿童)数量(OECD,2008b)。

经合组织的数据③显示了2003年每名儿童对应的产假和育儿假支出。匈牙利是休假支出的领头羊,北欧国家与东欧国家紧随其后。与之相对,低支

---

① http://www.oecd.org/dataoecd/45/27/37864512.pdf.
② http://www.oecd.org/dataoecd/45/26/37864698.pdf.
③ http://www.oecd.org/dataoecd/45/26/37864482.pdf.

出国家包含英国、澳大利亚和新西兰等英语国家以及韩国、瑞士和希腊。

税收与福利政策

每个福利国家都有一揽子政策,来支持减轻家庭养育子女的经济负担。这一揽子政策可能包括各种不同的要素,具体包括所得税优惠,收入或非收入相关现金福利,住房福利,减免健康、教育或托儿服务的收费,确保单亲母亲从缺席的父亲那里获得财政资助的儿童抚养政策支持,以及其他实物帮助,例如,食品券或免费学校餐。这一揽子政策中不同要素的目标可能有所不同。但基本构架的确如此。但是一揽子计划的水平是衡量国家为减轻抚养子女的主要私人成本而做出的贡献量度。

比较这种福利包的一种方法是探索它如何影响不同国家的一组标准家庭。这种"家庭模型"方法已被用于学术研究(Bradshaw and Piachaud,1980;Bradshaw et al.,1993;Bradshaw and Finch,2002;Bradshaw and Mayhew,2006;Bradshaw,2006)。它也是 OECD(2008b)工资征税系列中所使用的方法。

家庭模型方法的优点是它能够对福利包的结构和水平进行最新的比较。然而,该方法只能比较正式的制度安排、福利权益,而不能比较它们是如何确切地历经过程或得到采纳的。此外,它只能针对模型化家庭而不是代表性家庭进行比较,并且必须对家庭情况进行一些假设,包括重要的住房成本。不过,该方法能够比较不同的结构和水平,以及这种结构和水平如何因就业状况、收入、收入者数量、儿童数量和年龄以及家庭类型而变化。

图32—3 显示了一对有两个孩子和一个收入者的夫妇比一对无子女但收入相同的夫妇所获得的额外福利收益百分比。可以看出,各国的排名与收入水平有很大的不同。[①] 在低收入国家爱尔兰和澳大利亚有着最丰厚的儿童福利待遇。除希腊和韩国之外,所有国家都有累进的儿童福利待遇——他们对低收入家庭更加慷慨。但有些国家比其他国家累进幅度更大。新西兰对超过一定收入水平的家庭不提供任何家庭福利。捷克共和国和匈牙利的平均收入

---

① 这是2005年的数据,因为(令人遗憾的是)经合组织改变了其公布的2006年和2007年的家庭类型/收入水平。

排在榜首可能是相当出乎意料的——美国在这一系列国家中没有垫底也是如此;瑞典和法国则处在中间位置。

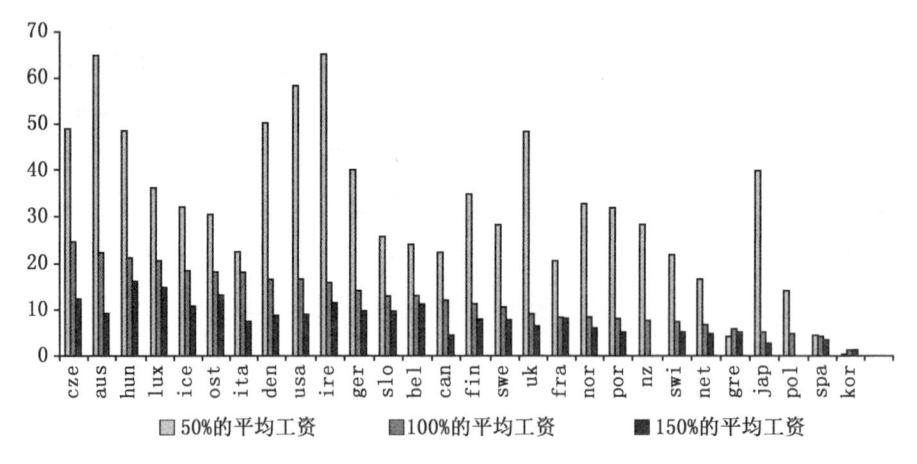

资料来源:经合组织的分析,2005d。

图32—3 按照收入水平分为两个孩子的儿童福利金(2005年),按平均收入排名:对同一收入的无子女夫妇的额外福利收入的比较

经合组织的福利和工资系列在分析中只使用了有两个孩子的夫妇和单身人士。然而,在我们对更多家庭类型的研究中(Bradshaw,2006),我们发现,除收入和家庭类型之外,子女福利包会因孩子的数量和年龄、收入者的人数以及是在计算住房和儿童保育费用之前或之后进行比较而有所不同。考虑到所有这些变化,很难对福利包的价值作总体概述。在布拉德肖(Bradshaw,2007)的研究中,我们尝试使用示例性的家庭类型和收入水平样本(选自我们的模型家庭),对较常见的类型进行粗略加权,并估计总体的平均儿童福利包。我们发现,奥地利排在首位显得非常突兀——这在部分程度上是其慷慨的儿童保育补贴的结果,在OECD的分析中没有考虑到这一点。荷兰、加拿大和日本的支出水平则属于落后者。

家庭政策的结果

生育和家庭政策

生育率很难分析,因此也难以解释。一个原因是它在过去三十年(甚至更长的时间)内极不稳定;或者更确切地说,它在不同的时间在不同的国家有所变化。当然部分是因为婚姻和生育模式、女性劳动力供应、避孕技术等当前都在非常迅速、剧烈地发生变化。历史总是在不断变化之中。在寻求解释生育率时,我们必须应对一个不断变化的目标。有人可能会说,最近的生育率已经稳定下来,现在是进行这项考察的更好时机。但最近法国确实恢复非常迅速,其他一些国家包括英国、荷兰和瑞典可能也是紧随其后。现在的问题是,即使生育率更稳定,他们也已经趋于一致,没有太多的变化可以解释。另外,在一些国家,自然生育率受到最近的迁入人口生育率的影响(上升)。例如,2007年,英国23%的出生人口主要是由英国以外出生的母亲生育的,生育率从2004年的1.68%恢复上升至2007年的1.90%,其中一半是移民生育的结果(UK ONS,2008)。

如果我们对1980年之前的生育率和家庭政策之间的关系进行分析,那么我们将得出结论:二者存在负相关关系——在实行强有力的家庭政策的国家,生育率下降了,而在实行弱的家庭政策的国家,生育率则保持不变。但正如弗朗西斯·G.卡斯尔斯(Francis G. Castles,2002b)指出的,1980年以后,情况发生了变化——北部福利国家生育率停止了下降或有所回升,而南部福利国家和东亚福利国家的生育率则直线下降。现在可能会得出结论,生育率是由强有力的家庭政策维持的,或者这种政策没有什么显著的影响。

在图32—4中,生育率(2006)和2005年的家庭支出占GDP的比例之间有相当微弱的关系。如果排除土耳其、墨西哥和美国,这种关系则会更强。邓森(Duensing,2006)发现,1980—2002年间家庭支出的变化与生育率的变化之间没有关系。当然,即使存在关联,这种关系并不意味着因果关系。因为存在一个内生性问题——孩子越多,支出越高——而支出可能是父母政治权力的函数。

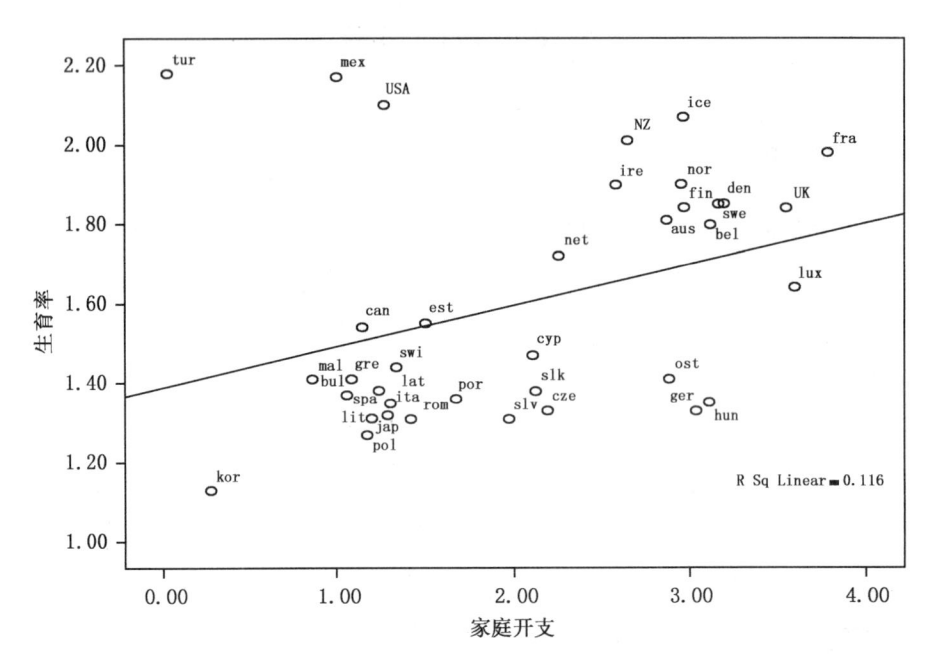

资料来源：经合组织 2009h 的分析。

图 32－4 按家庭支出占 2005 年 GDP 的百分比计算的 2006 年生育率

可能的情况是，平衡工作和家庭生活的政策可能会对生育率产生影响。斯卢博斯（Sleebos，2003）发现工作/家庭和解指数与生育率之间存在正相关关系。OECD 的《婴儿和雇主》丛书（2007b：18）得出结论："所有促进女性劳动力参与的政策也会有助于避免非常低的生育率。"当然，妇女参与率较高的国家，其生育水平也较高。因为政策使妇女能够兼顾工作和家庭生活，他们也就会有更高的女性参与率，所以，此类政策可能会提高生育率。然而，布拉德肖和阿塔尔·施瓦茨（Bradshaw and Attar-Schwartz，2010）的结论是，女性解放程度可能是一个干预变量——女性解放程度越大，工作的就越多；工作越多，就越独立，家庭也就越富裕，这就为养育孩子提供了一个更安全的基础。在这种情况下，平衡工作和家庭生活的政策是微不足道的。

现在出现的证据是，在最发达的福利国家，是受教育程度和经济状况更好的父母在生孩子。福森和里塔卡里奥（Forssen and Ritakallio，2006：图 9.1）

发现,在丹麦、芬兰、瑞典和比利时,36—46岁无子女的妇女比例较低,而受教育程度更高的妇女会生更多的孩子。然而,他们发现,德国、英国、法国、希腊、爱尔兰、意大利、葡萄牙和西班牙的情况并非如此。邓森(Duensing,2006)使用LIS数据对儿童数量建模也发现了类似的结果。这可能表明,现在重要的不是家庭政策,而是人力资本、安全感、市场中的能力——事实上,很可能不再依赖于家庭政策才是影响生育的关键。

就业与家庭政策

儿童保育和学前教育方面的支出以及入学率在一定程度上反映了育儿母亲的就业率。北欧国家的总体育儿母亲就业率很高,而且在儿童保育方面也支出不菲。然而,芬兰的低龄儿童母亲在就业水平上低于其他北欧国家,这反映了其儿童保育率低。另外一种情况就不那么明朗——儿童保育支出低的国家不一定具有较低的育儿母亲就业水平,即使是有年幼子女的母亲。例如,瑞士的支出和入学率相对较低,但其育儿母亲的就业率高于一半的国家,即便是有年幼子女。然而,正如我们所料,由于政府对育儿的支持率较低,就业数据确实提供了一些证据,表明瑞士的母亲很难兼顾工作和育儿——兼职率相对较高。

育儿假方面的支出与育儿母亲就业率的关系没有那么明显。虽然北欧国家的高就业率反映出休假上的高支出,但匈牙利、斯洛伐克和捷克共和国的支出都比较慷慨,其就业水平却很低,这是因为在休假上支出的动机因国家而异。高支出可能反映了较长的产假、高替代率、高覆盖率、侧重于性别平等的休假等,这些会对育儿母亲的就业水平产生不同影响。事实上,鉴于长期休假对育儿母亲就业的相关负面影响以及性别薪酬差距,产假/育儿假的支出替代率而不是假期的长短对于实现育儿母亲的高就业率更为重要(如Ruhm,1998)。因此,由于休假计划的复杂性,这表明支出并不是一个很好的用来反映休假计划对孕育母亲就业影响的指标。

然而,休假计划仍然可能导致育儿母亲就业率的变化,尤其是因为无论休假是否带薪,享受育儿假的母亲通常都包含在就业统计中。经合组织的

(2007b)《婴儿和雇主》系列报告显示,如果将育儿假的母亲排除在外,归因于年幼孩子的就业率变化将有所降低。瑞典和丹麦相较于其他国家的就业率高,主要原因是母亲享受产假的比例高。

家庭政策与儿童贫困

比较儿童贫困率是过往评估家庭福利结果最普遍的方式。相对儿童贫困率是欧盟用于监测社会包容性的"拉肯"指标之一(欧洲委员会,2008年),经合组织每5年左右公布一次儿童贫困率。《卢森堡收入研究》(LIS)也被用作该数据的来源。在撰写本文时,LIS数据相当陈旧,因此两个最新的数据来源于欧盟和经合组织。它们使用完全不同的数据采集方法。欧盟现在使用来自欧盟收入和生活条件调查(SILC)的数据,采用一个国家中位数的60%的阈值,并使用了经修订的经合组织等值量表。经合组织使用各国政府以指定格式提供的数据,使用中位数的50%的阈值和家庭人数的平方根作为等值量表。经合组织[①]指出,在大多数国家,儿童贫困率在20世纪90年代中期至2000年代中期之间有所增加——澳大利亚、比利时、匈牙利、意大利、墨西哥、英国和美国除外。

欧盟和经合组织都公布了关于贫困差距的数据——贫困线以下的家庭距离贫困线有多远,以及贫困的持续程度——儿童在贫困线以下已有多少年。它们还公布了关于转移支付前后的儿童贫困数据,这是比较家庭政策相对有效的另一个手段。图32—5显示,如果在转移之前衡量儿童贫困——仅根据市场收入,那么欧盟贫困率就会大大不同。北欧国家在转移后的贫困率远低于南欧和东欧国家,因为他们的家庭政策在减少贫困方面更有效。

相对收入贫困衡量标准存在一些问题,尤其是在比较分析中。特别是,所使用的阈值是随意取舍的,它们表明不同国家的生活水平差异很大。例如,2006年的中位数贫困阈值的60%在罗马尼亚是1 738欧元,在卢森堡则是27 397欧元。使用这些阈值,我们很难进行同类比较。经合组织和欧盟都已

---

① http://dx.doi.org/10.1787/422456583733.

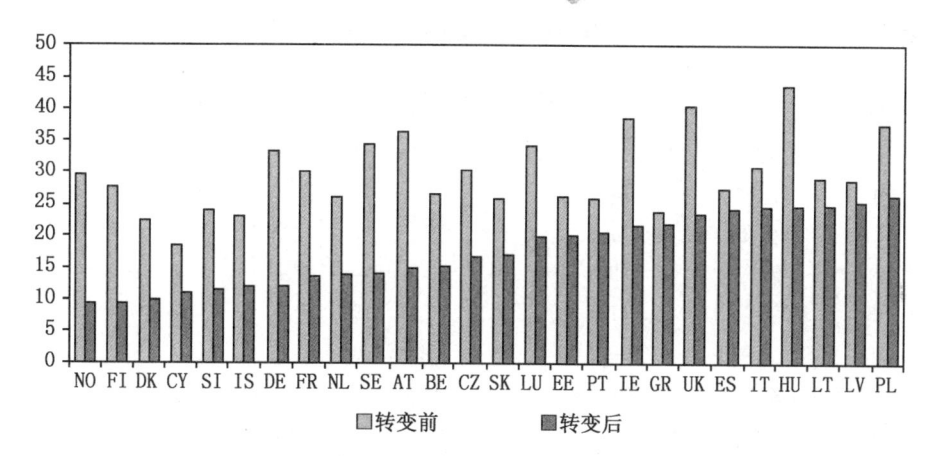

资料来源：欧盟 SILC 2006 年的数据分析（欧盟 SILC 2008）。

图 32—5　转变前后的儿童贫困率（2006）

经开始认识到这些问题，在公布贫困数据的同时也公布了收入贫困率。

家庭政策与儿童福利

相对收入贫困和一种更广泛的物质福利考量都不是完全令人满意的衡量儿童福利结果的指标。我们为 25 个欧盟国家制定了儿童福利指数（Bradshaw，2007）。联合国儿童基金会（2007 年）对经合组织国家和中东欧/独联体国家发布了类似的指数（Richardson，2008）。

这些指数背后的思想是，儿童的福祉不能用一个维度或指标来表示。他们的生活存在多个维度，每个维度都对他们的幸福感有影响（Ben-Arieh，2001）。

表 32—1 汇总了欧洲各国儿童福利的总体及各维度排名比较。该指数由 43 个指标构成，这些指标来自最新的调查和行政资源部门，组合成 19 个分量，然后再合并成 7 个维度。只有荷兰在各维度上都居于所有国家的前 1/3，立陶宛在各维度上均位于最后的 1/3。

表 32-1　　各个维度的欧洲儿童福利(c.2006)

排序	国家	欧盟29国儿童幸福感	健康	主观感受	人际关系	物质	风险	教育	家庭
1	荷兰	117.3	2	1	1	7	4	4	9
2	瑞典	114.8	1	7	3	10	1	9	3
3	挪威	114.8	6	8	6	2	2	10	1
4	冰岛	112.7	4	9	4	1	3	14	8
5	芬兰	111	12	6	9	4	7	7	4
6	丹麦	109.6	3	5	10	9	15	12	5
7	斯洛文尼亚	107.1	15	16	2	5	13	11	19
8	德国	106.1	17	12	8	12	5	6	16
9	爱尔兰	105.3	14	10	14	20	12	5	2
10	卢森堡	104.8	5	17	19	3	11	16	7
11	奥地利	104.2	26	2	7	8	19	19	6
12	塞浦路斯	103.7	10			13			11
13	西班牙	103.6	13	4	17	18	6	20	13
14	比利时	103	18	13	18	15	21	1	12
15	法国	100.9	20	14	28	11	10	13	10
16	捷克共和国	98.9	9	22	27	6	20	3	22
17	斯洛伐克	98.7	7	11	22	16	23	17	15
18	爱沙尼亚	96.9	11	20	12	14	25	2	25
19	意大利	96.1	19	18	20	17	8	23	20
20	波兰	94.6	8	26	16	26	17	8	23
21	葡萄牙	94.5	21	23	13	21	9	25	18
22	匈牙利	94.3	23	25	11	23	16	15	21
23	希腊	94	29	3	23	19	22	21	14
24	英国	92.9	24	21	15	24	18	22	17
25	罗马尼亚	87	27	19	5		24	27	
26	保加利亚	84.9	25	15	24		26	26	
27	拉脱维亚	84.1	16	24	26	22	27	18	26
28	立陶宛	82.3	22	27	25	25	28	24	24
29	马耳他	81.9	28	28	21		14		

资料来源：Bradshaw and Richardson,2009。

　　这种研究尚处于起步阶段,学术界很少有做过解释结果差异的研究。然而,这些政策似乎很重要。图32-6显示,尽管有一些数据结果上的异常值,但是依然呈现出家庭福利和服务支出占国内生产总值的比重和总体福利之间存在一定的关系。

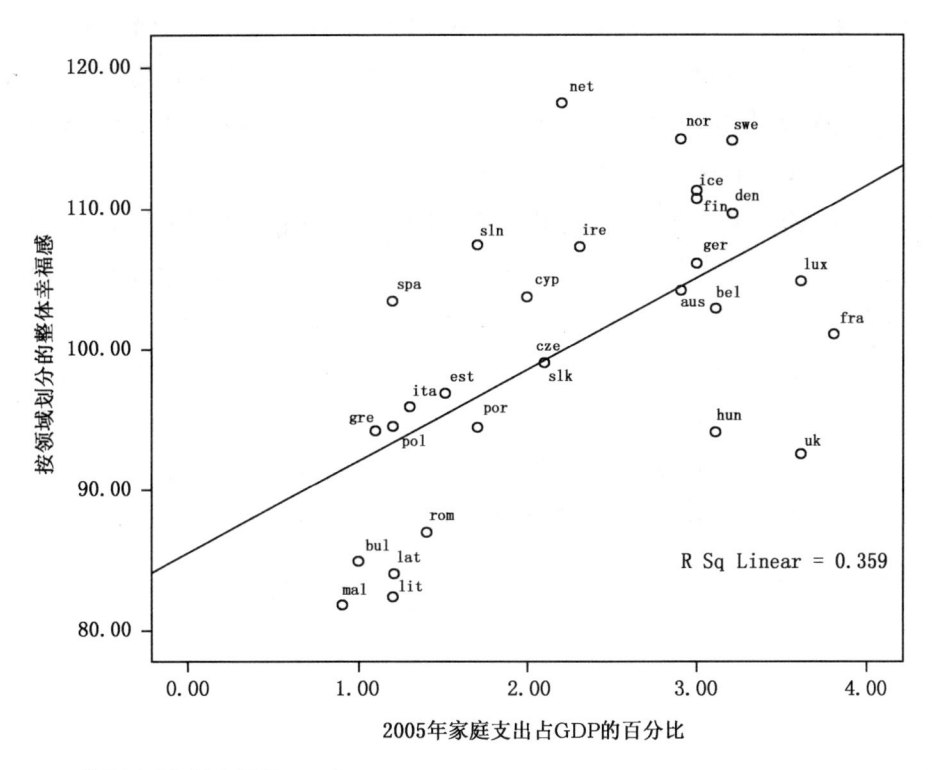

图32-6 按照家庭福利和服务的国内生产总值计算的儿童福利总额（2005年）

资料来源：经合组织2009h。

结 论

有理论认为，由于全球化导致民族国家在政治和经济上受到侵蚀，并越来越多地跨越了传统的地理边界（Hudson and Lowe, 2004），我们可以预期社会政策会越来越趋同。此外，考虑到人口和经济变化已经产生了所有福利国家皆有的新的社会风险，这将导致共同的政策反应，要么朝向普遍主义的北欧福利制度"理想国"，要么朝向极简主义的美国制度（Gauthier, 2002）。也有观点认为，各国将根据本国的历史、文化和政治制定独特的社会政策，以应对共同的全球政策挑战。

关于家庭政策,很难明确地赞成这些理论中的一个或另一个。当然,生育率一直在低于替代率的范围内收敛趋同。女性和孕育母亲的就业率一直在增加,但各国之间仍然存在很大差异,针对有孩子家庭的公共支出仍然变化不定。大多数国家努力协助父母平衡工作和家庭生活,但这种努力的结果和水平以及对家庭的财政支持在不同国家仍然差异很大。

很少有国家实行明确的提倡生育的社会政策,而且几乎没有证据表明在家庭政策方面的努力与生育率之间有关联。那些在儿童保育方面做出更多努力的国家往往有较高的妇女就业率,但育儿假的情况并非如此。20世纪90年代中期到2000年代中期,大多数国家的儿童贫困率有所增加,但是,英国和美国则从一个很高的基数开始下降,这可能导致某种程度的趋同(OECD,2008a)。看来,具有最强的家庭政策的国家似乎有较低的儿童贫困率和较高的儿童福利。这使我们得出结论,无论是否存在趋同或分歧,家庭政策都很重要。

第33章 住房保障

托尼·费伊(Tony Fahey)
米歇尔·诺里斯(Michelle Norris)

引 言

除了富人和他们的佣人,19世纪末大多数西方国家的人口都住在私人出租的房子里。尽管在许多方面房屋租住都是一种有效的住房供应手段,但这种住房权造成了严重的社会问题,特别是城市和农村的穷人,在没有任何安全保障的情况下,租住的房子又是一种破旧、拥挤并且还几乎买不起的情形(Harloe,1985)。所处的背景是,住房资金分配不均衡显示出一种更大规模的态势,在自由放任的住房租赁市场中,甚至对中产阶级的收入和住房都带来了压力(Pooley,1992)。

随着20世纪国家范围的扩大和干预主义思潮的流行,住房越来越多地纳入公共政策的范围,特别是在第二次世界大战后的重建和福利国家发展阶段。住房方面的公共利益常常扩展到宏观经济管理和空间规划等问题上,而这些又超出了福利国家的关注范围。然而,考虑到住房对人们生活水平的重要性以及住房支出占家庭支出的很大份额,把福利关注重点放在住房上是必然的事。正如我们将在下文中看到的,这种福利关注以多种方式表达出来,但从今天的有利视角去回顾,许多研究人员得出的结论是,其在住房方面的成就与福利国家的许多其他要素相比是差强人意的。有一种普遍的观点认为,深嵌在福利国家骨子里的那种对社会团结与平等的潜心追求,在住房保障上所得以实现的,比起其他任何社会政策领域都要差。这一观点可以在被广泛使用的将住房福利说成是"福利国家中摇晃不定的支柱"的比喻中获析(Torgersen,1987)。比如哈罗(Harloe,1995)所说的,在欧洲和美国,住房仍然是福利供给中最少去商品化但又由市场主导的部门,即使在福利制度发达的国家,大多数住房服务仍由市场提供。自20世纪80年代以来,大量的文献认为,住房服务受到了公共福利支出紧缩的冲击(P. Pierson,1994)。

在这一章中,我们倡议,这种认为房地产市场福利国家疲软和衰退的观点是建立在不确定的经验和概念基础上的,如果不被否定,则也需要加以限定。经验研究中的问题是,国家在住房供应中的作用是如此多种多样,以至于无论是其程度还是其分配影响,都无法进行量化,而这种量化本是可以让我们自信地说它在任何时间或地点有多大,或它是否随着时间的推移而增长或下降。这里的关键复杂性之一是,住房市场不是一个单一的实体,而是由一些相关的子市场构成。其中的两个子市场反映了住房的双重性——一个是作为固定的、耐用的资本资产,在住房市场中交易的住房;另一个是作为住房衍生服务的居留之地,在住房租赁市场中交易的住房。另外两个子市场包括住房融资的信贷扶持市场和隐含的社区邻里平行空间市场(不平等的形式可以在社会空间隔离以及邻里劣势两方面体现出来)。

发达国家倾向于使用各种各样的政策工具,同时对所有这些次级市场进行干预。其中的一些政策工具是货币化的,因此是可计量的,例如,租户的住房补贴或用于住房建设的资本补助金(尽管即使在这里也可能存在流动支出和资本支出的计量问题)。但其他的政策工具则在不同程度上是隐性的或非货币化的(私人租赁领域的租金控制,社会保障性住房中低于市场租金的租金补贴,有利于住房融资的利率,有利于特定租期的税收偏向等),仅仅识别与列出它们都很困难,更不用说测量。如果我们试图区分那些通过提高公平或效率来改善福利的政策与那些倒退性或浪费性的福利政策,更多的问题则便涌现出来了。这一实证经验复杂性的结果是,我们在评估国家在住房供给中的角色强弱及其随时间的推移是增长还是衰退时,需要特别谨慎。

尽管对于衡量国家在住房供给中的角色时所遇到的实证经验问题已有广泛的认知,但对在其中应当触及的概念框架仍关注较少。如在其他领域一样,在住房领域通常采用的路径是,采用一种国家与市场的双边模型,并将福利国家的命运作为这两方面之间不断变化的平衡来考察。在 20 世纪 90 年代,由于过于简化,这一传统路径遭遇了抨击,它忽略了福利体制的第三个支柱——家庭,而家庭的重要性尤其受到女权主义者的强调(Lewis,1992)。其结果是一个新的三维模型——国家、市场和家庭。在这个模型中,家庭经济中的福利生产与通过市场和国家产生的福利有同等的重要性(Esping-Andersen,1999)。然而,这个三维模型并没有被应用于住房分析,尽管现代住房发展的主要方面,尤其是家庭住房所有权的兴起,似乎已经包含这三个维度的相互作用。通过国家与市场的相互作用可以部分解释住户所有权的兴起,但它也可以看做是家庭经济的一个维度,并代表在 20 世纪发达社会中家庭部门的重大扩张。本章的一个关注点是探索何以如此以及在考虑福利国家在住房中的角色时这意味着什么。

在下一节,我们转向现代社会中住房供给的本质这一基本问题,并简要概述各国干预住房市场与次级市场时所采用的政策工具。随后,我们考察了国家角色对住房分配的影响,同时明晰在家庭层面横向分配与纵向分配之间的区别,以及在空间层面上运作的独特的分布轴的存在。最后,我们通过福利国家的三维模型聚焦于住户所有权的兴起,并从国家、市场与家庭之间的相互作用来评估其重要性。

住房供应

"住房"一词具有双重含义,它可以指服务(住房提供的住宿)和资本资产(生产这项服务的住宅)。经济学家早就认识到住房的这种双重含义是根本性的,并试图将其纳入住房市场模型中(Henderson and Ioannides,1983;Smith et al.,1988),但是基于社会政策视角的住房研究文献却很少认识到这一区别。

住房资本的另一项关键特征是其可分散性。住房是国家福利这个盘子中唯一的主要以资本为基础的服务,其中,家庭可以购买资本,并将它所生产的服务用于自我供给(家庭不能购买自己的医院或学校)。住房的住户所有是指,住宿,作为住房的服务方面,可以通过纳入自给自足的家庭经济而从市场中退出。人们可以这样理解，家庭就是在市场上购买房产，然后通过想象的"虚拟租金"而达成的隐性交易或影子交易向自己购买居住服务。这种市场交易的影子式非货币化版本，呼应的是家庭的自我供给形式，如家务劳动、照顾孩子、照顾老人，其中承载着一种"影子工资"（Zick et al.，2008）。后一类服务是劳动密集型的，因此不同于住宿的自我供给，自供住宿只需要对住房资产及其利用进行自我管理。然而，正如市场等价物的租金规模所表明的那样，住房的经济价值是巨大的，所以它在家庭经济中的地位是实打实的。

住房兼具资本与服务双重性质，导致的后果是具有分配性质的公共政策既可以选择在架构其分配战略时将重点放在资本还是服务上。通过扩展住房所有权可以实现资本分配，而服务分配则需要国家对住房租赁市场进行干预。[1] 通常从住房的视角对福利国家进行分类，不同类型的福利国家赋予住房的优先权重不同。英语国家以及发达的东南亚国家，通常被视为"家庭为住房所有者的社会"，这些国家的公共政策对这种保有权类型给予优惠待遇（Roland，2007）。20 世纪 90 年代初，在国有租赁住房大规模私有化之后，中欧和东欧的大多数前社会主义国家都属于这一类型（Hegedus and Tosics，1996）。相比之下，北欧国家普遍偏好国家对租房给予资助（Kemeny，1995）。然而，个别国家随着时间推移出现的以及在一些特殊的分化国家出现的变化，都意味着这种分类过于简化。例如，挪威，由于国家对家庭所有权的广泛以及长期支持，在埃斯平－安德森（Esping-Andersen，1990）的分类中，被归类为社会民主福利制度（Gulbrandsen，2004）。

此外，在大多数发达国家，不论福利制度如何，住户所有权已成为 20 世纪占主导地位的保有权。表 33－1 表明，在 25 个欧盟国家中有 21 个国家的情况如此。丹麦、瑞典和捷克共和国名义上是例外，因为这些国家的合作住房租赁的发生率较高。但实际上这些租赁者拥有与其他地方的住房所有权相关的

---

[1] 本文中"拥有"和"租赁"的概念指对住宅财产的一系列法定权利。这两个概念的确切内容在任何法律制度中都是高度复杂的，而且在不同的法律制度之间也有很大的差异，因此这两个概念没有标准且详尽的意义。有时候，两者之间的界限变得模糊，例如，租房者有很大的权利，使得他们可以在相当长的时间内主张权利，或者是其所住的部分所有人（如在瑞典体系中的承租人）；或者业主拥有难以在法庭上确认的所有权形式，或者受到诸如规划法等限制规则的约束。住房作为资本所衍生的长期权利与作为服务而产生的短期权利之间的区别是所有权者与租赁者区别的核心，在大多数法律制度中具有足够的意义，可以作为一种分析性简称。

大部分权利,这使得德国成为真正唯一的例外。诚然,在有着大量社会(保障性)住房部门的北欧国家,住户所有权的增长率较为克制,但它们也并不是没有受其任何影响。运行良好的住房市场很可能存在一个住户所有权上限,因为存在一个流动性高的人群。对他们来说,租房是更有效率的,而且通常还有一部分低收入人群,购置房产通常是不可行的。住房市场的不稳定性以及家庭破裂与工作不安全感的上升("风险社会")也可能在这方面产生影响。一些学者认为,部分国家的住户房产拥有率可能会下降(Doling and Ruonavaara, 1996;Norris et al.,2007)。表33—1显示在1990—2004年间,有5个欧盟成员国的住房自有率下降,另外两个成员国的住房自有率保持不变。然而,在成熟的住房自有社会中,住房自有率上限的具体位置可能是因国家而异的。

公共政策对待拥有与租赁的立场态度常被用来区分住房福利色彩的强弱。通常认为,对租赁市场的干预,尤其是以社会(保障)住房的形式进行的干预,是赋予国家更大、更多的控制作用,并且代表着福利国家在住房领域的重要地位。相比之下,支持自置居所的政策被认为是由市场主导的,且被视为公共福利路径的对立面(Harloe,1995;Kemeny,1995)。然而,如果我们用三方模型(国家、市场和家庭)取代该判断所基于的两方模型(国家、市场),就可以细微地改变我们对自有住房的理解。住户所有权可被理解为,它使得住房可以被作为资本在市场上交易,且或多或少受到国家监管和干预的影响,而居住作为一种服务,因为被纳入家庭范畴,根本不可再交易。有了住户所有权,自然就必有一种形式的居住权家庭化。这种形式与其他形式的家庭供给相互呼应,现在已被普遍接受为福利体制的重要部分(Esping-Andersen,1999)。因此,支持住房所有权的公共政策的确可以被认为是在住房资本方面增强了市场的作用,但在居住作为一种服务方面却是减少了市场的作用,并扩大了家庭的范围。[在一些发达国家,主要是南欧,甚至作为资本的住房市场也不发达,人们高度依赖于自建、继承和家庭内部支持来获得住房——(Castles and Ferrera,1996)。这一情况相当复杂,此处因篇幅所限不再赘述。]在住户所有权上遵循这一思路的任务,对福利国家住房研究来说,是一种重大的理论和实证挑战。埃斯平—安德森(Esping-Andersen,1999:6)将家庭经济确定为"也许是后工业经济的最重要基础"。住户所有权的兴起证明,住房和其他福利领域可能的确都是如此,但具体如何做到这一点仍有待研究,我们将在下文考虑对住房所有权在当今发达社会的保有权制度中占主导地位的解释时进一步提到这个问题。

表33-1　　　欧盟国家的租赁住房比例(1990年和2004年)

国　　家	1990年 私人租赁	社会租赁	用户租赁	合租	其他	2004年 私人租赁	社会租赁	用户租赁	合租	其他
奥地利	19	22	55	0	4	18[a]	23[a]	52[a]	0[a]	7[a]
比利时	27	6	67	0	0	23	7	68	0	2
塞浦路斯	13	0	64	0	23	14[a]	0	68[a]	0[a]	18[a]
捷克共和国	0	40[d]	38	19	3	9[a]	20[a]	47[a]	17[a]	7[a]
丹麦	23	17	54	5	1	19	19	49	7	6
爱沙尼亚	Nav	Nav	Nav	Nav	Nav	3	1	96	0	0
芬兰	11	14	72	0	3	18	15	63	0	4
法国	22	17	54	0	7	23	17	57	0	3
德国	47[b]	10[b]	43[b]	0[b]	0[b]	51[c]	6[c]	43[c]	0[c]	0[c]
前东德	0	74[d]	26	0	0					
希腊	20	0	76	0	4	20	0	74	0	6
匈牙利	0	264	74	0	0	3	3	93	0	1
冰岛	8	10	79	0	3	13	8	79	0	0
意大利	20	6	68	0	6	14	4	73	0	9
拉脱维亚	0	79[d]	21	0	0	18	1	77	4	0
立陶宛	Nav	Nav	Nav	Nav	Nav		7[e]	91[a]	0[a]	0[a]
卢森堡		305		64	0	6	29[e]	68	0	3
马耳他	Nav	Nav	Nav	Nav	Nav		26[e]	70		4
荷兰	17	38	45	0	0	10	34	56	0	0
波兰	Nav	Nav	Nav	Nav	Nav	13	12	57	18	0
葡萄牙	21	7	67	0	5	17[a]	4[a]	75[a]	0[a]	4[a]
斯洛伐克共和国	0	28[d]	49	22	1	1	4	85	7	3

续表

国　家	1990年					2004年				
	私人租赁	社会租赁	用户租赁	合租	其他	私人租赁	社会租赁	用户租赁	合租	其他
斯洛文尼亚	0	0	61	0	39	3	6	84	0	7
西班牙	13	2	78	0	7	11[e]		82	0	7
瑞典	22	22	39	17	0	27	18	38	17	0
英国	10	25	65	0	0	11	20	69	0	0

资料来源：Norris 和 Shield,2004 and Federcasa,2006。

注：Nav＝无法使用。GDR＝德国民主共和国、保加利亚和罗马尼亚的数据是不可用的。

a 数据代表 2000；b 数据代表 1995；c 数据代表 2002；d 数据代表所有租赁的房屋都是社会的，因为在 1991 年大多数都属于国家所有，而且两部分并不均等，尽管他们在关键特征上有相同之处；e 表示在私人租赁和社会租赁中，其关于房屋居住的分类数据是不可用的。

政策工具

政策工具的多样性是分析国家在住房中的福利角色时出现的复杂性之一。这些工具可以在各种住房次级市场上使用。认识所有这些政策工具有很大困难，更不用说试图量化它们的规模和影响了。表 33－2 列出了一些主要工具及其在 25 个欧盟国家存在与否。

一些历史最悠久和最具侵入性的政策工具与私人租赁部门的管制有关，至少在建筑标准和租赁条件方面是如此，但往往也延伸到租金管制方面。表 33－2 所示的多数国家采取租金管制。"第一代"租金管制在第一次世界大战后开始付诸实施，也对特定产业的租金加以明确规定，但是在近几十年里已经被废除，取而代之的是更具灵活性的"第二代"租金管制，例如，限制租金可以被审查的次数，或将租金上涨与市场平均水平挂钩。在某些情况下，新租约的租金管制已被取消（O'Sullivan and De Decker,2007）。租金管制不一定要涉及公共支出，但会严重扭曲市场，并导致隐形的财富转移。例如，在斯德哥尔摩，由于租金管制造成的经济租金折扣太大，公寓的供应受到严重的限制，2005 年有一半的公寓交易涉及潜在租户的大量黑市付款（Hufner and

Lundsgaard,2007)。

直接与间接支出

政府公共支出账户中在住房干预上的花费是国际比较通常使用的住房公共支出估算的组成部分,如在表33-2所示的欧盟国家中,2004年的平均公共住房支出占GDP的0.5%左右。然而,当涉及前面提到的那些类型的隐性支出时,还没有对其在各国的价值进行标准化估算。① 显然,在许多情况下,它们的价值很大,可能使直接的公共住房支出相形见绌。例如,在美国,一个被普遍认为对住房的公共支持较少的国家,2007年抵押按揭贷款利息税收减免和对业主自住的估算租金不征税的支出占国内生产总值的0.85%(OECD,2007h)。在表33-2所示的21个欧盟国家中,有13个国家提供抵押按揭贷款利息的税收减免。令人惊讶的是,不是在美国,一些最慷慨的计划是在北欧发现的。在北欧,住户拥有住房的范围相对较小,而且非常重视社会福利住房(如荷兰和丹麦)。然而,总体而言,自20世纪80年代以来,欧洲的趋势是减少抵押贷款利息的税收减免(Scanlan and Whitehead,2004)。

信用市场干预

另外一些甚至更不透明的工具也发挥着重要作用,其中许多采取干预金融市场的形式,以影响住房部门的信贷供应。事实上,在大多数发达国家,信贷是国家筑造住房制度和住房服务的主要手段之一。住房服务由政府内部或外部的代理机构提供,它们对公共政策驱动的信贷激励作出反应。在这种情况下,国家干预旨在纠正市场失灵,可能与资本配置(确保足够——但不是太多——资本流入住房部门)或社会分配有关(确保住房可用于那些需要以及付得起钱的那些人)。战后欧洲大部分地区的信贷政策常常更关注资本短缺和随之而来的住房供不应求,而不是分配问题——事实上,它成功地在总体住房供应和标准方面取得了迅速、普遍和急需的改善(Harloe,1995)。

---

① 经合组织有致力于估算成员国"为社会(保障)目的而减税"的价值,并将其纳入对社会总支出的估算中。然而,只有健康和与养老金相关的税收减免被包括在内。

第33章 住房保障

表33-2 欧盟国家政府对住房的干预(2004/5)

	奥地利	比利时	塞浦路斯	捷克共和国	丹麦	爱沙尼亚	芬兰	法国	德国	希腊	匈牙利	冰岛	意大利	拉脱维亚	立陶宛	卢森堡	马耳他	荷兰	波兰	葡萄牙	斯洛伐克	斯洛文尼亚	西班牙	瑞典	英国
直接公共补贴																									
房屋公众花销占GDP比重 1990	0.1			0.0[a]	0.6		0.2	0.1	0.3[a]	0.5[a]		0.6[a]	0		0.1	0.3[a]	0.3[a]	0.3		0	0.0[a]		0.1	1.1[a]	1.3
2004	0.1	0.1	0.4	0.1	0.7	0	0.3	0.8	0.4	0.5	0.4	0.4	0	0.1	0.1	0.2	0.3	0.3	0.1		0	0.7	0.2	0.6	1.4
家庭住房补贴(%)					21		20	23	7	0.6		5		5.9				14	6.4			0.5	12	6.3	19
家庭补贴 建筑	Y	Y	Y	Y	Y	Y	Y	Y	Y	Y	Y	Y	N	N	N	Y	Y	Y	Y	Y	Y	Y	Y	Y	Y
管理	N	N	Y	Y	N	N	N	N	N	N	N	Y	Y	N	N	Y	Y	N	Y	Y	Y	N	N	N	N
间接公共补贴																									
所有者占有的关于直接公共补贴的按揭利息	N	Y		Y	Y	Y	Y	N	N	N	Y	Y	Y	Y	Y	Y	Y	Y	Y	Y	Y	Y	N	N	N
税收																									
所有者占有资产出售的税收资本[b]	Y	N		N	N	Y	Y	N	N	N	N	N	Y	Y	Y	N	Y	N	N	N	N	N	N	N	N
非业主占有者的税收	N	Y		Y	Y	Y	N	N	N	N	N	N	N	Y	Y	Y	N	Y	N	N	Y	N	Y	N	N
新房产的直接税收(%)	10—12	21		5	25		22	19.6	16	11—13		13.5	4	18	18	3	0	19	7	0	19	7	25	0
整修与维护的直接税收(%)	20			5	25		22	5.5				13.5	10			3			7		19			25	

续表

	奥地利	比利时	塞浦路斯	捷克共和国	丹麦	爱沙尼亚	芬兰	法国	德国	希腊	匈牙利	冰岛	意大利	拉脱维亚	立陶宛	卢森堡	马耳他	荷兰	波兰	葡萄牙	斯洛伐克	斯洛文尼亚	西班牙	瑞典	英国
买房税(印花税%)	6	5—12.5			1.5		3.5	##	3.5	11—13		0—9	3			7—10		6			0.8			1.5—3	1—4
规则																									
私人首次房屋租期的租用管理与控制	Y	Y		Y	Y	Y	N	Y	Y	N	Y	N	N	Y	N	Y	Y	Y	Y	Y	Y	Y	N	Y	N
社会房屋租用控制	Y	Y		Y	Y	N	Y	Y	Y		Y	Y		Y	Y	Y	Y	Y	Y	Y	Y	Y		Y	
低收入者和受灾者的社会房屋租用	Y	Y		Y	Y	Y	Y	Y	Y		Y	Y	Y	Y	Y	Y	Y	Y	Y	Y	Y	Y		N	
相较于私人租用,社会房东的合法性保护程度	N	Y		N	Y	N	N	N	N		Y	Y	Y	Y	Y	Y	Y	N	Y	Y	Y	N	N	N	
社会房屋私有化的允许度	Y	Y		Y	Y	Y	Y	Y	Y		Y	Y	Y	Y	Y	Y	Y	Y	Y	Y	Y	Y	Y	Y	Y

注: Y 表示存在干预; N 表示不存在干预; 空白表示信息不可用。a 表示 1995 年的数据, b 表示 2001 年的数据。

资料来源: ECB 2003; Eurostat 2009b; MOI and Federcasa 2006。保加利亚和罗马尼亚的数据不可用。

第33章 住房保障

信贷政策既可以针对社会(保障)住房,也可以针对私人住房,并且可以寻求对租赁保有期或所有权保有期的支持。近年来,特别是在西北欧,国家越来越多地采取信贷支持方式对社会建房和翻新给予补贴[国家支持的优惠利率,社会(保障)房主借款担保或国家中介贷款人代表他们借款],而不是直接的政府资本赠款援助(Gibb,2002)。在这些情况下,社会(保障)住房可以被认为是国家住房信贷政策的工作面。

政府干预住房抵押贷款市场是另一个主要类型的支持。在某些情况下,国家充当直接出借人,如挪威的国家住房银行(Gulbrandsen,2004)和爱尔兰地方当局提供抵押贷款的制度(Fahey and Maître,2004)。然而,由国家支持的贷款的担保面向私人出借人现在更为常见,尽管各国之间的细节差异很大,覆盖范围也不同(Elsinga et al.,2009)。美国的贷款担保制度是20世纪30年代新政的一部分,在两次世界大战后成熟,主要由房利美(Fannie Mae)等政府机构支持(Green and Wachter,2005)。美国政府的贷款担保长期以来是自给自足的,而其他主要的国家计划(其中荷兰是最大的)都涉及一些补贴要素(Elsinga et al.,2009)。20世纪90年代,在美国随着信贷变得更加充裕和便宜,私人出借人试图通过精心设计的抵押担保证券来效仿政府担保的效果,似乎私人投资者即便是在与次级借款人打交道时也已经设计好有效的风险缓解手段。这个系统获得了美国抵押贷款市场广泛的赞同,成为向购房者和投资者提供高效和优质金融服务的至臻巅峰(Green and Wachter,2005;OECD,2007h)。然而,它在2008年崩溃了,并引发了当前的金融危机。这场危机动摇了全球经济基础,并对人类福祉造成了巨大和普遍的损害(IMF,2009)。事后来看,现在显而易见的是,只有被视为福利支持的一部分时(在欧洲通常是如此),次贷才是一个有效的住房政策工具,但即使在欧洲,政府对住房投资的管理顶多也只是偶尔为之,并经常导致住房市场在繁荣与萧条间周期性循环,这种循环预示了最近的危机。①

与福利国家的关系

近年来,关于住房制度趋同或分歧的争论在比较性住房政策文献中占主导地位(Kemeny and Lowe,1998)。在这些观点中,前者目前占主导地位,一种共识正在形成,即西方国家的住房制度正围绕着"盎格鲁－撒克逊"模式趋同,也就是国家对住房进行最小限度的干预(Clapham,1995;Scanlon and Whitehead,2007)。然而,这一领域的政策工具如此众多和复杂,并且随着时间的推移其发展也千差万别,以致这场争论中的立场受到所关注的政策子集的强烈影响。住房体制正在向盎格鲁－撒克逊模式趋同,这一观点主要基于对社会住房供给和补贴水平的分析。然而,如前述分析所示,政府采用的住房干预措施远不止于此。此外,多德森(Dodson,2006)对澳大利亚、新西兰和英国社会租赁部门的退缩是否构成国家介入的撤离提出了疑问,因为伴随它的是对社会保障房房主和租户更加严格的监管。

分配效应

如果很难量化国家干预住房市场的程度,也就很难衡量干预对整体福利的影响。这里出现的复杂性与福利国家的其他领域相呼应,即家庭层面的分配既可以是纵向的,也可以是横向的(这里暂时把邻里层面出现的空间分配问题放在一边)。根据经验,福利国家的分配效应主要是横向的(将资源从生命历程的一个阶段分配到另一个阶段,社会保险的核心功能也是如此),其次才是纵向的(劫富济贫)(Esping-Andersen and Myles,2009:640)。然而,对住房政策中分配的评估往往倾向于仅以纵向为基础进行判断。这通常是福利制

---

① 最近的经历只是房价波动更普遍模式的一个极端例子。这种模式在社会政策研究中很少被注意到,尽管它的福利效果可能很大。特别值得注意的是,这种波动在一些福利供应充足的北欧国家表现明显,反映出在管理住房投资方面的公共政策记录令人怀疑。即使在最近房价暴跌之前,芬兰、瑞典和荷兰在1970—2005年期间,瑞士、意大利、英国、西班牙和法国都出现了两次房地产价格下跌(房地产价格下跌的定义是实际价格下跌15%或以上)(Ball,2009:10)。房价下跌的幅度最大的是芬兰,达到50%,在瑞典达到38%,在丹麦达到37%。在此期间,荷兰和诺威分别下跌了一次,荷兰的房价下跌50%,挪威的房价下跌40%。20世纪90年代初,芬兰和瑞典的房地产市场的暴跌分别导致GDP下降8%—10%和5%(Hoeller and Rae,2007:24)。

度赋予社会住房特权地位的一个原因,它可以并往往非常重视为最穷的人提供良好的住房。

另外,人们通常认为,在纵向分配中,国家促进住房的住户所有权往往效果不佳[在某些情况下可能是错误的,例如,在挪威,非常激进的促进住房所有权的方法(Gulbrandsen,2004)]。即使如此,以福利方式考虑的住房住户所有的主张也可以在可能的横向分配的基础上提出,特别是在老年家庭中,他们通过在生活的早期阶段投资房产而获得了经济保障和家庭开支上的节省(Castles,1998b)。因此,可以推论,国家支持的住户所有权具有准社会保障功能,补充了社会福利住房的社会援助功能,即使这种类型有时并不可靠,但人们在得出住房政策的分配影响的结论之前需要两方面都有所考虑(F. Castles, 1998b; F. Castles and Ferrera, 1996; Conley, 2000; Fahey et al., 2004; Ritakallio,2003)。

解释住户所有权

20世纪,西方世界的大部分人口从租房者变成了住房所有者。这种转变并不是彻底的,因为在所有的社会中仍存在大量的租房现象,但它仍然代表了大致的趋势。在本章所考察的住房政策和住房成果的大量细节变化中,这是我们可以观察到的最接近单一的、集中的、普遍的发展态势,这也是福利国家研究无以有共识的一个难题。这可能被解读为第二次世界大战后短暂的福利黄金时代,社会住房的短暂推进导致市场的胜利和政府的倒退。或者,人们可能会感到震撼的是,这既是市场力量的产物,也是公共政策的产物——就好像住房所有权、社会(保障)住房或租金补贴,都是住房领域里国家作用的一种典型表现。

为了勾画出未来研究如何寻求解决这个问题,首先必须确定什么是住房住户所有权,以及它如何适应于福利国家。在这里,如前所述,两个概念工具是有帮助的。第一,住房作为资本和住房作为服务的区别;第二,市场、国家和家庭的三方框架,其中包含有关福利国家的最新考量。住房的住户所有权意味着作为资本的住房仍然是资本——一种通过市场积累和分配的财富形式,可能或多或少地受到公共政策的影响,但不受国家直接控制,这也意味着住宿作为一种服务被从市场上转移到自给自足的家庭经济中。因此,它成为一种非货币化的活动。与它所取代的租赁制度相比,纯粹的市场力量和国家的征税权力都很难达到。关于福利国家中住房的研究,很多时候都把拥有住房当作财富积累,但对其在家庭经济中的地位却知之甚少——事实上,最近的福利国家理论将家庭作为福利国家的第三条支柱,但其在很大程度上没有考虑到自我供给的住房对于这一观点的重要性。住户所有权的增长可以被解释为家庭部门在福利生产中的作用长期扩大的一个例子,因此不是市场或国家的进步。

当我们试图解释这个结果时,我们可能会尝试以通常的术语,即作为市场和社会阶级力量的产物,来分析以房屋所有权为代表的财富积累。然而,这种方法可能不足以解释为什么是住房而不是任何其他类别的资产被家庭如此广泛地选择为持有财富的形式,为什么他们将这种财富持有限于他们自己居住的房子,而不是一般的住房。为了解决这个问题,我们可以借鉴亨德森和伊安尼德斯(Henderson and Ioannides,1983)在其关于住房权属经济学的重要论文中提出的观点,即所有权比租赁具有一定的竞争优势。他们认为租赁受到"租赁外部性"的影响,这种外部性产生于租客必定会过度使用其住房的动机,以及房东通过在租金中建立适当的溢价来做出的回应。拥有住房使房主能够避免这种外部性,因为房主成为自己的房东——在大多数情况下,你没有比自己更好的房东或租户了。自租不具优势的两个主要例外是:(1)如果个人流动性太高,就无法有效地承担家庭购买中涉及的交易成本;(2)如果居住在多户住宅中,那么让房东管理建筑的整体结构和公共空间更具有优势。否则,保护住宅的资产价值符合业主的利益,并且不需要外部房东管理资产或家庭使用资产,所有这些都有助于提高住宿供给的效率。

自己当自己的房东,也可能导致一定的低效率,主要是源自有住房利用不足的风险,例如,空巢家庭继续住在当前就其需求来说是过大的原有住宅中。业主不会绝情地把自己的房子当作资本资产,并从中谋取最大的利润。在没有以租金形式出现价格信号的情况下,他们可能会很慢地根据自己的需求调整自己的居住空间——他们体察不到拥有多余住房的机会成本。结果是,他们可能在收入上自亏自损,这在资产丰富(住房形式)但收入贫困的家庭中是常有的事。另外,家庭愿意放弃未充分利用的住房的收入,也可以有所收获。这种收获表现为家庭的安全性和传承性得到增强。一旦可靠地拥有房产,其提供的住宿,作为在家庭内产生的服务,可以免受市场力量的影响,也不会受制于因依赖市场而带来的风险和不确定性。因此,它作为社会保障的一种形式,主要不是作为一种能够产生收入的资产(尽管它可以用来发挥这一作用),而是作为一种保障居则有其屋的住所,这是家庭最基本的需求之一。

总　结

本章概述了住房市场的多维结构,该市场上可能的或广泛存在的多种干预形式,以及将所有干预措施汇总在一起的难度,以便评估政府对住房的参与程度或综合所有干预措施的净分配影响。尽管如此,得出以下两点结论是没有问题的。一是国家在住房供应中的角色依然是重要的,尤其是考虑到国家在住房金融子市场和住房的空间或邻里分布方面的影响,以及国家更直接地参与房屋租赁和交易子市场的活动。在这种背景下,很难看到国家角色在住房领域的退缩,即使要判断政府的影响有多进步或有多大同样也不是一件易事。第二个结论是,鉴于20世纪西方世界住房拥有率的普遍上升,必须认识到家庭经济对住房具有特殊的意义。这意味着,在这一领域未来的研究应该关注福利国家分析的三方模式,即包含市场、国家与家庭,从而替代在此领域至今仍很流行的简单的市场－国家双边模式,以及按马尔帕斯(Malpass,2008)所言,要将住房视为福利国家的基石而非摇摆不定的支柱。

第34章 教 育

马里乌斯·R.布塞米尔(Marius R. Busemeyer)
丽塔·尼古拉伊(Rita Nikolai)

引 言

在比较福利国家研究文献的早期成果中,哈罗德·威伦斯基(Harold Wilensky,1975)认为,"教育是特殊的"。威伦斯基(Wilensky)声称,对教育的考察与分析应独立于福利国家的其他部分,原因是社会政策比投资教育更直接影响平等。此外,教育特别是高等教育,与职业结构密切相关,并受到职业结构的制约,因此,战后几十年从精英教育到大众教育的转变,并没有导致不平等程度相应地下降。威伦斯基认为,教育和社会政策之间的这些内在差异必然需要一种系统的区分两者的分析策略。

可以说,威伦斯基的论断导致对教育作为社会政策一个方面的研究的忽视。这说明近几十年里具有开创性贡献的研究文献(Esping-Andersen,1990;Huber and Stephens,2001a)并未系统地探讨教育的角色。尽管如本章所示,福利国家与教育制度之间存在着明显的"选择性亲缘关系"(Busemeyer,2009a;Estevez-Abe et al.,2001;Iversen and Stephen,2008)。此外,教育与社会政策之间的区别不仅是分析性的,而且具有明显的经验相关性。在一些福利国家制度中,教育被视为福利国家的一个组成部分,而在其他国家,此两个决策领域在政治和制度方面则相距甚远(Allmendinger and Leibfried,2003),因此,需要以一种系统地纳入教育研究的方式来重新聚焦比较福利国家文献的分析视角。本章试图在这一方向上迈出一步。

具体而言,我们从比较和历史的角度来讨论教育和社会政策之间的关系,主要回答以下问题:如何理解教育系统的高度多样性?哪些制度与政治力量形塑了他们的发展?在哪里以及为什么教育被作为福利国家的一个组成部分,而不是一个单独的政策领域?在回答这些问题时,我们依赖于对经合组织国家总体数据的描述性分析,并试图识别不同的国家集群,如与埃斯平-安德森福利国家类型学相关的"人力资本投资"型国家(Iversen and Stephens, 2008)。随后,我们提出了一个初步的解释框架,那可能有助于解释所观察到的变化。

首先,一些概念基础已然就位。就教育和社会政策之间存在重要差异的意义来说,威伦斯基的论断是非常恰当的。第一,社会保险以及类似的福利国家政策需要一个无所不包的基础结构,且通常是在国家层面,它界定了团结协助与再分配间的边界。相比之下,教育可以通过更分散的方式来提供,因为它不直接进行再分配(Busemeyer, 2008)。第二,与其他社会政策相比,教育投资在更大程度上带来了私人利益。当然,教育投资也创造公共利益:如更高层次的普及教育提高了社会生产力和经济福祉,也可以成为促进机会平等和减少社会不平等的重要社会政策工具(Allmendinger and Leibfried, 2003)。然而,教育是创造个体人力资本的基本要素(Becker, 1994),从而影响个体在劳动力市场中的收益和就业机会。第三,或许最重要的是,教育间接地和前瞻性地影响劳动力市场中的初次分配,而不是像大多数社会保险政策那样事后弥补收入不平等。对威伦斯基(Wilensky, 1975)而言,教育和社会政策之间的这种差异是与两种政策所服务的不同的社会正义原则有关,即"机会公平"与"结果公平"。然而,可以说,随着"知识"经济的到来和人力资本重要性的增强,这一理论解释越来越欠完善。鉴于教育成就和家庭背景之间的密切关系,教育领域的政策干预是比威伦斯基所意指的更为重要的平等的决定因素(Kaufmann, 2003a)。

这使得教育和其他福利国家政策之间的关系值得研究。我们可以在文献中找到三种主流的表述或解释。首先,教育和社会保险政策在功能上可以被看作是等同的。在分析欧洲和美国公共政策的长期发展,以及福利国家的兴起和新的教育机会的扩展时,阿诺德·海登海默(Arnold Heidenheimer,1973,1981)将国家之间在教育和社会政策上的侧重点差异视为"新兴福利国家所追求的替代策略",即通过不同的方式改善社会不平等现象。宏观社会进程(工业化、民主化)的相对时机以及文化和政治因素决定了一个国家是走"教育"路线(如美国)还是"社会保险"路线(如许多欧洲国家)。

关于教育和其他社会政策之间关系的第二种解释认为,教育和社会政策是补充性的,而不是替代性的。在马歇尔(T. H. Marshall)看来,受教育权是系列社会权利的一个重要组成部分,"受教育权是一项真正的公民社会权利,因为儿童时期受教育的目的是塑造未来的成人。从根本上讲,它应被理解为成人有接受教育的权利而不是儿童应该上学的权利"(马歇尔,1964a:81-2;参见35章)。尽管海登海默(Heidenheimer)确立了教育和福利国家体制在功能上是等同的,马歇尔强调充分实现公民的社会权利,必然需要在其他社会权利之外还普遍提供教育权(即接受教育的权利)。

最后,最近关于"社会投资型国家"(Giddens,1998)和"激活"政策(见第30章)的争议揭示了分析教育与其他社会政策关系的第三个视角。从这个视角来看,经济与社会变革以及它们所产生的财政限制,使得重新界定"积极政策"与"消极政策"间的边界成为必然。将教育当作一项社会投资被认为是决策者在全球化知识经济时代要摆脱所面临的两难困境的一种方法。在一个财政约束似乎阻碍了马歇尔所提倡的普遍社会公民权的实现的时代,社会投资和"激活"的概念完全符合一个新的社会权利概念,在此概念中,劳动力市场参与是最主要的动机与目标。

本章随后部分展现得非常清晰,这三种关于教育和社会政策之间关系的表述,在描述随着时间推移的变化以及不同国家之间的差异时,是有用的启发性工具。在下一节中,我们概述了发达工业化国家教育体制的多样性。在随后的章节中,我们提供了一个分析框架,定位不同发展路径的政治和制度基础,这些有助于理解观察到的教育体制的多样性。

教育体制的多样性

经合组织关于教育支出和相关措施的数据显示出相对稳健的态势,反映了对福利国家体制(Esping-Andersen,1990;Iversen and Stwphens,2008)或国家群体(Castles,1993)的传统分类。最开始,我们考察教育和社会支出的相对关系、总教育支出以及高等教育公共支出的变化,最重要的是公共支出相对于私人支出的份额。图34－1描绘了经济合作与发展组织国家的公共社会支出和教育支出之间的关系。总的来说,我们发现二者呈正相关,即较高的公共社会支出对应较高的教育支出,这表明马歇尔(Marshall)认为的二者存在互补性的观点至少在一定程度上是合理的。

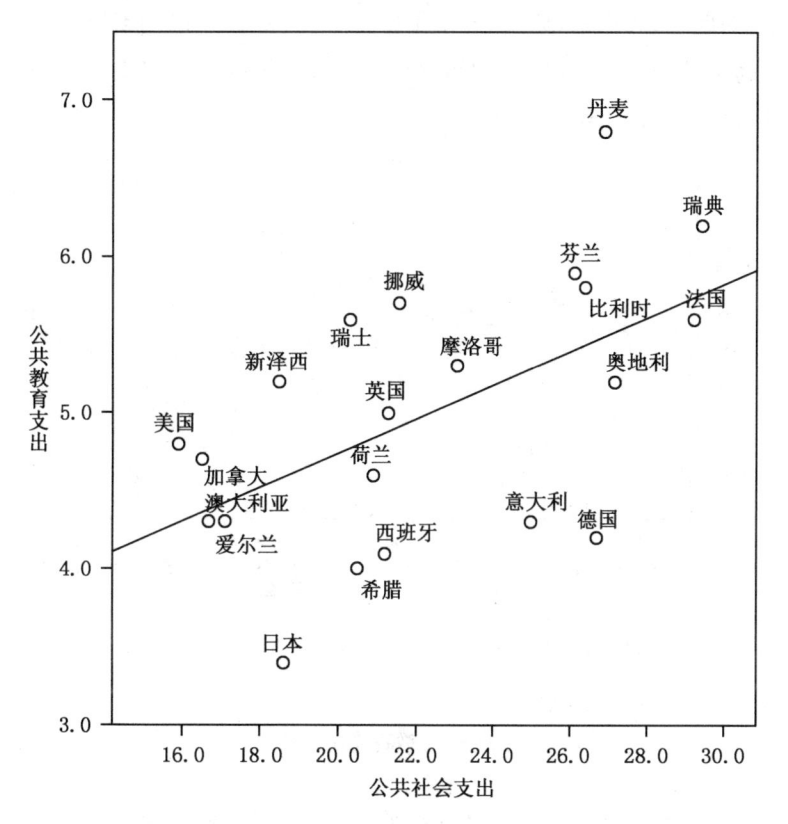

资料来源:OECD,2008c;OECD,2009d;次级部分社会支出。

图34－1 公共教育与社会支出占GDP比重的关系(2005年)

然而,通过观察不同国家或国家群体与回归拟合线间的距离,可以发现教育支出相对于社会支出的重要性。例如,德国、希腊、日本、西班牙和意大利的教育支出水平要比人们根据其社会支出水平所预期的低得多。另外,美国、瑞士和新西兰位于回归线以上,这表明在这些国家教育比社会政策的重要性相对更大。斯堪的纳维亚国家总体上在教育和社会支出上都较高,但从这些国家在回归线上的位置来看,他们在教育上的支出甚至比在社会政策上的支出还更多。

图34-2展示了私人和公共教育支出(占国内生产总值的百分比)的数据。从图中可以看出:首先,经济合作与发展组织国家的支出有很大的差异,斯堪的纳维亚国家支出最多,其次是比利时、瑞士和法国。其他大多数欧洲大陆国家(如德国、意大利、荷兰)都位于中下部。最后,英语国家以及日本的私人支出高于平均水平。由于私人消费水平高,美国的这一支出水平与比较中处于榜首位置的丹麦不相上下。

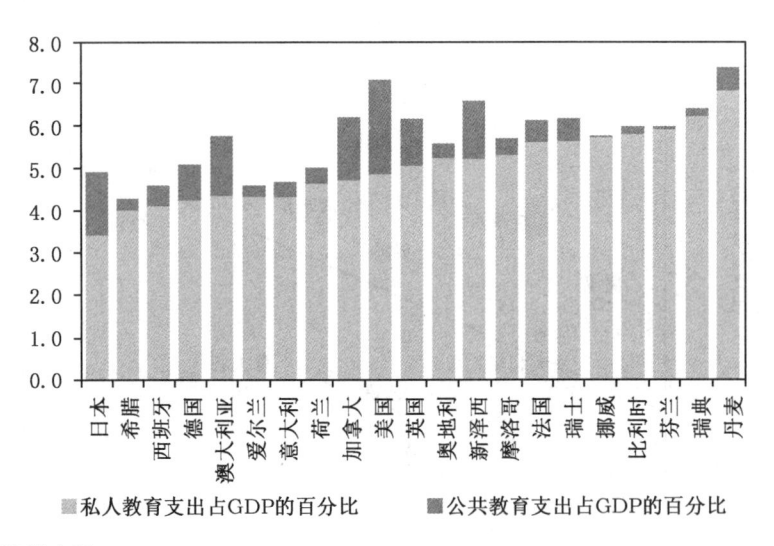

资料来源:OECD,2008c。

图34-2 教育支出的变化

一项更详细的分析(见图34-3)表明,所观察到的支出模式与高等教育的公共支出和私人支出差异有关,并受其推动。图34-3显示,经合组织成员国在高等教育支出方面的差异甚至比在各级教育上的支出差异还要大。此外,公共支出和私人支出的相对重要性的差异也更为明显。拥有高水平私人支出的美国的特殊地位变得更加明显。然而,斯堪的纳维亚国家仍然占据榜首位置。这表明,他们对教育的高度投入并不限于中小学教育。然而,相比于

图 34-2，美国和加拿大在支出水平上领先优势更大。换句话说，除了高等教育外，斯堪的纳维亚国家更愿意把钱花在高质量的中小学教育上(Iversen and Stephens,2008)。新西兰和葡萄牙这样的国家则不同。与图 34-2 中的位置相比，他们的排名有所下降，即他们更注重初等教育和中等教育，而非高等教育。

通过分层聚类分析方法可以考察这些国家在支出上的聚类情况。该分析的原始数据基于经合组织(OECD)教育概览(Education at a Glance)系列的最新数据，涉及比较教育科学中用于区分和分类教育体制的常见指标(Hopper,1968;Muller et al.,1997)[①]：

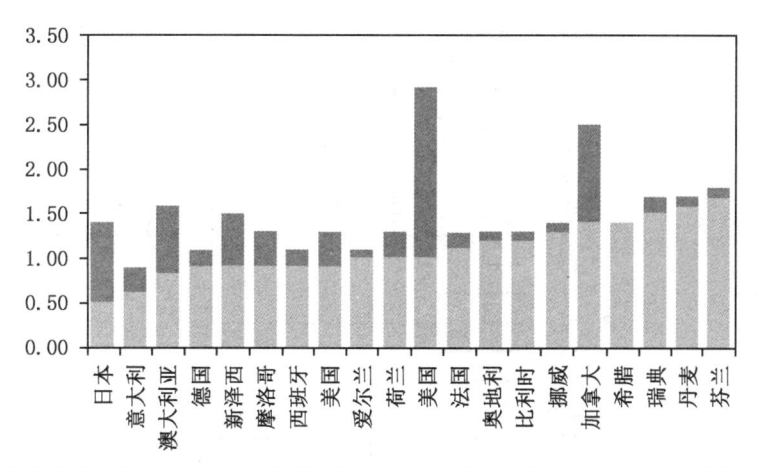

资料来源：OECD,2008c。

图 34-3 高等教育支出的变化(2005 年)

(1)在教育的筹资、管理以及提供上，国家与私人行为者之间的劳动分工。
(2)教育(跨教育部门以及其他相关公共政策)中的公共投资程度。
(3)学校与企业中职业培训的组织开展。
(4)不同教育部门的学生分布与入学水平。

[①] 更具体地，我们包含了公共支出、私人支出以及总支出数据(各级教育，包括中小学教育、高等教育)，各级教育以及高等教育的公共支出比例，至少具有高中学历的(25—64 岁)人口份额，高等教育水平人口比例(2008 年 OECD 国家均已给出)。由于存在缺失数据，聚类分析不包含瑞士、希腊。考虑到可用性，我们使用了 2005 年的数据。在其他情况下，我们依赖于最新的可用数据节点。

517

(5)权力分散程度和决策权力在各级政府之间的分配。

(6)教育轨道分隔的程度和形式(即区分不同的学术和职业轨道)。

(7)不同学校和在校学习形式之间在相关的课程、考试、学习机会质量等方面的差异程度。

图34-4所示的聚类分析揭示了三个相对稳定的国家群:北欧国家、地中海国家和英语国家(加日本)。

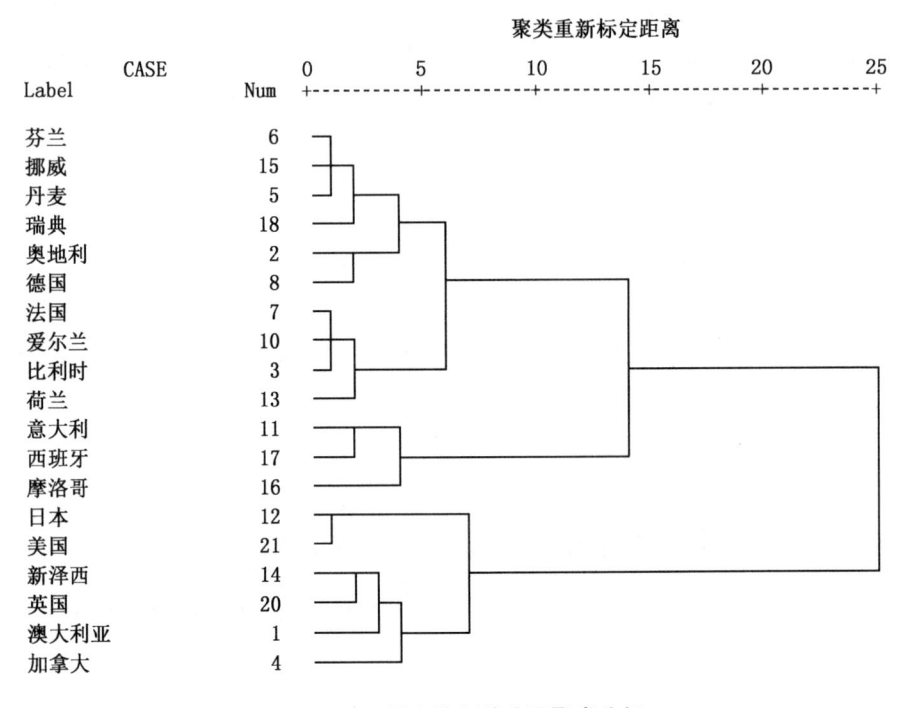

```
                        聚类重新标定距离
          CASE    0     5     10    15    20    25
  Label    Num    +-----+-----+-----+-----+-----+
  芬兰       6    ┐
  挪威      15    ┤
  丹麦       5    ┤
  瑞典      18    ┤
  奥地利     2    ┤
  德国       8    ┤
  法国       7    ┤
  爱尔兰    10    ┤
  比利时     3    ┤
  荷兰      13    ┤
  意大利    11    ┤
  西班牙    17    ┤
  摩洛哥    16    ┤
  日本      12    ┤
  美国      21    ┤
  新泽西    14    ┤
  英国      20    ┤
  澳大利亚   1    ┤
  加拿大     4    ┘
```

图34-4 教育体制的分层聚类分析

北欧国家

需要注意的第一点是,存在一个定义广泛的北欧国家集群,它们分为三个截然不同的子集群。

斯堪的纳维亚国家

在北欧集团中,丹麦、芬兰、挪威和瑞典有着截然不同的形象。这些国家最重要的特征是高水平的公共教育支出、低水平的私人支出以及至少受过高中教育的人口比例高。这些国家也是在教育成就的国际比较中表现较好的国家，并表现出能力素质的平均分布（Allmendinger and Leifried，2003：70）。它们也坚定地致力于职业培训，这些培训主要由职业学校提供，但丹麦除外，它保留着一种强有力的学徒制度。

一种全面综合的教育体系的理念是"北欧教育模式"的基础（Oftedal Telhaung et al.，2006）。从历史上看，斯堪的纳维亚国家起初实行的是分轨教育体制，这与德国等国家仍然盛行的教育制度非常相似。然而，20世纪50年代后期，从瑞典开始，以往的精英教育制度转化为普遍的、全面的和非歧视性的制度，开放了接受高等教育的机会，职业教育也完全纳入大众教育体系（Busemeyer，2009a；Erikson and Jonsson，1996）。因此，在20世纪80年代早期，瑞典非常接近基于公民身份的全面综合教育模式（Oftedal Telhaug et al.，2006），其目标是建立国民教育体系，为所有学生提供类似的入学机会与学习环境，最大限度地弱化由于社会经济背景和地理环境造成的教育成就差异。然而，自20世纪80年代以来，这些国家的教育体制发生了重大的变化。例如，瑞典在20世纪90年代通过引入竞争和扩大私立学校的作用，尽管有公共资金的资助（单列），大幅放松了对教育系统的管制（Lundahl，2002）。

德国和奥地利

在广义的北欧国家群中，德国和奥地利构成了一个单独的子集群，与斯堪的纳维亚国家有一些相似之处，但也有一些截然不同的特点。与斯堪的纳维亚国家相似，这两个国家在初等教育、中等教育以及高等教育中的私人支出份额都很小，至少受过高中教育的人口比重高于平均水平，且非常重视职业培训。相比于斯堪的纳维亚国家（丹麦是部分例外），这两国的职业培训以双学徒制形式提供，结合了企业的实践培训与职业学校的理论培训。其结果是，德国在小学、中学和中学后非高等教育上的私人支出高于平均水平，因为公司的学徒培训支出被视为私人教育支出（Heidenheimer，1996；Schmit，2002b）。德国和奥地利与斯堪的纳维亚国家之间的另一个显著区别是，德语国家在中小学和高等教育方面的公共教育支出水平明显较低（见图34—2和图34—3）。

在教育机制方面,德语国家仍然致力于实行分轨的中学制度,在学生教育生涯的早期阶段将他们引入不同的教育轨道(职业或学术),以后"改变轨道"的可能性有限。在一定程度上,这种分轨的学校体制和基于企业的职业培训是相互依存的。在"差异化"的技能体制中(Busemeyer,2009a),企业对职业培训的投资意愿牢牢地建立在他们的信念上,即毕业学徒会留在接受培训的企业而不是流出去接受高等教育。

分轨的学校体制在几代人间产生并复制着教育不平等,这就是为什么最近的改革试图扩大入学机会和提高教育流动性。在奥地利,将职业资格与学术研究结合起来的"职业入学考试"的引入以及对以学校为基础的职业教育的高度重视,使得学生、学徒和门生更容易在不同教育部门间流动。然而,德国的改革仍是渐进式的,尽管一些州,包括汉堡和柏林,正在将其三轨式的教育体制转变成分轨更少的两轨制。

欧洲大陆国家

法国、荷兰、比利时等欧洲大陆国家,以及颇为意外的,还加上爱尔兰,构成了最后一个北欧子集群。它们与斯堪的纳维亚子集群以及日耳曼子集群有关联,但水平更高。这一子集群的特点是中等到略高于平均水平的中小学公共教育支出,但私人支出很少。高等教育方面,公共支出较少或中等,私人支出也较少。此外,至少受过高中教育的人口比例低于平均水平。正是这个因素,使这些国家有别于德语国家,并使后者更接近斯堪的纳维亚子集群。

这些国家有一个显著的共同特点,那就是都有很强的天主教传承(荷兰多少有些例外)。在这些国家,教会的学校教育的重要性是众所周知的,尽管它并没有表现在高于平均水平的私人支出中,那是因为作为非国家教育机构它们也获得了慷慨的公共补助(Neave,1985)。在比利时、爱尔兰和荷兰,大多数的学生,主要是较低教育水平的学生,就读于由宗教(即除了荷兰,主要是天主教会)当局运营的非国家教育机构。法国的非国家教育机构,即依赖政府的私立学校的学生所占份额低于其他国家(视教育水平而定,在15%—30%之间;OECD,2008c:436),但仍有较大的比重。意大利也有着强大的天主教传承,但在那里,国家和教会之间的分离更加明显,这导致国家对教会学校的直

第34章 教育

接资助要少得多(Neave,1985:323,334)。作为对慷慨的公共补贴的交换,教会(即"免费")学校在许多领域的课程设置与考试要遵循国家标准和规则(ibid.:334)。

地中海国家

地中海国家(意大利、西班牙和葡萄牙)形成了自己独特的集群。这些国家的特点是低水平的公共支出和私人支出——特别是在高等教育上。至少具有高中教育或高等教育学位人口的比重远低于经合组织国家的平均水平。与此相关的是,其教育成效排名也落后于平均水平,尽管这些国家的能力素质差异似乎不那么明显——正如阿尔门丁格和雷布弗里德(Allmendinger and Leibfried,2003:70)与在西班牙的案例中所论证的那样。这些国家有许多明显的文化和历史共性:较晚的工业化,较晚且有中断的民主发展进程,以及如果有的话,比欧洲大陆国家更强和更保守的天主教传承。

英语国家(加上日本)

加拿大、美国、澳大利亚、新西兰和英国(不包括爱尔兰)代表另一个同质群体。其特点是中等水平的公共支出以及高水平的私人支出,关联的是在教育筹资中公共份额较低。这一发现反映出,在英语国家中私人社会(保障)支出非常重要(参见第8章)。受过高等教育的人口比例很高(特别是在美国、加拿大和澳大利亚),学生成绩的差异较小,尽管高于斯堪的纳维亚国家。

日本也属于这一群体,似乎仅仅是因为第二次世界大战后美国的占领将美国教育体制的重要特征(如综合高中)移植到日本。与英语国家相比,日本的公共教育支出水平非常低。

美国与其他讲英语的国家稍微有些差异。在第二次世界大战来临之前,美国在初等教育与中等教育的扩张普及方面一直居于领先地位(Heidenheimer and Layson,1982;Lindert,2004),而那时英国的教育体系在本质上仍是精英主义的。随着时间的推移,其他国家赶了上来:在1960年,加拿大和新西兰的高教育入学水平已接近美国,而斯堪的纳维亚国家紧随其后(Castle,1998a:179)。在克服精英主义传统的过程中,英国的教育体系变得与其他同类英语国家更加相似,尽管它保留着一些特质,如为正式、独立的高等教育机构提供公共资金,以及比其他英语国家更加强调职业培训。

教育体制与福利资本主义世界

这些集群和子集群是如何与"人力资本投资"型(Iversen and Stephen, 2008)、"福利资本主义世界"型(Esping-Andersen,1990)、"民族家庭"型(Castles,1993)这三个世界的既定类型相对应?首先,地中海国家构成了一个清晰界定的集群,与这一事实相吻合的观点是,福利资本主义存在着"第四"类截然不同的世界(Castles,1993,1998;Ferrera,1996)。南欧福利国家的覆盖面不全和反映在其教育体系选择上的二元性,高等教育的低支出和低入学率就是例证。另一个极端的是斯堪的纳维亚国家,在那里,普遍性社会民主福利国家与基于平等公民教育理念的教育制度相契合(Oftedal Telhaug et al., 2006)。斯堪的纳维亚国家与地中海国家比较支持马歇尔(1964b)的观点,即更为传统的看法是教育与社会政策是互补的而不是替代的关系。

构成埃斯平—安德森所言的保守的福利资本主义世界的国家可以在广义的北欧国家集群的两个子集群中找到。然而,在日耳曼和欧洲大陆两个子类型中,福利国家制度和教育体制之间有着明显的共性。欧洲大陆国家教会免费学校享有的特权与范·克斯伯格(van Kersbergen,1995)所言的基督教民主社会政策的核心特征是一致的。俾斯麦型社会保险机构的职业分层,反映在教育体制中不同教育轨道的分流上,导致不同的"社会地位",这同样让人联想到社会政策中的基督教民主意识形态(Van Kersbergen,1995)。

最后,自由主义福利国家对市场的依赖以及将社会政策视为"最后的底线"的观念,与英语国家把教育视为"第一手段"的强调并无二致,即对劳动力市场风险的最有效的保险,这也是英语国家最近打着激活策略的幌子向更广阔的世界输出的重点所在。还应强调的是,在英语国家,公共和私人部门的分工在教育领域与在社会政策上是相似的(Hacker,2002:ch8),私人支出在这两个领域的作用要比经合组织其他地方大得多。

第34章 教 育

教育体制的历史与政治基础

我们通过一个初步的分析框架以理解所观察到的教育体制的变化,从而对本文的分析加以总结。我们的总体观点是,当今教育体制的具体表现及其历史和当代的发展路径都建立在历史基础之上,我们应该从宏观社会进程的相对时间与具体的政治和制度背景之间的相互作用来理解这些历史基础。前文提到的教育集群和福利制度具有广泛的结构类同性,是因为它们具有相似的政治和历史基础。

时间。在19世纪末,西方国家的工业化扩大了对受过教育的工人的需求。然而,早期的民主化推动的是对教育的需求,而不是社会保险政策。在俾斯麦福利国家中,提供社会保险是统治精英手中的一种工具,用来延长民主化进程,扼杀劳动力量的崛起。与此相反,美国早期的民主化促进了教育机会的扩张,正是因为,如马歇尔所说的,教育被视为公民身份权利的一个重要组成部分。在一个薄弱的公共官僚制背景下,地方、国家、私人以及宗教性教育机构间的竞争促进了美国早期教育的扩张(Heidenheimer,1973、1981)。在官僚化先于民主化的地方(如德国),教育被用来将通往官僚精英的通道制度化并限制准入。虽然普鲁士是第一个引进义务教育的国家,但由于强大的官僚精英阶层限制了人们接受高等教育的机会,教育扩张被拖延了下来。在葡萄牙和西班牙,晚一步的民主化进程,将教育扩张的开始推迟到20世纪下半叶。

宗教传承。国家与教会在教育上的冲突结果严重影响了与其他社会政策以及劳动公私分工有关的对于教育的履职尽责(Wolf,2009)。一般而言,新教国家(主要是斯堪的纳维亚,北美)在教育上的总支出要高于天主教国家。然而,公共部门与私人部门间的分工因新教盛行类型的不同而不同(参见第18章)。路德新教(斯堪的纳维亚)与公共教育占主导地位一脉相承,而与改良的新教(美国、加拿大)密不可分的是私人动机扮演了更强势的角色。大多数欧洲大陆国家具有很强的天主教传统(法国、比利时、意大利、西班牙、葡萄牙),相比于国家福利的扩张,天主教的强势传统减缓了教育机会的扩张(Castle,1994a,1998a)。

在某种程度上，这种区别是建立在新教教派之间以及天主教和新教之间的意识形态差异上的。然而，可以推测，宗教机构的相对权力地位起着决定性的作用，塑造着国家——教会教育冲突的严重性和政治分裂的结构(Swaan，1988；Manow and Kersbergen，2009；第18章)。在斯堪的纳维亚国家，路德教会可以追求"最大化"策略(Swaan，1988)，利用公立学校系统来促进宗教教育。然而，天主教会想保持宗教教育相对于公立学校体制的独立性，这通常意味着第二次世界大战后的参与率和支出必须赶上其他国家(Castle，1998a)。在美国，改良的新教和宗教的多元主义导致公共和私人教育提供者(即国家和教会)之间严重分离。因为没有一个单一的教派占主导地位，但所有教派仍然致力于宗教和普及化教育，所以宗教多元化助推了中学和高等教育的扩张(Heidenheimer，1981)。

劳资间的权力平衡

从历史上看，左派(社会民主党和工会)的立场影响着教育与社会保险政策的相对重要性。在美国，工会认为公共福利措施是他们跟雇主讨价还价的潜在竞争对手(Heidenheimer，1973)，因此它们倾向于教育扩张。在美国，工会是初级后教育的积极支持者。与此不同，欧洲国家的工会则是到了20世纪30年代才开始关注教育(Alber，1986；Heidenheimer，1973)。参与社会保险机构的自治是俾斯麦式福利国家工会的重要权利来源，在像德国这样的国家，工会更重视职业教育和技术工人的社会保障。因此，直到今天，教育和社会政策在制度上以及在政治上一直是分离的(Allmendinger et al.，2009)。

第二次世界大战后，左翼政党的政府参与推动了教育机会的扩张(Schmidt，2007)以及国家福利的普及，这与马歇尔关于社会公民权利逐步发展的观点是一致的。在斯堪的纳维亚国家，社会民主党的长期统治是综合学校制度形成的一个关键因素。然而，关于政府中的社会民主党人是更热衷于扩展高等教育还是一般教育或职业教育，现有文献对此未得出结论(Ansell，2008b；Boix，1998；Busemeyer，2009b)。安塞尔(Ansell，2008b)认为，社会民主党人最初反对高等教育规模的扩大，因为高收入阶层在这种教育制度中获得的收益要比低收入阶层多得多。与此相反，布西迈耶（Busemeyer，2009b）发现，社会民主党的政府参与和高等教育支出的增加呈正相关，因为左翼政党迎合了中产阶级的新选民群体。

分权。福利国家研究文献的一个核心发现（Obinger et al.，2005a）是权力向更低级别政府的广泛分散减缓了福利国家的扩张。在教育政策的制定中，联邦制和财政分权也被视为起到了重要作用（Archer，1989）。与其他公共政策相比，下层政府通常在提供教育方面发挥更大的作用。因此，就教育而言，广泛的分权保护甚至促进了对教育的投资（Busemeyer，2008），因为它增强了地区之间的竞争（争创第一的竞争）。在这里，重要的是区分财政权力下放和作为政治决策的一般原则的联邦制。联邦国家（加拿大、美国、瑞士）和非联邦国家（丹麦、瑞典）的财政分权可能强化了教育相对于社会政策的重要性，而跨层级政府的联合决策或财政集中（实质上的低水平分权）的主导地位则阻碍了教育相对于社会政策的扩展（如德国、意大利、法国；见图34—1）。

除了影响教育发展以及教育相对于社会政策的重要性外，分权还影响着教育改革的政治运作。例如，阿切尔（Archer，1989）认为，在集权体制下，教育改革者们被迫通过国家政策舞台来推进他们的议程。相比之下，在分权体制下，有足够的灵活性，容许有本地的创新和变化。然而，这意味着，可以预期，从系统的角度来看，分权体制比集权体制会在更大程度上抵御全面改革。20世纪70年代，瑞典和德国社会民主改革不平衡问题取得的成功，就清楚地说明了这一机制。

结　论

本章展示了经合组织国家间在社会和教育政策发展中的一致性。我们发现，关于宏观社会过程的相对时序的作用和企业与劳动力之间的力量平衡的传统论点在这两个领域有相似的影响。然而，一些因素，比如国家-教会冲突，在教育方面似乎更为重要，而另一些因素（权力下放和联邦制）似乎可能以不同于社会政策的方式影响教育的发展。

如何看待这些领域之间的联系，不同国家群体的学术界是不一样的：在英语国家以及斯堪的纳维亚国家,教育和社会政策被视为更广泛的社会干预策略的相关部分;然而,在欧洲大陆国家,教育和社会政策则是分离的(Allmendinger and Leibfried,2003;Heidenheimer,1981)。"社会投资型国家"这个源于英语国家的理念已渗透到更广泛的欧洲和欧盟国家的著述中,且有可能开始改变上述认识。事实上,在我们的聚类分析中所揭示的更广泛的北欧国家群这一事实,可以被看作是教育系统开始从英语国家和地中海周边地区蔓延趋同的可能证据。总的来说,幼儿教育、终身学习以及进一步培训——斯堪的纳维亚福利国家及其教育体制的长期支柱——的重要性越来越受到重视(Esping-Andersen et al.,2002),尽管诸如德国这样一些国家的改革都是渐进式的而非根本性的。

然而,也应该指出的是,在"社会投资型国家"精神下推行的激活政策被当成是福利国家紧缩的遮羞布而遭到质疑。这样的策略被视为是在弱化传统社会保险政策的去商品化的同时,强化了教育的商品化。用马歇尔(1964b)的话说,接受教育的社会权利正在逐步转化为接受继续教育的义务,以便能够灵活地满足不断变化的经济和劳动力市场的需求。因此,经合组织国家的教育体制是否以及在多大程度上能够与斯堪的纳维亚国家以及英语国家的社会投资国家模式趋同,仍是个悬而未决的问题。在任何情况下,如果教育政策被认为应该步入更传统的社会保障形式,那么我们就需要更好地了解这种方法作为缓解社会不平等的有效工具的局限性。因此,在对社会政策的未来研究中,需要澄清在不同类型福利国家和教育体制下教育投资、教育机构以及生活机会分布之间的关系。

未来研究的另一个主题是需要更深入地探索福利国家与技术体制的共同政治和历史基础。在本章范围内,我们探讨了教育体制的历史与当代变化,并提出了一个解释性的框架,这可能有助于理解和解释所观察到的变化。显然,这只是第一步,未来的研究应该试图澄清党派和制度因素对教育制度的历史和当代发展的贡献。如此,分析视角应超出"常规的"不信任范围,将东欧和亚洲国家尤其是日本和韩国等国纳入进来。

第六部分

政策绩效

第35章 公民的社会权利

约翰·D. 斯蒂芬斯（John D. Stephens）

前　言

在比较福利国家的相关文献中，福利国家的主导概念一直是，它代表着商品与服务的分配由市场决定向政治转移。马歇尔在1950年的文章中的表述无疑是对福利国家最具影响力的概念化。其中，他指出了公民身份权利发展的三个阶段：公民的、政治的和社会保障的。基于马歇尔的思想，当代福利国家研究者通常认为，历史上衡量福利国家发展水平和各国福利慷慨程度差异的最佳标准是，福利国家在多大程度上将转移支付和公共服务作为"公民身份的社会权利"，代替由市场分配的收入和服务。

马歇尔的概念是，社会权利就是公民身份所有的权利，即与公民身份相关的所有民事权利和政治权利，例如，选举权或集会权，完全一样（而不是简单的类似）。就像政治上的公民权利一样，社会权利必须仅基于公民身份，并平等地归属于所有公民。事实上，马歇尔并没有提出这一论点，尽管当代学者争论经过经济状况或收入审查的福利是否为"社会权利"，但他们都认为与收入相关的福利是社会权利。由于这些收益通常取决于个人缴费记录，因此这些与收入关联的福利是不平等的，也不是真正意义上的公民权利。

社会权利概念的性别化进一步模糊了理解。正如女权主义者批评"去商品化"作为福利国家慷慨程度的一个主要概念是不充分的，因为对许多妇女来说,目标首先是"商品化",即进入劳动力市场(Orloff,1993b)。可以说,公民社会权利的概念应该包括所有公民都有权工作,甚至是有权从事令人满意的工作。这样一个社会权利的概念会把过去15年在发达福利国家如此普遍的激活政策看作是社会权利的进步,而更传统的概念可能会认为它们是"重新商品化",代表了福利的倒退。

本章首先讨论马歇尔和当代学者如何定义公民的社会权利。第二部分回顾了现有社会权利的度量。关于度量问题的讨论将再次使用前一节中对社会权利的定义,因为学者如何评量社会权利就清楚地阐明了他们是如何界定社会权利的。最后一部分考察社会权利的决定因素和社会权利对政府再分配、减贫、就业以及性别平等方面的影响。

社会权利的定义

学者引用经典文献往往是基于对经典的二次叙述,在引用的过程中,对经典的论证往往被简化和歪曲。这一点在马歇尔(T. H. Marshall)1950年的论文《社会阶级与公民》中体现得淋漓尽致。马歇尔(1964b:15)在传统济贫法(受助者在被置留在济贫院后失去公民权)与现代社会政策之间进行了强烈的对比,这使得许多学者(如Korpi,1989:314)认为,经过经济状况调查的福利并非社会权利。马歇尔将20世纪的社会权利视为19世纪政治权利的直接延伸,这导致一些学者认为,那些不是基于公民身份、为所有人提供或多或少平等福利的社会福利不是真正的社会权利。实际上,精读马歇尔的著作(如1964b:29—30,32)可以发现,他并不旨在要排除掉经过经济状况调查的福利,或者与收入、缴费相关的福利。他把自己的概念定义得非常广泛(1964b:8)。

> 我所指的公民身份权利的社会要素,包括从一点点的经济福利和社会安全的权利,到充分分享社会遗产的权利,以及按照社会普遍标准过文明生活的权利。

可以看出,马歇尔的意思远不仅仅是获得公共转移支付与公共服务;相反,他的意思是将这一概念扩展到积极参与社会的权利。这也是他广泛讨论公共教育的原因。公共教育通常甚至不被认为是现代福利国家的一部分,因为它早于1883年的俾斯麦疾病保险法,后者被广泛认为是第一部现代社会保障立法。公民社会权利的界定特征是,公民有申请获得公共转移支付、公共品以及公共服务的权利,"那也不再适配于申请人的市场价值"(Marshall,1964b:28)。这是他最常被引用的论断的基础,即"在21世纪,公民身份权利和资本主义阶级制度一直处于交战状态"(Marshall,1964b:28)。

实际上,在公民社会权利的福利国家研究中,并没有在如何定义社会权利上花费太多时间。在对马歇尔作出简要的评论概括之后,他们转向对社会权利的估量,并在多数时候着手考察社会权利的决定性因素。[①] 在比较社会政策研究文献中,埃斯平－安德森(Esping-Andersen,1990)、奥尔洛夫(Orloff,1993b)、鲁姆(Room,2000)因对公民社会权利以及去商品化的冗长探讨而斐然醒目。

埃斯平－安德森(Esping-Andersen,1990:21)在开始他的讨论时清楚地阐明,"社会权利……基于公民身份的基础上……必含个人相对于市场地位的去商品化"。他进而提出了去商品化的两个不同定义,也蕴含着两种不同的操作方式。起初埃斯平－安德森(Esping-Andersen,1990:23)提出,在国家福利去商品化的过程中,公民可以自由地在认为必要的时候退出工作,而不会有潜在的工作、收入或公共福利损失。随后埃斯平－安德森(Esping-Andersen,1990:37)又指出"去商品化"不是绝对的,而是一个度的问题。他将"去商品化"定义为"个人或家庭能够不依赖于市场参与,能够维持一种社会可接受的生活水平的程度"。这两种定义都与马歇尔的公民身份代替市场作为分配机制的观点相一致。尽管相互之间不是矛盾对立的,但他们并不完全相同,也不可用同一种方式来估量。第一种定义是假设一个人有一份工作(他已被商品化),并且可以在不丧失收入的情况下退出就业,因此转移支付项目中高收入替代率是"去商品化"的必要条件。一般来说,高收入替代率是与收入及缴费相关的转移支付项目的产物,因此,严格来说并不是一项公民权利。然而,它们确实用政治分配取代了市场分配,因此它们与马歇尔的概念是一致的,马歇

[①] 关于比较社会政策学者对社会权利概念定义更详尽的讨论参见雅诺斯基(Janoski,1998)。然而该书并不是比较社会政策方面的专著,而是政治理论方面的专著,公民身份权包括公民社会权利是该领域常探讨的话题。

尔本人也明确认为这种社会保险制度应该被纳入社会权利。第二个定义并不意味着就业,因此将用根据公民身份而不是就业或过去的社会保险缴费提供的福利来衡量。为了符合这一定义,必须平等地向每一个公民或家庭或根据需要提供转移资助或服务(比如人口多的家庭获得更多的儿童津贴)。

正如我们将在下一节中看到的,埃斯平－安德森(Esping-Andersen,1990)对"去商品化"的估量选择了第一个维度,但就像奥尔洛夫(Orloff,1993b)等人所指出的那样,因为它的假设是人们拥有工作,所以存在性别偏重。奥尔洛夫(Orloff,1993b)认为,对于女性而言,获得有报酬的工作(即首先被商品化的权利)是一项基本的社会权利。另外,社会权利研究的性别化必须验证国家福利在多大程度上取代了家庭的某些照护职能[埃斯平－安德森(Esping-Andersen,1999)在其之后的研究中称之为"去家庭化"],无酬工作获得的待遇,女性维持家庭自治的能力,以及在多大程度上公民身份(而非就业)是主张国家福利的基础。下一节我们将讨论这些性别维度是如何被测量的。需要注意的是,要是埃斯平－安德森也试图测量他的两个定义中的第二个,那他就必然要直接面临奥尔洛夫关于公民身份作为主张国家福利的基础的观点。

罗姆(Room,2000)认为,埃斯平－安德森将"去商品化"概念化为资本主义下工人阶级异化的根本疗法是不够的,因为他未能全面理解马克思和波兰尼对把资本主义市场社会作为劳动力商品化始作俑者的批判。马克思认为,劳动力商品化导致工人阶级异化,不仅是因为这使得工人依赖于出售劳动力,从而限制了他们获得食物和消费的途径,而且也因为商品化使工人在工作中失去了自我创造或自我发展的潜力。罗姆(Room)建议,埃斯平－安德森应该充分关注消费方面,而不是劳动力商品化的自我发展方面。作为对罗姆的回应,埃斯平－安德森(Esping-Andersen,2000)承认人类自我发展与劳动力市场参与日益融合,这种基于激活的方法也是应对新兴社会风险的一个关键策略。此外,他暗指,这种基于激活的社会保护策略不能通过"去商品化"这一概念来有效析得。

把奥尔洛夫和罗姆的介入和安德森的回应结合在一起,我们看到了一条共同的线索,即公民社会权利的概念应该包含一种满意的工作和人的自我发展的权利,并不仅仅是一种"少许的经济福利和保障"。因此,社会权利应该包括一整套的人力资本投资政策,包括从幼儿教育到高等教育、成人教育、积极的劳动力市场政策和医疗保障,还有各种协调工作和家庭平衡的政策,比如公共日托、产假和"育儿假"等。

在开始讨论测量之前,有必要讨论基于经济状况审查的福利是否符合公民权利。在比较社会政策文献中,将现代福利国家立法与济贫法传统的立法进行对比是司空见惯的,后者涉及经济状况调查,由当局酌情决定,因此不是一项"社会权利"。然而,在卡斯尔斯(Castles)关于世界另一边国家(即澳大利亚国家)的转移支付制度的著作中,他质疑这样一个假设,即经过收入或经济状况审查自动表明有关立法没有赋之以任何社会权利。他指出:(1)只有富裕的公民才不是这个系统内的目标对象;(2)当局几乎没有什么自由裁量权来决定将谁纳入或排除在福利之外。因此,这些国家的大多数公民期望自己在退休之后享受到一份基于公民社会权利的养老金。类似地,最近智利巴切莱特政府的养老金立法,保证向收入分配最底层60%的所有退休人员提供最低养老金。很有可能,对于获得此待遇的人而言,这种养老金会被视为一项"权利"。同样,有条件的现金转移支付,如巴西的"家庭补助金"计划,应被视为一项社会权利,只要该收益或多或少是由收入审查自动触发的,并且确实为当局提供了很大的自由裁量权。[①]

社会权利的测量

早期对"福利国家努力"的跨国差异进行定量分析沿袭了威伦斯基(Wilensky,1975)的开创性工作,将福利国家的"慷慨程度"作为(各种定义的)社会支出占GDP的一个比重来量化实施(Stphens,1978;Korpi,1983;Hick and Swank,1984)。从一开始,这些研究人员就认识到,这充其量只是他们真正感兴趣的东西的一个代表,即福利国家再分配,或者,按照马歇尔的说法,是某种社会权利的概念。享受福利待遇人口的增长推高了支出,包括老年人、失

---

① 将教育投资和经收入检验的福利纳入社会权利,与马歇尔的理念是一致的。他在1950年的文章中讨论了这两个问题。

业者以及那些获得工伤保险、早期养老金以及在劳动力市场计划中的人。定量研究试图通过在分析中纳入老年人口和失业人口的比例作为自变量来控制这一点。遗憾的是，难以控制其他接受人口群体。即使有可能，支出的测量也不能利用不同国家社会支出的不同结构。

在比较社会政策领域中，渐次出现的解决方式是直接测量社会权利。这一方面的早期尝试是戴(Day,1978)对养老金权利的测定。迈尔斯(1984；see also DeVinney,1984)通过将戴(Day)的研究置于一个理论框架中，并对他修正后的戴指数的决定因素进行了多变量分析，从而将其引入了比较社会政策研究的主流。迈尔斯(Myles)的养老金质量指数在8个项目上以1至10的评分对每个国家的养老金体系进行了评分。三个项目测量养老金水平，即不同收入水平下的准替代率。剩下的五个维度测量的是生活调整成本、经济状况调查、保险覆盖范围、退休年龄灵活性以及退休程度检验。

早期的社会权利测量方法在一个时间点上只关注一个项目。1981年，科尔皮(Korpi)和埃斯平－安德森进行了一个更为雄心勃勃的研究项目，后来被称为社会公民指标计划(SCIP)[①]，即建立了一个关于18个经合组织(OECD)国家的5个不同福利国家计划中的社会权利数据集，此测量从1930年开始大约每5年间隔1次。这些国家是世界上先进的资本主义民主国家，拥有超过100万的人口，即便是在第二次世界大战以后也一直是民主国家。它们是澳大利亚、奥地利、比利时、加拿大、丹麦、芬兰、法国、德国、爱尔兰、意大利、日本、荷兰、新西兰、挪威、瑞典、瑞士、英国和美国。所有关于先进资本主义民主国家的比较社会政策和比较政治经济学的定量分析，几乎涉及的还是这同一批国家(Hicks, 1999; Huber and Stephens, 2001a; Swank, 2002; Iversen, 2005)。

社会公民指标计划(SCIP)涵盖的项目包括失业保险、病假工资、残疾保险、养老金以及家庭补贴。在失业保险、病假工资和残疾保险方面，SCIP收集了"普通生产工人"在家庭类型、保险范围、等待时间、福利期限和资格条件等几种类型的替代率数据。对于养老金，SCIP收集了家庭类型、收入水平、资格

[①] 该计划的原始名称为"国际知名的瑞典社会政策(svensksocialpolitiki international belysning)(译者注：此为丹麦语)"。

条件、资金来源和保险范围等几种不同类别的替代率数据。这些数据在2007年对公众开放,在网站①上依然可以获取(Korpi and Palme,2007)。SCIP没有公布关于家庭补贴的数据。这些数据包括儿童津贴、税收抵免、减免税以及很多项目特征,诸如母亲或父亲是否接受子女补贴、这些补贴是普遍的还是基于就业的等(Wennemo,1994)。第一部基于SCIP公布的数据的著作是科尔皮1989年在《美国社会学评论》上发表的关于病假工资的文章,随后则是关于该项目五个分类中的四篇专题文章:养老金(Palme,1990)、病假工资(Kangas,1991)、家庭补助(Wennemo,1994)、失业保险(Carroll,1999),还有很多的期刊和会议论文。

SCIP的1980年横截面数据是埃斯平－安德森《福利资本主义的三个世界(1990)》中进行分析的主要基础。SCIP的数据被用来运作他的"去商品化"这一主要概念,既用于测量福利国家社会主义的多个维度,也是测量福利自由主义的两个维度之一。总去商品化指数是指养老金、病假工资、失业保险等子指数的总和。养老金的去商品化指数可从四个维度进行测量:(1)最低福利水平;(2)标准福利水平;(3)缴费期限的长短;(4)养老金融资中个人所占的份额。失业保险和病假保险的"去商品化"指数基于:(1)福利水平;(2)获得福利所需要的就业周数;(3)失业或生病后获得福利的等待时间;(4)持续获得福利的周数。如前所述,这种测量方式采纳了埃斯平－安德森去商品化两个定义中的第一个,因而是假定的就业情况。

尽管SCIP的出版物最早始于1989年,但这些数据直到二十年之后才得以公布。而这一延误使得研究者们尝试模仿SCIP的数据收集。考虑到20世纪80年代末90年代初期的技术条件,这确实是一项很艰难的工作。互联网的发展以及信息技术的进步,从根本上改变了这一局面,使得独立学者莱尔·斯克鲁格斯(Lyle Scruggs,2004)和他的助理在美国国家科学基金会的资助下得以复制三个项目上SCIP测量数据的最重要部分,即1971－2002年期间以年度为基础的失业保险、病假工资和养老金。这一小组从2001年开始收集数据,在2004年12月将这些数据公布于众。比较福利津贴数据集

---

① http://dspace.it.su.se/dspace/handle/10102/7.

(CWED)可以在 http://sp.uconn.edu/~scruggs/wp.htm 网站上获得。

《经合组织就业研究》(1994a)提出了一个笼统的观点,相较于美国而言,"劳动力市场僵化"导致欧洲持续的高失业率,尽管也缺乏实证研究的基础。值得称道的是,在接下来的十年里,该研究团队进行了大量的工作,收集了与 1994 年的研究相关的数据。尽管这些数据大多数是就业和公共支出的量度,但经合组织确实在福利国家的两个领域上测量了社会权利:失业保险和就业保护法(EPL)。失业保险的数据是大量不同类型家庭在两个不同收入水平和三个不同期限下(第一年、第二年和第三年、第四年和第五年)的总替代率。从 1961 年开始,这些数据两年进行一次测量,并定期更新。但其缺陷在于只测量了总体福利,如果这些福利还要被征税,那么它们就不能反映失业工人的实际福利。布拉德利和斯蒂芬斯(Bradley and Stephens,2007)测量了比较福利津贴数据集(CWED)一年内失业率的净替代率。经合组织(OECD)的一年总替代率和比较福利津贴数据集(CWED)的净替代率高度相关(.85),因此,如果需要的是比 CWED 数据中可得的更长的时间序列或不同的持续时间,那么经合组织的数据可能是有用的。经合组织(2004a)的 EPL 总体测量,总结了一些量度裁员难度的分项指数(通知、遣散费等)以及限制使用临时工的法规。这些数据是年度性的,1985 年之后的都可以获得。

令人惊讶的是,迄今为止讨论的所有社会权利估量,除了 SCIP 家庭政策估量(不属于公共领域)外,都与埃斯平—安德森的去商品化指数相同,即它们都侧重于赋予就业工人的权利,因此容易受到奥尔洛夫和罗姆对这些估量的批判。在协调平衡工作与家庭的政策领域中,戈尼克等人(Gornick et al., 1998)就大多数通常所说的 18 个先进资本主义民主国家在 20 世纪 90 年代中期的某一横截面数据,制定了一系列的社会权利衡量标准,并且之后这一工作得到戈尼克和梅耶斯(Gornick and Meyers,2003)较大的拓展与更新。高蒂尔和博特尼克(Gauthier and Bortnik,2001)用 1970—1999 年的年度数据,汇总形成了有关育儿假和育儿福利的时间序列数据集。[①] 这些数据可以在 https://www.soci.ucalgary.ca/FYPP/网站中获得。

[①] 育儿假数据是随后补充在 SCIP 数据集中的(Ferrarini,2003)。SCIP 数据库中的育儿假数据比高蒂尔和博特尼克(Gauthier and Bortnik)的数据更详细,且能够区分不同类型的家庭支持。

第35章 公民的社会权利

迄今可用的社会权利数据存在明显缺陷：一是缺失关于社会政策分性别方面的汇总时间序列数据，比如高蒂尔和博特尼克（Gauthier and Bortnik, 2003）的研究中涵盖的家庭和工作相平衡的政策。二是公共服务数据的明显缺失，鉴于北欧福利国家和欧洲大陆福利国家之间最显著的区别可能是北欧国家公共提供了广泛的卫生、教育和福利服务。三是有关激活政策唯一可用的数据是积极劳动力市场政策支出方面的数据。把这三点结合在一起，然后再回顾奥尔洛夫和罗姆（Orloff and Room）的批评，我们可以看到，关于社会权利的现有数据（尤其是时间序列汇总数据），大多数都忽略了满足工作和个人自我发展能力的需求。因此，以在教育、医疗保健和社会服务方面的支出金额来衡量，福利国家所做的很大一部分工作都没有被现有的社会权利衡量标准所认可采纳。

与大多数福利国家比较研究中使用的公共支出和就业数据相比，现有的社会权利数据是如何改变我们对福利国家慷慨程度在不同国家之间以及随时间变化的理解的？虽然埃斯平—安德森（Esping-Andersen, 1990）用社会权利而不是社会支出来衡量福利国家所作努力的主要论点是，比较社会政策学者真正感兴趣的是社会权利而不是支出，他还批评了社会支出的测量手段不能够反映福利国家体制的多维度特性。实际上，这种明显的无能为力是以下事实的产物：除了对某一时间点的福利国家努力的少数分析外，其他所有分析都只采用了一种衡量标准，即主要是维伦斯基在 1975 年的研究中使用的社会福利支出的 IW 衡量标准。通过使用针对不同计划和就业的各种公共支出测量标准，可以构建福利国家制度及其随着时间发展的多维图景。在该图景下，欧洲大陆福利国家和北欧福利国家都很慷慨，但欧洲大陆福利国家是转移支付密集型的，北欧福利国家是服务密集型的，在人力资本和激活政策上投入更多（Huber, Stephens, 2001a; Iversen, Stephens, 2008）。

尽管如此，毫无疑问的是，目前公共领域的社会权利数据使得研究者能够更加细致地描述不同国家的社会政策体制及其随时间的变化。要注意，这些数据已经很长时间没有出现在公共领域，在我看来，比较社会政策学者们要完全吸收这些数据中可用的信息还需要很多年。我会举例说明一些不同于以往的事实，它们来自对三项计划不同时间点上 SCIP 数据的平均替代率的研究。

在上述来源提供的全部数据中，这些数据是很小但很重要的一部分（见表35-1）。首先，正如人们可以在表中所看到的那样，尽管社会支出数据显示，大陆基督教民主福利国家在转移计划上的支出占GDP的比重比社会民主福利国家更高，但这并不是因为转移支付计划更为慷慨。相反，支出之所以高，是因为受援者人口、失业者、退休人员、残障人口数量庞大，这在一定程度上是20世纪80年代到20世纪90年代的劳动力裁员政策的结果。该政策使得大量未到退休年龄、身体健全且有工作能力的人被迫提前领取养老金或者领取"失能"养老金。其次，"福利资本主义的三个世界"在1950年之前是没法得到识别的，它们是在战后才得以创立。最后，虽然社会支出数据没有显示福利国家紧缩的清晰画面，但从社会权利数据来看，这一点非常清楚。通过与1995年（SCIP目前可用的最后一年数据）的峰值比较，紧缩是普遍存在的。然而，它不会导致趋同收敛。相反，在自由福利国家，病假工资和失业替代率的削减幅度要大得多，从而使得这些福利国家显得更加吝啬。

正如前面所指出的，在公共领域和CWED中都可见到SCIP数据，在针对男性养家的家庭中生儿育女的女性所面临的"旧社会风险"的社会转移方面，也是浅尝辄止。表35-2列出了有关服务和性别政策的一些数据。只有育儿假的数据才是衡量社会权利的真实指标，也只有这些数据才是随时可得的（Gauthier and Bortnik，2001）。这些育儿假数据与表35-1中旧社会风险数据所示的模式不同。北欧国家直到20世纪80年代中期才开始与众不同，并在20世纪90年代后期变得更加明显。有关日托支出的数据表明，与日耳曼国家在20世纪90年代在日托上平均花费GDP的1.6%相比，北欧国家在日托上可以找到同样的数据，而在其他两种体制下这一比重为0.3%。如果有1970年之后不同时间点上工作和家庭平衡协调政策的数据，比如表的第一栏显示的戈尔尼克和迈耶斯（Gornick and Meyers）在21世纪早期的数据，则可以发现北欧的独特性不断增强的模式。至于工作和家庭平衡协调政策的缩减，育儿假数据显示的模式表明：与表35-1中的转移支付计划相比，削减的态势要少得多，只有五个国家经历了削减，而且只有在瑞典，由于替代率从90%降至67%，全薪周数从57.6周降至20世纪90年代末的40周，因此削减幅度是巨大的。虽然支出在削减，但是在1999年，瑞典福利体制的慷慨程度仍居第二。

第35章　公民的社会权利

表35—1　不同福利国家体制的平均替代率（1950年和1995年）

	失业保险			疾病津贴			养老金		
	1950年	峰值	峰值年	1995年	1950年	峰值	峰值年	1995年	1950年	峰值	峰值年	1995年

	1950年	峰值	峰值年	1995年	1950年	峰值	峰值年	1995年	1950年	峰值	峰值年	1995年
社会民主主义福利国家												
丹麦	46	81.9	1975	57.2	7.2	78.8	1980	57.2	40.8	66.9	1985	62.2
芬兰	5	76.1	1970	61.9	0	96.5	1990	86.1	29.4	91	1985	75.1
挪威	28.5	73.5	1975	63.5	37.5	100	1995	100	19.9	75.1	1990	70.4
瑞典	42.1	84.1	1990	76.8	18.9	90.1	1990	77	26.9	92.7	1985	81.6
均值	30.4	78.9		67.4	15.9	91.4		80.1	29.3	81.4		72.3
基督教民主主义福利国家												
奥地利	47.4	67.5	1985	57.4	63.4	100	1985	95.4	59.6	76.9	1995	76.9
比利时	52.5	77.1	1980	49	66.1	91.9	1975	82.6	36.4	78	1975	52.9
法国	8	64.9	1985	58	44.1	55.7	1975	49.2	35.9	70.2	1980	68
德国	40.6	79.2	1960	68.2	61.2	100	1995	100	37.7	55.4	1975	50.8
意大利	27.2	35.9	1960	34.3	60.3	83.4	1995	83.4	18.5	80	1990	72.5
荷兰	41.8	83.2	1980	70	79.9	84.7	1975	70	51.7	68.4	1980	59.7
瑞士	49.4	75	1995	75	31.8	77.4	1975	56	14.8	61	1975	43.2
均值	36.7	69		58.8	58.1	84.7		76.7	36.4	70		60.6
自由主义福利国家												
澳大利亚	18.7	48.4	1975	38.3	18.7	48.4	1975	38.2	36.9	46.1	1995	46.1
加拿大	37.7	69.6	1975	59.9	0	62.1	1975	49.5	30.3	54.5	1995	54.5
爱尔兰	36.1	72.1	1985	31.1	28.6	70.7	1984	31.1	32.3	60.7	1985	48.5
新西兰	49.7	62.7	1985	33.2	49.7	70.5	1985	36.5	49.6	65.6	1985	50.5
英国	31.4	63.4	1975	23.4	31.5	63.4	1975	20.3	28.2	60.8	1985	57.9
美国	40.3	59.8	1975	47	0	0	1995	0	39	66.6	1980	65.5
均值	35.7	62.7		38.8	21.4	21.4		29.3	36.1	59.1		53.8
日本	67.3	72.6	1990	71.2	68.2	68.2	1995	73.8	18.6	74.2	1990	67.1
总均值	36.7	69.3		54.2	37.1	37.1		61.5	33.7	69.1		61.3

我们对公共服务的社会权利随着时间的推移而产生的跨国差异和变化所知更少,因为没有人试图以系统的方式来测量过。我在表 35－2 中纳入了两个衡量公共服务努力的指标——公民在政府部门就业占工作年龄人口的比例和尼尔森技能获得指数(Nelson,2008)。技能获得指数试图衡量教育和培训系统在多大程度上为基础教育和高等教育以及终身学习提供了广泛的机会。它是由国家对教育的财政投资、教育机构的结构和企业培训政策的正式规定等多种措施构成的。可以看出,在这两种测量上,社会民主体制和另外两种体制类型具有显著的差别。

公共卫生支出占总卫生支出的百分比表明,到 1970 年,北欧在卫生保健方面的独树一帜已经显现。在人力资本投资方面,关于积极的劳动力市场政策、高等教育和各级教育支出的数据表明,独特的北欧高支出模式直到 20 世纪 90 年代才出现(Iversen and Stephens,2008)。虽然瑞典在积极的劳动力市场政策和总体教育支出方面处于领先地位,但加拿大(占国内生产总值的 8.5%)和美国(4%－7%)在 1970 年的教育支出方面与瑞典持平或超过瑞典。

在和鲁姆的交流中,埃斯平－安德森指出,就业保护立法,显然可以被看做是一种去商品化的社会权利,并不要同样遵循他对转移支付去商品化的估量模式,因为欧洲大陆国家,特别是地中海国家的就业保护立法(EPL)比北欧国家更加严格。他还指出,EPL 更有点像"零和博弈",因为它使得外面的人,尤其是女性和年轻人更难找到工作。因此,如果我们把(令人满意的)工作的权利视为一种社会权利,那么扩大一些人的社会权利实际上会损害其他人的社会权利,这是马歇尔社会权利概念中没有设想到的。

表 35－2　服务与性别政策的社会权利指标(1970 年、1985 年和 1999 年)

	工作家庭联合指数	全薪产假周数 1970 年	全薪产假周数 1985 年	全薪产假周数 1999 年	技能指数	平民政府雇佣
社会民主主义福利国家						
丹麦	94	12.3	21.6	30	3.47	21
芬兰	74	3.5	34.4	36.4	0.55	13
挪威	80	3.8	18	42	1.77	22
瑞典	89	16.6	27.7	40	1.52	22
均值	84	9.1	25.4	37.1	1.83	19.5

续表

	工作家庭联合指数	全薪产假周数			技能指数	平民政府雇佣
		1970年	1985年	1999年		
基督教民主主义福利国家						
奥地利		12	16	16	0.27	13
比利时	73	8.4	11.1	11.6	0.27	9
法国	66	7	14.4	16	0.16	14
德国	55	14	14	14	−0.13	8
意大利		13.6	17.2	17.2	0.03	8
荷兰	65	12	12	16	0.47	6
瑞士		0	0	0	−0.03	9
均值	65	9.6	12.1	13	0.15	9.6
自由主义福利国家						
澳大利亚		0	0	0	−0.86	10
加拿大	36	10	9	8.3	0.39	14
爱尔兰		4.1	9.8	9.8	−0.61	7
新西兰		0	0	0	0.26	
美国	24	0	0	0	−0.42	10
均值	35	3.4	4.2	4.3	−0.25	10
日本		7.2	7.2	8.4	−0.92	6
总均值	64	7.3	12.1	15.2	0.33	11.8

在前面的章节中我已经提及，尽管人们可以看到在表35—1所示的"旧社会权利"转移中的政体组织顺序与埃斯平—安德森在其去商品化指数中所发现的相同，但在就业保障立法（EPL）、性别化的社会政策、公共卫生、教育和福利服务方面发现有不同的顺序。此外，正如帕姆（Palme，1990）和卡罗尔（Carroll，1999）最初提出的，埃斯平—安德森最原始的测量中各组成要素（比如，覆盖率、替代率、持续期、资格条件）并没有如此强烈的共变性，这意味着应当分别分析这些组成要素的决定因素和效果。

社会权利变化/差异的决定因素及其结果

迈尔斯（Myles，1984）的横截面分析和科尔皮（Korpi，1989）对社会权利测量方法的决定因素进行的混合时间序列分析,似乎直接证实了早期基于社会支出的跨国数据分析的权力资源理论主张(Stephens,1979;Korpi,1983),即对工人阶级权力、左派政府和/或工会势力的量度是福利国家努力的最佳预测指标。随后的研究提出了一种更加微妙的观点(Esping-Andersen,1990;Palme,1990;Kangas,1991;Carroll,1999),与上述观察结果一致,即社会权利的各个组成部分没有那么高度相关,这些研究中的社会权利决定因素因所衡量的社会权利的不同维度而有所不同。埃斯平－安德森(Esping-Andersen,1990)通过证明不同的衡量标准具有不同的决定因素,为"福利资本主义的三个世界"的存在提供了依据。埃斯平－安德森解释的核心是政治:社会民主、基督教民主、世俗中右派政党的主导地位解释了一个国家是社会民主、保守或者自由主义世界的哪一种。

埃斯平－安德森的分析是横截面的,考虑到相较于横截面分析下的国家数量,在比较福利国家研究中有更多的假设因素,因此人们希望他的论点能够在混合时间序列分析中得到检验。遗憾的是,没有人做这种尝试。此外,对现有社会权利决定因素的汇总数据分析的检验并没有得出明确的结论。利用汇集的数据会产生一些方法论和计量问题,这些问题在政治学和社会学中仍有争议。其中最主要的是选择水平或者将变化作为因变量,包括单位虚拟变量,或等效的固定效应,滞后性因变量,以及自回归模型的修正。

我与合著者在这些问题上有一个明确的立场(Huber and Stephens,2001a;Huber et al.,2008;Huo et al.,2008):我们使用各种水平的因变量,没有单位虚拟变量,没有滞后性因变量,以及一阶自回归模型修正(Prais Winsten 回归)。① 我和我的合作者对 CWED 和 OECD 提供的社会权利数据进行了广泛的分析,其中一些成文出版了(Huo et al.,2008),一些还未出版。② 因变量是社会权利的各种测量标准,自变量是基督教民主政府、社会民主政府以及 10 个可看作福利国家努力的各种其他假设决定因素的控制变量。党派之

---

① 有关这些方法学决策的依据,请参见引用的出版物。
② 我没有系统地将这些分析复制到 SCIP 数据上,但是考虑到 SCIP 数据和 Scruggs 数据在病假工资和失业保险方面的高度相关性,我不认为这些指标会有任何差异。在两个数据集中,退休金权利仅存在中度相关的差异是可能的。

争的变量分析结果总结在表35—3中。前四个量化指标是斯克鲁格斯和阿兰(Scruggs and Allan,2006a)用CWED数据复制了埃斯平—安德森的去商品化指标。正如人们从埃斯平—安德森的分析中所预期的那样,社会民主政府和基督教民主政府与整体指数和养老金指数高度相关。然而,失业和病假工资去商品化的政治决定因素是不同的,最令人惊奇的是,社会民主政府与失业的去商品化不相关。[①] 从经济合作与发展组织(OECD)关于失业率替代率的数据中,我们可以看到出现这种情况的部分原因是社会民主和基督教民主会因为福利期限的不同而产生不同的影响。

正如我所说,SCIP和CWED关于替代率的社会权利数据展示了紧缩的普遍性,但是只在一些自由主义福利国家深度存在。至于紧缩的原因,福利国家紧缩的主流观点是,人口和经济因素将政党之争抛在一边,这成为福利国家变化的主要原因(P. Pierson,2001a)。社会权利数据挑战了这一观点,因为科尔皮和帕尔梅(Korpi and Palme,2003)以及艾伦和斯克鲁格斯(Allan and Scruggs,2004)都表明,左翼政府确实阻止了福利国家的紧缩。

表35—3　　　　　　　　　　社会权利测量方法的回归结果

	左派政府	基督教民主政府
全部去商品化	+++	++
养老金去商品化	++	+++
疾病津贴去商品化	+++	0
失业去商品化	0	+
EPL	0	+++
失业替代率(第4—5年)	0	+
失业替代率(第1年)	+	0
产假(全薪周数)	+	+

注:显著性水平+++=0.001,++=0.01,+=0.05。

社会权利的更多完整数据会精细地描绘出普遍紧缩的情形。我们已经看到,育儿假数据显示的模式与表35—1中的不同。我认为,生育假数据中显示

[①] 这与卡罗尔(Carroll,1999)利用SCIP数据得出的结论是一致的。

的模式会被其他一些政策的社会权利数据复制,这些政策也触及从应对旧的社会风险到新的社会风险,从被动福利国家到主动福利国家的运动。其他的协调工作与家庭平衡的政策,比如日托,积极的劳动力市场政策,基础、高等和继续教育等,几乎肯定会显示出北欧国家领头的普遍扩张模式。相比之下,旨在保护劳动力市场内部人士的典型旧福利国家政策EPL则呈现出普遍衰减的趋势,特别是在限制临时工作方面。

也许是因为这些数据在公共领域才出现了几年,所以,就社会权利度量指标对比较福利国家研究人员感兴趣的其他结果(例如贫困和再分配)的影响所进行的多元分析,相对较少。[①] 斯克鲁格斯(Scruggs,2006,2008)研究了他的社会权利衡量标准对各种人群中绝对和相对贫困以及政府再分配和减贫的影响。在控制了因变量的一些其他可能的决定因素之后,斯克鲁格斯(Scruggs)发现,社会权利措施对所有这些福利国家的结果都有显著而重大的影响。我和我的合著者研究了社会权利措施对总体就业水平和妇女就业的影响(Bradley and Stephens,2007;Huo,2008;Nelson and Stephens,2008)。我们发现,高短期失业率替代率、病假薪酬慷慨度和生育假(表35-3所示的社会民主模式)对两个就业变量都有正向影响,而高长期失业率替代率和高EPL(基督教民主模式)对两个变量都有负向影响。

[①] SCIP研究人员的许多研究显示了SCIP措施与不平等和贫困之间的双变量关系(e.g. Korpi and Palme,1998;Ferrarini,2003)。

第36章 不平等与贫困

彼特·桑德斯(Peter Saunders)

前 言

减少不平等和消除贫困是推动福利国家发展的目标。大多数的富裕民主国家都如迈尔斯(Myles,2006:150)所指的那样,具有"强烈的平等主义情绪",在社会对不平等的关注和支持再分配的政治声音中都可以找到这种情绪的表达。不平等和贫困的程度以及政策对它们的影响力是政策成功与否的重要指标;但是各国政府很少有宣布其减少贫穷或不平等的目标,因此很难对照具体目标评估绩效,不过近期英国政府(和爱尔兰政府)尝试使用研究提供的指标来设定具体的减贫目标(Department for Work and Pensions,2003)。不平等有多个维度或方面,将贫穷概念化也有各种可选方式,这使得估量贫困发生概率和确定政策影响的任务更加复杂。要想使确定到底存在何种程度上的不平等和贫困以及评估政策的影响力成为可能,一定要先解决这些概念和方法论上的问题。

这些挑战并没有挡住研究者就社会政策对不平等和贫穷的影响进行研究,其中很多研究都把焦点集中在跨国比较上。在回顾从这些文献中得出的主要教训时,本章重点介绍高收入OECD成员国的经验。之所以如此,不仅仅是因为这些国家拥有最发达的(且多样的)国家福利,而且还可以提供估量发生概率和确定影响所需的数据。它们在不平等状况和贫困率方面也有很大差异,为解释所观察到的差异并将其与政策联系起来提供了空间。这样的重点聚焦并不否认中等收入和发展中国家所采取的改善不平等和贫困的社会政策的重要作用,这是在随后的某些章节中讨论的特定国家群体中涉及的一个话题。

本章各节安排如下:第一节回顾与评估政策对不平等和贫困的影响相关的问题,第二节介绍了用于确定和比较跨国影响的测量方法和数据。随后两节分别梳理了关于不平等和贫穷领域的结果和影响的研究所产生的主要结果。最后一小节对本章的主要结论进行总结。

结果与影响

福利国家体现为一整套的社会保障计划,这些社会计划,面向生命周期不同阶段易受伤害的个体,建立起一系列作为权利的个人福利(通常以特征、事件或行为为条件)。许多此类计划通过提高底层人群的收入,通过向中层和上层人群征收累进税和缴款来为转移支付提供资金,从而直接减少不平等和消除贫困。另一些则通过提供低收入者无法负担的服务间接支持。由于市场力量的自由运作而产生的不平等跨越了多个维度,但大部分的政策焦点——也是本次讨论的主要焦点——是收入不平等。购买力推动着市场,而收入不仅是购买力的主要决定因素,更是在市场上进行的竞争性经济斗争中取得成功的标志。因此,国家通过干预市场进程来寻求影响收入分配的做法也就不足为奇。卢森堡财富研究(LWS)最近提供了有关财富分配的比较信息,为研究人员开始研究国家差异并将其与社会政策变化联系起来提供了基础(Sierminska et al.,2006;Yates and Bradbury,2009)。

可以通过区分以下要素来分析这些干预措施的塑造过程:市场收入(MI),以薪酬、自营职业和投资利息的形式反映市场活动的回报;总收入(GI),其中包括从国家(或者从私人来源)获得的现金转移(CT)部分;可支配收入(DI)——扣除国家强制征收的所得税和与收入相关的社会缴款(TX)。恒等式 $DI=GI-TX=MI+CT-TX$ 将再分配链上的不同元素连接起来,并提供了评估其影响力的框架。有关这些变量的信息可以从宏观(国民经济核算)和微观(家庭收入调查)两个层面来收集,从而可以对不同的分布进行比较,并估计链中每个环节的分布影响。因此,对MI和GI分布的比较可以用来揭示转移支付对再分配的影响;对GI和DI分布的比较可以用来表明税收的再分配影响。

许多研究已经用这个框架来检验福利国家的分配效应,并聚焦于分析国内或国家间的不同政策工具(现金转移与税收、工龄收入与老人养老金)的相对强度(Atkinson et al.,1995;Forster and Vleminckx,2004;Hills,2004;OECD,2008a)。然而,测量收入分配中的不平等程度比评估政府政策的分配影响更为直接,因为后者涉及比较两种情况,其中一种情况("非政府反事实的/虚拟的")是观察不到的。因此,当MI和DI的分布被用于评估政府现金转移和税收政策的影响时,隐藏的假设是,如果没有这些政府计划,MI的分布将是无所不在的。但如果这些计划并不存在,人们的行为将会以"填补政府提供形成的缺口"的方式发生改变(例如,个人必须更加努力工作,为自己的退休储蓄,或购买失业或残疾保险),这会导致MI及其分布的变化。通过假设MI现有分布为反事实,那些行动上的改变就被忽略了——这一假设与关于转移和税收的(反)激励效应的文献是不一致的(Atkinson and Mogensen,1993)。尽管可以对政策的行为影响进行建模,并将这些边际效应纳入分配影响的估算中,但多数比较研究都侧重于估算政府作为一个整体的分配影响,而边际效应的建模对这一任务几乎没有指导意义。

这些诱发效应对重新分配的计量方式产生了重要影响,正如经合组织(OECD)最近关于公共养老金的重新分配影响的研究(2008a)所强调的那样。如果最初的(养老金前)收入排名是根据市场收入进行的,那么养老金领取者在转移前的分配中处于底部,但在转移后的分配中处于更高的位置,这说明有一个强大的再分配效应。与上述情况相反,如果排名是基于转移分配后(即一次性的)的收入,则受益人刚好低于转移前分配的中间水平,而高于转移后分配的中间水平,这就说明再分配效应要弱得多(OECD,2008A:110)。第一条路径暗含的假设是现有的市场收入分配是评估养老金分配影响的反事实,而第二条路径的假设前提是,在没有养老金的情况下,退休人员的收入将进行调整,以完全"填补缺口"。因此,第一种方法高估了养老金的影响力,后一种方法却低估了其影响力(因为收入差距并不会被完全填补)。所以说,每一种路径都是通过解决问题的不同方面来实现不同的目的。

更复杂的情况是,社会政策不仅试图在市场产生收入后重新分配收入,而且还试图影响市场收入本身的结构。福利资本主义这一术语(Esping-Andersen,1990)抓住了福利国家中国家与市场之间存在的复杂而错综的相互联系,但它使得人们很难从"资本主义"产生的影响中找出"福利"的后果——而这也正是与分配影响相关的研究寻求去做的事情。例如,在新西兰和澳大利亚这样的国家,工资的管制制度在所谓的"工薪阶层福利国家"(F. Castles,1985)中产生了更为平等的收入分配(因此也产生了市场收入)。其他国家规定了最低工资,并制定了影响市场力量的法律和条例,以保护那些处于不利地位的人,从而影响最终的分配。尽管这些影响中有许多是在用于研究收入不平等和贫困的统计数据中捕获的,但它们经常出现在市场收入中,因此不能归因于国家干预或作为政策结果。

福利国家不仅针对不同群体提供现金转移支付,而且还提供获得服务的机会,给受益者带来实物福利。公共医疗系统提供的医疗服务是以经评定的健康需要为基础的,而不是依据医疗费用支付能力。其他的公共服务则是面向不同人群根据其身体衰弱程度(老年护理服务)、残障程度(心理健康服务)或年龄大小(儿童护理服务)等,供给免费或给予他们获得补贴的享受服务的机会。这些规定以两种方式影响收入分配:第一,它们提供了一个平台,使本来可能无法进入劳动力市场的个人能够加入,从而增加他们的市场收入;第二,收益本身具有隐性价值,可以被视为向接受者(或受益人)贡献非现金收入,这将产生分配后果。很难估计前一种影响的大小,很少有研究尝试这样做,尽管估算的非现金收益的分配影响引起了更多的关注(Smeeding et al.,1993)。在非现金福利作为收入计入个人之前,必须先解决那些关乎重大的实践和方法上的挑战。大多数医疗体制和其他公共计划提供的福利都是一种"逆境保险"(Hills,2004:184)。因此,所有人,而不仅仅是那些生病的人,都能得到。这样的福利一般都是由雇主提供的,在数据中并不作为国家活动的一部分出现,尽管它们是依国家法规而定的。

测量方法与数据

不平等与贫困是两个相关却截然不同的议题。社会对前者的关注往往表现为对"贫富差距(日益扩大)"(Osberg and Smeeding,2006)的关注,因此可以说两者密切相关。即使贫困是以相对的方式来衡量的,它也只包含收入分配的一个要素(低于收入界限或贫困线的百分比),因此贫困可以独立于整个分配体系中定义的不平等现象而存在。但是,正如许多研究观察到的那样,当有不平等加剧时,减少相对贫困的任务也就变得更加困难(Bradbury and Jantti,1999)。

在政策影响的研究中,两个最常用的不平等指标是:基尼系数和 P90/P10 百分比。基尼系数通过度量实际分配与所有收入平均分配两者之间的差距有多大来解析收入的总体差异。P90/P10 百分比可以更好地反映改革计划对低收入或高收入群体的影响,这些群体是许多社会政策的目标。两个指标的测量值都受到下列因素的影响:选择不同的分析单位(例如,核心家庭与家庭)、根据需要的差异调整收入的等值表以及不同单位的加权(例如,按家庭或个人)(Atkinson,1998b)。这些定义和测量方式的技术问题都会对有关政策影响力大小的结论产生影响。

同样的问题也出现在贫困的测量指标上,在何处设定贫困线以及更根本的问题上存在进一步的争议,即收入是否能够准确反映贫困,或者说,是否需要有一种方法能够更加直接、准确地反映生活水平(或生活机能)(Ringen,1987;Sen,1985;Nolan and Whelan,1996)。后一种方式旨在确定那些按收入计算被确定为穷人的人正在经历预期与之相关的生活条件,方法是将重点放在已取得的成果(至少是在调查中有报道的成果)上而不是可取得的收入上。

许多国家直到最近才开始采用贫困法(Boariniandd'Ercole,2006;OECD 2008a:第七章),但还不可能就国家内部或国家之间社会政策对贫困的影响和效力得出任何有力的结论。① 解决这一问题的进展将受到以下事实的限制：与对收入贫困的研究不同，不可能估计在没有现行政策的情况下会是什么样的贫困状态，也不可能利用这一反事实来估计政策的影响。

大多数比较研究都会避免围绕贫困线的确定而产生的争议，采用一种主观但又可比较的方法，即按收入中位数的给定百分比（通常是50%或60%）来设定贫困线。这些贫困线在各国不尽相同，但在每个国家的收入分配中代表相同的点。关键之处基本上是没有什么变化的——在某个特定的时间点上存在多大程度的贫困，以及政策是如何对其产生影响的？——同时，人们（尤其是政策制定者）也很有兴趣去了解贫困的持续性并对其施加影响——去年贫困的人中有多少今天仍然贫困，致贫和脱贫的关键途径是什么？上述问题只能利用纵向（面板）数据来回答，越来越多的国家正在收集估计贫困持续性所需的数据（OECD，2008a：第6章和第8章）。

当评估政府计划对不平等和贫困的影响时，必须区分计划的总体规模（转移多少收入）以及它们是如何构成的（目标福利的程度）。针对性强的（经过收入审查的）计划将援助集中在那些最低收入（或经济资源更普通的）人身上，但它们的分配影响可能不如在更普遍的基础上提供更高福利的计划大，因为重新分配的资金量通常要大得多。普遍式制度往往会吸引更多的政治支持，因为所提供的福利得到更广泛的惠及（Le Grand，1982），而有针对性的计划（作为经济状况调查的结果）产生较高的有效边际税率，因此更有可能产生阻碍通过市场活动获得收入的诱因。这就给那些低收入人群制造了贫困陷阱，也就造成更多的市场不平等，而政府转移会减少这种不平等（相对于假设的反事实，见上文）。

为了就政策对不平等和贫困的影响得出结论，所用的数据必须是可比的，否则，国家之间定义差异的后果很有可能被误认为是政策影响。使用不具有可比性的国家数据会对实证关系产生显著影响。举例来说，阿特金森（Atkinson，2004）的研究表明，伯奇菲尔德和克雷帕兹（Birchfield and Crepaz，1998）所评估的

---

① 经济合作与发展组织（OECD）最近表示，它提出的估算数据不具有直接可比性，并表示："只有通过更大程度的事前标准化调查，才能获得更好的比较量化标准，从而纳入更多在各国之间具有可比性的计划"（OECD 2008a：194）。

政治结构与收入分配之间的关系受到作者使用的国民收入分配数据的影响。一旦使用了比较估计(来源于卢森堡收入研究,见下文),政治结构变量就不再具有统计意义,从而使人对作者最初关于政治结构作用的主张产生怀疑。

对于经济福祉和不平等的微观数据的需求助推了卢森堡收入研究项目的(LIS)的建立。在20世纪80年代初,通过调整国家数据集,使之符合标准化的概念和定义模板,成功建立了一个可比较的家庭收入微观数据库。卢森堡收入研究设定了"所有比较研究的新标准"(Atkinson,2004:166),其数据也已被用于经合组织(OECD)对收入分配进行的主要比较研究(Atkinson et al.,1995),并被世界银行(WB)、国际劳工组织(ILO)和联合国开发计划署(UNDP)等国际机构所广泛引用,而且还构成了大量独立的学术研究的基础(Smeeding et al.,1990;Enworthy,2004;Gottschalk and Smeeding,2000)。LIS项目始于1983年,刚开始涉及7个国家,到现在包含25个国家跨越20年的五波数据(更多信息可浏览 www.lisproject.org)。

还可以通过编制符合国际协定模板的国家统计数据来生成比较数据,此类模板针对某个特定的主题,例如,有孩子家庭之间的不平等、税收或福利对普通生产工人的影响等(Forster and Pearson,2002;OECD,2008)。这种(模型家庭)方法已经被广泛地用于比较儿童福利计划及其对儿童福祉的影响(Bradshaw and Finch,2002;Bradshaw et al.,2006)。该研究方法的优点是,由于仅需要使变量的特定子集具有可比性,因此它可以提供更多的最新信息。与此相反,这些数字并没有提供 LIS 单位记录数据所具备的灵活性,理想情况下应该将两个来源的数据结合起来。

再分配与不平等

鉴于大多数政府社会计划向低收入者提供收入转移,并对分配较高的人征收与收入相关的税,如果它们不减少收入的不平等,那会是令人意外。这些期望已经被几十年来进行的大量的比较研究结果所证实,这些研究考察了政府福利和税收的分配影响(Reynolds and Smolensky,1977;Atkinson et al.,1995;Hill,2004;Kenworthy,2004;ILO,2008;OECD,2008a)。但是,分析人士和决策者不仅对确定是否进行再分配感兴趣,而且还对重新分配的程度与计划的结构(进度)和规模(支出水平)如何相关感兴趣。针对这一问题的相关研究产生了更为多样化和富有争议的发现,包括项目的规模、福利的结构和分配影响之间的关系。

表36-1中的数据显示,经合组织国家分配给社会支出的数额以及收入不平等和贫困方面存在很大差异。基尼系数从北欧国家中丹麦、瑞典的0.23到美国的0.38不等——两者相差超过65%,而土耳其的贫困率是丹麦和瑞典的3倍多。在瑞典,处于收入分配的第十百分位的人获得的收入约为第九十百分位的人的36%;而在爱尔兰和美国,对应的数据分别是23%和17%。如果爱尔兰和美国这两个国家与瑞典的不平等程度相似,则处于第十个百分位的人的收入(忽略第二轮行为影响)可能分别增加35%和111%。即使这些数字是被高估的,但它们仍凸显出再分配对个人收入的强大影响。

表36-1还表明,经济合作与发展组织国家在现金福利方面的社会支出(以占国内生产总值的百分比表示)与收入不平等之间的关系相当弱。[①] 三个支出比最高的国家(奥地利、法国和意大利),平均基尼系数为0.30,低于三个支出比最低的国家(澳大利亚、土耳其和美国),其值是0.37。但是,高支出比的意大利的不平等情况比低支出比的澳大利亚更糟糕,前者与美国差不多,后者与奥地利和法国相似。这表明,转移支出总额可能不是衡量方案影响的最佳尺度,其他因素也在影响总体效果方面发挥作用。证据支持这两个命题。

例如,工资不平等对整体收入不平等有重要影响,但它本身受到劳动力市场制度的影响(国际劳工组织,2008:3),但许多研究表明,就业率通过其对收入不平等的影响直接和间接地与收入不平等密切相关(尽管后一种关系由于研究这两个不平等维度的方法不同而变得复杂)。[②] 总的来说,比较数据表明:

(1)现金福利比为其提供的税收/捐款更具再分配性(OECD,2008a;ILO,2008)。

[①] 国际劳工组织(2008:fig.5.1)指出,在一个更大的跨国范围内,社会转移支出与收入不平等之间存在相对较强的负相关关系(ILO,2008:129)。

[②] 重要的是关于收入不平等的研究集中在个人税前收入(总收入)分配上,而关于收入分配的研究关注的却是家庭税后收入(可支配收入)(Gottschalk and Smeeding,1997;OECD,2008a:第3章)。

(2)付给工作适龄的个人/家庭的福利比付给老年人的福利更具再分配性(OECD,2008a;Castles,2009a)。

(3)当非现金福利来自政府提供的免费或给予补贴的服务时,这些模式基本没变——尽管估算这些福利的方法会影响结果(Smeeding et al.,1993)。

表 36-1　OECD 国家的社会支出、收入不平等与贫困率(20 世纪中期)

国　家	支出占 GDP 比重 现金津贴	支出占 GDP 比重 实物津贴	基尼系数	P90/P10	贫困率
澳大利亚	8.1	6.7	0.3	3.95	12.4
奥地利	18.4	8.2	0.27	3.27	6.6
比利时	16.2	9.1	0.27	3.43	8.8
加拿大	8.8	9.4	0.32	4.12	12
捷克	11.4	7.8	0.27	3.2	5.8
丹麦	13.8	11.8	0.23	2.72	5.3
芬兰	15.3	9.9	0.27	3.21	7.3
法国	17.5	10.8	0.28	3.39	7.1
德国	15.9	9.9	0.3	3.98	11
巴西	13.4	7.1	0.32	4.39	12.6
匈牙利	13.8	8.7	0.29	3.36	7.1
爱尔兰	8.4	7.7	0.33	4.41	14.8
意大利	16.7	7.7	0.35	4.31	11.4
日本	10.2	8.1	0.32	4.77	14.9
卢森堡	13.9	8.8	0.26	3.25	8.1
荷兰	11.1	8.5	0.27	3.23	7.7
新西兰	9.7	8.4	0.34	4.27	10.6
挪威	10.9	10.1	0.28	2.83	6.8
波兰	15.7	4.9	0.37	5.63	14.6
斯洛伐克	10.2	6.1	0.27	3.26	8.1
西班牙	13.1	7.4	0.32	4.59	14.1
瑞典	14.5	13.6	0.23	2.79	5.3
瑞士	11.8	7.8	0.28	4.21	8.7
土耳其	8.1	5.6	0.43	6.49	17.5
英国	10.3	10.5	0.34	4.21	6.3
美国	8	7.8	0.38	5.91	17.1

资料来源:OECD,2009a,OECD,2008a。

关于普遍性和选择性(经过经济情况调查的)制度对分配的相对影响的共识较少,在这种情况下,经济状况调查产生的抑制作用以及政治支持与普遍主义之间的关系等相关问题仍未得到解决。这些问题只能在寻求解释支出水平和结果差异的因果(建模)框架内得到回答,而不是支持上述比较的统计性(主要基于相关性)解释。

在过去的三十年中,大量的关于政治力量对福利国家的形态、成长以及分配效应的影响的比较研究(Wilensky,1975;Korpi,1983;Castles and Obinger,2007)产生了,其中许多研究表明,"政治很重要",如下述诠释所示:

> 平等资本主义在很大程度上是强大的工会和社会民主政党的产物。这些组织有时会有很大分歧,但往往是相互配合的,它们制定了一系列的机制(集体谈判、协调工资制定、社团决策)和政策(教育、社会福利、积极的劳动力市场、家庭、财政货币)来减少由市场产生的不平等程度(Kenworthly,2004:171)。

但是,大部分支持此说法的实证分析都使用基本分析模型,这些模型无法识别工作中微妙而复杂的关系。因此,卡斯尔斯(Castles,2009a:54)最近声称,政府左倾的程度(以左翼政党在内阁中所占席位的最小比例来衡量)对社会支出相对于GDP的水平产生了"巨大的"影响。这种影响在劳动年龄现金福利和其他服务方面的社会支出中存在,但在老年人现金福利或保健支出上不存在,并且比经济增长和失业率等经济变量的相关效应更强(即统计上更显著)。适龄工作人口计划支出也与不平等的基尼系数(和贫困率)呈显著负相关,这表明进一步分解支出数字(例如,按计划类型或目标群体)应该产生更强的双变量相关性。若非如此,所观察到的相关性可能就不再会反映其因果机制,那么从相关分析中得出的政策含义就要受到质疑。

上述讨论,通过考察纵向不平等和贫富之间的再分配,把焦点聚于社会政策如何影响横向不平等。再分配也发生在横向(即收入相近但在其他方面有所不同的家庭之间)和基于种族或地理位置界定的群体之间,许多福利国家计划都试图在这些方面影响结果。虽然在讨论中没有确定这些影响,但它们的影响已在数据中体现出来,这是在得出关于纵向影响的结论时要谨慎的另一个原因。从生命周期的角度来看,那些缴纳税款用于支付退休人员养老金的工人与退休人员是同一个人,只是从生命历程的不同角度来看罢了。它遵循的是,大部分发生在某一时间节点上的纵向再分配实际上是一个更广泛的代内和代际再分配过程的一部分。

为了评估生命周期(代际内)的再分配程度,必须对许多代人的薪酬、收入和家庭情况的生命周期模式进行建模,因为此类长周期的数据变化是不可观察的(即使有,也主要是历史意义上的)。模型表明,在一个时间点上发生的个体之间的大量明显的再分配,可以被看作是同一个人生命周期内的再分配。福克汉姆和希尔(Falkingham and Hill,1995)以及福克汉姆和哈丁(Falkingham and Harding,1996)在各自对英国和澳大利亚进行研究时发现,福利国家确实在生命周期上重新分配了收入——个人并不是简单地在一个阶段缴费而在另一个阶段获得回馈——但其效应要比横向研究所揭示的低 1/4 到 1/3。

再分配与贫困

鉴于所有福利国家都在收入转移上花费大量资金,那么,这些转移补贴了那些本来会贫穷的人的收入,使他们更接近或高于贫困线,也就不出意外了。从长远来看,数以百万的老年人已经在福利国家的帮助下摆脱了贫困,经合组织社会事务局局长将养老金的减贫作用描述为"二十世纪下半叶社会政策的胜利之一"(Martin and Whitehouse,2008:21)。然而,各国在相对贫困率方面存在着巨大差异(见表36-1),这使人们对政策差异和其他因素的作用产生了疑问。解决这个问题,需要对统计数据进行分类,因为贫困和福利获取的决定因素在生命周期内都存在较大差异。

大多数的研究都以适龄工作人口及已退休人口作为区分,前者又可以细分为有无孩子的家庭以及双亲和单亲家庭。养老金是大多数退休人员的主要收入来源,因此估计对贫困的影响相对比较简单。然而,许多养老金体系都在试图寻求替代通过工作所赚取的收入,而不是提供保障收入的安全网,所以不能假定为那些本来不会贫穷的人提供福利的体制没有实现其既定目标。对于那些适龄工作的人口,情况更为复杂,因为其他因素,如不平等的总体情况及就业水平和结构等,也影响贫困状况,使得福利国家福利的影响要依情况而定,因而更难以确定和量化。

这些细微之处导致的复杂性在论证中有所体现。经合组织《增长的不平等》报告指出,在2005年前后,政府通过转移支付和税收所降低的贫困率在12%(韩国)和80%之间(在丹麦和瑞典),平均降幅在60%左右。然而,公共养老金使老年人的贫困减少了80%－100%,而税收和转移支付的减贫效果约为劳动适龄人口的2/3,对儿童的影响更小,约为57%(更准确地说,对有孩子的家庭)。尽管如此,贫困率和社会支出(以国内生产总值的百分比表示)之间的跨国关系,对于适龄工作人口的作用远远强于对退休人口的作用(OECD,2008a:图5－13)。这使得经合组织认为,"可以通过将养老金计划的支出转向针对收入最低的工作年龄人群及其子女的计划,从而在更大程度上减少贫困"(P.144)。经合组织的数据也表明,在所有国家,无论是否有儿童存在,单身成年人家庭的贫困率都远远高于有两个或两个以上成年人的家庭(OECD,2008a:图5－7),这一点在任何全面改革福利制度的方案中都需要加以考虑。

鉴于目前已注意到儿童贫困对儿童发展的不良后果,了解儿童贫困的决定因素并作为制定更好政策的基础得到了人们的高度重视(UNICEF,2000;OECD,2007e)。儿童基金会的研究提请注意失业和贫困儿童之间薄弱的跨国关系,同时也指出,低工资发生率和儿童贫困率之间存在很强的关系,并且社会支出和儿童贫困之间也有很强的关系(虽然不那么显著)。相似的调研结果也在斯梅丁(Smeeding,et al.,2001:图5－2和图5－3)等人的报告中提及过,他们根据上述结果,表明了对美国"无视工人必须接受的工资"而依赖就业和自我供给来对抗贫困的担忧(2001:183)。低工资和儿童贫困之间的联系,提醒人们不要采取仅仅通过创造就业机会来解决贫困问题的政策:这些政策只有在创造的就业机会被那些原本贫困的人所利用,并且他们支付的工资足以使工薪家庭的收入提高到贫困线以上的情况下才能奏效。

在其他研究中同样发现,低工资的发生率和儿童贫困率之间存在强烈的跨国关系。虽然这两个变量之间不太可能存在直接的因果关系,但通过劳动力市场的运行以及社会对不平等的整体容忍度所揭示的间接联系仍然存在。布拉德伯里和詹蒂(Bradbury and Jantti,1999:71)的研究显示,北欧国家在解决儿童贫困问题上取得的更大成功,在很大程度上并不取决于家庭福利的慷慨,而是取决于有孩子的家庭较高的市场收入。作者认为,这可能并不一定能反映不同的劳动力市场和家庭支持政策的影响,但可能部分是不同目标体制强加的不同激励政策的结果。然而,很难否认他们的观点,即理解各国在儿童贫困结果上的差异"需要认真关注劳动力市场环境和结果"(1997:71)。

这些重要的信息已经被(OECD,2007e)所报告的模拟比较研究给予强化,此研究涉及比较"再分配策略"和"就业策略"对儿童贫困的影响。对两个简单的模拟进行比较:第一个,假设每个国家都实施了一种税收和转移制度,在减少儿童贫困方面与实际儿童贫困率控制最成功的第三国(瑞典)一样成功。通过将瑞典的再分配适用于其他国家的市场情况,这一模拟平均降低了近一半的儿童贫困率——从11%下降到5.9%——没有任何一个国家的贫困率超过10%。而"就业战略"模拟的是各个国家具有与现有失业率第三低的国家(卢森堡)相同数目的失业家庭的效果。第二个模拟对儿童贫困影响的评估在不同的国家之间差别很大(减少了1到5个百分点),但整体影响却不大,贫困率仅从10.9%下跌至9.4%。

报告结论指出,尽管"纯福利策略"比"纯工作战略"能够更加有效地降低儿童贫困率,但在大多数国家,将福利提高到所需水平(在瑞典达到的水平)的成本将是令人望而却步的。相比之下,"纯工作战略"虽然效率较低,但成本也可能较低,特别是如果考虑到对所收税收和支付的社会援助福利的诱导效应。后一种方法也可能会在意识形态上更吸引那些支持以市场为基础的解决方案的人,而不是那些要求更多国家干预的人。但关键的一点是,更多更好地利用现有的政策将会在大多数国家取得更好的儿童减贫成果。

另一种受国际机构青睐的可选统计方法是确定和估计因果关系的一种结构模型,用以帮助明鉴引致所观察到的贫困结果的各种因素的作用。这一方法已用于许多学术研究(Korpi and Palme,1998;Smeeding et al.,2001)。然而,正如布雷迪等(Brady,et al.,2008)最近所指出,这些研究都倾向于采用宏观层面的方法来考察贫困结果和目标变量(如福利支出、GDP、人口结构和就业率)之间的联系,或者采用微观层面的方法来检验转移支出和税收对特定国家收入结构的影响。

布雷迪等人利用一个既能捕捉宏观层面效应又能捕捉微观层面效应的模型,运用LIS项目提供的18个经合组织国家的数据进行了评估,研究结果表明,即使在调整了个人层面的变量之后,福利国家对整体贫困率仍具有显著的负面影响。[①] 当在模型中加入经济增长和失业率变量以及可选替代规则被估计时,影响的大小(和统计显著性)没有多少变化。然而,我们再次重复,使用高度综合性的福利国家努力量度(在本案中,是支出总量)忽视了不少证据。这些证据表明,福利制度的结构和支出额都很重要,以及不同的以年龄为重点的计划具有不同的效果。

结 论

减少因市场力量无节制的运行而引起的不平等和贫困是当代福利国家社会政策的核心目标。比较不同政策制度和不同支出水平的国家之间的不平等和贫困结果,为理解观察到的差异并将其与政策差异联系起来提供了基础。本章回顾了在进行这种比较和就社会政策的作用和影响得出结论时所涉及的一些问题——概念和实践、经验和理论。显然,在对这些复杂和交错的主题作出任何推论之前,必须先解决许多令人疑惑的问题。评量本身需要做出一些艰难的选择,即如何确切表达问题本身——收入平等还是机会平等,收入不足还是物资匮乏?——这对于如何评估政策的影响具有重要意义。

尽管存在这些挑战,但在过去的三十年中,在提出假设,确定模型以及最重要的是收集必要的数据以带来对这些问题的比较视角方面,已经取得了相当大的进展。尽管我们对如何形成和检验不同的思路有了更多的了解,但我们离完全理解市场和国家、经济和政治、全球力量和个人行为之间复杂的相互作用还有很长的路要走,而这些相互作用是不平等模式和贫困率的驱动因素。随着全球发展和国家干预力量的演变和交叉,这些问题的重要性似乎将越来越强。

---

① 测量福利国家努力程度的指标包含四个变量:政府支出、社会支出、转移支付占GDP的比重以及公共健康支出占总健康支出的比重。

第 37 章 宏观经济结果

伊莎贝拉·马雷斯(Isabela Mares)[1]

前　言

新的社会(保障)计划的政治反对者一直力图让此类政策的有害影响如影随形。这些争辩在历史上可以追溯到很久以前,实际上与福利国家本身一样古老。在 1846 年,一份荷兰报纸就不无忧虑:"发放金钱和救济金是一种坏习惯,它是一种破坏性活动,鼓励懒惰、游手好闲和酗酒"(Lindert,2004:55)。几十年后,德国立法者反对引进强制性社会保险,声称这些由雇主和雇员出资的政策将损害德国公司相对于外国同行的竞争力(Breger,1982;Mares,2003)。

20 世纪,社会(保障)政策支出规模的稳步增长为福利国家的批评者提供了充足的口实。在 1990 年左右,欧洲和北美洲的社会(保障)政策支出低于 GNP 的 1%。即使是福利国家中的佼佼者丹麦,其社会(保障)政策支出总额仅占 GNP 的 1.41%(Lindert,2004:12)。在 20 世纪 30 年代,社会保险的平均支出水平在发达国家仍然很低,平均占 GNP 的 1.60%。社会(保障)政策计划增长率的确定性转折点发生在第二次世界大战之后。而在 1960 年,发达工业化经济体的社会保险支出占国民生产总值的 10%。到 2000 年,这一比

---

[1] 作者注:作者感谢 Stephan Leibfried,Frank Castles,Jane Lewis,Herbert Obinger 对本文早期版本的建议。

例增至21.6%（Lindert,2004；OECD,2004d）。关于福利国家经济后果的许多流行论述都试图将这种社会（保障）政策支出不断增长的时间趋势与影响发达工业化经济体的各种经济弊病联系起来。米尔顿·弗里德曼（Milton Friedman）的《资本主义与自由》以及培根和埃蒂斯（Bacon and Eltis）的《英国经济问题》等拥有广泛读者的畅销书将公共部门的增长视为各种经济问题的主要来源，例如，高通胀、低增长或高失业率［Bacon and Eltis,1978；Friedman,2003(1962)］。

与这些流行通俗的著作相比，有关福利国家经济后果的学术研究走过了一条更加曲折的道路。最初的研究分享了以下理论假设：较多的国家福利不利于增长和就业。一遍又一遍的实证结果未能支持这些主张。实证研究的结果非常易变，其稳定性根本无法应对样本大小或统计规范的变化，或直接就否定了这些假设。

学术界提出了两种方案试图调和理论预测和实证研究之间的脱节。其中一组研究试图说明福利国家所产生的正经济外部性，这种正外部性超过了社会（保障）计划给经济行为者所施加的某些成本。在经济学中，通过内生增长理论对教育和健康计划的正经济外部性进行了探索分析。在政治学中，检验福利国家就业后果的研究试图说明保险和救助计划不同的外部性。政治学家们则强调，提高工人保留工资的社会保险政策会鼓励工会和企业对人力资本进行更高的投资（Mares,2001,2003；Estevez-abe et al.,2001）。社会（保障）政策也促进了工会在工资方面的调和，这可以抵消税收带来的不利影响，并导致更高水平的增长（Esping-Andersen,1990；Mares,2005a）。

为解决理论预测与实证研究之间的矛盾，学者们提出了不同的尝试，结果表明，福利国家对经济发展的影响取决于其他政策和制度。而经济主体——诸如企业、个人或工会——在一个由现有制度和政策密集构成的环境中运行。行动者对税收变化或引进新计划作出反应的回报取决于这种政治环境中存在的其他机制和政策。尽管20世纪70年代的政治经济学文献已经提出了这种分析观，但它却成为20世纪90年代"资本主义多样性"学术研究的核心。这一文献已经相对成功地解释了发达工业化经济体经济结果的跨国家和时间变化，以及公共部门规模差异对这些结果的影响（Hall and Gingrich,2005；

Mares,2005a)。到目前为止,这一文献在解释发展中国家经济结果差异的制度决定因素方面还不太成功。

本章的调查研究分析了较多的国家福利对两种宏观经济结果的影响:增长和就业。参照文献的结构,本章的大部分内容将对先进的工业化经济体进行回顾,同时也讨论了最近出现的一些研究成果。这些研究考察了发展中经济体中较大计划的就业后果。

我对文献的研究集中在经济增长和就业上,而没有考虑其他宏观经济结果,如通货膨胀或公共债务(Franzese,2002)。然而,我想指出的是,研究更多的国家福利对通货膨胀的影响的文献经历了一个类似于上面讨论的思想轨迹。经济学家们已经对这些问题进行了初步探讨,并提出了一个猜想,即较大的公共部门会导致通胀。出现这种情况的原因是,政府将屈服于印刷更多的钱来筹资兑现政策承诺(而不是提高税收)的诱惑,或者是因为公共部门的员工更可能引发工资价格螺旋上升(Bacon Elits,1978)。实证研究结果未能证实这些预测。其他研究提出了相反的假设,认为国家福利可以替代"保守"的中央银行,因为高失业率福利使货币当局不太关心失业者的困境(Di Tella and Macculloch,2004)。这些初步发现的不确定性促使人们努力探索国家福利、宏观经济当局和工会之间的"制度互动"(Scharpf,1991;Acharpf and Schmidt,2000a;Iversen,1999)。这些研究表明,较高的福利支出水平对通货膨胀的影响可以被工会的战略行为以及工会与货币当局之间的互动所抵消。更多的国家福利对通货膨胀的影响是非线性的,并依赖于其他机制和政策。

庞大的国家福利对经济增长的影响

关于经济增长的文献为研究更大规模的国家福利和经济发展之间的关系提供了起点。简言之,这方面的理论文献认为,更多的国家福利对经济增长有负面影响。为大多数社会(保障)计划提供资金所必需的更高的税率,预计会扭曲和降低私人行为者进行投资的动机,从而减缓增长。然而,值得注意的是,对于这种影响的规模和持续时间存在分歧。在新古典增长模型(如索洛模型)中,国家福利并不影响长期增长率。后者仅受外来因素影响,如人口变化和技术进步。然而,高税率会影响到向稳定状态过渡期间的产出水平。许多研究认为,这种向稳定增长状态的过渡阶段可能相当漫长。这一观察结果意味着,即使在新古典增长模型的框架内,人们也可以恢复对较高税收水平与较低经济增长率之间存在负相关关系的预测(Barro and Sala-i-Martin,1995)。

内生经济增长模型放宽了长期增长率和短期增长率之间的明显区别(Hammond and Rcdriguez-Clare,1993;Agell et al.,1997)。长期增长率本身是内生的,取决于个人投资决策,而不仅仅是人口和技术冲击所决定的。知识和人力资本投资是长期增长率的重要决定因素(Lucas,1988),这使得内生增长理论家能够将政治制度和经济政策的作用视为长期增长率的决定因素。高税收预计会降低投资率,并导致长期增长率下降。相比之下,公共教育和人力资本的投资可能会促进增长(Arziadis and Drazen,1990)。在这些模型中,更大、更具包容性的国家福利对增长的影响大小取决于一系列附加因素——比如,积累人力资本的技术能力。对于这些技术参数的某些值,更高水平的国家福利匹配更高水平的经济增长。在实践中,由于难以估计许多参数,这些参数的值决定了较高税率与增长水平之间关系的大小,因此很难对内生经济增长模型进行实证检验。

为了探索国家福利规模与经济发展水平之间的经验关系,我们可以先绘制出发达工业化国家中这些变量共同演化的广泛历史趋势。相对而言,在第二次世界大战以前,经济和生产力增长率与社会支出都处于较低的水平。在18个经合组织经济体中,1913—1950年期间平均经济增长率为1.4%,1913—1950年期间为1.2%(Maddison,1982)。在第二次世界大战之前,在所有的先进发达工业国家中,国家福利的规模及其增长率都比较低。社会保险支出占GDP的比重从1880年的0.29%一直上升到1930年的1.66%(Lindert,2004:12)。因此,将国家福利视为造成这一时期缓慢的经济增长率的主要因素是毫无意义的。1950—1973年这段时期与早期的发展形成了鲜明的对比。在此期间,经济合作与发展组织各经济体的平均增长率为3.7%,这一增长率比前几个时期的经济增长率高出3倍(Maddison,1982)。同时,社会保险支出大幅增长,1970年已达到GDP的15%(Indert,2004)。经济的高增长与公共部门的高增长并存,这与经济增长理论相悖。只有在最近一些年,高水平的社会(保障)政策支出才与较慢的经济增长率相联系。在过去 30 年,社会保险支出占 GDP 的比例持续攀升,在 1995 年达到约 22% 的峰值(OECD,2004D)。在 1973—1995 年之间,经合组织经济体的平均增长率保持在 2.2%(Crafts,2003:11)。

检验较大规模国家福利和经济增长之间关系的实证研究一般都依赖于多元统计分析,但结果未能证实新古典增长模型的预测。一组以战后发达工业化国家经验为重点的研究发现,公共部门的规模和经济增长之间存在正相关关系。在一项早期的计量经济学研究中,沃尔特·科尔皮(Walter Korpi)探讨了 1950—1973 年间 17 个经合组织国家社会保障支出与 GDP 增长之间的关系(Korpi,1985)。在控制了这些国家之间的一些劳动力市场和经济差异以及这些国家与美国之间的经济差距(这为"追赶"式增长打开了空间)之后,科尔皮(Korpi)研究发现,社会保障转移水平与经济增长之间存在正的、统计上显著的关系。这种效应在规模上还不小。社会(保障)政策转移支出每增加 5%,预计将使经济增长水平提高 0.9%。在随后的研究中,麦卡伦和布莱斯(McCallum and Blais,1987)考察了 1960—1983 年期间 17 个经合组织国家政府支出变化对经济增长的影响。他们的研究还包括对经济中权力和利益集团的各种量度,如利益集团的数量(根据人口调整)和工会化率。麦卡伦和布莱斯(McCallum and Blais)发现,衡量政府规模的各种指标——政府支出、政府最终消费支出或税收总额的水平和变化——对经济增长水平没有影响。与科尔皮的早期研究发现一致,他们还发现了社会保障支付水平(根据各国人口差异进行调整)与经济增长之间的正相关关系。用他们自己的话来说,这一发现"令人惊讶"。他们用各种模型来检验社会保障转移与经济增长之间的非线性关系的可能性。这些模型的结果是脆弱易变的,对于将不同国家或时期纳入样本来说,结果是不稳健的。

相比之下,其他计量经济学研究的结果尚无定论。兰道(Landau)分析了 1950—1976 年间 16 个经合组织国家政府支出对经济增长的影响,但没有发现统计上的显著影响(Landau,1985)。在一项类似的研究中,卡索斯和道瑞克(Castles and Dowrick,1990)还发现,1960—1985 年期间,经济合作与发展组织(OECD)经济体的转移水平的提高并不影响经济增长。而与早期研究不同的是,门多萨、拉津和特萨尔(Mendoza,Razin,and Tesar)已经制定了经合组织经济体平均税负的可靠跨国衡量标准,这使得他们可以检验增长理论假定的一种潜在机制,即收入的高边际税率会减缓经济增长。然而他们的计量经济学分析发现,1966—1990年间,18个经合组织国家的高税率与经济增长没有关系(Mendoza et al.,1994)。

关于发展中国家公共部门扩大与经济增长之间关系的定量研究同样未得出一致的结论。科门迪和梅奎尔(Kormendi and Meguire,1985)分析了1950—1977年间47个国家政府消费支出变化对平均GDP增长率的影响。他们在这些变量之间并没有找到一个稳定的统计关系。另一项关于政府消费与经济绩效之间关系的研究,包括从1964—1993年对132个国家的观察,发现这些变量之间存在负相关关系(Commander et al.,1997)。伊斯特里和雷贝洛(Easterly and Rebelo,1993)在43—74个国家的不同样本中分析了各种财政政策指标——政府盈余、政府消费和边际收入税率与经济增长之间的关系。正如这些作者总结他们的分析结果时所说,"多数其他财政变量与经济增长之间的关系在统计上是脆弱的。在横截面回归条件下,这些变量的统计显著性在很大程度上取决于回归中包含的其他控制变量"(Easterly and Rebelo,1993:419)。统计显著性的缺乏部分是因为财政变量与初始经济水平存在高度相关性,这使得很难(如果不是不可能的话)将财政政策对增长的影响与趋同效应区分开来。

这些实证研究结果的模糊性引发了一系列问题。正如彼得·林德特(Peter Lindert)雄辩地指出的那样,"大多数分析未能确定更大的公共部门对经济增长的持续负面影响,这一事实应该让那些批评福利国家的人就此打住……数据拒绝承认事情是这样发展的。在跨国家或随时间推移的数据分析中,经济增长与政府总规模之间的关联系数并不为负,即使在复杂的多元分析中也是如此"(Lindert,2004)。为什么跨国的实证研究结果未能证实增长经济学家的理论预测?有一种假设的观点认为原因在于税收制度的设计,并认为政府设计税收制度的方式应是尽量减少由于公共经济而产生的潜在扭曲。增长经济学家已经预期的另一个假设与社会计划的经济外部性差异有关。社会政策所具有的重要的正外部性超过了其成本。

一系列的研究检验了发达工业化经济体所选择的税收结构的差异,结果表明,依靠一种累退的税收结构,公共部门规模较大的经济体为这些计划筹集了资金(Kato,2003;Landert,2004;Tammons,2006)。在瑞典,股息的最高边际税率为30%,而美国为46.6%,日本则为65%,但两个国家的公共部门要小得多。公共部门规模越大的国家,对递减消费税的依赖性也更大(Kato,2003;Timmons,2006)。这种税收组合的选择降低了更大的公共部门会扭曲增长的可能性。

国家福利规模与经济增长没有负相关关系的另一种补充解释是,社会(保障)计划提供了重要的经济外部性,超过了高税收可能造成的扭曲。对于内生经济增长理论家来说,教育计划提供了最强的外部性。人力资本的初始水平预计会影响随后的增长和经济发展轨迹。大量的研究结论支持了这一假设。例如,伊斯特里和雷贝洛(Easterly and Rebelo,1993)发现,1960年的小学和中学入学率与1970—1988年间的人均GDP增长率呈正相关关系。阿扎里亚迪和德拉真(Azariadi and Drazen,1990)、巴罗和萨拉马坦(Barro and Sala-1-Matan,1995)以及汉森和亨利克森(Hansson and Henrekson,1994)也报告了教育支出对经济增长有积极影响的研究结果。

除教育之外的其他社会(保障)计划也可能给经济行为者带来积极的外部效应,并影响长期经济增长轨迹。考察欧洲福利国家发展的历史演变,多项研究表明,社会保险政策已经影响了雇员和雇主进行长期技能投资的动机(Mare,2003、2006;Hal and Soskice,2001a)。通过提供与工资成比例的福利,这些项目提高了高技能工人相对于低技能工人的"保留工资",并向这些工人提供一些保证,即他们在技能方面的投资不会在临时失业期间受到影响。社会保险计划也改善了不愿投资开展企业或行业培训以提高员工的一般技能的意愿。大量拥有企业和行业特定技能的工人的存在,反过来又使这些经济体的企业能够追求以生产高质量、高附加值产品为前提的经济专业化模式。这些研究假设的因果机制不同于增长经济学家的因果机制。在这些解释中,因果关系的发端从保险计划的存在延伸到企业和员工对行业和企业特定技能的投资,进而影响经济的增长轨迹。

除了教育和保险计划外,其他政策也影响着经济的发展。大量的研究认为,有针对性的计划具有重要的正经济外部性。在经济发展的早期阶段,即使是少量的医疗保健支出,也会显著减少传染病和营养不良;反过来,这可能会对劳动力的整体生产率水平产生重大影响。正如罗伯特·福格尔(Robert Fogel)所表明的那样,在19世纪末20世纪初,英格兰生产力的大幅提高,部分原因是"人口中最底层的1/5获得了足够的食物卡路里以进行正常工作。政府政策促进这一成就的主要方式是通过其公共卫生计划。通过减少穷人的患病风险,保证其正常摄入卡路里,从而使其能够更加有效的工作"(Fogel, 2004:42)。依靠跨国统计证据的研究还发现,社会部门支出水平的提高与婴儿死亡率的下降和预期寿命的延长存在正相关关系,从而对工人的平均生产率产生影响(Commander et al.,1997)。

更大规模国家福利的就业后果

许多学者认为,国家福利越来越大不仅不利于经济增长,同时也不利于就业。新古典经济学框架为这些论点提供了一个简单的表述。社会计划和相关的劳动力市场法规,例如,就业保障法规,增加了企业的劳动力成本。随之而来的劳动力需求上移预计将减少就业。劳动力成本的增加对就业的影响幅度最终取决于这些成本是如何在企业和工人之间分配的。有两种极端的情况,如果企业承担新的劳动力市场法规或增加工资税的全部成本,这将使得劳动力供给具有完全弹性,在这种情况下,劳动力成本上升对就业的负面影响最大;相比之下,工人可以承担以降低工资的形式增加的社会保障法规的全部成本,在这种情况下,劳动力市场法规或劳动税的增加不会对就业产生影响。

对国家福利就业后果的实证研究有多种形式。一组研究考察了各种社会(保障)政策对就业结果的直接影响。多年来,实证分析仅局限于对发达工业化国家的研究。最近,一些研究将案例的范围扩大到发展中经济体。其他研究对此问题则采取了不同的方法。他们的前提假设是社会(保障)政策对就业的影响是通过设定工资的过程来调节的。工人和用人单位间的讨价还价不仅仅是围绕工资水平的高低,更是围绕着新社会(保障)政策成本的分配。劳动力市场制度,如工资讨价还价制度的集中化程度,会影响工会和雇主间工资谈判的相对议价能力，从而影响一项新的社会(保障)政策的成本分配。这些研究的意义在于，不同国家和不同社会(保障)政策的就业后果存在系统性差异，这些差异可以追溯到不同经济体中存在的工资谈判机制的差异。

同研究更大规模国家福利对经济增长的影响的文献一样，关于更大规模国家福利就业效应的实证研究结果也没有一致的结论。我们可以看看考察失业福利差异影响的研究结果。莱亚德等人(Layard et al.，2005)的一项研究发现，更慷慨的失业政策与更高水平的失业率相关的主张得到了支持。阿拉德和林德特(Allard and Lindert，2004：108)最近的一项研究也指出了类似的结论。通过对1978—1995年间15个先进工业化国家面板数据的分析发现，如果政策将保留工资从中位数的5%提高到样本均值的20%，将导致劳动力市场失业率上升1.3%（Allard and Lindert，2004：110)。然而，该研究也发现，更慷慨的失业补偿政策与每个工人生产率的提高相关(Aard and Lindert，2004：101)。而其他研究则发现，更高的失业福利水平对整体劳动力供给的影响不大。鉴于参与劳动力市场是获取这些福利的先决条件，在失业期间提供更慷慨资助的国家，鼓励人们更多地参与劳动力市场的动机可能更强(Nickell，1997)。

其他研究考察了就业保障法规——换句话说，即对企业解雇工人的能力施加限制的立法——对就业的影响。结果表明再次是不确定的。举例来说，可考虑到有大量的文献分析了在先进的工业化经济体中更为严格的就业保护立法对就业的影响。拉泽尔(Lazear，1990)分析了1956—1984年期间22个先进工业化国家的遣散费规定对就业和失业的影响。他发现，裁员期间规定更高工资水平的法规与失业水平之间存在正相关关系(Lazear，1990)。格鲁布和韦尔斯(Grubb and Wellss，1993)在研究中也报告了类似的结果。他们发现在OECD国家就业保护立法的严格程度与就业率之间存在负相关关系(Grubb and Wellss，1993：19)。相比之下，阿狄森(Adthcon，2000)等人的研究认为，高劳动市场标准对OECD经济体的就业产生不利影响。

在最近的一项开创性研究中，卡门·佩格斯和詹姆斯·赫克曼(Canpet Pages and James Heckman，2004)在更广泛的案例中探索了更慷慨的社会(保障)政策对就业的影响，这些案例包括拉丁美洲和经合组织经济体。该研究考察了三种类型的政策后果,这些政策提高了企业的总体劳动力成本,因此预计会对就业产生负面影响。这些措施包括赔偿金、年金和社会保障缴款。他们的研究发现,这些政策对就业结果的影响存在显著差异。而第一个令人惊讶的发现是区域差异的存在。如果案例样本仅限于先进的工业化国家,赫克曼和佩格斯发现所有这三项措施与失业都是正向相关的,这一结果与阿狄森(Adthcon,2000)等人的研究结论一致。相比之下,在拉丁美洲国家,这些政策对失业率的影响在统计上均不显著(Heckman and Pages,2004:74,Table 9)。而另一个吃惊的结果是,在拉丁美洲经济体中,不同的社会政策对总体就业水平有不同的影响。较高的社会保障缴款与较低的就业率相关,这一发现支持了新古典经济学家的预测。相比之下,赔偿金的增加会提高就业水平(Hedanan and Pages,2004:73)。

这些研究结果提出了许多有趣的问题,需要进行更仔细的分析。对拉丁美洲各种社会政策的不同影响的一种可能解释是,工人以不同的方式评估获得不同社会政策福利的可能性。就缴款与福利之间的联系相对紧密的政策而言——如赔偿支付——福利水平的提升对劳动供给有积极的影响(Heckman and Pages,2004:73)。但不是所有的社会保险计划都是如此。在某些政策情况下,国家从不同部门筹集保险缴款的能力减弱,会减少工人对获取社会政策福利可能性的认识(Mares,2005a)。其后果可能是遵守这些政策的情况减少,劳动力供应减少;反过来,这会加剧某些保险计划对就业的不利影响。

本研究则试图识别社会(保障)政策对就业的直接影响效应。与此不同,其他研究则试图解码工资制定过程的黑匣子。为了了解国家福利如何影响就业,这些研究认为,一方面,我们需要细化社会政策对工会适度的激励机制的影响,另一方面,还需要说明企业对工会工资要求的就业反应(Mares,2005a)。这些研究为之前关于较大规模国家福利的就业后果的研究增加了两个重要的见解:第一,社会(保障)政策不仅通过对劳动力供应的直接影响,而且还通过其对工会在工资谈判过程中所采取的战略的影响而影响就业结果。从工会的角度看,如养老金、医疗保健、失业救济等的社会政策福利水平的扩展等同于货币上更高的工资。这意味着,当政府提供广泛的公共服务和转移支付时,工会可以自愿接受适度的工资协商安排。这种在工资方面的持续温和，可能会削弱国家福利规模扩展与高就业水平之间的平衡。

这一分析思路的第二个重要贡献是，劳动力市场制度，例如，工资谈判制度的集中化水平，系统地影响了工会和雇主在工资谈判过程中的激励动机以及由此产生的就业水平。在经济合作与发展组织国家中，我们发现有三种类型的劳动力市场机制（Calmfors and Driffill，1988）。比如，在美国或加拿大这样的经济体中，工资是由工人和公司之间的个别谈判决定的。如果产品市场竞争激烈，个别公司则将无法提高相对价格，以应对工资水平的提高。由于工资下降很可能会导致就业率急剧下降，工会更可能要求适度增加工资。但是，在意大利或比利时等国遇到的行业层面的工资谈判机制，对劳动力市场参与者产生了不同的激励动机。在这些情况下，工会为生产类似产品的所有公司设定工资。面对产品市场上较低水平的竞争，企业可以将更高的劳动力成本转移给消费者。在这种制度背景下，企业不太可能抵制更高的工资增长，工会更有可能要求更高的工资。最终，在高度集中的劳动力市场机制的案例中，工资是在代表劳工的一个顶层组织与雇主之间的谈判中决定的，比如斯堪的纳维亚政治经济中的工资协商机制，这再次不同于先前的两个案例。在这种情况下，增加工资可能导致一个统一的价格上升和就业率急剧下降。在工资设定高度集中的经济体中，这为工资调节创造了强大的动力，从而导致整体失业率水平下降。

这些研究对劳动力市场制度的跨国差异对就业结果的影响做出了精确的预测。与此同时，他们对于应对福利国家财政负担的增长所采取的不同就业调整路径也提出了重要的见解。如何解释在最近几十年里许多欧洲经济体所经历的失业率的上升？如果工资调节是解释高就业水平和高社会福利之间存在良性循环的关键工具，那么，该政策工具有效性下降的原因是什么呢？国家福利财政负担大小的跨期变化是一个关键因素（Daveri and Tabellini，2000；Mares，2005a，2006）。其结果是，在所有经合组织经济体中，工资在总劳动力成本中所占比例的重要性下降了。由于工会和雇主现在只是就工资总额的一小部分进行讨价还价，工资调节作为一种政策工具的重要性被严重削弱。即使是强力的工资调节，对就业水平的影响也是非常小的（Mares，2003：201）。

综上所述，本文强调的一个重要结果是，工资议价消解了更大规模的国家福利对就业的影响。换句话说,社会(保障)支出对就业的影响是非线性的,并依赖于已存在的机制和政策。尽管社会(保障)政策支出增长了,但如果整体的财政负担较低,工资调节则可以确保高水平的就业。劳动力市场机制进一步放大了工资调节对就业的影响:后者在经济影响程度上更高,无论是在集中还是分散化的劳动力市场机制中。随着时间的推移,国家福利的增长已经限制了这一政策工具的有效性,导致更高水平的失业率,表37-1提供了初步的支持这些观点的数据。工资议价制度的集中化测度是通过对施米特(Schmitter,1981)、卡梅伦(Cameron,1984)、卡尔弗斯和德里菲尔(Clmfors and Driffill,1988)、经合组织(OECD,1997)、艾弗森(Lversen,1999)、霍尔和弗兰泽斯(Hal and Franzese,1998)、特拉克斯勒和基特尔(Traxler and Katel,2000)以及戈尔登等人(Golden et al.,1998)分别构建的文献使用最广泛的8个指标进行平均来构建的(有关这些指标构建的详细信息,见Mares,200ga:65)。

表37-1　　　　　发达工业化政治经济体的平均失业水平:
跨国与时间趋势(1960—1975,1976—1995)

	不同工资议价制度经济体的失业水平		
	分散化	中等集中	高度集中
1960—1975年	3.04	3.135	1.49
1976—1995年	6.98	8.46	3.16

注:分散化经济体包括:英国、美国、法国;中等集中经济体包括比利时、丹麦、芬兰、德国、意大利、荷兰、瑞士;高度集中经济体包括奥地利、挪威、瑞典。

如表37-1所示,在发达工业化经济体就业结果的跨国差异与跨期差异上,这些解释具有说服力。表37-1将经济体划分为集中的劳动力市场、中度集中的劳动力市场、高度集中的劳动力市场。这些描述性的分析显示,具有中度集中程度工资议价机制的经济体的就业表现既逊色于高度集中程度的劳动力市场机制经济体,也不如高度分散的劳动力市场机制经济体。虽然所有经济体的就业表现都随着时间的推移而恶化,但这一变化在高度集中的劳动力市场机制经济体中最不明显。

尽管已有的研究为我们理解发达工业经济体中就业结果的制度性决定因素作出了重要贡献,但今后的研究有责任检验其中一些结果是否也"适用"于其他政治环境。前面的一些工作本质上是描述性和探索性的。我们需要更好地理解发展中国家劳动力市场机制的制度设计,它涉及工资谈判制度的集中度、参与工资制定过程的代理人数量、工会密度和雇主协会成员数量等系统信息的收集。另外,对于工会所追求的工资回应,以及工会是否愿意以工资调节政策来换取一些社会政策福利和转移支付,我们也知之甚少。我们是否发现了有目的的追求工资调节政策以换取福利和转移支付扩大的例子?工资调节的普遍性如何?这些经济体中工会的社会(保障)政策优先事项是什么,什么样的政策会以工资调节的形式得到回应?简言之,更好地理解工会的策略反应以及发展中国家劳动力市场机制在结构上的差异,能够让我们对这些经济体中各种社会(保障)计划的就业后果作出更细致的预测。

结　论

本章概述了考察国家福利经济后果的诸多文献。新古典经济增长模型预测,国家福利规模扩大和经济增长之间是明确的负相关关系。相比之下,内生经济增长理论认为,教育政策作为经济增长的决定因素发挥着重要作用。实证研究未能证实新古典经济增长模型言之凿凿的预测,但找到了人力资本投资对经济增长有积极影响的支持证据。大量的研究表明,除了教育政策外,其他政策如健康支出、社会保险计划,也对经济增长产生积极影响。简而言之,有相当多的证据表明,社会保障计划提供了范围广泛的"积极的经济外部性",其重要性超过了更高税收带来的潜在扭曲效应。

有关国家福利规模扩大对就业影响的证据也有好有坏。在经合组织经济体中,考察更慷慨的福利支出与更严格的劳动保护法规对就业结果的影响的实证研究,得到的仍是相当不确定的结果。考察发展中国家对这些问题的研究也报告了不同政策对就业影响的惊人差异(Heckman and Pages,2004)。一种更有前景的理论和实证分析表明,另外的一些制度消解了不同社会政策对就业的影响。在这方面,工资谈判制度的集中化程度至关重要。高度集中的工资谈判体系为工会调节工资创造了更强的激励动机。这种工资约束,反过来会减轻国家福利规模扩大对就业的负面影响。

这些发现为未来福利国家经济后果的理论研究提出了讨论议题。一方面,需要更多的理论工作来对国家福利的正外部性进行建模;另一方面,目前的研究结果需要更多的中端理论论证,以确定其他机制——除了工资谈判政策——如何消解国家福利扩大对就业的影响。简单地说,国家福利的扩大对经济增长和就业的影响,在不同国家和不同时间内是不一样的。这些影响的大小在很大程度上取决于现有的制度和政策。

第38章 福利紧缩

乔纳·D. 列维（Jonah D. Levy）

引　言

第二次世界大战之后的三十年见证了社会保障在西欧地区的急剧扩张。这种扩张是由多种因素导致的，包括：快速工业化，虽然它造成了新的社会紧张态势，但同时也创造了解决这些紧张态势的财政资源（Cutright, 1965; Wilensky, 1975）；劳动和资本之间所谓的"凯恩斯主义妥协"，前者接受私营企业和管理霸权，而后者接受大量的社会保障支出以保护雇员免予担受资本主义竞争的最严酷后果（Przeworski and Wallerstein, 1984; Jessop, 1994）；以及一种对于国家的指导和规划有其可能性的普遍信奉（Shonfield, 1965）。此外，学者们指出了两个因素，它们似乎使得不同国家的福利发展有所差异。第一是国家福利扩张的主要倡导者工党和左翼政党的实力或其"权力资源"（Korpi, 1983; Esping-Andersen and Korpi, 1984; Esping-Andersen, 1990）；第二是政府将选举胜利转化为政策改革的能力，不受政治体系中所谓"否决点"的限制，也就是说，根据宪法规定，如分裂的政府、联邦制和全民投票，这些规定为审查政府举措提供了机会（Lmmergut, 1992a; Huber et al., 1993; Tsebelis, 1995）。

从20世纪70年代末开始，几十年来一直支持国家福利扩展的主要力量开始掉头而行。经济增长放缓、阶级矛盾加剧、国家干预受到质疑。在这种更为严峻的背景下，学者和权威人士预计，发达民主国家的社会（保障）计划将普遍倒退。此外，反映出福利扩张的跨国差异的观点，在那些工党和左翼势力特别薄弱的国家，以及那些宪法没有提供多少"否决点"来阻止右翼政府削减成本的国家，福利紧缩可能最为明显（见第 14 章）。冷战结束后，越来越多的研究文献表明，全球化、欧洲一体化和国际货币基金组织与经合组织的新自由主义举措等国际事态发展，加剧了福利紧缩的压力（见第 22 章）。然而在实践中，国家福利的削减远远没有预测的那么悲观和遭到厄运。国家福利令人惊讶的韧性（见第 47 章）引发了一场关于福利紧缩的政治辩论——削减的程度、允许削减的经济和政治环境，以及削减可能采取的形式等。

本章概述了关于福利紧缩的争论。开始部分总结了保罗·皮尔森（Paul Pierson）开创性的"国家福利的新政治"命题，认为福利紧缩政治按照与福利扩张政治根本不同的规则运行，使紧缩变得极其困难。接下来列举了皮尔逊文章中揭示的预算削减者在攻克这些缩减障碍时的各种方法。另外两个章节描述了对皮尔逊框架的后续修订：一种分析认为，福利紧缩可能会采取不同的形式，且比最初皮尔逊提出的方式更加广泛；而另一种分析认为，福利紧缩可以在与皮尔逊强调的不同政治进程中出现。最后部分进行了简短的总结。

福利紧缩面临的阻碍

保罗·皮尔森在其《拆散福利国家？里根、撒切尔和紧缩的政治权术》（以下简称《拆散福利国家》）一书中构建了关于福利紧缩的争论框架（P. Pierson, 1994; P. Pierson, 1996）。正如书名所示，这本书集中讨论两个似乎非常有利于紧缩的案例。无论是美国的里根（Ronald Reagan）还是英国的撒切尔夫人（Margaret Thatcher）都是真正的新自由主义信徒，也是高效的政治家。在他们执政期间，里根和撒切尔夫人在多个领域主持了意义深远的市场化改革，从劳资关系到政府监管和产业政策，再到宏观经济管理等。

里根和撒切尔夫人毫不掩饰其削减国家福利的欲望，指责各种社会保障计划导致开支与税收疯涨，不鼓励人们工作，并酬奖了懒惰和依赖。此外，国家福利的抵御能力似乎极其脆弱。在美国和英国，劳方的权力资源锐减，工会全面败退，左翼政党陷入一片混乱。如果说美国的政治体制，通过其制衡机制和民主控制的国会,为反对紧缩的人提供了一些否决权,那么英国单一的内阁政府和不成文的宪法则为撒切尔夫人提供了基本的自由裁量权。因此,一个合理的预测是,里根和撒切尔夫人执政期间将带来显著的福利水平削减。正如在其他许多经济政策领域的重大改革一样,英国的情况可能会有更多的变化,这要归因于他们的否决点相对较少。但与此相反,正如皮尔森的文章显示,在这两个国家,政府的社会(保障)支出保持稳定甚至呈上升状态(参见第23章的表23-1)。不管如何衡量政府社会(保障)支出——无论是以绝对值、实际值(经通胀调整)还是以占GDP的比例——都是如此。换句话说,政府的社会(保障)支出不仅没有下降反而上升了,且它的增长速度比整体经济增长更快。

皮尔森为这个令人惊讶的结果提供了三个理由。首先是社会心理原因。皮尔森引用了大量的心理学研究表明,人类是风险厌恶者,他们对潜在的损失比对潜在的收益有着更强的回应。个体将会抓住很多机会和采取主动行动去阻止当前的状况恶化,相反,他们更不大可能被发动起来去同等地让他们的处境变得更好。福利紧缩就意味着,公民会抵制福利削减计划,即使政府承诺会通过降低税收来完全抵消这些损失。除了心理动机外,对这些改革的抵制可能还会因为对政客承诺的怀疑而加剧。许多市民担心,虽然政客承诺在削减福利的同时降低税收,但实际上只有福利会被削减(或者,即便减税,减的也将是"别人的"税)。

皮尔森认为,福利紧缩如此困难的第二个原因是与集体行动的逻辑有关。福利紧缩通常会给某些群体带来即时成本,以换取分散的、长期的、不确定的整体收益。结果是,削减计划的反对者往往比支持者有更强的动机被动员起来。

拟议削减措施的反对者有很多损失。他们的养老金会缩水,他们负担得起的医疗保障会被取消,而这些都是非常重要的问题,人们将会为此走上街头抗议。西欧发生许多大型的示威游行来回应拟议的福利国家的削减计划,如1994年意大利贝卢斯科尼的养老金改革和1995年法国的朱佩社会保障计划。在这两种情况下,政府被迫撤回其拟议的改革;贝卢斯科尼的联盟最后瓦解,而朱佩政府基本上无法继续执政。即使在美国,公共养老金系统,即社会保障,也通常被称为美国政治的"第三轨"——绝对不能触碰它。与削减目标相反的是,一般纳税人几乎不会从社会(保障)计划削减中获益。虽然紧缩的成本都集中在某些群体，但收益却分散于整个社会。对于普通公民，削减福利可能会减少一点点的税收和社保缴费，但不会太多。这些小额的节省不能为撬动福利削减提供多少动力，很少有人会为了每月减少几美元或几欧元的税单而走上街头。

削减国家福利如此困难的第三个可能也是最重要的原因，根据皮尔森的观点，与历史遗留问题有关特别是"政策反馈"或国家福利本身遗赠的"政策遗产"。削减预算的人不会面对一张白纸。相反，福利计划以两种关键方式重塑了其运作领域。首先是通过皮尔森所谓的"因袭成规"。过去的政策承诺往往会缩小目前的选择范围，无论现代政府的偏好如何，它们都会"沿袭锁定"某些政策。由于各国政府有义务遵守其前任的承诺，因此它们发现几十年前作出的决定已经预先承诺了大量的福利资源。

公共养老金制度就是这种政策锁定的经典例子。各国政府已经承诺，如果市民在他们工作期间向公共养老金系统缴款，当他到60—65岁退休时将可以领取养老金。实践证明，违背这一承诺几乎是不可能的。养老金福利被视为一种财产权，是公民通过多年缴纳工资税"赚到"的。此外，人们设想了多种围绕着领取养老金的退休计划。他们没有时间适应突如其来的福利削减，尤其是那些已经退休甚至年纪较大的员工。除非改革者意在欺骗高龄市民，剥夺他们辛苦赚来的养老金，迫使老人陷入贫困，而不为他们提供任何手段来建立大量的替代收入来源，否则政府只能被"沿袭锁定"，履行早在四十年前就提出的支付退休金福利的承诺。

国家福利重塑预算削减格局的另一种方式涉及利益集团结构。德国社会学家克劳斯·奥菲（Claus Offe）创造了"政策承接者"（policy-takers）一词，指因政策的存在而产生的政治团体，这些政治团体在政策的延续和扩展中拥有共同利益（Offe, 1981, 1985）。政策承接者的例子包括退伍军人、老年人和白领工人，他们是最初的利益团体，通过游说以获得更好的政府福利（Kocka, 1981; Skocpol, 1992）。皮尔森认为政策承接者也许是福利国家对抗拟议计划削减方的唯一最重要的堡垒。简单地说，国家福利已经形成了自己的政治支持基础。战后几十年，社会福利计划的急剧扩张创造了大量的政策承接者，其中包括那些与慷慨的社会计划的延续有利害关系的实力强大的新选民。这些团体随时准备动员起来对抗拟议福利削减。结果是,对国家福利的捍卫不再只是落在劳方及其日益减少的权力资源上。

除了有组织的劳工和左翼政党,国家福利可以依靠的支持还有两类政策承接者。另一类是政府服务和转移支付的接受者,如退休人员、病人、残疾人和失业者。这些群体可以从家庭成员那里获得额外的资助,因为社会计划减轻了家庭成员的负担,或者从知道他们有朝一日也可能从这些方案获益的公民那里获得资助。例如,几乎每个人都可以期望退休并领取养老金的生活。第二类政策承接者是社会服务的提供者,如医生、护士、儿童保育员和老人护理工作者以及残疾人助理。可以预期,这些服务提供者鉴于信奉自己的使命与捍卫自己的预算和收入这两方面的合力,会抵制紧缩。由于许多服务提供者都是具备高技能的专业人士,被视为致力于公益事业,他们的观点对选民来说往往比预算削减者的观点更可信。

退一步说,皮尔森提出的更广泛的观点是,在捍卫国家福利方面,退休人员、患病者、医生、护士、社会工作者可能比左派政党和工会更重要。按照皮尔森提出的"国家福利的新政治"一说,那意味着围绕福利紧缩的政治进程与围绕福利扩张的过程截然不同。改革者面临着更为复杂的政治环境,他们的决定既受制于需要履行前任政府的承诺(锁定),又要受到因簇拥现有社会计划而抱团生成的新利益集团的约束(政策承接者)。尽管劳工权力资源和宪法赋予的否决权在国家福利的建设中可能会产生决定性的作用,但在福利紧缩时期,皮尔森认为,像政策锁定和政策承接者这种历史遗留问题的作用要更为突出。

福利紧缩的途径

"新政治"的论题并不是简单地说削减福利是困难的,更不是不可能的。皮尔森还试图具体说明在何种情况下可能发生紧缩和可能采取的形式。皮尔森的出发点是认为削减社会(保障)计划不受欢迎。即使在理论上公众支持低社会支出辅之以减税,但一旦建议削减具体的某项计划,这种支持会马上飘然而去。因此,各国政府必须谨慎行事,避免为紧缩措施承担责任。根据皮尔森的观点,福利扩张是一种主张信用权益的实践,政府可以在扩张社会福利的同时收获政治利益,而福利紧缩是一种"推卸责任"的实践,逃避或转移不受欢迎的削减计划的责任。预算削减者没有正面攻击受欢迎的福利计划,而是试图通过三种主要的策略来迷惑和分化反对派。

第一种是通过时间的流逝来分散这些负面影响,而不是一蹴而就,从而降低负面影响的显著性。皮尔森称之为"递减主义"的一个经典例子,也就是转向一个不那么慷慨的指数化公式,例如,将养老金与通胀指数挂钩,而不是与工资挂钩。由于养老金随着通货膨胀的速度在增长,而政府可以辩称他们仍在增加养老金。此外,在任何给定年份中,两个指数化公式之间的差异很小,大概在1%到2%的数量级上。而随着时间的推移,削减复计加剧,变得十分显著。使用这种方式,欧盟国家的养老金承诺已在过去二十年间减少了约1/4(见第47章)。养老金支出仍在上升,但比没有改革的情况下要少得多。

第二种规避责任的策略是减少可追溯性,即模糊福利削减计划与导致它们的公共政策之间的联系。一个最受欢迎的策略,皮尔森所言的"责任分担"法,是在没有足够资金的情况下把国家责任转移给地方执行者,从而迫使地方政府实施削减。在美国1996年的福利改革中,联邦用整体补助金代替了向50个州支付的福利申领人费用,而这些整体补助金并没有与通货膨胀挂钩。其结果是,州政府官员有强烈的动机把尽可能多的人从福利名单上移走,以避免大量的金融负债。尽管激励机制是由联邦政府建立的,但严格的实施措施落到了50个州的肩上,使谁应该为紧缩负责的问题变得模糊不清。这些利用和滥用地方政府的做法并不仅发生在美国。20世纪90年代,瑞典当局对地方税率冻结了数年之久。由于大多数的医疗保健计划由地方税收提供资金,其效果是迫使瑞典地方政府做出削减医疗体系的举措。因此,国家层面的决定使计划削减成为不可避免的,但地方政府官员是不受欢迎的改革的被迫施行者。

第三种应对不受欢迎的紧缩策略是"分而治之",这一战略有两种主要形式。第一种向改革的潜在反对者给予补偿性支付或赔偿。例如,撒切尔政府以极低的折扣把公共住房出售给居民,同时减少对新公共住房的投资,提高租金,并减少住房补贴。这样一来,要求增加住房政策支出的天然游说团体出现分裂,那些购买了住房的人将不再那么担心政府削减住房预算。第二种分而治之的方法是推迟实施削减(用皮尔森的语言为"滞后削减"),通常被称为"祖父条款"或"不追溯条款"。祖父条款,在养老金改革中相当频繁。在此条款下,现有的申领人——有时是那些在未来几年内将成为申领人的人——继续在旧的慷慨方案下获得福利,而新的、更严格的规则只适用于子孙后代。由于目前领取养老金的人免于紧缩,而未来的申领者一般不会在谈判桌上有其代表(事实上,他们甚至可能还未出生),因此反对福利削减的声音被削弱了。

根据皮尔森的观点,尽管各种各样回避指责的伎俩可以减少福利紧缩的障碍,但它们也有两个重要的缺点:第一,它们不一定能达到预定的节省预算目标。指数化公式的微小变化不太可能引发抵抗和反对,但递减主义的大部分节省都是在遥远的未来产生的,从而有可能使未来政府逆转计划中的福利削减。把紧缩的责任转嫁给其他行为人,如地方政府,减少了可追溯性。但同时,负担的转移也减少了中央政府的控制力度,地方执行者可能会想方设法避免削减计划。第二,分而治之的策略,无论是补偿性支付还是祖父条款,其可能分化反对者,但这些补偿措施往往是相当昂贵的,它会稀释和淡化总体的节省量。

皮尔森从规范性和语用性两个方面对规避指责策略提出了批评。总的来说,政府正在试图施行得不到民众支持的削减计划。此外,在许多情况下,它们是以暗中操作的方式去做的。像递减主义和责任分担这些策略,都是试图掩盖政府在削减开支方面的责任。它们违反了透明和问责制的民主准则。分而治之的策略也许没有那么不透明,但它们仍然是让人反感的。它们无异于贿赂少数人,以使多数人付出代价。此外,多数人通常被排除在福利削减和补偿的谈判之外。因此,依据皮尔森的描述,福利紧缩是一个相当令人讨厌的过程,政府采用混淆和分裂的策略来执行公民不支持甚至不完全理解的改革。

皮尔森已经明确地为福利缩减的研究设定了议程。话虽如此,他的观点也并非没有受到质疑。下一节考察了比皮尔森的《拆散福利国家》所认为的有更多紧缩的主张。随后的部分分析了紧缩有沿着与皮尔森所描述的截然不同的路径发生的论点。

紧缩比我们看到的更多?

在《拆散福利国家》一书中,皮尔森表示紧缩比学者们先前所想象的要困难,并且在政治上更危险得多。但是困难并不意味着不可能。一些批评者争辩说,皮尔森遗漏了许多重要的紧缩案例。例如,新西兰被广泛认为是已实施大幅度福利削减的国家(Starke,2008),即使在美国和英国的案例中,也可以说皮尔森的结论还为时过早(Clayton and Pontusson,1998;Korpi and Palme,2003)。《拆散福利国家》写于20世纪90年代初,在那时,撒切尔引入的指数化的微小变化可能影响不大,但在随后的几年里继续累积,导致养老金此类的计划大幅削减。批评者还指出,紧缩的过程在90年代初并没有结束(Clayton and Pontusson,1998)。美国1996年的福利改革取消了对单身母亲的养护保障,这无疑构成了公民权利的根本倒退。更广泛地说,大量的学术研究(在22章分析)指出,最近几年的国际发展,尤其是全球化和欧洲一体化,加剧了紧缩改革的压力。言下之意是,如果我们扩展时间和地点来分析皮尔森的案例,可能会识别出显著的政策紧缩案例。尽管如此,为支持皮尔森的观点,我们应该注意到,政府的社会(保障)支出继续呈上升趋势,即使是在紧缩最为显著的国家,其社会(保障)支出也在增长,如新西兰、美国和英国(见第23章表23—1)。

尽管就政府开支数据展开了这些争论,但皮尔森对国家福利紧缩的描述主要面临着来自分析与概念上而非实证经验上的挑战。《拆散福利国家》对"紧缩"这一概念作了细致入微且复杂的阐释,但皮尔森在考察某一特定国家是否真实发生紧缩时仍用了政府社会(保障)支出占GDP的比重作为主要指标。如果只能选择一个单一指标来衡量福利紧缩,那么这个指标肯定是社会(保障)支出占GDP的比重。然而,像任何单一指标一样,政府社会(保障)支出占GDP的比重也有其局限性。那些认为皮尔森的指标低估了紧缩程度的人们往往会使用以下四种可供选择的指标之一。

第一个是相对于社会需要的政府社会(保障)支出(Clayton and Pontusson,1998)。在20世纪80年代和90年代初,失业率在许多国家明显上升,而低收入工人的工资停滞不前甚至下跌。其结果是,公民相比于从前需要更多的政府帮助。面对劳动力市场的消极发展,维持稳定的社会保障水平需要大幅增加社会支出,而不仅仅是增加相同水平的社会开支。简而言之,政府需要更快地运行才能维持原状。事实上,社会(保障)支出占GDP的比重几乎没有增加,甚至根本没有跟上日益增长的社会需求,这可以被解读为一种紧缩。政府没有加快步伐来解决日益增长的社会需求,而是继续固步前行。

衡量紧缩的第二个备选指标含及私人或雇主提供的福利(Hacker,2002、2005、2006)。公民可以通过工作所在单位获得一部分社会保障。在一些国家,尤其是在美国,这些福利是非常重要的。因此,衡量紧缩要求我们像审视公共福利一样也需考察私人福利。在美国,雇主削减了医疗保险的覆盖范围,减少了可选择的医疗保健计划,强迫工人支付更多费用,并将未投保的人数推到新高。雇主还削减了公司的养老金计划,通常用更不安全、更便宜的固定缴款型养老金取代有保障的固定收益型养老金。鉴于约2/3的美国人通过工作单位获得医疗保险和大约一半的美国人获得私人养老金,这些变化相当于社会保障的显著紧缩。即使我们承认,美国的公共国家福利在很大程度上仍然完好无损,但私营国家福利却急剧缩水,数百万美国公民的福利也随之缩水。类似的故事也发生在澳大利亚和新西兰,与劳动力市场合同关联的、曾经意义重大的社会福利已被削减或废除(Schwartz,2000)。

衡量紧缩的第三种可选指标涉及支出和税收的组成。虽然总支出水平已保持相对稳定,但总体数字可能会掩盖个别项目的显著削减。此外,在防止贫困方面,并非所有社会(保障)计划都是平等的。在过去的二十年里,养老和医疗支出的持续上涨在很大程度上是由于人口老龄化,同时许多国家的失业保险、反贫困和残疾福利也被削减了(Korpi and Palme,2003)。最终的结果是,政府的社会(保障)支出一直保持稳定,但像穷人和失业者这种高度弱势群体已经失去了资源和社会保护。对失业和扶贫计划支出的削减尤为痛苦,因为这往往是在失业率不断上升而实际工资却停滞不前甚至下降的背景下进行的。

一些国家税收组成的变化导致资源从穷人向富人急剧转移。尽管撒切尔夫人和她的保守党继任者没能削减英国的整体税收水平,但他们使得税收系统的累退性更强(Adam and Brown, 2000; Ciles and Johnson, 1995; Kato, 2003)。一方面,他们削减了累进税,而这些税是随着收入或财富的增长而累进的。最高个人所得税税率从83%降到40%,企业最高税率从52%降至35%,遗产税从75%减少至40%。另一方面,为了弥补这方面的收入损失,保守党增加了一系列的累退税,这些税不成比例地落在了普通民众和低收入公民身上。全国销售或增值税(VAT)增加了一倍多,从8%上升至17.5%,而职工工资税从 6.5% 跃升至 10%。综上所述,这两项针对富人的减税措施加上针对普通工人和低收入工人的增税,约占保守党执政期间不平等大幅增加 40% 的 1/3。

紧缩的第四个备选指标聚焦于政府对保持收入来源的承诺(Schwartz, 2001)。在战后的黄金时代,大多数政府不仅为那些无法工作的人提供福利,而且还积极干预以提供工作优先。在宏观经济层面,所谓"充分就业政策"的意思是实行凯恩斯主义的需求管理,就是在经济衰退时期为了保持高就业水平而提振消费(通常称为"采取措施发展经济")。在微观经济层面,政府所有权和监管创造了大批安全、高薪工作岗位,例如,公共部门、交通运输、电信、邮政和公用事业(煤气、电、水)等领域。20 世纪 70 年代后期以来,各国政府纷纷减少这两种干预。在宏观经济领域,对抗通胀的斗争优先于对抗失业的斗争(至少到最近的金融危机),而在微观经济领域,私有化、贸易自由化和放松管制的政策使得安全稳定的工作数量大大缩减(Clayton and Pontusson, 1998;Schwartz, 2001;Korpi and Palme, 2003)。尽管这些变化并没有降低政府的社会(保障)支出,但已经弱化了政府对维持数百万公民的就业和收入的承诺。

相比于《拆散福利国家》中政府社会(保障)支出占 GDP 的比重这一衡量福利紧缩的主要指标而言,前文提出的四种测量指标都仅是替代备选。他们并不质疑皮尔森的核心主张,即各国政府多半无法大幅削减公共社会(保障)支出。相反,他们建议,还有其他的社会保障来源,如雇主提供的福利或政府担保的收入来源,或其他构想社会保护的方式,例如,与需求相关的社会保障或者预防贫困的社会保障。用学术语言说,学者们提供了一个不一样的因变量,或需要加以解释的结果。在下一节中,我们将看到一些人也提出了一种不同的自变量或者紧缩的决定因素。

紧缩的替代备选路径

皮尔森描绘了一幅不讨人喜欢的紧缩政治图景,各国政府操纵和误导公众,以施行缺乏民众支持的改革。当然,紧缩的很多案例符合这个画面。尽管如此,最近的许多文献表明,紧缩可以通过其他——更开放、更负责、更具参与性——的方式进行。再次声明,这不是指皮尔森的描述不准确,而是说它不完整,没有涵盖全世界的案例。修正主义的方法从三个方向扩展了皮尔森对紧缩政治的描述。

第一个涉及制订紧缩计划。紧缩并不总是一种试图逃避指责的做法。在某些情况下,它可能提供信用诉权的机会,这在很大程度上取决于改革是否合理。正如皮尔森指出的那样,公众通常不支持将成本削减本身作为目标。相比之下,如果把紧缩政策落实到更高的目标上,政客们或许能够以一种更积极的态度来描述。例如,学者们观察到,几乎所有显著的福利紧缩案例都发生在国家面临严重的经济危机和非常大的预算赤字时(Korpi and Palme,2003, Scarke,2008)。在这样的背景下,政客们往往会辩称,他们搞紧缩不是为了自身利益,而是为了纠正公共财政,从国外贷款机构和基金组织中收回经济主权,减少惩罚性的国债利息支付,以及恢复经济增长和就业。同样,在20世纪90年代,当各国为了加入欧洲货币联盟(EMU)而需要使财政预算赤字占GDP的比重低于3%时,紧缩被理所当然地认为是推进欧洲一体化和创建共同货币的一种手段。紧缩也可以包装成一个可持续发展的问题。政府经常声称他们是为了挽救国家福利而改革国家福利。例如,遏制养老金福利,以便这套制度会把"为了我们的孩子"放在中心地位(Baccaro and Locke,1996)。最后,紧缩可能会被描绘成为提高公平性和社会正义而做出的部分努力。从"不当得的"群体如富人那里收回福利,不仅节省了金钱,也使得国家福利更加公平,尤其是如果其中一些省下来的资金可以为了应对迫切的社会需求而得以重新部署的话(Levy,1999)。

当然,对政府的辩解要采取保留态度。尽管改革者们可能确实是在努力挽救公共财政使其免于破产,推进欧洲一体化进程,或使国家福利更加可持续和公正,但在更多情况下,这只是一些可顺手拈来的为了使紧缩更容易让人接受的合理借口。"布丁好不好吃,吃了才知道",即要用实践的结果来验证事物的好坏,要在改革的细节中而不仅是在论述中验证改革。

第二个修正涉及皮尔森对紧缩过程及其参与者的描述。紧缩并不总是以不透明、排斥和不民主的方式进行的;相反,扩大参与者的范围会有显著的优势。因为紧缩政策在政治上极具争议性，各国政府发现，仅以最小获胜执政联盟或51%的多数选票来推行意义深远的改革是既困难又危险的。如果他们试图这样做，那么反对派就有充分的动机和抗议者合起来拼死一搏。准预算削减者想要逃避指责，换来的却是会成为民众震怒的中心。大规模的示威活动经常破坏拟议的紧缩措施，就像贝卢斯科尼和朱佩改革的例子一样。

除了这种自上而下、单打独斗的方式，另一种选择是打开改革进程，即通过接近于最大限度赢得胜利的联盟来推行紧缩。美国1983年的社会保障改革是民主党和共和党之间协议的产物。事实上，大多数重大的养老金和医疗改革都是通过政府和反对党达成的某种全党协议或合作而得以实施的。此外，当社会伙伴，特别是工会，势力强大或在管理社会计划中扮演一定角色时，它们经常被带入谈判——马丁·罗兹称之为"竞争性的社团主义"改革进程（Rhodes，1998、2001）。从政府的角度来看，这种方法的缺点是谈判会把改革进程拖很长一段时间。1998年的瑞典养老金改革，诚然是一项重大的修改，足足花费约15年时间才完成！此外，为了达成协议，各国政府必须做出让步和妥协，稀释其改革的效果。但其积极的一面是，与反对派和社会伙伴的协议可以减少抗议的可能性，因此已经宣布的改革确实可以得到实行。他们还分散了对不受欢迎紧缩措施的指责，为改革者提供政治掩护。如果反对派在这场痛苦的变革中也扮演了同谋的角色，那么政府就不太可能在选举中受到反对党的惩罚。最终，从民主的角度来看，谈判式的改革带来了福利紧缩的公开化，这使得它减少了阴谋性，更具透明性和参与性。

皮尔森紧缩政治的第三点修扩涉及传统的体制因素。皮尔森的"新政治"框架对政策遗产赋予了巨大的解释力。养老金改革与医疗保险改革大不同，因为这两个部门的政策遗产——政府的承诺和利益集团的结构——差异很大。此外，在一个特定的领域，如养老金，紧缩的前景深受各种政策特征的影响。就公共养老金计划而言，这些特征包括养老保险制度的年限和成熟度；登记入册人口的百分比；私营部门的替代办法的可用性，以及福利结构（固定费率还是与收入挂钩）。皮尔森认为，当谈到紧缩时，计划结构和政策遗产比传统的政治变量，如劳工的权力资源或宪法赋予的否决点要重要得多。

许多学者对这种主张有异议。这并不是说政策特征无关紧要，而是传统的"旧政治"观点似乎也很有分量。例如，罕见的激进紧缩不仅是如上所述的严重经济危机的产物，也是世俗右翼政府的产物，这些政府得到了议会多数的支持，领导着几乎没有否决权的政治体制（Korpi and Palme，2003；Starke，2008）。换言之，只有在党派和宪法因素都非常有利的情况下，才会出现紧缩。这种逻辑在新西兰公民中一直存在。1992—1993年，在经历了十年的大幅紧缩后，新西兰选民通过了两次全民公决，将选举法从简单多数制改为比例代表制，其确切目的是降低政府追求激进改革的能力。

对福利紧缩的另一个传统政治学解释路径是多元主义和社团主义政治制度之间的区别（Visser and Hemerijck，1997；Anderson，2001；Manow，2001）。在一项对20世纪90年代瑞典紧缩措施的研究中，卡伦·安德森（Karen Anderson）认为，瑞典利益集团的集中化、包容性特点为改革提供了机会，而这在分散的、多元主义的美国和英国政治体制中是无法实现的。皮尔森的主张是，紧缩需要强加集中的成本，以换取分散的利益，这在多元主义的环境中可能是正确的，但在一个法团主义背景下则不一定。由于瑞典雇主协会几乎包含全国所有的企业，削减社会支出和工资税会提供集中的福利。因此，瑞典雇主有动机代表紧缩方进行组织。安德森还认为，瑞典的工会在紧缩上也有利害关系。与社团主义限制工资的文献相呼应，安德森认为，抱团的工会可能会发现，为了改善整个经济的健康状况，接受福利限制符合他们的利益，因为他们基本上代表所有的工人，不会面对一个显著的"搭便车"问题。此外，参与紧缩使得瑞典工会能够争取到重要的让步，相对于较富裕的群体，蓝领工人的待遇更好，以及工会继续参与失业福利管理（即保留所谓的促进工会招募的"根特制度"）。因此，抱团组织的存在，不仅为紧缩举措敞开了大门，同时也吞蚀掉紧缩举措中最严厉的刀刃部分。

对皮尔森解释框架的修订表明，有两种基本的紧缩路径：第一种，根据皮尔森的描述，是世俗右翼政府的首选，且往往存在于自由主义福利国家。这种方法主要依靠秘密行动和"回避指责"，而改革往往会产生强烈的倒退后果。另一种方法是在随后的文献中提出的，通常是由基督教民主或社会民主政府在社团主义决策环境中运行。这种方法依赖于政府与社会伙伴之间的谈判，且更关注弱势与下层群体。再次重申，修正主义文献是对皮尔森所描述的可能性经验体系的一种延伸,而不是直接否定。

结　论

保罗·皮尔森的《拆散福利国家》已经重铸了我们对福利紧缩的集体理解。皮尔森认为,紧缩不是简单的福利扩张的对立面。政策遗产,比如"锁定"和"政策承接者",极大地支持了国家福利反对潜在的预算削减。出于这个原因,福利紧缩是非常困难的,在政治上是有争议的,这往往会导致政府试图隐瞒他们正在做的事情。

持修正论的文献在两个方面丰富了皮尔森最初的解释。一方面,它扩大了可能构成紧缩的一系列变革。政府无力或不愿意提升福利,以应对不断增长的社会风险以及私人领域福利的减少,这些都不会在政府社会(保障)支出占GDP的份额中体现出来,但它们代表了社会保障的显著回落。另一方面,持修正论的文献扩展了实现紧缩的路径。紧缩并不总是令人厌恶的和充满阴谋的。政府还可以通过向公众宣传具体情况、在更高的目标中捎带紧缩、与社会合作伙伴谈判以及解决对公平的担忧等方式来实施削减开支。

皮尔森继《拆散福利国家》之后的著作反映了这种对紧缩的更加多样化的理解(P. Pierson,2001a,2001c)。在一本编著的结论中,皮尔森还指出,福利重构并不局限于紧缩。除了"成本控制",政府还可以采取皮尔森所说的"再商品化",增加参与劳动力市场的激励,或"再校准",即努力修复或更新国家福利。皮尔森也承认,福利重构政治可能会因地区和政策的不同而有所不同。他特别强调,在安德森的福利资本主义的三个世界里,改革的历程和动力是不同的。

最后,皮尔森与其批评者之间关于紧缩的争论,创造性大于破坏性。学界正在形成的共识从不同的角度来描述福利紧缩。皮尔森的原创作品确立了改革的一条路径,而他的批评者确立了第二条。这两条路径并不互相排斥,而是指向削减、调整和使国家福利现代化的不同途径。

第七部分

福利的世界

第 39 章　福利国家模式

威尔·A. 阿特斯(Wil A. Arts)
约翰·格里森(John Gelissen)

引　言

很久以来,人们已经认识到,谈论定式化的福利国家而不是多元化的福利国家会产生很大的误导作用。福利国家的形态和规模各不相同,其政治取向和分配结果也大不相同,但是这并不意味着每一个福利国家都是"独一无二的"。我们可以通过识别具有随着时间推移而持续存在的相似特征的福利国家群体,进而确定不同的模式(或"世界"或"体制"或"族群")。大多数福利国家的比较研究都关注于这些模式是什么、他们是如何出现的、为何一直存在以及为什么其中某一点可能是非常重要的。本章基于我们先前对这些争论的评析(Arts and Gelissen,2002)来讲讲当前的情况。

虽然埃斯平－安德森(Esping-Andersen,1990)写的《福利资本主义的三个世界》并不是这场争论的发起者,但它在出版之后的 20 年内,在福利国家的比较研究领域中都有着决定性的影响。我们首先讨论埃斯平－安德森的福利国家范式类型,并思考它为什么有这么大的影响。接下来,我们调查所引起的争论,并思考这场争论所促成的类型学上的改进,然后,将讨论范围由"成熟福利国家"延伸到"新兴福利国家"。我们进一步探问,在福利资本主义的不同世界内(或之间),在最近的过去发生了什么,在不久的将来又会发生什么,这反映了批判性文献中出现的各种各样的假设。最后,我们讨论了福利国家建模的理论和方法上的充分性。

福利资本主义的三个世界

埃斯平－安德森的《福利资本主义的三个世界》(1990)首先从研究范式和理论化不足两个方面对当代比较福利国家研究进行了批判。当时主要的研究范式,即相关方法是社会(保障)支出水平的确定与"福利状态"水平之间进行直接关联。但是,在埃斯平－安德森看来,社会保障支出本身并没有抓住"福利国家的理论实质"。福利国家可以用"多"或"少"(支出,再分配,累进税)来进行比较,但是埃斯平－安德森认为,我们应该考察的并不仅仅是福利国家花了多少钱而是做了什么,以及是如何做的。他认为,有三个关键维度可以检验福利国家在福利方面"做了什么"和"如何做的":社会服务或社会保障福利作为一项赋予权利,其大小程度是否使个人或家庭能够不依赖市场而维持生计(去商品化程度);为社会保障支持的主要机构——国家、市场和家庭——在社会福利生产中相互作用的方式(公共—私人混合);以及由社会政策推动并由这些制度的法定组合所支持的阶层分化体系(地位和阶级分化的程度以及不平等)。

《福利资本主义的三个世界》也对福利国家的主流理论模型提出了疑问。埃斯平－安德森的出发点是"历史和政治很重要"。关于政治,他认为在一个社会中权力的平衡对福利国家的表现形式来说起到了决定性作用。在此,他遵循了一种权力资源理论的路径。权力资源论的倡导者认为,在战后经济持续增长的条件下,福利国家发展的跨国差异在很大程度上可以通过权力资源在社会的主要利益集团之间的分配、权力动员的性质和水平、劳工运动的结构和政治联盟形成的方式来解释。基于阶级的政党,包括那些与其他以宗教为导向的政党结盟的政党,都试图利用民主政治,通过立法和体制建设来影响分配过程。这意味着政体制度化的历史遗产也是解释世界福利变化的一个重要因素。在后续的书中,埃斯平－安德森(1999)总结说,福利国家在不同的福利资本主义世界的具体化,最好理解为在历史上决定性的转折点上政治斗争和联盟成型的路径依赖的结果。

回顾"真实"福利国家的历史,埃斯平－安德森得出的结论是,人们看到的与其说是众多独特的发展路径,不如说是围绕着三种理想的典型发展轨迹的集群。一般来说,有着相似的资源动员、主导意识形态和政治联盟模式的福利国家会有相对类似的制度结构。福利国家过去的历史影响着他们现行制度结构的趋势得到加强,因为这些社会中的利益集团或者没有能力或者缺乏动机去立即改变其所有福利制度。

为了从实证经验上检验这些理论猜想,埃斯平－安德森构建了三大跨国数据集。他也确实发现了不仅是围绕一个公分母的"更多"或"更少"的变化,而且还发现了(三个)截然不同的政体集群。无论是在单个指标上还是在不同指标组合上,沿这三个维度的聚类都是明显的。他将这三种政体界定为:(1)社会民主党或斯堪的纳维亚模式,表现为高水平的去商品化和跨阶级的团结,以及慷慨的福利体系和较强的国家社会主义;(2)自由主义或盎格鲁－撒克逊模式,典型的低水平去商品化和对私人福利支出的强烈偏好;(3)保守主义/大陆模式,中等程度的去商品化,与职业地位相关的小范围团结,以及对辅助性和对欧洲大陆国家典型的传统家庭结构的维护的承诺。

批判性鉴赏

为什么《福利资本主义的三个世界》能够成为现代经典?首先,与该领域较早的研究表现出强烈的规范和目的论色彩相反,埃斯平－安德森的书是一个复杂的实证经验理论研究,没有那些潜在的倾向(Schubert et al.,2008)。其次,该类研究文献中的其他一些文稿解释了福利国家的出现和发展,从所谓的现代化或工业化逻辑的内在展开,或作为资本主义矛盾的一种表现。这些研究文稿表明了福利国家趋同的过程,因此,未能解释福利制度中持续的跨国差异,而埃斯平－安德森的著作恰恰聚焦于论证和解释为什么福利国家发展的国家经验存在持续的分歧(Rudra,2007;Kersbergen,2002)。再次,其他研究人员要么依靠没系统实证数据直接支持的社会政策计划特征,要么使用回避制度分类的一般性支出数据(Scruggs and Allan,2006a)。相比之下,埃斯平－安德森利用社会政策计划的特征来构建一套理想的典型福利国家政体,然后试图为他的发现进行系统的实证检验。他还在理论和实证之间表现了出色的闪展腾挪和游刃有余。最后,埃斯平－安德森不仅运用类型学和权力资源理论将福利国家作为因变量进行研究,还将各种福利国家制度中的要素作为自变量来解释国家间的不同结果。

埃斯平－安德森的书引发了广泛评论,其中大多是赞许的,但也有些是高度批评的。一些更倾向于认同的评论家认为他的类型学是有优点的,但也认为它既不详尽(福利资本主义并不止三种),也不精准(异常案例比假定情况更多),因此需要大量的修改或修订。其他批评者则主要提及方法上的缺点(错误的标准、不恰当的操作、方法、变量)。更具敌意的评论家们则怀疑能否将政体概念作为比较分析的工具(Kasza,2002)或认为这样的类型学本身没有解释力(Baldwin,1996)。对于上述批判,埃斯平－安德森不断作出回应,为他的原始论点进行辩护和阐述。

在早期的评论中(Arts and Gelissen,2002),我们讨论了利用理想类型作为构建福利国家模型的方法的认识论意义。这种做法的合法性包括两个条件:第一,类型学的方法应该是一个有效的和可靠的福利国家分类工具;其次,它应该不仅可以用于描述,也可以用于解释。在这种情况下是否满足这些条件的问题是本章其余部分讨论的重点。

替代备选类型学

自"三个世界"第一次出版以来,大量的关于福利国家模式构建的文献(Arts and Gelissen,2002;Esping-Andersen,2004)出现。这些替代可选类型包含对埃斯平－安德森分类的四种重要批判:第一,社会政策中忽视性别维度;第二,对地中海福利国家的错误说明;第三,给澳大利亚的福利国家贴上"自由主义"的标签;第四,未能认识到雇主对福利国家发展的主要(但可变的)贡献。

族群主义和晚期女性动员

对埃斯平－安德森福利国家分类法最持久的批评之一是认为它系统地忽

略了福利国家的性别维度。根据许多女权主义作家的看法，在分类中需要考虑性别分工中的有偿和无偿工作（特别是照护和家务劳动）。这里也存在一个更加普遍的问题，即去商品化的概念是否真的与福利国家的性别讨论相吻合，因为对就业的需求是妇女公民权的重要目标。事实上，在现有类别中不能简单地加入性别因素，分类的工具可能需要更加系统的重组（Lewis，1992；O'Connor，1993；O'Connor et al.，1999；Orloff，1993b；Sainsbury，1996；参见第35章）。西亚罗夫（Siaroff，1994）是那些试图通过研究工作和福利方面的性别平等和不平等的各种指标，在关注安德森工作的基础上再接再厉的人之一。虽然他给自己的分类贴上了不同的标签，但他的分类与埃斯平－安德森的分类表现出强烈的重叠性。只有一种类型——晚期女性动员福利制度——是一个例外，实际上类似于一种独立的地中海式福利制度。

地中海模式

在地中海国家中，埃斯平－安德森只触及了意大利，并将其归类为保守的社团主义福利国家。但此后，他在质疑葡萄牙、希腊和西班牙等国家是真正的福利国家还是早期发展阶段的"保守的"福利国家之间摇摆不定。然而，批评家们认为他们至少应该是"萌芽中的"福利国家（Bonoli，1997；Ferrera，2005b，1996；Leibfried，1992）。从对他们的组合论点的检验来看，他们的前三种类型似乎和埃斯平－安德森的论点存在着很强的相似性。然而，这三位评论家都在埃斯平－安德森的分类基础上加入了第四种——地中海模式——以资助为基础的福利国家制度。

澳大利亚和新西兰

埃斯平－安德森将澳大利亚和新西兰等国家归为自由主义或盎格鲁－撒克逊模式国家。根据卡斯尔斯和米切尔（Castles and Mitchell，1993）和卡斯尔斯（Castles，1998a）的研究，可以确认的事实是这些福利国家具有独特的路径，即一种比标准的自由形式更具包容性的路径。他们认为，澳大利亚和新西兰具有世界上最全面的经过收入审查的收入支持福利体系。该体系最初是建立在"通过其他方式实施的社会政策"基础之上，主要通过控制收入分配来实现。当根据科尔皮和帕默(Korpi and Palme,1998)所制定的分类标准对国家进行分类时,还发现了澳大利亚和新西兰国家,特别是澳大利亚的特殊地位的其他证据。

资本主义的多样性

20世纪90年代末,体制之辩的热度有所消散。然而,在21世纪之初,人们的兴趣有了复兴,尽管现在它的源头是那些对生产感兴趣而不是对福利制度感兴趣的人(Leibfried and Mau,2008b)。霍尔和索斯基斯(Hall and Soskice,2001)认为,市场经济的生产是在两种理想的典型制度环境之一中进行的:自由的或协调的。他们认为,由于雇主需要特定的技能,他们在福利国家中扮演的角色比埃斯平-安德森所假定的更加重要。自由市场经济适合自由主义福利国家,因为培训系统专注于一般技能,使得高水平的社会保护变得没有那么必要。协调的市场经济依赖于高度专业化的劳动力,且熟练技术工人很容易被(一家公司从另一家公司)猎挖,因此需要在保守型和社会民主型福利体制下获得一种高水平的社会保护。然而,他们发现还存在另一种类型的资本主义,以大农业部门和宽泛的近期国家干预历史为标志,被称为"地中海模式"。他们的论点引发了关于将生产制度和福利国家制度的类型学结合起来的深刻辩论(Ebbinghaus and Manow,2001;Hicks and Kenworthy,2003;Mares,2003)。

理想与现实类型

类型之间的重叠是否也在国家的实证研究集群中显示出来?答案是肯定的。[①] 看起来,即使使用不同的指标来划分福利国家,典型案例还是同样的国家。美国是自由主义体制的原型(有或没有候补:新教、盎格鲁-撒克逊、英国或基本保障)。德国是保守主义政体(俾斯麦主义、基督教民主主义、大陆主义、社团主义)的原型,瑞典是社会民主主义(非右翼霸权、包容性的、斯堪的纳维亚/北欧式)的原型。大多数其他国家的情况都不那么"纯粹",但在对他们

[①] 福利国家类型的概述可以在表39-3中找到,并且根据Arts和Gelissen(2002)表2中的类型进行划分。

分类时几乎不存在问题,最后,也存在一些难以分类的混合类型。

方法论评判与实证检验

一些评论者指出了埃斯平－安德森实证经验分析中的方法论缺陷。班布拉(Bambra,2006)、斯克鲁格斯和阿兰(Scruggs and Allan,2006a)对其部分分析内容的有效性和可靠性表示质疑,并批评他的指标背后的数据没有公开,这使得复制困难。沙莱夫(Shalev,2007)认为,埃斯平－安德森的第一种研究手段(表格分析)多少是有些"软弱无力的",而第二种手段(回归)从根本上与它的分析前提相冲突。其他学者(Bambra,2006;Powell and Barrientos,2004;Saint Arnaud and Bernard,2003;Vrooman,2009)则指出体制分类法完全依据1980年的数据,而需要了解的是如果基于较新的数据,体制类型将会如何发展。

鉴于存在方法论上的争议,一些作者已经通过使用更加复杂和稳健的统计方法测试了福利国家模型的拟合优度。一些研究人员还创建了新的数据集,以探讨模型随着时间推移的稳健性。表39－1概述了这些研究。

表39－1　　福利国家模式的稳健性检验

	类型数目和分类分配	分析方法
Kangas(1994)	(1)自由主义型:美国、加拿大 (2)保守主义型:奥地利、德国、意大利、日本、荷兰 (3)社会民主型:丹麦、芬兰、挪威、瑞典 (4)激进型:澳大利亚、冰岛、新西兰、英国	聚类分析
Ragin(1994)	(1)自由主义型:澳大利亚、加拿大、瑞士 (2)协作主义型:奥地利、比利时、芬兰、法国、意大利 (3)社会民主型:丹麦、挪威、瑞典 (4)未定义型:德国、冰岛、日本、荷兰、新西兰、英国	定量比较方法
Shalev(1996)	(1)自由主义型:美国、加拿大、瑞士、日本 (2)保守主义型:意大利、法国、比利时、奥地利、爱尔兰 (3)社会民主型:瑞典、挪威、丹麦、芬兰 (4)未定义型:德国、荷兰、英国、澳大利亚、新西兰	因子分析
Obinger et Wagschal(1998)	(1)自由主义型:美国、加拿大、日本、瑞士 (2)欧洲:比利时、德国、芬兰、冰岛、英国、荷兰 (3)保守主义型:法国、意大利、奥地利 (4)社会民主型:丹麦、挪威、瑞典 (5)激进型:澳大利亚、新西兰	聚类分析

续表

	类型数目和分类分配	分析方法
Saint-Arnaud et Bernard(2003)	(1)自由主义型:加拿大、美国、英国、新西兰、澳大利亚、爱尔兰、冰岛 (2)保守主义型:比利时、法国、德国、奥地利、荷兰 (3)社会民主型:瑞典、芬兰、挪威、丹麦 (4)拉丁:西班牙、意大利、希腊、葡萄牙	聚类分析
Powell et Barrientos(2004)	(1)自由主义型:奥地利、爱尔兰、美国、英国、加拿大、比利时 (2)保守主义型:希腊、德国、澳大利亚 (3)社会民主型:丹麦、瑞典、挪威、荷兰	聚类分析
Bambra (2006)	(1)自由主义型:澳大利亚、美国、新西兰、加拿大、日本 (2)保守主义型:爱尔兰、英国、意大利、新西兰 (3)社会民主型:奥地利、比利时、荷兰、丹麦、挪威、瑞典	描述性统计的面值分析
Scruggs et Allan(2006a)	(1)自由主义型:美国、澳大利亚、日本、意大利、英国、新西兰 (2)保守主义型:爱尔兰、加拿大、意大利、法国、奥地利、德国、芬兰 (3)社会民主型:比利时、荷兰、瑞士、丹麦、挪威、瑞典	描述性统计的面值分析
Castles and Obinger(2008)	(1)自由主义型(英语国家):美国、澳大利亚、加拿大、英国、日本、瑞士 (2)保守主义型/大陆型:澳大利亚、比利时、法国、德国、芬兰 (3)南欧国家:意大利、希腊、西班牙 (4)斯堪的纳维亚:瑞典、丹麦、挪威 (5)后共产主义(欧洲):爱沙尼亚、拉脱维亚、立陶宛、匈牙利、斯洛文尼亚、波兰、斯洛伐克	聚类分析(注:多个集群针对不同的时间和国家运行,因此虽然分组是清楚的,但分配有时不同)
Schröder(2009)	(1)英美国家:美国、爱尔兰、加拿大、澳大利亚、新西兰、英国 (2)大陆型欧洲国家:法国、奥地利、比利时、荷兰、葡萄牙、意大利、西班牙、德国 (3)斯堪的纳维亚:瑞典、丹麦、芬兰、挪威 (4)未定义型:瑞士、日本	主成分分析和聚类分析
Vrooman(2009)	(1)自由主义型:美国、加拿大、澳大利亚、英国 (2)保守主义型:法国、德国、比利时 (3)社会民主型:瑞典、丹麦、挪威 (4)混杂型:荷兰	分类主成分分析

埃斯平—安德森最初的三个世界类型学中适用的实证证据是混杂的。我

们可以确凿无疑地阐述以下几点：首先，他的分类至少有一些启发性的和描述性的价值，但有一种情况是，可以扩展福利国家体制类型的数量，也许四种甚至五种，其中一种较为统一的建议扩展类型是地中海模式。其次，这些分析支持埃斯平－安德森的假设，即有些情况接近他所划分的三个理想的典型政体，但没有纯粹相同的案例。某些案例比另外一些案例（更）不纯粹，而有些则是混合产物（例如，荷兰和瑞士）。最后，如果将埃斯平－安德森已经纳入的社会计划之外的其他计划考虑在内，那么很明显，这些计划很难符合他的福利体制模式（Kasza，2002）。

新兴的福利国家

埃斯平－安德森（1999）承认他的分类是福利资本主义世界在一个时间点上的映射（1980），并且它也难以捕捉到之后的突变或新类型的诞生。任何静态的福利体制类型只有在历史停滞不前的情况下才能继续有效，但历史并非如此。例如，在过去的几十年里，福利国家在亚洲、拉丁美洲和东欧出现或发展起来（更详细的讨论见本手册后面的相关章节）。因此，重要的是要思考发展中国家的福利体制是否也可归入不同的模式（Gough et al.，2004；Rudra，2007）。

亚洲

一些人已经讨论过一种可能性，即我们可以观察到一种截然不同的东亚福利体制（Goodman and Peng，1996；Goodman et al.，1998；Jones，1990；Walker and Wong，1996）。可以说，像中国香港、日本、新加坡、韩国和中国台湾等国家或地区，能够被归类为儒家东亚共同体模式。虽然提及过的许多学者指出了这些国家的社会福利模式存在显著差异，但同时他们也认为，这些新兴的福利国家有一些区别于西方类型的共同特点。

然而，当比较福利国家的研究人员将第二代亚洲"奇迹"经济体，特别是马来西亚和泰国，甚至包括印度尼西亚和菲律宾在内的第三类经济体加入上述分析研究时，谈论单一的"儒家"模式越来越变得难以令人信服：有些国家是儒家国家,但也有穆斯林、佛教或天主教国家,这导致他们又回到埃斯平－安德森的研究方法,即重点研究体制特征、政治结构和社会结果(Croissant,2004)。一个基本论点在于,虽然东亚国家在时间上是后来者,但它们推出社会保障立法的一般顺序与欧洲先驱者大致相同,只不过相比于欧洲国家,东亚国家福利计划是在较低的经济发展水平下实行的(Croissant,2004;Hort and Kuhnle, 2000)。

拉丁美洲

直到最近,比较福利研究者们才开始持续和系统地关注拉美福利国家。根据塞古拉－乌比尔戈(Seguar-Ubiergo,2007)的观点,研究拉丁美洲的福利体系有三个令人信服的理由:第一,一些中等收入国家——如阿根廷、智利和乌拉圭——已经率先采用了收入保障计划,甚至早于一些经合组织国家。第二,在发展中国家地区,仅拉丁美洲的一部分国家试图建立类似欧洲福利国家的福利制度。第三,近年来,这些国家的民主化和全球化经验使我们能够探索这两种现象和福利国家发展之间的相互作用。由于20世纪80年代和20世纪90年代初的经济危机,该地区大多数国家的社会保障制度都经历了政体转变,这一事实也使它们成为一个有意义的研究对象(Barrientos,2004)。

根据埃斯平－安德森的分类,对拉丁美洲国家的定性存在一些共识。几位学者(Huber,1996;Seguar-Ubiergo,2007;Usami,2004)认为,至少在最近的改革之前,一些相关国家(如阿根廷、巴西、智利)可以暂时被标记为保守型社团主义。巴里恩托斯(Barrientos,2004)发现了一些与南欧福利国家的重要相似之处。非正规部门就业的人必须依靠家庭和市场来获得福利,因为基本没有针对该群体的社会援助计划(参见第41章的讨论)。他将20世纪90年代后的拉丁美洲政权定性为"自由而非正式",因为福利供给中的保守主义元素已经逐渐消失。涉及的拉美大多数国家削减了就业保护,用基于私人储蓄的个人保险计划取代社会保险计划,同时将教育和医疗保健的供给下放分散,并鼓励私人供给和私人融资。

东欧

近几十年来,几乎所有的东欧前社会主义国家都以不同程度的速度和信念进入福利资本主义世界。这就引发了一个问题：这些国家只是在照搬西方模式，还是一个新的后共产主义福利制度正在形成？

迪肯（Deacon,1993）试图在埃斯平－安德森的框架中回答这个问题。他认为，东欧的新福利国家主义有一些共同的特点，例如，高水平的商品化、新的不平等以及很大程度上依赖市场来提供养老金等。而在制度多样性方面，他大胆预测，一些东欧国家正在逐渐发展自由主义福利体制（如克罗地亚、匈牙利、斯洛文尼亚），其他国家（如捷克共和国）最有可能最终成为社会民主政体类型，而还有一些国家（例如，东德）则已经加入了保守的社团主义体制。就保加利亚、罗马尼亚、苏联（或至少部分苏联）和塞尔维亚的情况，他的预测是一种新类型的出现，尽管可能只是暂时的。随后，迪肯（Deacon,2000）对该地区社会政策发展的大量研究进行了鉴别。在这项研究中，他更为谨慎地认为，现在就每个有关国家的社会政策的长期方向得出明确的结论还为时过早。

最近，卡斯尔斯和奥宾格（Castles and Obinger,2008）得出的结论是，欧盟现在包含一个截然不同的后共产主义国家群体，而芬格（Fenger,2007）发现，从经验上讲，后共产主义的东欧国家可以与西欧和南欧的福利国家区别开来，因为它们的政府计划不那么慷慨，社会状况也更为微妙。

下一步是什么？

在福利资本主义的"旧"世界里，历史也没有停滞不前。作为全球化和欧洲一体化的结果，已经建立的福利制度在最近已经发生的事情或在不久的将来可能会发生些什么，尚存在争论。一些人锚定或预言福利国家的紧缩，另一些人则在观察福利国家的恢复能力；一些人发现了福利国家模式的趋同，另一些人则发现是一个日益多样化甚至是交织的过程（Arts,2002）。这些都是本书中所讨论的各种假设。

有大量的文献研究了福利国家的紧缩（Ferrera,2008；Korpi,2003；Starke,2006）和福利国家制度的趋同（Rothgang et al.,2006；Swank,2002）。许多理论家认为，紧缩和趋同是密不可分、相互交织的，全球化和欧洲化迫使福利国家为了保持其国际竞争力而实施大幅度的紧缩并重新调整其社会保障制度。这种观点认为,紧缩政策会最终导致"竞次"或"社会倾销"。在这个过程中,所有的福利国家最终将走向"剩余型"——越来越依赖于经过收入审查的福利和私有化。然而,其他人则认为趋同会走向中间水平或均值,而不是逐底竞争。

那些预言很有分歧的人并不否认全球化和欧洲一体化的挑战。他们认为,不仅各类型的福利制度,而且具体的福利国家应对这些挑战的方式也会不同。他们观察或预测的是在不同格局框架下对不同问题处理的反应。例如,库恩勒和阿勒斯塔洛(Kuhnle and Alestalo,2000)认为,在福利国家体制和支撑它们的支柱计划之间有一种"自然的"亲和力。一些政体相对于其他政体更适应在顶层驾驭某些特定的支柱计划。自由主义的盎格鲁-撒克逊政体与市场和家庭互为青睐;大陆式保守型社团主义政体则对应家庭、公民社会和国家;北欧社会民主政体对应的是国家;而欧洲南部的政体类型对应的是家庭和公民社会。然而,混合的形式也有很广阔的空间。古丁和雷恩(Goodin and Rein,2001)发现了很多制度混合的证据。他们预测,混合型福利国家将进一步扩散,并且只有少数相对纯粹的国家案例在制度上有持久性。

还有一些人强调福利体制类型在制度和意识形态上的弹性,这得益于路径依赖(Castles and Obinger,2008)或持久的民众支持(Brooks and Manza,2006)。互补的结构框架和组织,构成制度矩阵,进而形成相互依赖的网络,往往是在这样的宏观层面上,路径依赖最为有效(P. Pierson,2000)。这样一种制度矩阵和福利国家政体的谱系长度是决定路径依赖程度的一个因素。路径依赖的差异还反映了福利国家政体在多大程度上受到外部变革压力的影响,以及在形成公民利益和身份资格方面的效力和效率差异,而这些利益和身份资格是福利国家政体得以延续所必需的(Korpi,2001)。根据拥护者对这一观点的看法,我们在未来几年可以期待什么?他们的答案是,我们在20世纪的进程中所看到的三个或更多福利资本主义理想世界,会有些许萎缩性的延续。突变将会发生,但政体的核心体制没有改变,它们将继续沿着不同的社会政策轨迹走向未来。

这些未来可期的情况哪一种最有可能出现?这很难说,因为他们关心的是刚发生的过去和不久的将来,因而缺少适当的预期数据。至少目前,在旁观者看来,真相似乎在相当大的程度上都是谎言。

第 39 章 福利国家模式

结论与讨论

本章我们所讨论的一个关键问题是埃斯平－安德森的福利国家类型学和亲缘关系模型在对"真实的"福利国家进行分类是不是有效和可靠的工具。亚伯拉罕森（Abrahamson,1999a）认为，作为比较福利国家研究的一个组织原则，埃斯平－安德森的类型学已被证明是一个非常强大的和令人信服的工具。然而我们更加谨慎，认为目前还没有定论。从我们对实证研究的回顾中，我们得出结论——尽管有各种各样必须解决的概念、可操作化和数据问题——安德森的类型学足以有希望继续致力于福利国家模型的研究。不过近年来，社会科学的理论建设越来越趋向于模型建构，这一事实进一步强化了这一结论。

在评估福利国家的模型时，人们必须认识到，每一个模型，无论多么复杂，总是对现实的简化。此外，重要的是记住，模型具有解释和描述双重功能。涉及解释，人们应倾向于高度简化的模型（因此又往往非常没有现实性），这类模型具有强大的分析能力；关涉描述，应该偏好高度复杂的模型，这些模型通常具有现实描述的优势，但是在分析上却没有那么强大。于是，在分析能力与经验精度之间需要有一个权衡。因此，模型建构的指导方针是：既要尽可能简单，又要有必要的复杂性。当我们读到埃斯平－安德森（Esping-Andersen,1999）对批评他的人的回复时，我们必须牢记这一点：他的类型学涉及的对象是理想—典型的福利体制，而不是"真正现实的"福利国家或个别政策。此外，正如他所指出的，将类型学扩展到五个或更多的模型，将会牺牲他最初论点的解释性简约，因此，人们不妨回到单个国家的比较上。埃斯平－安德森福利体制的三种理想类型的主要价值在于，它提供了抽象的模型，从而可以指出和解释与理想类型的偏离，这很容易导致对理想类型的偏离的解释出现一些非常理论化的方式。然而，他和本章提到的其他模型构建者选择了正确的方法：他们通过将基本维度重新表述为一组相互关联的变量，将理想类型重新塑造为模型，他们关注它们之间的因果关联，以及它们是如何从自身因素上得到研究的。

模型构建的一个规则是：一个好的模型应该包含一个基本的解释机制。鲍德温（Baldwin,1996）正确地指出，在问及福利制度类型时，我们不仅要问

"是什么",还要问"为什么"。是理论创造了分类,而不是分类创造了理论。埃斯平-安德森用权力资源理论解释了为什么会出现三种不同的福利国家体制类型。科尔皮和帕尔梅——尽管他们得出了有些不同的结论,但一些女权主义作家——在相同的理论传统中开展了研究。一个问题是,就应用于福利国家的变化而言,这一理论更多的是一种描述,而不是一组命题(Schuberts et al., 2008)。对这一理论的不同贡献进行重构和形式化,在理论上是值得的。只有这样,分类的解释价值才能真正显现出来。进一步的问题是,这种范式的应用范围是相当有限的。然而,希克斯和米斯拉(Hicks and Misra,1993)、科尔皮(Korpi,2001)成功地扩展了"经典的"权力资源理论。最后一个问题是,埃斯平-安德森(修订过的)分类是静态的,"权力资源"和"路径依赖"范式有将福利资本主义世界过分强调为"冻结的景观"的倾向。如果不同福利国家正在发生不同的变化,那么就有必要进行一种系统的跨国家区分,去分清福利国家集群如何根据这些变化调整其制度矩阵(Palier,2003)。为了使范式更具动态性,范克斯伯根(van Kersbergen,2002)提出了从权力资源范式衍生而来且超越了制度弹性的命题。这些贡献让未来充满了希望。

  对大多数替代备选的分类方法而言,他们缺乏一个坚实的理论基础。它们似乎要么依赖于制度创新和政策学习理论的传播,要么依赖于国家间家庭相似性的"文化主义"理论。然而,他们的阐述没有一个足以达到能够和权力资源模式成功抗衡的程度。对源自多样的资本主义路径的福利国家模式的研究文献,让人们怀有更多的希望。遵循这一理论传统开展研究的人,对于在他们看来权力资源理论过度聚焦于工会和国家的现象,进行了反驳。他们认为,政治经济是一个由多个行动者组成的领域,每个行动者都试图以理性的方式在与他人的战略互动中推进自己的利益。因此,他们依靠理性选择理论,特别是新政治经济学。他们把企业放在分析的中心,假设公司是资本主义经济中的关键行动者。根据施罗德(Schröder,2009)的研究,权力资源和资本主义路径的多样性相互嵌套,因此,生产模式和福利安排的分类可以通过一种合乎逻辑的方式结合起来。

  模型构建的另外两个规则是:一个好的模型能够推导出具有实质性和有意义的含义,并且一个模型在应用中应该是多功能的。福利国家模型的一个重要应用是关注福利制度对社会态度的影响。比较研究表明,福利制度对人们在福利和照护方面的价值观以及对收入分配的态度产生了影响(Arts and Gelissen,2002)。在权力资源范式中,有人提出,福利国家体制的类型可能会决定性地影响对某些形式的社会政策的支持。以普遍主义为特点的体制将获得最强有力的支持,而有针对性的体制安排则不会成功地赢得多数人的支持。对这一假设的检验显示了一些实证支持,但证据并非真的就那么令人振奋。[①]

另一个重要的应用是关于政策设计的变化如何影响福利分配的问题。埃斯平－安德森(2004)审查了几个比较研究计划的发现结果,得出了一个令人惊讶的结论:国家福利规模越大,净可支配收入的平等程度越高,贫困率越低。然而,这是一个充满方法论陷阱的话题。为了解决小样本问题,弗罗曼(Vrooman,2009)进行了多层次分析。政体类型确实对"贫困的产生"有假定的影响,但影响是温和的,有时从统计角度来说可以忽略不计。贫困发生率的差异中只有一小部分似乎与国家层面的差异有关,其他差异则产生于个体之间。由于福利分配效应通常是根据其预期的社会分层来描述的,因此在解释中很容易出现重复的因素。利用面板数据来处理这个问题,古丁等人(Goodin et al.,1999)指明,福利国家不仅有预期的结果,而且也会产生意想不到的后果。正如人们所期望的那样,社会民主政体在实现其基本价值方面取得了最大的成功:使不平等最小化。但在推动其他政体表面上最重视的目标方面,这个政体也至少丝毫不落下风。科尔皮和帕尔默(Korpi and Palme,1998)发现,制度差异导致再分配悖论:针对穷人的福利越多,通过向所有人平等的公共转移创造平等的优先事项越多,贫困和平等的减少就会越少。因此,某些福利政体所特有的制度安排不仅会产生意想不到的后果,甚至会产生反效果。

总之,这些结论为继续进行福利国家建模提供了充足的动力。阐述模型所依据的理论是当务之急。此外,似乎有必要开发一套实证经验指标——公开的和跨时间可用的——以及一种基于理论并得到比较福利国家分析界共识的、构建去商品化、公私混合和分层指数的方法。然后,预测就可以根据理论逻辑推导出来——而不是根据感情认知推导出来。只有这样,对理论的严格检验才有可能,各自模型的启发性和解释性价值才会显现出来。

[①] 有关早期检验和一些新检验的概述,请参见格利森(Gelissen,2002)。最近杰格(Jaeger,2009)指出,实施机制的局限性可能解释了为什么之前的研究只显示有限的实证经验支持。

第40章　北欧国家

米克·考托（Mikko Kautto）

引　言

早在埃斯平－安德森（Esping-Andersen,1990）提出他关于发达的福利国家围绕着各自不同的政体类型形成福利国家群体的一般主张之前,独具一格的北欧或斯堪的纳维亚福利国家这一概念便存在了。在战后早期的几十年里,当欧洲被冷战的铁幕分割的时候,斯堪的纳维亚半岛国家,尤其是瑞典经常被提及——在国内和国际政策争辩中都有——作为自由资本主义和国家社会主义之间成功的"第三条道路"妥协的缩影。在比较福利国家研究中,斯堪的纳维亚社会政策的独特性质从20世纪80年代初开始日益受到关注,因为功能主义趋同理论受到了权力资源学派支持者的挑战（Korpi,1980；Stephens,1979）,后者强调阶级政治作为福利国家制度变化的一种驱动因素。今天,北欧模式的理念仍然是比较福利国家研究的重要参考范畴,也是反映北欧国家自身福利变化的标志。

关于北欧福利模式的辩论往往涉及至少三组根本不同的问题,这些问题并不总是能够明确区分开来:此模型曾经作为一种经验的现实存在过吗（它的定义特征是什么）,它的特征和结果是可信的吗,最后,它是否还存在并得以继往发展？

在第39章的分析中,独特的北欧类型的福利国家的存在似乎是所有模型归属中争议最小的。然而,尽管北欧模式存在的理由似乎很充分,但对于界定该模式特征的精确阐述,人们还没有达成共识。传统上,北欧模式的理念只是简单地(也有些许模糊地)指在市场经济的框架内一个活跃的国家、一个庞大的公共部门,以及一种对公民社会福利的广泛构想的公共责任。但是,正如我们将看到的,在最近的辩论中,一系列其他更具体的方面和属性也被认为是重要的,甚至构成北欧模式的组成部分。

如前所述,独树一帜的北欧福利国家的理念一直带有强烈的范式色彩——通常是作为其他国家效仿的榜样(模式),但偶尔也作为要避免的反乌托邦的样例。该模式的吸引力来自其所谓的产生令人满意的社会效果的能力,同时保持经济竞争力和充分就业(Kangas and Palme,2005;Lundberg et al.,2008)。虽然人们普遍认为北欧社会已经拥有一系列有益的社会效果——如经济不平等程度低、社会流动性相对较高、性别平等等——但对北欧模式的批评主要集中在经济效率和可持续性的问题上。高水平的公共支出、慷慨的社会保护带来的负面激励效应,尤其是高税率,被批评为在经济上是不可持续的,并且——从长远来看——是与经济增长不相容的(Lindbeck,1997;Andersen et al.,2007)。

北欧模式的受欢迎程度——无论是在学术界还是在以政策为导向的辩论中——随着时间的推移而变化,与北欧国家相对经济表现的波动密切相关。在第一次和第二次石油危机之后,欧洲其他国家(包括丹麦)继续与大规模失业作斗争,而瑞典、挪威和芬兰却能够保持充分就业,这一趋势在20世纪80年代达到了高潮。然而,瑞典、芬兰和(规模较小的)挪威在90年代初遭遇了严重的宏观经济问题、财政赤字和创纪录的高失业率时,国际和国内观察家对北欧模式的信心逐渐消减。从20世纪90年代末开始,随着所有北欧国家的就业都恢复到更充分的水平,这一理念又恢复了以前的流行热度。就连丹麦也从几十年来的高失业率和长期的国际收支赤字中恢复过来,成为宏观经济稳定和充分就业方面的佼佼者。

换句话说,北欧国家的经济表现再次令人印象深刻,正因为此,对北欧模式的政治和学术兴趣重新复燃。然而,问题是,在北欧国家,这种模式本身是否,以及在多大程度上作为一种实践经验仍然完美无缺。

在本章中,我们将专注于讨论涉及独特的北欧福利模式理念的描述性前提。我们质询的是,北欧福利国家在什么意义上构成一个独特的类型,以及在最近几十年它的核心特征是否保持稳定。尽管应当强调,北欧模式的存在并不排除随着时间的推移而改变以应对新的社会、经济和人口状况与挑战的可能性,但我们认为,20世纪90年代和2000年代福利国家的发展对模式的连续性和一致性提出了严肃的思考。

共同的根源和历史轨迹

当然,如果认为北欧模式是根据共同的先入为主的总体规划创建起来的,那么北欧"模式"这一理念具有误导性。发达的斯堪的纳维亚福利国家具有悠久的历史,且是政治谈判、循序渐进的改革以及具体实施中还是有不足之处。换句话说,它们是政治演变过程的结果,而不是理智性设计的结果。

与其他国家一样,北欧国家早期福利的发展与工业化以及相关的一系列社会、人口和政治变化有关:城市化和工人阶级的诞生、国家建设和政治民主的突破(C. Pierson,1991)。在许多方面,斯堪的纳维亚出现这些进步和发展的社会背景,使它们有别于欧洲其他国家,并且,比较历史地看,指出了一条特定的斯堪的那维亚走向福利国家的道路(Baldwin,1990;Alestalo and Kuhnle,1987;Esping-Andersen and Korpi,1987;也可参考 *Scandinavian Journal of History* 特刊,2001,vol. 26,no. 3;以及 Christiansen and Markkola,2006)。

第一,宗教的作用。更具体地说是宗教改革和转而信奉路德教,教会和国家之间的权力的分配发生了变化。贫困救济的责任从教会转移到国家,由于中央集权的国家权力薄弱,地方民政当局(市政当局)被委以重任,照顾那些无法养活自己的公民。这为地方公共当局和中央政府密切合作,在管理福利政策方面发挥强有力的作用奠定了基础。随着时间的推移,这些责任和权力越来越多地由税收资助(Christianse and Markkola,2006)。

第二,斯堪的纳维亚的土地所有权模式是独特的,赋予农民相对强有力和自主的地位。家庭经营的小农场是基本的生产单位。由于工业化起步较晚,农民仍然是人口中重要的一部分,而且本身也是一股强大的政治力量,这与英国和欧洲其他封建制度仍然盛行的地区形成了鲜明的对比。农民独立,与工人阶级和上层阶级一起,共同构成了斯堪的纳维亚三级阶级结构的基石（Alestalo and Kuhnle,1987）。这种独特的阶级结构及其在政党的组织和支持方面的效果,强调了斯堪的纳维亚在福利国家计划中建立提供政治支持的跨阶级联盟的重要性。它还可能说明了为什么公民和平等权利的理念在农民和工人中都得到支持,从而促成合作和协商一致。社会政策不仅是一个"工人问题",而且还包括对农村人口的关注,有助于为普遍主义的解决方案铺平道路。

第三,（左派）政治的独特作用是古典权力资源学派和埃斯平－安德森政体理论中的主旋律。20世纪30年代,社会民主党与农民和/或社会自由党结盟,在所有三个斯堪的纳维亚国家（瑞典、丹麦和挪威）上台执政,他们立即在社会保障（最引人注目的是养老金和失业保险）方面进行了重要改革,这与俾斯麦的社会保险思想形成鲜明对比,同时也背离了现有的酌情对贫困者给予公共救济的传统（Stjerno,2004）。在第二次世界大战后的头几十年里,瑞典和挪威的社会民主党派取得了近乎霸权的地位,通过与强大的工会运动密切合作,他们能够有效地控制福利政策的扩张。在丹麦也是,社会民主党相对强大,但更多地依赖与自由联盟伙伴的合作。然而,在芬兰和冰岛,社会民主党派则明显较弱,因此可以说在设计和实施福利改革方面不那么重要（Christiansen and Markkola,2006）。

第四,可以说,北欧国家都拥有特别有利于两性平等的社会结构和文化价值观,妇女在斯堪的纳维亚福利国家发展中占有独特的重要地位。在所有北欧国家,妇女获得选举权的时间相对较早,女性改革者的积极作用可能有助于解释为什么早期的社会政策立法反映了妇女的利益,这在一定程度上使北欧国家有别于当时的其他发达国家（强调个人权利、及早实行向单身母亲的转移支付、向母亲支付子女津贴等）。

兼收并蓄各类理念的作用是北欧独特性的第五个可能根源之一。有人认为,北欧社会的特点是对平等特殊的炽爱有其文化和历史的渊源（Graubart,1986）。最近,基尔达尔和库恩（Kildal and Kuhnle,2005）在其著作中提出了一个问题:到底是制度本身还是制度背后的道德承诺最重要。他们认为,福利计划本质上是道德观念和价值观的表达,其中诸如"普遍主义""福利的公共责任"和"人人享有工作"等思想发挥了重要作用。更宽泛地说,基于世界价值调查和欧洲调查的研究也有助于我们理解北欧地区政治和社会政策态度的独特之处(Ervasti et al.,2008)。

这些因素——变革的时机、权力分配和社会分裂,以及新的应对措施采取的形式——的相对权重当然在不同的北欧国家有所不同。虽然我们可以强调历史上的相似之处和共同做法,但可能只是在 1945 年以后,斯堪的纳维亚国家——在有利的经济和人口条件下运作——才开始表现得像一个具有相对类似的社会政策设计的群体,其中,瑞典是先行者,挪威、芬兰、丹麦和冰岛是追随者或部分不一致。

总之,一系列的结构性因素导致在斯堪的纳维亚国家中存在一个共同的经验:合理相似的结构条件,政治动员和以阶级为基础的政局的相似之处,以决策和行政结构形式出现的公共责任的重要性——包括中央和地方两级——以及后来社会伙伴的作用。此外,各国之间的相似性有利于密切接触、传播思想和相互学习(Petersen,2006)。因此,北欧国家拥有一些"集群相似性",特别是在更宽泛的比较框架下(Castles,1993)。

北欧模式的特征

有人说,历史发展和因果动态的复杂性要求我们将所有案例都视为独一无二的(Baldwin,1996)。对类型学和政体分析采用一种批判的基调,卡萨(Kasza,2002)认为,由于各种原因——福利政策的累积性、不同福利政策的不同历史、不同政策行为人的参与、决策过程的变化以及外国模式的影响——国家福利制度未能表现出内部一致性,而那正是适用于政体理念从而使其具备真正的解释力的特质。历史研究着眼于差异,因此,最近的历史再评估将北欧模式评定为"五个例外"(Christiansen et al.,2006),可能就是意料之中的事。也有人认为,不是单一的统一的北欧模式,我们有几个北欧模式(Mjoset,1986)或不同的北欧路线(例如,关于养老金计划的发展,Salminen,1993)。

虽然历史研究和详细的北欧国家内部比较均指向差异性,但社会政策研究往往倾向于关注制度设计的相似之处。到20世纪80年代中期,有相当多的证据表明北欧福利国家已经形成了一种"独特的福利国家模式"(Erikson et al.,1987;Esping-Andersen and Korpi,1987;Esping-Andersen,1990;Kolberg,1991;Hansen et al.,1993)。我们已经提到国家和其他结构性因素对北欧模式有至关重要的作用,但在这里我们还应提请注意社会保险计划的设计、服务业的作用和劳动力市场的运行。

国家的广泛作用和公共政策的宽泛功能,最普遍的证据就是瑞典的高水平社会支出,在20世纪50年代和60年代已经受到广泛评论。20世纪70年代和80年代,随着研究的焦点转向考虑福利国家如何运行,事实上,公共政策的范围和作用得到了进一步的强化,因为权力动员学派指明,与法定社会权力的扩张相关的是左派当权。在社会保障福利方面,斯堪的纳维亚各地的大多数社会保险计划也有与收入相关的部分,普遍适用于所有工人。与其他国家群体相比,在这些国家群体中,占主导地位的要么只有统一费率的基本保障方案,要么是职业保障方案,其覆盖标准和社会保障路径也是不同的,这使得这些方案脱颖而出,具有独特的"包容性"(例如,Korpi,1980;Palme,1990;Kangas,1991)。帕尔默(Palme,1999)认为,通过建立一种社会保护模式,将统一的基本福利和基于居住的服务,同与收入相关的社会保险计划结合起来,北欧国家走了一条独特的道路。

发展公共政策解决方案的目标之一是让社会保障的获取常态化,并摆脱与获得公共支持有关的污名。福利供给制度特征的跨国比较,被认为是北欧福利国家能够实现较低的收入不平等、较低的贫困率、较小的生活水平差异和更明显的性别平等的原因(例如,Fritzell,2001)。

确定北欧模式独特性的一种方法是,将重点放在其福利国家特征的组合或配置上。科尔皮和帕尔默(Korpi and Palme,1998)着手阐释了所谓的"再分配悖论",认为针对穷人的社会政策在消除贫困方面是无效的;相反,他们的分析表明,具有包容性或可全方位包罗的国家福利能够实现更平等的收入分配和较低的贫困率。这些作者(2004)进一步指出,北欧的再分配战略是由慷慨的福利和转移支付的宽范围构成的,同时大力强调提供免费或有大量补贴的服务。综上所述,这些都要求有更高的社会支出,但同时也降低了收入不平等的程度。亚伯拉罕森(Abrahamson,1999b)也同样认为,在北欧案例中,重要的不仅是现金福利的设计方式,还包括福利提供(包括服务)的整个模式。因此,北欧模式可以被视为各种特征的组合或配置,其中一些特征不一定是所有北欧国家都有的。

埃斯平-安德森的政体分类(参见第39章的讨论)和基于权利资源视角的其他研究,将重点放在社会保险和现金福利上,包括其覆盖范围、融资份额和补偿率上。

从女性的角度来评估斯堪的纳维亚福利国家的发展情况,赫尔加和赫内斯(Helga and Hernes,1987)将斯堪的纳维亚福利国家描绘为对妇女友好,赋予妇女自主权,并允许她们有可能在政治、劳动力市场和"职业母亲"之间自主抉择行事。虽然护理服务的作用常常——而且是正确的——被强调为有利于性别平等,但北欧福利国家对女性的友好并不仅仅是广泛提供儿童和老年护理服务的结果。它也源于早期引入的个人征税和抉择权,其中,抉择权界定了获得市场参与、社会保险和服务的权利。公民身份作为一项核心权利原则,结合实践中的个体权利和个人需求评估,有助于减少妇女对其配偶的依赖性。斯堪的纳维亚福利国家已发展成为家庭双职工收入社会,与此相对应,欧洲大陆和南欧国家的女性劳动力参与率则显著降低,男性养家糊口的家庭仍然相对普遍。

服务的公共供给程度,在基于支出的比较中,是北欧国家的一个显著特征,科尔(Kohl,1981)是最早指出这一点的学者之一。20世纪90年代,随着服务供给的跨国比较在福利研究中变得更加突出,这种见解得到了深化(Alber,1995;Anttonen and Sipilä,1996;Lehto et al.,1999;Daly and Lewis,2000;Kautto,2002)。北欧福利国家表现得最突出的特点是由地方和公共资助并生产的卫生和社会服务供给遍地开花,目的是满足全体人民宽泛而多样的需求(Sipilä,1997)。比较研究强调了北欧地方当局的特殊权力:税收权利、广泛的责任和立法自主,这些特点的表现尤其突出。

最后,我们需要强调的是——同沙普夫(Scharpf,1991:89—97)一起,在梅德纳和海德堡(Meidner and Hedborg,1984)研究的基础上——社会政策与就业政策之间的密切关系,以及北欧国家劳资关系(具有高工会密度和协调一致的薪酬谈判)的独特性与福利国家发展之间积极互动的重要性(Christiansen and Markkola,2006;Barth and Moene,2009)。重要的是,北欧国家的就业率一直很高,无论是男性还是女性,也包括老年工人。北欧社会政策被设计成可以让失业者"反弹"的蹦床,通过积极的劳动力市场政策,鼓励冒险和在动态劳动力市场中更换工作。社会政策投资被认为是值得的,只要它们能带来更高水平和更平等的福利分配,并有助于维持充分就业和经济增长。可以说,北欧社会政策的慷慨在财政上是可持续的,只有前提是劳动力市场动员了很大比例的人口,并且在劳动年龄人口中对收入转移的依赖是短暂的。这有助于解释为什么公共资助的劳动力激活措施被理解为对人们技能和就业能力的投资,在斯堪的纳维亚国家一直都是如此突出。

在这种背景下,1990年埃斯平－安德森《福利资本主义的三个世界》出版时,斯堪的纳维亚独特性的理念很难被视为什么了不起的新闻。鉴于斯堪的纳维亚模式已经为人所熟知,正是埃斯平－安德森对另外两种政体类型的界定以及由此产生的理论见解,给研究界带来了触动和震撼,并解释了人们对福利国家类型学的持续研究兴趣。至少对斯堪的纳维亚学者来说,社团主义保守型和自由型政体为确立斯堪的纳维亚一揽子政策的独特之处提供了有益的参考。

北欧模式:经验重估

埃斯平－安德森和其他权利资源理论视角的支持者提出了强有力的论据,使用制度数据来捕捉现代福利国家之间的本质差异。他们指出,许多大陆福利国家的高支出水平类似于北欧国家,但这两个国家群体的政策设计、计划覆盖范围和福利规则明显不同。福利制度分析基于这样一种论点,即政策的内容对结果的影响大于支出本身。虽然这是事实,但我们可以注意到,北欧国家实施的社会政策几乎不可能靠低支出来实现,基于支出的评量方式,如果以一种更敏锐的方式(例如,按照计划类型分列:第23章)使用,则可以被用做有标志意义的评价方法。

表40-1总结了我们的阐述,并用1990年《福利资本主义的三个世界》出版时的OECD数据凸显了关键指标的多样性。以占GDP比例衡量的税收水平、社会政策支出和福利国家服务的公共支出,可作为公共部门范围的代表指标。衡量收入不平等的基尼系数在这里可以作为一个无可争议的结果指标。数据来自经合组织的两个主要来源。根据类型学的相关文献将各国划分为不同的国家群体。北欧国家被置于表首,以突出它们对所选指标的亲缘契合。国家排名旨在帮助读者判断每个国家在经合组织集团中的地位、与其他国家的接近程度以及评估组间相似性。

从表40-1可以看出,1990年北欧福利国家分组的证据是相当清楚的。当然,瑞典是旗舰,丹麦是离它最近的伙伴。在税收方面,芬兰和挪威非常接近,但在社会支出方面,这两个国家完全可以与欧洲大陆福利国家相提并论。然而,在保健和照护服务的消费数据上,北欧集团非常明显地区别于其他群体,尽管法国和加拿大在这一领域的支出也较为庞大。现金福利支出(总支出减去服务支出)没有显示出实质性的差异。北欧国家之间最大的相似之处体现在基尼系数方面,这四个国家被列为经合组织集团中收入分配最均等的国家。该表还显示了需要特别注意冰岛的原因。在评估挪威的支出为什么明显低于该集团其他国家时,应当注意,挪威的GDP数字包括石油收入,这样比较必然低估了该国的福利努力。

观察表40-1中的均值和标准差,可以清楚地看出,北欧国家在表中所列的所有四个方面都是一个独特的群体。它们的平均税率为42.9%,社会支出为23.4%,服务支出为9.7%,基尼指数为21.7。此外,如果我们放宽标准,不认为有必要在所有维度上得分高,但在大多数维度上得分高,那么北欧国家的相似性和亲缘关系会更加明显,更有理由被归为北欧理想类型。

最接近北欧集团的国家可以在保守的大陆福利国家中找到,其中瑞士或意大利的地位是有争议的,但是其备选定位不会对大局产生影响。根据表40-1的数据,英国和爱尔兰也可以与海外的英语国家归类为系统性的低支出群体,表现出高度的不平等。从表40-1中还可以看出,其他经合组织国家则是一个疏离渐远的世界,前中欧和东欧国家在刚获得主权时也是如此。

表40-1　国家在社会政策中作用的主要OECD指标（1990年）

国家	税收总收入占GDP的百分比[a] 1990年	排序	公共社会支出占GDP的百分比[b] 1990年	排序	实物福利的公共支出占GDP的百分比[c] 1990年	排序	家庭可支配收入在个人中的分配[d] 1980s中期	排序
瑞典	52.7	1	30.5	1	12.5	1	19.9	1
丹麦	46.5	2	25.5	2	10.2	2	22.8	3
芬兰	43.5	3	24.5	5	9.1	4	20.7	2
挪威	41.0	7	22.6	8	8.3	6	23.4	4
冰岛	30.9	17	14.0	19	8.3	6	..	
北欧均值	42.9		23.4		9.7		21.7	
法国	42.0	5	25.3	3	8.8	5	27.6	9
荷兰	42.9	4	24.4	6	6.7	10	23.4	5
比利时	42.0	6	25.0	4	6.7	10	..	
奥地利	39.6	8	23.7	7	6.3	13	23.6	6
德国	34.8	14	22.5	9	7.6	8	..	
卢森堡	35.7	13	21.9	10	5.8	16	24.7	7
瑞士	26.0	22	13.5	21	4.8	21	..	
意大利	37.8	9	19.9	13	6.5	12	30.6	13
西班牙	32.5	16	20.0	12	5.6	17	36.7	18
葡萄牙	27.7	20	13.7	20	4.0	23	..	
希腊	22.8	23	18.6	14	4.5	22	33.6	16
英国	36.3	11	17.2	16	7.3	9	28.6	11
爱尔兰	33.1	15	15.5	17	5.2	19	33.1	15
美国	27.3	21	13.4	22	5.3	18	33.8	17
加拿大	35.9	12	18.4	15	9.8	3	28.7	12
澳大利亚	28.5	19	14.1	18	6.0	14	31.2	14
新西兰	37.4	10	21.8	11	6.0	14	27.0	8
日本	29.1	18	11.2	23	5.0	20	27.8	10
韩国	18.9	25	3.0	26	1.7	26	..	

续表

国　家	税收总收入占GDP的百分比[a]		公共社会支出占GDP的百分比[b]		实物福利的公共支出占GDP的百分比[c]		家庭可支配收入在个人中的分配[d]	
	1990年	排序	1990年	排序	1990年	排序	1980s中期	排序
墨西哥	17.3	26	3.6	25	2.9	24	45.1	20
土耳其	20.0	24	7.6	24	2.3	25	43.5	19
经合组织 Φ	33.9		17.9		6.4		29.3	
经合组织 σ	8.9		6.9		2.5		6.9	

注：a 表示一个国家的产出份额由政府通过税收收取。b 包括现金福利，直接"实物"提供货物和服务，以及社会目的减税。c 除现金福利支出以外的公共支出，即公共消费的货物和服务加上护理基础设施的资本投资；主要是住宿照顾、保健服务、儿童日托和家庭帮助服务的支出。d 通过基尼系数测量。..表示不可用；Φ 表示平均值；σ 表示标准偏差。

资料来源：经合组织 2009i，2008d。

北欧模式是否长久？

显然，没有哪一年可以标示出改变这些福利国家集群或其轨迹的转折点。如果有的话，1990 年可能是一个可行的候选年份，因为在这一年，人们开始表达对北欧模式命运的关切。彼时，自 1945 年以来主宰全球的两极世界秩序崩溃，苏联不复存在，中欧和东欧国家获得了新的独立，并接受了一种形式的市场经济。资本主义与共产主义之间第三道路的理念失去了吸引力。此外，正如已经提到的，20 世纪 90 年代初期标示为瑞典和芬兰的经济、就业和财政危机时期，这导致需要审慎地重新评估公共政策的作用。这些国家被迫采取节俭措施来平衡公共预算，而挪威和丹麦则因一些不同原因得到良好经济运势的眷顾，特别是在 90 年代后半期。

20 世纪 90 年代初也标志着地缘政治分水岭，芬兰和瑞典放弃了 EFTA，开始走向欧盟一体化，而挪威和冰岛则选择置身事外。芬兰随后采用欧元作为货币，而丹麦和瑞典保留其本国货币，这一因素不可避免地进一步使北欧解决方案的组合显示出差异化。此外，全球竞争日益激烈：欧洲单一市场强调欧盟的自由流动，放松管制资本，寻求有利可图的投资机会，往往以更便宜的劳动力成本为导向。全球化、关于放松管制和市场化的新自由主义思想以及对竞争力的担忧,使政府对资本更加友好,并影响社会伙伴之间的关系。

在这种情况下,北欧联合开展了一项大型研究,致力于研究自20世纪80年代以来这一模式的演变(Kautto et al.,1999)。一个重要的结论是,在20世纪90年代中期,北欧国家在福利政策方面仍是一个独特的国家集团,与其他经合组织国家仅存在有限的趋同。宏观经济以及人口和政治压力带来的明显的结构调整潜力并没有导致福利或服务提供发生根本变化。大多数形式的现金福利已经减少,尤其是在瑞典和芬兰,但相对而言并没有降到很低的水平。在20世纪90年代中期,现有的保障体系仍然提供普遍覆盖。当涉及服务时,所有已知的北欧特征仍然存在:普遍主义、高质量、税收资助和公共供应。其他研究也证实了这一点,即缺乏证据表明20世纪90年代出现了重大的福利抵制——无论是被视为"紧缩"还是"解体"(Kuhnle,2001;Nordlund,2003;Castles,2002b)。

在更大范围的欧洲比较研究中,我们进一步考虑了北欧案例(Kautto et al.,2001;Kautto and Kvist,2002)。在这里,聚类的证据不那么有力,并且从结果来看,也没有直接的答案来回答北欧的独特性问题。北欧国家作为一个群体,在政策和福利的关键方面仍然不同于其他西欧国家群体。合并起来,相似性比差异性有更多的证据。虽然似乎在福利国家的一些领域出现了趋同,但总体发展的特点往往更多的是平行趋势,有时甚至还存在显而易见的直接分歧,因为实证研究表明,存在各种各样针对"共同压力"的政策应对措施(Kautto et al.,2001)。

因此,虽然北欧福利国家已经发生变化,但在更广泛的比较研究中,这些变化并不是要让学者们放弃政体理论的主线。这也是坎加斯(Kangas,2004)研究的结论,他在调查的18个经合组织国家的疾病保险计划时考虑到北欧国家具有特殊性。他指出,虽然到1985年为止,北欧的方案比社团主义方案保证了更好的利益,但现在情况已经改变。北欧国家不再提供更高的赔偿。在这方面,两组国家已明显趋同,同时它们与具有基本保障计划或有针对性计划的国家间的距离也有所拉大。然而他还发现,斯堪的纳维亚方案在很大程度上保留了普遍性,而其他国家集团在覆盖面上则有所减少。在另一项研究中,亚伯拉罕森(Abrahamson,2003)开始评估福利供给的重大变化是否仅仅改变了北欧模式,或者已经向某种欧洲社会模式趋同。亚伯拉罕森(Abrahamson)认为,有许多一级变化(例如,福利水平降低),但也发生了二级和三级变化,即在20世纪90年代期间,北欧福利国家的体制环境和目标在某些方面发生了变化。他的结论是,斯堪的纳维亚福利国家正在经历一个欧洲化的过程,但是,如果低调看来,它们仍然是截然不同的。

总之,20世纪90年代和21世纪初的比较分析表明,北欧特色仍然在某种程度上存在,然而,也很容易就能理解到更近期的一些变革的相关证据。

部分这种持续的变化可以通过我们前面提出的综合指标(见表40-1)获取,但这次是针对2005/6年(见表40-2)。首先要注意的是,没有发现任何国家的相对地位发生了根本改变。即使在十年之后,过去的预算仍可作为当年支出的良好预测指标。其次,21世纪初期中段北欧国家之间的离散程度比1990年更为明显。最后,目前北欧国家也不如1990年那么特立独行。北欧国家的再分配预算具有突出的连续性,北欧国家平均24.2%的国内生产总值用于社会支出,11.3%用于服务,而经合组织的平均数则分别增加了近三个和两个百分点。平均来说,北欧国家在2006年的税率略高,但在收入分配方面的表现却略逊一筹。

一些指标甚至可能表明,更准确的说法是一个更大的北部欧洲国家群,而不是区别开来的斯堪的纳维亚北欧群和大陆(或南部)国家群。在法国、比利时和奥地利,国家的作用似乎并不逊色于北欧国家。北欧在税收方面的相似性仍然相当明显,但在这里我们也遇到了其他具有类似特征的国家。此外,虽然强调服务在斯堪的纳维亚仍然很普遍,但这并不是北欧独有的现象。同时,收入不平等指标呈现趋同特征。事实上,经合组织关于收入不平等的数据显示,在过去十年中,芬兰和瑞典的不平等增长最快,尽管起初水平较低。总体而言,经合组织的平均值在上升,标准差在下降,而北欧的平均值则相当稳定,这让各国之间的差异更加复杂,也使得有一定理由说存在"追赶"趋同。

告别北欧联盟

显然,两张带有粗略指标的表格不足以说对一个政体命运的大胆概括就是有理有据。然而,由于没有一项涵盖所有关键要素的专门系统研究,这些数据连同所提供的验证,应该使读者可以概览北欧福利国家的变化情况。但我们也有在国家层面的研究,这些研究往往倾向于指向更重大的变化。

帕尔默等人(Palme et al.,2002)对瑞典20世纪90年代的福利趋势进行了大规模的福利运行投入分析。这项分析是对不同福利政策变化的总体盘点全面评估,包括瑞典人口中不同群体福利结果的大量数据。分析指出,该制度发生了许多变化,福利结果出现了负面发展,包括有更多处境不利的状况、收入不平等、贫困风险增加以及生活水平差异的日益扩大。在20世纪90年代,单身母亲、在瑞典以外出生的人、有孩子的家庭和年轻人比其他群体经历了更多的困难,收入和生活条件的差异也更大。服务私有化和面向市场的管理实践也是瑞典的一个新的现实。结论是,瑞典福利国家在21世纪初走到了发展的十字路口。

许多社会政策研究人员分析了20世纪90年代芬兰福利国家的发展,不仅发现了该制度特征的变化,而且发现了一种意识形态的转变,这种转变可以从目标的修改和政策内容的变化中看出(Kautto,2003)。有人认为,芬兰已经远离了北欧的规范传统,而侧重于社会权利、公平和国家责任。一些研究表明,在20世纪90年代初,政策制定者中发生了真正的意识形态转变,其中一些论据认为芬兰已经朝更自由、宽松的政策迈出了一步,而另一些证据则认为,某些变化指向了保守的模式。

对丹麦的评估并不那么悲观。格雷夫(Greve,2004)研究了丹麦是否仍然是一个普惠型福利国家。他评估的首要依据是对北欧国家在关键国家福利参数方面的比较分析。他分析的第二个要素是对丹麦国家福利的核心领域——养老金、失业和提前退休福利——进行基于案例的研究,以评估丹麦模式的特殊性。格雷夫(Greve)的结论是,现在的丹麦模式比以前更加混杂,但它在平等、充分就业、社会保障支出和积极的劳动力市场政策等领域仍然与众不同。科维斯特(Kvist,2003)反过来强调了20世纪90年代的丹麦发展是如何相对有利的,相比之下,在70年代和80年代的表现要差得多。激发活力、责任义务和收益目标是丹麦改革的重要组成部分,地方当局在激活措施和组织服务方面有更多的发言权。就业和经济发展良好,在新旧世纪之交,丹麦实行了广泛包容的福利政策,在大多数方面都取得了进展:失业率低、不平等程度未显著增加。

在挪威,国家福利的发展似乎也更加混杂。在这里,国家福利的改革更加强调工作责任。工作义务和领取失业救济金的资格条件已得到修正。另外,国家福利在其他领域也得到加强,特别是在家庭政策领域。在医疗卫生和社会保健领域,对效率和市场解决方案的注重导致新公共管理所激发的改革,但公共部门供给的首要地位没有受到任何重大挑战。根据博滕(Botten et al.,2003)和多尔维克等人(Dølvik et al.,2007)的观点,挪威的国家福利"似乎基本完美无缺",尽管改革过程复杂且模棱两可。

表40—2　　国家在社会政策中作用的主要OECD指标(2005/6)

国　家	税收总收入占GDP的百分比[a]		公共社会支出占GDP的百分比[b]		实物福利的公共支出占GDP的百分比[c]		家庭可支配收入在个人中的分配[d]	
	2006年	排序	2005年	排序	2005年	排序	2000年中期	排序
瑞典	50.1	1	29.4	1	13.6	1	24.3	2
丹麦	49.0	2	26.9	4	11.6	2	22.5	1
芬兰	43.5	6	26.1	7	9.9	7	26.1	6
挪威	43.6	5	21.6	11	10.1	6	26.1	7
冰岛	41.4	9	16.9	20	11.1	3	..	..
北欧均值	45.5		24.2		11.3		24.8	
法国	44.5	4	29.2	2	10.8	4	27.3	10
荷兰	39.5	10	20.9	14	8.5	13	25.1	3
比利时	44.8	3	26.4	6	9.1	10	..	..
奥地利	41.9	8	27.2	3	8.2	15	25.2	4
德国	35.7	15	26.7	5	9.9	7	27.7	11
卢森堡	36.3	14	23.2	9	8.8	11	26.1	7
瑞士	30.1	21	20.3	16	7.8	17	26.7	9
意大利	42.7	7	25.0	8	7.7	19	34.7	21
西班牙	36.7	12	21.2	13	7.4	21	32.9	18
葡萄牙	35.4	16	23.1	10	..	..	35.6	22
希腊	27.4	23	20.5	15	7.1	22	34.5	20

续表

国　家	税收总收入占GDP的百分比[a] 2006年	排序	公共社会支出占GDP的百分比[b] 2005年	排序	实物福利的公共支出占GDP的百分比[c] 2005年	排序	家庭可支配收入在个人中的分配[d] 2000年中期	排序
英国	37.4	11	21.3	12	10.5	5	32.6	17
爱尔兰	31.7	19	16.7	21	7.7	19	30.4	14
美国	28.2	22	15.9	23	7.8	17	35.7	23
加拿大	33.4	17	16.5	22	9.4	9	30.1	13
澳大利亚	30.9	20	17.1	19	8.7	12	30.5	15
新西兰	36.5	13	18.5	18	8.4	14	33.7	19
日本	27.4	23	18.6	17	8.1	16	31.4	16
韩国	26.8	25	6.9	26	3.8	25	..	..
墨西哥	20.6	26	7.0	25	4.8	24	48.0	26
土耳其	32.5	18	13.7	24	5.6	23	43.9	25
老经合组织 Φ	36.5		20.6		8.7		30.9	
老经合组织 σ	7.4		5.9		2.1		6.2	
捷克共和国(1995)	36.7		19.5		7.8		26.0	
匈牙利(1995)	37.1		22.5		8.7		29.3	
波兰(1996)	34.3		21.0		4.9		36.7	

注:a 表示一个国家的产出份额由政府通过税收收取。
b 表示包括现金福利,直接"实物"提供货物和服务,以及出于社会目的减税。
c 表示除现金福利支出以外的公共支出,即公共消费的货物和服务加上护理基础设施的资本投资,主要是住宿照顾、保健服务、儿童日托和家庭帮助服务的支出。
d 表示通过基尼系数测量。
e 表示澳大利亚、冰岛、日本和波兰的税收数据是从 2005 年。
f 表示经合组织的平均值是从 2005 年,指的是上面列出的国家。
g 表示 1990 年以后加入国家的数据最后也被包括在内。
.. 表示不可用;Φ 表示平均值;σ 表示标准偏差。
资料来源:经合组织 2009i,2008d。

正如这些简短的介绍所显示的,北欧福利国家确实在变化,且它们的变化方向有些不同。新的政策思路已经被采纳,而一些旧的政策思路已经被放弃或改变。此外,政策的核心观念正在转变并展开讨论:北欧的普遍主义正在被重新考虑,公民身份的理念和实践作为一套社会义务以及权利在政策话语和议程中更加突出(Hvinden and Johansson,2007)。同样,新机制的引入可能会产生广泛的影响,而基本的目标可能已经经历了更为根本的转变。例如,在所有北欧国家进行的养老金改革将在未来产生深远的影响(有关正在进行的协作研究工作的信息,请参见 www.reassesss.no。该研究涉及来自北欧所有五个国家的研究人员,以评估北欧模式)。

结　论

在最基本的层面上,北欧模式可被理解为宽泛的、税收资助的公共责任和法定的、集体的和普遍主义的解决方案,这些解决方案尊重就业权益,但以福利和公平为目标。斯堪的纳维亚国家长期以来的良好经济和社会表现,最能解释全球对北欧模式的兴趣。

本章论证了对"北欧模式"的理解可以且已存在不同的方式。历史研究指出可以解释福利国家机制之所以出现的相似之处,但也特别指明了北欧国家之间的差异。社会学导向的比较研究反过来强调了潜在的相似之处,至少在20世纪70年代和80年代,北欧的独特性在高国家福利支出和社会权利设计中得到了体现。在政体理论中,这些相似之处被扩展到囊括因果因素、福利国家制度及其与其他社会制度的相互作用,以及它们的结果。与其他制度的差异突出了人们对北欧政策感兴趣的原因。尽管当时已经刮起了新的变革之风,但这种模式在20世纪90年代初似乎相当稳健。

最近的比较研究和国家研究对北欧国家的一致性及其持续的路径依赖性提出了疑问。20世纪90年代和21世纪头十年,福利国家在制度分析的许多核心维度上进行了调整,结果显示,在一定程度上淡化了早期跨国比较中所体现的北欧特色。从长期来看,北欧福利国家仍然看起来相似,例如,它们在跨国经济和社会指标列表中持续表现良好。然而,对该地区各个国家的改革和制度发展进行更仔细的研究表明,北欧的独特性绝不是像20年前那样表现得不言自明或直截了当。

第 41 章 西欧大陆

布鲁诺·帕莱尔(Bruno Palier)

引 言

在福利国家比较研究文献中,欧洲大陆国家的福利制度经常受到负面评价,被冠以贬义的名称,例如"保守型社团主义"(Esping-Andersen,1990),被指责从社会的角度来看,表现相对较差,目前正面临 20 世纪 70 年代以来最严重的经济和社会困难,无法改变和适应(Esping-Andersen,1996c;Scharpf and Schmidt,2000b;Huber and Stephens,2001a;P. Pierson,2001a)。如果本章并不否认西欧大陆福利制度遇到的问题,那么它至少试图"从内部"说明这些制度的内在逻辑,并指出在过去 15 年里它们已经发生了显著变化。

本章将分析特定类型福利制度的共性和转变:一种社会保险是其主要给付机制的福利制度,在这种体制下,福利的获取主要基于工作和缴费记录,福利形式主要是现金并以过去收入的一定比例计算,最大的融资份额来自雇主和雇员支付的社会缴费治理和管理既不是由国家也不是由私人公司直接管理,而是由集体强制性的社会保险基金管理。这些特征主导着德国、法国、比利时、奥地利的福利制度,在荷兰则程度稍逊。[①]

本章的第一部分将重点讨论这些制度的起源、它们在历史发展过程中试

[①] 当然,其他地方也建立了社会保险制度;在瑞士,社会保险没有其他国家那么突出;在欧洲东部、中欧东部和 1998 年之前的瑞典,也有应对失业和老年风险的相关安排。

图实现的主要目标以及他们所依赖的具体原则。第二部分将展示他们在黄金时期是如何发展和运行的，强调他们的制度特征以及与某些形式的工业资本主义的互补性。第三部分将分析这些体制所面临的危机的特殊性。最后一部分将讨论导致这些制度进行结构性改革的各种福利改革顺序。结论部分将侧重于描述俾斯麦福利制度主要变化的二元化过程。

"俾斯麦"福利制度的工业起源

使用"福利国家"概念来指称欧洲大陆的福利制度可能会产生误导，因为这些国家没有创建社会保险工具，也没有（而且现在仍然没有）完全资助或真正管理它们。最初国家的主要作用在于建立强制性的社会保险（关于使不同领域的社会保险成为强制性的各种立法法案的日期，参见第5章表5-1）。但在国家干预之前，社会保险机构往往是在企业或行业一级由工人自己或雇主建立的。

随着工业化的出现，生活条件改变了。大多数工业工人住在城市，远离他们的大家庭和其他需要时会提供帮助的当地提供者。他们无法自给自足。为了生存，他们不得不出卖劳动力——实际上，正如马克思和波利亚尼等人所描述的，他们被转化成了商品。当然，这意味着，如果他们因为年老、丧失工作能力、疾病、工伤事故——这些在工业化早期经常发生——或仅仅因为找不到工作而不能就业，他们就会面临巨大的问题。

为了应对这些情况，19世纪期间，一些工人——通常是相对政治化的/受过教育的/技术熟练的工人——形成了组织（Zola，1885）。他们模仿中世纪以来某些城市的同业工会和公司使用的方法，创建了所谓的"互助/济会"（英国），"救助基金"（德国）和"互惠互利的社会"（法国）。这些团结一致的社团成员应该属于同一职业/行业，并定期缴费（他们工资的一部分）。这些社团也成为政治讨论的场所，可以组织社会运动和罢工，也在工会的发展中发挥作用。组织的工人越多，他们就越能向雇主施加压力，并利用这种压力寻求改善成员的工作条件和福祉。

雇主并不总是寻求压制这些组织，相反，他们中的一些人认为自己有意于发展或补贴这些社团。伊莎贝拉·马雷斯(Isabella Mares,2003)表明,雇主在为工人提供社会保险方面有两个主要利益:第一,他们可以共同蓄力应对自己在经营中面临的风险,例如,必须为工伤的后果买单。一旦工人们被组织起来,并可以就过失提起诉讼,那么通过创建工伤事故保险制度来承担一定程度的责任并集体化风险是有意义的(Ewald,1986)。第二,面对劳动力市场的波动(劳动合同在 20 世纪之前并不常见),雇主不一定能留住他们的"好"工人:那些平和、工作良好特别是在技能方面接受雇主投入大量资金培训的工人。提供更高的工资往往不足以留住最好的工人,进而为技术熟练工人提供社会保护,以确保他们对公司产生依赖,这已成为劳动力管理的手段(Mares,2003)。

当然,并不仅仅是只有德国、法国以及比利时的雇主通过促进和资助其员工的社会保险计划来追求他们的经济利益。彼得·斯文森(Peter Swenson,2002)指出,美国和瑞典的雇主也支持为其工人提供社会保护。不过,欧洲大陆——尤其是德国、法国和比利时,以及程度较轻的奥地利和荷兰——所特有的是所选择的社会保护工具的类型,以及这些工具后来扩展的政治背景。

虽然美国选择了市场解决方案(雇主为其雇员同私人养老基金或私人医疗保险计划签约),以及英国(从 1911 年国家保险法开始)和斯堪的纳维亚国家(见第 5 章)是全民保险的国家解决方案,但是欧洲大陆国家倾向于依靠集体职业社会保险基金(德国 Kassen 和法国 Caisses)。这些社会保险基金不是作为私人公司运作的,而是作为由雇员和雇主代表(后称为"社会伙伴")领导的非营利性组织。然而,这些基金会不是(现在也还不是)公共机构:他们的代表尽可能寻求独立于国家。因此,当 19 世纪中叶法国在讨论是否要对社会保险制度的强制性进行立法时,一些代表工人的国会议员反对这种"福利国家"的理念,因为他们反对国家对于社会保护领域的干预。同样,当俾斯麦在分别通过 1883 年(疾病保险法)、1884 年(工伤意外保险法)和 1889 年(老年和残疾保险法)这三项社会保险法之后,希望加强国家在管理保险机构和为其筹资中所起的作用时,遭到了社会各界的反对,他们不信任专制独裁的国家,并希望捍卫他们的管理自主权以及他们经营的社会保险计划的资金自筹权(社会保险缴费是按工资征收,而不是按全部收入所得税征收)。

这种对国家或市场解决方案的不信任，在19世纪后期阐述的天主教社会教义中得到了回应，是对许多欧洲国家更多地参与教会干预的传统领域的反应，例如，教育和贫困救济（有关教会和国家的冲突见第18章）。这一宗教理念提倡将"辅助性原则"作为社会问题分配权限的主要原则，家庭第一，宗教慈善机构和其他社团（包括行业社团）次之，国家仅仅作为其他机构失败后的最后供给手段。如基斯·范·科斯伯根（Kees van Kersbergen, 1995）所证明的，这一天主教社会教义在塑造新兴的欧洲基督教民主党派的社会问题应对路径方面至关重要，而欧洲基督教民主党将成为20世纪欧洲大陆福利制度扩张的推动力量之一（Huber and Stephens, 2001a; van Kersbergen and Manow, 2009）。

这段短暂的历史记述有助于我们更好地了解第二次世界大战后幸存的社会保护制度的主要特点。产生于工业资本主义制度，集体社会保险制度主要侧重于为男性工人提供工作和收入保障。基于辅助性原则，他们不信任市场或国家的解决方案，偏向于职业社会保险，并专注于家庭的需要。它们的主要目标是在发生社会风险的情况下向被保险人提供替代性收入。不同行业或公司有独立的保险计划，它们高度分散和异质。在这个框架下，职业归属对于定义个人的社会身份至关重要；社会权利主要是通过工作获得，重点是集体保护和集体协商的权利。社会保险计划不是工业冲突的舞台，而是一种社会伙伴关系工具，旨在解决工业工人的社会和政治融合问题——德语是die Arbeiterfrage，法语是la question sociale——以及保证社会和平。就社会正义而言，这些计划关心的不是贫困或不平等，而是要确保福利与之前的工资水平或缴费记录相称，即加强所谓的等价原则（等效原理）。正如理查德·蒂特穆斯（Richard Titmuss）所说："社会政策的工业成就－绩效模型……融合了将社会福利机制作为经济辅助者的重要角色。它认为，社会需求应该在价值、工作绩效和生产力的基础上得到满足"（1974a:31）。

鼎盛时期的社会保险福利体制

俾斯麦福利制度的扩张是建立在战后特定妥协的基础上的。虽然西欧所有国家都认为，每个人在遭遇社会风险时应当受到保护，但一些政府还是决意寻求一种国家解决方案（英国和后来的北欧国家），而在基督教民主党或者占主导地位，或者发挥重要作用的欧洲大陆国家，政府选择忠于自己的历史，利用"俾斯麦式的手段"来达到贝弗里奇式的目标。他们没有从根本上改变所继承的社会保险制度，而是逐步将这些计划扩展到所有雇员和自营职业者（及其受抚养人），同时假定男性是主要劳动力，妇女将留在家里照顾孩子和/或受赡养的老人。

在那辉煌的三十年（1945—1975年福利国家的黄金时代）里，在欧陆西部，这些福利制度迅速扩张，但它并不是一种重大的突破，而只是逐步扩大已经存在的各种社会保险计划的覆盖面和慷慨度。很多时候，不同的职业群体希望保留或创建属于自己的保护计划，而不是被统整到一个覆盖全部人口的普遍计划中。因此，到20世纪70年代，这些制度已变得"准普遍"，即它们向所有工人提供社会保险，并为其家属提供社会权利，尽管它们仍然呈现为碎片化和不平等，为某些职业（核心工业工人、公务员）提供比其他职业（例如，农业工人或自营职业者）更好的福利。碎片化很强是这些制度的主要特征之一。20世纪80年代后期，德国有1 200个独立的地区性职业或以基于公司的医疗健康保险基金，但养老金的供给更统一化，主要有两个计划——一个是针对蓝领工人，一个是针对白领——以及针对矿工、公务员和个体经营者的特殊计划；在法国，有19个不同的健康保险计划、600多个基本养老金计划以及超过6 000个补充养老金计划。比利时和奥地利也非常零碎。荷兰有一个（贝弗里奇式）基本的普遍性养老金制度，但它也有许多单独的补充养老金计划和一些健康保险供应方。一般来说，失业保险的碎片化程度要低得多，但仍然体现了高度的"社团主义"，要么由社会伙伴共同经营管理，要么，如比利时，由工会经营管理。社会救助计划不是以保险为基础的，通常由地方政府运营，由税收资助并由公共机构管理。因此，家庭福利与以前的缴费没有关联性，而是发给所有家庭或针对最贫困的家庭。

在20世纪80年代初，德国、法国、奥地利、比利时和荷兰的俾斯麦福利制度具有相同的基本体制特征：

• 老年保险、健康保险和工伤意外保险对全部有依赖的工人和自营职业者都是强制性的（最富有的人在德国和荷兰不享受医疗保险），并普及了失业保险。

- 获取社会保险的权利主要基于以前从收入中支付的缴款。
- 福利以现金形式提供,且与过去的收入成比例,用替代率表示,并以缴纳社会保费为条件,因此被称为"缴费型福利"。甚至健康照护也被部分地认为是现金福利,健康保险覆盖或报销健康服务费用以及代替疾病期间的工资。因此,俾斯麦福利制度强烈地以现金为导向,将服务(如照护)留给妇女或第三方机构(以辅助性原则的名义)。
- 融资主要来自社会保险缴费——从在奥地利或德国占所有福利制度资金的2/3到法国的80%。
- 行政结构是准公共的,社会伙伴必定参与管理社会保险基金。即使国家参与其中,也必须是责任共担。在许多情况下,国家完全没有参与计划的管理——如德国的老年和健康保险,或法国的失业和补充职业养老金计划。

就社会结果而言,长期以来,这些系统的特征是中等程度的非商品化和强烈的社会分层再生产(Esping-Andersen, 1990),即相当大程度的(收入和性别)不平等。由于社会保险依赖于工作,因此欧洲大陆的社会保护制度依赖充分就业,以确保广泛的社会覆盖面。

在这些制度中,提供的社会保护水平取决于个体的就业状况、职业地位、性别和年龄。由于这些制度中社会福利的替代率相对较高(法国、奥地利或德国的老年养老金占净工资的70%左右,病假工资或失业保险占50%—70%),它们保障被保险人在生病或失业时在市场上享有一定程度的独立性(因此,安德森1990年提出与这种福利制度相关联的是中等程度的去商品化)。对市场的依赖是间接的,因为所提供的社会福利水平本身与以前的就业(和家庭状况)有关。但是,由于福利与收入和缴费(以等效原则的名义)成比例,社会保险计划就简单地复制了劳动力市场(蓝领与白领之间、技术工人与非技术工人之间)的高度不平等。覆盖面的普遍性取决于社会确保(男性)充分就业的能力。

除了法国和比利时在某种程度上是例外(Lewis, 1992),由于这些制度中大多数男性挣钱养家的模式占很大比重,所以妇女主要通过衍生机制获得社会保护,如以配偶或母亲的角色(见第17章)。儿童也是通过衍生福利而不是作为独立个体获得保护(从而给没有工作记录的年轻成年人带来了问题)。鉴于应享权利是与就业和缴费密切相关的,并且由于妇女通常没有从事有偿工作,而是承担了照护的责任,因此她们在养老金、失业、意外事故和残疾保险制度方面的福利要低得多(Häusermann,2010)。虽然这种强烈的性别偏见和权利的不平等已被女权主义者批评,但必须指出,许多欧洲大陆女权运动者本身一直长期倡导自由选择权:也就是说,为选择留在家里的妇女提供财政支持的计划,以及支持那些进入劳动力市场的女性的计划(Nauman,2005)。

从经济角度看,社会保险的重点是这些国家典型的工业和公共服务业的"标准就业关系",它应该被理解为符合具有欧洲大陆特征的资本主义发展类型。俾斯麦福利制度的扩张与大规模的工业化相联系,且主要发生在福特主义、工业资本主义的(战后)全盛时期。在这一点上,它既不同于英国这种早期建立的福利国家,也不同于在后工业背景下起飞的社会民主主义福利国家。欧洲大陆的福利制度也必须放在"协调市场经济"具体形式发展的背景下来理解,欧洲大陆的典型特征是需要耐心的资本、劳动力市场稳定、雇主和雇员之间的合作以及高技能水平。正如伯恩哈德·艾宾豪斯(Bernhard Ebbinghaus)指出的(Ebbinghaus,2010:259):

> 新社团主义理论认为,欧洲大陆福利制度的战后扩张是隐含的社会契约的一部分:扩大社会保护是为了接受社会市场经济的不确定性……在以出口为导向的经济体中,社会保护成为应对国际市场周期性趋势的重要缓冲,从而有助于维持奥地利、荷兰和瑞士等社团主义欧洲小国的社会共识。最近(Estévez-Abe et al.,2001),资本主义道路的多样性将德国及其邻国协调市场经济的发展……与有利于维持熟练劳动力的社会福利机构的出现联系起来。

总而言之,战后时期的俾斯麦福利国家假定男性全职工作,他们有长期而不间断的职业生涯,使得退休时间相对较短。在欧洲大陆的大多数国家,充分就业主要针对男性养家者。男性被想当然地设为应为整个家庭提供支持;也正是依据他的薪资获得了社会福利,经常采取各种措施阻止妇女工作。家庭对男性户主收入和社会特权的依赖导致更为重视工作安全和就业地位保障(资历原则,雇用规范和就业终止),而不是鼓励全体就业(Esping-Andersen,

1996c)。如下一节所示,所有这些特征似乎都使得这些国家在20世纪70年代后期遭遇的经济问题的后果变得愈加糟糕。

欧洲停滞

自20世纪70年代中期以来,发达民主国家的社会保护制度一直面临着新的但相似的社会经济挑战:资本流动增加、经济体之间竞争加剧、去工业化、大规模和结构性失业、人口老龄化和女性劳动力市场参与增加。但是,某些体制似乎比其他体制更容易受到这些变化的影响。实际上,这些困难不会对所有国家产生同样的影响,因为福利机构本身具有过滤效应。

欧洲大陆国家针对20世纪70年代的经济危机以及危机造成的失业增加,所采取的措施与北欧国家(公共服务部门的补偿性增长)或说英语国家所奉行的新自由主义战略(紧缩、放松管制和提高劳动力市场灵活性)是截然不同的。在1950—1970年盛行的逻辑背景下,欧洲大陆国家首先想的是,通过将其他工人(非熟练工人、妇女、年轻人)排除在劳动力市场之外,来保有技术熟练的男性工人的工作。因此,这些国家试图通过减少工作供应,实施"劳动力缩减"战略来解决他们的就业问题,这导致Esping-Andersen(1996a)所称的"无工作福利"综合征。

欧洲大陆国家赞成收入保障、提前退休和减少工作时间,以维持高技能、高生产力、长期(男性)工人的工资和工作保障。企业本身起初倾向于一种基于高工资和高质量生产的战略,这两种战略都青睐长期和高素质的工人,而以牺牲质量低劣或不合格的工人为代价。劳动力的裁减通常是在收入保障和提前退休的基础上协商谈判的,寄希望于生产率的增加能够抵消大规模退休的成本(Kohli et al.,1991)。这些战略得到了国家的支持,一方面为提前退休安排提供了大量补贴,并保持高水平的失业补偿,另一方面创造了各种社会保障福利,旨在保证退出劳动力市场的个人的最低收入。

20世纪80年代和90年代初所采取的战略与基于"家庭工资"的社会保护模式密切相关:男性是整个家庭工资和转移收入的来源,因此男性的收入和社会保障应该首先受到保护。但这导致就业水平极低和劳动力市场高度两极分化(Esping-Andersen,1996c),即一端是一个完美统一的群体(25—55岁之间的技术熟练的男性),另一端是一个被边缘化与排斥的群体(技术很低或不熟练工人、年轻人、妇女、55岁以上的工人和移民)。虽然在20世纪90年代男性劳动力参与率与北欧国家相当(75%—80%之间),但55—64岁的劳动力参与率却要明显低得多:1992年,比利时为22.2%,德国为36.2%,法国为29.8%,荷兰为28.7%(欧盟统计局就业数据系列)。

尽管这些国家面临的问题是巨大的(20世纪80年代和90年代的比利时、法国和之后的德国,增长非常缓慢,失业率极高,奥地利和荷兰做得相对较好),但直到最近,在俾斯麦模式中实施变革仍然很困难。在分析"全球经济中的国家适应"以及比较不同福利制度应对新经济挑战的能力时,埃斯平-安德森强调了大陆福利国家安排的僵化刚性,也谈到了缘于德国、法国和意大利"冻结型福特主义"的"冻结的大陆景观"(Esping-Andersen,1996c)。他的结论是:"这些举措叠加起来非常有利于这些国家的福利'现状'"(同上267)。沙普夫和施密特(Scharpf and Schmidt,2000b)也同样认为,尽管所有的福利国家在各个方面都很容易受到日益开放的经济的影响,但基于社会保险的福利制度面临着最大的困难,而保罗·皮尔森(Paul Pierson,2001c)指出,在保守型社团主义政体下,重大的福利国家改革是最罕见也是最成问题的。然而,这些批评是出现在欧洲大陆各国在新千年到来前已完全清晰可见的重大变化之前的。进入21世纪,所有欧洲大陆国家都对其福利制度进行了重要的结构性改革。尽管这些变化仅在过去十年中对大多数评论者来说才是了解透彻,但它们必须被理解为更长远的改革轨迹的高潮。

对俾斯麦时代的漫长告别?

近来的发展和研究表明,欧洲大陆福利制度并不是冻结僵化,而是经历了一个实质性的转型过程:首先是相对静默的制度变革,然后是在21世纪初发生的一系列相对突然的结构性变化。为了呈现和理解这些发展,我们必须分析就上述危机所做出的第一反应后的三个阶段。在帕利尔和马丁(Palier and Martin,2008)所介绍的各个社会政策领域中以及帕利尔(Palier,2010a)所涉及的一个一个的国家中,都可以找到俾斯麦福利体制的这种逐渐转化的详细说明。

怯懦和协商而成的紧缩

20世纪70年代和80年代采取的劳工缩减战略的结果是,因为是通过持续提高社保缴款以资助那些失业的人,所以使得整体就业率下降和劳动力成本上升;越来越少的工人不得不支付越来越多的钱来维持他们的社会保障,并为那些不做不为的人提供收入。这一趋势与90年代初期的新经济背景直接产生了冲突,彼时单一市场(1992年)开始执行,单一货币(1993年通过的马斯特里赫特标准)处于筹备中。20世纪90年代中期欧洲大陆各国的特点是通过了一系列决定,旨在不减少或保稳社会支出。

这些改革旨在降低社会福利水平,同时保持体制的逻辑性。这里可以提及20世纪80年代末90年代初德国所谓的养老金和健康保险计划的"合并"改革、奥地利的多项养老金改革以及法国旨在"拯救社会保障制度"的行业改革(20世纪90年代初照护行业的新医疗保健协议、1992年通过的失业保险新福利以及1993年以后计算退休金的新公式)。这些改革具有某些特点,均与社会保险福利制度的具体设计有关。

减少福利支出的主要技术是加强福利额度与缴费额度之间的联系(通过改变福利计算公式和/或采取更严格的资格规则)。这当然依赖于计划的现有逻辑(获取社会福利的权利来自支付社保缴费),尽管这些改革通常意味着从再分配(横向和纵向)转向精算原则。例如,1989年德国通过的养老金改革计划对在标准退休年龄之前领取的养老金实行永久扣减,逐步取消提前退休的补贴(到2012年),将指数化方法从工资毛额改为工资净额,以及增加向该计划支付的联邦补贴(Hinrichs,2010)。在法国,1993年的养老金改革仅限于私营部门的雇员,将有资格领取参考工资50%的全额养老金所需的缴费年限从37.5年增加到40年。同时,"参考工资"为最好的25年(而不是10年)的平均工资。当前福利给付的指数化将从总工资转向价格。同样,1992年法国为获得失业救济所需的缴款期限也有所增加(Palier,2010b)。在奥地利,评估基础从5年逐步延长到15年并且限制了早期的养老金的资格(1996年),同时在1995年提高了个体经营者和农民的缴款费率。此外,大联盟政府颁布了措施,使公务员养老金计算与一般养老金计算协调统一,并改变了福利的指数化方法(根据净工资额而不是总工资调整),引入了提前退休情况下的扣除额(Obinger and Tálos, 2010)。

这种改革通常会引起较大的阻力,因此必须与社会伙伴进行谈判才能获得认同接受。由于这些制度是通过对工资征收的社会缴款(并非通过税收)来提供资金的,因此那些对该制度做出贡献并从中受益的人的代表是有关社会政策改革的政治博弈的关键参与者。他们在这一过程中有发言权,并有权最终阻止他们反对的提案。社会伙伴接受福利削减通常是在交换条件的基础上达成的,与筹资公式的调整相联系(Bonoli, 2000a)。社会保险计划的紧缩往往伴随着责任的明确:政府向社会伙伴提议,国家承担非缴费型福利的融资(面向老年人、残疾人、长期失业者的统一最低社保标准;因失业、抚养子女等没有工作期间的缴款贷记),以换取他们接受社会保险福利的削减。通过这些谈判,工会通过对养老金权利改革设置一个分几段的长期过程和对失业保险福利的双重调整,保证了当前"圈内人"的地位,以前全职工作的人受益更多,而那些工作不稳定的人受益更少(Clegg, 2008)。这些谈判开始通过发展税收资助的非缴费型福利,为"非典型"工人引入一个新的福利计划。

制度变革/元改革

这些最初的紧缩倡议极难实施,并引发了诸多不满。它们经常需要缩减尺度以获得接受。它们造成的政治困难和未能充分实现预期的结果(社会支出继续增加,失业率仍然顽固地高企),向各国政府传递了这样的教训,即这些体制的制度设定本身已成为一个问题。因此,各国政府越来越集中精力进行旨在改变这些福利制度基础的"制度元改革":融资机制(更少的社会缴费和更多的税收)以及管理筹划(削弱社会伙伴,私有化或"国有化")的变革。

20世纪90年代初以来,基于社会保险的福利制度越来越被认为加剧了经济、社会和政治困难。在缩减之前,社会保险福利被用作对经济危机受害者的支持(补偿)和作为对抗经济危机的工具(通胀政策、无工作福利策略)。在下一个阶段持续增加的社会支出难以负担时,削减支出可以看作实际上是在挽救社会保险,因为社会保险自身亦被认为是危机的受害者(资源减少、支出增加)。在支持进一步深化改革的新分析中,这些系统被视为一场更为普遍的危机的一部分。某种程度上,社会保险现在被控是导致各种经济、社会和政治问题的原因:社会缴款的巨大负担,造成阻碍竞争能力和阻碍创造就业机会的高昂劳动力成本,以及通过对社会伙伴施加不当影响来削弱国家控制支出和实施改革的能力。

俾斯麦社会保险的基本支柱,即基于缴费的融资和社会伙伴参与社会保障的管理,已经受到严格的审议。最近的一些改革旨在修改这些体制安排。法国的情况确实如此,它增加了对社会缴款的豁免,制定了一种新的税收来资助非缴款性社会福利,并赋予议会在社会决策过程中的权力。在德国,限制社会缴费水平在20世纪90年代后期的改革中至关重要,并且引入了新的税收("绿色税")以资助一些社会福利,而21世纪初增值税的提高取代了一部分雇主的缴费。变革还意味着对制度的治理,那通常会牺牲社会伙伴的利益。可以看到两个趋势:加强社会政策制定中的国家干预(在所有俾斯麦福利制度中高度可见)和一些社会保护职能的私有化(表现为法国的私人补充医疗保险、各国的养老基金以及荷兰就业服务私有化等的作用日益增强),与此同时,已经引入了新类型的福利来支持最贫穷的人。他们的缴费记录不足以享有社会保险金:法国的最低收入、德国的最低养老金和比利时的失业福利余额。这些体制改革引入了新的工具,通常与不同的福利逻辑(锚定目标、征税、公共或私人管理福利)相联系。它们为在21世纪初的深层次结构性变革铺平了道路。

2000年以来的结构性改革

自21世纪初以来,欧洲大陆国家正在掀起新一轮的改革浪潮。

• 在德国,2001年,里斯特养老金改革计划进一步限制了国家养老金水平,而且还通过个人或职业养老金计划创造了补充未来养老金权利的可能性。在21世纪初期,四次所谓的哈茨改革深深地改变了德国的劳动力市场和失业保险,激活并扩大了低成本工作岗位;在2003—2007年间,医疗改革增加了患者的共付额以及健康保险供应商之间的竞争,并实施了新的税收融资安排(Hinrichs,2010)。

- 在法国,2001年的失业改革意味着大多数失业者都能得到激活,同时开发了越来越多的在职福利(就业津贴、社会保障收入/工作年限)。2003年的养老金改革将削减的范围扩大到公共部门的工作人员,但也制订了个人和职业养老金储蓄计划。在整个20世纪头十年,门诊医疗保健部门的共同支付额增加,使私人保险发挥了更大的作用,而2004年和2008年的卫生改革增加了国家和地方公共当局对公共医疗卫生系统的控制,尤其是对患者医疗保健使用和医院的控制(Palier,2010b)。

- 在奥地利,21世纪前五年的各种养老金法案关闭了提前退出的选择,通过将公务员纳入一般计划来统整协调该制度,降低了现收现付福利水平,并逐步引入一个补充性私人支柱(像早先意大利的情况,通过先前遣散费的转换筹资)。就业政策的特点还包括更严格的失业救济条件,更加依赖激活政策,加大力度为非技术工人创造就业机会。在医疗保健方面,由于不断增加的共付额和应用新的筹资原则减少了雇主的缴款,私人医疗卫生支出占总支出的比例不断增加。与此同时,已经建立了新的国家机构,以更好地控制该体制(Obinger and Tálos,2010)。

- 在比利时,失业保险改革以最低收入保护为重点之后,于1999－2005年间采取了激活措施,并通过了一项旨在减少提前退休的代际协议;由社会保障提供的国家养老金已经变得如此之低,以至于中等收入和高收入者只能依靠职业和私人计划获得与其过去收入相称的养老金。2003年的补充养老金范登布鲁克法案旨在推广这种私人养老金供给(Hemerijck and Marx,2010)。

- 在荷兰,激活政策可追溯到20世纪90年代中期,对低技能工人、妇女、年轻工人、外国公民和长期失业者而言,有所谓的"挤奶(Melkert)工作";1997年开始削减长期失业和低薪工人的雇主社会保障缴款;1998年的"求职者就业法"(WIW),对每项新的失业救济都进行了评估面谈。健康保险计划之间的竞争在2005年开始显出效果(Hemerijck and Marx,2010)。

除了传统社会保险计划的这些变化以外,新的"照护政策"也正在出现。德国将为家庭提供更多的托儿设施,同时90年代后期实施了新政策,以应对长期照护的新社会风险或老年人赡养等问题。这些新政策包括德国新的社会保险计划(长期照护保险)、奥地利的税收资助计划(照护津贴)和法国新的抚养福利(个性化的独立生活津贴)。后面的这些措施大多属于传统的社会保险框架,但他们假设妇女将活跃于劳动力市场上——从而适应男性养家糊口模式的消亡——并已成为服务部门(为妇女)创造低薪工作的工具(Morel,2007)。

这些体制和结构变化的累积意味着大陆福利制度的一般模式正在发生变化,表现出从旨在维持收入和地位的制度转向就业和市场友好的福利制度。改革的目标和工具都与俾斯麦体系对社会问题的传统反应的典型特征有很大的不同:引入养老金供资计划,减少提前退休养老金,激活非活跃人口(包括母亲甚至单身母亲),从而使照护服务非家族化,并增加了国家对公共卫生支出的控制,辅之以引入竞争以及健康保险制度大肆私有化。在许多领域,这些改革也意味着削弱社会伙伴的自主权。这些结构性变化和以前的"裁员战略"有很大不同,即各国政府都在寻求方法摆脱"没有工作却有福利"的陷阱。从长远来看,这些发展也可能迫使俾斯麦福利体系本身发生结构性转变。

这种结构上的适应一开始看起来可能是微不足道的。然而,对国家案例的研究表明,尽管这些政策在引入时可能显得微不足道,且通常仅作为对仍处于中央地位的社会保险制度的补充,但它们会逐渐发展,在一个国家内形成真正的福利"第二世界"的基础(关于这些福利制度中累积但变革性的变化,可参见Palier,2005)。因此,福利供给的二元化可能是近期改革的主要后果之一。

结论:迈向新的俾斯麦二元论

近期的改革导致多重二元化:在公共体制内发展起两种福利模式;在公共系统中增加一个私有部分;在被保险的内部人员和被帮助或被激活的外部人员之间划分人口。除了已有继存——但更加个性化和部分私有化——的社会保险计划,对于局外人来说,工作和福利的次优现象正在形成,它由衍生的"非典型"工作、活化政策和有针对性的经收入审查的福利组成。这意味着同样的原则和制度不再能覆盖所有人:俾斯麦社会保险模式不再能够实现贝弗里奇式目标!

因为通过更严格的资格标准使得社会保险计划进一步萎缩,所以社会保险覆盖的人越来越少,被覆盖的人获得的保险也越来越少。但这种社会保险的缩减使得其在公共体系之下(最低收入覆盖最贫穷者)和之上(私人自愿组成部分,即私人养老基金和私人医疗健康保险)都留下了空间。对俾斯麦福利体制来说,这是一个新的架构,社会保险仍然是中心,但不再霸权。

这种新的架构在社会上创造了新的垂直二元论形式。人口本身似乎越来越分化为两类:一类是雇主或个人财富使他们能够继续享受慷慨的社会保险方案和私人补充福利;另一类是那些已经脱离这一制度并依赖最低福利的人。对于后一类人,人们可能应该将那些被"激活"的人加入非典型合同中,据此他们可以从二级劳动力和社会保护中获益(Clegg, 2008)。因此,社会保障改革加剧了不平等,并将社会划分为局内人与局外人(Palier and Thelen, 2010)。

有人可能会认为,这种二元的改革模式是适应新的经济和社会世界的典型(保守和社团主义)方式(Bleses and Seeleib-Kaiser, 2004),并假设这种划分路径是相当稳健的,有可能塑造欧洲大陆国家福利供给的未来。尽管这些体制已经支离破碎,也不平等,但很明显,最近的趋势有可能加深这种分化,造成新的社会分裂:双重劳动力市场、双重福利制度以及局内人与局外人之间比之前更加分化的社会。

第42章 南欧国家

毛里齐奥·费雷拉(Maurizio Ferrera)

引 言

意大利、西班牙、葡萄牙和希腊是一个独特的"福利世界",具有一些共同的制度性特征。这一观点是在20世纪90年代上半叶,在三类同时出现的研究文献中提出的。第一类是埃斯平－安德森关于福利制度的开创性著述引发的类型学争论。意大利是埃斯平－安德森国家样本中唯一的南欧国家,它被归入保守的社团主义集群。随着政体理论的比较和分析范围的扩展,一些学者开始建议,将四个南欧国家作为一个单独的集群,这在实证经验上更加精确、在理念上前景更好。人们提出了各种各样的标签("拉丁语系""地中海""天主教",最终确定为"南欧")来表示这种集群并在整个20世纪90年代引发了一系列研究,以期捕捉这四个国家的具体组织特征、总体运行逻辑以及福利制度的分配效果。

第二类研究文献是对希腊、葡萄牙和西班牙民主制巩固后出现的"新"南欧的争论(Gunther et al.,1995;O'Donnel et al.,1986)。虽然有充分意识到每个国家经验的特殊性,但是这场争论确定了这四个国家(包括意大利)在20世纪80年代期间在政治制度和社会经济方面都遵循的现代化道路的共性。在20世纪90年代初,一些研究这一文献的学者发现了这些社会政策(Castles,1995;Ferrera,1996;Petmesidou,1996),并开始强调他们在整个地区的

"集群相似性",还着手调研福利国家计划在锚稳民主制度、促进社会凝聚力和经济增长方面发挥的关键作用。

第三类争论是由欧洲委员会推动的,并以"多样性和趋同性"为中心问题。继1992年通过了两项"社会"建议之后,委员会发起了大量的研讨会、专家研究和报告倡议,其目的是评估各成员国在社会保护领域体制适应方面的现有差异,以期提出变革的指标,并引发对如何促进趋同的反思。这第三场争论对南欧独特的福利"模式"或"类型"的理念产生了两个重要的推动作用:它提供了大量的定性和定量数据,可用于详细的、对比性的特征归纳。基于这些特征,欧盟委员会在各种文件中官方认可了"欧洲社会(保障)"的四重划分,从而使社会保护中典型的"南欧"体系与"盎格鲁-撒克逊""北欧"和"欧洲大陆"三种体系一起,合法存在(欧洲委员会,1993年和1995年)。

在过去十五年里,这三场争论相互交织,但也保留了自己的具体研究议程和分析焦点。因此,在政体争论中,一个主要的关注点仍然是确定南欧"世界"的实际性质:它是不是一个完全成熟的政治体制,是否与其他三个模式明显不同?它是保守社团主义政治体制的一个不发达的变体吗?还是应该被认为是一种混合型模式,一种在社团主义和自由主义政治制度之间的中间道路,甚或可能是北欧的一种?不同的作者提供了不同的答案,这取决于他们选择的数据、指标、时间框架和分析角度。

第二场争论较少关注本体论问题,而是试图在更广泛的欧洲背景下捕捉南欧福利国家形成之路的特色和方向。意大利、西班牙、葡萄牙和希腊基本上被视为一个"国家集群",表现出众多的亲缘关系,因此在其现代性的旅程中都遇到了相似的发展挑战。除了确定和描述共同趋势、历史顺序和关键节点外,这场争论始终对东西轴线(例如,伊比利亚国家同意大利和希腊的对比)和南北轴线(例如,突出了许多"南方的南方"地区落后的持续存在)区域内的变化保持强烈的关注。通过大量的历史比较研究,这些研究文献的作者揭示了欧洲南部边缘"支离破碎的现代性"的新方面和新维度,在整体图景中确定了社会政策的具体地位和作用(Morlino,1998;Rhodes,1997)。

第三场争论与第二场争论一样,对变革和现代化的动态感兴趣,但它采用了较短的分析时间框架,主要集中在20世纪90年代和21世纪初为应对不断变化的需求和限制而引入的体制概况和支出承诺。这类文献的主题是南欧福利日益增强的"欧洲化",即逐渐克服过去遗留下来的差距和扭曲,使得这四个国家能赶上更加发达的欧洲大陆和北欧体系(Featherstone and Kazamias, 2001;Ferrera,2005b)。

在自由地借鉴这三场自由争论的基础上,本章将对南欧四个福利国家的特征及其发展轨迹进行描述。第一部分将描述政治和社会经济现代化的主要动力。第二部分和第三部分将简要介绍最重要的福利计划的开启、整合和扩展。正如我们将看到的,在扩张轨迹线的巅峰时期,大约在1990年,这四个国家确实有许多共同的特征,这在很大程度上支持了南欧类型独特性的主张。第四部分将重构过去二十年改革的历程。这种重构将以"重新校准"为框架,即一系列制度变革,旨在逐步重新平衡跨风险和跨社会类型的社会保护。结论部分将简要说明南欧福利文献对比较福利研究领域的总体贡献,以及南欧经验可能为世界其他地区的国家群体(或个别国家)提供的政策"教训"。

艰难的现代化之路

南欧四国在社会经济和政治衰退的情况下进入了现代化进程(Malefakis,1995;Sapelli,1995)。在整个19世纪,它们的经济特点仍然是农业落后和存在大量的不发达地区。特殊的文化特征和保护与被保护的庇护关系在南欧持续的时间要比欧洲其他地区长得多(Eisenstadt and Roninger,1984)。由于宗教因素和教会的阻碍作用,国家建设中有着强烈的"家庭主义"和较低的"国家性"(Castles,1994a)。工业化在19世纪和20世纪间腾飞,并得到了国家的大力支持,从而产生了一种独特的"辅助资本主义"形式。产业腾飞的时间压缩和内部分化加剧了社会冲突,导致工人阶级急剧激进。向大众民主的过渡是困难的,而且反复受到激进右派和激进左派的挑战。20世纪带来了长期的专制主义:意大利有着20年左右的法西斯主义,西班牙有40年的佛朗哥主义,在萨拉扎尔和卡埃塔诺斯的葡萄牙实行了半个世纪的独裁统治以及希腊反复出现的独裁统治时期。

在"辉煌的三十年"期间,现代化的动态变化终于获得了动力,一个快速且高度紧迫的变化过程得以展开,这不仅影响经济,而且影响社会、文化和政治层面。意大利是第一个飞跃发展的国家,它早日巩固了新的民主制度,并创造了经济奇迹,使得20世纪50年代至70年代间的人均收入翻了一番。在其他三个国家,经济发展较为缓慢,但在20世纪60年代和70年代初期,伊比利亚国家和希腊都变得越来越富有,并且更开放和更世俗化。随着专制政权在20世纪70年代中期的消亡和民主的回归,从大西洋到爱琴海变成了"新"的南欧国家。

然而,滞后和紧迫的现代化留下了一些悬而未决的问题,特别是在劳动力市场方面。与核心的欧洲大陆国家相比,四个南欧国家在就业水平和充足的"好工作"供应方面长期处于落后状态。这主要是由于起始条件的差异:在20世纪40年代和50年代,这些国家主要是农业和自主就业的国家,非正规经济在这些国家中占了很大比重。因此向工业福特主义的过渡要比其他地方复杂得多,并且在20世纪70年代石油危机冲击西方经济时,这种过渡仍在进行中,增加了南欧的脆弱性并破坏了福特主义筹谋本身的可行性。

在向工业主义过渡期间引入的一些政策造就了南欧劳动力市场的另一个特点:明显的局内人/局外人分裂。所有四个国家都为在核心经济部门工作的人(例如,公共部门和大型工业企业)制定了高度保护性的就业制度(特别是在就业期限方面)。这些体制作为区分手段,将南欧劳动力市场逐步划分为三个在工作条件和工作保障方面截然不同的并列部门:"核心/正规部门""外围/非正规部门"和"地下部门"(Ferrera,1996;Moreno,2000;Peréz-Diaz and Rodriguez,1994)。核心/正规部门的特点是,在招聘和解雇方面有严格的规定,工作稳定性高,"家庭工资"与资历密切相关。外围/非正规部门(例如,小企业、建筑部门等)的特点是更灵活地进入和退出规则,工作具有不稳定性(定期合同、季节性就业等),以及工资结构差异更大。地下部门(按定义)的特点是明显的流动性、非正式和差异化的规则、非常高的工作不稳定性和基于业绩的(低)工资。后两个部门的庞大规模,以及随之而来的有保障和无保障工人之间的两极分化程度,仍然是南欧劳动力市场的标志性特征,特别是在20世纪70年代和80年代。

南欧劳动力市场与欧洲大陆劳动力市场具有一个共性特征:女性劳动参与水平低。在20世纪50—70年代之间,西班牙、意大利和希腊的女性就业率保持在30%以下。在葡萄牙,女性就业水平已经有所提高,因为葡萄牙男性服兵役率很高,这迫使许多妇女从事有薪工作。女性工人进入核心/正规部门的机会比较有限,她们大多受雇于外围和地下部门,特别是在农业部门。

20世纪80年代,南欧劳动力市场经历了一个快速的变化过程(Bermeo,2000):农业衰退、第三产业加速发展、经济经历了大规模的生产性重组、就业的灵活性开始增加。与所有其他欧洲国家一样,失业率开始飙升:到20世纪80年代中期,四个国家的失业率都在8%以上,其中,西班牙的失业率最高达20%。失业的瘟疫(及"不稳定的就业")尤其打击了年轻人和女性。因此,20世纪80年代,局内人/局外人的分裂具有明显的代际和性别差异。

福利国家的形成:二元社会保险

南欧社会保险的早期起源可以追溯到二十世纪头二十年(Ferrera,2007)。意大利率先发展,早在1898年引入强制性工伤保险,然后在1919年为老年、伤残和失业人员建立强制性保险。希腊在1915年推出了针对工伤的(有限)保险,但其社会保险制度的真正基础是1934年实行的强制性养老金和疾病保险。伊比利亚国家在1919年迈出了走向社会保险的第一步,但在20世纪30年代(葡萄牙)和40年代初(西班牙)才建立了完全成熟的保险制度。

在意大利,福利扩张的巨大浪潮发生在20世纪50—70年代之间,在此期间实行了一系列改革,特别是在养老金领域。在20世纪60年代和70年代初,其他三个国家的社会保险计划也得到了巩固,但其大规模的扩张却是在向民主转型之后,进行了深刻的改革,推高了支出。20世纪80年代,希腊的实际养老金支出增长了94%,葡萄牙增长了27%,西班牙增长了23%(OECD,2004c)。

尽管时间有所不同,但是四个国家的社会保险形成路径显示出一定的相似性。首先,社会保险与细分的劳动力市场共同发展,因此导致内部两极分化:核心/正规工人的慷慨权利、外围/非正规工人的适度福利以及那些无法与正规劳动力市场建立正式联系的工人很少的补贴(如果有的话)(Gallie and Paugam,2000)。除此之外,在扩张阶段,南欧社会保险使老年风险获得了过高的权利,并且只保留了家庭福利的边际作用(Ferrera,1996)。得益于极为慷慨的法律规定,四个南欧国家的缴费型养老金替代率在20世纪90年代初是欧盟成员国最高的,而失业者、家庭受抚养人和普通穷人的福利价值是最低的(欧洲委员会,1993)。这种二元性使南欧的收入维持体制既不同于基于普遍包容的高度同质的北欧模式,也不同于欧洲大陆的其他"社团主义"模式,其特点一方面是"高"和"低"保护之间的差距小得多,另一方面,老年和其他社会风险之间的差距也小得多。然而,必须指出的是,在医疗保健领域,与社团主义传统的联系被打破,朝着更加同质化而不是分裂和二元化发展(Ferrera,1996;Guillén,2002)。事实上,四个国家均在20世纪70年代和80年代建立了全民的健康卫生服务:这是一个罕见但非常重要的基本"路径转变"实例,有助于使福利国家大厦的轮廓变得圆润,并有助于提高这些国家的社会支出的配置和分配效率——在更大的"去商品化"和"去阶层化"方面也具有重大影响(Bambra,2005a)。

如何解释南欧社会保险特有的制度架构?除了"发展"和社会经济因素之外,争论还突出了政治性—体制性动态的作用,特别是强调意识形态的两极分化以及极大化和分裂左派的存在(Diamandouros,1994;Ferrera,1993;Watson,2008)。左翼党派进行了艰苦的斗争(自20世纪50年代以来在意大利,自70年代以来在其他三个国家),以便朝"社会主义"推动广泛的福利改革(广泛的覆盖面、慷慨的福利、国家广泛的再分配作用)。例如,正是由于这种压力,意大利、希腊、西班牙和葡萄牙宪法包括关于国家社会责任的非常雄心勃勃的规定。在医疗保健方面,左翼成员都非常坚定地追求一个普遍性的计划,建立国家医疗卫生服务体系在很大程度上被看作是左派对保守-社团主义利益集团(包括天主教会利益集团)的"政治胜利"(Guillén,2002)。然而,在转移福利领域(特别是养老金领域),南欧社会主义及其内部分支(共产主义者与社会主义政党、最高主义者与改革主义工会)的"工人主义"倾向采取的是有利于社团主义分裂的做法。面对一个强势保守(以互惠为导向)集团的激烈竞争——同时也在相互竞争——左派势力选择了二元主义政策:一方面是改善核心产业工人福利的政策,另一方面是对边缘工人的弱补贴政策(偶尔具有特殊性质)。因此,南欧社会保险制度在扩张的路线结束时所表现出的内部不平衡问题,可以部分被视为特定政治竞争模式的副产品。

薄弱的社会保障体系和强势的家庭主义

促进社会救助和与贫困作斗争是南欧福利国家政策成就中最薄弱的一部分——至少在20世纪80年代末是这样（Matsaganis et al.，2003）。南欧所谓的社会安全网发展缓慢，要通过一系列分散且主体分类的额外附加（孤儿、寡妇、残疾人、贫穷的老年人等），有单独的规则，现金福利、（普遍不发达的）服务以及宽阔的漏洞之间基本没有整合。因此，传统上南欧的贫困水平仍然很高（Atkinson，1998a；Petmesidou and Papatheodorou，2006；Saraceno，1997）。许多贫困家庭当时（现在也大多数）没有资格获得社会救助，因为他们不能满足各种分类计划中的限制性条件。毋庸讳言，受这种综合征影响的人包括所有最大的局外人群体：长期失业者、劳动力市场的新进入者、非正规部门和地下工人以及越来越多的移民。

三个因素有助于解释社会救助在南欧社会保护制度中的边缘作用：家庭的作用、地下经济的发生率和低行政能力。

在历史上，家庭一直是南欧社会的基石，对其家庭成员担负起有效的"社会减震器"和福利经纪人的职责，并应对各种风险和需求，从儿童保育到失业，从照顾老年人和残疾人到住房（Flaquer，2000；Naldini，2003；Castles and Ferrera，1996）。扩展的大家庭，包括三代或更多代（和/或旁系亲属），在根深蒂固的文化规范支持下，已经存在了太久的时间，实际上一直延续到现在（Moreno，2006）。即使在最近几十年里，大家庭实际的共同居住比例已经下降，而家庭成员之间的团结关系仍然比欧洲其他地区更强，因此，在整个这块地区，一种特殊的"照护体制"显得清晰可见（Bettio and Plantenga，2004）。南欧家庭主义基于一个根深蒂固的假设，即已婚妇女是家里的主要照护者，这也是传统上由教会社会教义促进和强调的假设（Morgan，2006；Valiente，1997）。社会救助职能的"家庭化"已经产生了一种区别对待的性别制度（有正式和非正式规则），主要是根据妇女的家庭角色来看待她们的职责，同时在有经济需要时将她们不受保护地送入市场（特别是非正规部门和地下部门）（Saraceno，1994；Trifiletti，1999）。

从发展的角度来看,强势的大家庭和家庭文化的存在,最初在公共社会救助和面向家庭的政策方面起到了阻碍作用,使得对这些领域的福利和服务需求保持在较低水平。根据"辅助性"原则,家庭将满足其所有成员的照护需要,并保障基本的经济安全;国家可以避免在这方面进行干预,并集中于其他优先事项(其中,养老金通常有优先权)。这种综合体制无疑在包容性方面取得了一些积极的成果:穷人更加牢固地融入社会结构,但也产生了一些制度性陷阱(包括制度本身的自我复制,参见 Flaquer,2000)和各种社会经济病态:女性就业率低,特别是在西班牙、意大利和希腊,以及妇女生育率的急剧下降——被繁重的家务和不友好的劳动力市场前后夹击——这些都清楚地表明在南方福利模式中存在较高的社会压力(Aasve et al.,2005;Del Boca and Wetzels,2008)。

非正规和非正式经济,是削弱公共反贫困和亲家庭措施的功能及政治需求的第二个因素。非正规经济为边缘劳动力(例如,在农业、建筑部门或零售贸易中的季节性工人)提供了大量的就业机会,提供低工资——低缴款——但至少为社会保护体制(如医疗保健或最低养老金)提供了一些着力点。黑色经济(估计占国内生产总值的 15%-30%)反过来又增加了同样丰富的赚取收入的机会,并且一直是所有局外人,特别是妇女和年轻人的重要收入来源。众所周知,南欧的穷人家庭会把所有可能的零星收入凑到一起来实现收支相抵。例如,祖父的社会养老金、丈夫"官方"但适度的季节性收入、妻子的失业津贴、非正规经济中一些未申报的收入(Ahn and De la Rica,1997)。

强烈的家庭主义和大规模的地下经济在社会保护的需求方面起作用,第三个因素则在供给方面发挥作用:较低的国家能力限制了创新和改革,因为担心激活或加剧"群体掠夺"等特殊行为和综合反应(Arriba and Moreno,2005)。众所周知,国家提供基于经济状况审查的福利需要一定的行政能力,但南欧国家行政能力的发展非常缓慢。在一定程度上,由于威权主义的遗留,这一地区的行政体系历来遭受着自主程度低、执行效率低以及缺乏动力去发展那些管理个体化社会权利所必需的关系和实用技能的困扰。此外,南欧一些地区的行政系统的机构自治程度较低,使负责福利给付的官员难以承受外部压力(Cazorla,1992;Ferrera,1996;Sotiropoulos,2004)。因此,福利管理者和受益者之间的关系常常由地方和中央当局之间的"经纪"机构(有时与政党或工会相联系)

来调节。大家庭、高比例(主要是传统的)自就业、大量的非正规经济、逃税和体制上薄弱的行政机构,组合在一起,为建立和巩固基于普遍标准的社会保障体系创造了特别贫瘠的土壤。特别是在意大利和希腊,对引发或加剧"福利赞助"的担忧往往被作为限制目标计划范围的政治制度理由,而不是基于相对直接的分类标准(如年老或身体残障)(Matsaganis et al.,2003)。

改革和"重新校准"

南欧福利国家在20世纪90年代仍处于不完全成熟的状态,内部失衡严重。走出这种病症最简单的方法是,通过更多的制度化和量化增长,逐步消除失衡,从而完成发展路径。但是这种选择由于外生约束而变得更加困难。1993年《马斯特里赫特条约》生效时,葡萄牙的公共赤字为7.1%,西班牙为7.3%,意大利为9.5%,希腊为16.3%,欧盟平均水平为6%,而设想的是到1998年国内生产总值/赤字最高比率为3%。因此,南欧福利国家同时被迫面对内部金融和机构重组的政治危险任务。事实上,南欧是福利国家"重新校准"这一隐喻最为恰当的地缘社会背景(Ferrera et al.,2000;Ferrera and Hemerijck,2003)。此外,正是在这种背景下,这一比喻最明确地被作为政策改革的参考点:不管是就其本质上,还是就"赶上"欧盟其他成员国这一更广泛的目标而言——准确地说,被视为拥有一系列更加平衡和稳固的社会计划(Guillén et al.,2001;Guillén and Matsaganis,2000)。

改革议程聚焦以下内容:减少历史上对特权职业群体的慷慨性保障(特别是在养老金领域),同时提高最低或"社会"福利;引入和巩固所谓的安全网,特别是通过经过经济调查的最低收入计划;扩大和改善家庭福利和社会服务,同时明确注意两性平等和公平问题;制定打击黑色经济和逃税的措施;改革劳动力市场立法,以期促进失业保险福利的修改和去碎片化。南欧重新校准的另一个独特要素是政治体制:已向区域和地方政府分配了更多的权限,并尝试了新的协调模式,促进社会行动者参与政策制定过程并在政策执行过程中形成混合伙伴关系(Rhodes,2003;Guillén and Petmesidou,2008)。

意大利近乎可以被视为多维重新校准的典型案例(Ferrera and Gualmini,2004)。在功能上,该国试图阻止其养老金制度过度膨胀,以使其遭受重创的公共预算"恢复健康",并为家庭政策和社会救助的一些升级腾出空间。养老金在1992年进行了改革,然后在1995年、1997年、2004年和2007年再次进行了改革。所谓的1995年迪尼改革彻底改变了养老金公式,以准精算的方式将其与缴款密切联系起来。1993—2000年中期之间签署了若干社会契约,改善了家庭福利,2000年通过了一项有关社会服务和社会救助的广泛改革。尝试过引入针对赤贫者的最低收入保障,但没有成功(Sacchi and Bastagli,2005)。

从分配的角度来看,20世纪90年代和2000年的改革致力于在各个职业群体中实现社会权利和义务的平衡,例如,在养老金制度内,废除了公务员不论年龄只需满20年服务年限即可退休的特权(自20世纪60年代和20世纪70年代以来创造了大量的"婴儿养老金领取者");另外,向非典型工人赋予享受养老金的权利,低水平养老金一再得以提高。在养老金领域之外,一些传统的社会保障缺口最终得到填补,并为贫困家庭创建了新的计划。然而,在解决意大利劳动力市场分割方面进展较为有限。此外,尽管新的"非典型"合同在激增,但局内人/局外人的分裂仍然非常明显,而不完善的失业保险制度的改革仍在等待推进。

在1997—2008年间,中央政府将大量的权力转移给地方,虽然执行中造成了许多问题,并带来了新的地区间不平等风险。意大利社会保护制度重要部门的准同盟化进程在政治制度重新校准方面构成了一个意义深远的实验。

最后,伴随着改革进程,出现了一种对意大利社会保护制度的现状和未来前景的新论述,此论述是建立在"社会公平""代际公正""性别平等""生产效率""辅助性"等不同概念的基础上。意大利国家福利应该更多地保护儿童,而非父亲(Rossi,1997),它应该更少强调"保障",而更多强调"促成"人的机会,这些都成了公开辩论的话题。在对立的世界愿景("共产主义"与"资本主义")之间激烈的意识形态对抗的历史背景下来衡量,20世纪90年代末和21世纪初的新争论氛围,无疑可以被视为重要的"规范"重新校准的明确指标。

欧洲一体化在促进伊比利亚国家重新调整改革方面也发挥了突出作用(Guillén et al.,2001)。为了在1998年加入欧洲货币联盟,葡萄牙和西班牙都进行了限制性养老金改革。然而,与意大利一样,它们也在20世纪90年代和21世纪初期着手改善最低福利:在老年领域、家庭津贴领域及基本社会保障体系领域。关于后者,西班牙所有地区都推出了自己的最低收入(RMI)计划,走上了1989年巴斯克自治区开创的道路(Arriba and Moreno,2005)。葡萄牙于1996年引入了一项国家最低收入试点方案,并于1997年在全国推行(Capucha et al.,2005)。

在20世纪90年代,西班牙——像意大利一样——见证了将医疗和社会服务从中央政府下放到地方的全过程。但是,这个国家在过去二十年里必须面对的主要挑战是劳动力市场改革,引入了几项措施:灵活的合同、失业福利的合理化以及各种激活措施和针对就业服务的广泛改革。与意大利相比,西班牙在消除劳动力市场分割方面取得了较大进展;1997年、2001年和2006年,劳动法得以改革,放宽了对"核心"雇员的保护,并改善了非正规/临时工人的社会保障权利及其获得正规工作的机会。

自2005年以来,西班牙显著加速了其社会模式的重新调整,明显超越了该地区的其他三个国家。萨帕特罗政府在强调"新平等"和"公民社会主义"概念的泛论背景下采取了决绝的措施,以促进妇女和青年人的自主权。2006年通过了一项非常进步的关于性别平等的法律,以及促进儿童保育和老年护理服务的法律,从而推进了工作和家庭责任的协调。女性就业迅速增加,2007年达到53.2%(1993年仅为30.7%),这一数字使西班牙成为南欧的先锋,远远领先于希腊(47.4%)和意大利(46.3%),但仍然落后于葡萄牙(62.0%)(Moreno,2006;Valiente,2006)。

在整个20世纪90年代,葡萄牙的就业情况非常好。社会保护的现代化是1995—2005年执政的社会主义政府的主要目标,政府特别强调积极的劳动力市场措施,以及更广泛的社会包容政策(Guillén et al.,2001)。对失业保险进行了广泛改革,扩大了职业培训和就业加入计划,并部署了具体的激励措施,目的是以针对最脆弱的工人群体的就业企业和地方倡议为基础,促进"社会就业市场";1996年,签署了一项创新的"团结社会契约",以便调动地方创造就业的潜力;在官方政策声明和公开争论中明确提到团结、社会包容的原则,也提出需要打击欺诈和滥用,需要使养老金保护合理化,因此,20世纪90年代和21世纪初的葡萄牙改革可以被理解为一个有意义的案例,它对社会政策任务和优先事项重新作了规范性定义。

尽管意大利和伊比利亚国家在重新调整福利制度方面已经取得重大进展，但希腊毫无疑问是落后了(Guillén and Petmesidou, 2008)。20世纪90年代，许多部门确实出现了一些改革的动向，社会政策的总体论述也逐步调整方向，反映了欧盟新的指导方针和建议，但制度创新的步伐一直非常缓慢。希腊社会的高度碎片化特征及其利益代表机制，对形成关于改革需求的社会和政治共识起到了难以逾越的障碍作用(Petmesidou and Mossialos, 2006)。政府确实在养老金领域进行了多次干预，旨在重新调整内部两极分化和财政上不可持续的养老金制度。然而，这些干预措施都未能有效地解决希腊退休金危机的根源(Matsaganis, 2004)，希腊的养老金支出预测是整个欧盟最为悲观的。另外，为缩小覆盖面上相对较大的差距而加强社保体系的努力并没有带来任何实质性的改革(Matsaganis, 2005)。希腊特有的重新调整议程的大多数项目仍然有待执行。

结　论

在20世纪下半叶，南欧四国已逐渐"赶上"欧洲其他先进国家，现已完全属于富有和稳定的民主国家集团的成员。尽管总的社会（保障）支出占GDP的比重仍然略低于欧盟平均水平，但差距已逐渐缩小。福利国家建设沿袭了一条别具一格的道路，其特点是脆弱的福特主义、二元社会保险以及不完善的和碎片化的社会救助。然而，在欧洲一体化的推动下，20世纪90年代和21世纪初见证了重新调整国家福利并进一步使之现代化的重大努力，以期实现更有效和更公平的劳动力市场，更可持续和内部更同质的社会保险制度以及更有效和更包容的社会保障网络。

虽然政治和社会关系变得更加世俗化和"文明化"，含纳了教会的影响，克服了传统的两极分化和特殊主义，但局内人/局外人的分裂仍然清晰可见，最近的经济危机可能加剧这一分裂：2008年底西班牙失业率再次超过13%，尤其是冲击着年轻人、移民和妇女。南欧的家庭主义是否能够克服其传统的"矛盾心理"还有待观察。这方面的关键问题是，南欧家庭及其"团结模式"是否将逐渐演变成一种促进社会融合的社会文化资产，与充足的、国家资助的社会政策（现金和实物）达成良性结合。或者，它可能会强调其悖逆的特性，即在公共供给方面持续存在差距的情况下,它是明显的代际不公和不平等的根源。目前,指向两个方向(以及日益增加的国内区域性差异)的迹象都有,因此,提出这些国家家庭和福利之间关键联系的权威性"资金平衡表"或对未来做出预测还为时过早。其他关键的领域是更广泛的教育和技能培养:在南欧,人们还没有充分认识到投资于这些领域以在全球知识经济中取得成功的重要性。

对南欧发展和最近创新的研究在多大程度上与世界其他地区有关联？最近已经开始讨论葡萄牙、西班牙、意大利和希腊的经验与东欧特别是东南欧国家(即罗马尼亚、保加利亚、阿尔巴尼亚、克罗地亚、马其顿甚至土耳其)的潜在相关性。比如,正如索蒂罗波罗斯(Sotiropoulos,2005)所提出的,许多特征使得两个国家集团之间值得比较:(1)农业的主导地位和随之而来的明显的城乡差距;(2)广泛的非正规经济和相伴相随的逃税漏税;(3)扩展的和传统的家庭形式的持续存在,以及所有随之而来的性别影响;(4)在收入方面(提高税收能力低)和支出方面(经济状况审查计划的管理能力低)的行政能力有限。鉴于这些相似性,可以认为东南欧可能走上与希腊、意大利、西班牙和葡萄牙(可能按照这个顺序)的做法有太多相似点的福利国家建设道路。这些国家的劳动力市场、社会保险和社会援助系统具有向分化的、功能和分配不平衡的状况演变的高概率——同时还要面临更加不利的起点及更加复杂和动荡的国际经济环境的额外挑战。世界上另一个可以注意到有家庭相似性的地方是拉丁美洲(见第44章):除上述社会经济因素之外,这一地区的国家特点还有意识形态分极化,以及天主教对社会政策的影响,这与本章前面部分所述非常接近。

南欧可以向其他国家和地区传授什么吗？政策迁移是一个棘手的制度运作,很少奏效。然而,有一些形式较弱的跨国政策联系可能发挥积极的"桥梁"作用:我们可以考虑基准化分析,思考研究好的实践并从中(也从其他国家的失败中)汲取灵感的新方案,谋划促进形成认知共同体的举措,它们可以促进创新并将创新从一种国情迁移到另一种国情。南欧不习惯将自己视为一个社会政策"典范或模式",但是,正如本章最后一节所提出的,在过去二十年里,希望之光已经开始在南欧闪现。此外,包括社会政策模式在内的一切都是相对的。对于寻求思想和灵感的东欧和拉丁美洲的改革者而言,希腊、意大利和伊比利亚的经验可能是在其艰难的现代化之旅中一个有希望的参考点。

第 43 章 英语国家

弗朗西斯·G.卡斯尔斯(Francis G. Castles)

引　言

比较(研究)涉及的是识别相似性和差异性兼具的路径或模式,但重要的风貌特征取决于比较的重点。运用映射类比有助于阐明这一点。远观来看,唯一可比较的或许只有风貌的总体特征:存在光亮或阴影、陆地或海洋、山脉或平原。当距离拉近时,可对比出一系列规律性:具有特定类型的植被或聚居模式的区域。再近一些,模式本身显示为由子模式构成,因此明显的相似之处只是表面上的,在某些地方有时谷物田里是小麦,但有时又是大麦。城镇的布局也不同,这取决于它们作为商业中心或工业中心的起源。最后,通过最近距离的特写镜头,我们可感知到每一个地貌特征的独特性,但代价是几乎不可进行比较,因为我们的镜头一次只可观察一样东西。

本章的一个重要主题是,对发达资本主义英语国家(澳大利亚、加拿大、爱尔兰、新西兰、英国、美国)政策概况的相似性或差异性的描述同样取决于所讨论的比较重点。可以说,若从俯览的角度,总体的对比则只是在某个特定政策概况的一个突出实例与其余所有实例之间。从德·托克维尔(De Tocqueville)的《美国民主》时代起,学者们就美国的社会和政治在某种意义上是不是一种例外展开了争论,正如我们将看到的,这种争论在当代对美国和欧洲社会模式差异的分析中仍然比较活跃。从中等距离视角,最明显的模式是政体结构和集群相似性,它们构成了被称为"福利模型事业"的实质(Abrahamson,1999a)。我们在这里考察的国家,或者被贴上"自由式"福利资本主义世界典型案例的标签,或者被认定为英语国家大家庭的一员。最后,当分析的焦点收窄在某些或所有国家的特殊性,或跨国家的特定政策的变化上时,我们可能会发现其中的差异和不一致。这些差异和不一致挑战了通常基于中距离认知的模式所做的一些假设。

本章的结构安排如下。我们从一种中等距离的关注开始,着眼于那些已经识别出英语国家之间强烈的政策相似性的文献,这种相似性使它们有别于其他国家群体。这些相似之处,包括公共福利支出水平较低、社会公民权利较弱,通常被视为英语国家社会政策匮乏的证据。然后,我们更仔细地研究这些国家采用的再分配战略,结果表明,尽管属于一个共同的福利世界,但它们与那些空泛地假设这些国家的福利投入非常不适度的国家之间,仍然存在重大差异。最后,我们专注于欧洲和美国社会政策间的鸿沟,质疑明显的美国例外主义是否仅仅是因为未能将该国确定为讲英语的福利国家的典型成员。我们的研究表明,在某些情况下那好像确是事实,但在另一些情况下,美国的公共政策优先事项似乎真正是在按不同的节奏前进。

发现新世界

重要的是从一开始就应该认识到,关于英语国家社会政策共性的文献是相对较新也是开发水平相对较低的。文献之所以新,是因为它描述的现象是新的:这些国家在第二次世界大战后的25年里出现了一系列与其他先进福利国家相比较为独特的政策模式。直到20世纪70年代中期,对于社会政策评论家来说,将美国和英国归类为英语国家的典型成员似乎还很荒谬,彼时前者被广泛认为是"剩余型""最后手段"的社会干预道路的最重要的实例,而后者至少在英国社会管理研究文献中仍然是福利国家的先驱,是社会政策的"制度性"和综合性道路的典范(Titmuss,1974a)。

研究文献的开发水平较低,可以通过多种方式来解释。事实是,虽然在跨国研究中英语国家集群的特点经常是主要内容,且已被理论化为两种重要的跨国政策变化范式的核心要素,但几乎没有研究来集中分析这些国家的社会政策经验,比如,按照"斯堪的纳维亚模式"或南欧新兴社会政策相似性的文献那样的方式。其原因之一是组成这个集群的国家在规模和学术地位上存在显著差异。对于英国和美国的学者(就像欧洲大陆集群中的德国和法国的学者一样)来说,保持在广泛和发达的国家争论范围内的诱惑是强烈的,而不是去探究遥远国土和欠发达文献的经验的细节或从中概括出结论。

文献研究不完善的另一个原因是,在1970年以后的几十年里,英语国家之间的相似性非常显然,它们很容易被视为更适合个体而不是集体的研判和应对。斯堪的纳维亚的社会民主模式的出现以及1980年以后南欧福利国家的快速(即便不均衡)发展,都可以成为有关国家学术和民族自豪感的正当理由。与此形成鲜明对比的是,英语世界国家的故事———一些国家的社会政策发生了退缩,所有这些国家逐渐向各种社会和经济政策分配的最低水平看齐——无疑是令这些国家的许多政策评论家感到沮丧的根源。它所引起的沮丧和批评表现得最明显的是,他们的对象就是周边的和熟悉的,而不是分散和遥远的。很少有研究关注整个英语国家社会政策的共同缺陷,而关于组成这个世界的各个国家社会和公共政策出了什么问题的书籍和文章是学术界和大众出版的主要内容。

虽然正如我们将要看到的那样,20世纪80年代这段时期,越来越多的研究表明,英语国家在政策结果和前因中有着强烈的相似性或亲缘性,但毫无疑问,最先确定一系列福利国家的基本特征从而将一些国家与另一些国家区分开来,这一份荣誉必须归于戈斯塔·埃斯平－安德森关于当代资本主义分配制度的本质和起源的研究。他最初的研究,源自"权力资源"理论和对典型特征的理想描述,确定了一个"自由的"政体结构,其主要特征是弱势的社会公民权利或去商品化、税收和转移制度对促进平等的作用甚微、福利制度的救济导向程度低、私人供给的偏好以及没有有效的社团主义机制或保障充分就业的劳动力市场(Esping-Andersen,1985b:248)。他指出,这种政体与英国、美国、加拿大和澳大利亚等"盎格鲁－撒克逊"新世界国家有着"令人惊讶的同质性,在这些国家,资产阶级的推动力尤其强势"(同上,第233页)。从字面上看,英国成为"新世界"的一部分,这种奇怪的省略也许比单纯笔误更有深远的意义。在这种情况下,作为战后"制度性"福利国家的故乡,英国现在被视为与海外英语国家一样充满了自由主义的"标志性"特征:"它的剩余型福利,它对私人市场供应的强调,有针对性的经济状况调查所发挥的显著作用以及自力更生的个人主义(同上)。"

在连续不断的反复论争中,这些特征并没有发生太大的变化,但作为范例强调的国家却发生了很大的变化。1989年出版的《福利国家的三类政治经济体》区分了自由主义政体类型(美国、加拿大和澳大利亚)的"典型例子"和"近似这种模式"的国家,令人惊讶的是包括丹麦,它也被视为"社会民主"政体类型的候选成员,以及瑞士和英国(Esping-Andersen,1989:25)。在一年后出版的《福利资本主义的三个世界》中,爱尔兰和新西兰被明确纳入其中,六个英语国家被确定为六个先进的资本主义国家,在去商品化指数上得分最低,自由主义政体最终与英语世界接轨(Esping-Andersen,1990)。然而,埃斯平－安德森现在已明确承认英国是一个临界案例,并指出,在1950年,经过工党政府的五年"突破",它已经进入"去商品化程度最高的一组"(1990:53)。但他未能指出,他的"自由主义"团队的两个新成员之一新西兰,已经在20世纪30年代末被广泛认为是世界领先的福利国家之一(Briggs,1961)。诚然,安德森笔下的福利资本主义自由世界描绘的不仅是一个新的世界,而且是一个颠覆性的世界。

安德森的新世界之路是通过理论实现的,但类似的目的也可以通过更经验性的方法达成。在20世纪80年代,越来越多的文献和数据报告了衡量经济绩效和社会保护各方面的变量的跨国分布,分布状况表明英语国家的结果普遍较差。这些指标包括经济增长率(Dowrick and Nguyen,987)、失业率和罢工损失天数(Cameron,1984)、通货膨胀上升率(OECD,1986a)、福利转移支出(Varley,1986)、税收总额(OECD,1986b)和儿童贫困率(Smeeding et al.,1988)。1989年,卡瑟斯和梅里尔的一篇论文利用这些研究提供的证据,为"英语世界的糟糕表现",或者,更不具评估性地说,为与"英国人的民族属性"密切相关的"明显的政策属性综合征"的存在,提出了一种可能的理由(Castles and Merrill,1989:183)。

这种对共享民族属性的关注源于一些学者当时正在开展的工作,其中突出的包括曼弗雷德·施密特(Manfred Schmidt)、戈兰特·伯恩(Göran Therborn)和弗朗西斯·G·卡斯尔斯(Francis G. Castles),他们在1993年出版的《国家大家庭》一书中探讨了"共享地理、语言、文化和/或历史属性"可能导致"独特的政策结果模式"(Castles,1993:xiii)。国家族群和政体的概念不一定是矛盾的,但它们确实有不同的侧重点(Castles and Obinger,2008)。政体的概念侧重于政策是如何由社会结构决定的,特别是在埃斯平—安德森的描述中,则强调了它是如何被阶级斗争的政治表达所塑造的,但国家族群的概念则提供了文化上的联系,解释了为什么特定的结构倾向于以其原样沿地域进行分组。政体概念更具有政策针对性,它指向特定领域政策变化背后的制度逻辑,而族群的概念为理解不同政策制度的频繁叠加提供了基础。最后,族群的概念在某些方面不如其对立方那么僵化,从而允许共同的祖先与某些行为领域的差异相兼容的可能性,同时为随后的亲缘关系的重新确立提供了一种文化传递机制(Therborn,1993)。20世纪30年代和40年代,英国和新西兰暂时成为福利国家的领导者,但随后又恢复了传统,成为最初英语世界国家为主的推动解散福利国家进程的领袖,从国家族群路径的方面来看,这是完全合理的。

探索内陆

自从最初对各种有些语音各异的英语国家社会和公共政策结果的阐述有详细解释以来,这两种传统的研究都得到了进一步发展。在支持政体理念的文献中,大部分精力集中在讨论福利国家政体的准确数量上,但在大多数情况下,几乎没有人质疑20世纪90年代初已存在的"盎格鲁—撒克逊"政体类型(Leibfried,1992)。但也有一些例外,斯克鲁格斯和阿兰(Scruggs and Allan,2006a)指出,自由主义类型的英语世界专属地位实际上是埃斯平—安德森去商品化指数构建过程中数学误差得到的结果。英国不仅是一个临界边缘案例,同时也不是自由世界的成员。卡斯尔斯和米切尔(Castles and Mitchell,1993)指出,英语国家在社会支出平等主义的推动上存在系统差异,这表明可能存在多种英语福利世界,而本章下一节将进一步探讨这种可能性。最后,高夫(Gough,2001)对自由主义综合征的贫困救济维度进行了研究,清楚地验证了前面提到的观点,即一切都取决于通过哪种镜头来观察其相似性和差异性。利用聚类分析方法,他指出,两种聚类解决方案的结果是"根据更高的支出、更多的人获得社会援助和更低的社会排斥得分",将英语世界分离出来(Gough,2001:166)。然而,选择最佳同质的七个集群解决方案,虽然确实产生了适度一致的斯堪的纳维亚和欧洲大陆的社会援助体制,但代价是创建了三个独立而独特的英语国家集群以及两个南欧国家集群。

除了关于政体数量的争论外,这些文献的主要关注焦点还在于确定新政策领域中政体的存在。这些分析中有一些定位于明显的英语语言特征,有些则没有。对这些研究文献的大量成果的涵盖范围,在这里必然是有选择性的,并且仅旨在指示所研究主题的种类。安东宁和斯皮拉(Anttonen and Sipilä,1996)认为,由于提供照护服务模式不同于转移支付模式,因而欧洲英语国家介于斯堪的纳维亚模式和欧洲大陆模式之间。埃斯平-安德森(1999)在另一个深入的十年研究中回顾了"三个世界"类型学的稳健性,证实了这一发现。林奇(Lynch,2001)指出,现代福利国家的社会政策或多或少地以老年人的需求为导向,但英语世界的国家在这个维度上并未群聚,美国强调以年龄为导向,而加拿大和爱尔兰则很少强调这一点。相比之下,瓦格沙尔(Wagschal,2001)注意到税收模式和经典的三个世界模式之间存在更加密切的对应关系。

性别映射到福利制度的方式受到了特别的关注(参见Orloff,1996,关于对这类文献的回顾;Oconnor等人,1999,关于英语国家性别政策的比较分析),争论的重点更多地放在如何将性别纳入制度类型学框架而不是讨论这一分类的适当性本身。刘易斯(Lewis,1992)是第一位确定政体差异的性别维度的学者,他区分了爱尔兰和英国等自由主义福利国家的"强势的男性养家糊口",法国等保守派国家的"改良的男性养家糊口"以及瑞典等社会民主国家的"较弱的男性养家糊口"。不过她确实注意到,表面上属于同一政体类型的国家在"男性养家糊口"的强度方面存在巨大差异。她还注意到这样一个悖论:虽然英语世界的国家在许多方面对妇女都不够友好,但英国的女权主义比欧洲大陆或斯堪的纳维亚国家更强。可以说,她在这里指出的性别差异维度也可以理解为维尔登(Weldon)认为的塑造对暴力侵害妇女的政策反应的维度。在这一领域,她认为,"加拿大、澳大利亚和美国有最先进的社会政策,而瑞典、芬兰的政策仍发育不良",因为后者的政策是由阶级而不是性别因素决定的(Weldon,2002:32)。

政体分析也扩散到政治经济学的同源领域,其主要关注点在于资本主义经济组织或"生产制度"类型的差异(Soskice,1999;Hall and Soskice,2001a)。这是一个两种而非三种政体模式占主导地位的舞台,一个几乎完全是英语世界"自由市场经济"的俱乐部,与日本、欧洲大陆和斯堪的纳维亚的"协调市场"体制之间存在显著的差异,反映在教育和培训、工资设置和微观经济管理等领域的广泛的政策差异上(Soskice,1999)。虽然社会政策和政治经济学文献的政策焦点不同,但是英语国家在这两个领域的独特性被认为是同源的:寻求适应市场需求的政策。

族群研究文献中对英语世界的论述也已有所发展。《国家族群》中最初的讨论主要是说明性的,从经济表现、社会支出模式和婚姻不稳定性等方面确定了这些国家中那些讲英语的国家的相似之处。随后的研究则更加系统化。特别是,《比较公共政策研究》(Castles,1998a)试图确定并解释战后英语国家、斯堪的纳维亚国家、欧洲大陆国家和南欧国家群体的族群差异,涵盖战后极为广泛的政策结果。总而言之,分析表明,20世纪90年代英语国家的总支出、总税收和社会保障支出显著低于其他群体,且随着时间的推移,这三种公共财政指标均大幅下降。此外,这些国家在与个人领域有关的政策方面和其他国家不同,私人住房拥有量、生育率和离婚率均处于较高水平(同上,第317页)。斯瓦尔福斯(Svallfors,1997:295)也对符合这四种族群模式的福利国家提出了"相当明确的配置"看法。最近一项关于非社会政策领域开支削减模式的合作研究项目(Castles,2007a)已经从多方面指出,近几十年来,英语国家的教育开支比其他经合组织国家表现出较大幅度的下降(Schmidt,2007),削减经济补贴总额方面的立场更为积极(Obinger and Zohlnhöfer,2007),产品市场和就业监管模式也极为独特(Siegel,2007)。

有各种各样的尝试来复制或验证政体类型学和国家族群类型学。斯克鲁格斯和阿兰(Scruggs and Allan,2006a)以及班布拉(Bambra,2006)都质疑更新的去商品化数据是否能清晰地展现三个世界模式。然而,鲍威尔和巴里恩托斯(Powell and Barrientos,2004)的一项研究聚焦于福利的不同维度和衡量方法,证实了这种模式的存在,而且这种模式是长期存在的。卡斯尔斯(Castles)1998年的验证性研究得出的结论是不仅"假设的国家族群可以被证明确实存在",而且"随着时间的推移,他们是相当的强势和稳定"。最近的一项研究试图验证2000—2004年期间的相同模式,并认为"公共政策在不同世界之间的界限随着时间的推移变得更加明确,趋同程度超过了样本整体的范围"(Castles and Obinger,2008:330—1)。这项研究还试图找出可能解释这些不同世界中的结果模式的因素,并发现一系列社会经济、制度和政党政治属性都以与政策结果非常相似的方式聚集在一起。这种结构和政策属性的同构性并不能区分国家族群和政体解释,因为先前的领土亲缘关系通常决定了其结构属性。艾弗森和索斯基斯(Iversen and Soskice,2006)最近的研究似乎可以找到一个与这里讨论的问题直接相关的例证,该研究认为英语世界的多数主义选举制度有利于出现具有微弱再分配野心的中右翼政府。

卡斯尔斯和奥宾格(Castles and Obinger)研究中的验证性工作旨在确定哪些结果变量对国家族群模式有着统计意义上的显著影响。表43—1报告了英语国家的这些变量值以及埃斯平—安德森最近对自由主义政体特征的表述(1999)。这个表可以看作是对这两种方法所确定的英语国家最重要的政策相似之处的概要说明。尽管一个是理想类型,另一个是实证研究结果,但描绘出的政策概况在许多方面是广泛兼容的,市场的中心地位转化为较低水平的公共支出,较低的总税负和较高至中等水平的劳动力参与。然而,一个明显的自相矛盾的事实是,以市场为基础的低税率和低转移特征社会是对收入和利润征收最高税率的社会。这是本章下一节所要讨论的悖论,根据这些国家再分配战略的相关证据,重新思考"英语国家糟糕性"的本质所在。

表 43—1　埃斯平—安德森的自由主义政体特征与卡斯尔斯和奥宾格的英语国家族群特征

	自由政体		国家的说英语家庭
角色		显著性变量	
家庭	边际	生育率	最高
市场	中心	教育支出	最低
国家	边际	总税负	最低
国家福利		收入和利润税	最高
互助主导模式	个人	总支出	最低
		女劳动力	中等
互助主导核心	市场	男劳动力	最高
		政府就业	最低
去商品化程度	极小值	社会保障转变	最低

资料来源:自由政体特征来源于埃斯平—安德森(Esping-Andersen,1999:85);显著的国家族群特征来源于卡斯尔斯和奥宾格(Castles and Obinger,2008:332)。

对英语国家的再思考

在英语国家中,社会政策被贴上了"剩余的"或"最后手段"的标签,这表明一种政策概况。其中,具有再分配性质的国家干预是微弱的,或者至少与其他发达国家相比处于较温和的状态。"英语国家糟糕不堪"或者"自由主义"政体在赋予社会权利方面被冠以最弱的名号的实际情况是,英语国家从大约20世纪70年代中期开始,在使用某些社会政策工具来改善西方资本主义社会的收入不平等的程度上,其得分通常低于其他国家,即高水平的税收、公共支出和慷慨的福利。然而,还有其他可用的政策工具来解决不平等和贫困问题。当我们考虑这些时,不干涉主义、英语的共通性和"英语国家糟糕不堪"必须纳入重新考虑的范围。原则上,调整就业收入分配的方式有三种:通过税收和支出的数量、通过税收和支出的累进性以及通过直接措施来减少收入分散。所有现代福利国家在不同程度上将这些手段结合起来,但是使英语国家偏爱的再分配策略与众不同的是,不管是在历史上还是现在,相对于税收和支出,它倾向于累进性和直接措施。

当我们关注再分配机制时,英语国家之间的差异开始显现。例如,有人认为,澳大利亚和新西兰从20世纪早期就开始使用国家对工资制度的直接控制,创造了一种独特的福利国家,通过其他手段提供"社会保护"(Castles,1985)。直接的国家控制权由法院或准司法机构行使,它们有权通过设定工资和工作条件来仲裁行业纠纷,并且从很早的时候起它们的职权范围就解释为利用工资制度建立最低限度的社会政策或"生活工资",在司法上被定义为满足"普通雇员作为一个生活在文明社会的人的基本需求"(Higgins,1968:3),或者更实际地说,是指能够养活一个工人、他的妻子和两三个孩子的工资水平。可以说,这种"工薪阶层的福利国家"(Castles,1985)通过广泛的税收和支出机制,预先消除了大量再分配的需要(或需求),并解释了20世纪50年代和60年代这些国家的社会支出计划发展乏力的原因。也可以说,20世纪80年代中期以来,作为推动经济全球化力量的新自由主义反应的一部分,这些国家仲裁制度的解体也有助于了解自那时以来两类国家不平等现象显著增加的原因。

许多国家的政府(例如战时)都尝试过政府强制性的固定工资标准,但没有哪个国家如此广泛或有如此明确的社会政策目标。虽然在澳大利亚国家做出了艰苦努力的求索,但是,在整个英语世界中另一种策略更为普遍,其理念是,无论出于改善福利的目的需要什么样的税收和支出,都应在为纳税人带来收益的再分配激荡中发挥最大的效用。福利目标、收入测试和税收累进性一直是这一策略的工具,在税收方面解释了一个悖论:正是那些低税率、讲英语的自由福利国家最倾向于对收入和利润征收累进税。当然,埃斯平-安德森注意到英语世界福利有针对性的本质,但没有注意到,这与累进税收一起,至少对其中一些国家实现再分配目标的能力产生了真正的影响。

表43－2 英语国家和部分OECD国家的现金津贴与家庭税（2000年代中期）

	公共现金津贴		家庭税负	
	比例	累进税	比例	累进税
澳大利亚	14.3	－0.400	23.4	0.533
加拿大	13.6	－0.152	25.8	0.492
爱尔兰	17.7	－0.214	19.4	0.57
新西兰	13.0	－0.345	29.0	0.498
英国	14.5	－0.275	24.1	0.533
美国	9.4	－0.089	25.6	0.586
德国	28.2	0.013	35.5	0.468
意大利	29.2	0.135	30.0	0.546
瑞典	32.7	－0.145	43.2	0.337
英语国家平均	13.7	－0.248	24.6	0.535
OECD平均	21.9	－0.099	29.3	0.428

资料来源：OECD,2008a：表4－2和表4－3。累进性指标是具有高累进性的集中系数，由现金津贴的负值和家庭税的正值表示。这里的OECD平均不只是表43－2所列的国家，而是在OECD分析中的24个国家。

不像"工薪阶层"福利国家以及20世纪30年代和40年代占据福利制度改革领头羊地位的新西兰和英国，税收和支出的更大累进性及其再分配效应，于现代的我们而言可算是举足轻重。表43－2摘自OECD(2008b)最近的一份报告，该表非常清楚地表明了这一点。正如常规描述告诉我们的那样，在英语国家中，现金津贴和税收在家庭收入中所占的份额总体上大大低于经合组织国家，也远低于其他国家族群中选出来进行比较的国家。然而，在所有6个英语国家中，除美国外，累进税率都超过了经合组织的标准。现金转移的累进性也是如此，其中，澳大利亚、新西兰和英国三个国家的累进税率在经合组织分布中最高。

卡斯尔斯和米切尔（Castles and Mitchell,1993）将两个讲英语的福利世界区分开来的原因之一是，这三个国家的再分配偏差非常突出：一个关注再分配结果的"激进"世界和一个缺乏这种强调的"自由"世界，但值得注意的是，所得税抵免制度（EITC）的影响已使美国成了经合组织中拥有最强累进税制的国家。经合组织报告指出，"在爱尔兰和澳大利亚，转移支付和税收在减少不平等方面的综合效应与瑞典和丹麦相似，而英国和新西兰的再分配效应与德国、荷兰的水平相似"（OECD, 2008b：112）。这个结论给我们留下了一个困惑，为什么，正如那个"糟糕不堪"的论文所指出的，以及许多其他的研究所表明的那样，英语国家的不平等程度明显高于欧洲大陆和斯堪的纳维亚国家？

经合组织报告表明，这个难题的答案不在于英语国家的国家福利比其他国家效率更低，而是它们的市场收入不平等程度更大，这一结论与另一项关于英语国家儿童高度贫困原因的研究所得出的结论相同（Mickelwright, 2003）。因此，重新考虑英语国家的糟糕性表明，对于非北美英语国家而言，社会政策领域中的糟糕程度比无约束运行的资本主义劳动力市场中要低。这是一种最近才出现的现象，主要归因于新自由主义在英语世界中的胜利。这种胜利表现为，在第二次世界大战结束后不久直到20世纪60年代后期，美国的家庭收入不平等程度比斯堪的纳维亚或欧洲大陆国家都低（Mann and Riley, 2007）。

美国不同吗？

我们已经指出，有充分的理由可以确认，在征税、支出和福利水平方面，英语国家存在共同点，但在再分配策略方面，它们之间可能存在一些显著差异。我们多次明确地提出，欧洲社会政策模式和本质上独一无二的美国模式之间有着显著的分界，通过检验与之相关的证据来结束我们的讨论。这个论点与我们讨论的主题有关，尽管常常是由于未提及除美国以外的其他英语国家的疏忽所致，但它似乎意味着，美国的社会政策不仅与大多数欧洲国家不同，也与其他英语国家不同。确定欧美国家之间鸿沟深度的一个策略是，分析欧洲国家之间的差异——或者至少是那些被视为符合欧洲社会模式的国家间的差异——是否超过欧洲和美国之间的差异，或者更简单地说，美国的经验是否落在某个给定的欧洲政策分布范围内，以及，如果不是，则落在多远之外（Castles, 2002a; Alber, 2006; Baldwin, 2009）。同样的策略可以用来分析美国在某些特定的政策层面上是否属于典型的英语国家，或者至少在这些方面，一贯的族群模式概念是否不复存在。

在表43-3中,我们提供了18个OECD国家的数据,这些数据与回答这些问题有关,涉及社会支出的各个组成部分以及两种衡量再分配结果的标准。支出构成部分涉及从公共社会支出总额的标准计量转为净总支出部分(即给定国家花费在福利提供上的资源总和),其中涉及扣除社会支出和捐款的税费,并增加用于社会目的的净私人支出(关于这些支出概念的更多内容,见本书第8章和第23章)。再分配结果的衡量指标是基尼不平等指数和贫困儿童人数。国家分组的一致性可以通过变异系数(CV)来衡量,国家组/国家群的特殊性可以通过18个国家的整体样本的标准偏差(SD)来衡量(有关扩展讨论,请参阅Castles,2009b)。

表43-3 18个OECD国家的社会支出、儿童贫困和不平等措施(2000年代中期)

	欧洲 均值	欧洲 CV	英语国家 均值	英语国家 CV	美国 均值	美国 范围	标准差
总公共支出	26.0	21.5	19.8	12.3	17.1	最低	5.6
税收归宿	3.3	81.0	0.9	171.1	-1.4	最低	2.7
净私人支出	3.1	84.7	4.6	73.7	10.1	最高	2.6
净总支出	25.7	16.4	23.0	19.6	27.2	第6	4.2
儿童贫困	9.8	57.6	14.8	25.3	12.0	最低	5.5
基尼系数	0.288	15.6	0.333	8.1	0.381	第17	0.045

注:比较的国家有:澳大利亚、奥地利、比利时、加拿大、丹麦、芬兰、法国、德国、爱尔兰、意大利、瑞士、新西兰、挪威、葡萄牙、西班牙、瑞典、英国、美国。英国和爱尔兰没有包括在欧洲测量范围内。

资料来源:2005年社会支出测量的计算来源于OECD(2009a);贫困测量(表5-2)和不平等性(表1.A2.4)c.2000年中期来源于OECD(2008a)。

表43-3所提供的证据显然是混杂的。美国例外论可以很容易地建立在这一事实上:在此处的6个变量中,美国有4个变量的取值是最低或最高的。预期的结果就是,美国的公共支出水平较低但不平等程度较高,再辅之以在经合组织中税率是最低的(这是该国累进税率极高的必然结果),而私人支出是最高的。这种情况可以通过另一个事实来进一步证实,除了净支出总额例外,美国的变量值与欧洲的平均值相差1.5—2个标准差。然而,一些令人惊讶的事实表明,欧洲和美国之间的鸿沟并不如想象的那么真实存在,或者欧洲模式

并没有完全得到巩固。其中一个事实是,葡萄牙的基尼系数得分高于美国,荷兰在私人开支方面紧随美国之后,而在儿童贫困方面,包括南欧和德国在内的众多欧洲国家与美国均只相差一个标准差。

欧洲同包括美国在内的英语国家之间存在鸿沟的理由,也可以从通常产生分歧的维度来加以说明。家庭不平等程度的概况既明显有别又有合理的一致逻辑;总体支出的情况明显有别,但英语国家的情况比欧洲有更为一致的逻辑。也就是说,有显性的证据表明,美国的经验一直归位于英语国家,但在私人开支、儿童贫困和家庭不平等方面,相距有点远,超过了一个标准差。还有一些结果维度,在这些方面这些国家显然没有聚集成族群,爱尔兰和新西兰是私人社会支出最低的国家,因此还有,在净总支出上,美国在支出维度上的实际得分在经合组织中排名第六。

这些发现使我们再次回到本章导言中提出的主题:一切都取决于我们正在寻求的比较点。英语国家在消费模式、再分配结果及个人领域的政策结果方面,一个独特的讲英语的福利世界是显而易见的,考虑到篇幅,我们在此无法详细讨论。然而,一旦我们考虑到再分配战略,差异就会变得明显,这些差异可能会影响我们对至少其中一些国家的福利承诺的评估。最后,研究欧洲和美国之间的差异能够帮助我们识别欧洲和美国社会模式之间以及美国和其他英语国家社会政策模式之间的差异。关于福利世界是否存在这一尖锐的争论,则需要让位于对国家集聚成群的维度和非族群维度的实证经验阐释。

新兴福利国家

第44章 拉丁美洲国家

伊芙琳·休伯(Evelyne Huber)
胡安·博格利亚奇尼(Juan Bogliaccini)

引 言

本章分为三部分:第一部分讨论拉丁美洲福利国家的起源和发展,并勾勒出该地区社会政策体制的最新改革;第二部分探讨一些政策制度比其他制度更有效的原因,并讨论了有关计划在不同国家的影响的证据;第三部分讨论拉丁美洲政策制度研究的未来方向。

拉丁美洲福利国家的发展与改革

福利国家的起源

当前,福利国家的概念最近已经在拉丁美洲研究文献中广泛使用。传统上,社会保障的研究成为文献的主流。这反映了这样一种国家现实——在某种程度上,它们开始对公民的福利负责——强调以就业为基础的社会保险,即社会保障,而不是非缴费型的社会救助。医疗保健领域的主要模式是为就业人口及其受抚养人提供社会保障覆盖,但负责预防保健和为没有保险的人提供护理的公共卫生服务往往资金严重不足。

近期越来越多的学者提出了社会政策制度或社会政策模式的概念,意指社会计划的整体。[①] 通常,他们关注的是社会计划的结构和慷慨性的分配效应,因此,在其分析中不仅包括转移支付和卫生服务,还包括教育。在拉丁美洲,能否获得优质教育资源的机会分配是社会贫穷和不平等的一个重要决定因素。值得注意的是,在20世纪80年代的债务危机和随后的经济开放与放松管制之前,价格控制和补贴是拉丁美洲对人口中较贫穷阶层进行社会保护的一项重要手段。然而,一般的福利国家/社会政策文献没有包括对价格控制和补贴的系统分析。

那些旨在解释社会保障制度形成的开创性著作所提供的理论视角是经济发展与压力集团政治的结合(Mesa-Lago,1978;Malloy,1979;Isuani,1985)。社会分层在拉丁美洲国家的社会保障制度中得到了反映,因为随着时间的推移,最重要的压力群体设法将自己的社会保护计划从国家中剥离出来。通常情况下,军队最先享受最好的社会保障,同批或紧跟其后的是司法人员和其他高级公务员,然后是专业人士和其他白领阶层,最后是在城市部门和农村种植园加入工会的蓝领工人(Mesa Lago,1978)。直到后来,也只是在一些国家,大部分农村人口才被纳入社会保障体系。社会保障范围的扩展并不总是对组织压力的反应;另一种选择包含的是国有企业的群体尝试,精英们将其理解为要么是潜在的威胁,要么是权力的根基,或者是对国家建设或现代化的关注(Mesa-Lago,1978;Spalding,1978;Papadópulos,1992)。

工业化步伐的不平衡导致社会保障计划发展的不平衡。在先行国家(阿根廷、巴西、智利和古巴)中,主要的社会保障制度成立于20世纪20年代,并以渐进和分散的方式发展。在第二组国家(哥伦比亚、哥斯达黎加、墨西哥、巴拉圭和委内瑞拉)中,主要的制度成立于20世纪40年代,并倾向于以较少分散的方式发展。在其余的那些经济最不发达国家中,社会保障计划出现得更晚(Mesa Lago,1989:3—6)。1980年,先行国家,加上哥斯达黎加,实现了最高水平的社会保障保健覆盖率,占人口的60%以上;哥伦比亚、危地马拉、墨西哥、巴拿马、秘鲁、委内瑞拉覆盖了30%—60%的人口;其他国家在30%以下。然而,讲英语的加勒比地区是一个例外,尽管其经济发展水平低,但社会

[①] 关于先进工业社会的文献区分了三种或三种以上的福利国家制度类型(例如,Esping-Andersen,1990),关于拉丁美洲的文献只使用政体的概念表示社会政策的总体结构。

保障覆盖范围却实现了 80% 乃至更高。经济活动活跃人口的养老金覆盖率同样如此(Mesa Lago,1994:22)。

最近,有学者采用权力组构的视角,在与为先进工业化国家制定的福利国家理论的对话中发展了他们的分析,并将重点放在导致政治体制(民主化)和/或权力分配(劳工和左派势力)以及政治联姻或联盟发生变化的结构变化(工业化和城市化)上(Dion,2005;Filgueira and Filgueira,2002;Haggard and Kaufman,2008;Huber et al.,2008;Pribble,2008;Segura-Ubiergo,2007)。特别是,他们强调了"进口替代工业化"(ISI)的政治经济理论,它一方面促进了城市劳动力和工会组织的成长,使雇主能够在高关税壁垒下向消费者转嫁高额的社会保障税;但另一方面只有有限的能力来吸收膨胀的城市劳动力队伍,从而导致城市非正规部门和仍然庞大的农村部门得不到保障覆盖。这些学者还确定了实现广泛的社会保障覆盖的不同路径,要么通过高度工业化和工党与中左翼政党的力量,无论是否有长期的民主体制历练,要么在没有高度工业化的情况下通过长期的民主体制历练和中左翼政党的力量(Huber and Stephens,2009;Haggard and Kaufman,2008;Pribble,2008;Segura-Ubiergo,2007;Martínez Franzoni,2008)。

社会政策体制的改革

这部分的研究文献是相当浩繁的。对 20 世纪 80 年代初发展起来的社会保障制度的缺陷进行的研究强调,较先进国家的社会保障计划面临着巨大的财政赤字。这些计划已然发展成熟,活跃会员与不活跃会员的比例已经大幅下挫;社会保障基金的盈余被不良投资或完全用于其他目的;预期寿命提高;昂贵的治疗保健费用不断抬升;雇主逃避或大幅度拖延供款,尤其是在高通货膨胀时期;行政成本过高(Mesa Lago,1994)。债务危机和随之而来的紧缩和结构调整政策加剧了这些问题。不断上升的失业率和非正规化就业,导致社会保障缴款下降;国家的财政危机减少了国家的补贴;高通货膨胀侵蚀了福利的价值或给制度造成巨大压力,并给受益人带来债务。社会保障体系的赤字加剧了国家的总体财政危机,引起了国际金融机构(IFI),特别是国际货币基金组织(IMF)的高度关注。

国际金融机构(IFIs)和美国国际开发署(US AID)颁布的政策将新自由主义的原则应用于经济和社会政策。从本质上讲，这些机构推动了政府削减支出、贸易和资本流动的自由化、国有企业私有化、放松经济管制和鼓励外国直接投资，同时减少国家在社会政策融资及提供社会服务方面的作用，以便私营部门更多地参与融资和提供社会保险和社会服务(Williamson,1990;World Bank,1994b)。但是这些解决方案在实施过程中存在差异，一方面取决于国际金融机构和内部新自由主义倡导者之间的权力平衡，另一方面取决于现有体系中的利益相关者和更倾向于国家导向的改革倡导者之间的权力平衡(Huber,2005)。

拉丁美洲的左倾智囊团越来越多地提出了更具社会民主性质的替代方案，但它们缺乏政治和财政支持。国际劳工局强调劳动力市场和社会政策的公平与团结原则(Bertranou et al.,2002)，但它也缺乏能与国际金融机构竞争的财务影响力。在20世纪90年代末，国际金融机构中的一些力量对这些改革及其不足再次进行了重要的审查(Holzmann and Stiglitz,2001;De Ferranti et al.,2004;世界银行出版的两卷)。最后，在对新自由主义社会政策改革的效果失望了二十年之后，美洲开发银行通过支持一个"普世主义"(基本普世主义)项目，向人们展示了另一种愿景(Molina,2006)。在21世纪头十年，中左翼政府的上台加强了人们对全面和以公平为导向的社会政策的兴趣。

养老金私有化一直是新自由主义政策建议的重中之重，但实际上改革的范围很广泛，从把现有的公共系统建立在更坚实的财政基础上，如巴西，到完全私有化和减少公共系统，如智利(Müller,2003)。其他国家，如阿根廷和乌拉圭，保持基本的公共层级，并将补充养老金或高收入者养老金私有化。

根据对公共系统的缴款总额百分比和属于私人系统的成员总数百分比，马德里(Madrid,2003:16)开发了一个有用的测量养老金私有化程度的指标，其显示玻利维亚、尼加拉瓜和智利的得分最高，其次是萨尔瓦多、多米尼加共和国、墨西哥。他解释了养老金私有化的原因：养老金支出带来的经济负担、国内资本短缺、世界银行和经济学家的影响、总统所属政党的党派纪律程度以及他对立法机构的控制程度(2003:59)。

其他学者重视世界银行的影响力和与世界银行密切接触的国内技术官僚

网络的重要性(Huber,2005;Teichman,2001),同时也强调国内一系列权力结构和宪政结构,如乌拉圭公投的存在(Castiglioni,2005;Hernández,2000、2003;Huber and Stephens,2009)。最后,韦兰德(Weyland,2006)强调了决策者的认知过程,认为政策扩散之所以发生,是因为在时间和财政压力下工作的技术官僚和政治家采取了认知捷径来处理智利例子中的教训。

其他社会政策领域的改革,特别是健康卫生和教育领域的改革,比养老金领域的改革更加多样化。虽然世界银行对提供服务的权力下放和私营部门的更多参与施加了普遍压力,但依旧没有出现类似于养老金私有化模式的新自由主义蓝图。正如考夫曼和纳尔逊(Kaufman and Nelson,2004)以及各卷撰稿人所言,对健康卫生和教育的改革须应对比养老金改革更多的利益相关者,尤其是服务提供者方面。通常情况下,这些利益相关者组织得非常好,从医生和医院协会到教师工会,因此有能力施行有效的抵制。在行政运作上,设计提供高质量的健康卫生和教育运转体制比转移支付更困难。因此,改革及其实施在很大程度上受到联盟结盟、行政参与和后续行动以及体现在国内机构安排和利益集团中的政策遗留之间相互作用的影响。

对养老金改革成果的研究发现,在预期覆盖范围的扩大、行政费用的负担、养老基金之间的竞争以及公平、团结和性别的影响等方面,它们令人失望(Cruz-Saco and Mesa-Lago,1998;Ewig,2008;Dion,2006;Huber and Stephens,2000b;Kay and SinHa,2008)。巴切莱特总统在智利委托编写的报告中强调了这些令人失望的地方,并引起了智利养老金制度的重大改革,针对那些没有被覆盖到或在私人体系中积累资金不足的人,扩大了覆盖范围(Consejo de Reforma Previsional,2006)。迪翁(Dion,2008)和梅萨拉戈(Mesa-Lago,2008)著文对此进行了有益的述评。

一些研究专门着眼于社会政策改革,并评估其性别影响。总的来说,他们发现对市场和私营部门的依赖加剧了女性的劣势。一般来说,女性在市场上处于弱势地位,因为她们在工作生涯中会有更多的间歇期,她们更有可能在非正规部门工作,而且她们在正规和非正规部门的收入都低于男性。因此,以缴款为基础的社会保险给予她们更少的保护。此外,她们的生育者角色和作为照顾者的社会角色意味着她们需要更多的医疗保健,既为了自身也是为其子女,同时,她们也需要更多的支持性服务,以便能够将家庭责任和有偿工作结合起来(Castiglioni,2005;Dion,2006;Ewig and Bello,2009;Martínez Franzoni,2008)。

社会政策体制的起源和当前影响:证据

有效社会政策体制的起源

有效的社会政策应导致低水平的贫困和不平等以及高水平的人力资本,或者至少是在降低贫困和不平等水平以及改善人力资本基础方面取得重大和持续的进展。当然,政策机制应该以社会支出占GDP的百分比以及累进方式的支出分配来证明它们对这一结果的促成作用。根据这些标准,拉丁美洲没有取得完全成功的社会政策体制。首先,社会支出相对较低。在2002—2003年间,只有阿根廷、巴西、哥斯达黎加、美国和乌拉圭的社会总支出(社会保障、福利、卫生和教育领域)占GDP的比重超过15%;玻利维亚、委内瑞拉、哥伦比亚、智利和墨西哥则在11%—15%之间;其他国家不到10%。

低支出与税基薄弱密切相关。贸易自由化的结果是,贸易税收收入下降;对外贸易税占税收总收入的份额从1980年的18%下降到20世纪90年代中期的14%。税制改革降低了个人所得税的边际税率和企业利润税,增加了对增值税的依赖。然而,实际征收率仍然低于法定税率(Lora,2001)。与经合组织国家相比,以及与发展水平相似的东亚国家相比,平均税收收入一直较低。2002年,拉丁美洲的平均税收收入,包括社会保障筹资,仅占GDP的16%,而经合组织国家总体为36%,美国、日本这两个税负最低的发达工业国家为26%(Centrángolo and Gómez Sabaini,2007:53)。拉丁美洲国家之间存在着巨大的差异,巴西处于顶端,到2005年,税负已超过国内生产总值的30%,但智利仅占18%。

与此相对应,社会政策的结果指标也不尽人意。所有国家都有相当大规模的群体生活在贫困之中。20世纪90年代,乌拉圭是唯一一个家庭贫困率低于10%的国家,贫困标准界定为一篮子基本生活必需品(拉丁美洲和加勒比经济委员会)或每天 2 美元购买能力(世界银行)。由于世纪初的经济危机,阿根廷和乌拉圭的贫困率分别飙升至 26% 和 19%。在那一年,乌拉圭和智利的贫困率在拉丁美洲是最低的,为 19%,即近 1/5 的人口处于贫困状态。此外,几乎所有的国家都有相当大的群体只能享受低质量的教育和医疗保健。

不过,与拉丁美洲其他国家相比,阿根廷、智利、哥斯达黎加和乌拉圭显然已经制定了最有效的社会政策体制。巴西的社会保障支出较高,但成果指标较低(Huber and Stephens,2009)。四个相对比较成功的国家证实了三条有效的社会政策制度路径:民粹主义独裁统治下的大规模工业化(阿根廷)、有大规模工业化的民主化(智利、乌拉圭)或无大规模工业化的民主化(哥斯达黎加),但后两条路径都有强大的中左翼政党或联盟(Pribble,2008;Segura-Ubiergo,2007)。定量研究已经证实,在拉丁美洲,民主记录的长短和立法机构的左翼力量与较低的贫困和不平等显著相关(Huber et al.,2006)。

社会政策体制的改革与分配成果

大量的研究着眼于特定社会政策的分配影响(如 De Ferranti et al.,2004;CEPAL:Social Panorama),而少数研究则试图对一些国家整体转移政策的分配影响构建一种综合观点(Lindert et al.,2006)。他们一致认为,社会保障在大幅缩减,社会救助在迅速发展,但到目前,社会保障还是远远超过社会救助,因此使社会转移的总体情况具有高度退缩的特点,这与先进工业国家的转移政策形成了鲜明的对比。在教育和健康卫生方面,以基础教育、初级和预防保健为重点的计划在渐进发展,而在高等教育和昂贵治疗药物方面的支出是渐退的。总体和平均而言,医疗保健支出在分配上基本持平,教育支出略有递增。然而,国家之间依旧有较大的差异。

如前所述,定量研究发现,民主历史的长度和中左翼政党的长期强势都会抑制贫困和不平等,但他们也发现,这些变量不会显著影响社会保障支出。相反,不管是专制政权还是民主制度,社会保障计划一旦就位就很难修改,并且都会随着人口老龄化而推高支出。对于不同类型的社会支出在面对预算赤字时的弹性,目前尚无确凿证据。然而,休伯等人(Huber et al.,2008)发现,社会保障支出相对于健康和教育支出更有弹性,但考夫曼和塞古拉·乌比尔戈

(Kaufman and Segura-Ubiergo,2001)则相反地认为,社会保障转移支付领域(主要是养老金)是最容易受影响的,而健康和教育支出则远没那么严重。就该地区(和发展中世界)的社会支出而言,另一个重要发现是其反周期性质(Wibbels,2006)。威贝尔斯发现,给定了融入全球市场的模式,在那种环境下与国际市场相联系的冲击影响深刻,在困难时期进入资本市场的机会是有限的(与发达国家比较),拉丁美洲国家的政府更有动机通过削减社会支出来平衡预算,因此无法跨经济周期让消费趋于平稳。

在民主的背景下,政府支出确实会减少收入不平等,这在世界范围的样本(Lee,2005)以及拉丁美洲的社会转移支出中都是如此(Huber et al.,2006)。在拉丁美洲,民主历史的长度与左翼政党的实力高度相关。这是因为事实是:民主的主要替代选择是右翼而非左翼的威权主义。右翼独裁政权镇压有组织的劳工党和左翼政党,而在民主政权下工会和各种党派都得以形成和巩固。左中翼政党产生的重新分配不是通过总体上较高的支出(对社会支出没有统计影响),而是通过这些支出的分配来实现的。尤为重要的是,为正规劳动力市场之外的人在非缴费型计划上的支出,包括非缴费型养老金以及对工作年龄家庭的收入支持,例如,家庭津贴及有条件的现金转移计划。

有条件的现金转移计划(CCT)在拉丁美洲盛行。截至2005年,至少有9个拉美国家推出了一项计划,即向贫困家庭(最好是母亲)提供现金,以让儿童继续上学,并在常规医疗监督下进行疫苗接种和其他预防性护理。但并非所有这些计划都是由左派政府发起的(Lindert et al.,2006)。其中最著名的是2002年福克斯总统在墨西哥推出的"机会计划"[①],然而,其中最大的一个计划是在巴西的卢拉·达席尔瓦总统领导下制订的。到2006年,家庭补助计划已经发展到1 100万户,覆盖了超过20%的巴西人口,并被认为在卢拉当年的连任中发挥了重要作用(Hunter and Power,2007)。对这些计划的早期评估表明,它们不仅在减少贫困方面有效,而且在提高入学率和健康结果方面也有效(Rawlings and Rubio,2005)。

经济危机后推出的紧急就业计划是另一项重要的反贫困计划。阿根廷的

[①] 该计划基于1997年启动的前一个计划。

就业计划,最新的典型就是"户主失业计划",从1993—2002年急剧增长,覆盖了150万户家庭,并持续存在直至进入复苏阶段。一方面,这些计划确实在削减贫困的过程中发挥了重要作用,但另一方面,它们也成为中央政府手中的一种政治工具,以与省级政治家结成联盟,并通过强大的抗议运动来安抚各个地区(Giraudy,2007)。

2007年,乌拉圭"广泛阵线"(FA)左翼政府启动了一项特别全面的反贫困计划,以此来代替2005年上台时启动的为期两年的紧急社会计划。新的计划适用于所有低收入家庭,包括以儿童上学为条件的家庭津贴、针对65岁以上个人的非缴费型社会救助养老金、中学入学激励、学前教育扩展、就业支持、营养卡、水电费补贴等(Cuenca,2007)。据估计,潜在的受益人数可达百万之众,占总人口的1/3(Campodónico,2007)。社会主义总统拉各斯领导下的智利政府启动了一项类似的全面计划,即"智利萨利达里亚",但规模要小得多,只面向极度贫困的家庭或小于6%的人口。随后,巴切莱特总统试图通过将新的群体主要是无家可归的人纳入,从而扩展该计划。

普及学前教育一直在进步政府的议程之中,这一方面是为了使得来自贫困家庭的孩子做好准备从而在学校教育中取得,另一方面是为了使其母亲能进入就业市场。因此,免费优质的学前教育是一种手段,用来减弱贫困和不平等在代际间的传递。在过去的二十年里,拉丁美洲显著提高了学前教育的覆盖面。在2005年,该地区84%以上的孩子接受了最后一年的学前教育(ECLAC,2007)。在乌拉圭,从最低的1/5开始的5岁儿童的学前教育覆盖率从1991年的64%增加到2007年的94%;同一时期,4岁儿童的覆盖范围从27%增加到72%(Cardozo,2008)。最低和最高收入五分位数之间的差距,4岁孩子从62个点缩小到23个点,5岁孩子从33个点缩小到5个点,这种改善很大程度上是1995年公众覆盖范围扩大的结果。在20世纪90年代(ECLAC,2002),尽管智利学前教育覆盖面没有显著改善,巴切莱特(Bachelet)政府宣布了一项重大扩张计划,设定了到2010年将18万名4岁以下儿童纳入学龄前教育的目标,相当于2008年未入学儿童的37%(OAS,2008)。

医疗改革则差异很大,很大程度上取决于政策传承。大多数发达的拉丁美洲国家都面临日益增长的老年人口及更多的医疗保健服务需求。在债务危机之后,公共支出的削减使得公共系统的人员薪酬严重偏低,设备陈旧,设施急需维修。从20世纪90年代初,公共卫生支出的显著增长弥补了其中的一些不足,但未能缩小公共和私人系统之间的质量差距,那些负担得起的人继续诉诸私人替代选择。

哥斯达黎加和乌拉圭最新一轮的改革可以说是在为全体人民提供高质量医疗保健方面走得最远。智利的改革目标是朝同一方向发展,但遭到了私营部门的强烈反对。根据皮诺切特政权先前实施的改革,正规部门的雇员可以选择将其强制性健康保险缴费转给公共系统,也可以选择营利性的私人提供者,后者可以收取额外保费,并根据风险进行区别对待。哥斯达黎加和乌拉圭的制度都是以保险为基础的,几乎覆盖了所有从事经济活动的人口;哥斯达黎加对非正规部门低收入者的缴款给予补贴。所有三个国家中没有保险的穷人都有权在公共设施中得到免费照护。自20世纪70年代以来,哥斯达黎加的体系一直是一个统一的公共体系,这意味着穷人和有保险的人享有同样的服务设施,而乌拉圭的参保人则主要依靠非盈利的私营保险公司和供应商。

哥斯达黎加的改革在全国范围内扩大初级保健中心,以改善所有人获得医疗保健的机会。乌拉圭的改革引入了集中供资,公共和私人服务提供者均可获得其所照顾的病人的人均付款,而那些作出强制性缴款的人有权选择服务提供者。改革还加强了初级保健诊所网格体系(Pribble,2008)。拉各斯总统领导下的智利改革,保证了对56种常见疾病的全民覆盖,并按照家庭收入以累进方式限定自付额,同时规定必须提供治疗时限。如果公共部门无法提供医疗服务,则在私营部门治疗的费用可以由国家承担。在乌拉圭和智利,被排除在这些改革体制之外的群体是非正规部门的非贫困工人;在哥斯达黎加,已作出了强有力的努力,通过对他们的缴费进行补贴将他们纳入其中。总之,哥斯达黎加和乌拉圭的改革朝着基本的普遍主义方向走得很远,而智利改革的普遍主义仍然局限于特定的一系列疾病。

巴西的医疗体系说明了宪法赋予全民免费医疗的权利与实际服务可及性之间的差距。1988年的巴西宪法赋予所有公民这一权利,并建立了与哥斯达黎加一样的统一的公共卫生系统,但实施权交给立法机关和卫健委。在卡多佐总统执政之前,进展不大,他支持强势的卫生部长推动改善全民基本医疗保健。因此,婴儿死亡率、疫苗接种率和孕产妇保健等指标明显改善(PNUD,2005)。然而,尽管员工和他们的雇主被要求付费进入公共系统(与智利截然相反),但高收入者大量选择私人保险公司和供应商,并依靠公共系统来获得最昂贵的护理服务。此外,不同阶层获得复杂性医疗保健的差距依然巨大,而不同地区甚至在获得初级保健方面的差距也仍然很大(Arretche,2006)。

民主和左翼政党的强势力量对减少贫困和收入不平等的影响,不仅通过社会支出的分配发挥作用,还通过其他立法发挥作用,如最低工资水平、对工会的支持和协调工资制定政策等。在智利和哥斯达黎加,最低工资是一种重要的手段,使一个小家庭保持在贫困线以上。2002年,智利所有工薪阶层的工资中位数与最低工资的比率约为2.8∶1(Marinakis,2006:6),哥斯达黎加是2.2∶1(Estado de la Nación,2004:409-10)。自1990年以来,在哥斯达黎加,实际的最低工资大致保持不变,略有上升的趋势,但在智利则急剧上升;阿根廷在2001年之后急剧恶化。在乌拉圭,国家最低工资不是一个相关的下限;从1985-2005年,在"广泛阵线"(FA)政府将其翻倍的情况下,这种情况持续且强烈地恶化。历史上更重要的是三方工资制定委员会。1992年,在民族党主席拉卡尔的领导下,国家退出了该委员会,但是FA政府很快重新建立了该委员会(Rodriguez et al. ,2007)。在FA政府治下,农村和公共部门的工人首次参与了集体谈判,且其工资也得到了实际提高。

全球化与社会政策

无论是在发达工业化国家还是在发展中国家,全球化和社会政策的争论都已经摆脱了最初的极端立场。大量的研究结果表明,一种中间立场已经获得支持,认为全球化对社会支出没有直接影响,无论是消极的还是积极的,而是由国内力量和制度作为中介因素(Glatzer and Rueschemeyer,2005)。

在统计分析中,加勒特(Garrett,2001)在发达国家和发展中国家样本中,考夫曼和塞古拉·乌比尔戈(Kaufman and Segura-Ubiergo,2001)在一组拉丁美洲国家数据中分别发现贸易一体化(即贸易开放度的变化)对一般政府消费和社会支出变化具有负面影响。考夫曼和塞古拉·乌比尔戈还发现,贸易开放程度以及贸易和资本市场开放的相互作用对社会支出的变化具有负面效应。阿维利诺等人（Avelino et al.,2005）发现,1980—1999年间,19个拉丁美洲国家的贸易开放对社会支出水平产生了负面影响,但金融开放对社会支出水平产生了积极影响。考夫曼和塞古拉·乌比尔戈（Kaufman and Segura-Ubiergo,2001）发现资本管制水平对社会支出变化的效应不稳定,而资本管制变化的积极效应比较微弱。鲁德拉（Rudra,2004）在全球样本中发现,资本流动对社会支出水平具有积极影响,而加勒特（Garrett,2001）发现资本流动水平和变化对政府消费水平没有显著影响。

结果的不一致之处有各种解释,如所考察的具体案例和时间段、不同的控制变量集、因变量的不同可操作性以及不同的分析技术等。可以说,最主要原因在于使用了不同的控制变量,特别是遗漏了国内政治变量。统计分析包括城市化、民主以及在立法或行政中不同政治倾向的长期实力。结果表明,贸易开放和外国直接投资对社会支出没有影响,无论是对社会保障和福利,还是对医疗和教育支出,都是如此（Huber et al.,2008）。

拉丁美洲社会政策制度研究的未来方向

社会政策的分配效果。到目前为止,由于数据缺乏可比性,社会政策分配效果的比较研究一直受到阻碍。尽管有一些基于全国住户调查分析的优秀国家案例研究,并且有人尝试在各个国家之间比较这些分析结果,但这些国家的调查对家户规模使用了不同的概念和/或等效量表,这使得严格的比较基本上是不可能的。目前,"卢森堡收入研究"正在将几个拉丁美洲国家添加到他们的数据库中,这将是向前迈出的一大步。它将允许系统地比较考察社会政策对不同社会群体的分配影响（依据收入水平、性别、教育程度、地理位置等）。

与劳动力市场政策的关系。很明显,无论是在个人还是社会层面,消除贫困都需要就业。在社会层面上,从"进口替代工业化（ISI）"到新自由主义模式的转变导致去工业化、正规部门就业机会的损失以及非正规就业的快速增长。即使在调整后,就业增长还是集中在非正规部门,生产率低下,工资也低（Tokman,2002）。2004年初的大宗商品热潮刺激了拉美经济体的增长,但对改善拉美经济的结构性弱点却收效甚微。大多数政府仍然不愿参与产业政策,而私营部门提高生产率的举措更是少之又少。对与积极的劳动力市场政策相联系以提供合格工人的就业机会的研究,将是整个拉丁美洲福利国家研究计划的重要组成部分。

在劳动力市场政策领域,各国政府很难从传统形式的就业保护过渡到更灵活的劳动力市场和还可以保护工人不与家人陷入贫困的政策。失业保险是一个新的特征,只在一些拉丁美洲的社会政策体制中引入,即使在存在失业保险的地方,其覆盖面和福利也非常小。以职业培训和就业安置资助形式的积极劳动力市场政策少之又少。一些试点计划将有条件的现金转移计划与劳动力市场培训及公共部门的工作联系起来。这显然是实际政策实验和研究的一个重要方向。

社会政策政治。发展研究的另一个主要领域是对具体政策倡议的政治斗争进行比较分析。了解这些斗争不仅在理论上有助于学者们建立更好的拉丁美洲福利国家发展模型,而且在实践中有助于致力于福利国家建设的政府建立最有效的政治联盟。随着越来越多的资料,如立法辩论、党派立场和报纸档案可以在网上获得,政策的政治细节将更易于进行系统的比较分析。这些类型的数据来源永远不能代替与那些直接参与斗争的人的面谈,但它们将构成信息三角剖分和系统化概括测试的基础。

第 45 章 东亚国家

伊藤鹏(Ito Peng),黄若瑟(Joseph Wong)

引 言

在过去的 20 年中,对东亚社会政策体制演变的研究兴趣显著增长,特别是当学者们开始考虑该地区经济"奇迹"的分配影响时。我们知道,战后东亚是世界上经济增长最快的地区之一。然而,直到最近,我们对其社会政策的并行发展都还是知之甚少,甚或是完全缺乏了解。有人认为,东亚的快速工业化是以牺牲更广泛的社会契约为代价的。他们认为,福利国家是为了总增长而做出了牺牲(Holliday,2000)。另外,也有一些人对该区域社会政策发展的长期轨迹持更有利的看法,特别是与拉丁美洲和苏联的其他发展较晚的国家相比(Gough and Wood,2004;Kasza,2006;Haggard and Kaufman,2008)。在全球范围内福利国家呈现出紧缩趋势,但它们依旧看到的是社会政策的不断深化。尽管存在这些分歧,但该地区的大多数社会政策学者认为,它提供了丰富的案例来源,可以考虑纳入传统的福利国家研究文献,而不是拒之门外。事实上,该地区与盎格鲁-欧洲福利国家"世界"的不同经验,应该为更多关于福利国家的过去,现在和未来的全球辩论提供信息。本章致力于做到这一点,将东亚纳入更大的福利国家标准,并以应对共同的全球挑战方式来定位我们的分析。

东亚是例外？

尽管存在关于东亚福利国家改革方向的争论，但该地区的大多数学者都同意，在福利和社会保障的供给和融资方面，国家倾向于发挥更小、更精简的财政作用。日本的社会支出占GDP的比重为18.65%，在东亚地区是最高的（2005年）。即使这样，相比于经合组织和欧盟国家的社会支出平均水平分别为20.5%和27%，日本还是落后的。其他东亚国家则落后更远。在2005年前后，中国台湾和中国香港在社会计划上的支出占GDP的近10%，而韩国、中国和新加坡社会支出占GDP的比重不到7%（OECD,2008e;ADB,2008;Taiwan Executive Yuan,2008）。众所周知，社会开支只是社会福利投入的一个指标。因此，研究者也指出，在许多情况下，社会保险方案的体制持久性而不是更普遍的计划排除了更多的再分配意味。在这些方面，福利国家的东亚变体与西方比较国不同，而且落后于西方。

对东亚"例外论"的解释导致20世纪90年代对该地区的第一波比较社会政策分析，随后出现了3个互补的解释。它们共同构成了一个相对独特和以区域为基础的福利国家演变的"东亚路径"。因此，该地区的学者们消除了民族差异——就中国而言，将其完全排除在考虑之外——并归纳出一套关于东亚福利国家的特殊性的假设。

第一，东亚社会普遍重视"共同的"儒家文化传统。学者们断言，显性的"亚洲"价值观——比如，尊重教育、孝道、服从权威、父权制，以及最重要的是家庭的中心地位和在社会组织中的亲属关系——限制了更多"西方"福利国家观念的发展（Jones,1993;Goodman et al.,1998）。证据显示，中国的家庭储蓄水平极高，三代同住的家庭占多数，以及女性劳动力市场参与率较低。所有这些都表明，家庭或家户对社会保障负有责任，而不是国家。国家真正重要的是教育，东亚各国政府为此分配了大量的公共资源。即使在劳动力市场上，对家庭的考虑也都与公司置于同等地位。亚洲风格的"公司福利"体现了家长式的孝道规范，这是从典型的男性挣钱养家的家庭移植过来的。简单地说，东亚的"例外论"在一定程度上可以通过构建亚洲或儒家价值观的概念来解释。

第二,亚洲工业化国家福利不发达的原因还在于主流政治中缺乏强有力的政治"左派"(Wong,2004)。当然,中国是个例外,不过,在亚洲"资本主义"福利国家的概念化过程中,中国的情况再次被忽略了。受益格鲁欧洲经验(Esping-Andersen,1990)衍生而来的主导权力资源理论的启发,有人认为,东亚地区左派政党的缺失、工会薄弱、工人工会化率低制约了福利国家的发展。例如,在日本,社会党很早就被摧毁殆尽,这一举动得到了当时美国占领军的鼓动。工党也被排除在政策程序之外(Pempel and Tsunekawa,1979;Kume,1998)。战后时期的冷战逻辑使得韩国、新加坡和其他地方的政治左派也被边缘化。在工业化的亚洲,劳工运动遭到镇压,被笼络地纳入国家机器。换言之,左派势力未能发挥任何重要的政策作用。

第三,霍利迪(Holliday,2000)提出的"生产主义者"方法为东亚社会政策的演变提供了一个令人信服的解释。这种方法认为,在亚洲的新兴工业化国家中,社会政策改革不是为了社会保障和再分配,而是为了提高经济生产力。选择性的社会政策规定(健康、教育、住房、技能培训)必须服从于劳动力生产(再生产)、人力资本投资和经济持续增长的要求。因此,社会政策是由经济决策者而不是社会决策者发起的。生产主义也增强了战后亚洲发展中国家的建设愿望。例如,根据古德曼和彭(Goodman and Peng,1996)的观点,日本的福利国家发展是由一项国家建设计划推启的,该计划始于19世纪的明治维新,并在第二次世界大战失败后得到了加强。换句话说,生产主义方法的支持者认为,经济生产力(即增长)反映了国家实力,而社会政策对这些目标的"投资"被理解为更广泛的经济民族主义叙事的一部分。

这三个互补的观点——儒家价值观、左翼权力资源的缺失和生产主义的首要地位——为东亚社会政策发展的独特性提供了重要的学术见解。作为一种"例外论"的实践,他们提供了一个令人信服的起点,从中可理解该地区的社会政策改革。然而,我们认为,它们反映了将东亚地区的界限差异区别于英欧经验的重要努力。我们的观点是,通过更具体地研究这些案例——有效地消除盛行的例外主义观点——我们可以发现这些案例之间的显著差异,以及随着时间的推移而产生的相当大的动态发展和变化。换句话说,我们反对将东亚经验视为一个例外。

事实上,我们确定了东亚社会政策演变的两种主要模式。第一是一种更具包容性的社会保险模式,其随着时间的推移,演变成一套基于社会团结、普遍性和具有再分配意义的计划。该地区的典型案例是日本、韩国和中国台湾。与此同时,政体演变的第二种模式是以一种更加个人主义和市场化的模式为中心。在这种模式下,工人和公民更为普遍地生活在包容性相对不足的社会保障网络中。我们认为,这种模式在新加坡和中国香港以及中国内地是最普遍的。本章其余部分分析了这两种社会政策发展模式。我们通过鉴别导致某些社会政策决定和结果的政治经济机制,既描述又解释了这些不同的路径。换言之,我们详细地阐述了社会政策改革者在一系列案例中所做出的不同选择。

普惠性社会保险:日本、韩国和中国台湾

日本、韩国和中国台湾的社会政策发展模式呈现出三大特点。首先,战后时期这些案例中的经济快速增长伴随着收入的平均分配。尽管年增长率接近10%、产业不断升级,但日本、韩国和中国台湾的基尼系数仍徘徊在0.3至0.4之间,与西方其他平等工业经济体的水平相当。该地区以出口导向型工业化为重点,创造了就业机会,导致高水平的劳动力向上流动,促进了中小企业的成长。即使在今天,日本、韩国和中国台湾的基尼系数仍继续保持在0.4以下。与之形成鲜明对比的是中国香港(0.514)、新加坡(0.481)和中国内地(0.473),其不平等程度还在逐渐扩大(OECD,2008e;ADB,2008)。

其次,战后的增长伴之公平,这种传承使公众对团结价值观的支持达到了很高的水平。例如,世界价值观调查数据显示,日本、韩国和中国台湾的受访者对收入不平等的容忍程度远远低于新加坡和中国(包括香港)的受访者。尽管生活在韩国、日本和中国台湾的大多数人认为他们的政府对生活在贫困条件下的人们做得不够,但只有少数中国人持这种观点(世界价值观调查,2008)。可以肯定的是,目前在日本、韩国和中国台湾的主流争论都显示出对社会不平等问题的严重关切和忧虑(Hara and Seiyama,2005;Koo,2007;Tai,2006)。简而言之,那里的人们已经开始期望在经济增长的同时实现相当程度

的社会经济公平。

最后,日本、韩国和中国台湾政府已积极深化其创建更多再分配社会保险机制的努力。在这三种情况下,社会政策的深化都是由现有社会保险计划的资格不断扩大推动的。医疗和养老保险计划是在第二次世界大战前后建立的,但它们远未普及,范围有限,而且在资格方面具有职业特殊性。随着时间的推移,先是将其他就业部门的工人纳入,最终再将自就业工人包括进来,现有计划逐渐扩大范围,实现了普遍覆盖。除普及保险之外,各国政府还追求提高社会保险的再分配能力,要么通过交叉补贴职业组织基金(例如,日本),要么通过将不同的基金整合到单一的管道机制中,从而消除职业差异,以便最大限度地提高风险和财政统筹(韩国和中国台湾)。此外,自20世纪90年代以来,日本、韩国和中国台湾也推出了新公共管理政策下的社会保险(长期照护)计划和以税收为基础的儿童保育计划,以解决人口老龄化和生育率下降的问题。这些不仅导致社会支出的大幅增加,而且还代表着进一步努力通过国家将家庭照护费用社会化(Boling,2008;Peng,2008;Peng and Wong,2008;Kwon,2007)。总之,日本、韩国和中国台湾政府都加大了现有的社会保险计划,并增加了新的计划,旨在将照护负担从家庭转移到国家,并使之社会化。

我们从三个方面来解释为什么查尔默斯·约翰逊(Chalmers Johnson)所指的这些"资本主义"发展型国家典范为何选择普惠性的社会保险途径。首先是民主。我们认为,由于自下而上的民主政治压力,战后的日本、韩国和中国台湾的政府被迫扩大社会福利供给。其次,这些国家或地区更倾向于选择深化福利国家选项,因为在已经相对平等的社会中,普遍主义和再分配的政治和经济成本较低。最后,日本、韩国和中国台湾能够利用更深层次的社会团结感,因为民众之间真实或想象的社会"距离"实际上相对有限。更具体地说,我们认为,这些国家或地区之所以能够获得对社会风险团结解决计划的支持,是因为有一段国家人口同质性的根深蒂固的历史叙事、一种更深层次的"我们"的国家意识,社会政策制定者可以更容易地围绕这一点传播具有普遍性和包容性的社会保险国家的理念。

第45章　东亚国家

民主、发展与国家认同

日本的社会政策改革是在战后初期开始的。日本经济的重建,尤其是大型工业企业的增长,加剧了20世纪50年代的不平等程度。占主导地位的保守自民党(LDP)分别在1958年和1959年通过立法制订了健康保险和养老金计划,先发制人地阻止了社会的不稳定。一年后,政府启动了"收入倍增计划",一项旨在实现充分就业和产业多元化的宏观经济政策。后来,自民党政府立法制订了一项就业保险计划,为失业的产业工人提供收入保障,以此应对在1974年石油危机和紧随其后的经济危机之后劳工们的担忧。因此,在日本,为了应对收入不平等和快速增长带来的挑战而做出的早期努力包括制订具体的全民社会保险计划和旨在持续工业升级的更广泛的经济政策(Campbell,1992;Milly,1999)。

然而,自民党领导的社会政策改革并不是该党意识形态承诺的一种职能;相反,战后日本的政策改革是由于执政的自民党面临政治压力,要求获得基础广泛的选举支持。自民党是一个保守型的包容一切的政党,这意味着它寻求形成广泛的社会经济联盟的支持(Calder,1986)。自下而上的政治压力(特别是选民)迫使自民党发起社会政策改革。日本社会党从未成为自民党的重要挑战者,但它还是迫使政府关注社会经济不平等问题。与此同时,美国占领当局尽管反对社会党及其意识形态,但仍鼓励自民党应对日益增长的不平等,以防止出现一种民众广泛支持左倾政党以及仍在萌芽中的工会运动的浪潮。也许最重要的是,自民党的权力基础包括农村选民和小企业的选举支持(以及与之相关的慷慨的席位红利)。为了减轻社会政策福利集中于劳工贵族(即受雇于大公司的那些人),自民党在早期就普及了社会保险计划。因此,在日本,早期社会政策扩张的动力是政治上的;为了保持其政治主导地位,执政的自民党需要既促进增长又促进城市和农村地区收入的相对公平分配。它的策略是先发制人地阻止由日益严重的社会经济不平等带来的政治动荡。

这种以"补偿"换取支持的政治逻辑(Calder,1986)在战后的韩国和中国台湾也是显而易见的。在这两个地方的独裁时期,尽管覆盖的范围极为有限,非民主国家依旧为公民提供了一些社会保险保障。在韩国,自愿型医疗保险最早于1963年推出,然后在1976年成为强制性的。保险覆盖范围仅限于那些受雇于大型企业的工人,而政府工作人员和军事服务人员被纳入单独的保险计划。到20世纪80年代初,仍只有不到1/5的工人享受了医疗保险。在威权独裁时期,台湾地区的保险覆盖范围同样是排他性的。1953年,中国台湾国民党政府首次引入劳工保险计划(包括医疗保障)。与韩国一样,中国台湾的政府雇员和军队雇员享有单独的社会保险计划。中国台湾的劳动保险只是在逐步扩大。与韩国的经验类似,到20世纪80年代,只有不到1/5的工人有资格获得劳动保险(Wong,2004)。

在这两个地方,社会保险的推出从一开始都不是普遍性的,而其扩张也是渐进性、零碎性的。家庭与社会阶层之间的社会经济再分配也很少。最重要的是,韩国和中国台湾的威权政府当局选择性地补偿了那些被认为在政治和经济上对国家重要的阶层,特别是劳工贵族、公务员和军队。作为威权政体,韩国政府和中国台湾的国民党都可以在政治上和经济上把相当一部分人口排除在外。事实上,在该时期,两地发起的排他性社会保险计划进一步使社会分层,加剧而非改善了社会阶级和地位差异。

民主化的进程,在韩国和中国台湾,是随着全国或全区域选举制度的建立肇始于20世纪80年代末,它又塑造了后威权时代的社会政策改革进程。政治竞争的引入改变了当时执政党的政治动机,迫使他们立法进行重大的社会政策变革。在韩国,由独裁转向民主的执政党于1988年将医疗保险扩大到农村自雇工人(农民),那也正是总统和立法机构的选举进行之时。一年后的1989年,执政党再次将医疗保险范围扩大到城镇自就业个体户。也正是在此期间,政府推出了一项国家退休金计划,以吸引劳动者。在20世纪80年代中后期,赢得工人的支持对韩国是至关重要的,因为工人一直是反对独裁政权的主要根源。中国台湾的国民党以同样的策略方式对民主化的引入做出反应。虽然那里的执政党在历史上一直回避对全民健康保险的要求,但在20世纪80年代末发起改革讨论并于1994年立法建立全面的国民健康保险(NHI)体系时,它的态度发生了180度大转弯。国民健康保险制度实施于1995年春季的领导人选举设定前夕。在这两个地方,民主改革和选举竞争的政治动机推动了以前有限的社会保险计划的普及(Wong,2004)。韩国和中国台湾的民主转型本质上是政党制度"去联盟化",并引入新的反对党。"去联盟"之后,又来了一个政党"重新联盟"的过程,即名义上的保守派政党将社会政策改革作为赢得选举的平台。

日本虽然从战后初期就开始民主化,但在20世纪90年代初经历了类似的政党去联盟和重组的过程,这推动了新一轮的社会政策改革。在整个20世纪80年代,当决策者开始感受到日益全球化的经济带来的压力时,自民党政府发起了一场关于"日本式福利社会"的政策讨论,本质上是一项福利紧缩计划。这种想法导致新一轮自下而上的社会动员,围绕的中心是社会政策的深化而不是政府的紧缩努力。民间社会团体,特别是20世纪90年代末,那些推动了更全面的社会政策改革的民间组织应运而生。1993年,自民党第一次失去政权后,社会政策改革的主流化变得更加明显(Pempel,1997)。日本式福利社会的理念亦未能引起共鸣。

日本的多党竞争将社会政策改革的前景变成了一个竞争激烈、赢面日增的政治问题。各竞争党派围绕社会政策改革建立了新的选举联盟。在整个20世纪90年代,虽然自民党仍然是占主导地位的政党,但它仍被迫从各个党派那里吸收政策理念,包括反对党如社会民主党、新成立的小分裂党派和潜在的联盟伙伴如民粹主义的公明党(clean party)和自由党(liberal party)等。随后,自民党发起针对老人和儿童的新的社会服务计划,扩大政府支出,组织保险计划并资助保健护理设施。从功能上讲,这些计划的目的是要解决日本人口结构的变化和快速的老龄化。然而,在政治上,这些举措在选民中很受欢迎,因此,对自民党的政治生存至关重要。

在20世纪90年代末,韩国和中国台湾出现了类似的政治经济逻辑,尤其是在1997年亚洲金融危机之后。1997年,持不同政见、倾向于民粹主义的金大中(Kim Dae-Jung)当选,深化了韩国政府对社会福利的承诺。劳工状况的不稳定性和社会动荡的威胁促使金氏政府迅速实施了国家养老金计划,将国家医疗保险体系集中起来,并在老年人和儿童的社会化护理方面启动了新的改革努力(Peng,2004)。在台湾地区,国民党在2000年的选举失败中创造了新的社会政策承诺,特别是在老年收入保障以及对性别敏感的劳动力市场和工作场所政策方面。黄(Wong,2003)认为,20世纪90年代末的选举竞争导致政治企业家之间的"力争上游"和社会政策改革承诺的"逐步升级"。事实上，民间社会团体的持续动员和积极分子社会运动融入政治舞台，保证了社会政策改革仍然是使韩国和中国台湾民主化的关键政策议程项目。

日本、韩国和中国台湾的包容性社会保险模式的政治逻辑植根于民主进程，其中，通过民间社会行动主义和选举政治调动了对加深福利的自下而上的要求。尽管如此，在这些案例中，民主国家相对容易接受这种福利改革要求，部分原因是有着战后公平增长的历史传承。富人和穷人之间的差距相对缩小，意味着再分配的经济成本较低。公平的增长也确保了社会阶层之间的社会距离相对较近，从而使采取更团结的方法来减轻社会风险合法化。在政治上，日本、韩国和中国台湾的公平增长经验也意味着，政治制度不是沿着阶级路线的因果先验结构。左右分裂在主流民主政治中并未深深扎根，我们在发展中国家的其他地方也看到过这种分裂，这为政治企业家提供了意识形态上的灵活性，使他们能够合法地主张深化社会政策的立场。因此，是名义上的保守党派，如自民党、韩国大国家党和国民党，开启了社会保险的普遍化。

国家人口同质性的历史叙事也提供了社会团结和普惠型的社会保险的规范基础。在日本、韩国和中国台湾，这一历史叙事在战后国家建设过程中起到了强大的激励作用。例如，日本式的福利社会理念将日本的公共福利支出低水平归因于其深刻的家庭和社区团结的社会文化规范，是以"日本性论"（Nihonjinron）为前提的，这是一种根深蒂固的论述，主张日本在历史上是并且现在仍然是一个在文化、民族上以及种族上单一同质的社会。虽然"日本性论"这个表述在全球化的日本不再产生强烈共鸣，但"日本人"作为一个独特的同质社会的观念依然很强大。同样强大的民族叙事促进了韩国和中国台湾认同政治的发展，这反过来又为福利国家深化的政治合法化注入了一种团结的基础。

然而，围绕这种强烈的民族主义叙事的紧张局面最近开始显现，尤其是在增加移民方面。例如，日本政府无力改革其移民政策，以解决其人口老龄化、生育率下降和长期的劳动力短缺等问题，这在很大程度上是日本人强烈反对向外国新移民开放国家的结果。关于外国护理人员的公共政策争论是非常消极的，近乎排外，揭示了让外国人照顾日本老人在文化上不恰当的担忧。关于人口多样化的类似担忧阻碍了有关移民政策改革的更广泛的政策争论（Shipper,2008;Shinkawa,2008)。类似的关于人口同质性的叙述,以及由此对多元文化观念的抵制,在韩国也很明显。像日本一样,在韩国,允许非韩国人移民到韩国(和申请公民权)的争论,一直存在激烈的冲突(Lee et al.,2006)。有关更开放的移民政策的冲突,特别是那些与来自东南亚的外国劳工和越来越多的外国新娘有关的政策,反映了在中国台湾对人口多样性的观念表现出强烈的抵制。总之,移民的快速流动已经开始挑战日本、韩国和中国台湾的福利国家社会基础。

个人主义社会保护:中国香港、新加坡和中国内地

在20世纪90年代和21世纪初,中国香港、新加坡和中国内地的收入不平等程度远远高于日本、韩国和中国台湾。就中国而言,不平等程度继续迅速扩大。虽然近20年来,中国的经济增长速度在世界是最快的,但近40%的人持续生活在每天低于2美元购买力平价的境况中(ABD,2008)。生活在农村的8亿多人口与城市居民之间的经济差距特别严重。在20世纪70年代,中国开始了经济改革,优先发展沿海城市工业,这使得经济收益的分配偏离了中国内陆省份。然而,除了衡量不平等的描述性经济指标外,中国城市和农村之间的社会"距离"也是巨大而迥异的,这削弱了社会团结的观念。可以肯定的是,与日本、韩国、中国台湾不同,中国香港、新加坡和中国内地对"竞争力"的态度支持远远高于民众对"平等主义"的支持。尽管中国政府最近努力解决社会经济的不平等问题,但普遍对收入不平等持有更为宽容的态度(世界价值调查,2008)。中国香港和新加坡的主流态度也是如此。

公平的增长让日本、韩国和中国台湾等地能够寻求更大程度的社会政策深化,而缺乏这样的发展——以收入分配或大众对于平均主义的规范地位的态度来衡量——却让中国香港、新加坡和中国内地政府更难进行全面的社会政策改革。事实上,在后三个地区社会保护的首选模式仍然取决于个人减轻社会风险的能力,这实际上是维持甚至加剧而不是改善社会分层。例如,新加坡的中央公积金(CPF)最早在1955年由英国殖民当局引入,是针对个人老年收入保障的强制储蓄计划。由雇员和雇主共同缴款的公积金(CPF)逐渐扩展

到其他社会保护需求,如住房(1968年)和医疗(1984年),后来又扩展到教育。继新加坡之后,中国香港于2000年采用了强制性的公积金计划以保障退休收入。中国内地也采取了类似的以储蓄为基础的模式。20世纪90年代初,上海引入了住房公积金制度,并最终在几年后成为一项全国性的计划,旨在提高中国不断壮大的城市中产阶级的住房拥有率。中国向个性化储蓄机制的转变标志着社会保障的重点发生了变化,从集体转向个人,从公共提供福利转向通过私人手段提供保护。在这三个地方,社会保障已通过鼓励私人储蓄而变得个性化。这样的计划不是再分配。

受约束的选择

一些原因可以解释为什么东亚国家选择了这种替代性的社会政策模式,或更具体地说,为什么社会决策者在社会政策改革的新方向和创新方面的选择受到限制。首先,在日本、韩国和中国台湾这些地方,选举竞争的压力和政治家的战略必要性迫使政策制定者和活动家推动福利国家深化,而在中国内地、新加坡和中国香港,因为其独特的民主制度,既排除了这种政治逻辑,又排除了激进的社会政策变革的动机。例如,新加坡的政治竞争很少,这一政治现实使得执政的人民行动党在社会政策的设计中具有很大的自由度,几乎没有反对党。中国实行的是人民民主专政的政治体制,其既没有可能的反对党,又不可能有媒体来煽动自下而上的改革压力。因此,在以上三个地方,社会政策改革的动机既不是来自国家更大的、公平的、更广泛的规范和承诺,也不是来自必须吸引选民的政治必要性或动机。

其次,中国香港、新加坡和中国内地不具备中央财政能力来增强国家在社会保障中的作用。例如,中国香港享有世界"最自由的"市场经济体之一的盛誉,其积累财政资源的税收基础(个人或企业)微不足道。那里的公司也拒绝支付社会保险的公司缴款。新加坡也是一样。1965年从马来联邦获得独立后,这个城市国家开始了一项发展战略,其基础是纯粹的"经济生存论"。因此,充分就业,而不是社会经济再分配,是经济决策者的主要优先事项,社会政策倡导者被边缘化,没有自然资源可开发。新加坡和中国香港一样,被迫利用其区位优势吸引外商投资与跨国公司。其中一个优势就是对外国公司的低税收负担,现在仍然如此。因此,国家的财政基础是相当弱的,被认为在工业世界中是最小的(Ramesh,1995)。中国香港和新加坡都是财政拮据。此外,向雇主征收社会保险缴款(事实上是一种工资税),从经济上讲是不可想象的。目前,他们面临着来自东南亚和中国更大的经济竞争,这只会使与行业分担社会保险成本的前景变得更加难以立足。

中国由于人口压力(即老龄化社会),没有社会保障体系的农民工数量不断增加以及社会经济不平等的整体水平不断上升,特别是农村居民与相对富裕的城市居民之间的不平等,要求中央政府提供更多的社会保障。作为回应,中国政府在为已经有限的少数符合条件的人提供社会保险福利方面卸下了财政责任。例如,国有企业(国家企业)和后来的非国有企业越来越多地被要求为工人提供社会保险和福利缴款,而不是政府来承担。中央政府也将劳动和社会保险放权到县、市级政府进行管理,期望地方政府可以有效地制订社会计划来满足地方需求。事实上,中央政府还合理地认为,地方政府应建立保险"池",以降低风险,并将成本和利益面向那些符合条件的人社会化(Selden and You,1997)。然而,这种行政分权的过程,尤其是在1994年的财政改革使得税收向上流动之后,未能为地方政府提供支付养老金和其他社会福利的资源。

值得注意的是,中国政府逐渐将先前的社会福利责任由国家转移给个人。鉴于世界银行和其他国际经济机构影响,中国社会政策制定者已经逐渐用个人账户养老金计划取代之前的现收现付制。这一改革最大限度地减少了老年收入保障在代际间的转移(Frazier,2006;Hurst,2009)。此外,尽管最近在努力改革农村医疗体系,但新的保险福利只覆盖大病,政府承担的医疗费用份额依然微乎其微。中国绝大多数的医疗费用是由患者直接自掏腰包支付的。换句话说,由于中央政府的财政约束,中国以前建立在单一支柱支持(中央国家)的社会主义理想基础上的社会福利体系,已经演变成分析人士所说的"三支柱"模式,包括企业、地方政府和个人储蓄。但需要强调的是,那些生活在农村的人几乎没有任何形式的社会福利保护(Davis,1989;Wong,1993;Frazier,2004)。

最后,除了民主程度不足和财政约束外,中国香港、新加坡和中国内地不得不选择更具个人主义和基于市场的社会政策路径,因为只有更为浅层次的规范基础,从中才可以凝取出社会团结观:中国内地农村的实际状况和沿海城市的生活现实截然不同;中国香港的富人和底层阶级没有任何经历上的共鸣。换句话说,这些地区并没有从日本、韩国和中国台湾所经历过的公平增长的历史传承中得到收获。但更深层的原因是,中国香港、新加坡和中国内地的社会没有日本、韩国和中国台湾那种形成具有包容性的社会公民基础的民族同质性和民族团结。

中国香港和新加坡以前是英国殖民地,历史上都有大量的外国人居住过。新加坡是南亚人、华人、穆斯林马来人和大批西方侨民的家园。中国香港和新加坡历史上也曾利用邻国的移民工人在不稳定的就业部门从事低工资和低技能的工作,这些移民占了人口的很大一部分(Athukorala and Manning, 1999)。例如,新加坡近30%的就业工人是外国人,其中很大一部分移民工人从事家庭护理工作。同样地,尽管中央政府仍在努力建立统一的民族认同,但中国广袤的土地和民族多样性也难以实现单一民族叙事的构建。我们的观点是,缺乏任何深刻的民族国家认同和对"外来人"存在的争论削弱了社会基础,从而削弱了公众对减轻社会风险的团结解决方案的支持。换句话说,这种态度使得个人在社会保障方面的努力而不是集体或团结的手段合法化了。

结论与展望

正如第一代对该地区的社会政策改革感兴趣的学者所记载的那样,东亚独特的福利国家模式的出现与发展,极大地有助于从广义上阐明当时福利国家主体中一个相对缺乏研究的地区的经验现实。它还提供了一个有用的视角,可以通过它来观察规范的福利国家理论,尽管例外主义的观点似乎表明,亚洲不在现有的理论范围之内。本章认为,与例外主义的观点相反,该地区出现了两种宽泛的福利发展模式或路径:以日本、韩国和中国台湾为例的全民性的社会保险模式和以中国香港、新加坡和中国内地为例的更为个人主义的社会保险模式形成对照。这些宽泛的模式就是如此:宽泛。就其本身而言,日本、韩国和中国台湾的普遍主义在覆盖范围或对再分配的影响上并非没有盲点,正如在其他地方实施的个人储蓄计划并不排除对更具包容性的社会保险进行某些试验一样。而我们的观点是,虽然亚洲的社会政策制度是动态的,但有证据表明,在这些不同的演化轨迹上,关键案例之间存在着趋势。

这一简短章节还致力于为这些不同的发展途径提供某些解释。从不同国家或地区的经验中,我们发现有三个因素在塑造决策者的选择和在社会政策中起到最重要的影响。第一,民主改革,特别是选举竞争和政治创业的必要性,创造了一套动机激励机制,以深化福利国家改革,扩大覆盖面和再分配。这种政治激励的缺失给非民主国家提供了寻求其他选择的政策自由。第二,经济的公平增长经验,特别是在日本、韩国和中国台湾,降低了更大规模的再分配社会政策的结构性成本。快速但公平的增长的传承有助于在公民中培养更深层次的社会团结感——这也得益于相对同质的人口。在其他情况下,公平增长的缺失,则凸显了社会经济平等不是优先事项,以及促成公平的最终社会、政治和经济成本如何变得相当高(甚至高得令人望而却步)。第三,我们认为,制定有利于社会保险或基于个人的社会保障的政策,是一国财政能力的功能体现;也就是说,国家一方面是愿意花费财政资源,另一方面也是愿意把责任分配到其他各级政府、参与者或机构。

展望未来,东亚福利国家与世界各地的所有社会政策体制一样,目前正面临着与后工业进程相关的新挑战。亚洲的现代化非常迅速,其特征是"压缩的现代性"(Chang,1999),仅仅在半个多世纪里,经济结构就发生了转变,从农业到制造业,再到增值技术和服务业。结果,劳动力市场一直处在变化波动之中。工人频繁流动,就业需要不断的再培训。例如,资本主义亚洲的公司福利模式和社会主义中国的"铁饭碗"已经不复存在。进入当前后工业时代的经济现代化,由于迅速地去家庭化和两性关系的变化,也迎来了新的社会形态。随着离婚率的上升、单亲家庭数量的增加和生育率的总体下降,东亚地区"三代同堂"的家庭数量急剧下降。家庭和劳动力市场中的性别关系也在发展。亚洲的态度已经转变为在公共和私人领域实现更大的性别平等,即使它们尚未反映在实际经验中。女性在正式(而不是临时的或非正式的)劳动力市场中的参与率有所增加,从而逐步减少了由男性养家的家庭。此外,东亚社会的老龄化速度是世界上最快的,这给福利国家带来了更大的压力,特别是在老年收入保障、长期护理和健康方面。在人口结构的另一端,年轻"有生产力"的人所占比例的不断减少,已经转换为可储蓄的或注入福利国家体系的资源减少。

这里讨论的六个东亚国家或地区的社会政策制定者所面临的最紧迫挑战之一,来自日益全球化和转型的劳动力市场状况。经济不断升级和人口迅速老龄化所产生的新的劳动力需求已经开始重塑区域内移民模式。这在家庭护理、低技能制造业和其他形式的临时工作等低工资就业部门尤其明显。从发展中的和工业化中的东南亚国家到工业化的东亚国家,移民工人的数量有所增加。证据表明,移民流入已经开始威胁到社会团结的普遍规范,特别是在相对同质性的社会,如日本和韩国。"外来者"被认为构成当地社会政策制度的一种压力,特别是那些受雇于非正式劳动部门因而不太可能向社会保护计划支付费用的移民工人。在像日本和韩国等地的移民问题,暴露了社会公民基础的浅薄,迫使我们重新思考他们的社会政策制度所追求的那种"包容性"。

政策制定者敏锐地意识到现有的社会政策制度所面临的这些挑战。人口压力、财政能力下降和劳动力流动,正影响着国内关于社会政策改革未来的争论。尽管面对着未来的不确定不无风险,证据似乎表明,在本章讨论的两种广泛的社会政策发展模式中,最终可能会有一些长期的趋同。例如,普及性的社会保险路径正面临着威胁,因为养老金无法支付、医疗保险出现长期财政赤字、团结的社会基础开始受到侵蚀。我们应该期待日本、韩国和中国台湾的民主政治机制能够抵制系统性的紧缩。事实上,最近的证据,例如,韩国制定的长期护理法和中国台湾健康保险的持续公共管理,表明这可能是事实(Peng and Wong, 2008)。然而,从长远来看,重新审视和改革当前的社会保险模式的努力会被接受。正如后工业社会的挑战会迫使相对慷慨的社会保险变得不那么慷慨一样,这些相同的挑战可能会迫使中国内地、中国香港和新加坡等考虑采取更加团结的社会保护路径。例如,中国香港政府已考虑全面医疗改革。同时,中国内地政府已启动在农村重新引入最低社会保险计划,并为越来越多的失业工人加强社会保障体系。总之,由于不同的国家和地区面临着类似的挑战,不难想象,我们可能会看到普及型社会保险模式出现一些紧缩,而与此同时,在一些追求个人主义和以市场为基础的路径来减轻市场风险的国家中,社会保护也得到了深化。

第 46 章　东欧和俄罗斯

琳达·J. 库克（Linda J. Cook）

引　言

自共产主义溃败后二十年里，东欧福利国家经历了巨大的变化。在经历了四十年独特的共产主义政治经济后，它们已经"多样化到一些已经接近现有欧盟成员国的情况，而一些已经处于极度分裂的状态"（Manning，2004：211）。紧缩和重组使中央集权的福利制度朝着符合市场的方向重新确立并划清了公共和私人对社会福利责任之间的界限。本章描绘了福利国家的变化轨迹，并对改革的动因、转型的程度和该地区当代福利制度的类型的学术辩论予以斟酌思考。研究内容包括共产主义的传承、强大的路径依赖要素以及创新和路径偏离的变化。它暴露了激进自由化和欧洲化之间的冲突压力，以及跨国行动者在塑造后共产主义福利制度方面的空前影响。研究发现，该地区福利制度的趋同和分化呈现出复杂的模式，福利政策的组合不断变化，未来也不确定。

本章的主题是中东欧（CEE，重点在波兰、匈牙利、捷克共和国、斯洛文尼亚和3个波罗的海国家，即爱沙尼亚、拉脱维亚、立陶宛）和苏联（FSU，重点在俄罗斯联邦、白俄罗斯、哈萨克斯坦）国家的不同发展轨迹。中东欧国家经济得以迅速恢复、民主得以巩固，并加入了欧盟（EU）。在这里，福利国家重组涉及国内、欧洲和跨国行动者之间的复杂博弈。结果表明，传承而来的共产主义、复苏的俾斯麦主义以及市场导向的要素出现了一种分层现象，这种分层已经侵蚀了,但肯定没有消灭掉中东欧国家福利制度的团结和再分配特征。学者们认为这些体制是广泛趋同的,尽管他们是否适合现有的类型以及它们与欧洲的关系存在很多争议。经济和政治因素都使苏联福利国家陷入更严重的崩溃,社会部门的改革被证明更加不稳定,事实上的私有化和国家退出已经更为普遍。在文献中,对苏联福利国家的研究很少,且大部分是单独处理的,研究发现有剧烈紧缩和再传统化的要素,以及在俄罗斯,在半威权主义的支持下,最近有一种更广泛的中央集权主义福利角色的复兴。

本章的结构如下:首先简要介绍了共产主义福利国家模式,它是制度和规范两方面持久传承的共同起点和来源;接下来涵盖的是关于后共产主义转型的动因和深度的争论,关键的问题涉及过渡性衰退、国内政治和团结的传承带来的压力,国际金融机构的干预(IFIS)以及"欧洲社会模式"的潜在影响;然后,将当代中东欧福利国家的制度和表现与更全面、更慷慨的欧洲福利国家,以及更严重的紧缩和剩余型的苏联福利国家案例进行比较。最后,我们也考虑了那些有分歧的结论。一些学者试图将中欧和东欧制度"适应"到既定的、以欧洲为中心的福利"世界"和"族群",还有一些人将该地区的福利国家与更广泛的中等收入国家进行比较。对于性别如何映射到后共产主义福利制度上,也给予了重点关注。

共产主义的传承

基于国家计划以及绝大多数人力和物力资源的官僚主义分配,共产主义福利国家形成了一种有些许独特的发展模式。该模式需要比在其他地区所发现的更具全面性和侵入性的劳动及收入政策,调动男性和女性高水平的劳动参与,抑制工资和收入差距,并排除几乎所有的市场活动。在20世纪30年代的斯大林主义工业化期间,在高压的政治和劳工政体下,一种宽泛的、由国家控制并提供预算资金的福利体制显出雏形。第二次世界大战后,随着共产主义在中东欧国家的蔓延,苏联体系被嫁接到已建立的俾斯麦社会保险体系上(Inglot,2008)。尽管从来没有完全统一,但共产主义福利国家在组织、融资和计划特征方面都是围绕一个单一的模式汇聚。它们从20世纪50年代开始迅速扩张,并在70年代达到顶峰,以较低的供应标准向广大人口提供基本的医疗保健、教育、养老金、社会保险、家庭福利、住房和食品补贴(Haggard and Kaufman,2008)。共产主义福利国家的优势在于广泛的覆盖面和满足基本需求的供给。

虽然比较研究文献很少关注共产主义福利国家,但专题文献提出了几种解释。在"工业主义逻辑"的一种变体中,有人认为,苏联的规划者构建福利是为了满足国家工业化对人力资本和劳动力的膨胀性需求。第二种观点认为,福利国家是官僚主义计划过程的产物,优先考虑重工业和国防部门,以"剩余原则"为福利提供资金。其他解释则集中在政治上。一些人认为福利国家是国家建设和社会分层的一个核心机制,为精英阶层、工业部门和农村部门提供差别化的供给;赋予党、国家、军队、安全部队和重要行业工人以特权;农村人口最后才纳入并且待遇最少。其他人则强调利用社会政策来划分和约束劳工,要么是作为促成政治稳定、劳工静默和意识形态合法性的隐性社会契约的一部分,要么是,特别是在中东欧,作为对政治抗议和危机的回应(有关这些论点的评论请参阅 Cook,1993;Haggard and Kaufman,2008;Inglot,2008)。

共产主义福利国家不符合标准的西方类型,而是被标榜为专制家长式主义。其具有广泛的包容性和分层性,同时体现了埃斯平－安德森(Esping Adersen,1990)所言的强化保守主义和再分配普遍主义模型的要素。福利的充足程度和慷慨程度各不相同,苏联较低,中东欧国家较高,尤其是匈牙利和捷克斯洛伐克;最可靠的估计是平均福利支出占 GDP 的 15%－20%(Kornai,1992:314)。总的来说,社会供给相对于资源和财政能力而言是高的,以致雅诺斯·科尔奈将其称为"早熟的"福利国家(Kornai,1992,1996)。哈咖德和考夫曼(Haggard and Kaufman,2008)的广泛比较研究发现,相较于拉丁美洲和东亚,中东欧福利国家更为慷慨。然而,其实际价值随着时间的推移而下滑,官僚规划过程的基础是僵化和效率低下、社会部门资金不足、技术落后并受到长期短缺的困扰。随着它们所处的政治经济在20世纪80年代末崩溃,这些福利国家传承下来的内容包括体制和计划、财政责任或义务、社会部门基础设施、提供者和受益者、民众的依恋和期望,以及替代可选的私人社会保障市场或服务的缺失。

共产主义福利国家在女性问题上具有独特性,以"双职工、双负担"系统为特征。他们在早期就为妇女就业建立了便利条件,包括延长产假、补贴儿童照护,特别是在匈牙利和捷克斯洛伐克,提供了丰厚的家庭福利。这些政策使得一些分析人士把共产主义福利国家标榜为"对妇女友好"的国家。同时,国家支持妇女的无酬照护工作,在不改变极度不平等的家庭劳动分工的情况下,使得妇女作为工人和家庭主妇承受了沉重的"双重负担"(Pascall and Lewis,2004)。家庭政策(与所有其他政策一样)是专制国家在没有社会声音的情况下制定的,在提高出生率和动员劳动力方面为国家利益服务。英格洛特(Inglot)很好地捕捉到它们的多重目的,将家庭政策描述成"社会保险传统、鼓励生育、劳动力市场激励乃至旧式扶贫余赘"等模式的混合组合(Inglot,2008:188)。

福利国家的转型轨迹

1989—1991年,共产主义政权和经济在东欧和苏联发生了转变,标志着它们的福利国家发展进入一个新的阶段。大多数政府采取了自由化、私有化和稳定化的宏观经济改革政策,同时遭受了严重的过渡性衰退、通货膨胀和财政危机。文献最初强调了向市场经济转型和全球一体化所造成的巨大福利损失。一些分析人士担心,民众的强烈抵制会导致改革被迫停止或被镇压。然而,在这种情况下,民主化的中东欧国家通过在短期内加大福利力度来应对初期的困难,然后开始对福利国家进行结构性改革。在苏联,经济衰退的时间更长,程度更深,政治功能失调更严重,福利努力崩溃的程度更大,改革普遍滞后。在饱受战争蹂躏的中亚、高加索和东南欧国家,崩溃几乎是彻头彻尾的(Manning,2004)。

许多学者的分析都集中于中东欧福利国家变革的模式和动因,尤其是关注波兰、匈牙利和捷克共和国。争论主要集中在福利国家转型的程度以及国内和国际行动者的相对影响上。主流观点,例如,在哈咖德和考夫曼(Haggard and Kaufman,2008)以及英格洛特(Inglot,2008)的研究中,认为中东欧福利国家受到严重限制,且有"路径依赖"。学者们以不同的方式指出,国内政治、制度、历史和/或规范因素可以解释社会供给模式的实质连续性,也可以解释国家之间的一些分歧。其他一些人,比如奥伦斯坦(Orenstein,2008a,b)、穆勒(Müller,2003)和弗格(Ferge,2001),则更注重紧缩和路径偏离的结构性变革,强调全球化和国际金融机构(IFIS)在改变福利国家尤其是养老保险制度、社会救助和劳动制度方面的影响。对苏联的关注要少得多,那里的变化更加不稳定和多元,民主政治的约束也更少,包括从激进的自由化到保守的国家主义(Cook,2007a、b)。

中东欧的轨迹

转型的冲击对中东欧国家人口造成的福利损失不容低估。最初,整个地区内工资下降、失业率飙升、贫困和不平等迅速加剧(Manning,2004)。许多中年工人被永久性地挤出了劳动力市场,预期寿命和出生率随之下降。在东欧各国中,只有捷克共和国被证明在很大程度上是这些趋势的一个例外。然而,从20世纪90年代初开始,中东欧各国政府实施了有针对性的"安全网/社会保障"和补偿政策,包括扩大养老金权利以及失业和家庭福利,这些政策具有临时或者危机驱动的特性。对补偿性福利的看法不一,有人把它视为是对感知到的需求或有潜在抗议可能且得到了动员的选民(如团结的波兰工人)的回应,有人把它视为是一种避免社会动荡的预期精英战略。它使财政能力紧张,挤占了其他社会支出,但在过渡初期有效地限制了贫穷和困苦(Vanhuysse,2006)。

随着20世纪90年代的发展,中东欧各国政府以自由化和顺应市场为方向,重组了它们的国家福利。改革结束了国家对福利供应的垄断,并使私人医疗实践和教育服务合法化。普遍性的补贴与家庭福利部分被针对穷人的经过收入调查的福利所取代。在向前共产主义俾斯麦传统的回归中,养老金和其他社会保险的融资从国家预算转移到工资税上。更为复杂的"第二阶段"体制改革改变了医疗和养老金供应:用以税收为基础的医疗保险基金取代了国家保障的全民医保,强制性的资本化支柱被添加到传承下来的现收现付(PAYG)养老金制度中。固化且保护性的共产主义时代劳动力市场制度的管控得以放开。这些改革的时机与具体细节因情况而异,但福利机制的中央集权主义和团结主义更少,自由化和市场化更甚的总体趋势在整个地区都存在。一些分析人士则看到了国家福利剩余化的过程(Ferge,2001)。

然而，鉴于共产主义政治经济的根本性转变、财政约束以及超负荷社会部门的权力累积，这些改革的局限性、有限的性质和路径依赖，令许多分析人士感到震惊。改革通常始于技术专家改革团队和国际金融机构提出的大幅紧缩和重组建议，但到头来，法定的变革对于传承而来的体制和福利承诺的实质部分，主要包括公共融资和国家补贴，要么原封不动地保留，要么以其为基础展开构建。此外，当财政压力减轻或执政联盟发生变化时，改革有时会发生逆转(Inglot,2008;Golinowska et al.,2009)。学者们对中东国家福利供给的持续性感到无法理解，例如，哈咖德和考夫曼(Haggard and Kaufman,2008)将其与拉丁美洲宏观经济改革所带来的更深层的福利削减进行了对比。

分析人士指出了路径依赖的各种来源。英格洛特(Inglot,2008)的主要研究强调了中东欧的体制和政策传承：传承下来的构成转型前福利体系基础的组织、法律和规范被证明是抵制根本性变革的，而一套既定的专业知识储备和一系列政策选择塑造了决策。一些研究指出了政治制约因素，认为由于选举和其他反馈机制、改革中的政治博弈和/或压倒性的民众期望坚持政府要担负起广泛的社会保障供应的责任，中东欧国家的民主政体无法从根本上削减福利供应。有人认为，这些因素制约了政策制定者的选择(Offe,1993;Kornai,1996;Lipsmeyer,2003)。奥伦斯坦(Orenstein,2008b)对后共产主义福利国家的研究发现，民主与社会支出水平之间存在很强的相关性，中东欧民主国家的社会支出水平一直比威权的苏联国家更高，这使得他强烈地主张民主对福利有积极的影响。与此同时，共产主义治下的公民社会被普遍视为软弱无力；各方务实且在方案上多变；无定形的社会和阶级结构；工会密度也较低，平均低于25%。约束机制似乎没有明确规定，其有效性是局部的(Crowley and Ost,2001)。

另一派学者认为中东欧福利国家的变革更加深刻和具有改革性，并认为全球化的经济压力和国际金融机构的影响在塑造后共产主义国家的改革中发挥了重要作用。大多数中东欧国家政府在20世纪90年代的某些时候依赖国际货币基金组织(IMF)的稳定协议，贷款条件包括社会和劳工政策。世界银行深度介入国内的政策进程，资助智库和政府改革团队，与财政部和自由政策精英建立联盟，推动基于"财政稳定、监管自由化和组织私有化"的福利改革(Wagener,2002:163)。吸引外国投资的需求给灵活的劳动力市场带来了压力。在迪肯(Deacon,1997)和他的合作者看来,在此期间,转型国家的社会政策是在国际金融机构的总部制定的(另见第21章)。

最后,福利国家改革的轨迹必须被看作是国内和国际压力共同作用的结果。国际金融机构在政策上打上了"自由主义的烙印",推广了一种新的养老金正统观念,即削弱代际团结、再分配和政府责任,并造成了削减福利和限制领取资格的财政压力。事实证明,医疗保健和福利改革更加片面,并且仍然存在争议。总而言之,国际压力与国内压力相互抵消。甘斯—莫尔斯和奥伦斯坦(Gans-Morse and Orenstein,2007:14)很好地捕捉到这一点:"中东欧政治家和决策者陷入双重交火:第一,市场转型迫切需要与旧共产主义社会的传承之间;第二,国内政治需求与国际机构的压力之间。这些相互冲突的压力铸就了福利国家,其特点是折衷的解决方案和混合安排,而不是任何根本性的突破。

中东欧国家在不同的起点上开始转型,福利的下降和自由化的程度也各不相同。捷克共和国和斯洛文尼亚保持了最强有力和最团结的福利供给,避免了严重的贫困和失业,并在很大程度上拒绝了自由主义改革(见表46-1,其中包括社会支出占国内生产总值的百分比、贫困率以及作为自由化程度指标的公共保健支出与私人保健支出的比率)。在贫困率和体制改革自由化方面,匈牙利和波兰属于中间情况。波罗的海国家(连同保加利亚、罗马尼亚和斯洛伐克一起)更穷,复苏也更缓慢,普遍遭受更大的福利下降,改革采纳滞后,并最终实施了更为激烈的变革。总体而言,其相似性大于多样性;大多数中东欧国家继续被分析人士视为单一的"政权类型"或同一"福利世界"的一部分。

表46-1　　　　　　　　　　　选取的福利指标(2005)

	社会福利,一般和中央政府[a] (GDP、%)	劳动力参与率[b](%)		贫困率(%在PPP4美元/天以下)[c]	公共私人医疗保健支出比率[d]
		男性	女性		
波兰	17.34	63	47.7	20.6	69.3
匈牙利	18.52	71.3	60.7	15.9	70.8
捷克共和国	16.82	78.4	62.4	1.0	88.6
斯洛文尼亚	17.6	66	52	—	72.4
爱沙尼亚	10.63	67.9	56	33.2	76.9
拉脱维亚	8.24	69.1	56.8	26.3	60.5
立陶宛	10.86	63.4	51.2	36.0	67.3
俄罗斯联邦	9.37	70.3[e]		45.3	62

续表

	社会福利,一般和中央政府[a]（GDP、%）	劳动力参与率[b]（%）男性	劳动力参与率[b]（%）女性	贫困率(%在PPP4美元/天以下)[c]	公共私人医疗保健支出比率[d]
哈萨克斯坦	3.93	73.3		56.7	64.2
白俄罗斯	13.04	67.1		15.9	75.8

资料来源:a表示国际货币基金组织2006、2007年的数据;b表示劳工组织,2009a;c表示开发计划署,2008:国家表格,2007/2008,1990 PPP,2000—2004美元;d表示世界卫生组织,2009;e表示儿童基金会,2008。

苏联的轨迹

关于中东欧以外的后共产主义福利国家的文献相对较少(例外情况见Cook,2007a,b;Manning,2004;World Bank,2005),并显示出与中东欧模式的巨大差异以及更大程度的福利收缩(见表46-1)。这种发展在后共产主义域内福利支出"向东部和南部逐渐减少"的总结陈述中得到了很好的体现(Gans-Morse and Orenstein,2007)。20世纪90年代,与中东欧国家相比,俄罗斯、白俄罗斯和哈萨克斯坦等苏联国家的经济状况更糟,政治冲突和不稳定也更严重,助长了萎缩。这3个国家都发展为半威权政体,他们普遍认为社会压力微弱、体制改革能力有限。各国政府甚至连最低效的社保体系/安全网都没能建立起来。尽管有这些相似之处,但这3个国家仍有着不同的福利国家发展轨迹。

在20世纪90年代的俄罗斯,尽管收入锐减,但沿袭下来的共产主义议会派系和顽固的官僚仍然保留着旧的结构和权利。随着经济萎缩了约40%,恶性通货膨胀开始出现,大量工人名义上仍在工作,但没有工资或只有零星工资。平均养老金和大部分公共部门的工资低于最低生活保障水平,还经常拖欠,并且,在过去十年的大部分时间里,有1/4到1/3的人口生活在贫困中。基尼系数上升到接近有记录以来的世界最高水平,男性预期寿命出现了和平时期工业化国家从未出现过的下降,传染病重新出现,人类发展指数大幅下降。世界银行鼓励下的自由化福利改革得以启动,但被证明以失败告终。相反,卫生和教育部门经历了"自发私有化"、非正规化和腐败的过程,加剧了贫富差距,限制了低收入群体的准入(Cook,2007a)。

相比之下,哈萨克斯坦的威权统治者采取了一套由国际金融机构倡导的激进自由化政策,将养老金和医疗保健系统私有化,大幅削减社会援助和福利支出,使困境更加恶化。白俄罗斯则遵循了另一种模式。在这里,向市场的过渡被证明是失败的,而沿袭下来的中央集权结构仍然存在于福利领域,就像在其他领域一样。由于经济衰退和继承下来的过度集中和效率低下的问题,使供应恶化了,但与苏联的其他地方相比,福利得到了更好的保护。

到20世纪末,与中东欧相比,苏联国家的整体福利表现出更大幅度的下降,呈现出更大程度的私有化和公共服务的排斥性。总而言之,中东欧和苏联福利国家的发展轨迹自共产主义后转型之初就开始分化,并且在支出、结构和绩效的关键指标上有明显的差异(见表46—1)。

欧盟一体化与欧化问题

在20世纪90年代中期,中东欧的后继国家启动了加入欧盟的进程。到2007年,所有国家都成为欧盟成员国。欧盟与一种"欧洲社会模式"相关联,这种模式虽然尚未成文,但被广泛理解为强调团结、社会凝聚力、社会权利和包容以及社会伙伴之间的政策谈判。它与国际金融机构推动的剩余型福利国家、私有化和弱化国家责任形成鲜明对比。加入欧盟引发了这样一个问题:中东欧国家的社会政策制定是否会变得"欧洲化",即朝着更加团结的规范和实践方向发展。新加入的国家人均GDP仅为欧盟15国的1/3左右,福利制度相对较弱的中东欧国家引发了人们的担忧,即欧盟扩大可能导致"逐底竞争",即大规模的劳动力从东向西迁移,或者相反,社会保障体系的多样性将成为劳动力流动的障碍(Wagener,2002)。

学者们普遍认为,欧盟对加入国社会政策的影响是温和而模糊的(Cerami,2006;Sissenich,2002;Iankova,2002)。欧盟对社会保障和社会保护有着广泛的承诺,但对社会政策的影响力非常有限。大多数相关的权限仍属于成员国政府,在实践中,从自由主义到社会民主主义,这些政府实施了各种各样的福利制度。《社区法》的社会篇涵盖了一系列有限的问题,主要包括工作场所安全、条件和性别平等，但很少涉及公众或国家对福祉的责任条件。"社会包容"的团结政策在口头上得到了提倡，但在加入过程中基本上没有法律规定或社会政策的执行。新加入的国家需要为社会对话和国家三方谈判建立法律和制度框架，但欧盟主要关注机构和立法的移植，而不是其有效性。这些机构在加入后往往没有什么生命力。此外，欧盟对预算紧缩的要求加大了中东欧紧缩和重组的压力，同时监测报告支持自由化改革。

一些学者认为，加入欧盟对中东欧国家的社会保障产生了间接影响，特别是加强了民主制度，使利益集团能够更有效地游说提供高水平的福利（Orenstein and Haas，2005）。一体化带来的经济机会也促进了中东欧经济的迅速复苏，从而支持了福利的维持。自2000年的"尼斯条约"和"里斯本战略"通过以来，国家社会政策的协调，尤其是解决贫困和社会排斥问题的努力，得到了更多的关注，但这些努力继续依赖于"软法律"和"开放的协调方式"，政策的有效实施取决于成员国的政治意愿（Golinowska et al.，2009）。总而言之，欧盟在推动中东欧国家向更社会民主发展方面所做的努力有限；相反，一些人认为中东欧改革应该被视为超负荷、"欧洲僵化式"福利国家的变革模式，未来更有可能将趋同引向自由主义，而不是社会民主主义。

现代福利国家的机制和表现：中东欧

对中东欧福利国家最全面的描述来自经合组织国家研究：切拉米（Cerami，2006）和哈咖德和考夫曼（Haggard and Kaufman，2008）。国际货币基金组织（IMF）对社会总支出的估计结果见表46-1。福利国家的表现受到以下因素的影响：人均GDP低于欧洲平均水平、向收入和劳动力市场转型带来的冲击以及人口因素，特别是人口老龄化和低生育率。以下简要评估各政策领域的机构和表现。

在该区域的大部分地区，缴费型社会保险制度已取代预算筹资型制度。中东欧国家的养老金制度现在依靠现收现付和私人筹资的混合，主要区别在于资助层级的大小以及是不是强制性的；在更为团结的体系中，例如，在捷克共和国和斯洛文尼亚，筹资仍然是自愿的，并且在所有情况下它都逐步分阶段进行(Orenstein,2008a)。社会保险覆盖面大幅下降。养老金现在覆盖了约3/4的劳动力和2/3的适龄工作人口,远低于转型前体系中几乎普及性的覆盖面,也低于欧洲的平均水平。所有国家都提供失业保险,但有资格限制。工资替代率和福利期限远低于欧洲平均水平,大部分制度都受到持续高失业率的影响,从2005年斯洛文尼亚的6.5%到波兰的近18%(Cerami,2006:129,见表1—6;Gans-Morse and Orenstein,2007:38)。

所有中东欧国家都沿袭了发达的、由国家资助的家庭和生育津贴制度,包括出生津贴、育儿假和家庭津贴。政策之争围绕着是否维持普遍主义或转向经济状况调查而展开,目前大多数制度都是混合的。匈牙利提供慷慨的家庭福利,其花费占GDP的2.7%,而其他中东欧国家提供的援助则相对较少。所有国家都提供最低生活保障,并至少通过一般税收收入供给一些社会救助。持续的高贫困率——2006年该地区仍有1 600万人面临贫困风险——证明了这些收入支持的效力有限。同时,切拉米(Cerami,2006:206,见图3—1)的分析表明,20世纪90年代,中东欧国家的社会转移总额将贫困减少到转移前水平的一半以下。

医疗保健部分私有化,并通过各种由强制性工资税资助的保险模式提供。尽管进行了重大的体制改革,但国家责任仍然是常态。保险涵盖整个地区90%以上的人口,在法律和事实上都近乎普及(Cerami,2006:123,引用多个研究)。为了保证新保险基金的偿付能力,联邦和地方政府通常为劳动力以外的人买单,并弥补缺口。涵盖的服务范围通常很广泛,但并不全面。根据世界卫生组织(WHO)的数据显示,中东欧各国的私人供资在不同程度上有所增加,但公共供资仍占主导地位(见表46—1)。基本公共教育仍然是免费的,几乎可以普遍获得,尽管整个地区吉普赛儿童普遍存在种族隔离和低完成率。公共资助的儿童保育服务已经大幅减少,中等后教育大量私有化而且以收费为基础。

最剧烈的变化影响了劳动力市场的机制和表现。尽管莫尔斯－甘斯和奥伦斯坦(Morse-Gans and Orenstein,2007:41,表4)发现,中东欧的劳动力市场仍然比那些符合自由主义模式的国家具有更多的限制性,但国际劳工组织的《就业保护立法指数》(EPL)显示,在就业、劳动合同和工资设定的所有领域,灵活性有所增加,限制和保护有所减少,实际工资仍然低迷,劳动力市场的分层加剧。投资已流入该地区，但经济复苏并未带来相应的就业机会。劳动力参与率总体上低于70%（见表46-1），在所有人口群体中仍然很低，而集体谈判机制在大多数情况下覆盖不到40%的劳动力。

低劳动力参与率和人口趋势是中东欧福利国家面临的最大挑战。劳动年龄人口中就业率的下降削弱了税基，恶化了整个社会保障体系的抚养比率，并将部分人口排除在与工作和收入相关联的福利的覆盖范围之外，使得这些福利越来越具有社会保险供给的特征。人口老龄化和低于更替水平的生育率导致这些问题。中东欧国家倾向于累退的税制结构，辅之以高工资税率、不断下降的企业税率和几个国家实行的单一所得税。总体而言，福利制度的再分配减少，阶层分化加剧，有利于中、高收入群体，而民众对政府供给和普惠权利的强烈支持，持续影响着团结的传承。自加入欧盟以来，劳动力和汇款的外流已成为收入/阶层/福利组合中的重要因素。

当代福利国家的制度与表现：苏联国家

苏联国家的福利复苏比中东欧国家更慢、更不均匀。当代的体制，包括有从哈萨克斯坦的激进自由化到白俄罗斯大体保留的中央集权国家主义，而俄罗斯则是一个更复杂的组合体。经合组织研究报告和世界银行报告对当前福利体系进行了最全面的描述（可参见世界银行2005年）。除白俄罗斯之外，苏联国家的福利努力仍远低于中东欧国家的水平，私人支出已经在很大程度上取代了公众支出（见表46-1）。社会保险市场监管不力和国家行政能力薄弱，导致福利政策频频失灵，也导致社会部门继续存在大规模的非法和腐败现象。

哈萨克斯坦已将其福利国家转变为自由主义模式，实行私有化的社会保障制度，放松对劳动力市场的管制，以及社会福利以严格限制资格为特征并经过经济状况调查。公共福利供给已经被深度紧缩和余补化，大约36%的医疗保健支出是私人的，有效的养老金覆盖范围不到劳动力的一半。特别是在哈萨克族人口中，福利已经回到了传统的形式，并且更加依赖于家庭供给。相比之下，白俄罗斯一直维持着一个全面碾压式的由国家管理的公共福利部门，其超过75%的医疗支出为公共的，几乎是全民社会保险。尽管政府已经试行了自由化改革,但白俄罗斯基本上维持着苏联时代的福利制度。

俄罗斯的福利国家在2000年之后的数年里经历了实质性的自由化。尽管改革仍是局部的,但它引入了私人养老金层级,解除了劳动力市场的管制,扩大了医疗保险和私人教育范围。2005年,针对社会福利合理化和货币化的大规模公众抗议,为自由化设定了限制。随后,福利政策(与其他领域的政策一样)转向集权,其核心是促进生育的议程。政府在医疗、教育和住房领域启动了一系列"国家优先项目",它们需要对市场进行深度干预并有选择性地恢复国家计划。新家庭主义政策有助于国家重建枯竭的人口,以保障国家安全和经济发展。当代的福利国家,由大量的能源收入的流入提供资金,构成了自由主义和复兴的中央集权国家主义模式的混合体。

性别维度

性别如何映射到当代后共产主义福利制度中呢？帕斯卡尔和刘易斯(Pascall and Lewis,2004)、帕斯卡尔和曼宁(Pascall and Manning,2000)认为,高失业率和经济没有保障使得女性更加依赖家庭和男性的收入,破坏了整个地区共产主义时代的"双人养家糊口"模式。在一些情况下,妇女的劳动力市场参与率已降至60%以下(见表46-1);改革后更依赖个人收入的社会保障制度则扩大了性别差距。劳动力市场的自由化削弱了对怀孕和生育的保护,而社会化了的儿童保育的可获取性仍然有限。尽管中东欧国家保留了许多家庭福利和服务,但公共服务供给的减少导致医疗和教育的"再家庭化",从而增加了妇女的照护工作和对非正式体系的依赖。整个地区的政治都由男性主导,限制了女性的发言权和代表性(Rueschemeyer and Wolchik,2009)。

在妇女和家庭政策方面,文献显示出两个不同的趋势。波兰和俄罗斯政府增加了中央集权的国家主义的福利和保护,限制了堕胎的权利,并强化了妇女的家庭和母亲的角色。这些政策由亲生育主义推动,并受到右翼和民族主义政党的支持,标志着传统性别角色的回归。民族主义的广泛复兴也使男权制性别意识形态复苏(Chandler,2008)。与此同时,欧盟倡导两性平等以及工作和家庭生活的协调。加入国应遵守欧盟关于就业机会平等、薪酬、工作场所待遇、社会保障、产假和育儿假以及性别歧视的指令,以及增加妇女在决策职位上有代表性的建议。帕斯卡尔和刘易斯(Pascall and Lewis,2004)发现中东欧地区改善性别平等的证据有限,但许多分析人士强调,在将平等纳入国内立法的强力践行上,欧盟的努力是有限制的,中东欧在国家政府层面也未能贯彻落实这一点(van der Molen and Novikova,2005)。

制度类型、模式、分类和趋同性

不少研究已经做出了许多努力来确定中东欧国家是否"符合"现有的福利国家类型,包括埃斯平-安德森(Esping-Andersen,1990)的政体说、卡斯特尔斯(Castles,1993)的家庭政策和博诺利(Bonoli,1997)的俾斯麦-贝弗里奇二元模型。所有人都在问,中东欧国家是否可能会聚集或趋同,以形成一种独特的模式,以及它们与欧洲的关系如何。这些努力并未涵盖苏联国家,这在很大程度上是受到数据局限性的制约的;可靠的、可比较的福利数据主要限于欧盟或经合组织成员国。研究涵盖了不同的中东欧国家的案例子集,限制了它们的普遍性和可比性。下面讨论几项研究中有些不同的结论,比如,中东欧福利国家在其他欧洲"集群"下形成了一个独特的"后共产主义"集群,它们构成了一种埃斯平-安德森保守主义和自由主义政体的混合体,或者说他们符合低支出的俾斯麦体系。最后,我讨论了中东欧福利制度与欧洲规范以及其他中等收入国家规范的关系。

在最近的一项涵盖面广且复杂的研究中,卡斯特尔斯和奥宾格(Castles and Obinger,2008:336)分析了2000—2005年欧盟25国的情况,发现了一个独特的后共产主义福利国家群体,不包括捷克共和国,但有波罗的海和中东欧国家子集群。作者对社会政策、劳动力市场和税收政策指标的组合进行了层级聚类分析,他们的分析结论是,后共产主义国家组群在福利提供和结果两个方面都低于欧洲集群——北欧和南欧大陆、英语国家和斯堪的纳维亚国家,且几乎所有变量的极端值都影响了欧盟25国政策模式的聚类(Castles and Obinger,2008:337)。后共产主义福利国家的一个子群体在投入方面以较低的社会支出、转移、补贴和税收为显著特征,在结果方面以男性劳动力参与率低、通货膨胀率高、失业率高和生育率低为显著特征。作者的结论是,在欧盟25国中,"英语世界的糟糕"已经被后共产主义的例外主义和萎靡不振所取代(Castles and Obinger,2008:338),尽管中东欧国家也展现了最高的经济增长率。

甘斯－莫尔斯和奥伦斯坦(Gans-Morse and Orenstein,2007)进行了一个令人印象深刻的研究,虽然考察的案例较少,但从更具体的维度考察了它们的政体结构和表现;他们采用了埃斯平－安德森福利资本主义三个世界的理论框架,并得出结论,欧洲大陆与自由主义的混合体已经出现在4个中东欧国家,即波兰、匈牙利、斯洛伐克和捷克共和国。他们的研究表明,在福利国家结构和供给指标的几乎所有方面——社会支出、福利水平、慷慨程度和资金筹措、再分配程度——后共产主义时代的福利国家的平均水平略高于自由主义国家,但低于大陆国家。作者认为,这种政策的混合是政策制定者应对经济改革、全球化以及传承下来的对广泛的福利供给的普遍预期的结果。他们认为,这些相互冲突的压力阻碍了"纯粹"的社会政策模式的出现,取而代之的是在一种介于自由派和保守派之间并且与社会民主世界几乎没有共同点的混合模型上产生了趋同。相比之下,在博诺利的俾斯麦－贝弗里奇二元模式中,后共产主义国家都被放在一个单一的分类中——低支出的俾斯麦模式,即不到24%的国内生产总值用于社会支出,并通过缴款为至少50%的社会保险提供资金(Bonoli,1997)。

在切拉米和范胡耶塞(Cerami and Vanhuyesse,2009)最近编著的一本文集中,一些著名专家试图梳理中东欧后共产主义福利转型的模式和原因,并重点关注统一性和多样性、路径依赖性和路径偏离等问题。作者认为,新兴的福利模式很可能是由历史和政治共同塑造的混合体,而不符合现有的类型。用克劳斯·奥菲(Claus Offe)的话来说,它们是"过去"和"西方"的共同产物(2009:1)。该文集对不同福利国家路径的因果因素和制度机制给出了复杂的解释,并在通常的国内和国际原因之外,补充了社会学习的作用以及精英政治和分配策略的作用,包括精英们早期利用养老金来遣散劳动力。编者们最终推测,2008—2009年全球经济危机可能会导致"路径偏离、制度破裂、永久性紧急情况以及零和分配冲突"(Cerami and Vanhuyesse,2009:19),从而影响中东欧福利国家。

最后,学者进行比较研究的基础对后共产主义福利国家的判断很重要。

许多比较研究都是以欧洲为研究中心,强调与欧盟 15 国或经合组织相比,中欧和东欧国家集群的福利供应水平较低。相比之下,在最近的一项研究中(Golinowska et al.,2009),一些中东欧学者认为,就整体经济发展水平相比,该区域福利国家与欧洲国家非常接近。作者指出,所有新的欧盟成员国在人类发展指数方面的国际排名都高于 GDP 的排名,并且在人类发展方面比经济发展方面更接近欧盟平均水平(Golinowska et al.,2009:17)。哈迦德和考夫曼(Haggard and Kaufman,2008)将中东欧福利国家同拉丁美洲和东亚其他中等收入国家进行比较,对中欧和东欧福利国家相对较高的福利努力、公共提供和保有水平印象深刻。奥伦斯坦就这种更广泛的比较观点在苏联国家上的应用给出回应,他指出,虽然苏联国家的公共福利供应水平低于中东欧国家,但国家总体福利支出仍然高于拉丁美洲和亚洲的大多数发展中国家,且重要性更高。虽然格鲁吉亚和哈萨克斯坦等一些国家已大幅削减开支,但大多数苏联国家仍保留着庞大的公共卫生和养老金体系,并提供其他现金福利(Orenstein,2008b:90)。

结　论

在过去的 20 年中,后共产主义福利国家已经发生了转变。他们的轨迹显示出强烈的路径依赖因素,但他们并没有被路径"锁定",并且还实施了极具创新的改革。中东欧福利国家是由共产主义平等主义的传承、保守的俾斯麦式社会保险复兴、国际金融机构的自由主义印记以及其他全球化影响等多层要素塑造而成。他们已经紧缩和自由化,变得不那么团结和进行再分配,但仍保留了对社会福利和与欧洲的亲和度等大量的公共责任元素。在苏联国家,从极端自由化到保留的中央集权国家主义,福利国家变化的轨迹大幅分化。福利受到严重的经济萎缩的影响,改革受到国家能力薄弱的影响。主流的福利国家模式包括管理不善的自由化、深度紧缩和社会部门的非正规化。广泛的社会指标显示,福利水平持续低迷,而能源丰富的俄罗斯则显现出回归到更慷慨的中央集权主义、家长主义和新传统主义福利供给模式的迹象。2008—2009 年的全球金融危机对后共产主义地区的福利影响仍有待观察。

第八部分

福利国家的前景

第47章　西方福利国家的可持续性

霍华德·格伦纳斯特(Howard Glennerster)

引　言

本手册中讨论的旧福利国家与伊恩·高夫(Ian Gough)和戈兰·瑟伯恩(Goran Therborn)在最后一章中讨论的新福利国家的命运不同,它们的可持续性如何？我认为这个话题至少包含三类子问题：

· 他们的民众是否会继续投票支持更高的税收,以支持年龄更大、要求更高的人口？这是一个财政可持续性问题。

· 他们目前的官僚架构能否适应快速变化的消费者期望？其他的政治性优先事务是否会取代社会政策——诸如气候变化、人口流动或应对全球经济危机等？这些是政治可持续性问题。

· 在努力应对这些关切时,这些机构是否会继续致力于满足最贫困者的需求和加强社会团结？这是道德可持续性的问题。

在撰写本章时,世界经济已因银行和信贷危机而天翻地覆。然而40年前,世界正处于全球石油危机的旋涡中,随之而来的是日益激烈的全球竞争。接着,人们对西方福利国家的可持续性做出了可怕的预测,在试图尝试更多预测之前,批判性地评估这一预测同时吸取其中的教训是非常重要的。

对于过去预测的反应

厄运预言者

鲍莫尔(Baumol,1967)认为劳动密集型公共服务遭遇财政困难是有根本原因的。私营部门企业获得了生产力的提高及收益,部分收益被这些行业的工人所获取,这将迫使劳动力成本上升。马克思主义左派的一项类似分析预测将出现"财政危机"(O'Connor,1973;Gough,1979),并由于这些服务未能满足人们对它们的期望,除了财政危机,还将出现一场合法性危机(Offe,1984)。

公共选择理论成为传统经济理论和公共政策的重要贡献者。特别有影响力的是它对公职人员和为国家工作的专业人士所谓的良性动机提出的挑战(Niskanen,1971;Mueller,1989)。日益增长的公共预算是由于政府官僚追寻自身利益而进行"寻租"导致的,这些人为了自己的利益控制了公众知识(public knowledge)的供给,创造了所谓的"需求"。

瑞典经济学家阿萨尔·林德贝克(Assar Lindbeck,1995)认为,从长远来看,社会政策正在破坏人们的"良好行为"和社会规范。福利正在改变人们对工作的态度。因为对于不工作的惩罚力度很小,所以人们的工作态度发生了长期变化。欧洲发生的持续性失业以及与之相关的社会弊病在很大程度上可以归咎于福利国家。在美国,就其狭义的"福利"概念也得出了类似的结论(Murray,1984;Ellwood,1988)。

这一系列著作组成了第二次世界大战以来福利国家所面临的最根本的思想批判(见前文第4章)。提出比较"福利体制"的丹麦学者埃斯平—安德森(Esping-Andersen,1990,1996a)质疑这些"制度"能否在没有重大变化的情况下从第三世界的国际经济竞争中生存下来。他总结说,风险最大的是美国、加拿大和英国的福利制度,因为这些制度依赖的是"数量上弱小,通常是政治残余的社会阶层的忠诚"(1990:38)。

避免厄运

正如前面的章节所显示的,这些"衰退和下降"现象并没有出现。1980—2005年期间,"盎格鲁—撒克逊"和其他低支出国家的社会支出在国内生产总值中的份额增加了约1/5。斯堪的纳维亚国家在更高的基础上做了大致相同的事情。随着人口老龄化的加剧,日本的社会支出份额惊人地增加了75%。也不是说,更高的社会支出仅仅是对人口压力日益增加的回应。公共服务在很多地方也得到了扩展。增长最快的福利国家是那些地中海国家,它们试图赶上欧洲现有的福利国家。希腊、西班牙、葡萄牙和意大利的福利投入增加了2/3。只有在欧洲中部的福利国家——比利时、荷兰、德国和法国——支出增长较为温和(OECD,2009a)。

那么,为什么厄运预言者错了呢?他们错了吗?是不是这样的预言只是被推迟了呢?或者,是否已经对现代福利国家进行了调整,以应对当时对它们的诸多批评?在回应新保守派的批评时,政府是否损害了福利国家的道德基础和吸引力(Ellison,2006;Streeck and Thelen,2005a;Clasen,2005;Taylor-Gooby,2008)?

产生弹性的原因

政治

保罗·皮尔森(Paul Pierson)是最早提出"为什么会有弹性"这个问题的作者之一(获取详细的讨论,参照之前的第38章)。他率先比较了里根和撒切尔执政时期英国和美国社会政策的变化(Pierson,1994)。撒切尔和里根都获得了强有力的选举支持,都承诺要让国家缩减退后。但为什么他们在大体上都没有成功呢?他的回答是,这种缩减在政治上是非常困难的,因为很大一部分人口依赖于福利服务——养老金、学校教育、医疗保健,并且许多工作也依赖于这些福利服务。受影响的公众、群体已经有效地动员起来——他称之为"基于项目计划的利益网络"。如果只涉及少数穷人,如英国的公共住房租户或美国的福利母亲,缩减相对容易,但总体来说福利国家并没有缩减多少,因为它对作为使用者和雇员的选民太重要了。然而,接下来的几十年将是关于紧缩和适应的政治态势(P. Pierson,2001c)。在这种情况下,他们关注的是调整适应,而不是削减退缩。

未来几十年的政治可能不会如此温良、亲和。正如我们稍后将讨论的那样,其他优先事项可能会引起公众的关注和支持。

经济

尽管这种路径很有帮助,但它没有考虑到使缩减规模变得困难的根本经济原因。回顾20世纪80年代的文献,我们可以发现,这些问题只被认为影响了公共服务。例如,没有注意到私营保险公司可能会面临的资金问题。市场失灵及其对老龄化人口日益增长的重要性从未被提及。

市场失灵不仅仅是一个抽象的学术概念。英国的养老金委员会(2004)在一份令人震撼的分析报告中阐述了市场失灵如何对整整一代人的养老金收入产生不利影响。当职业养老金计划开始失败时,人们迅速达成共识,即国家不得不以我们稍后讨论的方式进行干预。世界银行支持新兴经济体的主要私人模式是智利的模式。在那里,在履行所有国家都应尽到的首要责任——支持贫困老人上,它也失败了(Barr and Diamond,2008)。智利现在正在实行一种基本的公民养老金制度,改革后的私人计划可以建立在这种制度基础上。在最贫穷的经济体中,保险市场的失灵因其资本市场的疲软而加剧。世界银行独立评估小组于2006年对自己的建议和错误进行了毁灭性的审查评估。其总结的外交措辞如是说——"世界银行并不总是充分考虑了该国的基本经济和金融结构"。

我们现在可以更好地理解为什么个人会系统性地以低储蓄和低保险来应对退休和长期护理(Choi et al., 2004;Pensions Commission,2004:第6章)。个人发现有关未来财务选择的信息很难把握,即使掌握,也不会采取行动。因为如果你正在对遥远的未来做出一个困难的决策,在任何给定的情况下推迟行动都是合理的。这正是个人考虑投资养老金计划时的思维——明天再做也不迟。对于企业来说,企业养老金计划的成本增长会使得他们放弃既定的福利计划。

简而言之,当那些预测福利国家衰落的人抓住了寿命增长的问题时,他们完全忽视了私人替代品,如果不是更容易的话,则至少同样容易出现融资困难的证据,即便在私人资本市场蓬勃发展的情况下也是如此。

类似的盲点也适用于另一个论点,即劳动密集型特征会给公共部门的人力服务带来困难。私人人力服务通常出售的是由更高素质、更昂贵的员工提供的更密集的人员配备。私立学校的卖点是小班教学和良好的师资水平。1996年7月至2001年2月,英国学校费用上涨了34%,2001年2月到2006年7月又上涨39%。这不仅超过了一般的通货膨胀,而且达到了专业人士和管理岗位职工收入增长的两倍之多。而私营部门几乎没有增长。健康医疗费用通胀对全球私人健康保险公司和雇主来说同样是个问题。

总的来说,一些经济基本面支撑了政治科学家在福利支出方面所指出的弹性。但是很多悲观主义者所提出的观点仍是正确的,他们所低估的是克服困难的政治意愿和这样做的可行性。政客们确实成功了,至少在某种程度上这意味着他们可能会再次成功。

财政可持续性

各国政府采取的一系列财政应对措施可以分开来讨论。

更加优先考虑社会政策支出。冷战结束后,社会政策在西方世界的公共支出中占据了更高的份额。国防开支所占比例较低,而且随着大多数国家主要基础工业的私有化,用于工业补贴的税收减少了。这两种把戏都不能再玩了。其他需求,比如环境政策和国际恐怖主义,可能会使社会政策预算更加艰难。但选民年龄会变大,他们的选票也会很重要。最近个人私人养老金计划价值的暴跌,将警醒人们注意这条路线的风险。

收费。引入或增加服务费或自付费是许多(但不是全部)医疗保健体系中的主要策略。然而,为不使长期病人或老年人负担过重而设定的例外情况,意味着扩大这一战略的空间有限。

减少养老金承诺。政府逐步缩减了不切实际的养老金承诺。就像20世纪90年代那样,瑞典的养老金计划需要的缴款相当于普通人一生收入的20%(Fenge and Werding,2004)。1998年达成一致的跨党派改革,将这个终身缴款稳定为终生收入的12%。意大利1995年的改革将等效的预期终身税率从25%降到18%。德国的养老金承诺在15年的改革期内也有所减少(Börsch-Supan et al.,2007)。在整个欧盟,养老金承诺在过去20年里减少1/4(European Commission,2006a)。

更长的工作年限。如果养老金领取年龄保持不变,而预期寿命增长,那么长寿就会是一个主要的财政问题。延长工作年限的尝试开始体现效果。20世纪80年代在美国,1995年前后在英国,其他的经合组织国家则稍微晚一些,长达一个世纪的退休年龄下降趋势被逆转。在整个西方世界,各国政府在获得更多成功的同时一直在传达一个艰难的信息。瑞典和德国的养老金改革都建立了对养老金水平的自动评估,以使其与不断增长的预期寿命保持一致。意大利稳步缩减了提早退休的权利。法国在私营部门已经采取了这样的改革,且试图在公共部门也采取相同的措施。英国的养老金委员会有说服力地辩称,成人的退休生活时间所占比例不可能合理和公平地继续增长。1950年,男性平均有17%的成年时光是在退休中度过的,到2000年,这个比例达到31%。他们认为,这种情况不能继续下去。"让我们的退休时间保持在成人生活时间的30%左右,并且应该随着预期寿命的增加而提高领取全额养老金的法定年龄。"这一观点得到了跨党派的支持。选民可能没有许多人所想象的那样缺乏理性。保护那些预期寿命较短的人是必要的,但是让年轻的家庭承担越来越大的负担,为健康的老年人更长的退休期提供资金,这种公平是难以接受的。

可持续的额外支出。平均而言,到2050年,欧盟成员国平均必须再拿出GDP的4%用于福利支出,以维持现行的政策和承诺的福利水平。如果把"西方"的定义扩展到大多数经合组织国家,那么这个估计数字就会提升到5%到6%(见表47-1)。这些数字是暂定的,但这种转变在政治上无疑是可行的,尤其是考虑到替代性私人方案的成本。由于一些国家仍需适应其人口未来的影响,因此在平均水平上存在很大差异。

表 47—1　由人口驱动的额外支出占预期 GDP 的百分比,不包括教育(2004—2050 年)

盎格鲁—撒克逊		欧洲大陆中部		南　欧		斯堪的纳维亚		新欧洲	
澳大利亚	5.6	比利时	7.0	希腊	—	丹麦	5.1	捷克	7.9
加拿大	8.7	法国	3.4	意大利	2.4	芬兰	5.9	斯洛伐克	4.1
新西兰	8.4	德国	3.6	西班牙	9.1	挪威	13.4	波兰	−4.8
美国	5.5	荷兰	5.2	葡萄牙	10.1	瑞典	3.1	匈牙利	7.7
英国	5.0								
爱尔兰	8.8								

资料来源:欧盟经济政策委员会,2006;OECD,2001;OECD,2007c;Glennerster,2009。

"准税收"。作为提高税收的替代方案,国家进行了干预,鼓励或要求个人为自己的供给提供资金。一系列新的混合融资模式已经发展起来。

• 在瑞典,2.5%的工人收入必须投资于私人出资的养老金。在德国,自愿追加缴款会吸引政府的配套资金。在英国,人们不得不采取积极的措施退出国家储蓄计划,该计划将占用其收入的 4%,并且必须由雇主和政府提供匹配的资金。

• 在澳大利亚,其后是新西兰,最近是匈牙利和英国,已经开发了毕业生税制,作为资助大学的一种方式。大学可以收取课程费用,并在学生入学时提前收到现金,但学生毕业后只需将这些费用作为其税单的额外部分予以支付。

• 在荷兰,根据最近的改革,所有公民被要求参加覆盖各种健康风险的私人健康保险。他们必须支付一小部分保险费,但大部分是由税收提供资金,并根据个人年龄和健康状况而有所不同。

• 也许这种新的政府集资模式最令人惊讶的例子是美国的医疗保健。马萨诸塞州和加利福尼亚州都通过强制个人购买健康保险来实现"全民医疗保健"的覆盖。奥巴马总统承诺,通过补贴私人医疗保险,不排除不良健康风险,并提高医疗保险和医疗补助的可及性,实现几乎全民的医保覆盖。

我们很可能会看到这种混合融资模式的更多变体。他们可能会缓解国家面临的财政问题,但"准税收"的缺点是可能会降低人们支付"实际"税的意愿。这些举措是否具有财政再分配性,关键取决于如何对待最贫困者。混合型融资不一定但也有可能会导致公平性的下降,所以这将是未来一个重要的研究主题。

西方大多数国家也采取一些措施来纠正人们所理解到的不用去工作的动机。"在这些方面,劳动力市场政策已经国际化"。欧洲很少有国家采取了真正激进或严厉的补救措施(Banks et al.,2005;Lødemel and Trickey,2000)。"从福利到工作福利的根本性转变只在爱尔兰得到支持,在丹麦得到了适度的支持"(Vis,2007:105)。英国试图让工作报酬辅以轻微的惩罚,这对单身父母就业的影响相对较小,但却减少了儿童贫困(Waldfogel,2007)。当前的经济衰退将使得更严格的"工作福利"政策在短期内更加难以推进,但是一旦经济衰退结束,它也肯定会结束,各国政府将回到目标上来。那些不积极寻找工作的人将会遭受更大的压力,重回岗位的人将会得到积极的帮助,低薪工作者也将获得更高的补贴(Lindbeck,2008)。我认为,工作和更长的带薪工作年限可能仍然是社会福利政策的核心部分。

政治可持续性

面对日益苛刻的选民,政府试图以各种方式提高服务水平。大多数西方国家都采取了公共部门管理改革(特别是在衡量成果和设定目标方面)。这些已经通过旨在提高效率和响应能力的供给者之间的竞争和选择加以完善。英国人把后一种策略称为"准市场"。瑞典的健康和教育改革以及荷兰和德国的医疗保健改革中都有与其相当的策略。这一策略在多大程度上提高了效率或公众对社会供给的支持,目前尚无定论。

- 在推介这些变革时,政客们强调服务的不足之处,以赢得公众的认可,对抗公共服务行业工会的反对,这可能导致公众对这些服务信心的下降。在英国,公众对政府有能力花钱取得良好效果的信念明显下降(Sefton,2009)。
- 这些改革对政府效率产生影响的真凭实据并不是那么清楚明了。其中一个原因可能是,除了社会关怀外,福利市场几乎没有新进入者。政府不愿意看到贫穷的供应商破产——简而言之,是为了使福利市场得到运转。
- 瑞典准备允许由国家资助的新型私立学校大规模进入教育市场(2007年占学校总数的15%,而10年前这种情况几乎没有),这是英国保守党希望效仿的一个例子。但是在大多数国家,人们对于扩大私立教育规模来挑战公立学校并没有多大兴趣。

尽管如此,越来越多的受过教育的选民在其余生中拥有广泛的选择,他们对公共服务的要求将比以往任何时候都要高。提高他们的素质将成为福利政治的一个持续主题。如何通过更多的"话语权"(地方服务管理中的一种说法)实现这一点,有多少是通过更多的竞争和消费者的"退出"权力来实现的,或者是通过这两者的结合来实现的,将成为福利政治的一个显著特点。

如果老龄化是一个经济问题,那么它也会带来政治利益。福利支出对老年人的负担很重。但随着选民年龄的增长,老年人口在选举中的比重将会增加。老年人的长期护理、医疗护理或者养老金将是政客们一直牵挂的事情。

然而,还有一种相对乐观的情况。在20世纪的大部分时间里,"人民的生活状况"问题主导着国内的政治关注。工会、工党左翼和中产阶级的道德努力所施加的压力,都是为了扩大各种社会权利。

在21世纪,政治关注的主要诉求可能会转向气候变化和第三世界的困境。事实上,它已经这样做了。如果地球上我们所知的未来生活处于危险之中,那些受到最不利影响的人是较不发达国家中最贫穷的人,那么政治和道德的关注点就应该适当地转向这些问题。这似乎就是年轻一代正在发生的事情,它可能会剥夺传统社会政策的政治利益和实际财富。

然而,这可能不是一个零和游戏。正如尼古拉斯·斯特恩(Nicholastern,2007)所说,气候变化是世界有史以来面临的最大的集体行动。但是,拥有能够解决这个问题心态的人往往是对福利领域的国家行为抱有更多同情的人。19世纪,公共卫生运动提高了公众对不受约束的私人行为健康风险的认识,并开创了集体行动解决方案。也许环保运动可能会产生类似的附带政治影响。

世界性银行危机是全球集体行动问题的又一例证,这也是一个政府监管不力的例子。市场需要强大的国家来监管。但在面对全球金融市场时,单个国家是无能为力的,国际的集体行动是必要的,这也可能有助于改变政治气氛,从而有利于支持更多的集体福利行动,但也有可能不是那么回事。

也许对其他人的道德和政治关注是有限的。世界范围的问题可能使我们转向我们可以掌握的事物和我们面对的风险。而年轻人可能更担心环境问题，而不是家门口的穷人。银行业危机的成本可能很大，以至于可能会挤占福利支出。

道德可持续性

堕入新自由主义的未来？

看待福利国家为了生存而做出的经济适应的一种更消极的方式是将这一过程视为对应该支撑它们的道德目的的背叛。因此，上文所述的适应化进程能否被视为"堕入新自由主义的未来"呢？埃里森（Ellison，2006）赞同地引用了费尔格（Ferge，1997）的观点，他看到了我所描述的"社会个性化"的一些趋势。克莱恩和米勒（Klein and Millar，1995）说："社会政策正在成为一个'我行我素'的行业分支。"

但我不同意这种观点。我不认为在教育或健康、社会保健或养老金方面增加选择和个人能动性会破坏社会团结。相反，这两者本身都是好的——都是获得更多自由的必要手段。此外，如果没有这些改变，国家则可能会失去必要的支持，以约束中产阶级选民，而这些人的税收和支持是福利国家所依赖的，但这是一场合理合法的辩论。

一个相关但不同的观点认为，西方社会越来越不清楚是什么把他们联系在一起。战后的国家集体情绪正在被狭隘的个人关切所取代。自愿组织和相互自助活动的归属性都在下降（Putnam，2000）。我们都"各自为战"，因此将我们团结在一起的黏合剂正在消失。我不是社会学家，但我发现这种观点无法令人信服。传统的和国家性的归属形式，例如，作为 1 名工会成员，确实在减少，但不那么正式的群体（例如，用户、患者和照顾者）似乎正在增加——尤其是因为沟通变得更容易。他们可能会动员起来，建立新的互助团体，与更多的地方性和有求必应的福利机构进行互动。

大多数福利国家都在竭力应对初始市场收入中急剧上升的不平等现象（Brandolini and Smeeding，2007；OECD，2008a）。几乎在所有国家，初始市场收入的不平等都在加剧。在加拿大、芬兰、德国、瑞典和英国,税收和福利的均衡效应不得不有所增加,以减轻这些不平等。瑞典经济产生了与英国经济相似的初始不平等水平,自20世纪60年代以来,不平等也在加剧。但与英国或其他福利国家相比,瑞典成功地减少了市场驱动的不平等(例如,减少了45%,而英国减少了33%)。如果我们在计算中包括实物利益,则再分配规模甚至更大,并且在几乎所有经合组织国家都有所增长(OECD,2008a;Garfinkel et al. ,2006)。在我看来,这样的经历并不意味着人们已经放弃了对再分配政策的支持,尽管它在一些国家已经受到很大压力(Sefton,2009)。理查德·威尔金森和皮克特(Richard Wilkinson and Pickett,2009)坚定地指出,越来越多的证据表明,不平等的社会在很多方面都存在机能失调,不仅影响穷人,也影响其中的富人。这适用于个人的健康、幸福、对社会安全的担忧以及对孩子的希望等方面。我们无法摆脱不平等和严重不公平的蔓延,就像维多利亚时代的人们无法摆脱霍乱的蔓延一样。

全球经济危机

在20世纪80年代,将当时的通胀弊病归咎于负担过重的国家似乎是合理的。今天,自由资本主义的吸引力已经遭到严重的打击。如果说银行业危机有什么好处的话,那么可能就是它已经让人们对不受约束的个人贪婪会在某种程度上带来集体福利这种观念提出疑问。在20世纪后期,主导关于发达经济体社会福利的政治和学术辩论的道德主张往往以民族国家的形式表达。"团结"是指与国家集体行为或机构、工会或非营利协会的社会行为有关的团结。这是对国家或社会组织的忠诚。公民身份的权利诉求就是全国性的。越来越多的基于道德的主张已经成为国际性的世界贫困、世界饥饿、全球环境等问题。

新的挑战和可能的未来

因此,在接下来的半个世纪中,世界面临的挑战部分将与过去50年相似,部分则截然不同。这些新的挑战可能包括:

- 人口老龄化加速转变,生育率持续偏低。一些非常著名的人口学家认为我们现在严重低估了预期寿命增长的潜力(Oeppen and Vaupel,2002)。
- 快速的技术变革、不断增长的国际贸易以及创新的回报都会引发更广泛的收入和财富的不平等(2008)。
- 重大气候变化将导致粮食短缺、海平面上升及大量的人口流离失所(Stern,2007)。
- 金融危机很可能会变得更加普遍,因为事实证明,建立有效的国际监管制度来监管国际银行业的不负责任是不可能的,这可能会破坏现代经济体的稳定和增长,并削弱其财政能力。当前这场危机的公共债务利息成本将投下一个长长的阴影,可能会像我们之前提到的那样挤掉其他公共支出。
- 大量的人口流入发达经济体可能会压垮东道国宽容地吸收移民的能力(见第19章)。两位美国作家(Alesina and Glaeser,2004)认为,美国相对不愿意发展成为欧洲式福利国家的原因之一在于欧洲国家过去的同质性和美国的多样性。新移民越多,欧洲民众支持穷人的意愿就越低。其他人则认为这是一种对象错误的恐惧。正是欧洲的有组织的劳工传统延续了福利传统,而美国则没有保持这一传统(Taylor-Gooby,2005b)。我怀疑这种观点低估了挑战的规模。
- 合法的家庭结构可能继续变得不那么牢固和多样化,而责任意识则变得更加复杂,国家在儿童照护方面的补充作用也是如此(Finch,1989)。
- 在欧洲、北美、南美和亚洲可能出现超级国家或联邦。国际机构可能会越来越多地介入社会政策领域。集体的概念也可能会有所改变。

所有这些给我们提供了比我们过去所看到的更为广阔的福利未来的前景。

市场主导

正如市场乐观主义者长期以来所做的那样,我们可以设想,市场解决信息匮乏和个人长期决策问题的能力将不断增强,这可能得益于国家对个人参与私人医疗健康、长期护理和养老金供给的规定。随着生活方式的健康化和个人行动的改善,这将导致个人将自己的医疗健康、教育和养老资金掌握在自己手中,而国家仅仅需要做出一点点"推动"(Thaler and Sunstein,2008)。随着银行业危机带来的财政负担使选民转而反对政府,这样做的政治需求可能会有所增加。

那些人力资本雄厚且具有国际流动性的人,可以放心地忽略那些在追求更高收入的竞争中被甩在后面的人的问题,后者中很多人要么是来自日益干旱的非洲大地,要么是被洪水淹没的印度三角洲的移民。他们作为新来者在"西方"越来越遭人愤恨。国家福利机构存在所必需的社会凝聚力消失了。

社会机制,包括婚姻和家庭,不再能激起信心。人们认识到个人合作伙伴关系的安全性较低,因此会签订临时的伙伴契约来确认这一点。那些与合作伙伴分开的人,法律也赋予了他们拥有"共同缔造"的资产和养老金的权利。个人和市场将适应这些新的生活方式安排和流动机制(Eekelaar,2000)。

国有组织机构在纳入选择和灵活性方面一直发展缓慢,并且展示出很低的生产率。私人供给者逐渐接管了大多数基本服务的供给和融资,根据以前的分析,好像不大可能,但现在看来仍是有可能出现的一种情况。

基本公民权模式

人们对全民无条件获得基本收入——公民收入——的想法越来越感兴趣(www. Citizensincome.org)。有些人可能认为这是对市场模式的妥协。国家可以提供一个安全平台,个人可以在这个平台上建立多样的福利供应组合。这可以采取像荷兰那样的基本公民养老金的形式,为有子女的人提供一份最低收入,一种获得可转让但使所有儿童都能接受特定标准教育的代金券的权利。同样的模式可以用于提供风险调整水准的国家支持,以帮助个人支付私人或集体保险的会员费用。基本的住房券也可以仿照这种模式,也许会因不同的收入和地区而有所变化。

随着人口在旧民族国家之间的流动,这些基本的公民权利可能会转移给新联邦的公民——横跨欧洲、北亚或南美洲。这在未来并非不可能。

但谁是公民呢?这些权利可能是狭隘的,针对的是长期存在的土著居民。长期居住这种公民身份的定义方式,可能成为缩小福利权利范围的理由——排他性而非包容性。公民身份权及其含义可能会重新成为 21 世纪初政治辩论的关键。

包容性与适应性

具有包容性的福利国家的强大传统可能会抵制重大变革，并适应我们概述的人口和经济变化，就像它们在过去 30 年中所做的那样。在许多国家，私人对基本国家养老金计划和医疗保险的补充仍将很少，不同的社会福利历史路径也将继续存在，福利供应将逐渐适应新的家庭形式，儿童保育将成为与学校教育相结合的主要公共服务，政府将给予父母更多的激励，鼓励他们在孩子还小的时候留在家里照顾孩子。家庭生活的这些机会成本至少部分得到了满足。国家将投资于高企的儿童人力资本需求，高等教育将由国家和那些投资于自身人力资本的个人共同出资，并由国家协助个人贷款。

学校教育、医疗健康保障和社会住房保障都让住户参与当地的服务管理，并提供选择和多样化。一生中对人力资本的大量投资成为重中之重。随着私人养老金和长期护理的失败，国家可能不得不前来救场。选民年龄越大，养老金支出越高，医疗标准也越高。选民们认识到，这只能通过更长的工作时间和更高的税收来实现。人们也适应了这一点。

全球环境政策成为更广泛的集体行动政策议程的核心内容，对贫困和人权的关注范围更加宽泛。"福利"不仅被视为一个民族国家公民的目标，而且是一个世界性的目标。发展援助不再被看作是从国内社会政策中分离出来的一项独立活动，而是共同人权议程的一部分。

家庭友好性

也许最近几十年来最显著的变化之一是一些国家的生育率下降以及家庭形式的普遍变化。在德国、意大利和西班牙，这被视为一个重大的社会政策问题。对家庭的支持、为大家庭提供额外资金和免费托儿服务在政治上变得可行。但恢复"传统家庭"的政策也可能是这样。关于家庭形式和性别权利的辩论成为中心议题。

福利国家已经以不同的速度和方式来应对家庭形式的变化。正如刘易斯（Lewis，2007b）所指出的那样，政府认为这是一个非常困难的领域。当他们这样做时,他们可能会相互矛盾。在一端,一部分人会受到惩罚,单亲家庭会面临阻挠,而传统家庭会得到补贴;另一端,他们一直在适应新的家庭形式,或者在两者之间摇摆不定——"双面人"(Lewis,2000)。但最终,在欧洲一些不太可能的国家(如西班牙),女性和男性同性恋伴侣的结合得到立法支持。在许多国家,或者是依据法律,或者是通过法官的裁决,女性的,事实上是伴侣双方的养老金和财产权都得到了扩展(Maclean,2005)。这些趋势将继续。

"超级国有化"

劳动力和资本流动性增加、气候变化、传染病蔓延,所有这些都需要更广泛的国际监管以及有关保护权利、保障体系、难民身份等方面的规则。解决每个问题的具体协议将被逐个制定出来。然而,尽管面临类似的问题,欧洲国家仍可能不愿意欧盟采取全面的改革(Clasen,2005),但最终这一切还是会发生。

然而,最有可能的是我们无法知晓未来。这个世界将会受到我们现在无法预见或只是模糊预见的事件或恐惧的打击。但是,我过去半个世纪的生活、学习和教授社会政策的经历让我感到乐观。随着全球视野的扩展,普通民众展现出更加慷慨的人性,向有需要的人伸出援手的能力也在不断增强。政治制度已经表明自己有学习和适应的能力,福利制度也变得更加聪明,这是一个漫长而缓慢的过程,但目前不是绝望的时候。

第48章　福利国家未来的全球化

伊恩·高夫(Ian Gough)
戈兰·瑟博尔(Göran Therborn)[①]

引　言

本章讨论了两个独立但同样重要的问题：第一，福利国家的西方模式在世界其他地方能复制吗？第二，面对一系列前所未有的挑战，尤其是气候变化和新兴的金融资本主义危机，西方的福利国家在全球范围内能否持续？受限于文章篇幅以及话题范围，本章重点关注第一个问题，并在结尾部分会回到第二个问题。

全球化历史背景下的福利国家

社会政策、福利国家以及它们未来的一种全球化路径，不能仅仅是对以欧元或经合组织为中心的传统路径的一种添加，它有其独特的制度视角以及接连不断出现的全方位的研究模式与变体。如果这里不能挖掘历史，那么我们需要建立一个历史以及全球化视角。

为国民谋福利的政治责任并非始于欧洲。它存在于亚洲所有主要的伦理宗教传统中，例如，从梨俱吠陀印度教义和孔儒哲学到伊斯兰教(Mabbett，

[①] 伊恩·高夫(Ian Gough)对经济和社会研究委员会提供了强大的支持，在巴斯大学对发展中国家福利的研究中，他对ESRC项目研究组提供了很大的帮助。——作者注

1985)。免于饥饿和贫困、正义得到伸张、舒适有保护和繁荣富足,是人们正常期望的。农作物歉收和其他国家的灾难常常被解释为执政不当的标志。慈善机构、食品缓冲储备、检疫、防洪等,早在近代以前就已经发展起来。

然而,不可反驳的是,福利国家在近代意义上是欧洲人的发明,它在欧洲之外的存在程度有限,即使是在欧洲的分支地区也没有那么广泛。福利国家这一概念发祥于第二次世界大战时期的英国,并于20世纪70年代从学术界开始在国际上流行。为什么会这样?最重要的是,这对未来意味着什么?

欧洲在16世纪到19世纪世界征服的背景是,欧洲以外的几乎所有伟大的国家,从美洲印第安人的阿兹特克和印加王朝,到莫卧儿王朝和奥斯曼帝国,从中国清朝到非洲的大草原国家,都处于衰败和分裂之中。在那个衰退和解体的时代,欧洲以外关于人民福祉的经典政治规则失去了它们的物质基础和支持。

实际上,在16、17、18或19世纪,几乎没有任何迹象表明欧洲有一个特殊的福利国家发展过程。但回顾过去,至少可以确定两个重要的促进因素,尽管这些因素并不充分。一是西欧国家独特的家庭制度,其以核心家庭,即独立新家庭作为中心,这意味着比世界其他地方有着更弱的亲属关系纽带和责任,同时也赋予职业协会、地方组织、村庄、城市以及国家更多的空间和重要性(Therborn,2004)。二是权利的概念。这一概念源于罗马法,在天主教经典教义中得到强化,并催生了现代早期的自然法。权利关乎人们的福祉,而脱离了贵族的仁慈或宗教的慈善,并将正义的维护纳入大众诉求和新制度的领域。

西方福利国家的后续发展催生出大量的学术机构,本书巧妙地综合了这一点。高夫(Gough)总结梳理了现代福利国家的5种驱动因素,即5个"I":工业化(Industrialization)、利益(Interests)、制度(Institutions)、思想/意识(Ideas/Ideologies)以及国际影响(International Influences)(Gough,2008)。让我们简要回顾一下。

欧洲福利国家发展的基础有两点:新的社会挑战和应对这些挑战的新资源。工业资本主义创造了这两者。这打破了针对勉强维持生计的家庭、村庄以及行会的最低限度保护的社会模式,将大量没有了传统监护的成年男性和女性聚集在工厂和新城市中,创造并不断增加社会解体和社会抗议的挑战。

同时,工业经济的增长以及与之相关联的欧洲现代化中新的医学和科学知识,为解决贫困、疾病和死亡提供了新的资源。

在工业资本主义的新社会中,两种强大而对立的利益集团在制定公共社会政策上汇合在一起。工业无产阶级的利益兴趣在于在新兴工业城市至少有一些最低限度的住房和社会福利设施,以及在受伤、生病、失业、年老的情况下获得某种保障。这些利益兴趣很快就在工会、互助社团和劳工政党中被组织起来。在对立的另一面,政治精英对社会秩序和人口素质感兴趣,往往是出于对士兵物质的关注,而不是对生产力的关注。1789年、1830年、1848年和1870—1871年的法国大革命表明,精英群体在防止叛乱和混乱方面的利益兴趣是十分理性的。19世纪80年代具有里程碑意义的德国社会保险立法的直接背景是1871年的巴黎公社(Paris Commune)。俾斯麦(Bismarck)的一名关键顾问连同入侵的普鲁士军队一起,近距离目睹了这一切。

制度将挑战、资源和利益转化为统一的、自我复制的现实。福利国家是民族国家通过建设国家能力、征税和构建公民身份来积累权力的长期过程的一部分。法国大革命是第一个发起社会权利和政策重大计划的,但从未制度化。欧洲福利国家是在对工人叛乱的恐惧以及民族国家的加强和发展的推动下从官僚宪政(公法国家)和保险的结合中诞生出来的。这发生在最近统一的德国,为欧洲其他国家树立了榜样,其意义更多的是作为一种初创性的触发点,而非提供了一个可完全复制的模板。

此外,思想作为人类实践也影响着公共政策(暂且不考虑它们是否被认为是主要的自发力量,还是来自大型社会进程和由这些进程产生的利益)。欧洲福利国家产生和发展背后的形成思想包括欧洲权利传统、近代化为两大分支的古代公民共和传统、英国社会自由主义和法国革命后共和主义、社会民主和社会天主教。后期的灌输则来自凯恩斯主义经济学和后凯恩斯主义经济学中的"人力资本"和"生产性社会政策"理论。

最后,国际环境也必须考虑。欧洲福利国家的发展,其最初的推动力源自它的制度先驱。德国是欧洲大陆上最强大、最具活力、发展最快的国家。早期也是一个全国性大规模的征兵部队之间的战争时期,战争从未远离过我们的地平线。欧洲任何一个真正的强权政治家都不能对未来士兵的生命和忠诚漠不关心。第二次世界大战的结果普及了"福利国家"这一概念,它是英国的战时创造,贝弗里奇报告在短期内成为新的欧洲模式。但是英国的影响力很快就随着帝国和大国地位的下降而减弱。虽然美国是新的引领者,但对美国的钦佩和依赖从未显著影响欧洲福利国家的发展(直到克林顿时期对社会救助的攻击)。最直接的原因是制度化和政策路径依赖。欧洲的社会模式已经定型。出于对共产主义的畏惧,美国领导人没有试图将自己的资本主义模式强加于西欧;相反,更倾向于支持欧洲一体化以及维持西欧制度。马歇尔援助没有后来国际货币基金组织世界银行"结构性调整计划"的任何条件限制。西方福利国家在一个有利的国际环境中蓬勃发展:一种西方主导的资本主义,几乎没有低工资竞争、国家控制的货币和资本流动。

战后的繁荣使得欧洲福利国家崛起并发展到目前的规模。20世纪50年代提出的问题——一个新兴的"富裕社会"需要福利国家吗?还是因为当前我们能够提供广泛的社会政策以满足需要?——很明显,答案是后者。德国再次成为领导者,建设了一种新型动态养老金制度,作为对西方联盟重整军备政策的支持。

欧洲福利国家发展的经验教训

世界其他地方能复制欧洲福利国家模式吗?个体风险是将继续被集中管理,还是任由其自生自灭?如果是前者,那么风险的集体管理形式会遵循西方模式,还是会以全新的方式发展?我们分两部分来处理这些问题。一方面,我们用上述五部分模型来问,对于发展中国家可能出现的福利国家,它有什么教训(如果有的话);另一方面,我们要认识到"南半球国家"内部的复杂多样性,并区分其中独特的风险管理模式。

工业化和后工业主义:经济与社会条件及其变化

在20世纪末21世纪初,全球工业化和经济增长的新浪潮是否正在促生新兴的国家社会(保障)计划?工业化的解释可能在新兴的"世界工场"中仍然适用,特别在亚洲。但即使在这些成功的工业化国家或地区中,不断增长的第二产业与规模远大于19世纪末20世纪初欧洲社会的第三产业和第一产业结合在一起——对增长、税收、劳动力市场保障以及欧洲社会保险模式的适用性都产生了影响。

事实上,后农业社会的欧洲经验至少相对而言是由工业就业主导的,在欧洲以外的国家,美国、日本和英国白人自治领都从未重复过。目前第三世界国家的城市就业方式主要集中于所谓的非正规部门——在南亚和非洲占压倒性,在拉丁美洲规模庞大且不断增长——处于国家和社会福利范围关注之外的自就业企业和微型企业。在这种情况下,大型工业就业成了特殊的社会权利的聚集地,这种现象曾经在中国城市中相当广泛,在只有基本社会服务——在资本化进程中大部分被侵蚀了——但没有养老金权利的乡村海洋中,那仍然就是一些孤岛。

大多数非西方国家从来都没有经历过如此漫长的战后繁荣,直到现在,也只有间杂着轻微的经济衰退。这些国家大多数时候都被大宗商品市场的暴跌、金融危机和人口负担过重而带来的经济停滞所困扰。有更成功的例外,比如日本和后来的韩国,它们见证了快速发展的社会政策,但即使是日本,仍与欧洲水平相去甚远。事实上,一场前所未有的人口转型正在世界大部分地区展开,这意味着对学校、养老金和医疗服务都提出了非同寻常的新"要求"。然而发展中国家相比发达国家,家族和家庭在降低风险和保证福利方面的作用更大。所有这些因素都使从欧洲工业化到发展中国家的经验教训的任何简单转换变得复杂。

利益

在欧洲以外的地方,对社会权利和社会忧患的关注都处于弱势。对社会权利的关注处于弱势,是因为社会的碎裂分化比较严重:城市和农村之间、大型农业部门内的劳工和农民之间、城市内的正规就业和非正规就业之间。在某些特殊情况下,可能会出现进步联盟,例如,在1988年和1994年,巴西和南非各自制定影响深远的宪法的过程中,以及在20世纪80年代后期韩国的民主运动中。但是,这种利益的联合很难,甚至或多或少是不可能在一贯的政策和制度中维持下去。

在全球化集聚的地区,尤其是东亚和现在的南亚,无产阶级化以惊人的速度发展,并以不平衡的方式培育了非官方的工会和激进的阶级斗争。在这些国家,人们可以预期,要求最低经济保障以及提高"社会工资"的阶级压力将越来越大。人们可能会进一步期待经典的欧洲"社会保险发展态势"(Hort and Kuhnle,2000):社会保险从大型工业企业的体力劳动者和工厂工人群体开始,涵盖范围逐渐扩张到中小企业、农业产业、脑力劳动行业和其他行业工人。但这个经验教训不适用于那些资本主义的发展没有无产阶级化的地方,即便在有无产阶级化的地方也不是必然的事情。在几乎所有发展中国家,劳工运动都相当薄弱,一直被压制在被镇压和放松管制之间。资本日益增长的结构性权力及其发挥代理权力的意愿也助长了对全面福利制度的偏见。

自然地,对社会忧患的关注也相对比较薄弱,部分原因是权利碎片化。非欧洲国家现代化道路的鲜明特征必定要谨记在心。现代欧洲从未受到过非欧洲强国的威胁,也从来没有被追赶非欧洲世界的欲望所驱动。欧洲的开疆扩土者从来不会被那些非本民族国家的人所困扰,比如美洲以及南非的奴隶和前奴隶。在欧洲之外的地方,对统治精英的主要威胁来自外部——来自优越的国家和经济——而不是来自内部。

机构/制度

包括民族国家和社会保险在内的制度已经遍布世界各地,但在古老的殖民主义大陆之外,没有一个欧洲式的、欧洲规模的福利国家,尽管大英帝国的旧领地也并不遥远。然而,福利制度在欧洲作为国家和民族建设的后期阶段扩大公民身份方面的作用,与南半球的国家有一些相似之处:从20世纪30年代拉丁美洲南部地区为了应对大萧条时制定的社会保护政策,到斯里兰卡和加纳等新近独立的前殖民地雄心勃勃的福利国家计划,再到为了遏制革命压力制订的优厚社会保障计划,比如菲律宾1953年的《社会保险法案》。我们有必要对这些道路以及它们截然不同的前身进行更深入的比较研究,比如塞尔伯恩(Therborn,1995b)的《通往现代性的四条道路》——开拓者、移民国家、殖民地和独立但受限制的民族国家——以及所提供的社会公民身份权利的形式。然而,所有这些情况都以具有某种最低能力和合法性的国家机制为前提:福利国家预设了一个合理运作的韦伯式国家。

一个相关的问题涉及西式民主在世界范围内的输出及其对社会保障计划施加压力上的影响。冷战期间,在世界上被认为对西方利益至关重要的地区,民主总是排在对美国的忠诚之后,但自1990年以来,至少是正式的民主进程得到了实质性的传播。然而,对欧洲社会保险制度的相关研究表明:从属阶级的民主代表性并不是国家福利的先决条件——恰恰相反,是威权政权开创了社会保险。俾斯麦式战略与此有明显的相似之处,比如东亚的专制领导人引入了社会政策,以加强民族团结,确保精英阶层的忠诚,并使非民主政权合法化。早期欧洲福利制度发展的经验教训是,威权政权可以启动具体的国家社会政策,但健全的民主制度或许是将这些政策转变为慷慨的社会权利的必要条件。

民主还培育了客户至上的政治机器,最初是在美国——公民用选票换取获得就业和转移支付资格的交易。民主被巴西的巴尔加斯和阿根廷的佩隆引入拉丁美洲,并在独立的非洲国家采用"部落"形式,在印度采用种姓形式。在孟加拉国,自从1991年开始推进民主化以来,已经出现了监管政府粮食援助和其他方案的新的看门人。村民必须与黑帮和/或本地政党的代表保持良好关系才能获得基本福利,但要以忠诚、选票和其他交换条件为代价(Devine,2007)。"民主"的传播和真正社会权利的出现之间没有直截了当的联系。

思想/理念

在欧洲及美洲、大洋洲和南非的分支之外,没有公民或民众权利的传统可以借鉴。但是,在伊斯兰、非洲和甘地文化地区(一般指印度),却有着强大的社会正义理念。东亚原始福利国家的出现也促进了对"儒家福利国家"的研究:一种与西方"根本上不同的社会政策取向"和一种"东亚福利国家福利演变的独特道路"(Rieger and Leibfried,2003:261)。在20世纪后期的拉丁美洲,本土移植的社会天主教,即解放神学,发挥了重要作用,尤其在巴西。

许多国家的现代化探求之路,并不同于马歇尔所主张的社会公民权跟附在政治公民权之后这一观念。与之相反,他们依循的是一个更为核心的国家发展理念，最近对发展中国家的研究也确认了这一点。这是日本在要追赶欧洲同时保持民族凝聚力的压力下开创的。日本的方案预设了一个强大、有外部威胁但永不言败的民族文化，这种民族文化能够压倒阶级冲突。

欧洲社会政策理念向外输出已经有段时间了，比如在20世纪初和20世纪20年代初的乌拉圭总统争斗时期。但最有成效的意识形态输入是在20世纪晚期新自由主义的支持下产生的，不太有利于社会权利政策。智利自发生皮诺切特政变以来，新自由主义思想一直主导着社会政策思维，尽管在20世纪80年代中期杰弗里·萨克斯（Jeffrey Sachs）短暂成功地远征玻利维亚之后已经有足够多的旧社会忧患来宣扬"社会安全网"。20世纪90年代，世界银行在拉丁美洲和后共产主义的欧洲成功推出了私人养老金计划，虽然这两个地方后来都将其推翻了。20世纪80年代，世界银行和国际货币基金组织提出了另一个设想，即在贫困国家引入初等教育和基本医疗保健收费，但它的影响使得入学率和升学率下降，很快就连提出这个设想的华盛顿经济学家们都感到震惊，所以这个方案现在已被放弃。

最重要的是，南半球很多负债沉重的低收入国家缺乏使国际政策模式适应其国情的权力和体制能力。由法令或重罚或附加条件的威胁强加的政策移植与政策学习大不相同——事实上，它们可能是相互排斥的。许多发展中国家都经历过"依赖学习"（西方国家从没有经历过）。这是南半球大部分国家构建起自主自治社会政策的一个新障碍。

国际环境

在考虑国际因素的影响时，欧洲历史提供任何有用的经验教训的能力受到了严峻的考验。如今，发展中国家已经与强大的金融和企业参与者形成了关联与共的经济关系网络，这是由政府间机构组成的世界社会的一部分。这些机构有权约束有时甚至是控制南方国家政府，发展中国家也容易受到强大的认知共同体特别是经济学家们所宣扬的统治思想和意识形态的禁锢。在20世纪西方福利国家兴起期间，超国家结构、利益、制度和思想的作用并非微不足道——最重要的是，两次世界大战都具有巨大的塑造作用。但在20世纪的最后25年里和进入新世纪后，上述四个国家因素都深刻地国际化了。

与对全球化的稚拙解释相反,世界上最慷慨的福利国家是在对世界市场广泛开放并高度依赖世界市场的社会中发展起来的,例如,比利时、荷兰和斯堪的纳维亚。这些福利国家,尤其是斯堪的纳维亚国家,在"世界竞争力"的管理排名中总是名列前茅(Schwab and Porter,2007)。但他们像利基型企业一样,在全球市场上凭借超高技能参与竞争。在西方,社会保护很早就作为贸易保护的唯一替代方案出现,而在许多发展中国家,在社会保护机制建立之前,国际风险敞口就已经出现了。

东亚的发展中国家曾面临着更严格的成本制约,因为它们来得晚,也没有旧的贸易网络可以作为建设基础。东亚从美国的慷慨援助中获益匪浅,但方式与第二次世界大战后的欧洲截然不同——通过进入美国消费市场、离岸军事市场以及大陆市场。然而,它们提供了西方本土资本主义发展之外的唯一成功模式,只是被1997年亚洲经济危机短暂打断过。它们能在多大程度上应对2008年更具威胁性和系统性的全球金融危机,仍然有待观察。

政府间组织内部的潮流现在可能正在转变。国际组织一直是各种思想的重要传播者。国际劳工组织在促进正式部门劳工权利方面发挥了重要作用。联合国从1974年在墨西哥举办的妇女大会开始就传播了性别平等观念;《联合国儿童权利公约》及其以儿童为重点的常设组织联合国儿童基金会(UNICEF)也在强调儿童的福祉。迪肯(Deacon,2007)详细介绍了政府间组织的争论和竞争,包括联合国体系和更有影响力的布雷顿森林体系之间的辩论和竞争。有证据表明,一些愚钝的反福利观念正在逐渐被改变,但迄今为止还没有证据表明正在出现一个"全球社会政策进步计划"。事实上,全球南方越来越多的声音对这样一个方案的合意性提出了疑问。

综上所述,可以得出以下三点结论:一是欧洲福利国家的发展道路不太可能重演。二是南半球国家已经出现了一系列的社会计划,只是尚未合并成一个替代可选的"社会政策模式"。三是这些计划可能会在有利的地方扩展,但它们会沿着自己的道路前进。为了描绘这种多样化的模式,我们总结了学者针对2000年南半球范围内更广泛的"福利制度"所进行的聚类分析,并指出南方的社会政策创新之处。

构画南半球国家的社会政策

尽管有许多人尝试将埃斯平－安德森(Esping-Andersen)的福利国家制度框架应用于世界其他地区,包括中欧和东欧、拉丁美洲和东亚,但这些国家都采用了为理解 OECD 世界而开发的最初概念框架。这种方法被高夫和伍德所诟病(Gough and Wood,2004,及其合作者;Wood and Gough,2006)。在他们看来,要将这种范式运用到南半球的国家和人民,需要完全重新界定概念,以便认识到上述截然不同的现实。为此,阿布·沙克和高夫(Abu Sharkh and Gough,2010)纳入了更广泛的变量,并使用聚类分析来勾画 65 个非 OECD 国家 2000 年的福利制度。

该分析产生了 8 个国家集群,可以根据其最终集群中心与经合组织福利国家的距离进行排序(见表 48－1)。在公共支出、公共供给和福利结果三项中得分最高的集群标记为 A,距 A 最远的集群是 G 和 H。

集群 A 中的国家,表现出西方福利国家的一些特征,可被称为原始式的福利国家。这些国家在福利供给和相对有效地提供服务以及适度广泛的社会保障计划和优越的福利结果方面有着共同的、相对广泛的国家投入和承诺(需要强调的是,依据的是非 OECD 国家的标准)。除以色列和哥斯达黎加之外,A 类国家还包括两个不同的地理区域和历史旧因:苏联及其联盟国家和南美洲南部工业化相对发达的国家。两类国家在 20 世纪中叶都制定了欧洲式的社会保障政策,但在 20 世纪后期,这些政策均因外力推动的新自由主义方案而遭到破坏。苏联掠夺式资本主义的强制实施使得俄罗斯和乌克兰的男性预期寿命分别减少至 59 岁和 62 岁,不过加入欧盟的中欧国家情况要好得多(Unfpa,2008:86 ff)。

B 类国家表现出第二好的福利结果和社会服务产出水平,但国家社会支出水平较低(而且对外部援助和外汇的依赖程度较低)。这一有趣的组合表明,快速增长的平均收入和其他内部的非国家机制可能削弱保障和不公平待遇。在世界三大地区都有这样的组合:(1)中国和从韩国到马来西亚的东亚大部分国家(印度尼西亚除外,由于在 1997 年的危机中受害最深,它在 2000 年已离开此群体);(2)不属于A类的南美和中美洲其余国家;(3)西亚部分国家(伊朗、土耳其和塔吉克斯坦)。

这类国家主要但并非总是中低收入国家,增长率高,但是存在着相对的不民主和不平等情况。这一组包括一些在贫困水平(按2005年价格计算,每日购买力平价低于1美元)方面实现了历史性下降的国家:中国经济的腾飞将其占全球贫困人口的比例从1981年的41%降至2005年的16%(Chen and Ravaillon,2008:31)。一个值得注意的发现是,B类包括大多数外部引致、被动的现代化国家(瑟伯恩的第四条现代化道路)。这些国家被迫用更长的时期来调整以适应外部发展压力,这表明可能存在具有大量基础设施但并未优先考虑传统社会政策的"发展型国家"。而在这里,人们可能更期望看到对风险进行集中管理的新形式。

C类与B类相似,但其不同之处在于高度依赖于外汇的流入,这些平均占国民总收入9%的资金可以看作是公共转移的非正式替代品。C类包括加勒比和中美洲的小国以及厄瓜多尔、摩洛哥和斯里兰卡。

一个独特的D类2000年出现在非洲南部和东部(南非、纳米比亚、博茨瓦纳、津巴布韦和肯尼亚),显示出相对广泛的公共政策(包括税收、支出和服务外展与文化水平),但这些政策的效果被主要由于HIV-AIDS流行而导致的死亡率和发病率所掩盖。

F类主要是印度次大陆的国家,如印度、巴基斯坦、孟加拉国和尼泊尔,其支出和社会保障计划适中,青年文盲率较高以及中等教育中女性人数较少。南亚因其文盲和妇女受教育程度低,总是与东亚与东南亚区分开来。但它们绝对不是"失败的国家":印度被称作未来的经济巨人。它们还自称拥有大量有针对性的社会计划和非正式的保障机制。然而,由于缺乏有效的学校教育、卫生健康和社会保障政策,以及根据人口性别比等指标,加上高度性别化的结果,预示着这些国家广大民众的不安全感较高。

G类和H类包含一种长期顽疾难治式的保障体制,贫困和患病率很高。撒哈拉以南非洲地区的这些国家表现出较低的预期寿命,在某些情况下还在下降,同时这些国家国力较弱,公共责任水平较低(从支出水平和社会产出两方面来看),对海外援助的依赖程度较高。贫困的普遍程度也很高,而且持续存在——在过去1/4世纪里,撒哈拉以南非洲地区贫困人口比例在误差范围内从43%下降到40%。

因此,我们发现了全球南方的福利和福利制度的高度多样化模式。我们的结论是,发展中世界的不同国家群体面临着对人类福祉的不同威胁,缓解这些威胁的社会政策也有不同的潜力。在中欧、东欧部分地区和南美部分地区,尽管传统福利体系遭到严重破坏,但我们仍可以看到新形式的社会公民权利的潜在可能。在东亚和东南亚大部分地区,拉丁美洲的大部分地区,伊朗、土耳其以及中东和北非的其他地区,我们发现与小型国有部门并存的独特、有差异但效果适中的非正式福利制度。在印度次大陆,尽管存在大量的正式和非正式计划,但在支出、交付或福利结果方面几乎没有实现。在撒哈拉以南非洲的大部分地区,现有的社会计划已被日益高涨的人类需求浪潮所侵蚀和淹没,这里仍然是一个高度不安全和贫困的地区。

表48-1　65个非OECD国家福利制度的聚类分析和均值(2000年)

聚类标识	A	B	C	D	E	F	G	H
国家数量	14	16	7	5	5	7	5	4
人均资本援助/GNI	0.81	2.08	2.98	2.59	6.22	3.96	12.05	27.19
雇员外汇/GNI	0.64	0.66	9.2	0.03	0.34	1.54	2.3	0.99
公共支出,健康+教育/GDP	9.35	6.77	5.77	8.63	4.35	4.8	5.44	5.17
社会缴费/总收入	29.46	7.06	6.78	1.05	1.72	1.19	1.29	0.43
学校入学、中学、女性(总%)	91.99	76.05	63.64	59.7	29.7	28.27	12.39	14.0
免疫,麻疹(儿童% u. 12m.)	90.5	89.19	92.86	76.4	62.8	65.14	58.4	78.75
出生时预期寿命,总计(年)	72.32	69.57	70.3	44.17	53.74	56.9	46.32	41.3
文盲率,青少年总数(15-24岁%)	1.28	2.2	13.39	7.29	6.65	35.57	48.21	27.42
	阿根廷	玻利维亚	多米尼加共和国	博兹瓦纳	喀麦隆	孟加拉国	贝宁	莫桑比克
	白俄罗斯	智利		肯尼亚	刚果共和国	科特迪瓦	布隆迪	几内亚比绍

续表

聚类标识	A	B	C	D	E	F	G	H
	巴西	中国	厄瓜多尔	纳米比亚	加纳	印度	埃塞俄比亚	卢旺达
	保加利亚	哥伦比亚	萨尔瓦多	南非	印度尼西亚	尼泊尔	马里	赞比亚
	哥斯达黎加	伊朗	牙买加	津巴布韦	坦桑尼亚	巴基斯坦	塞内加尔	
	克罗地亚	伊斯兰共和国	摩洛哥			巴布亚新几内亚		
	爱沙尼亚			尼加拉瓜				
	以色列	哈萨克斯坦	斯里兰卡			多哥		
	立陶宛	韩国民主共和国						
	波兰							
	罗马尼亚	马来西亚						
	突尼斯	墨西哥						
	乌克兰	摩尔多瓦						
	乌拉圭	巴拉圭						
		秘鲁						
		菲律宾						
		塔吉克斯坦						
		泰国						
		土耳其						

资料来源:Abu Sharkh & Gough 2010.

对"其他国家"的挑战：OECD以外的社会事务与政策

最后这一部分讨论非OECD国家人民福祉的深刻挑战，并确定了一些正在出现的创新政策解决方案。对福祉最巨大的威胁包括以下方面：

- 疾病和健康不佳：最严重的是撒哈拉以南的非洲和其他地区艾滋病（AIDS）的肆虐。
- 营养不良：犹如南亚和撒哈拉以南非洲地区的重大瘟疫，对儿童产生持久的影响。
- 贫穷：特别是极端贫困，即"最底层的十亿人"，再次集中在撒哈拉以南的非洲。
- 不可持续的人口增长：在20世纪的最后几十年里，这一威胁在穷人世界的大部分地区都得到了控制，除了撒哈拉以南非洲这一主要的例外地区。到20世纪末，如果非洲1960年以来的人口增长率与中国相同，那么其人均GDP就会高出40多个百分点（Therborn，2003）。尽管有所下降，但高生育率仍然是关乎非洲人民福祉的主要挑战。
- 城市生活福利设施：全球南方城市的爆炸式增长，与城市服务和就业不成比例，带来了严重的问题。令人惊叹的人类智慧已经创造出临时住所、电力操纵、小贩兜售、拾荒和其他"非正式"的活动。但卫生设施和可靠的安全供水是基本的社会服务，而这在很大程度上是缺失的。
- 现实存在的不平等：在南半球的大部分地区，尤其是南亚和非洲大部分地区以及中国内地、中亚和中东地区，女孩和妇女仍然受到系统性的歧视。尽管有宪法规定的权利和平权行动，但种姓制度仍然对印度的贫困有着特殊的影响。安第斯山脉沿线的美洲印第安人社区长期以来一直是社会排斥的受害者，直到最近在争议下才有所分化，玻利维亚就是如此。
- 老龄化：老年人口比例的大幅度上升在中国和东亚表现得尤为明显。尽管中国城镇和印度的一些州有一些养老金计划，但在南方国家，除南美洲的部分地区之外，都还没有合乎需要的养老金制度。
- 金融：经济发展将有助于一些受青睐的飞地的税收征集和社会保险，但在大部分南半球国家,税收仍然是强制性的和以租金为基础的,而且税收能力已被 IMF 的政策所破坏(Moore,2008)。

• 气候变化:全球变暖对环境和生计造成的破坏,特别是在热带和亚热带地区,对人民福祉构成了长期和累积的威胁(下文有简要和不充分的讨论)。

然而,这种悲观的勾画忽略了人类社会的无限创造力。南方国家还见证了各种不同范围的社会问题新政策解决方案(见 ILO,2004a:第 14 章,全面审查和评估)。这些包括:

• 有条件的现金转移支付:以子女上学为支付母亲月收入的条件是一项广泛而成功的新方案。该方案在墨西哥首创,但在巴西的博爱和家庭教育项目中发展最为广泛。其他拉美国家也正在效仿。

• 公积金/福利基金:这些都是由个人和雇主供资的社会保险账户,个人可以因不同的目的而提取基金,包括医疗保健和住房事项。它们是在英国殖民统治下发展起来的,在新加坡和马来西亚非常流行。

• 平权行动计划:在独立的印度,这些计划针对一些受到歧视或"落后"的种姓,使他们成为"在册种姓"和部落,给予一定的教育和公共就业配额。这一计划十分成功,以至于更多的群体要求被册定为"落后"。更具有社会争议的是尼日利亚的高等教育和公共就业配额制度。

• 价格补贴:尽管新自由主义者深恶痛绝,而且存在许多不必要的副作用,但很多人仍然依赖于食品、能源和其他必需品的大规模补贴计划,如印度的公共分配制度。

• 小额信贷:向穷人(主要是妇女)提供小额信贷,无需抵押,这是由格莱珉银行和其他机构在孟加拉国开发的。类似的计划已遍布南方国家,但结果喜忧参半。

• 社会养老金:南非社会养老金计划名义上是经过家计审查的,但在实践中却为 70 岁以上的公民提供近乎普遍的养老金。它正在纳米比亚扩展为一项普遍的无条件现金转移计划。

这个不完整的列举显示,构建社会政策是一个不断创新的过程,而不是一张可以从贝弗里奇或其他西方模式中学习的实践清单。南半球国家面临的挑战是艰巨的,但它们截然不同的性质和背景将刺激尚未想象到的新形式的社会政策,以及对欧洲和西方行之有效的方案的调整。

气候变化:前所未有的挑战

全球的生计和福利现在面临着一项艰巨而长期的新挑战:气候变化。尽管由这一挑战所带来的经济和政治问题是积极探究的目标对象（例如,IPCC,2007;Stern,2007;Giddens,2009）,但其对社会政策的影响尚未得到研究(见 Gough et al.,2008)。

气候变化对社会政策和福利国家的影响是什么？社会政策常常被定义为社会风险的公共管理。这些政策通常用于解决特殊风险:如对个人而言不可预知,但对集体而言是可以预见的风险。但气候变化是一种系统性风险,具有"新颖性、宏大性、全球化、长期性、持续性和不确定性"等特征(Stern,2007:25)。此外,与早期工业化的后果不同,早期工业化的后果是很多人可以看得见和直接感受到的,并产生了新的社会力量,促进集体动员以纠正或防止这些后果。气候变化的"外部性"在时间上是遥远的,在空间上是全球性的。集体动员的物质基础要薄弱得多。气候挑战更像是战时紧急动员。

据预测,对人类生计和福祉的直接有害影响在热带和亚热带地区最为严重。不利影响将不成比例地落在对过去的温室气体累积毫无责任的穷人身上,这一事实提出了深刻的社会正义问题,我们在这里也没法解决。相反,我们回到对欧洲和西方——那里是福利国家的发源地——社会政策的影响上。依据高夫等人（Gough et al.,2008)的观点,这可以分为四类:

(1)福祉的直接风险。虽然比起对南方国家的影响,要小些,但它仍然是真实存在且有害无益的,特别是在沿海和地中海地区。这为传统的社会保障计划带来了新的挑战,例如,新的住房和定居模式、新的保险成本、极端天气事件下的健康需求、自然灾害及其所带来的混乱和创伤的管理等。

(2)福祉的间接风险。也许在欧洲最重要的将是气候引发的来自发展中国家的移民:哈维尔·索拉纳（Javier Solana）和贝尼塔·费雷罗－瓦尔德纳（Benita Ferrero-Waldner）的报告告诉欧盟要为"气候变化引起的移民潮"做好准备。

（3）气候适应政策的含义。在使定居点、基础设施和建筑更能抵御气候变化方面，将存在机会成本。因此，除非利用协同效应，否则福利和环境需求之间存在潜在的财政竞争。

（4）减缓气候变化政策对"传统"社会政策的影响。这些对欧洲福利国家而言具有极为重要的意义。它在很大程度上将取决于为减少碳排放而实施的政策及再分配效应。

在历经了几十年的市场解决方案后，气候变化让公共治理的角色重新回到中心舞台。可比较的证据是清晰的：社会民主福利国家和一些大陆福利国家在制定包括减缓气候变化在内的全面环境政策方面一直都是先驱者。因此，气候变化风险的新颖性和规模正在推动一个新的治理议程。如上所述，这可能会有利于强大的福利国家。另外，它也可能会给他们带来威胁。气候变化，通过在21世纪提供一个新的反补贴治理焦点，通过捕捉政治想象力和削弱对社会正义的传统关注，也许会让诸多社会政策问题重新排位。

更为深刻的是，气候变化对经济增长进而对福利国家过去对经济增长的依赖，有潜在的挑战。问题的关键在于，我们能否在保持西方经济增长的同时走向一个可持续的低碳世界。在这方面，目前的主流共识是：在替代性技术上的大量投入能够在实现生产和消费增长的同时大规模削减碳排放——这两者可以"脱钩"。如果这样，西方福利国家的物质基础可以持续下去。但正如杰克逊在英国可持续发展委员会（英国SDC，2009）所说，有强有力的和越来越多的理由怀疑这种乐观的设想。

关键的问题是，即使每单位产出所需的碳排放量大幅减少，也无法让发展中国家赶上更多。2050年的世界将是一个同样严重的不平等和苦难的世界；事实上，绝对不平等将会更大，而在西方，仍将是一个收入持续累积增长的世界，平均收入将再翻一番以上。要实现一个全世界人民的收入与今天的欧盟公民相当的世界，从现在到2050年，世界经济将需要增长6倍，这意味着如果要避免气候灾难，技术上的转变要达到更高的数量级。

在这一点上，气候变化辩论与人类福祉的伦理和政治相互交错。现在越来越多的证据表明，过度的经济增长超过了某个点（大多数OECD国家已超过），就可能会损害客观的幸福和主观的幸福（Kasser，2002），以及环境的可持续性。其强烈的含义是,为了保护地球及其基本的资源系统,以及改善全球社会正义,西方的增长必须得到遏制,可能是终止,甚至可能是逆转。

相比于早期社会政策所关注的环境问题,如卫生、污水、城市工业污染,以及在被征服的殖民地区的热带疾病,这是一幅迥然不同的政治和经济图景。处理这些问题不是没有代价的,但这并不意味着要阻止特权阶层的奢华生活方式;相反,这些当地的环境政策对后者也是一个利好。同样,战后庞大的国家福利为主体选民提供了明显的好处,同时也付出了代价。但是,如果国家福利赖以建立的增长型国家在西方完全不可持续,国家福利则将不得不转型。

金融资本主义的当前危机

这与西方福利国家面临的第二个系统性挑战有关,西方福利国家在经济持续增长的时代蓬勃发展。因此,一个有效的福利国家是否需要一个经济增长的状态?如果这样,目前的经济和金融危机则给现有福利国家带来了另一个根本性的挑战。

1950—1975年的扩张时期,社会支出绝对值迅速增长,占国内生产总值的比重不断上升。这由几个"自动因素"驱动,特别是人口变化和"相对价格效应"。但它也反映了"新需要"的出现和标识注明,以及来自复兴的劳工运动和大量新社会运动的更高标准和更大覆盖面的压力。到1980年,人们普遍预测福利国家会出现危机。但正如格伦纳斯特(Glennerster)在前一章中所表明的,国民福利体制在解决许多这些问题时表现出极大的创造力。此外,由私人市场提供替代品的机会成本已经很高。因此,1980年后的几十年里,社会支出在新自由主义和第三种方式主导下持续攀升,无论是绝对的还是相对的。

"危机"这个词在过去肯定被过度使用了,但用于描述2008年以后的情况绝对是合适的。它不仅反映了2009年的全球经济衰退,还反映了撒切尔和里根在1980年所开创的全球金融资本主义模式的崩溃。这种模式包括金融自由化、新的公司治理形式和信贷/债务的大幅增加。例如,在英国,抵押贷款超过GDP的100%。带来的一个直接影响是,用于应对违约和银行业危机的公共支出规模巨大(英国为GDP的20%,美国为GDP的7%),并将与国家福利争夺公共资金。

从长远来看,更重要的是由个人消费驱动的西方资本积累模式将走向终结。自1980年以来,利润份额上升,工资份额下降,而工资份额已经向富人倾斜。由此推论,大规模消费支出越来越多地受到借贷的支持(Glyn,2007)。这种模式已经暴露出不可持续性且风险极高,特别是对高负债的英语国家自由市场经济体而言。除了气候变化,资本主义的重组成了解释为何消费在经济中的份额会下降的第二个原因。

因此,情况是增长乏力,偿还债务,还有个人消费水平极可能下降。就财政而言,如上所述,气候变化的挑战将需要非常大量的公共投资。环境支出加上不断攀升的债务利息将缩小传统社会计划的支出范围。然而从政治上来看,在一个收入萎缩而消费还在加速萎缩的不那么良性的世界里,将出现更大程度的再分配需求。

在北大西洋地区以外,观点是不同的。2008年的危机使人们重新认识到公共社会安全网对全体人口的重要性。养老金不能像世界银行(World Bank)在20世纪90年代所教导的那样,只是作为金融市场的附属物。中国政府已经认识到扩大社会政策在拉动内需方面的作用,20世纪八九十年代崩溃破碎的公共卫生服务现在将重新组合起来。但在南方,尽管方式有所不同,但社会保障的前景在很大程度上仍取决于经济增长。到2009年初,这场危机并未引发任何重大的社会政治调整,无论是在南方还是在北方,可能唯一的例外是美国的奥巴马大选,其社会影响尚未确定。

气候变化的挑战和资本主义的新危机所带来的影响目前还不清楚。"绿色新政"作为解决这两个问题的方式已有越来越多的共识。除此之外,我们仍需要考虑去商品化的新形式,它们在福利国家的那些方面是有所超越的。如果市场和国家都威胁到地球资源,我们就需要重新考虑"核心经济"和它在促进人类福祉中可以发挥的作用。这就指向了诸如优先考虑预防保健、建设可持续的公共服务和建立地方性支持网络体系等政策。当前危机的系统性本质,可能为彻底反思西方福利国家的未来提供了一个机会。

发达的福利国家是对工业资本主义社会挑战的回应,特别是在阶级结构的欧洲现代化道路上。第二次世界大战后几十年空前的经济增长使这种回应完全成为可能。在新自由主义的攻击下,它证明了自己是一种有弹性的机制。随着资本主义和无产阶级化在世界各地蔓延,对社会保险和社会权利的需求在新世纪将持续增长,但实现这种需求的形式可能会不同于现有的模式。然而,无论是在北方还是在南方,安全、正义和福祉的政策都必须考虑到全球环境灾难威胁对这三者构成的挑战。20世纪经济增长与社会保障/正义的模式将不再适用。

参考书目注释:所有网络资源都在2009年9月7日至10日之间核实;http://www.state.uni-bremen.de/handbook-welfare-state 提供了完整的Word版本参考书目的链接。引用外文文章、章节或书名时,英文译文用括号表示。数据库通过在标题前添加"Database:"来表示。如果像OECD这样的首字母缩略词在文本中被引用,那么它将在参考书目中的首字母缩略词下找到,而不是全名(显示在第一个列表下的括号中)。许多理论文献的再版可以在 Leibfried & Mau(2008a)中找到,这在原始出版物引用后的括号中表示。Leibfried and Mau (2008b:xx.xviii f.)还概述了具有良好社会政策涵盖面的英美期刊。有关此类期刊的国际列表,请参见 http://www.z-sozialreform.de 上的链接。

参考文献

微信扫描二维码参阅参考文献

译丛主编后记

财政活动兼有经济和政治二重属性,因而从现代财政学诞生之日起,"财政学是介于经济学与政治学之间的学科"这样的说法就不绝于耳。正因为如此,财政研究至少有两种范式:一种是经济学研究范式,在这种范式下财政学向公共经济学发展;另一种是政治学研究范式,从政治学视角探讨国家与社会间的财政行为。这两种研究范式各有侧重,互为补充。但是检索国内相关文献可以发现,我国财政学者遵循政治学范式的研究中并不多见,绝大多数财政研究仍自觉或不自觉地将自己界定在经济学学科内,而政治学者大多也不把研究财政现象视为分内行为。究其原因,可能主要源于在当前行政主导下的学科分界中,财政学被分到了应用经济学之下。本丛书主编之所以不揣浅陋地提出"财政政治学"这一名称,并将其作为译丛名,是想尝试着对当前这样的学科体系进行纠偏,将财政学的经济学研究范式和政治学研究范式结合起来,从而以"财政政治学"为名,倡导研究财政活动的政治属性。编者认为,这样做有以下几个方面的积极意义。

1. 寻求当前财政研究的理论基础

在我国学科体系中,财政学被归入应用经济学之下,学术上就自然产生了要以经济理论作为财政研究基础的要求。不过,由于当前经济学越来越把自己固化为形式特征明显的数学,若以经济理论为基础就容易导致财政学忽视那些难以数学化的研究领域,这样就会让目前大量的财政研究失去理论基础。在现实中已经出现并会反复出现的现象是,探讨财政行为的理论、制度与历史的论著,不断被人质疑是否属于经济学研究,一篇研究预算制度及其现实运行的博士论文,经常被答辩委员怀疑是否可授予经济学学位。因此,要解释当前的财政现象、推动财政研究,就不得不去寻找财政的政治理论基础。

2. 培养治国者

财政因国家治理需要而不断地变革,国家因财政治理而得以成长。中共十八届三中全会指出:"财政是国家治理的基础和重要支柱,科学的财税体制是优化资源配置、维护市场统一、促进社会公平、实现国家长治久安的制度保障。"财政在国家治理中的作用,被提到空前的高度。因此,财政专业培养的学生,不仅要学会财政领域中的经济知识,也必须学到相应的政治知识,方能成为合格的治国者。财政活动是一种极其重要的国务活动,涉及治国方略;从事财政活动的人有不少是重要的政治家,应该得到综合的培养。这一理由,也是当前众多财经类大学财政专业不能被合并到经济学院的原因之所在。

3. 促进政治发展

18—19世纪,在普鲁士国家兴起及德国统一过程中,活跃的财政学派与良好的财政当局,曾经发挥了巨大的历史作用。而在当今中国,在大的制度构架稳定的前提下,通过财政改革推动政治发展,也一再为学者们所重视。财政专业的学者,自然也应该参与到这样的理论研究和实践活动中。事实上已有不少学者参与到诸如提高财政透明、促进财税法制改革等活动中,并事实上成为推动中国政治发展进程的力量。

因此,"财政政治学"作为学科提出,可以纠正当前财政研究局限于经济学路径造成的偏颇。包含"财政政治学"在内的财政学,将不仅是一门运用经济学方法理解现实财政活动的学科,也会是一门经邦济世的政策科学,更是推动财政学发展、为财政活动提供指引,并推动中国政治发展的重要学科。

"财政政治学"虽然尚不是我国学术界的正式名称,但在西方国家的教学和研究活动中却有广泛相似的内容。在这些国家中,有不少政治学者研究财政问题,同样有许多财政学者从政治视角分析财政现象,进而形成了内容非常丰富的文献。当然,由于这些国家并没有中国这样行政主导下的严格学科分界,因而不需要有相对独立的"财政政治学"的提法。相关研究,略显随意地分布在以"税收政治学"、"预算政治学""财政社会学"为名称的教材或论著中,当然"财政政治学"(Fiscal Politics)的说法也不少见。

中国近现代学术进步的历程表明,译介图书是广开风气、发展学术的不二法门。因此,要在中国构建财政政治学学科,就要在坚持以"我"为主研究中国财政政治问题的同时，大量地翻译西方学者在此领域的相关论著，以便为国内学者从政治维度研究财政问题提供借鉴。本译丛主编选择了这一领域内的68部英文和日文著作，陆续予以翻译和出版。在文本的选择上，大致分为理论基础、现实制度与历史研究等几个方面。

本译丛的译者，主要为上海财经大学的教师以及该校已毕业并在外校从事教学的财政学博士，另外还邀请了其他院校的部分教师参与。在翻译稿酬低廉、译作科研分值低下的今天，我们这样一批人只是凭借着对学术的热爱和略略纠偏财政研究取向的希望，投身到这一译丛中。希望我们的微薄努力，能够成为促进财政学和政治学学科发展、推动中国政治进步的涓涓细流。

在本译丛的出版过程中，胡怡建老师主持的上海财经大学公共政策与治理研究院、上海财经大学公共经济与管理学院的领导与教师都给予了大力的支持与热情的鼓励。上海财经大学出版社的总编黄磊、编辑刘兵在版权引进、图书编辑过程中也付出了辛勤的劳动。在此一并致谢！

刘守刚　上海财经大学公共经济与管理学院
2023 年 7 月

"财政政治学译丛"书目

1. 《财政理论史上的经典文献》
   理查德·A. 马斯格雷夫,艾伦·T. 皮考克 编 刘守刚,王晓丹 译
2. 《君主专制政体下的财政极限——17世纪上半叶法国的直接税制》
   詹姆斯·B. 柯林斯 著 沈国华 译
3. 《欧洲财政国家的兴起 1200—1815》
   理查德·邦尼 编 沈国华 译
4. 《税收公正与民间正义》
   史蒂文·M. 谢福林 著 杨海燕 译
5. 《国家的财政危机》
   詹姆斯·奥康纳 著 沈国华 译
6. 《发展中国家的税收与国家构建》
   黛博拉·布罗蒂加姆,奥德黑格尔·菲耶斯塔德,米克·摩尔 编 卢军坪,毛道根 译
7. 《税收哲人——英美税收思想史二百年》(附录:税收国家的危机 熊彼特 著)
   哈罗德·格罗夫斯 著 唐纳德·柯伦 编 刘守刚,刘雪梅 译
8. 《经济系统与国家财政——现代欧洲财政国家的起源:13—18世纪》
   理查德·邦尼 编 沈国华 译
9. 《为自由国家而纳税:19世纪欧洲公共财政的兴起》
   何塞·路易斯·卡多佐,佩德罗·莱恩 编 徐静,黄文鑫,曹璐 译 王瑞民 校译
10. 《预算国家的危机》
    大岛通义 著 徐一睿 译
11. 《信任利维坦:英国的税收政治学(1799—1914)》
    马丁·唐顿 著 魏陆 译
12. 《英国百年财政挤压政治——财政紧缩·施政纲领·官僚政治》
    克里斯托夫·胡德,罗扎那·西玛兹 著 沈国华 译
13. 《财政学的本质》
    山田太门 著 宋健敏 译
14. 《危机、革命与自维持型增长——1130—1830年的欧洲财政史》
    W. M. 奥姆罗德,玛格丽特·邦尼,理查德·邦尼 编 沈国华 译
15. 《战争、收入与国家构建——为美国国家发展筹资》
    谢尔登·D. 波拉克 著 李婉 译
16. 《控制公共资金——发展中国家的财政机制》
    A. 普列姆昌德 著 王晓丹 译
17. 《市场与制度的政治经济学》
    金子胜 著 徐一睿 译
18. 《政治转型与公共财政——欧洲1650—1913年》
    马克·丁塞科 著 汪志杰,倪霓 译
19. 《赤字、债务与民主》
    理查德·E. 瓦格纳 著 刘志广 译
20. 《比较历史分析方法的进展》
    詹姆斯·马汉尼,凯瑟琳·瑟伦 编 秦传安 译
21. 《政治对市场》
    戈斯塔·埃斯平—安德森 著 沈国华 译
22. 《荷兰财政金融史》
    马基林·哈特,乔斯特·琼克,扬·卢滕·范赞登 编 郑海洋 译 王文剑 校译
23. 《税收的全球争论》
    霍尔格·内林,佛罗莱恩·舒伊 编 赵海益,任晓辉 译
24. 《福利国家的兴衰》
    阿斯乔恩·瓦尔 著 唐瑶 译 童光辉 校译
25. 《战争、葡萄酒与关税:1689—1900年间英法贸易的政治经济学》
    约翰 V.C. 奈 著 邱琳 译
26. 《汉密尔顿悖论》
    乔纳森·A. 罗登 著 何华武 译
27. 《公共经济学历史研究》
    吉尔伯特·法卡雷罗,理查德·斯特恩 编 沈国华 译
28. 《新财政社会学——比较与历史视野下的税收》
    艾萨克·威廉·马丁,阿杰·K. 梅罗特拉,莫妮卡·普拉萨德 编,刘长喜 等译,刘守刚 校
29. 《公债的世界》
    尼古拉·贝瑞尔,尼古拉·德拉朗德 编 沈国华 译
30. 《西方世界的税收与支出史》
    卡洛琳·韦伯,阿伦·威尔达夫斯基 著 朱积慧,荀燕楠,任晓辉 译
31. 《西方社会中的财政(第三卷)——税收与支出的基础》
    理查德·A. 马斯格雷夫 编 王晓丹,王瑞民,刘雪梅 译 刘守刚 统校
32. 《社会科学中的比较历史分析》
    詹姆斯·马汉尼,迪特里希·鲁施迈耶 编 秦传安 译
33. 《来自地狱的债主——菲利普二世的债务、税收和财政赤字》
    莫里西奥·德莱希曼,汉斯—约阿希姆·沃思 著 李虹筱,齐晨阳 译 施诚,刘兵 校译

34.《金钱、政党与竞选财务改革》
　　雷蒙德·J.拉贾 著　李艳鹤 译
35.《牛津福利国家手册》
　　弗兰西斯·G.卡斯尔斯,斯蒂芬·莱伯弗里德,简·刘易斯,赫伯特·奥宾格,克里斯多弗·皮尔森 编　杨翠迎 译
36.《政治、税收和法治》
　　唐纳德·P.雷切特,理查德·E.瓦格纳 著　王逸帅 译
37.《有益品文选》
　　威尔弗莱德·维尔·埃克 编　沈国华 译
38.《美国财政成规——一部兴衰史》
　　比尔·怀特 著　马忠玲,张华 译
39.《西方的税收与立法机构》
　　史科特·格尔巴赫 著　杨海燕 译
40.《财政学手册》
　　于尔根·G.巴克豪斯,理查德·E.瓦格纳 编　何华武,刘志广 译
41.《18世纪西班牙建立财政军事国家》
　　拉斐尔·托雷斯·桑切斯 著　施诚 译
42.《美国现代财政国家的形成和发展——法律、政治和累进税的兴起,1877—1929》
　　阿贾耶·梅罗特 著　倪霓,童光辉 译
43.《另类公共经济学手册》
　　弗朗西斯科·福特,拉姆·穆达姆比,彼得洛·玛丽亚·纳瓦拉 编　解洪涛 译
44.《财政理论发展的民族要素》
　　奥汉·卡亚普 著　杨晓慧 译
45.《联邦税史》
　　埃利奥特·布朗利 著　彭骥鸣,彭浪川 译
46.《旧制度法国绝对主义的限制》
　　理查德·邦尼 著　熊芳芳 译
47.《债务与赤字:历史视角》
　　约翰·马洛尼 编　郭长林 译
48.《布坎南与自由主义政治经济学:理性重构》
　　理查德·E.瓦格纳 著　马珺 译
49.《财政政治学》
　　维特·加斯帕,桑吉·古普塔,卡洛斯·穆拉斯格拉纳多斯 编　程红梅,王雪蕊,叶行昆 译
50.《英国财政革命——公共信用发展研究,1688—1756》
　　P. G. M.迪克森 著　张珉璐 译
51.《财产税与税收争议》
　　亚瑟·奥沙利文,特里 A.塞克斯顿,史蒂文·M.谢福林 著　倪霓 译
52.《税收逃逸的伦理学——理论与实践观点》
　　罗伯特·W.麦基 编　陈国文,陈颖湄 译
53.《税收幻觉——税收、民主与嵌入政治理论》
　　菲利普·汉森 著　倪霓,金赣婷 译
54.《美国财政的起源》
　　唐纳德·斯塔比尔 著　王文剑 译
55.《国家的兴与衰》
　　Martin van Creveld 著　沈国华 译
56.《全球财政国家的兴起(1500—1914)》
　　Bartolomé Yun-Casalilla & Patrick K. O'Brien 编,匡小平 译
57.《加拿大的支出政治学》
　　Donald Savoie 著　匡小平 译
58.《财政理论家》
　　Colin Read 著　王晓丹 译
59.《理解国家福利》
　　Brain Lund 著　沈国华 译
60.《债务与赤字:历史视角》
　　约翰·马洛尼 编　郭长林 译
61.《英国财政的政治经济学》
　　堂目卓生 著　刘守刚 译
62.《日本的财政危机》
　　莫里斯·赖特 著　孙世强 译
63.《财政社会学与财政学理论》
　　理查德·瓦格纳 著　刘志广 译
64.《作为体系的宏观经济学:超越微观—宏观二分法》
　　理查德·瓦格纳 著　刘志广 译
65.《税收遵从与税收风气》
　　Benno Torgler 著　闫锐 译
66.《税收、国家与社会》
　　Marc Leroy 著　屈伯文 译
67.《保护士兵与母亲》
　　斯考切波 著　何华武 译
68.《国家的理念》
　　Peter J. Steinberger 著　秦传安 译